U0673112

王飞波 著

激荡春秋

——东周之历史、文化与思想

中国城市出版社

图书在版编目（CIP）数据

激荡春秋：东周之历史、文化与思想 / 王飞波著
. —北京：中国城市出版社，2023.8（2024.3重印）
ISBN 978-7-5074-3632-7

Ⅰ.①激… Ⅱ.①王… Ⅲ.①中国历史—春秋时代②
文化史—中国—春秋时代③思想史—中国—春秋时代
Ⅳ.①K225②B22

中国国家版本馆 CIP 数据核字（2023）第 152760 号

责任编辑：陈夕涛　徐昌强
责任校对：芦欣甜

激荡春秋——东周之历史、文化与思想

王飞波　著

＊

中国城市出版社出版、发行（北京海淀三里河路9号）

各地新华书店、建筑书店经销

华之逸品书装设计制版

建工社（河北）印刷有限公司印刷

＊

开本：787毫米×1092毫米　1/16　印张：26　字数：519千字

2023年9月第一版　　2024年3月第二次印刷

定价：**88.00**元

ISBN 978-7-5074-3632-7

（904612）

版权所有　翻印必究

如有内容及印装质量问题，请联系本社读者服务中心退换

电话：（010）58337283　　QQ：2885381756

（地址：北京海淀三里河路9号中国建筑工业出版社604室　邮政编码：100037）

我思，故我写。

前 言

　　写这本书源于笔者前一本拙著《走进老子》。本书的"西周与春秋的历史与文化"起初只是《走进老子》的一部分。在出版《走进老子》时，应编辑要求，删减了十多万字，深感可惜，故又增加了一些内容，主要是战国时代的历史、文化与思想，以及对华夏文明历史走向的影响，就形成了现在的这本书。尽管本书的内容源于为使读者更好地阅读、理解《老子》而作的一些历史文化背景介绍，但本书之宗旨却与之不同。本书已不再是简单的历史背景介绍，而是试图从宏观上描绘出周王朝时期的文化与思想的变迁与历史走向的相互关联，尤其是对华夏文明最为辉煌灿烂的春秋战国时代着墨最多。它不是简单的历史叙述，也不是那些源远流长、脍炙人口历史故事的演义，而是以先秦文物、文献所载作为参考基点，以文化、思想的变迁为主线，结合可影响历史走向的重要历史事件，试图从历史表象之下有新发现、新见解，并以此为主线，勾勒出一幅激荡多彩的历史画卷。

　　本书对先秦尤其是战国时期先哲们的思想也进行了较为详细的介绍和评述。在介绍先秦先哲们的思想时，并没有采用对他们的传统称谓，比如老子、孔子和墨子，而是直接用其本名——老聃、孔丘和墨翟，目的是为了消除后人对他们的人为定义和以名代实的陋习。对历史人物，无论过度赞誉还是极度贬低，都是对真实人物的异化。天上的太上老君非老聃、地上的素王孔子非孔丘，正如我们称谓西方的先哲，不会称柏拉图为柏子、亚里士多德为亚子，也不会称牛顿为牛子、爱因斯坦为爱子一样。当然对一些有官位的人，本书也尽可能少提其谥号、尊称，但会附上其官名，这并非要突出其社会地位，而是为使读者直观地了解其曾支配或强力影响的范围。

　　本书的内容超出了书名主题所指，简述了自"罢黜百家，独尊儒术"起，在近两千年的历史长河中，华夏民族跌宕起伏，至近代积贫积弱、为人鱼肉的历史文化片段，进而简析了桎梏华夏民族强盛之根本。

我们应以史为鉴，革除阻碍进步之荆棘，让古老灿烂的华夏文明再度屹立于世界先进文明之列。人民，只有人民，才是创造历史的真正动力！

鉴于笔者水平所限，书中不免有谬误与不足，恳请读者批评指正。如拙著能给您带来对古老灿烂华夏文明的一点新思考、新认识，将是笔者莫大的欣慰！

2023 年 7 月于临沂大学

目　录

目
录

引言

　　有关中国春秋战国的书籍，从古至今，举不胜举。但有关先秦史，大多是依据《史记》(原名《太史公书》)编撰而成。现代出土和发现的古籍、史料，如《竹书纪年》①《墨子》等，为我们提供了不同于《史记》的重要参考资料。这些史料和文献可以让我们从不同的视角来审视我们的历史。本书试图将历史与文化、思想融合在一起，以时间线为主轴，以先秦史料为根据，从历史的进程、文化和思想的变迁角度来展示历史；试图以广阔的视角、严密的科学思维来考察、分析、思考、审视春秋战国的政治、文化与思想，力破"非黑即白""非正即邪"的历史窠臼(kē jiù)，力争展示更加趋近事实的历史。只有在真实的历史基础上，我们才能以史为鉴，才能思考历史积淀对当今甚至未来社会的影响。

---

　　①《竹书纪年》是战国时期魏国所著的编年体史书，曾一度失传，直到公元3世纪从战国时期汲郡(今河南汲县，故又称《汲冢纪年》)的魏墓中出土才为世人所知，其出土后被命名为《竹书纪年》，一般认为其成书年代早于《春秋》及《公羊春秋》《左氏春秋》。《竹书纪年》共十三篇，叙述夏、商、西周和春秋、战国的历史，按年编次。周平王东迁后用晋国纪年，三家分晋后用魏国纪年，至魏襄王二十年为止。现存《竹书纪年》分为"古本"和"今本"两个体系。"古本"为辑佚本，其纪事起于夏代，终于公元前299年，无规整的体例。"今本"纪事起于黄帝，终于魏襄王二十年(公元前296年)，有较为完整的体例。宋代以后《竹书纪年》再度从公众视野中消失，到明代又被发现，即今本《竹书纪年》。

1

从《史记》说起

为了更准确地了解先秦史，先了解一下《史记》的写作时代背景是非常必要的。

众所周知，《史记》①的作者为司马迁，其祖先是周王朝史官，属史官之家。当传承至战国时期时，因其祖先为君主掌管军械物资（战马）而被赐姓司马，家族也由史官之家进入武官行列。到汉代司马迁之父司马谈时又重归史官行列，位及太史公，即汉朝的首席史官。司马谈临终时，将其整理、编写《春秋》之后历史文献的夙愿托付给了司马迁。

公元前126年（汉武帝元朔三年），司马迁（公元前145年或前135年～？）遵从父命，沿着始皇帝②当年巡视各地的路线，寻访各地史迹，采集民间传说，这时他才20岁。公元前108年，司马迁子承父业成为史官，公元前104年（汉武帝太初六年）开始编撰历史书籍。其间，司马迁因为替投降匈奴的将领李陵（汉代大将李广之后代）辩护而被处宫刑，后仍忍辱负重继续写作，约于公元前86年完成了"究天人之际，通古今之变，成一家之言"（司马迁《报任少卿书》）的不朽之作——《太史公书》③。"成一家之言"表明司马迁史学学说自成一家，是诸家中的一家，并非唯一正确的一家。

《太史公书》（今常称为《史记》）虽然被认为是我国首部纪传体史书，但后来的《史记》之名与内容并不吻合，它既不是"史记"，也非单纯的历史纪传，而是带有大量以太史公名义评论的书籍。因此，《太史公书》其实是我国第一部传记式历史评论之书。

作为"记"的史料文献，在先秦历史文献中就有所提及。古本《竹书纪年》中就记有"穆王二十四年，王命左史戎夫作《记》"，而今本《竹书纪年》则记述为"穆王二十四年，王命左史戎夫作《纪》"。

在司马迁《太史公书》的"太史公自序"中有两处用了"史记"一词：一是

---

① 有学者认为，《太史公书》（今称为《史记》）由司马谈和司马迁父子共同编著。

② 秦始皇（公元前259～前210年）：嬴姓赵氏，名政（一说名正），又称祖龙。

③《太史公书》：今通称为《史记》。为尊重历史且避免对该书产生误解，本书仍使用其原名——《太史公书》。

《太史公自序》中的"自'获麟'以来四百有余年，而诸侯相兼，'史记'放绝"；另一处是"紬'史记'石室金匮之书"。在《孔子世家》篇中则有"子曰：'弗乎弗乎，君子病没世而名不称焉。吾道不行矣，吾何以自见于后世哉？'乃因'史记'作《春秋》"的记述。这里使用的是"史记"原义，也就是对记录历史事实史料的泛指通称。清代学者、史学家钱大昕（公元1728~1804年）认为"史记"二字本来只是"前代纪载之通称"（钱大昕《潜研堂文集》卷一二《答问》九）。

东汉史学家班固（公元32~92年）在其《汉书·艺文志》里著录此书时，仅根据司马迁原定的书名，将其记作"《太史公》百三十篇"，并没有表明其作者。唐代初年纂修的《隋书·经籍志》，是继《汉书·艺文志》之后第二部系统的朝廷藏书总目录。在这部目录里，《太史公》更名为《史记》："《史记》一百三十卷，目录一卷，汉中书令司马迁撰。"作者为司马迁一人。钱大昕认为"《史记》之名，疑出魏晋（公元220~420年）以后"（钱大昕《廿二史考异》卷五）。这就是把司马迁这部纪传体史书——《太史公》更名为《史记》的经纬。

对于《太史公书》，在研读或引用时，切忌盲从其所载内容。这并非怀疑司马迁的治学态度，而是要考虑到其史学观、写作时代背景、信史及记述年代（如其中的《殷本纪》涉及的年代早于司马迁千年之久，《夏本纪》及《五帝①本纪》则更为久远）等因素。

特别值得注意的是，司马迁因受其历史观的局限，在选材上有较强的倾向性，更何况还有所采纳的史料也有真伪问题。

譬如在《太史公书》中，被孟轲（今通称孟子，约公元前372~前289年）记述为"杨朱、墨翟之言盈天下，天下之言不归杨则归墨"（《孟子·滕文公（上）》）的墨家创始人——墨翟（今通称墨子）并无传记，仅在《孟子荀卿列传》中以"盖墨翟，宋之大夫，善守御，为节用，或曰并孔子时，或曰在其后"提及，整部《太史公书》涉及墨翟的不过区区24个字。当然，在《太史公书》中也没有给杨朱立传。而本应归入"列传"的孔丘，却被拔高至诸侯级别，以"世家"体裁——《孔子世家》记载。我们也可从《孔子世家》中看出司马迁对儒学的偏爱："余读孔氏书，想见其为人，适鲁，观仲尼庙堂车服礼器，诸生以时习礼其家，余祗回留之，不能去云。"

在对历史人物的评价上，司马迁也存在着偏离倾向。如《太史公书·五帝本纪》中评价尧"其仁如天，其智如神"，与《论语》中的"子曰：'大哉尧之为君也！巍巍乎，唯天为大，唯尧则之。荡荡乎，民无能名焉。巍巍乎其有成功也，焕乎其有文章！'"（《论语·泰伯》）高度一致。这与其师从大儒董仲舒力推"罢黜百家，独尊儒术"不无关系。"仁"字不见于西周，也没有仁观，用反映春秋时代后期的伦理道德观——"仁"来评价尧，显然是把远古的尧依据当时的伦理道德进行

---

① 五帝：通常指黄帝、颛顼、帝喾、尧、舜。

了伦理化，也是牵强附会的。正如顾颉刚[1]在1924年给钱玄同[2]的一封回信中论古史书所说的：

> 我很想做一篇《层累地造成的中国古史》，把传说中的古史的经历详细一说。这有三个意思。第一，可以说明"时代愈后，传说的古史期愈长"。如这封信里说的，周代人心目中最古的人是禹，到孔子时有尧舜，到战国时有黄帝神农，到秦有三皇，到汉以后有盘古等。第二，可以说明"时代愈后，传说中的中心人物愈放愈大"。如舜，在孔子时只是一个"无为而治"的圣君，到《尧典》[3]就成了一个"家齐而后国治"的圣人，到孟子时就成了一个孝子的模范了。第三，我们在这上，即不能知道某一件事的真确的状况，但可以知道某一件事在传说中的最早的状况。我们即不能知道东周时的东周史，也至少能知道战国时的东周史；我们即不能知道夏商时的夏商史，也至少能知道东周时的夏商史。(顾颉刚：与钱玄同先生论古史书，《古史辨》第一册，朴社，1926年)

再譬如有关《春秋》一书的作者，司马迁在记述历史上著名的"获麟"事件时，增加了一些额外的东西"(黄)河不出图，雒(邑)不出书，吾已矣夫"[4]"君子病没世而名不称焉"和"吾何以自见于后世哉"，从而得出结论：孔丘"乃因'史记'作《春秋》"。这里的"君子病没世而名不称焉"的君子是谁？应该是孔丘。那么孔丘感叹自己有病不久将辞别人世，为了留名才作《春秋》。姑且不考虑作为《春秋》基础的史料(史记)孔丘有没有资格获取，那时尚无纸质书籍，一个体弱多病、生命将走到终点的古稀老者在如此短的时间内整理写成《春秋》，是一件令人难以置信的事情。现在考证已知，《春秋》并非孔丘编撰，司马迁明确认定孔丘为《春秋》作者也是与事实相违背的。

因此，我们不能否认司马迁的历史观具有倾向性，在一些问题上是会有偏差的。

提到"获麟"事件，我们可以通过《春秋》及其他史料的记载来了解一下《太史公书》的取材。

关于"获麟"事件，在《春秋》中是这样记述的：

(鲁哀公)十有四年(公元前481年)春，西狩获麟。

而作为《春秋》三传的《公羊春秋》《左氏春秋》和《谷梁春秋》分别是这样记载的：

(鲁)哀公十有四年春，西狩获麟。何以书？记异也。何异尔？非中国之

---

① 顾颉刚(1893年5月8日～1980年12月25日)，现代历史学家，古史辨学派创始人。

② 钱玄同(1887年9月12日～1939年1月17日)，现代思想家、文字学家，新文化运动倡导者。

③ 据考证，《尧典》是战国时代伪造的。

④《论语·子罕》：凤鸟不至，河不出图，吾已矣夫！

兽也。然则孰狩之？薪采者也。薪采者则微者也，曷为以狩言之？大之也。曷为大之？为获麟大之也。曷为获麟大之？麟者，仁兽也。有王者则至，无王者则不至。

有以告者曰："有麕（麕）而角者。"孔子曰："孰为来哉！孰为来哉！"反袂（mèi）拭面，涕沾袍。颜渊死，子曰："噫！天丧予。"子路死，子曰："噫！天祝予。"西狩获麟，孔子曰："吾道穷矣！"（《公羊春秋·（鲁）哀公十四年》）

（鲁）哀公十四年春，西狩于大野，叔孙氏之车子钘商获麟，以为不祥，以赐虞人①。仲尼观之曰："麟也。"然后取之。（《左氏春秋·（鲁）哀公十四年》）

（鲁哀公）十有四年春，西狩获麟。引取之也。狩地不地，不狩也。非狩而曰狩，大获麟，故大其适也。其不言来，不外麟于中国也。其不言有，不使麟不恒于中国也。（《谷梁春秋·（鲁）哀公十四年》）

而在《太史公书》"孔子世家"篇中的记述则是：

鲁哀公十四年春，西狩大野，叔孙氏之车子钘商获兽，以为不祥，仲尼视之曰："麟也。"取之。曰："（黄）河不出图，雒（邑）不出书，吾已矣夫！"颜渊死，孔子曰："天丧予！"及西狩见麟，曰："吾道穷矣！"喟然叹曰："莫知我夫！"

从上述几种关于"获麟"的记载，可以发现《太史公书》是取材于不同的史料而形成自己对历史的叙述。

对于同一历史"事实"，不同的历史文献有不同的记述与观点。就"获麟"事件而言，《春秋》仅仅用了四个字"西狩获麟"，而此后的历史书籍则进行了各种各样的演绎。

首先我们应该清楚，被称为神兽的麒麟在自然界是不存在，这里的"麟"如果不是其他动物，那就是编造的故事；如果是其他动物而误写成"麟"，那这个动物最有可能的是麋鹿②。

关于"麟"这种动物，在《公羊春秋》和《左氏春秋》中有着截然相反的描述，一个称之为"仁兽"，而另一个则称之为"不祥"。关于这一点司马迁采用了《左氏春秋》的观点，而司马迁的取材是与他所处的时代相关的。

《谷梁春秋》是在《公羊春秋》《左氏春秋》之后写成的，它对"西狩获麟"事件提出了质疑和有趣的评论。

《谷梁春秋》认为"麒麟"是被鲁人引诱而捕获的。这里的"狩"没有主语，不知道是何人狩猎，地点也没有交代，只知道方位是"西"。在那个时代，"狩"这个字只能用于天子或国君，而且是在特定的范围（畜养禽兽的专供天子或国君打猎的范围）

---

① 虞人：古代管理苑囿之人。

② 麋鹿：属于鹿科动物，善游泳，喜群居，因面似马、角似鹿、蹄似牛、尾似驴而俗称"四不像"。

内，而不是在原始森林里，如《春秋》记载的鲁僖公二十八年（公元前632年）的"天王狩于河阳"。在《左氏春秋》中说狩猎的是鲁国大夫叔孙氏。大夫"狩"猎本身就有问题，而且还记入"史记"，更是不可思议。

《谷梁春秋》之所以不写狩猎的地点，因为这不是狩猎。不是天子或国君狩猎，却偏偏说是狩猎，因为"获麟"是很大的事情，所以要把事情说得很大。不说"麒麟"来，是因为不把"麒麟"当作中国（非如今中国之含义，是指今中原一带）以外的事物（按《春秋》惯例，如果有外族、异兽、珍禽、各种奇怪之物出现，则写成"某人、某物来"，因为它们本不是"中国"所产或"中国"当地人；《春秋》认为麒麟本来就是"中国"的，当然不会说"麟来"）。不说有"麒麟"出现，是因为"麒麟"在"中国"不应该是罕见之物（按《春秋》惯例，各种季节性、暂时性的灾异虫兽出现，应该写为"有"，例如"有大水""有蝗"之类；《春秋》认为"麒麟"经常出现在"中国"，而非暂时出现，所以不说"有麟"），那么，也就没有必要请见广识多的孔丘来辨认了。

另外，"西狩"这两个字告诉我们，"获麟"的应该是从东边来的王侯级别人物。这个"麟"被赋予了"仁兽"的称呼，"仁"一般是指人与人之间的事情。这种自然界动物有其生存条件和方式，也有其独特的外观与秉性。把"仁"用在动物上，已经把动物拟人化，"仁化"成非自然之动物，也可以说是人赋予了它"仁性"。当然对"麟"这一非常动物，也有"不祥之物"的说法。"麟"本身既非"仁"也非"不祥"，至于是赋予它"仁"的特性还是"不祥"的特性，就要看作者的立场和用意了。

对于"获麟"一事，更有人把它与孔丘去世及王者联想起来，孔丘说"吾道穷矣""吾何以自见于后世哉？乃因史记作《春秋》"，什么"有王者则至，无王者则不至"（《公羊春秋·（鲁）哀公十四年》），等等，两千多年以来，围绕"吾道穷矣"这四个字左考证右论述，皆为愚民之说而已。

人们一般之所以感觉不到那些书或说教中所列举的"事实"相互矛盾，是因为很少有人去查阅原文并与其他古典文献进行对比，也很少有人结合当时的文化及科技发展状况进行逻辑分析，这是我们文化的传统，也是我们文化的弊端。当然，除了民间的传承之外，官方并未在科学考证的基础上进行更正也是一个重要原因。也不排除官方为了有利于统治而有意这样宣传。有些具有科学精神的学者试图依据历史事实、符合逻辑地进行更正，但往往在大环境下显得杯水车薪。另外，对于历史名著，传统的惯用手法是着力宣传作者的励志故事及道德品德来论证书籍的品质。对作品的研判往往不是关注其内容是否正确或真实，而是聚焦其作者的品行与声望。对一般读者而言，一方面，司马迁被处以极刑后仍发奋撰写《太史公书》的励志故事较之《太史公书》之内容更加家喻户晓，其结果是依据作者的名声来判断其作品的品质，官大、名大所述的就是"事实"。另一方面，由于对《太史公书》的推崇和以此为根据的广泛宣传，即使在阅读古籍的时候，人们也往往下意识以《太史公书》的内容先入为主，更多的

激荡春秋
——东周之历史、文化与思想

是只阅读后世的注释部分，而不同的注释者出发点不同释义也往往不同。再有就是以名取实，把《太史公书》更名为《史记》往往会误导读者，使读者误以为《史记》所述的内容是历史事实的记录。因此，采取实事求是的科学态度对正确认识历史是至关重要的，否则我们就会陷入虚假历史的幻影之中，把愚昧的认知当作历史的自豪。

1.1　商的崛起

我国的文明史，就文字而言可追溯到商代。商是一个臣服于夏的部落，兴起于黄河故道下游的商丘一带。商族的起源有"天命玄鸟，降而生商"（《诗·商颂·玄鸟》）的传说。

当商部落传到汤时已非常强盛，足以与夏争高低。而商汤大规模进攻夏是从攻击夏的属国葛开始的，其理由如孟轲（今通称孟子，约公元前372～前289年）在其《滕文公（下）》一文中所述的葛伯仇饷的故事那样：夏末年，商汤居亳（今河南商丘），与葛国（今河南宁陵北）相邻，商汤得知葛伯久未祭祀，就派使者前去询问，葛伯回答说："我们没有牛羊做祭祀用品了。"商汤就派遣人送去了牛和羊，可葛伯得到牛羊后并没有用于祭祀，而是把这些牛羊吃掉了。商汤派人责问为何还不祭祀，葛伯说："我们没有谷物做祭祀用品了。"于是商汤就派人来给他们种地，派老人小孩给种地的人送饭。葛伯居然派人抢了这些送饭的人，还杀死了一个小孩。

在商汤看来，一个国家不肯祭祀，将会变成天下的祸害。国家只有实行祭祀，百姓才会收敛、守规矩而互相尊重，不能定期祭祀或者根本不举行祭祀则如强盗一般。葛伯不仅不奉行祭祀，还把祭祀用的"牺牲"——牛羊吃掉了。葛伯的行为激怒了商汤，于是商汤发兵讨伐葛伯，从而拉开了灭夏的序幕。

由此可知，在夏末商初，"祭祀"是意识形态不可缺少的举措，也是公认的文化道德观。

商汤灭葛之后，联合其他部落经过十余次战争，最终在鸣条（今山西夏县一带）之战中彻底战胜夏，约公元前1600年在亳（今河南商丘一带）建立商王朝。

商王朝建国初期的训政《汤诰》反映了商汤的施政特点，他要求臣属"有功于民，勤力乃事"，否则就要"大罚殛（jí，杀死之义）汝"。对亡了国的夏遗民，仍保留其祭祀场所"夏社"，并封其后人。商灭夏后待夏遗民的做法也成了引发周王朝建立初期殷商遗民反抗的理由之一，即周没有像商对待夏遗民那样对待他们。

关于商汤，有一个以身试火、为民求雨的传说：

商建立初期，遭遇连年大旱，庄稼五年严重歉收，民众苦不堪言，爱民如子的商汤心急如焚。于是，商汤命人在桑林①之大桑树旁建了一个大土台（即祷雨台）祈雨。台上堆满柴薪，在柴薪熊熊燃烧之际，商汤自扮祭天的牺牲，以身试火，向天祈雨："余一人有罪，无及万夫，在余一人。无以一人之不敏；使上天鬼神伤民之命。"其行为感动了上天，自然祈雨也就成功，旱灾得以解除。②

在人类由蒙昧走向开化社会的进程中，部落酋长往往也是祈求上天降雨以获丰收的巫师，祭祀祈雨是远古农耕部落社会的重大活动。可以说，通过祈求，形成以酋长为媒介将地上社会事件与天上自然现象相关联的观念。商王朝恐怕也属于那样一个时代，商王通过巫术、占卜等来预测被认为是自然界统治者"帝"的意志。

商汤求雨成功，证明商汤具有通达"天帝"和鬼神的神奇能力——灵力。"灵"字在春秋战国时期最早写成上"霝"下"示"，上部意降雨，下部指祭台。后也写成"靈""霛"或"霊"，是由祭祀求雨演变而来的。在上古信仰原始宗教时期，有这种神奇灵力的人当然就是部落酋长了，因此酋长也可称作大王。后来，这种能造福天下万民的神奇能力被演化为"德"。这个传说，不仅让商汤一举树立了统治天下的权威，也让他奠定了在原始宗教意义上至高无上的神圣地位。这个故事成功地歌颂了商汤是一个体恤民情的有德之君，受到后世的赞颂和崇拜。

上述故事充分反映了商的文化特征，即渲染其"有命在天"的宗教观。在上古时期，这种对"天"的崇拜，使王具有"通天"本领——有"德"的商成了"天下共主"。这时的"天"不仅仅是我们现在看到的繁星天空，而是具有主宰和惩罚的宗教意义上的"天"。商王朝正是利用了神秘的"天命神权"，成功地实现了对当时还处于松散状态的各方国的统领。商汤不仅成为政治统治的"天下共主"，也是天下之精神领袖——众巫之巫主。这样，商王兼有巫师身份，与巫师一样具有通灵、通神、通天的特殊本领。

商王朝建立初期并不稳定，其国都频繁迁移。现在的郑州曾是商王朝中期的都城，直到商王盘庚在公元前1300年左右，率众迁徙到殷（今河南安阳）后，国都才稳定下来。

到商代帝乙、帝辛时代，我们可以从出土的甲骨文中得到有关祭祀的丰富的

---

① 桑林：古地名，在今河南商丘附近。传说是汤祭祀神的场所。在周王朝时期，是殷商族人后裔封国"宋"的所在地。

② 《吕览·顺民》：昔者汤克夏而正天下，天大旱，五年不收，汤乃以身祷于桑林，曰："余一人有罪，无及万夫；万夫有罪，在余一人。无以一人之不敏，使帝鬼神伤民之命。"于是翦（同"剪"）其发、枥（木夹十指而缚之，是古代的一种刑罚）其手，以身为牺牲，用祈福于上帝，民乃甚说，雨乃大至。则汤达乎鬼神之化、人事之转也。

激荡春秋
——东周之历史、文化与思想

第一手资料。那个时代，祭祀于癸日举行，每十天一次，人们占卜的是第二天起十天（旬日）内的事情，而且祭祀祖先的顺序都是固定的。该祭祀以三百六十日为一个周期，每十天按照规定祭祀不同的祖先。这一习俗可能来源于商的先公，自上甲（名微）开始以甲为名，次乙、次丙、次丁而终于壬、癸，与十日之次全同。这可能是汤建立商朝后定祀典时，对先公列祖的名字已不能追忆，即以十日之次序以追名之，或者也可能与商朝开始使用十进制有关。

甲骨文是商代占卜记事的文字。通过甲骨文，我们也可发现商代的祭祀体系是非常缜密的。从另一方面讲，如将每十天一次、以三百六十日为周期的祭祀组合起来，根据这种十天一次的祭祀进度推断，就大概可以判断其与季节的关系了。长期实施的结果就创造出了包括日历在内的"节气"，也让人们在了解与季节相关知识的同时，进行科学化的农耕活动。

殷商从本质上讲是以原始神教为主导文化的国度，祭祀既是原始神教之活动仪式，也是殷商人维持统治的重要手段。频繁的祭祀虽然从意识形态上维护了国家的统治，加强了国家的凝聚力，但过度的祭祀也会劳民伤财，处理不当会造成对民生的直接影响甚至伤害。

殷商时期，不但信仰鬼神，也信仰占卜，几乎事事都要占卜、问"鬼神"，殷墟出土的数量庞大的甲骨文就是强有力的佐证。作为后续统领"天下"的周人不但继承了殷商的文字，同时也继承了其部分祭祀及占卜文化，但改造了其祭神文化，把祭天帝的权力集中到天子身上，剥夺了下层祭祀最高天帝的权力。

殷商的政治哲学是天命论，即"君权天神授"，统治者的权力是天帝赐予的，奉天旨意实行人间统治，统治者所作所为均要顺应天意。王拥有"通天本领"，通过祭祀等与上天神灵沟通，获得上天的昭示。商王朝统治的鲜明特点是利用宗（神）教思想来驾驭百姓，当然军队也是必不可少的国家统治机器。

与天命哲学伴随的文化特点就是"尊天事鬼"，即"尊神文化"。祭祀无论对政治还是对生活都是不可或缺的，这也是人类文明进程中的一个不可或缺的阶段。同时，祭祀活动也促进了占卜文化和礼仪文化的发展。对于古代的占卜文化，我们不应认为它只是迷信活动，它也是一种探索人与自然，尤其是天体运行规律的活动，可以说是人类科学探索的萌芽期。

商的王廷官员，周文献中称之为"内服"官，各机构有具体官名，甲骨文统称之为"多君""多子"，由王室贵胄和有影响的诸方首领组成。"外服"官即四土诸方，甲骨文统称之为"多方"，为后世地方官的雏形。商朝崇信上帝、鬼神，国政由商王、多君、多子及沟通上帝、鬼神的大巫与卜官议定。军队有王师和诸方之师，诸方来源大致是由王室列土分封子弟及功臣，有些则是归顺或被征服而臣属的旧国与他族的首领，由商王赐爵成为商朝诸方。商的国君称王，诸方也有称王的记录，最常见的爵号为侯，伯则是诸侯之强宗方伯的称号，公为尊称，子、男也可称侯。商王对诸侯称"令""命""召""呼"，顺则封赏，叛则征伐；也可任其为内服官员，可征其军队，取其土田、奴隶；诸方对商王的义务：军事上为王戍边、从征，经济上向王纳贡，包括奴隶、女子和战时军需。

商王朝的统治结构，按地理划分，有王畿和四土。畿是商王直接管辖之区域，甲骨文称为中商(后来"中国"一词之源头)、大邑商或天邑商；四土，即商朝的方国(类似周王朝的侯国)，是商人向四方移民和扩张的区域。四土以外是多方，是其他各族分布的地区，它们对商王朝叛服无常，其中有些已被商王朝征服成为商朝属国；有些则与商朝发生多种交往联系，也受到商文化影响，但经常与商朝处于和平交往与战争掠夺交替的状态。

在文化方面，商的甲骨文也通行于四土与诸方，其中也包括一些原处于敌对状态的诸方，如在周原出土的甲骨文就可以证明，周不仅使用甲骨文字，还很可能要祭祀已故的商王。

商王朝留给我们的突出文化遗产是"五行说"。传说在周朝初期，商王室重臣箕子把商朝治国宝典《洪范》送给周武王姬发，其中有关于五行说的最早文本："五行，一曰水，二曰火，三曰木，四曰金，五曰土。水曰润下，火曰炎上，木曰曲直，金曰从革，土曰稼穑。"这一学说在战国中后期由邹衍进一步发扬光大。(详见8.3.6"五行阴阳——邹衍")

在经济上商王朝的特点是重商，这也是我国商业文化的起源，也是"商业"这个词汇的来源。

商王朝的"天下"范围，从甲骨文中推知，商后期方国就有118个。从某种意义上讲，商朝只是"宗教思想"上的统一，而其政治统治则比较松散，自然不存在对其他方国的严格统治了。

当历史的车轮行至公元前11世纪时，商王朝已经内外交困，行将就木。埋葬商王朝的是地处西陲的属国——周。

1.2　周兴商灭

周原是古老的农牧业部落，兴起于今甘肃、陕西一带。

周人自称(只能作为传说)"我姬氏(姓)出自天鼋(yuán)"，认为其始祖后稷，是舜、禹时的农官，"及夏之衰也，弃稷弗务，我先祖不窋(zhú)[①]用失其官，而自窜于戎狄之间"。也就是说周人的神话传说其始祖名弃，号后稷，为夏朝农官。而后稷之母为姜姓有邰氏的女子，姓姜名嫄，因为踏了上帝的大脚印，感而有孕，生了

[①] 按《括地志》的记载，"不窋城"在今甘肃省庆阳市境。

后稷。这与商代祖先的神话传说几乎如出一辙。

后稷的后代失官后奔于戎、狄之间。周人处"戎狄"之间、由不窋及鞠统治时期，从其俗。到公刘时期，虽仍处戎狄间，却大力发展农耕，并沿漆、沮二水南下，渡渭水获取木材及其他物资以积累财富。公刘奠下基础，到庆节时正式立都于豳（bīn），在这里发展农耕。豳的地理位置，一说在今陕西省彬县，一说在今陕西省旬邑县。两地都在泾水上游南部，包括今长武、彬县、旬邑一带。其后又传九世，大约在公元前12世纪，因受薰鬻（yù）、戎狄的进攻，在豳原不得宁居安业。于是周先公古公亶父率私属渡漆、沮两水，来到渭水中游，留驻在岐山脚下，开发周原地区。

先秦记载自后稷至西伯姬昌（今通称周文王，"文王"为后追封）传15世，实际上自传说中唐虞（唐尧与虞舜）到古公亶父立足于周原已经历千余年，而古公以前周人先公的事迹只显示了各时期的特点，所以古公亶父以前的世代，仅为各时期周先公的代表，并非真的父子相传。

周原位于关中平原西部，距今西安市约100公里，北倚岐山，南临渭河，西有汧河，东有漆水。广义上讲，周原包括今凤翔、岐山、扶风、武功四县的大部分及宝鸡市、眉县、乾县等县的小部分，东西长约70公里，南北宽约20公里。狭义讲，周原即指周人当时的中心，今岐山县京当与扶风县黄堆、法门之间。周原不仅有渭水下游诸支流水系的丰富水源，便于航行与渔业，地下泉水也很丰沛，土地肥沃，灌溉方便。正如《诗·大雅·绵》歌颂的那样"周原膴膴"，是一个对发展农业十分有利的地区。除此之外，更为重要的是，它已经毗邻商王朝的势力范围。这时商朝的方国已达到渭水中下游（今发现的商文化遗址可为佐证），比如商末时期的崇，在今西安市西南户县，属渭水中下游。

周人在周原站住脚以后，凭借良好的生态和周围环境，加之古公大刀阔斧革除戎狄习俗，致力于发展农业，营筑城郭室屋，可以说是弃戎狄俗，习商俗。在社会组织结构方面，向商王朝学习，根据地缘编定社会组织，划分邑落，设立官吏机构，实际上奠定了其立国之本。商代晚期，古公（后被周人追封为太王）立国，设国号为"周"。周的立国很快引起了商朝的注意，甲骨文出现了"伐周"等记录。

周立国后，在与周边小部落、小邑邦（诸戎）的历次战争中多有获胜，势力范围逐渐扩大，国势也逐渐强盛。古公死后，少子季历继位，为公季（后周人追称王季，？～公元前1068年）。

根据《竹书纪年》的记载，季历伐鬼戎，俘虏狄王二十；又于商王太丁二年、四年时，相继讨伐了"燕京（今山西省太原市一带）之戎"和"余无（今山西省东南一带）之戎"等外族，说明在这个过程中周的势力在慢慢增强。又据《竹书纪年》记载，商王武乙（？～公元前1113年，子姓，名瞿）末年，季历入朝，武乙赐以土地及玉、马等物品。随后季历征伐西方的鬼戎，俘获"十二翟（狄）王"。商王文丁时，季历进一步对诸戎作战，除伐燕京之戎受挫外，伐余无之戎、始呼之戎、翳徒之戎都取得胜利，使周的势力深入现今的山西境内。文丁（一说帝乙）封季历为牧师（类似于春秋时代的侯伯，只是区域性小而已）来拉拢逐渐强盛起来的周。为了加强与商朝的关系，季历同商王朝属下的任姓挚氏通婚，但这一措施似乎并没有改善商与周的主属关系，周与"天下共主"商的矛盾冲突日渐突出。在文丁时代季历被商王所杀（公元前1068年），可能因为商王认为周给商造成了严重威胁。

季历被杀后，其子昌（今通称为周文王的姬昌）继位。

据《竹书纪年》记载，在姬昌继位后的第五年，也就是公元前1064年（帝乙二年），周就开始与商王朝发生军事冲突。到商王子受（即帝辛，今通称商纣王，约公元前1105～前1046年）时期，姬昌担任商王子受的重臣，与九侯（也说鬼侯）、鄂侯同列三个最高官位。但不知何故，其他两位被杀，或许是他们对商王的统治构成了威胁。姬昌也被监禁在商王身边的羑（yǒu）里（今河南汤阴县）达七年之久。有史料显示，姬昌作为朝臣服务于商王朝时，就与作为商王朝小吏的吕尚（姜姓吕氏，今常称姜太公、姜子牙）有过交往，而且还帮助过当时地位卑贱的吕尚。当然也有姬昌被商王子受监禁后得到过包括吕尚在内的三个人的营救之说。这从一个侧面说明，商的势力不但包括西方的周，也触及东方的齐。

后姬昌获释返周并向商王子受献洛河以西土地，同时被商王子受封为西伯（这个"伯"是首长之意，类似于春秋时期的侯伯），而且商王子受还授权这位"西伯"具有在西域的征伐权。之后，西伯姬昌连续征伐犬戎、密须（在今甘肃灵台西）、黎（在今山西长治西南）、邗（在今河南沁阳西北），最后攻灭崇（在今陕西西安西北），在沣水西岸兴造了新都丰邑并迁都于此。

周得到了进一步壮大，引起了商的警惕甚至恐慌，"西伯既戡黎，祖伊恐，奔告于王"（《书·商书·西伯戡黎》）就反映了当时的情景。这也说明了周当时已具备相当实力。

尽管如此，周仍为商王朝的属国。在《墨子·兼爱》篇里有"乍光于四方，于西土"的记述。这里的"四方"并不是指东南西北的四个方向，而是指"方国"，也就是商王朝的四个方国，与后来周王朝的诸侯国类似。在西伯姬昌统治时期，用了"乍光"这个词汇来表达，这说明在西伯姬昌时期，这些方国还没有归入周的统治之下。西伯姬昌只是通过周的文化、经济等对外实现精神上、宗教上的影响。另有史料说，这期间不知什么原因，西伯姬昌长子伯邑考被商王子受所杀。西伯姬昌死后，由三子姬发（今通称周武王）为太子并继位（不知为什么二子没有继位，这和后来周建立初期其内部武斗是否有关系是值得考虑的）。

西伯姬昌在世时，虽然请了太公望（吕尚）作为军师，但未曾与商王朝发生大规模冲突。其子姬发即位第二年（也说第九年），就兴师东至孟津（今洛阳北部黄河之滨一带），准备攻商。但不知什么原因未开战就退兵了，也许是准备不足，也许是商王早有准备，又或许是姬发怯战。这一事件被正史美其名曰"孟津观兵"。

之后姬发又准备了两年时间，到公元前1046年，趁商在东方大规模用兵之际，周联合周围诸商属国及部落再次对商进行大规模攻伐。为此，周军制作了西伯姬昌的神牌，用车载置于中军，姬发自称"太子发"，表示是奉已故国君姬昌之命进行征伐，并昭告各官，要求大家谨敬虔诚，自己承袭先人之德，将赏罚分明，以完成大业。至于联合到的诸商属国，无非是指汉水及黄河中上游的一些属国或部落，主要分布在今陕西省、山西省南部和河南省西部。有的史书为了渲染周的号召力与受欢迎度，夸大其词地说有八百诸侯，给人的印象已经雄踞天下了。假如真的是八百诸侯，那么这些"侯国"所占的"地盘"可能只是现在的一个乡镇而已。

姬发率领的大军到达商都朝歌（今河南淇县）郊外，在一个叫牧野的地方摆开了阵势，准备与商军进行决战。作为总指挥的姬发（当时为了表示谦虚与遵守丧礼，姬发仍用太子称号），在战前誓师大会上做了动员讲话，即《书》中的《牧誓》：

甲子日黎明时刻，王（姬发）一大早就到了商都郊外的牧野。

王（姬发）左手拿着一把黄色铜大斧，右手拿着一条白色的旄（mào）牛尾来指挥。

王（姬发）说："辛苦了，你们这些从西方远道而来的将士们！"

王（姬发）说："啊！我们尊敬的友邦国君、主持事务的官员们、司徒、司马、司空、亚旅、师氏、千夫长、百夫长，以及庸、蜀、羌、髳、微、卢、彭、濮诸邦国的人们，举起你们的戈，排好你们的盾，立好你们的矛，我就要宣誓了！"

王（姬发）说："古人有句话说：'母鸡是不应当早晨打鸣的，如果母鸡在早晨打鸣，那么这个家必定要败落。'如今的商王，专信妇人的话并按其行事，轻蔑地抛弃了对祖先的祭祀，不报答神灵赐予的恩惠，舍弃而不任用先王遗留下的同父母兄弟，却把天下罪恶多端的逃亡者来崇敬、来提拔、来信任、来使用，让他们

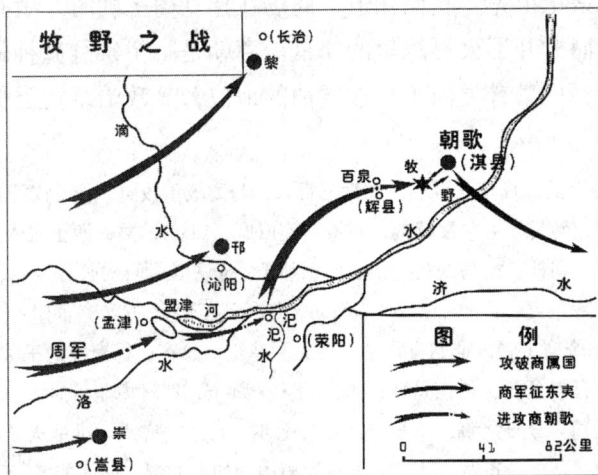

图1　牧野之战示意图

当卿大夫，使他们得以暴虐地对待百官，在商邑（商王朝都城）任意犯法作乱。现在我姬发，只有恭敬地来推行天对他的惩罚。今天的事情，在行进中不超过六步、七步就停下来，整顿一下行列。你们大家要奋勉呀！在刺杀中，不超过四次、五次、六次、七次就停止下来，整顿一下。奋勉呀！你们这些人！你们要威武凶猛，像虎、貔、熊、罴一般，在商都郊外大战一场。不要杀掉投降的人，要让这些人到西方去为我们服劳役。奋勉吧！你们这些人！你们若不奋勉作战，我就会把你们杀掉！"①

分析一下姬发的战前动员演说，可看出他列举了商王子受的几条罪状：一是轻信女人，二是不祭祀祖先，三是不重用同父母兄弟，信用外人。

第一条是轻信女人，那么这个女人是谁呢？据《国语·晋语》记载："殷辛伐有苏，有苏氏以妲己女焉。"这就是说妲己是商王子受征战得胜的"战利品"。如果说商王子受宠爱这个叫妲己的女子，应该与真实的历史不会有太大的出入。但是不是对这个女子言听计从，这是值得怀疑的。成书于战国末年的《荀子》是这样记载商王子受的："长巨姣美，天下之杰也；筋力超劲，百人之敌也。"司马迁在《太史公书·殷本纪》中是这样描述的："帝纣资辨捷疾，闻见甚敏；材力过人，手格猛兽；知足以拒谏，言足以饰非；矜人臣以能，高天下以声，以为皆出己之下。"由此来看，商王子受是一个天资聪颖、口才颇佳、行动敏捷、气力过人，且接受能力很强的人。商王子受不但颇具才干，也极为自负，甚至刚愎自用。因此，商王子受是否轻信妲己不宜妄断，但不轻信他人是可以肯定的。另外，商王朝在作重大决策时，是有详细规范可循的，这在《书·商书·洪范·稽疑》中有详细记载。遇到疑难问题，首先自己要多加考虑，然后和卿士商量，而后再和庶民商量，最后问及卜筮。除了占卜之外（详见2.4.1 "文化继承与嬗变"），这一过程还有点民主决策的意味。因此，妲己对商王子受的决策有多大的影响力是值得探讨的。

第二条是不祭祀祖先。我们知道，商汤在建立商王朝时，就是以不祭祀为理由攻打葛国，从而掀开了灭夏战争的序幕。商朝是一个崇拜鬼神的王朝，商王不但是最高统治者，也享有类似于宗教领袖的地位，其政治结构类似于我们现代政

① 《书·周书·牧誓》：武王戎车三百辆，虎贲三百人，与商战于牧野，作《牧誓》。时甲子昧爽，王朝至于商郊牧野，乃誓。王左杖黄钺，右秉白旄以麾，曰："逖矣，西土之人！"王曰："嗟！我友邦冢君，御事：司徒、司马、司空、亚旅、师氏、千夫长、百夫长，及庸、蜀、羌、髳、微、卢、彭、濮人。称尔戈，比尔干，立尔矛，予其誓。"王曰："古人有言曰：'牝鸡无晨；牝鸡之晨，唯家之索。'今商王受，唯妇言是用，昏弃厥肆祀，弗答；昏弃厥遗王父母弟不迪，乃唯四方之多罪逋逃，是崇是长，是信是使，是以为大夫卿士，俾暴虐于百姓，以奸宄于商邑。今予发，唯恭行天之罚。今日之事，不愆于六步、七步，乃止，齐焉。勖哉夫子！不愆于四伐、五伐、六伐、七伐，乃止，齐焉。勖哉夫子！尚桓桓，如虎如貔，如熊如罴，于商郊。弗御克奔，以役西土，勖哉夫子！尔所弗勖，其于尔躬有戮。"

教合一的国家。这里指责商王子受不祭祀，从另一个方面说明，当时的政权与神权有了相当大的矛盾。同时这也为后来的周削弱神权开了先河。

第三条是不重用同父母兄弟。这个问题还是从受德（商王子受）继承王位时的同父母兄弟之争说起。

在战国末年成书的《吕览》^①记述为：受德同母兄弟共有三人，子启（今通称宋微子）是长兄，中衍居中，受德（子受）最小。三人的母亲生子启和中衍时，身份是妾。后来成为正妻，之后才生下子受。父母想要立（庶）长子子启为太子，而太史则依据法典为此事争辩，认为有正妻的儿子在，就不可立妾的儿子（庶子）做太子。于是，子受成了商王的继承人，子启则无缘商王的继承人。^②

这些记述都是遵循周的宗法制，即所谓的嫡长子继承制，传"嫡"不传"庶"的宗法记述的。嫡，正妻为嫡，正妻所生的儿子谓嫡生、嫡子，即正宗之意。庶，是旁支，妾所生的儿子谓庶子、庶出。嫡为大宗，庶为小宗。只有嫡长子才是继承王位或爵位的唯一合法者，庶子即使比嫡长子年长或更有才能，也无权继承。但君王嫡传制是何时形成的，或者说占有不可动摇地位的伦理观，从现在的文献看并非始于商王朝。出土的甲骨文的记述是与上述记载的嫡长子继承制相悖的。有研究结果表明，商王朝是从统治血缘集团中轮流选出君王。王国维在其《殷周制度论》说："商人无嫡庶之制，故不能有宗法。"又说："商之继统法以弟及为主，而以子继辅之，无弟然后传子。自成汤至于帝辛三十帝中，以弟继兄者凡十四帝。其以子继父者，亦非兄之子，而多为弟之子。"因此，传统所说的商王朝嫡传制度也是值得进一步研究的，毕竟这些传统记录商王朝历史的文字是在周克商之后撰写的。而且西周早期并没有形成后来所谓的嫡传制，君王是从特定的血缘集团中选出的。这种特定的血缘集团仅限于构成周这个国家的氏族组织的部分成员。因此，所谓君王嫡传制是逐渐形成的。

按照《太史公书·殷本纪》的记载，在商王朝的最后阶段，有一个位高权重又是商王子受叔叔辈的比干，因忠谏被一意孤行的商王子受处死，因此比干也被称为"亘古忠臣"。但后来发现比干的死并不只是因为他是忠臣且商王是暴君，而是源于权力斗争，此时比干和子启（微子）、箕子三人已结成同盟反对商王子受。商后期，周与商一直不和，也有取代商之意愿。正是在此背景下，他们与周联

① 战国末期，秦相吕不韦（公元前292～前235年）组织属下门客于公元前239年编纂而成的著作，又名《吕氏春秋》。该书共分为十二纪、八览、六论，共二十六卷，一百六十篇，二十余万字。当时正是秦国统一六国前夜，是吕不韦为即将统一的秦帝国而作的理论准备。

② 《吕览·当务》：纣之同母三人，其长曰微子启，其次曰中衍，其次曰受德。受德乃纣也，甚少矣。纣母之生微子启与中衍也，尚为妾，已而为妻而生纣。纣之父、纣之母欲置微子启以为太子，太史据法而争之曰："有妻之子，而不可置妾之子。"纣故为后。用法若此，不若无法。

系合作，曾派两人做代表到周请兵。姬发第一次带军队到孟津就是他们派人请来的。也许是商王子受有所察觉，姬发才没有实施攻击就撤兵了。后来商王子受发现了这些情况，就把比干杀了，把箕子关起来了，但对子启没有特别处理，只知道他是个反对派，不知道他里通外国。两年后，万事俱备只欠的东风——东征（商王朝主力军队征战东线，国内空虚）——也有了。接下来就是著名的"牧野之战"，其结果是众所周知的。从第一次"孟津观兵"到第二次牧野一战击垮商王朝，周在短时间取胜的一个重要原因可能是商王朝主力军队在东线作战而不能及时回归。无论是周抓住了这个时机，还是通过"间谍"实现了调虎离山之计，这是一个值得思考的问题。

在这之前，姬发曾派保召公到共头山下去找子启，跟他盟誓说："让你世世代代做诸侯之长，奉守殷的各种正常祭祀，允许你供奉桑林之乐，把孟诸作为你的私人封地。"①

如果比干三人结盟联合周反对商王子受不是事实的话，那周为什么会赞颂商王朝的遗老并分封子启（微子）如此之高的爵位、给予如此高的名誉呢？这本身就是值得玩味的事情。我们知道，商代是我国第一个有文字信史的朝代，但这些商末"信史"是周人撰写的。

从这里我们可以看出，在商王朝末期，最高统治集团内部已经积蓄了很深的矛盾，即使是亲兄弟之间，其争权夺利已经到了你死我活的地步。这或许能够说明商王子受为什么不信任同父母兄弟而起用外人吧！

最后一个值得注意的是，周武王姬发好像有先见之明，要求大量收容那些投降的人，这和历史记载的大量商军投降甚至倒戈一击惊人的一致，其背后的原因也是值得我们思考的。

从现在得到的史料来看，周利用了商的内部矛盾并采取了里应外合（间谍）的策略。在《韩非子·内储说下六微·说六》中有这样的记述："文王资费仲而游于纣之旁，令之谏纣而乱其心。"也就是说，西伯姬昌（周文王）资助费仲追随在商王（子受）的身边，要他给商王子受出些主意，从而搅乱商王的心。

这说明，早在周作为商的属国时，西伯姬昌（周文王）就已经安插或者收买了商王子受身边的卿士——费仲②。费仲还真是给商王子受出过谋划过策的《韩非子·外储说左下·说三》讲述了费仲劝告商王子受的故事：

费仲劝告商王子受说："西伯姬昌贤明，百姓都喜欢他，诸侯们都依附他，必须把他杀掉。如果不杀掉他，他一定会成为商朝的祸害。"商纣王说："既然你

①《吕览·诚廉》：又使保召公就微子开于共头之下，而与之盟曰："世为长侯，守殷常祀，相奉桑林，宜私孟诸。"为三书，同辞，血之以牲，埋一于共头之下，皆以一归。

②《墨子·公孟》：昔者商王纣卿士费仲，为天下之暴人。

说他是一个贤能的诸侯，怎么可以杀死？"费仲说："帽子虽然破旧，必定是戴在头上；鞋子虽然华美，必定踩在地上。现在西伯姬昌是您的臣子，他实行仁义，人心都向着他。最终会成为天下祸害的人，恐怕一定是西伯姬昌了！臣子不用他的贤能为君主效忠，非杀不可。况且君主诛杀臣子有什么过错呢？"商纣王说："仁义，是君主用来劝勉下面的人的。现在西伯姬昌好行仁义，不可以杀他。"①

这个故事让"敌方"商纣王（商王子受）正面称赞了西伯姬昌，但反过来也显示了商纣王并非昏庸。这段费仲给商纣王出谋划策的事情，不知道是发生在费仲被西伯姬昌行贿之前还是之后，从内容上看应该是之前。当然，这个故事也可能是周人的杜撰，但无论如何也说明一个事实，那就是周已经渗透到商的最高层内部。

除了从内部离间商王庭之外，姬发还积极笼络其他部落，答应封爵分地，分享战胜商王朝后的胜利成果。为此，姬发曾派姬旦到四内去找胶鬲，跟他盟誓说："让你俸禄增加三级，官居一等。"② 以此来收买盟友。

关于牧野之战，《竹书纪年》的记载与《太史公书》有些不同："周武王率西夷诸侯伐殷，败之于坶野。"这显然表明周与当时的"西戎"具有良好的关系，也不能排除周就是"西戎"（所谓西戎是相对中原一带的农耕民族而言）。关于商王子受之死，《太史公书》记载是自焚身亡，周武王姬发以钺（yuè）砍纣王遗体；而《竹书纪年》记载则是"周武王亲擒帝于南单之坛"。在《书·周书·武成》中也有关于牧野之战的记述：

> 既戊午，师逾孟津。癸亥，陈于商郊，俟天休命。甲子昧爽，受率其旅若林，会于牧野。罔有敌于我师，前徒倒戈，攻于后以北，血流漂杵（chǔ）。

对周灭商这一历史事件的评价，有一个关于伯夷、叔齐的故事。这个故事在不同的史料中有不尽相同的记述，了解整个故事或许能拓展我们的历史视角。

成书于战国中期的《庄子》在《让王》篇中讲述了伯夷和叔齐的故事③，其中

---

① 《韩非子·外储说左下·说三》：费仲说纣曰："西伯昌贤，百姓悦之，诸侯附焉，不可不诛，不诛必为殷患。"纣曰："子言，义主，何可诛？"费仲曰："冠虽穿弊，必戴于头；履虽五采，必践之于地。今西伯昌，人臣也，修义而人向之，卒为天下患，其必昌乎！人人不以其贤为其主，非可不诛也。且主而诛臣，焉有过？"纣曰："夫仁义者，上所以劝下也。今昌好仁义，诛之不可。"三说不用，故亡。

② 《吕览·诚廉》：武王即位，观周德，则王使叔旦就胶鬲于次四内，而与之盟曰："加富三等，就官一列。"为三书，同辞，血之以牲，埋于四内，皆以一归。

③ 《庄子·让王》：二人相视而笑曰："……今周见殷之乱而遽为政，上谋而下行货，阻兵而保威，割牲而盟以为信，扬行以说众，杀伐以要利，是推乱以易暴也。吾闻古之士，遭治世不避其任，遇乱世不为苟存。今天下悖周德衰，其并乎周以涂吾身也，不如避之以洁吾行。"

的伯夷和叔齐指责"周人看见殷商政局动荡就急速夺取统治天下的权力，崇尚谋略收买臣属，依靠武力保持威慑，宰牲结盟表示诚信，宣扬德行取悦众人，凭借征战求取私利，这是用推动祸乱的办法替代已有的暴政"。

成书于战国末期的《吕览》在《诚廉》篇中叙述了伯夷、叔齐在了解到周武王姬发即位后安排周公及召公与其他部落，甚至与商朝反对派子启（微子）结盟，承诺克商后加俸禄及封侯之事，指责周国"推崇计谋，借助贿赂，依靠武力，维持威势。通过结盟表诚信，宣扬武王灭商的梦兆来劝说百姓，用战争攫取自身利益，像这样做来代替殷朝，不过是用混乱代替暴虐罢了。"①而司马迁的《太史公书·伯夷列传》则是说他们指责周武王姬发在没有埋葬周文王姬昌之时就发兵攻商，是不仁不孝！②

图2　宋·李唐（1066～1150年）《采薇图》

当然，伯夷、叔齐在周克商后，不肯归顺周王朝，隐居去了首阳山，采集野菜来充饥，后饿死于山中。传说他们临死前作诗云："登上首阳山，采薇来就餐，残暴代残暴，不知错无边？炎舜禹已死，我欲归附难！可叹死期近，生命已衰残！"以表心志。

《庄子》《吕览》和《太史公书》记述的伯夷、叔齐对周的评价，反映了三位作者政治理念的不同！对于伯夷、叔齐之移居首阳山下，孔丘是持赞誉态度的："伯夷、叔齐饿于首阳之下，民到于今称之。其斯之谓与？"（《论语·季氏》）

关于商之灭亡，有一点经常被忽略，那就是当时殷商可能受到气候剧烈变化而导致干旱等自然灾害的袭击。这可从《书·商书·微子》中微子一派对帝辛（商王

---

① 《吕览·诚廉》：伯夷、叔齐闻之，相视而笑曰："……今周见殷之僻乱也，而遽为之正与治，上谋而行货，阻丘而保威也。割牲而盟以为信，因四内与共头以明行，扬梦以说众，杀伐以要利，以此绍殷，是以乱易暴也。吾闻古之士，遭乎治世，不避其任，遭乎乱世，不为苟在。今天下暗，周德衰矣。与其并乎周以漫吾身也，不若避之以洁吾行。"

② 《太史公书·伯夷列传》：伯夷叔齐叩马而谏曰："父死不葬，爰及干戈，可谓孝乎？以臣弑君，可谓仁乎？"左右欲兵之。太公曰："此义人也。"扶而去之。

子受）的指责中略见端倪："王子！上天重降大灾要灭亡我们殷商，而君臣上下沉醉在酒中，却不惧怕老天的威力，违背年高德劭的旧时大臣。现在，臣民竟然偷盗祭祀天地神灵的牺牲和祭器，把它们藏起来，或是饲养，或是吃掉，都没有罪。再向下看看殷民，他们用杀戮和重刑横征暴敛，招致民怨也不放宽。罪人聚合在一起，众多的受害者无处申诉。"[①] 在那个年代，所谓上天降大祸就是如今所指的自然灾害。当人们饥饿难忍时，连神圣的祭品也被盗用。研究那时的气候状况，也许会给我们更多的思考空间。从现在的科学理论也可以推知当时的气候变化，现代气象学家竺可桢（1890～1974年）在研究古代气象变化时，就得出了公元前1100年左右，中原地区乃至华夏的气候温度剧烈变化。他在论文《中国五千年来气候变迁的初步研究》（《考古学报》1972年第一期）得出了"在这以后，年平均温度有2-3℃的摆动，寒冷时期出现在公元前一千年（殷末周初）"的结论。作为农耕社会，气候剧烈变化，农业受到很大甚至是灾难性的影响，是毫无疑问的。

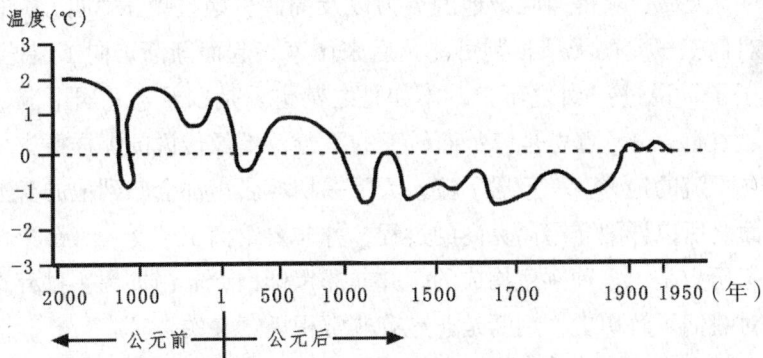

图3　中国历史气候变迁图

我们有理由推测，当时的周与商的气候条件可能极不相同。如在公元前647年，晋国（靠近殷商故地）就遭受自然灾害而闹饥荒，秦国（地处宗周周原）曾慷慨援助晋。转年秦国也遇到自然灾害闹饥荒，秦曾救助于晋，未能得到晋的援助，从而引发了两国的战争。

另外，由于当时酿酒技术的成熟，殷商民族饮酒蔚然成风，作为国君的子受也不例外。大量消耗酒意味着大量消耗粮食，这也是造成当时社会矛盾尖锐的一个重要原因。有了这一前车之鉴，在周克商之后，周公姬旦在康叔赴殷商之地的卫国（今河南省淇县一带）任国君时，特别命告康叔要实施戒酒，这就是《书·周书》中的《酒诰》。殷商贵族（包括商王子受）因为嗜酒成风，荒于政事。这从另一个方面也

① 《书·商书·微子》：父师若曰："王子！天毒降灾荒殷邦，方兴沈酗于酒，乃罔畏畏，咈其耉长旧有位人。今殷民乃攘窃神祇之牺牷牲用以容，将食无灾。降监殷民，用乂仇敛，召敌仇不怠。罪合于一，多瘠罔诏。"

可以反映出当时的殷商酒文化对其政权破灭的影响。

从现在得到的史料来看，商王朝立国之后，经过漫长的岁月，到末期各种矛盾尤其是统治者内部的矛盾和统治者本身的腐化与分裂日趋加剧。周充分利用了殷商的内部矛盾（或许还有天灾），联合其他侯国及部落进行了一场里应外合的伐商战争，可以说伐商采取了正确的战略与策略。周克商也是顺应了历史的发展方向。到商王子受时期，在各种势力相互作用下，尤其朝廷内部争斗激烈，以致积重难返，商王朝走向灭亡也是在所难免。

商王朝是历史上第一个有系统文字并被史书记载的王朝，但记录者是克商的周王朝的人，这一点在我们了解商代历史时，需要格外注意。就文字而言，商王朝时期的甲骨文和金文的记载是目前已经发现的中国最早的成系统的文字符号。

从历史文献及出土文物看，位处陕西的属国"周"灭中原的大国"商"后，"周"及世人并不热衷于诽谤"商"最后一个统治者商王子受，而是对西伯姬昌（周文王）的受天命、获得通晓天地的灵力以及周武王姬旦镇压"四方"的魄力大肆宣扬。对商王子受的无情批判可能是后来儒家兴起而渐渐走向了道德至上之路。孔丘弟子子贡说过："纣之不善，不如是之甚也。是以君子恶居下流，天下之恶皆归焉。"（《论语·子张》）意思是说：商纣王的不善，不像传说的那样厉害。所以君子憎恨处在下流的地方，一旦居下流，天下一切坏名声都会归到他的身上了。

上面之所以详细介绍周克商的过程，并非要给商王子受（商纣王）平反，而是想提醒读者历史是由多种颜色构成的，并非非黑即白，非白即黑。抛弃这种二元思维方式对我们了解历史、判断是非是有非常积极意义的。

从文明角度看，显然商的文明化程度要远高于周，周是从西部东迁后，慢慢接触到商文明而逐渐弃戎入商的。当所谓的文明发展到一定程度，反而会束缚社会进一步发展，也会积累成统治集团的腐败和内斗，生产力的发展一方面会推动社会的发展，另一方面也会加深阶级矛盾。更高的古希腊文明被罗马帝国所灭，而罗马帝国被蛮人所灭也许会说明历史的进程及文明发展的曲折。

现代大多数人熟悉的历史观继承了《太史公书》或者说儒家的一种定式的历史观，即夏王朝、商王朝、周王朝皆始于英明神武的真命天子，最终毁于昏庸无道的亡国之君。根据这个历史观，大禹之德不仅恩泽华夏，还惠及周边及偏远的野蛮之地。随着时间的推移，拥有"天下"的夏王朝也渐渐衰落，直至最后出现了夏桀，其残暴导致了夏王朝的灭亡。取而代之的是英明的商王汤，他推翻暴君夏桀，建立了新王朝——商朝。商汤的圣德不仅恩泽华夏，还惠及周边及偏远的野蛮之地。而这个"天下"的王朝也日益衰落，直至残暴的纣王出现，最终商王朝走向灭亡，取而代之的是英明的周文王姬昌和英勇的周武王姬发。

2

西周

2.1 初建稳定

经过"牧野之战"一举克商的周进而入主中原。

周武王姬发克商进入商都后，随即派兵征伐尚未臣服的商朝方国，据记载被征服者号称有九十九国之多。尔后，周武王姬发凯旋西归，在他新迁的都邑镐京（即宗周，今陕西西安西北沣水东）举行盛大庆典，正式宣告周王朝的建立。周王朝刚刚建立的第二年，周武王姬发就离世而去，而其子尚年幼，无执政能力。因此围绕王位继承问题，周王室内部展开了权力争夺斗争。

《书·周书·金縢》叙述了当时的情况：

> 武王既丧，管叔及其群弟乃流言于国，曰："公将不利于孺子。"周公乃告二公曰："我之弗辟，我无以告我先王。"

这就是说在周武王姬发去世后，他的几个弟弟，包括三弟管叔、四弟姬旦和其他弟弟之间展开了权力争夺。

据《逸周书·克商解》记载，在克商后周武王姬发已经"立（商）王子武庚，命管叔相"。按照传统的说法，管叔及其他兄弟三人被周武王姬发派去辅佐（也被后来的史书称之为"三监"）商王子受之子武庚。管叔及其他兄弟三人在武王姬发过世后，在国内散布言论说："周公姬旦将会对周武王姬发之幼子不利。"而周公姬旦则告诉太公望（吕尚）和召（shào）公姬奭（shì）说："我不（摄政）为王，我将无言告慰先王。"如果按照宗法制而言，作为姬旦同父母哥哥的管叔是应该登上高位的；但如果论功劳、实力和地位，则周公姬旦是应该作为（摄政）王的，这可能是他们内斗的原因吧！

就在周王室出现内部纷争之时，以商王之子武庚为首的商代遗族也伺机展开了复国行动。为此周公姬旦积极筹划后来称之为"东征"的战争。

从《书·周书》所载的《大诰》《康诰》这些讲话、训令看，涉及姬旦时，使用的是"王曰"，口气也颇具王者风范。据此可以推断，此时的姬旦（今通称周公，公元前1022～前1029年在位，也说公元前1078～前1034年在位）已居王位（虽然没有史料显示姬旦曾登基王位，但至少是摄政王）。为发动"东征"，姬旦还是费了一番周折的，这可从姬旦的动员演说《大诰》中看出：

　　　　我向大龟祷告说："在西方有大灾难，西方人也不安静，现在也蠢动了。殷商的小主（指武庚）竟敢组织他的残余力量。天帝降下灾祸，他们知道我们国家有困难，民不安静。他们说：'我们要复国！'反而图谋我们周国，现在他们动起来了。"

　　这说明当时的周王室原根据地宗周或其西方有难，人心也不安定，有蠢动之迹象。这里没有明说其内部问题，只是指责了殷商遗民复国反动，周（摄政）王姬旦欲发兵讨伐，但遭到了周王室和侯国君室及许多大臣的反对。无奈之下，周（摄政）王姬旦祭出了撒手锏——龟卜，用龟卜结果来昭示"天意"，试图以占卜结果来"说服"其他王族要人，为东征做最后努力。尽管有占卜结果的支持，国君和大臣们还是反对说：

　　　　"困难很大，老百姓不安宁，也有王室和侯国君室的人卷入。我们这些小子（自谦的自称）考虑，或许不可征讨吧，大王（指姬旦）为什么不违背龟卜昭示呢？"

　　（摄政）王姬旦对"东征"决心很大，表示只要有10个人协助他，就可以完成文王和武王谋求的功业。这个讲话用了"西土"两字，可以推断当时姬旦是居于（宗周镐京的）东方的，这与流传的周公姬旦奉命东征是有很大出入的。

　　（摄政）王姬旦征讨东方三年，杀掉了其兄管叔及商王之子武庚，流放了他的几个弟弟。殷都被夷平（这反而保存了殷商祭祀之文物，包括甲骨文），不肯臣服之殷商遗民则被强迫迁移至新都雒邑，另一部分则被送回殷商故地（今河南商丘），作为子启（微子）封国——宋国的子民。

　　从周初的统治最高层决策过程来看，周继承了商文化，占卜在重大决策中占有举足轻重的地位，也佐证了占卜在商王朝重大决策时的重要性。这一文化一直延续到春秋中叶，这也是《周易》得以不断完善更新的历史原因。

　　《书·周书·金縢》还记载有："于后，公乃为诗以贻王，名之曰《鸱鸮①》。王亦未敢诮公。"这就是说（摄政）王姬旦在取得东征胜利之后，写了一首名为《鸱鸮》的诗来表达其对周王室的一片忠心。而周武王姬发之子姬诵（约公元前1055？～前1021年）及其拥护者并没有责备（摄政）王姬旦东征时对周王室的其他成员（管叔、蔡叔等）先斩后奏的举动。既然木已成舟，鉴于（摄政）王姬旦实力强大，年幼且未登位的姬诵即使不悦也不敢怒，即使有处罚姬旦之意也无其力，当然也就不了了之。从这里我们看出这时的（摄政）王姬旦与周王室是存在着很大矛盾的，这也再次说明（摄政）王姬旦的东征是强行而为之的。

---

① 鸱鸮（chīxiāo）：俗称猫头鹰。

值得一提的是，在周武王姬发去世之后，作为最高职位的三位重臣太公望（吕尚）、周公姬旦和召（shào）公姬奭（shì），尤其是周公姬旦和召公姬奭对周王朝初期的稳定和巩固立下了汗马功劳。太公望是西伯姬昌（周文王）时代的重臣，此时年事已高，又是外姓外族人，在推翻商王朝后的执政实务中并无多少担当，但在重大决策时，往往起到参谋与平衡作用。作为周武王姬发左膀右臂的周公姬旦和召公姬奭则以"陕"（今河南三门峡市西部）为界对周王朝实行分治：陕之西归召公管治，陕之东归周公管治。两公不同之处是在周武王姬发去世之后，其子姬诵因年幼未能登位亲政的特殊时期，周公姬旦则承担了"王位"。无论周公姬旦为王也好，为摄政王也罢，其实际统治的地方也只是陕东的周王朝区域。尽管这期间周王室内部存在着矛盾，但随着东征的胜利，东西双方又逐渐和好。

　　关于双方和好的缘由，在《书·周书·金滕》中记述了一个周公姬旦以自己的性命来换取周武王姬发康复的令人感动的故事：周克商后的第二年周武王姬发得了重病。当时周王朝克商伊始，殷民多有不服，周王朝未稳。鉴于此情，太公望（吕尚）、召公姬奭建议占卜问吉凶，周公姬旦则主张向他们的先王祷告。

　　周公姬旦面向北方站在台上，台上放着玉，他手持圭，向周的三位先王太王、王季、文王祷告说："你们的长孙姬发，遇到险恶的病。假若你们三位先王这时在天上有助祭的职责，就用我姬旦代替他的身子吧！我柔顺巧能，多才多艺，能奉事鬼神。你们的长孙不如我多才多艺，不能奉事鬼神。而且他在天帝那里接受了任命，取得了四方，因此能够在人间安定你们的子孙。"[1]这一祝告的册书收藏在金属束着的匮中。后被周成王等发现，因此化解了周公姬旦与周成王之间的矛盾与误解。这个故事虽然令人感动，但曾经由周公姬旦用占卜结果预言马上就会恢复健康的周武王还是不久便撒手人寰。

　　在歼灭掸武庚及管叔之后，原来殷商遗族的地盘及管叔等管辖的地方又派去了周（摄政）王姬旦的小弟康叔去接管，也就是后来的卫国。在送年幼的康叔上任之际，周（摄政）王姬旦以王者身份陆续教诲康叔，这就是《书·周书》里面的《康诰》《酒诰》及《梓材》。这三篇充分阐述了周（摄政）王姬旦的治国理念及其对为君

---

① 《书·周书·金滕》：既克商二年，王有疾，弗豫。二公曰："我其为王穆卜。"周公曰："未可以戚我先王？"公乃自以为功，为三坛同墠。为坛于南方，北面，周公立焉。植璧秉圭，乃告太王、王季、文王。

　　史乃册，祝曰："唯尔元孙某，遘厉虐疾。若尔三王是有丕子之责于天，以旦代某之身。予仁若考能，多材多艺，能事鬼神。乃元孙不若旦多材多艺，不能事鬼神。乃命于帝庭，敷佑四方，用能定尔子孙于下地。四方之民罔不祇畏。呜呼！无坠天之降宝命，我先王亦永有依归。今我即命于元龟，尔之许我，我其以璧与圭俟尔命；尔不许我，我乃屏璧与圭。"

　　乃卜三龟，一习吉。启龠见书，乃并是吉。公曰："体！王其罔害。予小子新命于三王，唯永终是图；兹攸俟，能念予一人。"公归，乃纳册于金滕之匮中。王翼日乃瘳。

的告诫。

姬旦执（摄）政的第七个年头，新都雒邑（今河南洛阳附近）也在他的主持下建成。与此落成典礼相伴的仪式内容是姬旦要把王权交给周武王姬发之子姬诵。在《书·周书·洛诰》中描述了两个人的会面与对话，他们在相互施礼时，用了同样的词汇"拜手稽首"，这说明这时他们的地位是平等的。换句话说，这时的姬旦是王者身份。在《书·周书·洛诰》中还有一句姬诵说的话是值得注意的："公！予小子其退，即辟于周，命公后。"就是说姬诵回镐京举行即王位改元，您还是留着雒邑吧。这就告诉我们在姬旦作为王执政七年之后，才退位让姬诵即位而不是归还王位仪式。

新建的雒邑有两城，西为王城（王宫），东为成周（社宫）。成周距王城十八里。在平息殷商遗族复国暴动后，一部分不愿归顺的殷商遗族被强行迁至雒邑的成周周边，成了效力祀奉周宗社的臣民，并被周王朝的大军监管，以防止再次发生暴动。在处理这一事情的过程中，周公姬旦是以周成王姬诵的名义对殷商遗臣（商王士）发出的训诰。《书·周书·多士》中写道：

王这样说："你们这些殷（商）的旧臣们！你的（商）不敬重上天，大祸降临殷国。我们周国佑助天命，奉行上天的明威，执行王者的诛罚，宣告殷的国命被上帝终绝了。现在，你们众位官员啊！不是我们小小的周国敢于取代殷命，是上天不把大命给予那信诬怙恶的人，而辅助我们（革了殷商之命），我们岂敢擅求王位呢？正因为上帝不把大命给予信诬怙恶的人，我们下民的所作所为，应当敬畏天命。"

"上帝不把大命给予不深明大德的人，凡是四方小国大国的灭亡，无人不是怠慢上帝不明德而被惩罚的。"①

王这样说："你们殷国的众臣，现在只有我们周王善于奉行上帝的使命，上帝有命令说：'夺取殷国，并报告上天。'我们讨伐殷商，不把别人作为敌人，只把你们的王庭作为敌人。我怎么会料想到你们众官员太不守法，我并没有动你们，动乱是从你们的封邑开始的。我也考虑到天意仅仅在于夺取殷国，于是在殷乱大定之后，便不治你们的罪了。"

现在你们（殷商遗民）又说："'当年夏的官员被选在殷商的王庭，在百官之中都有职事。'我只接受、使用有德的人。现在我从大邑商（殷商遗民故地）招来你

---

① 《书·周书·多士》：王若曰："尔殷遗多士，弗吊旻天，大降丧于殷，我有周佑命，将天明威，致王罚，敕殷命终于帝。肆尔多士！非我小国敢弋殷命。唯天不畀允罔固乱，弼我，我其敢求位？唯帝不畀（bì），唯我下民秉为，唯天明畏。……唯天不畀，不明厥德，凡四方小大邦丧，罔非有辞于罚。"

激荡春秋
——东周之历史、文化与思想

们，我是宽待你们和爱惜你们。这不是我的差错，这是天命。"①

从周(摄政)王姬旦这段训辞中我们可以发现，周王朝初期也是主张以德选人的，也就是任人唯德，至少是对外族的说辞。从某种意义上讲，这是与他们提倡的宗法制相违背的。而作为殷商遗民，他们也拿出古代的传说，即殷商灭夏后还沿用了夏的许多官员在殷商王庭继续做官，来反驳当时的周王朝的政令。这或许是殷商遗族造反的原因之一吧！同时我们也可以看到，作为方国的周在克商时并非强大无比。也可从周(摄政)王姬旦所用的非常客气的语言感觉到周王朝在建国初期的艰难。

周克商之初，周并非没有完全德化或完全降服商人的策略。究其原因，这时的商人在文化方面高于周人，遗商在政治、经济方面仍有很大的势力，周初文告往往自称"小邦周"就证明这一点。把商朝的贵族官员与诸侯迁徙到雒邑成周，(摄政)王周公还对前商朝官员(多士)和诸侯(多方)发布《多士》与《多方》两个重要文告，宣布周虽小邦，天命归之，殷违天当灭。现在周革殷命，正如当初成汤革夏命一样。但周王朝并没有对商遗族的各级官员及属国贵族进行任用或沿用，不像汤灭夏之后善待夏的遗族百官，而是将一些商的氏族分封给姬姓最重要的诸侯，如将"殷民六族"分给周公，封于鲁；"殷民七族"分给康叔，封于卫；"怀姓九宗"分给虞叔，封于唐。这些殷民并不是奴隶，他们只是成为姬姓诸侯政治上的臣属，"使帅其宗氏，辑其分族，将其类丑"，即仍保持其宗族，还统领着过去的奴隶(类丑)。这些殷民与住在成周的商"顽民"一样，分住在诸侯都邑，是构成当时"国人"的重要来源之一。

在周成王姬诵登上王位后的第二年，便亲率军队对东方的淮夷等进行了征伐，使东至沿海基本实现了稳定。周成王姬诵归王都后就开始着手建立周王朝的政治组织制度，包括周王室与封国的关系、执政的官僚制度等，使周王室成为"天下共主"。

周王朝从打败殷商王朝到实现基本稳定，这大约花费了十几年的时间，其间

① 《书·周书·多士》：王若曰："尔殷多士，今唯我周王丕灵承帝事，有命曰：'割殷'告敕于帝。唯我事不贰适，唯尔王家我适。予其曰唯尔洪无度，我不尔动，自乃邑。予亦念天，即于殷大戾，肆不正。"王曰："猷！告尔多士，予唯时其迁居西尔，非我一人奉德不康宁，时唯天命。无违，朕不敢有后，无我怨。唯尔知，唯殷先人有册有典，殷革夏命。今尔又曰：'夏迪简在王庭，有服在百僚。'予一人唯听用德，肆予敢求于天邑商，予唯率肆矜尔。非予罪，时唯天命。"王曰："多士，昔朕来自奄，予大降尔四国民命。我乃明致天罚，移尔遐逖，比事臣我宗多逊。"王曰："告尔殷多士，今予唯不尔杀，予唯时命有申。今朕作大邑于兹洛，予唯四方罔攸宾，亦唯尔多士攸服奔走臣我多逊。尔乃尚有尔土，尔用尚宁干止，尔克敬，天唯畀矜尔；尔不克敬，尔不啻不有尔土，予亦致天之罚于尔躬！今尔唯时宅尔邑，继尔居；尔厥有干有年于兹洛。尔小子乃兴，从尔迁。"王曰："又曰时予，乃或言尔攸居。"

经历了内斗、对内平乱、对外战争和分封等。

关于周王朝初期的官僚体制，在《书·周书·周官》一文中有简略记载：

明王立政，不唯其官，唯其人。今予小子，祗勤于德，凤夜不逮。仰唯前代时若，训迪厥官。立太师、太傅、太保，兹唯三公。论道经邦，燮理阴阳。官不必备，唯其人。少师、少傅、少保，曰三孤。贰公弘化，寅亮天地，弼予一人。冢宰掌邦治，统百官，均四海。司徒掌邦教，敷五典，扰兆民。宗伯掌邦礼，治神人，和上下。司马掌邦政，统六师，平邦国。司寇掌邦禁，诘奸慝，刑暴乱。司空掌邦土，居四民，时地利。六卿分职，各率其属，以倡九牧，阜成兆民。

也就是设立三公"太师、太傅、太保"和三孤"少师、少傅、少保"，这几职服务于周王。设立冢宰，主管国家的治理，统帅百官，调剂四海。其他官员有：司徒主管国家的教育，传布五常的教训；宗伯主管国家的典礼；司马主管国家的军政，统率六师；司寇主管国家的法禁；司空主管国家的土地，安置士农工商。六卿分管职事，各自统率其属官。

在政权体制建立方面，除了周王室的行政官吏之外，另一个重要方面就是"分封"。我们知道，周灭商是靠联合周、商周围地处西部的各种势力，有史料显示在灭商之前是有"契约"的，那就是投入与回报的问题。对那些曾经跟随周的最高统领姬发（周武王）灭商的氏族及功臣们要进行回报，其中最重要的一项就是"分封"，这也是周王朝不同于前王朝的基本制度之一：分封制。但周王朝的分封并不是完全新创，它是在继承商的国家体制之上，结合宗法制形成的。

2.2 分封与社会形态

灭商之后，周成为新的"天下共主"。周王朝的最高统治者称天子或天王，天子也就是上天（天帝）之子的意思，天王则是天下之王，而且是天下唯一之王。周王朝的最高统治者享有天下至高无上的地位。当然这里的"天下"不是战国时代的天下，更不是现代意义的天下。周天子将土地及其附属的臣民分别分封给姬姓王族、功臣及原住大氏族、商王后裔，让他们建立自己的领地，拱卫周王室。成书于战国后期的《荀子》在其《儒效》篇中记有"兼制天下，立七十一国，姬姓独居五十三人"，而较《荀子》更晚的《吕览》在其《观世》篇中则有"周之所封四百余，服国百八余"之说。

周王朝的分封是在继承商王朝的政治组织基础（见"商的崛起"一节）上发展而来，它是氏族式的，也是论功行赏式的。当然，也考虑了先前古国及文化的传承。周王朝的分封体制是天子—诸侯—卿大夫—士等各级贵族组成的金字塔式的结构，

激荡春秋
——东周之历史、文化与思想

爵位世袭，层层管辖，上级分封下级，下级效忠上级，隔级不存在隶属关系。

周天子为天下之大宗，诸侯之天王。王畿内由天子直接统治，将土地分封给官员、子弟为采邑；王畿周边也称四土，则为侯国，基本的爵号为侯。

周朝王畿是以镐京（今西安市长安区西北丰镐村附近）和雒邑（今洛阳市东北郊）为双核心的地区。周之宗室贵族分封是周初分封的主体。周朝在灭了许多旧国之后，将姬姓诸侯分东、北、南三个方面布局，主要为了镇抚商遗民，同时也兼制东夷和未服的戎族。

关于西周的势力范围，在《国语·郑语》中有"史伯为（郑）桓公论兴衰"一文，记述了西周末年（公元前774年）的"邑邦"状况：

> 当成周者（雒邑），南有荆蛮、申、吕、应、邓、陈、蔡、随、唐；北有卫、燕、狄、鲜虞、潞、洛、泉、徐、蒲；西有虞、虢、晋、隗、霍、杨、魏、芮；东有齐、鲁、曹、宋、滕、薛、邹、莒；是非王之支子母弟甥舅也，则皆蛮、荆、戎、狄之人也。

就区域分布而言，其东向沿黄河两岸伸展，黄河北岸有虢（今山西省芮城县城北）、虞（今山西省平陆县东北）、单（今河南省孟州市西南）、邢（今河南省泌阳县北）、原（今河南省济源市东南）、雍（今河南省焦作市南）、凡（今河南省辉县西南）、共（今河南省辉县北）、卫（今河南省淇县）；黄河南岸有焦（今河南省陕县）、北虢（今河南省陕县东南）、东虢（今河南省荥阳市北）、祭（今河南省荥阳市西北）、胙（今河南省延津县北）；再往东有曹（今山东省定陶县西北）、茅（今山东省金乡县西北）、郜（今山东省成武县东南）、极（今山东省金乡县东南）、郕（今山东省宁阳县东北）、鲁（今山东省曲阜市）等。往北沿汾水两岸有耿、韩、郇、贾等国，而虞叔封于唐（今山西省翼城县西）；太行山以东，卫之北有邢（今河北省邢台市）、燕（今北京市西南），已深入商人起源与初兴之地。在黄河以南的广大地区，有应（今河南省鲁山县东）、蔡（今河南省上蔡县西南）、息（今河南省息县西南）、蒋（今河南省淮滨县东南），息、蒋跨淮水为封城。更有"汉阳诸姬"及随（今湖北省随州市）、唐（今湖北省随州市西北）、曾（南阳盆地南部）；长江下游还有宜国（今江苏省镇江市一带）。

除了姬姓诸侯，周也封了一些异姓诸侯，主要是姻亲和功臣，其中最显赫的是姜姓。传说姜姓世代与姬姓通婚，由于文王的祖母太姜的缘故，封了申、吕、齐、许等国。尤其吕尚，不仅是周的开国元勋，又是周武王姬发之妃邑姜的父亲，封于齐，都临淄（今山东省淄博市东北），版图很大，权力也很大，"东至海，西至河，南至穆陵，北至无隶"，即今山东北部、河北南部、河南西北部的东夷各国及商遗旧国都由齐国监督，与周公姬旦的封国鲁在东方诸侯中处于同等重要地位。其他姜姓诸国：许（今河南省许昌市）、申（初封大概在今河南省信阳市），周宣王时又移封申伯于谢邑（在今河南省南阳市东谢营）、吕（今河南省南阳市西）、纪（今山东省寿光市东南）、州（今山东省安丘市东北）、向（今山东省莒南县东北）。舅姓诸侯还由于文王的母亲太任的缘故封了任姓挚（今河南省汝南县）、畴（今河南省鲁山县东南）。任姓薛国（今山东省滕州市东南）原是夏、商古国，西周继续受封，此外还有铸（今山东省肥城市南）、鄣（一说姜姓，今山东省东平县东）等。又追封周以前先王之后，封黄帝之后于蓟（今北京市境内），帝尧之后于祝（今山东省肥城市境内），舜后虞胡公封于陈（今河南省淮阳市），周武王姬发还以长女大姬嫁虞胡公。又因周文王姬昌妃、周武王姬发母大姒的缘故封了大禹之后姒姓杞国（今河南省杞县）。对于商，周克商之初，封商王子辛嫡子武庚以继商后。周公东征，武庚被杀，又立子启（微子）于宋（今商丘市）。

西周通过分封将影响力扩展至燕山脚下和长江下游，但这并不是连接成片的，而是星罗棋布，中间往往有"蛮夷"的阻隔。两个孤悬在外、据称为姬氏封国的吴（今江苏一带）和燕（今北京一带），在西周时几乎没有任何信史，直到春秋末期和战国中期才正式登上历史舞台。

关于分封制，有一个传统的"五服"之说。成书于战国时代的《国语·周书（上）》"祭公谏征犬戎"（记述的约为公元前964年之事）篇中有过这样的描述："先王的制度：王畿（jī）以内的地方称甸服，王畿以外的地方称侯服，侯服以外至要服以内的地方称宾服，宾服以外的蛮、夷地方称要服，要服以外的戎、狄地方称荒服。甸服地方的诸侯供给天子祭祀祖父、父亲的祭品，侯服地方的诸侯供给天子祭祀高祖、曾祖的祭品，宾服地方的诸侯供给天子祭祀远祖的祭品，要服地方的诸侯供给天子祭神的祭品，荒服地方的诸侯则朝见天子。祭祖父、父亲的祭品一日一次，祭高祖、曾祖的祭品一月一次，祭远祖的祭品一季一次，祭神的祭品一年一次，朝见天子一生一次。这是先王的遗训。"

这里的"服"即服事于王之意。"甸"即"田"，意为替王室耕田者，是周王室直辖地区；"侯"指以武力保卫王室者；"宾"意为宾从，指归服周王室者，或指王以宾礼待之者；"要"意为约束，指少数宗族接受约束者；"荒"意为荒远，指少数宗族居远荒者。这就是所谓的甸、侯、宾、要、荒五服制。

如果考察一下西周王朝的地理，我们就会发现一些问题。周在入主中原之后，建立了以"宗周镐京"和"成周雒邑"为双核心的布局，周王坐镇镐京，而周公一族坐拥雒邑。如果以镐京为中心的话，那么只有镐京周围有侯国和东方有拱卫，镐京的正南方有秦岭山脉，其南为汉江流域，这里可能有"汉阳诸姬"；西方与西戎并无多少缓冲地带，北方水源不丰，不太适合农耕民居，与游牧民族相邻；只有东方为周王朝广阔的空间。因此，宗周镐京之"甸"也不会有多大面积。所谓"服"，对于宗周镐京而言也没有多少面积。这样的宗周镐京一直受到犬戎和猃狁等游牧民族的骚扰与入侵。

从周的发展和迁移历史轨迹可知，周来自镐京西方的戎狄之地，我们不能断言周就是戎狄，但它与戎狄有着天然和历史性的关联。这或许是周未能在镐京的西方建立封国的重要原因。

这里需要特别注意的是，在双核心"宗周镐京"与"成周雒邑"之间封有姬姓虢氏一族，虽历史上鲜有重墨记载，但其对西周王朝及春秋前期有着不可替代

激荡春秋
——东周之历史、文化与思想

的作用。他们都是拱卫都城的姬姓近亲，曾经是周王朝最得力、最忠诚的助手。据《竹书纪年》记载："(周)夷王衰弱，荒服不朝，乃命虢公率六师伐太原之戎，至于俞泉，获马千匹。"太原约在今甘肃平凉一带，为西戎之地。这次讨伐西戎约在公元前880年。因此，虢氏一族就实力而言，对辅佐周王朝也具有举足轻重的作用。

如果以中原雒邑一带为中心，那么周王朝的西边则是其发祥之地，也可称之为西土(在周初周公姬旦在雒邑就是这样称呼的)。到东周时期，镐京一带已经是周王朝名副其实的"西土"，不过已经变成了秦国。

被认为成书于战国时期假托大禹的《书·禹贡》则有"夏代"的五服说，具体为：中央方千里为甸服，其他四服都是各五百里，一服围绕一服。这实际上是战国时期的地理概念，或者想象中的地理概念，与实际情况是不相符的。《禹贡》中所说的五服为：甸、侯、绥、要、荒，除改宾服为绥服外，其他四服之名与前者相同。"绥"意为安，指安服王室政教。例如，在民国时期，政府将北京西边张家口与内蒙古一带称之为"绥远"。"服"不同，其部落侯国同周王朝关系的亲疏以及所负担职贡的轻重也不同。《书·禹贡》在讲五服时仅记述了甸服纳谷物赋税。

通常我们说分封不但有地域方位及大小，而且有爵位之分。就出土的金文而言，在西周时期，是没有严格的爵位之分的。就等级而言，分封的主要是侯国，也就是我们常说的诸侯国。对一些特殊的人则赋予"公"的地位，这主要是在周王城直接服务于周王的。宋国作为商朝后裔，被授予了特殊爵位。

诸侯地位有等级差别，但不像儒学经典，如《春秋》《周官》(又名《周礼》)所说五等爵那么整齐。

对爵位的梳理要到战国时期，这时候天下大乱，试图以国君的等级观念来规范周王朝的天下。本来以等级差别为基础的周礼，在那个被破坏的时代需要特别加强。这也是整理《春秋》的目的之一。

把爵位整理成公、侯、伯、子和男五个等级的说法比较早的是成书于战国时期的《国语》，其中《周语(上)》中记载周襄王(公元前651～前619年在位)说："昔我先王之有天下也，规方千里以为甸服。其余以均分公、侯、伯、子、男，使各有宁宇。"《逸周书·职方》也有："凡国，公、侯、伯、子、男，以周知天下。凡邦国大小相维，王设其牧，制其职各以其所能，制其贡各以其所有。"

周王朝是一个等级森严的金字塔体系社会，按阶层可分为天子、诸侯、卿大夫，然后是士、庶人，士与庶人是人数最多的。天子只有一个，那就是周天子。被天子分封的诸侯国有大国、次国、小国之分。大国方百里，次国方七十里，小国方五十里。爵位高并不一定意味着国土面积大。卿大夫是周王室及诸侯国当政阶层。

周王朝的朝制，诸侯间是相互独立的、自治的，而且各有自己的军队。西周时期，爵位虽有区别，但等级区别不是很严格。当然，爵位只是一方面，另一方面也与周王室的亲疏及地理位置远近有关。周王朝以周王室为中心，按照距这个中心的远近来划分区域，与周王室越近显示与周王室的关系越紧密，也越可以依赖。作为"家天下"的周王朝，宗族是排在第一位的，也就是"宗法制"。

除了"宗法制"，使这些相互独立的、自治的"邑邦"一统起来的就是"礼制"。如果拿现在的国家来比喻，从权力关系来看，有点像过去的英联邦国家——从英殖民地过渡而来的国家间的组织形式。

分封不但是给诸侯等社会地位和实际控制区域，也是需要回报的，无论是叫"贡礼"还是叫"税赋"，尽管名不同，但其本质是一样的，那就是上交财富。孟轲（今通称孟子，约公元前372～前289年）在回答北宫关于周王室爵禄时，对周王朝的俸禄体制有一个叙述：

> 天子一位，公一位，侯一位，伯一位，子男同一位，凡五等也。君一位，卿一位，大夫一位，上士一位，中士一位，下士一位，凡六等。天子之制，地方千里，公侯皆方百里，伯七十里，子男五十里，凡四等。不能五十里，不达于天子，附于诸侯，曰附庸。天子之卿受地视侯，大夫受地视伯，元士受地视子男。大国地方百里。君十卿禄，卿禄四大夫。大夫倍上士，上士倍中士，中士倍下士，下士与庶人在官者同禄，禄足以代其耕也。次国地方七十里。君十卿禄，卿禄三大夫。大夫倍上士，上士倍中士，中士倍下士，下士与庶人在官者同禄，禄足以代其耕也。小国地方五十里。君十卿禄，卿禄二大夫。大夫倍上士，上士倍中士，中士倍下士，下士与庶人在官者同禄，禄足以代其耕也。耕者之所获，一夫百亩。百亩之田，上农夫食九人，上次食八人，中食七人，中次食六人，下食五人。庶人在官者，其禄以是为差。（《孟子·万章（下）》）

孟轲这段叙述，即使不能视为周王朝俸禄体制的史料，但周王朝的俸禄体制还是能够略见一斑的。

西汉时期收集到的古书《周官》在《秋官·大行人》中则说"服"为侯、甸、男、采、卫、要六服和蕃国，分别于一、二、三、四、五、六年和一世中，朝见一次王，六服分别贡祀物、嫔物（嫔妇之物，指丝枲之类）、器物、服物、材物、货物，蕃国以所宝贵之物为礼。尽管《周官》上是如此记述的，但实际执行情况往往取决于周王室当时的实力和权威性。譬如春秋时期，诸侯国君朝见周王的事例已不多见，齐桓公（姜姓吕氏，名小白，公元前685～前643年在位）一生就未曾朝见过周王。

这里没有提及"赋"，也就是军资。周王室进行"礼乐征伐"依靠的是军队，没有军资是养不起庞大军队的。从这一点上看，这些记述可能有意隐讳了这一点。

那么，周王室实际统领的"天下"到底有多大呢？或者说在周王朝初期，成为"中国"或者说接受华夏文化习俗的地方有多大呢？我们可以参考一下12世纪宋代著作《容斋随笔》中的记述：古代周的时期，"中国"的疆域最为狭小。就如今(即宋代)的地域而言，吴、越、楚、蜀、闽均为蛮夷之地，淮南也属蛮地，秦则是戎地，雒邑为天下之中心，为王城之所在地，然而其周边有杨拒、泉皋、蛮氏、陆浑、伊雒等戎族。此后成为宋朝皇都的开封，原本生活着莱、牟、介、莒等夷族。当时可称作中国的地域，仅为晋、卫、齐、鲁、宋、郑、陈、许等国而已，全部加起来不过是宋代约300万平方公里天下的1/5，也就是约60万平方公里。

就社会阶层而言，士以上为贵人，士以下为庶人、贱人。贱人也称为小人，但是身份高于奴隶，是自由民，百工、商贾、农夫皆属贱业。《左氏春秋·(鲁)襄公九年(公元前564年)》所谓"其士竞于教，其庶人力于农穑，商、工、造、隶，不知迁业"者，即士努力于教育百姓，庶人致力于农事，商、贾、技、工和贱役不想改变职业。

周王朝的居民组织有两类：国都之外的四郊之地称为乡，郊外之地称为遂。乡之下细分为州、党、族、间、比五级行政组织。遂之下细分为邻、里、酂、鄙、县五级行政组织。根据《周官·地官司徒·大司徒》和《周官·地官司徒·遂人》等记载，乡、遂的民户构成分别为：

一比(一邻)5家；一间(一里)25家；一族(一酂)100家；一党(一鄙)500家；一州(一县)2500家；一乡(一遂)12500家。也就是说：五家为邻(5家)，五邻为里(25家)，四里为酂(100家)，五酂为鄙(500家)，五鄙为县(2500家)，五县为遂(12500家)。

又，邑是周王朝时期的一个很小的区域单位，据《周官·地官·小司徒》记载："九夫为井，四井为邑。"这个"井"就是周王朝最初的土地政策，也就是"井田制"。周王朝的"井田制"在战国时期商鞅变革时，遭到彻底废黜。

2.3　变革意识形态

如前所述，周在灭商后，周的统治集团及世人并不热衷于诋毁、批判商的最后一个统治者商纣王，而是对西伯姬昌受天命、获得通晓天地的灵力以及周武王姬发镇压"四方"的魄力大肆宣扬。

尽管作为"天下共主"的周王朝由周武王姬发克商后建立，但在历史文化宣传上，"天下共主"周王朝的创立，并非单单始于周武王姬发，而是始于之前得天命的姬发之父——西伯姬昌(周文王)。按照传统的历史观，此后，周文王、周武王之德不但恩泽"中国"，还惠及周边野蛮之地。

《诗·大雅·文王》就对西伯姬昌(周文王)来进行赞颂：

文王在上，于昭于天。

周虽旧邦，其命维新。

有周不显，帝命不时。

文王陟（zhì）降，在帝左右。

商之孙子，其而不亿。

上帝既命，侯于周服；

侯于周服，天命靡常。

殷士肤敏，裸将于京。

厥作裸将，常服黼冔（fúxú）。

王之荩臣，无念尔祖。

这首诗的意思是：（周）文王神灵升上天，在天上光明显耀。周虽是古老的邦国，承受天命建立新王朝。周王朝光辉荣耀，上天的意旨完全遵照。文王神灵升降天庭，在天帝身边多么崇高。商王朝的子孙，数目何止十万。上帝既有命令，都向周王朝归服；都向周王朝归服，可见天命无常。殷朝的官员，不论俊美聪明，都要执行灌酒礼节，在周王朝京城助祭。

出土的西周金文中也有记录周文王姬昌与周武王姬发共同建立周王朝的内容。在西周中期青铜器"史墙盘"[1]中有歌颂周文王姬昌的："曰古文王，初和于政，上帝降懿德大，匍有上下，迨受万邦。"也有歌颂周武王姬发的："圉（yǔ）武王，遹（yù）征四方，达殷畯（jùn）民永，不巩（gǒng）狄虘，伐尸童。"这里的"匍有上下"可解释为获得知晓天地呼应的能力。而到了西周后期，周文王姬昌和周武王姬发的功绩被合二为一，在"师克盨（xǔ）"[2]的铭文中则有"丕显文武，膺受大命，匍有四方"。"膺受大命"即为受天命，而"匍有上下"则变为"匍有四方"，将周文王姬昌与周武王姬发的赞颂合二为一。在青铜器"师询簋"[3]中也有"丕显文武，膺受天命"，但不见"匍有四方"。在"毛公鼎"[4]中则有"丕显文武，皇天引厌厥（jué）德，配我有周，膺受大命，率襄（同怀）不廷方亡不觐于文武耿光。"对周文王姬昌、周武王姬发的赞颂也是随着时代的变迁而变化。

西周初期，"四方"指的并非周的"四方"，而是殷商的"四方"，且这个"四方"并非指的是东西南北这四个方位，而是代表四个"方国"（诸侯国）。殷商称诸

① 1976年12月于陕西省扶风县庄白村出土的青铜器，铭文前半部分颂扬西周文、武、成、康、昭、穆诸王的重要政绩。

② 西周青铜文物，现藏于北京故宫博物院。

③ 最早著录于宋代薛尚功《历代钟鼎彝器款识法帖》中，原器已失，器形不详，铭文亦只见摹本。

④ 西周晚期青铜器，因作器者毛公而得名，1843年（清道光二十三年）出土于陕西岐山（今宝鸡市岐山县），现藏于"台北故宫博物院"。

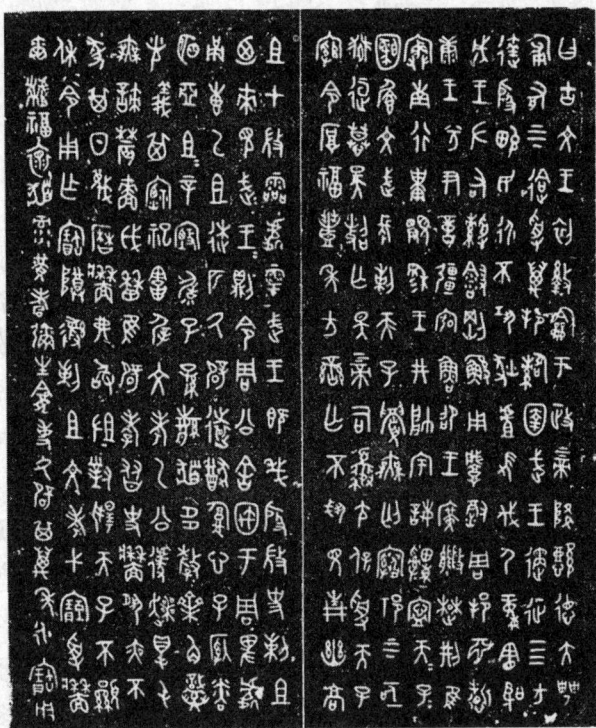

图4　西周中期青铜器《史墙盘》铭文

1976年12月陕西扶风出土，原件现藏于陕西扶风周原文物管理所。

侯国为"方"这种称呼可见于甲骨文。

对比一下对商王朝的赞颂：

天命玄鸟，降而生商，宅殷土芒芒。

古帝命武汤，正域彼四方。

方命厥后，奄有九有。

商之先后，受命不殆，在武丁孙子。

武丁孙子，武王靡不胜。

龙旂十乘，大糦是承。

邦畿千里，维民所止，肇域彼四海。

四海来假，来假祁祁。

景员维河，殷受命咸宜，百禄是何。(《诗·商颂·玄鸟》)

从《诗·商颂·玄鸟》一诗中我们可以了解到殷商的信仰，即君权天神授，认为商王的统治是上天授予的。而贯穿《诗·大雅·文王》全诗的是从殷商继承下来，又经过重大改造的天命论思想。天命论本来是殷商统治者的政治哲学，即"君权天神授"，统治者的权力是天帝赐予的，奉行天的旨意实行在人间的统治，统治者所做的一切都是天意，天意永远不会改变。这在《书》中有关"西伯戡黎"

的记载也清晰地反映出这一观念：

> 西伯既勘黎，祖伊恐，奔告于王。……曰："大命不挚，今王其如台？"
> （商）王曰："呜呼！我生不有命在天？"（《书·商书·西伯戡黎》）

祖伊说："天命不再归向我们了，现在大王将要怎么办呢？"商王子辛说："呜呼！我一生不有命在天吗？"

这些对话反映了商王朝时代的"天命观"，认为商王作为天下王是具有天命的。商王朝末年，作为革命一方的西伯姬昌（周文王），提出了"天命无常"的口号和思想观念来否定商人的"有命在天"思想，为其推翻商王朝做舆论和意识形态上的准备。周为了推翻殷商的统治，也借用天命，作为自己建立统治的理论根据，进而吸取殷商亡国的经验教训，提出"天命无常""唯德是从"的口号和思想观念。上天只选择有德的人来统治天下，统治者若失德，便会被革去天命，而另以有德者来代替，周文王（西伯姬昌）就是以有德替代失德的殷商而兴周的。以此训诰、警示周王朝的子孙要以殷为鉴，敬畏天帝，效法周文王的德行，才能永保天命。

这也可从周（摄政）王（姬旦）在平息殷商遗族的复国暴动后，把不服周国统治的"顽民"强行迁至当时落成的雒邑宗庙区时对商之遗民的训话《多士》中反映出来。周初仍然在谈及商王朝的天命论，但也过渡到了西伯姬昌宣传"天命无常"的思想，之所以要先提及商王朝的天命论，无非是让殷商遗族能够听得明白。西伯姬昌所宣传"天命无常论"与后来儒家所宣传的"礼制"是有本质性区别的。天命无常论是"破"，而礼乐制则是"立"。周王朝从天命无常出发，到礼乐治国的制定与实施，革了商王朝"天授神权"意识形态的命。这在中国历史上是划时代的思想变革。这一范式为后来的许多封建王朝所利用。当要推翻一个王朝时，就宣扬"天命无常"。一旦夺取了政权，儒家的"尊礼"思想就会被重新作为上层建筑的指导思想。

值得一提的是，作为"吾从周"的孔丘，在其思想中仍然保留着"天命"思想。孔丘在周游列国（范围限于今山东和河南界内）时，在宋国曾遭到宋司马桓魋的恫吓，孔丘弟子劝他赶快逃离，孔丘却说："天生德于予，桓魋其如予何？"（《论语·述而》）意思是说，上天赋予我"德"，桓魋奈我如何？这与商纣王面临威胁时的回答如出一辙。

偏居西域一隅的周民族并没有建立自己独立的宗教文化，其信仰也是秉承了商文化，虽然不像商王朝那样具有完善的祭祀体系。周武王姬发在《牧誓》中所罗列的商王罪行之一就是"轻蔑地抛弃了对祖先的祭祀"。

这表明在周克商初期，周王室所信奉的宗教与文化仍与商代一脉相承，也就是说周继承了商的宗教观。如在克商第二年周武王姬发病重，太公吕尚及召公姬奭皆主张占卜预测病势走向。在《太史公书·鲁周公世家》也记有："初，成王少时，病，周公乃自揲其蚤（爪），沉之河，以祝于神……成王病乃瘳。"这说明在周初期，其宗教信仰文化是继承了商文化。

尽管如此，灭商后的周也许认识到过度祭祀的弊端，因此并没有延续像商一样的祭祀体系，也没有尝试过创立这种体系，包括对祭祀的文字记录。但祭祀在周仍然起着重要作用，其特点是更加等级化，但没有商那么频繁。

周在商的祭祀文化上作了重大变革，这就是周王朝的最高统治者宣告自己是作为最高的主宰神圣"天"在人间的代理——"天之元子"（也就是我们常称谓的天子），天命其元子统治中国的土地和百姓，认为"溥天之下，莫非王土；率土之滨，莫非王臣"。

殷商时期，人们认为人死之后不变成神则变成鬼，变成神的就"升天"，伴随在"上帝"周围。因此，"帝"这个字，在商朝的时候是不用于在世之人的，无论他地位有多高。王在去世后，其灵魂升天，才被冠以"帝"的称号。在商王朝后期，不仅始祖，凡是已经死去的先王都被尊称为"帝"，所以有的学者认为，殷商民族的上帝实际上是抽象的已故先王（列祖列宗）。无论是始祖也好，还是列祖列宗也罢，这个"帝"或"上帝"都有浓厚的氏族色彩，是氏族的至尊神。

周克商初期，周仍然沿用了殷商的观念，"文王陟降，在帝左右"，文王去世后变成神"升天"，伴随在"上帝"周围。但随后周王朝对商的"上帝"进行了改造。简而言之，就是将始祖神和至尊神一分为二，把"上帝"的氏姓色彩抹去，使其高高在上与"天"的观念联系在一起，成为周王朝治下的各民族各氏族都必须尊奉的大神。于是"上帝"也就更多地被称为"昊天上帝"或"皇天上帝"，有时也简称"天帝"。"天帝"既然并非一族一姓的始祖或列祖列宗，那么他当然就不会对某一姓或某一族特别的恩宠，而是公平无私地俯视着人间，谁有"王天下"之德，就让谁做天下之王。正因为如此，周王朝的国君在死后也没有像商王那样称"帝"。

与"天帝"对应的是"天子"——天帝在人间的代表，姬姓周王也就自然而然地成为唯一的天子了。周王室的统治者可能借鉴了商王朝巫师与王者之间的矛盾，削弱了巫师及天神的作用，取而代之的是祖先崇拜，祭祀祖先，但只有天子可祭天。而天子之下的卿士与诸侯可祭地，士大夫以上可有除丧服的祭祀。这是为了贵贱有别、礼数对等。而主持祭祀的已经不是巫师，而是诸族长，周公姬旦一族就长期担任这一角色。

对于祖庙，天子可以立七代祖先的庙，诸侯可以立五代祖先的庙，大夫可以立三代祖先的庙，一般的士阶层可以立一代祖先的庙，普通劳动者（贱人）是不可以设立宗庙的，其目的仍然是要尊卑贵贱有所区别，让地位高的更加源远流长。可以说这是华夏文明千百年来的文化大变革，开启了以"宗法"和"礼乐"治国的新时代。周王室从殷商的"尊神文化"变革到"尊礼文化"。

2.4　文化与制度

2.4.1　文化继承与嬗变

　　夏商周三代文化，我们简单地概括为夏商文化由"遵命文化"向"尊神文化"过渡，商周文化则从"尊神文化"向"尊礼文化"过渡。西周礼乐制度从开始建立到逐渐完善，约经历了300年的时间。这虽然是文化上的大革命，但也不能彻底清除商文化对周文化的影响。尽管"礼乐"上升到意识形态的主导地位，但"命"和"神"等文化要素仍然得到延续和演变。这一演变最突出的表现是占卜以及服务于占卜的书籍——《周易》。

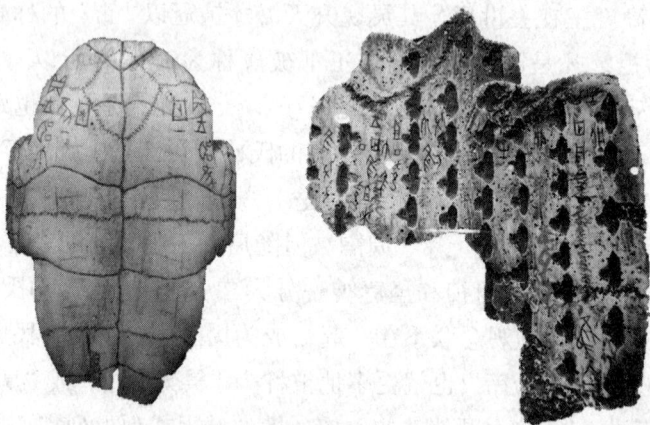

图5　甲骨文
笔者摄于安阳殷墟博物馆

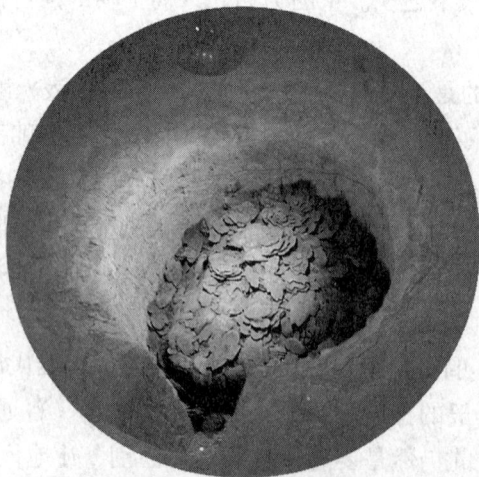

图6　占卜记录甲骨
笔者摄于安阳殷墟博物馆

如前所述，在商代，对祖先祭祀每10天（一旬）举行一次，人们占卜的是第二天起十天（旬日）内的事情；祭祀以360日为一个周期，每10天按照规定祭祀不同的祖先，而且祭祀的祖先的顺序都是固定的。20世纪初，在殷商故地河南安阳附近的殷墟出土的数十万片甲骨上的文字记载的大部分是祭祀的内容，可以说明那个时代的宗教信仰和思想观念，祭祀是那个时代最重要、最神圣的活动。这一重要活动不仅促成了文字的应用与繁荣，使我们的祖先进入了文字文明时代，而且也为我们留下了宝贵的文化遗产。

占卜的方法分为两种：龟卜与筮占（即用蓍草占）。这两种占卜方法在商、周两代都得到应用，所不同的是哪种方法占主导地位，这与时代的变迁密不可分。在殷商时期，占卜方法以龟卜为主，现有的出土文物——甲骨文也证明了这一点。

商人的卜筮方法在《书·商书·洪范·稽疑》篇有描述。卜筮的征兆如下：一、兆"象"像雨一样；二、兆"象"像雨后初晴时云气在空中一样；三、兆"象"像雾气蒙蒙；四、兆"象"像不连贯的云气；五、交错；六、内卦；七、外卦。共有七种，前五种用龟甲卜卦，后两种用蓍草占卦。占卜时由三个人进行，应服从其中两个占卜一致的结果。①

这说明，当时的占卜主要依据的是裂纹的图案，也就是"象"来进行龟卜。

龟卜作为一种占卜方法，起初的形式是经过数次占卜来推算某件事情是否发生。表示某件事发生或者不发生的符号以及表示由发生到不发生，或者由不发生到发生这两种变化的符号都可以接连在甲骨上，从而形成甲骨文。甲骨文记录下了这一占卜方法的原始面貌。

从出土的甲骨文可以了解到龟卜的整个过程，包括起因、过程和结果。这些被记录下来的文字我们称之为卜辞。一条完整的卜辞有前辞（叙辞、述辞）、命辞（贞辞）、卜辞、验辞四个部分组成，契刻时间不一。前辞记录占卜时间与求问天神的占卜人名，起到叙述作用，所以又称作叙辞和述辞。命辞记录具体占卜事项，求问天神的事项，又称作贞辞。卜辞记录占卜结果，这是巫师根据骨甲裂痕分析天神给予的回应。验辞记录占卜事项的事后结果，评价占卜内容是否被验证。

占卜过程由选材开始，再将选好的材料锯磨加工，直至表面洁白平滑，并在骨甲背面凿钻一道凹槽和一个枣大的圆穴。巫师在这槽穴用火烧灼，使薄薄的骨甲正面形成裂痕。巫师根据裂痕趋向及形成的裂纹图案，按照一定的占卜理论作预言、定吉凶。汉字"兆"就表述了这一概念，我们现代的语言中还在使用，譬如征兆、好兆头等。这种烧灼龟甲观察其裂纹以定吉凶，预示吉凶。巫师把这些

---

① 《书·商书·洪范·稽疑》：择建立卜筮人，乃命卜筮。曰雨，曰霁，曰蒙，曰驿，曰克，曰贞，曰悔，凡七。卜五，占用二，衍忒。立时人作卜筮，三人占，则从二人之言。

预示的结果刻在骨甲上，也就是卜辞。待事后验辞并最后刻契，而后当作档案资料储藏于地下坑穴中。这可能是一种为后世研究进行的资料积累，也是早期人类试图掌握事物发展规律的一种探索。但这种裂纹千变万化，如按固定图形、图像来预测人间未来之事的吉凶自然十分困难。这就是龟卜法，与数理没有关系。卜辞在商代晚期时，巫师进行占卜活动并把其结果刻在牛胛骨、龟甲等兽骨甲壳上进行文字记载，也就是我们如今所称的甲骨文。这些散落的记录已由近现代学者进行了整理汇编。

殷商人一直信奉龟卜，试图从中找出规律性的东西以预测未来走向。犹如现代的科学实验，通过实验来发现自然规律一样。中古时期，人靠天吃饭，星辰天空的变化的确影响着地球气候变化，掌握这些变化或可预测未来天气的变化是古人孜孜以求的信念。譬如，当天空风云变化之际，对天空景象有经验的人，就可预测即将来临的暴风骤雨，即根据过去气候的演变规律，推断未来某一时期内气候发展的可能趋势。我国的二十四节气就是这种长期探索的结果。

对于商人为什么用灼龟裂纹进行占卜，笔者认为这一方法基于商人信仰上天(天帝)，信仰上天支配一切变化演变。为此商人做了大量且长期的记录，试图通过灼龟裂纹来预测未来的吉凶，但他们最终也未总结出，也不可能总结出规律性的东西。这一错误源于其信仰(意识形态)的出发点。虽然如此，作为信仰也是不会轻易舍去的。以灼龟裂纹图案作为未来的兆象，可以说是商人坚定不移的信念。这些灼龟裂纹图案繁多且难以辨识，以前形成的占辞，也繁多且难于记忆，这就导致了后来的周人逐渐过渡到蓍占。

在商代，乃至春秋中期，占卜犹如我们现代决策依据科学一样，是决策的重要依据之一。在《书·商书·洪范·稽疑》中对此有较为详尽的描述：

"任用这些人进行卜筮时，如果三个人占卜，应当信从其中两个人共同的判断。假如你遇到了重大的疑难问题，首先你自己要多加考虑，然后再和卿大夫商量，再后和庶民商量，最后问及卜筮。你自己同意，龟卜同意，筮占同意，卿大夫同意，庶民同意，这就叫大同。这样，你的身体一定会健康强壮，你的子孙也一定会大吉大利。你自己同意，龟卜同意，筮占同意，卿大夫不同意，庶民不同意，也是吉利的。卿大夫同意，龟卜同意，筮占同意，你自己不同意，庶民不同意，也是吉利的。庶民同意，龟卜同意，筮占同意，你自己不同意，卿大夫不同意，也是吉利的。你自己同意，龟卜同意，筮占不同意，卿大夫不同意，庶民不同意，这样就只对内吉利，对外就不吉利。如果龟卜不同意，筮占不同意，即使你自己同意，卿大夫同意，庶

激荡春秋
——东周之历史、文化与思想

民同意，也不可轻举妄动，安静地守着就吉利，有所举动就不吉利了。"[1]

这段文字充分说明了商代国王决策的过程与依据，《洪范》中列举了六种不同情况下的决策及其带来的结果。由此我们可以看出，占卜在商代国王决策过程中所起的作用是相当重要的。如果占和卜均是否定的结果，君王也不能违背占卜结果而独断决策。同时我们也可以清晰地看到那个时代的排列排斥法，是非常清晰的思维方式。可惜我们这一优良思维方式后来被"混沌"了。

进入周朝以后，起初仍然是以龟卜为主，龟卜与蓍占并存、并用。例如，在周王朝初期，当周武王姬发病重时，就是用龟来占卜的。在春秋时代的殷商后裔的宋国，龟卜仍然占有主导地位。《庄子·外篇·外物》记载有宋国国君宋元君[2]杀神龟以卜的故事。[3]

无论龟卜还是筮占，其对占卜结果的解读往往依赖于卜筮之书。发现于西汉时期，据考证为战国中后期成书的《周官·春官》记载古代卜筮之书有三种：

> 太卜掌三易之法，一曰《连山》，二曰《归藏》，三曰《周易》。其经卦皆八，其别皆六十有四。

也即是说《连山》《归藏》《周易》是三种不同的占卜方法，但都是由八个经卦重叠出的六十个别卦组成的。现《连山》和《归藏》都已失传，其具体内容不详。有学者指出，商代没有八卦之说。尽管如此，《周易》也不可能完全孤立于《连山》和《归藏》，因为文化传承即使有重大变化或脱胎式嬗变，也不可能突然中断或无源生变，除非有毁灭性重大事件发生。

2.4.2 宗法制

宗法制源于父权家长制家庭，而在国君继承上，一般认为其源于夏王朝。相传大禹是第一个建立"国家"并传位于其子"启"的。当然，这是相对于所谓的

---

[1] 《书·商书·洪范·稽疑》：立时人作卜筮，三人占，则从二人之言。汝则有大疑，谋及乃心，谋及卿士，谋及庶人，谋及卜筮。汝则从，龟从，筮从，卿士从，庶民从，是之谓大同。身其康强，子孙其逢吉。汝则从，龟从，筮从，卿士逆，庶民逆，吉。卿士从，龟从，筮从，汝则逆，庶民逆，吉。庶民从，龟从，筮从，汝则逆，卿士逆，吉。汝则从，龟从，筮逆，卿士逆，庶民逆，作内吉，作外凶。龟筮共违于人，用静吉，用作凶。

[2] 宋元君：宋国国君，子姓，名佐，公元前531～前517年在位。

[3] 《庄子·外篇·外物》：宋元君夜半而梦人被发窥阿门，曰："予自宰路之渊，予为清江使河伯之所，渔者余且得予。"元君觉，使人占之，曰："此神龟也。"君曰："渔者有余且乎？"左右曰："有。"君曰："令余且会朝。"明日，余且朝。君曰："渔何得？"对曰："且之网得白龟焉，其圆五尺。"君曰："献若之龟。"龟至，君再欲杀之，再欲活之，心疑，卜之，曰："杀龟以卜，吉。"乃刳龟，七十二钻而无遗筴。仲尼曰："神龟能见梦于元君，而不能避余且之网；知能七十二钻而无遗筴，不能避刳肠之患。如是则知有所困，神有所不及也。"

禅让而言。如前所述，宗法制特点是按照血统远近以区别亲疏的制度，嫡长子继承制度是其最突出的特点。只有嫡长子才是继承其父地位（王位或爵位）的唯一合法者，庶子即使比嫡长子年长或更有才能也无权继承。这就使弟统于兄，小宗统于大宗。庶子虽然不能继承其父的地位，但他们可以得到次于其父所有地位（王位或爵位）的其他地位（爵位）。

据《太史公书·殷本纪》载，"自中丁以来，废嫡而更立诸弟子，弟子或争相代立"，从而造成"比九世乱"①，致使商王朝陷入了"诸侯莫朝"的衰退局面。依据历史文献（当然是周王朝以后的文献），普遍认为嫡长子继承制至少在殷商末期就已经确立，但最近的甲骨文研究结果显示商王朝是从这种血缘集团中轮流选出君王的。

西周时期，历代君王是从特定的血缘集团中继承的，这种特定的血缘集团仅限于构成周这个国家的氏族组织的部分成员。从周厉王姬胡（公元前878~前841年在位）被废黜可以看出上层氏族血缘集团对国君的巨大影响，甚至可以左右国君的继位。

周王朝可能鉴于商王朝传位的不稳定性以及周初引发的王位继承问题，即周武王姬发之幼子与其叔辈的姬旦以及姬旦兄弟之间的继位之争，加强了传位与继承的制度与文化的建设。周王朝逐渐形成了一套完整的维系贵族间关系的制度，即周王朝的宗法制。其继承关系如下图所示。

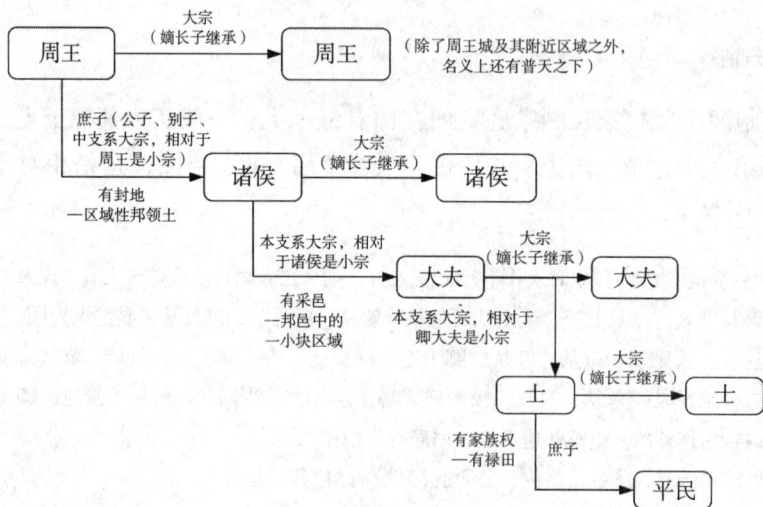

图7 周朝的宗法传承

---

① 此乱历经仲丁、外壬、河亶甲、祖乙、祖辛、沃甲、祖丁、南庚、阳甲九王，故又名"九世之乱"，延续近百年，至盘庚迁殷（今安阳附近）后才结束。

尽管一般认为这是周朝基于宗法制的传承，但在周的早期王位的传承还是延续了商王朝的方式，即并非严格按照上图进行。王位为"父子相传"和"兄终弟及"相结合的继承制度。虽然多数情况"父子相传"，但也有"兄终弟及"的，譬如周公姬旦居王位、周共王姬繄扈之弟周孝王姬辟方（公元前910～前896年在位）。对周王朝的王位，王室宗亲氏族具有较大的影响力，甚至在特定时期会决定王位的继承。

宗法制虽然可以避免因地位（包括王位与爵位等）传承的争夺，但随着时间的推移，其小宗越来越多，在财产分配（也可以说是分封）上就存在巨大差异，这也可能导致小宗（非嫡出）反对大宗（正宗）而造成混乱与相互残杀。这正是封建社会提倡"忠君"的原因所在。

2.4.3 礼乐制

礼

说到"礼"，我们自然就想到了"周礼"。关于"礼"的发展，礼学专家孔丘是这样解释的：

> 殷因于夏礼，所损益可知也；周因于殷礼，所损益可知也。其或继周者，虽百世，可知也。（《论语·为政》）

这就是说，"礼"具有悠久的历史，每个朝代都是在其前代继承的基础上制定的，当然"礼"的内容及适用范围会有变化。尽管如此，孔丘也只是叙述了三代之礼。

我们先看看"古老"历史文献中记述的上古时期，也就是尧舜时代的"礼"。在《书·舜典》[①]中有关于"五礼"的记述：

> 岁二月，东巡守。至于岱宗，柴。望秩于山川，肆觐东后。协时月正日，同律度量衡。脩[②]五礼、五玉、三帛、二生、一死贽。如五器，卒乃复。五月南巡守，至于南岳，如岱礼；八月，西巡守，至于西岳，如初。十有一月朔巡守，至于北岳，如西礼。归，格于艺祖，用特。

这是传说中的舜登上"帝"位后到东方进行巡视时的情况。他到泰山后，举行了祭祀泰山的典礼；对于其余的山川，都根据其大小举行不同的祭祀。而后接见了东方的诸部落长，协调了各自的月、日计时，并且统一了音律、长度、容量、重量计量（实际上，容积到秦始皇时代都未完成统一），之后就是"脩五礼"了。从下面的南巡南岳、西巡西岳和北巡北岳来看，舜到各岳除了巡视之外，一个重要的内容就是"祭祀"，最后回到朝廷还去了尧的太庙，用一头牛做了祭祀。因此，这"五礼"中肯定有四岳祭祀之礼。具体到四岳的祭祀之礼，可能完全一样，也可

---

① 《书》，一般认为是战国时期编造的关于古史的资料，涉及商朝中期以前的文献多不足确认为原文。
② 脩：同"修"。

能有所区别，毕竟是东南西北四个相距遥远的地方。

在上述《书·舜典》的记载中，不但有东岳泰山（岱宗），还有南岳、西岳与北岳，却不见中岳。且不论远古时期有无五岳尊贵之说，各个朝代对"岳"的定义也不同。如果南岳为湖南境内的衡山的话，此地在西周及春秋前期乃是南蛮之地，就连一统六国、广修大道的秦始皇五次外巡都不曾到过，远古时期的舜越过惊涛骇浪的长江到达南岳衡山也是一件不可思议的事情。

值得注意的是，《书·舜典》在随后又有"有能典朕三礼"的记载。这里是询问有谁能代替他主持"三礼"呢？那么这里的三礼与前面的五礼是什么关系呢？"三礼"在《周礼·春官·大宗伯》中有这样的描述："大宗伯之职，掌建邦之天神、人鬼、地示之礼，以佐王建保邦国。"就舜帝的时代来讲，如果有"三礼"，这"三礼"也应该是指祭天神、地祇和人鬼（也就是祖先），这是符合历史文明发展规律的。

关于"五礼"，在"伪孔传"[①]中解释道："修吉凶宾军嘉之礼，五等诸侯执其玉。"即吉礼，祭祀之礼；凶礼，丧葬灾变之礼；宾礼，是人间行为规范的礼节，上至天子诸侯，下至普通贵族相互往来、迎见宾客，处理日常社交关系的礼仪；军礼，军队日常操练、征伐、出行、凯旋时所用礼仪；嘉礼，各种吉庆欢会活动所用的礼仪。在《周官》中，不但有"三礼""五礼"，还有名目繁多的"礼"，如丧礼、荒礼、吊礼、禬礼、恤礼等。也有人说成是公、侯、伯、子、男五等礼级，没有任何证据证明舜时代就有了五种爵位的分封，那时候显然是部落时代。这种解释显然是借用后来周王室的五等爵位来套上古的礼级，主要是讲究"级别差异"的儒家学者的解释。如果是这样解释的话，那么这五礼基本上可以并入上述五种礼的吉礼之中了。

总之，所谓舜帝巡视并"脩五礼"，是后儒们根据当时（战国时代）情景臆造出来的故事，是为彰显其"尊老"和"正统"而牵强附会地捏合在一起的。

礼最初来源于祭祀，也就是说，在祭祀时，总是要采用一定的礼仪规矩来规范人们的祭祀行为。

夏、商两朝比较重视上天与鬼神。商汤灭葛国就是以葛国不进行祭祀为由开始的，它说明至少在夏末官方是非常重视祭祀的。到了商王朝，这种祭祀活动并没有减少，反而增多和规范化了。商王朝的帝王一年有110天在祖庙里祈祷、举行仪式，这时的"礼"也可以说是更侧重"仪礼"，这些是对待上天、祖先、鬼神必不可少的规矩。

---

① 《古文尚书》在东汉时已亡佚。东晋元帝时，梅赜（一作"梅颐""枚颐"）献孔安国作传的《古文尚书》五十九篇。唐孔颖达作《尚书注疏》即以此为底本。现已确定为伪造，故称此伪造的孔安国《尚书传》为"伪孔传"，以示并非出于孔安国之手。

西汉时期作为学习《仪礼》的辅导材料《礼记》，在《表记》篇中记述了殷商之"礼"：

> 殷人尊神，率民以事神，先鬼而后礼，先罚而后赏，尊而不亲，其民之敝。荡而不静，胜而无耻。

殷商王朝，信上帝、尊鬼神，国王等率领民众侍奉神灵，把鬼神放在了首位。祭祀时，首先要敬鬼神，这就需要规矩，这个规矩就是"礼"，也可以说是"商礼"。也就是说殷商的"礼"最重要的是在祭祀，也就是对天神和祖先之灵魂的高度虔诚，"商礼"则是着眼于处理人与神鬼之间关系的。殷商从本质上讲是以原始宗教为主导文化的国度。

周克商后，其初创期对"礼"的认识是很缺乏的，尤其是重大礼仪方面。

据《书·洛诰》记载，当周王朝的王城"新邑"(即东都雒邑)建成后要举行庆典。周公姬旦对周成王姬诵说："王，肇称殷礼，祀于新邑，咸秩无文(紊)。予齐百工，伻(使)从王于周(新邑)。"也就是说："王啊，你开始用殷礼(即先周所沿袭的大礼)接见诸侯、祭祀，这些礼节是非常隆重而有条不紊的。我带领百官，使他们都熟知仪礼之后，再跟从王前往新邑。"

这说明周在灭商之前，是缺少中原文化底蕴的，因其地处与西戎接壤的边陲，是蛮夷文化到中原文化的过渡区。灭商后，它所依循的"礼"也是现学的"商礼"。这也说明"周礼"是在"商礼"的基础上发展变化而来的。《论语·八佾》记载了孔丘对礼的看法："周监于二代，郁郁乎文哉！吾从周。"意思是说："周礼是借鉴于夏礼和殷礼，并在夏礼和殷礼的基础上演变发展而建立起来的，多么丰富完备啊！我遵从周礼。"又据《太史公书·孔子世家》载："孔子之时，周室微而礼乐废，《诗》《书》缺。追述三代(夏商周)之礼，序《书传》，上纪唐(尧)、虞(舜)之际，下至秦缪(穆)，编次其事。曰：'夏礼吾能言之，杞(夏之后裔)不足徵①也。殷礼吾能言之，宋(商之后裔)不足徵也。足，则吾能徵之矣'。"

周王朝稳定后，对前代尤其商代的"礼"进行了改造、充实与完善，把"商礼"从对神明的敬畏的宗教高度进行自我约束的"神与人"关系降低到周天子与诸侯、诸侯与士大夫的关系，用周天子代理鬼神，使"礼"在人治社会里达到了新的高度，从而形成了以"周礼"治国，最后形成了几乎无所不包的繁琐"周礼"，把"礼"作为治国纲领是一次"意识形态"的革命。

虽然"信上帝、尊鬼神"在周王朝没有消亡，但较商王朝时代有了革命性的变化：信上帝、尊鬼神不再是周王朝的意识形态主流。正因为如此，周王朝没有继承，也没有建立像商王朝那样完善的祭祀体系和文化，其祭祀内容与作用也逐步作了重大变革或者称之为文化革命。周王朝的统治者自称天子，也是"天"在

---

① 徵(zhēng)：证明、验证之意。

人间的代理人。这个"礼"的最高级别就从祭天神和祀祖先之灵魂"下凡"到了朝拜人间，而人间的最高统治者自称"天子"，由此进一步发展与完善，形成了系统化的周礼——适用于分封制和宗族制的礼制，并把制定的"礼"作为治国大纲推到了至高无上的地位。这在文化上是一场大革命，从信上帝、尊鬼神和祖先在天之灵过渡到更注重对"活人"天子的崇拜与服从，而服务这一变化的正是"周礼"。尊周礼后来发展成了礼教，这也是儒家在一定时期的组织形式。从信上帝、尊鬼神到尊周礼，在意识形态方面存在着巨大差距：敬畏神明多是受文化熏陶而变成自然而然的，久而久之就会使人们产生一种内敛、自我约束的力量；而尊周礼的礼教不但需要人灌输，甚至是强迫灌输。一旦这些身处高位的"道德楷模"的道德堕落，社会对礼教的信仰也会随之坍塌、崩坏。这种变革性转变一方面可能更人性化，另一方面将更加束缚与桎梏人的思想。其结果是使中国的文化脱离了宗教信仰的轨迹，步入礼教或者我们称之为儒教的轨道。我们也可以说，商代文化是巫神文化，尔后的周王朝虽然没有完全摒弃巫神文化，但以"礼制"作为社会的主导文化替代了商代巫神文化的统治地位。

那么，周王朝到后来有什么"礼"呢？

关于周礼记载比较详尽的历史文献有《周官》(现多称《周礼》)、《礼》和《礼记》，也就是所谓的"三礼"。《礼》又称之为《礼经》或《仪礼》，《礼记》是西汉礼学家传授《仪礼》时选辑的辅导材料。最重要的《周礼》，其原名并非《周礼》，而是《周官》。《周官》是西汉景帝刘启(公元前173～前141年)、汉武帝刘彻(公元前156～前87年)时期(公元前155～前130年间)，河间献王刘德(公元前171～前130年)从民间征得的先秦古书之一。因为河间(现在河北河间、献县一带)在战国时期曾是燕国的属地，又与魏、赵相邻，也有学者认为《周官》可能是燕国所编制的。从其记述的内容来看，也不能排除毗邻的魏国所编制。现考证《周官》为战国中后期作品。关于《周官》的最早记录见于司马迁《太史公书》的《封禅书》："《周官》曰：'冬日至，祀天于南郊，迎长日之至；夏日至，祭地祇。'"又有"自得宝鼎，上与公卿诸生议封禅。封禅用希旷绝，莫知其礼仪，而群儒采封禅《尚书》《周官》《王制》之望祀射牛事"之记述。《周官》在公元初年(约公元前50～公元23年)，由刘歆改名为《周礼》。无论是何国编撰，现在出土的一些金文资料能够佐证，其记述的基本符合西周中晚期的官制。可以说《周官》是以西周中后期官制为蓝本加以系统化和理论化，并融入了一些战国时期各国部分制度的著作。诚然，书中也融入了作者的政治理念。

《周官》六篇分载天、地、春、夏、秋、冬六官。严格地说把《周官》更名为《周礼》是错误的，因为它不是一部主要关于礼制的书，而是一部记载国家组织机构与行政管理之书，"礼"只是其中的丝线和机制。这里的六官指的是当时生产力极其低下的农耕社会的行政管理机构，犹如现在的中央政府行业主管部门设置。

激荡春秋
——东周之历史、文化与思想

周礼是一套非常繁琐的礼制。周代的礼制与我们现在的礼仪有巨大差异。我们简单了解一下西周，尤其是西周中晚期的礼制。

荀况（约公元前313～前238年）在《荀子·礼论》篇是这样描述丧礼过程的：

丧礼，就是按照生前的样子去装饰死者，大致模仿他活着时候的样子把死者送走。奉死去的人如同他活着的时候，对于生死存亡都能按照礼的规定来做。人刚死时，要给他洗头、洗身体，要把头发束起来，为其修剪指甲，把玉、珠、贝、米之类放在死者的嘴里，都是仿效他活着时所做的事。不洗头的话就把梳篦沾湿，为死者梳三次头发，不洗身体的话就把毛巾沾湿，为其擦拭三遍。然后在他的耳朵里塞上玉，嘴巴里放上生的稻米，嘴里含上白色的贝壳，这是返生之法。入殓前给死者穿上内衣，外面加上三层衣服，把笏插在腰带上而不要设钩带。用绢帛盖住死者的面孔，头发束起来，男不戴帽，女不插笄。然后把死者的名字写在旌旗上，放在神主牌上，那么死者的名字就仅仅出现在柩前。陈设陪葬的器物头上有帽子但没有包头发的布，有陶器但里面不放东西，有席子但没有床垫，木器不加雕饰，陶器只有简单的形状，但不能用，竹编的器物也只是略具其形而不能用，笙竽、琴瑟都陈设在那儿但不能弹奏音乐，送葬的车要埋掉，驾车的马则可以返回不埋，但不再用了。如搬家一般将日常用品拉到墓地。简略而不全备，只是大貌相似，而不求精工细作，赶着车把伴葬物品运到墓地埋葬，车铃、车靷、嚼子和缰绳、车套都不入葬，但都不再用了。所以活着时用的器皿，只是起到仪式的作用而不是要实用，随葬品只是象征物而不具有实用性。[①]

作为礼制的重要组成部分，丧礼不但过程繁琐，而且也有严格的等级差别。在《庄子·天下》篇里有："古之丧礼，贵贱有仪，上下有等，天子棺椁七重，诸侯五重，大夫三重，士再重。"而在《荀子·礼论》中则有更为详尽的叙述：

天子的棺椁有七层，诸侯的五层，大夫的三层，士的二层；其次，他们的衣服被子的多少、厚薄都有明确的规定，棺材上的装饰也都有所差别，用这些恭敬地装饰死者，使其生死始终如一，一切都符合人的愿望，这就是先王的原则，忠臣孝子的准则。天子的丧事惊动天下，诸侯都来参加丧礼。诸侯的丧事惊动友好国家，大夫都来参加丧礼。大夫的丧事惊动同朝的官吏，士人中的上层人物都来

① 《荀子·礼论》：丧礼者，以生者饰死者也，大象其生以送其死。故如死如生，如亡如存，终始一也。始卒，沐浴、鬠体、饭唅，象生执也。不沐则濡栉三律而止，不浴则濡巾三式而止。充耳而设瑱，饭以生稻，唅以槁骨，反生术矣。说衮衣，袭三称，缙绅而无钩带矣。设掩面儇目，鬠而不冠笄矣。书其名，置於其重，则名不见而柩独明矣。荐器则冠有鍪而毋縰，瓮、庑虚而不实，有簟席而无床笫，木器不成斫，陶器不成物，薄器不成内，笙竽具而不和，琴瑟张而不均，舆藏而马反，告不用也。具生器以适墓，象徙道也。略而不尽貌而不功，趋舆而藏之，金革辔靷而不入，明不用也。象徙道，又明不用也，是皆所以重哀也。故生器文而不功，明器貌而不用。

参加丧礼。士人中上层人物的丧事惊动整个乡里，朋友们都来参加丧礼。普通百姓的丧事，惊动本地方的人，本族的人来参加丧礼。受到刑罚制裁而受赦免的人的丧事，不准聚集同族亲属来送葬，只准许妻子儿女来治丧，棺木只能三寸厚，衣被只用三件，棺椁也不能装饰，只能在黄昏时候埋葬，而不准在白天，下葬的时候，亲属的穿戴要和平常一样；返家，没有哭泣的礼节，也不穿粗麻布丧服，也不按亲疏关系进行守丧；埋葬后，他的亲属都要恢复到原来的样子，埋葬完毕，就好像没有丧事一样，这就是最大的耻辱。[①]

正因为如此，统治阶级也在追求更为高级的葬礼。譬如，公元前635年，晋文公重耳灭王子带使周襄王姬郑重回王位后，向周襄王提出了将来自己的葬礼要采用周天子独享的葬礼——"隧"礼：

戊午，晋侯（重耳）朝（周襄）王。王享醴，命之宥。请隧，弗许。（《左氏春秋·（鲁）僖公二十五年》）

虽然周襄王并没有答应晋文公重耳的要求，但还是割了几块领地赏给晋文公，由此可见周代对丧礼等级的重视。

在周代，把最贵重也是最尊贵的金属材料——青铜——做成了各种"礼器"。这个"礼器"除了基本的作为容器的物理功能之外，还有重要的社会功能——维护等级差别的社会秩序。

无论是在重要的祭祀场合还是宴会、丧葬，作为容器之一的青铜器，都要按照服务对象的身份等级来成套配置，用不同的式样与配置来表明不同的等级，而这些规定是不可违反的，这就是周礼的用器制度。如在西周时期用于盛食物的鼎和簋（guǐ）是配套使用的，鼎专门盛肉，而簋则是盛装其他食物，这种组合形成了用鼎制度，这是典型的周之礼制。具体是：按照《周官》所述的规定，天子用九鼎八簋，而诸侯只能用七鼎六簋，大夫用五鼎四簋，士用三鼎二簋，等等。不仅用鼎多少不一，其大小与外饰也是不一样的，用这些物件来表明使用者的社会地位的高低。当然，这样的用鼎制度不但规范了人的社会身份，同时也可能确认其人的权利、责任和义务，以此来维护一个有等级差别的社会秩序。

对于用餐，不但有使用食器不同的规定，就连如何准备食物也有明确的规定。据《礼记·曲礼》记载：为天子削瓜去皮后要切成四瓣，用细麻巾盖好；为

---

① 《荀子·礼论》：天子棺椁七重，诸侯五重，大夫三重，士再重。然后皆有衣衾多少厚薄之数，皆有翣菨文章之等，以敬饰之，使生死终始若一；一足以为人愿，是先王之道忠臣孝子之极也。天子之丧动四海，属诸侯；诸侯之丧动通国，属大夫；大夫之丧动一国，属修士；修士之丧动一乡，属朋友；庶人之丧合族党，动州里；刑余罪人之丧，不得合族党，独属妻子，棺椁三寸，衣衾三领，不得饰棺，不得昼行，以昏殡，凡缘而往埋之，反无哭泣之节，无衰麻之服，无亲疏月数之等，各反其平，各复其始，已葬埋，若无丧者而止，夫是之谓至辱。

国君削瓜去皮后要切成两瓣，用粗麻巾盖好；为大夫削瓜去皮后就整个放置；士人只切瓜蒂，庶人就带皮吃。这也验证了孔丘的"食不厌精，脍（kuài）不厌细"（《论语·乡党》）是有时代和文化背景的。

周礼还规定，凡是吃饭要有一定的礼节，带骨肉放在左边，切肉放在右边，饭食放在人的左手边，羹汤放在人的右手边，切细的肉和烧烤的肉放得远些，醋酱调料放得近些，姜葱佐料放在醋酱左边，酒饮料放在右边。摆放牛脯干肉时，弯曲的放在左边，挺直的放在右边。若身份低的客人端着饭食起身谦让时，主人要起身安顿客人安坐。主人劝客人进食时要先祭食，祭最先吃的饭菜，然后按食物顺序一一祭食。吃过三口饭后，主人要请客人吃大块的切肉，然后逐一请吃，直到吃带骨肉。主人还没有吃完，客人就不要用汤漱口。

周天子除了吃饭之外，还有被后代帝王延续了两千多年的"女眷待遇"。对于天子的女眷，周礼中有明确的规定："古者天子立后、三夫人、九嫔、二十七世妇、八十一御妻。"（《礼记·昏仪》）这可能是后世帝王三宫六院的先河吧！尽管如此，女人在周王朝正统的伦理观，也就是儒家的伦理观中，多是红颜祸水之说。

周天子享受顶级待遇，诸侯、御大夫等的待遇也会随天子的"高升"而得到更高的待遇，这可能是儒家提倡的学而优则仕的动力所在吧！

按照礼制规定，臣子都是配备有专车的，卿大夫出行必须乘车，这样可以显示卿大夫的身份。

《论语·乡党》记载了孔丘的应召："君命召，不俟驾，行矣。"也就是说，如果国君有召，不能等车驾准备好，需马上徒步前去，等车驾赶上来了，再乘坐。但古代的马车不像现在的汽车随时可以出发，使用时必须先套上马，这就需要一定的时间。周礼为了显示对君主的尊敬，必须先徒步前往。如果快步先行能比马车提前赶到也就算了，但实际上还是乘坐马车到达，却非要摆出尊君姿态，可见周礼虚而不实际。

《礼记·玉藻》中对此礼节有较详细的记述："凡君召以三节，二节以走，一节以趋。在官不俟屦，在外不俟车。"也就是说凡国君派使者召唤臣子等时，根据被召人身份及事情缓急的不同，用的符节也不同。首先，符节依被召人之身份等级不同而有变化，比如说用旃来召大夫，旐以召士，皮冠以召虞人，旍以召庶人。其次，根据事情的缓急不同，用的符节数不同，相应的臣子采取的反应也有所不同。两个符节来召，表示事情紧急，被召人要跑着前去；若用一个符节来召，表示事情较缓，被召人当快步前往。上述《礼记·玉藻》原文中的"走"并非我们现在常说的"走路"的走，而是指快跑，而"趋"字是指快走。另外，臣子所在的场合不同，所作出的反应也有所不同。臣子如果是在宫廷中当班，应当不等穿上鞋子就去见君；如果在宫外，则该不等备好马车就去见君。这些都是作为臣子侍君被召之礼。《荀子·大略》中也提到了："诸侯召其臣，臣不俟驾，颠倒衣裳而走，礼也。《诗》曰：'颠之倒之，自公召之。'"

周代礼制的特点可简单归纳为：

首先，"周礼"是由统治者人为制定的，用来别贵贱，序尊卑、长幼、亲疏，维护宗法制度，调整社会关系的工具。

所谓"礼"有两个层面的含义：一是社会制度层面，如贡礼制度、等级制度等；二是社会风俗文化层面，生、冠、婚、丧、祭、射、朝、聘等礼仪。孔丘早年的职业就是教授或者司仪社会层面的礼仪。它与宗法制（包括分封）、等级制度构成了周王朝统治的基础。当然这也是贵族集团的特殊权利。

"礼"的作用，在于"序上下"（《左氏春秋·（鲁）僖公十二年（公元前648年）》）。"礼以体政，政以正民……是以民服事其上，而下无觊觎。"（《左氏春秋·（鲁）桓公二年（公元前710年）》）。这表明"礼"是有统治驾驭黎民百姓作用的。

其次，这些礼仪是统治者为了更好地统治百姓而人为制定的规矩，是反人性的，也是违背人之自然属性的。我国最早的哲学家、道家学派奠基人老聃（今通称老子）把"礼"说成是"道之华而愚之实"，而德国近代哲学家尼采（1844～1900年）也持有这一观点，他说：各种伦理系统从来都是违反自然而愚昧之至的。当然两三千年前制定的"礼"更不例外。

最后，"礼"的繁文缛节严重地束缚了人们心灵的自由，把人的一切活动事无巨细地捆绑在用"礼"编织的罗网里，致使人们无暇顾及自然之道而深陷人为的"礼"之桎梏中。

周礼严格地区分和限定了社会中各个阶层与每一个个体所处的地位，从礼法、宗族法对统治阶级进行了严格约束，对庶人以下的进行强制性管制（刑法），建立了等级森严的差异化社会。

要人们遵循周礼，用伦理道德的原则来维护"尊尊""亲亲"的统治秩序，一切经济、政治、宗教的原则都必须服从它，这也是"保民"的核心，出于这种伦理政治的需要，周人的宗教观由殷商对天神与祖先的双重崇拜，逐步偏重于对祖先的崇拜。

尽管孔丘非常尚礼，也是礼学和礼仪专家，但他在论述礼时，也只是要守礼、复礼，以此来恢复、维护社会秩序。至于"礼"的社会功能与作用，孔丘并没有解释、论述。从这一意义上讲，孔丘是教师而非理论家。这一工作直到战国末期才由荀况进行系统化、理论化。对于"礼"奉行的是礼教式的灌输，这与儒家的价值观、学习观和思维模式是有直接关系的。

需要指出的是，传说中的周公姬旦是周礼的制定者也是不足为信的。

如前所述，克商初期周人还没有登基这样的"礼仪"礼规，举行大型庆典时，还要百官现学商礼。因此，在入主中原初期，周人是没有详细周密的礼规的，其礼也是在沿用商礼，周毕竟在克商前只是偏居西隅的方国，相比商是一个文化欠发达的蕞尔小国。从《书》中记述的姬旦的言论来看，周初的治国行为除了沿用改造过的天神观之外，就是继承了古代传承下来的以德治国的理念。周公姬旦从执政到交权期间的言论，除了论述"德"及军队的重要性之外，根本没有提及"礼制"。诚然，周公姬旦是一位杰出的政治家，在交权给周成王姬诵时的告诫书《书·周书·立政》篇有相关记述，归结起来主要有三点：一是建立健全执政官僚体系，也就是"周官"；二是要重视司法，这在《书》中有关周公姬旦言论中有过多次表述；同时也强调，在重视司法时要慎用刑法，君主不要干预司法；三是要重视军队建设，这是威震天下的根本所在：

> 今(周)文(王)子文孙，孺子王矣！其勿误于庶狱，唯有司之牧夫。其克诘尔戎兵以陟禹之迹，方行天下，至于海表，罔有不服。以觐文王之耿光，以扬武王之大烈。呜呼！继自今后王立政，其唯克用常人。

> 周公若曰："太史！司寇苏公式敬尔由狱，以长我王国。兹式有慎，以列用中罚。"（《书·周书·立政》）

他还引用西伯姬昌(周文王)的做法来告诫其侄周成王姬诵：

> 文王罔攸兼于庶言；庶狱庶慎，唯有司之牧夫是训用违；庶狱庶慎，文王罔敢知于兹。（同上）

也就是说，西伯姬昌(周文王)不会代替他的官员发布各种政令、教令。对于处理庶民各种狱讼案件和管理庶民的各种事务，都交由主管官员和牧民的人去处理；对于处理庶民各种狱讼案件和管理庶民的各种事务，西伯姬昌(周文王)不会横加干涉。

通过这些历史文献我们会发现，此时周公姬旦也没有把"礼"作为制度来执行，甚至连提及都没有。

另外，在《书·周书》中有一篇《周官》，其篇首是"成王既黜殷命，灭淮夷，还归在丰，作《周官》"。这篇《周官》主要是涉及周王朝的官吏制度，这是一个王朝走向正规统治的必经之路。"周礼"是周王朝统治的"政治规章制度"，是与周官相辅相成的。如果说周公姬旦参与制定了"礼制"，那也是在周成王姬诵掌管之下进行的。礼乐制度作为基本国策和治国的大政方针，是不可能一蹴而就的，其形成经历了二三百年的时间。

因此，汉人传说周公制礼作乐是不足为信的。从现在的先秦资料看，笔者认为把周公姬旦说成是礼乐制的始创者，显然是汉代及以后的伪造。但说周公们(当然也包括姬旦)是礼仪专家或者仪式最高责任者则是比较符合实际的。也许是汉代儒者以孔丘为宗师，而孔丘又特别崇尚周公姬旦，这才把周公姬旦推到礼乐"鼻祖"的地位。

与礼制紧密相关的是"乐"，这也是周王朝重要的统治手段。

乐

乐的繁体是"樂"，在其上加个草字头就变成了"藥"(药)。在上古时期，音乐具有非常重要的意义。我们看看现在的一些原始部落，他们的文化中少不了的就是"音乐"，音乐不单单是人们的一种精神享受，更是与宗教信仰有着密切关联。现代科学已经充分证明，音乐不但可以通过人类的精神活动调节人们的心理状态，从而达到调节情操的目的，同时也可以用来医治或缓解一些疾病。

从"藥"来看"樂"这个字，"樂"最初很可能有用于治病的功能，至少也是用于精神疗法。而后才发现，草，也就是我们的中药，也可以用来治病。

"樂"字的中间是个白字，在小篆中是一个圈中间一个点，是鼓的象形，两边的丝也是后来"进化"而来的，是小鼓的象形，下边的木则可能是鼓架子。鼓可能是最古老的乐器之一，在人类还是狩猎时代，动物的皮就可以做成鼓。鼓也用于大规模集体行动，如军队击鼓进军。如果我们到非洲或太平洋岛屿上的原始部落听听他们的鼓点，或许会加深这种理解。

关于"乐"的意义和功能，《书·尧典》中帝舜在任命乐官时曾说："夔！任命你掌管音乐事务，负责教导年轻人，使他们正直温和，宽厚恭谨，刚毅而不粗暴，简约而不傲慢。诗是表达思想感情的，歌是唱出来的语言，五声是根据所唱而制定的，六律是和谐五声的。八类乐器的声音能够调和，不使它们乱了次序，那么神和人都会因此而和谐。"[①]

这里的"乐"通常是与诗歌联系在一起的。尽管这是记述在《书·尧典》中的关于"乐"的论述，但这极有可能代表了战国时期的认知。

值得注意的是，这里的"神人以和"，披露了"乐"的最初产生背景，即与宗教活动有关。从近代欧洲音乐的发展也可以发现其与宗教信仰的关联。

就古代音乐本身而言，音的高低制定是一门艺术，更是一门科学与技术。在古代是如何确定音的高低呢？如何才能使"声"和起来变成动人的音乐呢？这是需要很长时间的研究与实践的。中国古代审定乐音高低的标准，是把声音分为六律(阳律)和六品(阴律)，合称"十二律"，也就是律吕(古代用竹管制成的校正乐律的器具，以管的长短来确定音的不同高度，从低音管算起，成奇数的六个管称"律"，成偶数的六个管称"吕"，后来"律吕"成为音律的统称)。

在中国传统文化里，传说中的"五帝"及"三王"都有一个共同的突出才能——作曲。在《庄子·天下》篇(据考证，《天下》篇出自庄周弟子之手)中就列举了古代帝王的音乐作品：

黄帝有《咸池》，尧有《大章》，舜有《大韶》，禹有《大夏》，汤有《大

---

① 《书·尧典》：帝曰："夔！命汝典乐，教胄子囵，直而温，宽而栗，刚而无虐，简而无傲。诗言志，歌永言，声依永，律和声。八音克谐，无相夺伦，神人以和。"

湮》，文王有《辟雍》之乐，武王、周公作《武》。

我们无法考证这些音乐曲目，也无从考证是不是由这些古代帝王所作。如果是的话，用现在的话讲，他们都是作曲家。不管这些传说的真伪，有一点是可以肯定的，那就是借助古代帝王之名来彰显"乐"的重要性和权威性。

周王朝时，建立了以"礼乐"治国的方针，赋予了"乐"与"礼"并重的地位。"礼"用于祭奠和大型庆典活动，也规范着人们的行为规范。"乐"首先是为大典的礼仪、歌颂、宣传配乐之用的。当然，也可以用来调节人们的情操，但这需要人们自觉地去欣赏音乐，而不是被动地被音乐渲染。周王朝试图把"礼"与"乐"有机地结合起来，以图达到长治久安的目的。

"乐"是有官民之分的，在《诗》中有不少记载。有描述演奏的，如《诗·周颂·有瞽》中有"箫管备举"，《诗·小雅·鹿鸣》中有"鼓瑟吹笙"，《诗·小雅·何人斯》有"仲氏吹篪(chí)"。这里的"箫管""笙"和"篪"很可能是由竹制成的管乐器。也有借琴瑟表达私人情感的，如《诗·国风·周南·关雎》中有"窈窕淑女，琴瑟友之"，《诗·小雅·鹿鸣·棠棣》中有"妻子好合，如鼓琴瑟"，《诗·小雅·鹿鸣》中有"我有嘉宾，鼓瑟鼓琴"。

从这些散见于《诗》中的《颂》《大雅》《小雅》和《国风》中有关"乐"的诗句来看，《大雅》《小雅》中主要是"雅乐"，而《国风》则是"民乐"。

关于音乐的教育，我们可以从《周官》中了解到西周的情况。在《周官·春官·宗伯》中记述了西周贵族子弟13岁至20岁修习音乐的情况，所涉内容为：

> （大司乐）以乐德教国子：中、和、祗、庸、孝、友。以乐语教国子：兴、道、讽、诵、言、语。以乐舞教国子：舞《云门》《大卷》《大咸》《大韶》《大夏》《大濩》《大武》。以六律、六同、五声、八音、六舞大合乐，以致鬼神祗，以和万邦，以谐万民，以安宾客，以说远人，以作动物。

从上述内容我们可知，西周不但重视音乐教育，而且定位很高。在西周贵族中间，"乐"是比较普遍的，也说明周王朝提倡的"乐"在贵族阶层普及的程度以及他们对"乐"的爱好。至于下层民众恐怕是享受不到"乐"的乐趣的。顺便提一下，孔丘直到35岁时才真正领略到"雅乐"的"魅力"，并为此"三月不知肉味"[①]，这是与孔丘出身为贱民相符合的。

周王朝建立之初，周人由崇拜天神转而宣扬"天命"，以政治伦理意味较多的"天命"取代了殷人神话色彩浓厚的"天帝"，提出了"以德配天""敬天保民"的思想，认为商亡周兴是周人"敬天、明德、保民"的缘故。周初，周王朝把神权拉下神坛，让本为祭天神祀祖宗服务的礼乐转换成礼乐制度，以此文化专制手

---

① 《论语·述而》：子在齐闻《韶》，三月不知肉味，曰："不图为乐之至于斯也。"《太史公书·孔子世家》：与齐太师语乐，闻《韶》音，学之，三月不知肉味，齐人称之。

段来控制、亲和宗周与诸侯之间以及宗法等级社会中的政治关系。

随着礼乐规范下的伦理观念日益加强，鬼神观念的日渐淡化，赋予原始迷信与宗教色彩的巫觋（xí）文化遭到毁灭性打击而陨落人间，巫觋的地位由殷大夫降至周初春官宗伯的一个小小属官，到了春秋战国时期进一步被排斥到民间，只能在社会下层百姓中间继续着仅有的一点影响，至此殷商的巫觋文化彻底退出了历史主舞台。如果说殷商人的精神生活还没有完全脱离原始状态，其思想行为完全取决于外在的祖先神、自然神及上帝，那么到周朝的这一变化，在中国思想发展史上是跨时代的，使传统的原始宗教步入人为精神；把对神的崇拜降之为对人的礼拜。这就是王国维在《殷周制度论》一文中所说的："中国政治与文化之变革，莫剧于殷、周之际。"

周人把原本用于礼序神鬼的礼乐扩展到礼序人伦，把礼乐从神巫世界下放到世俗人间，实行"礼乐"治国。毋庸置疑，"乐"在一定的历史阶段对社会的秩序与发展是有益的，对民风的形成也会起到积极的教化作用。

春秋时期，有一位著名的"音乐家"叫季札，是吴国的公子，公元前544年（鲁襄公二十九年），他去鲁国访问，请求观赏周王朝的音乐和舞蹈。鲁国人让乐工为他歌唱《周南》和《召南》，季札说："美好啊！教化开始奠基了，但还没有完成，然而百姓辛劳而不怨恨了。"乐工为他歌唱《邶（bèi）风》（邶，周之侯国，位于今河南汤阴南一带）和《庸风》（庸，周之侯国，位于今河南新乡市南）及《卫风》（卫，周之侯国，位于今河南淇县），季札说："美好啊，多深厚啊！虽然有忧思，却不至于困窘。我听说卫国的康叔（周公姬旦之弟，卫国开国君主）、（卫）武公（姬姓卫氏，名和，公元前812～前758年在位）的德行就像这个样子，这大概是《卫风》吧！"乐工为他歌唱《王风》——周平王姬宜臼到雒邑后的乐歌，季札说："美好啊！有忧思却没有恐惧，这大概是东周的乐歌吧！"乐工为他歌唱《郑风》（郑为周的侯国，在今河南新郑一带），季札说："美好啊！但它烦琐得太过分了，百姓忍受不了。这大概会最先亡国吧。"乐工为他歌唱《齐风》，季札说："美好啊，宏大而深远，这是大国的乐歌啊！可以成为东海诸国表率的，大概就姜太公的国家吧？国运真是不可限量啊！"乐工为他歌唱《豳（bīn）风》（豳为西周公刘时的旧都，位于今陕西省彬县、旬邑县一带），季札说："美好啊，博大坦荡！欢乐却不放纵，大概是周公东征时的乐歌吧！"乐工为他歌唱《秦风》（秦在东周时成为周之侯国，位于今陕西、甘肃一带），季札说："这乐歌就叫作正声。能作正声自然宏大，宏大到了极点，大概是周室故地的乐歌吧！"乐工为他歌唱《魏风》（魏位于今山西芮城县北），季札说："美好啊，轻飘浮动！粗犷而又婉转，变化曲折却又易于流转，加上德行的辅助，就可以成为贤明的君主了。"乐工为他歌唱《唐风》（晋国开国国君叔虞初封于唐，位于今山西太原），季札说："思虑深远啊！大概有陶唐氏（陶唐氏即帝尧。晋国是陶唐氏旧地）的遗民在吧！如果不是这样，忧思为什么会这样深远呢？如果不是有美德者的后代，谁能像这样呢？"乐工为他歌唱《陈风》（陈为周的侯国，国都宛丘，在今河南淮阳），季札说：

激荡春秋
——东周之历史、文化与思想

"国家没有主人，难道能够长久吗？"再歌唱《郐(kuai)风》（郐为周之侯国，位于今河南郑州南，后被郑国消灭）以下的乐歌，季札就不作评论了。

乐工为季札歌唱《小雅》（指《诗·小雅》中的诗歌），季札说："美好啊！有忧思而没有二心，有怨恨而不言说，这大概是周王朝德政衰微时的乐歌吧？还是有先王的遗民在啊！"乐工为他歌唱《大雅》（指《诗·大雅》中的诗歌），季札说："广阔啊！和美啊！抑扬曲折而本体刚劲，恐怕是文王的德行吧！"乐工为他歌唱《颂》（指《诗》中的《周颂》《鲁颂》和《商颂》），季札说："好到极点了！正直而不傲慢，委曲而不厌倦，哀伤而不忧愁，欢乐而不荒淫，利用而不匮乏，宽广而不张扬，施予而不耗损，收取而不贪求，安守而不停滞，流行而不泛滥。五声和谐，八音协调；节拍有法度，乐器先后有序。这都是拥有大德大行的人共有的品格啊！"[1]

由此可以看出，季札不但精通乐理，对"乐"的社会作用也是有深刻认知的。

周礼严格地区分和限定了社会各个阶层与每一个个体所处的地位，以礼法、宗法对统治阶级进行严格约束，对庶人以下的阶层则进行强制性约束（刑法），建立了等级森严的差异化社会。有人就解释这个"乐"是为这样的社会如何保持人与人之间的和谐相处而设立的，用"乐"来陶冶人们的情操，沟通上下之间的情感，化解因为礼的等级化、秩序化引起的种种对立和矛盾。这看起来似乎有道理，但也不可妄下结论！其实古代的"乐"就是为某些仪式、场面配乐，祭祀、登位大典和庆功会用到这些神圣、隆重的仪式，如相传周武王姬发作《大武》就是为了庆贺歼灭商王朝。这一"习惯"得到了断断续续的继承，如唐朝李世民平定天下后，作《秦王破阵乐》以示庆祝。"乐"或用于政治目的，或附着于礼节仪式，或社交，或自我陶醉，但有一点是例外的，"乐"不是用于观赏的。为观赏

---

[1]《左氏春秋·襄公二十九年（公元前544年）》：吴公子札来聘。……请观于周乐。使工为之歌《周南》《召南》，曰："美哉！始基之矣，犹未也，然则勤而不怨矣"。为之歌《邶》《庸》《卫》，曰："美哉，渊乎！忧而不困者也。吾闻卫康叔、武公之德如是，是其《卫风》乎？"为之歌《王》曰："美哉！思而不惧，其周之东乎！"为之歌《郑》，曰："美哉！其细已甚，民弗堪也。是其先亡乎？"为之歌《齐》，曰："美哉，泱泱乎！大风也哉！表东海者，其大公乎？国未可量也。"为之歌《豳》，曰："美哉，荡乎！乐而不淫，其周公之东乎？"为之歌《秦》，曰："此之谓夏声。夫能夏则大，大之至也，其周之旧乎！"为之歌《魏》，曰："美哉，沨沨乎！大而婉，险而易行，以德辅此，则明主也！"为之歌《唐》，曰："思深哉！其有陶唐氏之遗民乎？不然，何忧之远也？非令德之后，谁能若是？"为之歌《陈》，曰："国无主，其能久乎！"自《郐》以下无讥焉！为之歌《小雅》，曰："美哉！思而不贰，怨而不言，其周德之衰乎？犹有先王之遗民焉！"为之歌《大雅》，曰："广哉！熙熙乎！曲而有直体，其文王之德乎？"为之歌《颂》，曰："至矣哉！直而不倨，曲而不屈；迩而不逼，远而不携；迁而不淫，复而不厌；哀而不愁，乐而不荒；用而不匮，广而不宣；施而不费，取而不贪；处而不底，行而不流。五声和，八风平；节有度，守有序。盛德之所同也！"

而用奏乐，是优伶、杂戏之流，在古代是被贱视的。这种"高贵"的"乐"加之昂贵的乐器，只是统治者政绩的自我标榜，是一种政治之"乐"，它既不能陶冶民众的情操，更不能被民众所娱乐。

譬如，公元前522年，周王姬贵（今通称周景王，公元前544～前520年在位）不顾财力匮乏而耗费巨资来铸造乐器"大钟"。乐官说："如果匮乏财用，疲惫民力，以快天子一人淫逸之心，这样的音乐听起来不和谐，比照起来也不合先王法度，无益于教化，相反会离散民心，导致神灵怨怒，这种做法我还未曾听说过啊。"周王不听劝告，还是耗费巨资铸造了"大钟"。乐官又说："凡是民众喜欢的，没有不成功的；凡是民众讨厌的东西，很少不被废弃的。"周王不但不听，还说乐官是老糊涂。结果在周王姬贵去世后，这些耗费巨资铸造的乐器"大钟"也就废弃了。①

这个故事从一个方面说明了"乐"被统治集团滥用以满足自己的享乐，无疑会给社会造成很大负担。"乐"不但用于祭祀、登位大典和庆功这些比较神圣、

图8　曾侯乙编钟
1977年9月在湖北随州出土，约为公元前400年的制品，现藏于湖北省博物馆

---

① 《国语·周语（下）》：二十三年，王将铸无射而为之大林。单穆公曰："不可。作重币以绝民资，又铸大钟以鲜其继。若积聚既丧，又鲜其继，生何以殖？且夫钟不过以动声，若无射有林，耳弗及也。夫钟声以为耳也，耳所不及，非钟声也。犹目所不见，不可以为目也。夫目之察度也，不过步武尺寸之间；其察色也，不过墨丈寻常之间。耳之察和也，在清浊之间；其察清浊也，不过一人之所胜。是故先王之制钟也，大不出钧，重不过石。律度量衡于是乎生，小大器用于是乎出，故圣人慎之。今王作钟也，听之弗及，比之不度，钟声不可以知和，制度不可以出节，无益于乐而鲜民财，将焉用之！"……王不听，卒铸大钟。二十四年，钟成，伶人告和。王谓伶州鸠曰："钟果和矣。"对曰："未可知也。"王曰："何故？"对曰："上作器，民备乐之，则为和。今财亡民罢，莫不怨恨，臣不知其和也。且民所曹好，鲜其不济也。其所曹恶，鲜其不废也。故谚曰：'众心成城，众口铄金。'三年之中而害金再兴焉，惧一之废也。"王曰："尔老耄矣，何知？"二十五年，王崩，钟不和。

隆重的仪式，也用于王侯的享乐，甚至发展到诸侯大夫的日常生活。在《荀子·乐论》篇中就描述了按照礼乐制，"乐"是如何用于请客人饮酒的：

主人亲自去邀请贤德的贵宾和德行稍次的陪客，而一般客人就都跟着他们来了；来到门外，主人向贵宾和陪客拱手鞠躬，而一般客人就都进门了；对高贵者和卑贱者的不同礼仪就这样分别开来了。主人拱手作揖三次才与贵宾来到厅堂的台阶下，再谦让三次而使贵宾登上厅堂，再拜谢贵宾的到来，主人献酒酬宾，推辞谦让的礼节十分繁多；至于陪客，那礼节就减少了；至于一般客人，登堂受酒，坐着酹酒祭神，站着饮酒，不用酒回敬主人就退下堂去了；隆重与简省的礼仪就这样分别开来了。乐工进来，登上厅堂，把《鹿鸣》《四牡》《皇皇者华》三首歌各唱一遍，主人敬酒；吹笙的人进来，把《南陔》《白华》《华黍》三支乐曲各吹奏一遍，主人敬酒；乐工与吹笙的间隔着轮流歌唱演奏各三曲，再合着歌唱演奏各三曲，乐工报告乐曲已经完备，就出去了。主人的两个侍从举起酒杯帮助敬酒，于是又设置了监督行礼的专职人员。从这些礼仪之中可以知道他们能够和睦安乐而不淫荡。贵宾向主人敬酒表示答谢，主人向陪客敬酒表示答谢，陪客向一般客人敬酒表示答谢，宾主对年轻的年长的都根据年龄依次酬谢，最后轮到向主人手下盥洗酒杯的人酬谢。从这些礼仪之中可以知道，他们能够尊重年轻的尊敬年长的而不遗漏一个人。退下堂去，脱去鞋子，再登堂就座，依次不断地敬酒。请人喝酒的限度是，在早晨饮酒不耽误早上的工作，在傍晚喝酒不耽误晚上的事情。贵宾出门，主人拱手鞠躬送行，礼节仪式就完成了。[①]

尽管孔丘推崇、热爱乐，但从记述孔丘言行的《论语》可知，孔丘推崇的"乐"是"颂""雅""风"中的"颂"和"雅"之类的"乐"，也就是说，孔丘多推崇"乐"的政治作用，对乐理他其实并不精通。

从现在的文献来看，关于"乐"的社会作用，儒家直到战国末期才由荀况在《乐论》一文中作了较为系统的论述："人不能不乐，乐则不能无形，形而不为道，则不能无乱。先王恶其乱也，故制《雅》《颂》之声以道之。"这里荀况在论述"乐"时，说人不能不乐，但"乐"不能没有一定的章法和一定的形式，如果不能遵循一定的原则，则会出现混乱，为了纠正这种乱"乐"，制作了《雅》《颂》之乐，以规范音乐。

---

① 《荀子·乐论》：主人亲速宾及介，而众宾皆从之。至于门外，主人拜宾及介，而众宾皆入；贵贱之义别矣。三揖至于阶，三让以宾升。拜至、献、酬，辞让之节繁，及介省矣。至于众宾，升受、坐祭、立饮，不酢而降；隆杀之义辨矣。工人，升歌三终，主人献之；笙入三终，主人献之；间歌三终，合乐三终，工告乐备，遂出。二人扬觯，乃立司正，焉知其能和乐而不流也。宾酬主人，主人酬介，介酬众宾，少长以齿，终于沃洗者，焉知其能弟长而无遗也。降，说屦升坐，修爵无数。饮酒之节，朝不废朝，莫不废夕。宾出，主人拜送，节文终遂。

荀况在论述"乐"时说：

"从这些礼仪中可以知道他们能够逸乐而不乖乱。高贵者和卑贱者被区别清楚，隆重的礼仪和简省的礼仪被分别开来，和睦安乐而不淫荡，尊重年轻的尊敬年长的而不遗漏一个人，逸乐而不乖乱，这五种行为，足够用来端正身心安定国家了。国家安定了，那么整个天下也就安定了。所以说：我看到了乡中请人喝酒的礼仪就知道先王的政治原则实施起来是极其容易的。"[1]

显然，这不是从音乐本质来论述音乐，而是从规制的角度，用"礼制"来规范音乐的。也许正是荀况道出了"礼乐"制度的真谛。

逐渐把乐"约之以礼"，并使礼和乐固定化、模式化，使原有的富于原始激情与浪漫色彩的神巫文化遭到了礼性的禁锢，扼制了人的自然本性，也熄灭了艺术的灵感。这种"约之以礼"逐渐使"乐"走向形式化、僵化和奢侈化。"礼乐"治国使西周王朝表面上看起来像是一个彬彬有礼的和谐国度，一个充满高雅音乐的美妙世界，实际的情况却是在用礼和乐编织起来的这张无形之网的下面是交织着宗法制的等级森严、宗法伦理和人间天壤之别的社会现状。这个礼制不但限定了天子与诸侯的政治(君臣)关系并加以控制，也把这一礼制延伸到人际的血缘(父子)关系，从社会的最小单位开始把各阶层的人完全束缚在"礼乐"网中。通过这张网络进行约束、控制，用"礼"来教化人们，礼化人们的道德、伦理和修养以及情感、思想和欲念。这就把"礼乐"从殷商依靠的"通天"神巫统治"降临"到世俗人间的实用效应，这是所谓"礼乐治国"的实质。

通过聆听音乐，可以了解很多的东西。"礼"是可以伪装的，也可以说是一种虚伪的形式，而乐就很难伪装或者作假了，你听了哀乐是不会感觉到欢乐的。音乐可以较为准确地反映一个时代的特征和面貌。即使是对同一时代，文字文献所描述的内容往往是不一致的，甚至是完全对立的。但你听到那个时代的音乐，就能真实地领悟到其特征和精神面貌。文可欺骗，乐无矫情。这些被周王朝极力推崇的天下"雅乐"和"大乐"早已不见踪影，连余音也不复存在。倒是那些描写和自然表述心境的民间音乐，还能听到其余音，如《高山》《流水》等。

"礼乐治国"到春秋时期，由于已经不能适应社会的发展而出现"礼崩乐坏"的局面，作为周朝培育的礼乐制度走向衰败。尽管有孔丘"克己复礼"的不懈努力，到战国时，社会的发展需要百花纷呈，百家也因各国的社会发展需求而大放异彩。

---

[1]《荀子·乐论》：焉知其能安燕而不乱也。贵贱明，隆杀辨，和乐而不流，弟长而无遗，安燕而不乱，此五行者，足以正身安国矣。彼国安而天下安。故曰：吾观于乡，而知王道之易易也。

2.4.4 军事制度

如今我们指大国或小国，多指人口与领土面积。但在周王朝时代，除了面积之外，其武装力量也是由国家大小而设定的。在《周官·夏官·司马》篇就有如下记述："凡制军，万有二千五百为军。王六军，大国三军，次国二军，小国一军，军将皆命卿。"《周官·地官·司徒》篇也有记载："五人为伍，五伍为两，五两为卒，五卒为旅，五旅为师。"也就是说周王室可以拥有六个军的兵力，而小国只能有一个军的建制。周王朝建立初期，周天子分封的诸侯国，有大国、次国、小国之分：大国方百里，次国方七十里，小国方五十里。但这些所谓大国与小国，只是当初的分封而已，随着时代的变迁，国的大小与强弱也随之而变。

春秋之前的西周是贵族武士制度，军队的主管及主要力量皆为王室贵族子弟。当进行大规模战争（譬如所谓周边的"蛮夷"战争）则由周王室领军，诸侯国则出兵协助"王师"作战，这也是诸侯国应尽的义务，因此有"礼乐征伐自天子出"（《论语·季氏》）之说。当然，战争不仅是对外的战争，对内也征伐那些不守"礼乐"的诸侯。

东周以后，随着周王室的衰败和一些诸侯、卿大夫势力的崛起，"礼乐征伐自天子出"变为"自诸侯出"和"自大夫出"（《论语·季氏》），主权分解而下移。周王室军力弱于诸侯，较大的战争几乎都由诸侯国的军队承担。当时诸侯国的军队分为二部：公室军队（公士，贵族武士）、世族军队（邑甲，乡甲）。公室军队多建于西周诸侯受封立国时，其主要成员是"国人"中的士和农。"士"以习武打仗为主要职事，作战时充当甲士；农即农夫，庶人为步战之士。

除老弱残疾者外，国族中所有成年男子都须接受军事训练，农忙时节务农，农闲时节讲武，每隔三年进行一次大演习——即大蒐（sōu）之礼。

遇有战事，农夫要随时听从调令，充任徒卒（步兵），役期依战事的长短而定。平时农夫也有为国家及士长定期服徭役的制度。奴隶没有充当甲士和徒卒的资格，只能随军从事杂役。

兵力的强弱，往往以战车作为评价标准，有万乘、五千乘和千乘之国之分。除了国君之外，卿大夫有封地，也有自己的武装力量，只不过规模较小而已。到战国时代，战国七雄都具备了万乘战车，因此也称万乘之国。

2.5 兴与亡

周王朝建立后，依靠分封制、井田制土地政策及礼乐制走向了强大。我们这里简单梳理一下西周由兴起到灭亡的历史走向。

在周昭王姬瑕（？~公元前977年）时代，南边的诸侯小国因为得到铜矿而实力迅速增强。铜矿是制作青铜器的不可或缺的原料，而青铜器则彰显着统治者的权威与威信，是威信物。而这些实力增强的"蛮夷"小国并不能服服帖帖地对周王室俯首称臣，周王室为了驯服这些"蛮夷"小国，更为得到威信物原材料，周昭王姬瑕才以"楚蛮不上贡"为由，率大军前往征伐。

据古本《竹书纪年》记载，周昭王姬瑕伐楚，主要有三次：

第一次是公元前985年（周昭王姬瑕十六年），周昭王姬瑕"伐楚，涉汉，遇大兕"。此次战争与陕西扶风出土的"史墙盘"铭文记载相同。周昭王姬瑕率军渡过汉水，深入荆楚一带，渡汉水时还遇见犀牛。

第二次是公元前982年（周昭王姬瑕十九年），周昭王姬瑕派祭公、辛伯攻楚，"天大曀（yì），雉兔皆震，丧六师于汉"。周军渡汉水时，狂风骤起，惊涛骇浪，将士惊恐，军队损失严重。

第三次是"昭王末年，夜清，五色光贯紫微，其王南巡不返"。依据鲁国纪年推算，此时为公元前977年（周昭王姬瑕二十四年）。《史墙盘》[1]上的铭文记载："弘鲁召（昭）王，广笞（征）荆楚，唯狩南行。"《吕览·音初》篇记述为："周昭王亲将征荆，辛馀靡长且多力，为王右。还反（返）涉汉，梁败，王及蔡公抎于汉中。辛馀靡振王北济，又反（返）振蔡公。"《太史公书·周本纪》中则记为："昭王南巡狩而不返，卒于江上。其卒不赴告，讳之也。"此次伐楚虽声势浩大，但结果却是全军覆没。周人讳言此事，模糊地说"南巡不返"。

第三次"南征"是周王朝自成立以来对外用兵损失最大的一次，其建立起来的强军也遭到重创。从这几次征伐来看，周王朝立国百年还是具有相当的军事实力的，"礼乐征伐"主要是征伐那些不上贡者，而这些违者主要是一些偏远地方的少数民族，他们本来也不是诚心臣服周王朝的。与周王朝对族人及对克商有功之臣进行分封的诸侯国相比，它们与周王室的主属关系多是权宜之计，并不稳定可靠。

"南巡不返"的周昭王王位由其子姬满（今通称周穆王，公元前976~前922年在位）接续。姬满继位后，暂停了对外征伐，转而对内政进行整顿。他命令大臣伯冏（jiǒng）向朝廷官员重申执政规范，并发布《冏命》；又任用吕侯（亦作甫侯）为司寇，令其作《吕刑》（为中国流传下来最早的法典）并公告四方，以图整治天下。《吕刑》包括墨、劓、膑、宫、大辟[2]五种重刑，其细则达3000条之多。周王朝的社会得到整治与休养生息，军事实力也渐渐得到恢复。

---

① 史墙盘，1976年12月于陕西省扶风县庄白村出土的青铜礼器，铭文前半部分颂扬西周文、武、成、康、昭、穆诸王的重要政绩。

② 墨：刺刻面额，染以黑色的刑罚。劓（yì）：割鼻的刑罚。膑：剔掉膝盖骨的酷刑。大辟：即死刑。

激荡春秋
——东周之历史、文化与思想

公元前964年（周穆王姬满十二年）春，周穆王姬满否决了大臣祭公谋父提出的不出征而实行"耀德不观兵"的策略主张，以犬戎没有及时进贡为由，亲自率兵对犬戎进行了征伐。虽然战争取得了军事胜利，但成果并不大，仅仅"得四白狼四白鹿以归"（《国语·周语》中的"祭公谏征犬戎"），而《太史公书·周本纪》在评论这次西征时则说"自始荒服者不至"。

周王室经过周昭王姬瑕南征荆楚的全军覆没，到周穆王姬满图谋东山再起，其对外征伐并未取得决定性胜利，也没有获得广泛的政治成功。相比周昭王姬瑕在位末期，周王室实力虽然得到了一定的恢复，但未能恢复往日的"绝对"权威。于是就有了周夷王姬燮（公元前895～前880年在位）为立威而烹杀齐哀公吕不辰的著名事件。

据《太史公书·周本纪》记载："懿王崩，共王弟辟方立，是为孝王。孝王崩，诸侯复立懿王太子燮，是为夷王。"姬群方之所以能够登上大位，是因为"懿王之时，王室遂衰，诗人作刺"，周王室的威严每况愈下。在周王室衰弱背景下，也许周朝廷姬姓贵族集团考虑到周共王姬繄(yī)扈（夏商周断代工程认定其在位时间为公元前922～前900年）之弟、周懿王姬囏叔父姬辟方（今通称周孝王，公元前910～前896年在位，夏商周断代工程认定其在位时间为公元前891～前886年）的能力与威望，打破父传子的常规，让叔父辈的姬辟方取代时为太子的姬燮继承王位。这可能是周王朝为摆脱衰败而做出的非常举措，也许当时并没有严格的嫡传制。周孝王姬辟方去世后，诸侯才复立原太子姬燮为天子，也就是周夷王。

周夷王姬燮即位后，在处理与诸侯的关系上表现得非常低调，曾下堂接见诸侯。我们不知道其具体用意何在，也许是念及诸侯的拥立之功，也许是周王室威严不盛，放下身段而展示其亲诸侯形象。这一非常举动被成书于西汉时期的儒学经典《礼记》指责为天子失礼："礼，天子不下堂而见诸侯。下堂而见诸侯，天子之失礼也。由夷王已下也。"（《礼记·郊特牲》）由此也可看出，后世儒家是非常拘泥于形式和教条的。这也是因实施"礼制"而使国家逐渐走向衰败的原因吧！

虽然天子"下堂而见诸侯"可能有悖礼制，但诸侯还是感到很受用的，以至于"诸侯德之"（《太史公书·帝王世纪》）。从这个意义上讲，周夷王姬燮"下堂而见诸侯"是为了博得诸侯之心。周夷王姬燮为了挽回国力日衰的颓势，效法周穆王姬满曾以武力征讨周边的少数民族，即西戎、东夷和南淮夷，想重新树立周王室的威信。这些征伐虽取得一些战果，但始终未能制止西戎的入侵骚扰。

周夷王姬燮除了对蛮夷进行征伐之外，对诸侯国也采取了树立权威的措施，其惊世之举就是烹杀齐哀公吕不辰。据《竹书纪年》记载：周夷王"三年，王致诸侯，烹齐哀公于鼎"。《太史公书·周本纪》的记述为："哀公时，纪侯譖(zèn)之周，周烹哀公。"公元前883年（周夷王三年），周夷王姬燮将齐哀公吕不辰等诸侯召至王城。周夷王姬燮因听信纪侯[齐国的邻国纪国（今山东省寿光市一带）国君，齐国、纪国的初代国君是亲兄弟]的谗言，在众目睽睽之下，下令将齐哀公扔进大鼎中活活烹杀，手段可谓相当惨烈，这与其下堂接见诸侯形成了强烈的反差！这也许是周夷王姬燮恩威并施吧！周夷王无论是怀柔还是凶悍，其目的都是为了掌控、统领诸侯，进而稳固周王朝的统治。

那么，齐哀公吕不辰违反了什么"礼"呢？

作于西晋时期（公元265～317年）的《帝王世纪》载，"（周夷王）三年，（夷）王有恶疾，愆于厥身"；而唐代司马贞的《史记索隐》则载齐哀公吕不辰"荒淫田游"。或许是按照礼制，在周夷王姬燮生病（无论真假）期间，作为诸侯之一的齐哀公吕不辰未能按照礼制表现出应有的"礼"，显得漠不关心，若无其事。可见，周王朝推崇的"礼"并不只是一个温柔的礼遇，也是非常残酷的刑具。

从周夷王姬燮作为太子未被拥立为天子，到其烹杀齐哀公吕不辰，周王室的宗法制和礼制也逐渐产生了裂缝。

尽管周夷王姬燮外征夷狄，内杀诸侯，也未能从根本上遏制周王朝的颓势。周夷王去世后，他儿子姬胡（今通称周厉王，公元前878～前841年在位）继位。姬胡一改周、召二公"世为卿大夫"的传统，起用了在经济、军事上有专长的荣夷公和虢公长父。这一做法使其执政期间与原权贵集团逐渐产生了严重的利害冲突，被指责如商末一样不用旧臣，经济上"专利作威"。公元前841年，周厉王与强大的氏族原权贵集团矛盾激化，被赶下王位、流放到彘（zhì）地。此时其子尚幼，不能继位执政。上层贵族集团达成协议，在幼子（即后来的周宣王姬静）正式即位执政之前，政务由大族代表共伯和掌管。当时曾改周厉王放逐之年为"元年"，但不久又因承认其幽闭期间也算作在位期间，因此恢复了厉王纪年。公元前828年，周厉王姬胡去世，周宣王姬静即位，始称元年。因共伯和所处的执政职位（权位）与周公姬旦和未继位时的周成王的关系十分类似，因此共伯和执政的年代也被奉为贤德时代。及至汉代，人们甚至不知道共伯和是个人名，将"共和"误当作是周公和召公两者交互执政的理想时代。现在的"共和"一词是英文republic的译语，也是从该"共和"的意思而来的。其实"共"是一个侯国或封地名，"伯"是"之长"之意，如西伯昌是指位于商王朝西边的方国周的国君姬昌及春秋时代的"五伯"（今多称为五霸）。"和"是人名，也就是由名为和的共国国君摄周王位之政。

周宣王姬静（公元前828～前783年在位）成人即位后，整顿朝政，使衰落的周王室得到一时的复振，威信也有很大提高，遂使诸侯又重新来朝，史称"宣王中兴"。

关于周宣王时代，可从西周晚期青铜器"兮甲盘"中略见一斑。该青铜器有铭文133字，记述了周宣王五年三月（公元前823年）兮甲（尹吉甫）随从周宣王征伐猃狁（xiǎnyǔn），对南淮夷征收赋贡之事，尹吉甫受到周王褒奖赏赐而作此器纪念。该铭文大意是：

周宣王五年三月（月晦）庚寅日，宣王最初下令讨伐猃狁，逐之太原。兮甲吉甫遵王命，克敌执俘，胜利归来。宣王赏赐兮甲吉甫四匹良马，一辆轺车。宣王又命兮甲吉甫东去成周(洛阳)掌政执法，责令四方交纳粮赋。至于南淮夷、淮夷，原向我周朝交纳贡帛的农人，不得欠缴贡帛、粮赋。他们来往经商，不得扰乱地方和市肆。若胆敢违反周王的法令，则予以刑罚、征讨。特提请我周朝各地诸侯、百姓，从事商贸应在规定的市肆进行，不得到荒蛮偏僻的地方去做生意，否则也要给予处罚。兮伯吉甫特作此盘记载。其年寿万年无疆，子子孙孙永宝用。[1]

图9　兮甲盘铭文

出自《图说中国历史》，吉林出版集团，2009年。

周宣王是除周成王之外，在周王朝历史上被认为成年后继位并使王朝走向正轨与复兴的君王。

与历史上的其他王朝一样，周朝与其初建时的"周虽旧邦，其命维新"精神也渐渐远离，缺少维新与变革，墨守其制定的"礼乐制度"，这个"得天命"的天下王朝也就逐渐走向没落。在这一轨迹上走到了周幽王姬宫涅(shēng)(公元前782～前771年在位)时代——一个使西周寿终正寝的时代。

提到西周的灭亡，人们可能马上就会想到流传甚广的"周幽王烽火戏诸侯"导致西周灭亡的故事。在了解西周灭亡这一历史事件之前，我们先了解一下西周当时的形势。

周幽王八年(公元前774年)，也就是周王姬宫涅被杀前三年，当时周王姬宫涅的叔父姬友(今通称郑桓公，？～公元前771年)担任周王室司徒一职。在他入职周王室后，感觉到朝廷内在的危机，于是请教太史伯，如果周王室出现灾难性变故，他应该如何逃离危险。太史伯对当时形势作了清晰的分析：

"周王室将要衰败，戎、狄肯定会昌盛起来，不能靠近他们。在周都雒邑，南面有楚蛮、申、吕、应、邓、陈、蔡、随、唐九国；北面有卫、燕、狄、鲜

---

[1] 兮甲盘铭文：佳五年三月既死霸庚寅，王初格伐玁狁于(余吾)，兮甲从王，折首执讯，休亡敃(愍)，王赐兮甲马四匹、轺车，王令甲政(征)司(治)成周四方责(积)，至于南淮夷，淮夷旧我帛畮(贿)人，毋敢不出其帛、其责(积)、其进人，其贾，毋敢不即次即市，敢不用命，则即刑扑伐，其佳我诸侯、百姓，厥贾，毋不即市，毋敢或(有)入蛮宄贾，则亦刑。兮伯吉父作盘，其眉寿万年无疆，子子孙孙永宝用。

虞、潞、洛、泉、徐、蒲九国；西面有虞、虢、晋、隗、霍、杨、魏、芮八国；东面有齐、鲁、曹、宋、滕、薛、邹、莒八国；这些国家若不是周王的同姓支族、母弟甥舅之类的亲戚，就是蛮、夷、戎、狄之类的少数民族。不是亲属就是凶顽之民，不可投奔。该去的应是在济水、洛水、黄河、颍水之间那一带吧！这一地带都是封为子、男爵位的国家，其中虢国和郐国最大，虢叔凭仗着地势，郐仲依恃着险要，他们一贯骄傲、奢侈、疏忽、怠慢且贪婪。您如果因为周王室遭难的缘故，想把家眷、财物寄放到那里，他们不敢不答应。周王室混乱而衰败，这些人骄侈贪婪，必然会背叛您。您如果率领雒邑的民众，奉天子之命去讨伐他们的罪恶，没有不成功的。如果攻克了两国，那么郐、弊、补、舟、依、历、华等邑，就都是您的国土了。如果前面有华邑，后面有黄河，右面有洛水，左面有济水，主祭茅山和騩山，饮溱、洧两河的水，遵循旧法来守卫这片土地，那就可以稍稍稳固了。"①

接着太史伯又进一步分析了周王室内部更换太子的事情：

"(周幽)王想要杀掉太子(申后之子)宜臼，改立(褒姒之子)伯服，肯定要求申国交出太子，申国不交，(周幽)王一定会讨伐申国。如果讨伐申国，缯国与西戎就会联合起来攻打(周幽)王，周王朝就保不住了。缯国与西戎正要报答申国，申、吕国正强盛，他们深爱太子也是可以预料的。(周幽)王的军队如果攻打申国，它们去救援申国也是必然的。"

紧接着太史伯又说："(周幽)王心中愤怒了，虢公顺从了，周朝的存亡，也就超不过三年了。"②

司马迁的《太史公书·周本纪》是这样叙述当时周王室的内部情况的：

公元前779年(周幽王三年)，周幽王得到了他非常宠幸的褒姒并生子伯服，于

① 《国语·郑语》：(周幽王八年)桓公为司徒，甚得周众与东土之人，问于史伯曰："王室多故，余惧及焉，其何所可以逃死？"史伯对曰："王室将卑，戎、狄必昌，不可偪也。当成周者，南有荆蛮、申、吕、应、邓、陈、蔡、随、唐；北有卫、燕、狄、鲜虞、潞、洛、泉、徐、蒲；西有虞、虢、晋、隗、霍、杨、魏、芮；东有齐、鲁、曹、宋、滕、薛、邹、莒；是非王之支子母弟甥舅也，则皆蛮、荆、戎、狄之人也。非亲则顽，不可入也。其济、洛、河、颍之间乎！是其子男之国，虢、郐为大，虢叔恃势，郐仲恃险，是皆有骄侈怠慢之心，而加之以贪冒。君若以周难之故，寄孥与贿焉，不敢不许。周乱而弊，是骄而贪，必将背君。君若以成周之众，奉辞伐罪，无不克矣。若克二邑，郐、弊、补、舟、依、历、华，君之土也。若前华后河，右洛左济，主茅、騩而食溱、洧，修典刑以守之，是可以少固。"

② 《国语·郑语》：申、缯、西戎方强，王室方骚，将以纵欲，不亦难乎？王欲杀太子以成伯服，必求之申，申人弗畀，必伐之。若伐申，而缯与西戎会以伐周，周不守矣！缯与西戎方将德申，申、吕方强，其隩爱太子亦必可知也，王师若在，其救之亦必然矣。王心怒矣，虢公从矣，凡周存亡，不三稔矣！

是想把申后（诸侯之一的申国国君申侯的女儿）和太子宜臼一并废除，立褒姒为后、伯服为太子，最终费尽周折实现了其愿望。太史伯阳对此感慨地说："祸乱已经造成了，没有办法了！"

这说明周幽王更换太子使周王室的内斗已经到了你死我活的地步。

至于流传很广的"烽火戏诸侯"很可能根本就不是历史真相。司马迁的《太史公书·周本纪》是这样叙述这个故事的：

周朝时为了防范外敌入侵曾设置了烽火狼烟和大鼓，如遇敌人来犯便可点燃烽火示警求救。褒姒不苟言笑，周幽王为博红颜一笑绞尽脑汁仍不奏效，遂命人点燃烽火，诸侯见到烽火倾巢而动赶来救援却不见敌寇，褒姒见状果然开心大笑。周幽王便多次故伎重演，导致彻底失信于诸侯，诸侯自此对其报警也就置之不理了。[1]

后来，周幽王废申后和太子宜臼。申后的父亲申国国君大怒，联合缯国、西夷犬戎攻打周国。周幽王用烽火调集诸侯国的救兵，但没有诸侯救兵赶来，结果周幽王被杀于骊山之下。[2]

在《太史公书》之前的《吕览·慎行论·疑似》篇也有这样的记述：

周建都于丰、镐，靠近戎人。在边界的大路上修筑高大的土堡，上面设置大鼓，使远近都能听到鼓声。周王和诸侯约定，如果戎兵入侵，就由近及远击鼓传告，诸侯的军队就都来救援天子。戎兵曾经入侵，周幽王击鼓，诸侯军队都如约而至，褒姒看了非常高兴，很喜欢周幽王这种做法。周幽王希望看到褒姒的笑靥（yè），于是屡屡击鼓，诸侯的军队多次赶来，却没有敌兵。后来戎兵真的来了，幽王击鼓，但诸侯的军队不再赶来，周幽王于是被杀死在骊山之下，为天下人耻笑。[3]

两书的记述大体一致，只是司马迁把周幽王击鼓搬救兵改成了点烽火搬救兵。鉴于《太史公书》的正统性与传播性，这个故事就定格在周幽王烽火戏诸侯了。值得指出的是，周幽王时代烽火还没有发明。

关于周幽王之死，《竹书纪年》记载的是"与幽王俱死于戏"，这个"戏"字现多解释为地名"骊山"。"戏"这个字的繁体是"戲"，其本义是指武器，或者

---

[1] 《太史公书·周本纪》：褒姒不好笑，幽王欲其笑万方，故不笑。幽王为烽燧大鼓，有寇至则举烽火。诸侯悉至，至而无寇，褒姒乃大笑。幽王说之，为数举烽火。其后不信，诸侯益亦不至。

[2] 《太史公书·周本纪》：七年春，周幽王用褒姒废太子，立褒姒子为适，数欺诸侯，诸侯叛之。西戎犬戎与申侯伐周，杀幽王郦山下。

[3] 《吕览·慎行论·疑似》：周宅丰、镐，近戎人。与诸侯约：为高葆祷于王路，置鼓其上，远近相闻。即戎寇至，传鼓相告，诸侯之兵皆至，救天子。戎寇当至，幽王击鼓，诸侯之兵皆至，褒姒大说，喜之。幽王欲褒姒之笑也，因数击鼓，诸侯之兵数至而无寇。至于后戎寇真至，幽王击鼓，诸侯兵不至，幽王之身乃死于丽山之下，为天下笑。

古代三军(中军、左军、右军)中的左军的意思，没有我们现在戏剧的意思，也没有戏弄的意思。至于如何与骊山联系起来，则是需要探讨的。

作为故事，它是非常具有戏剧性的。但如果仔细推敲和参照一下其他历史文献，这明显是后人编造的故事来调侃戏说周王朝或者周王姬宫湦的。镐京在现今的西安附近，按照简单道理，西戎在西边，如果西戎从西边入侵，周王完全可以向东撤离逃跑！东边有"天下共主"统治的广阔空间。这在其他朝代是有同类案例的，如唐朝的唐玄宗、清朝的慈禧太后，在受到外部攻击时都能成功逃离京城。再说，按照当时的体制，周王朝有封国拱卫，而且王都有强大的驻军守卫。驻军可达六个师，约两万人。因此，攻破一个都城、杀死国王不是那么简单的事情。

那么真实的历史是怎样的呢？

我们先看看《竹书纪年》是如何记载的：

> (褒姒之子伯盘，也称伯服)与幽王俱死于戏。先是，申侯、鲁侯及许文公立平王于申，以本大子，故称天王。幽王既死，而虢公翰又立王子余臣于携。周二王并立。

周幽王因宠爱褒姒，废申后立褒姒，进而废掉太子宜臼，改立褒姒之子姬伯服为太子。但宜臼被废后逃到其外祖父申侯为国君的申国，在那里被申侯、鲁侯及许文公立为天王。这样就形成了取代其父周幽王的态势，至少是并驾齐驱的局面。

而在《国语·郑语》中是这样描述西周灭亡的：

> 若伐申，而缯与西戎会以伐周，周不守矣！缯与西戎方将德申，申、吕方强，其隩爱太子亦必可知也。王师若在，其救之亦必然矣。王心怒矣，虢公从矣，凡周存亡，不三稔矣！君若欲避其难，其速规所矣，时至而求用，恐无及也！

这里的"王心怒矣"是因何发怒呢？单单是被废太子宜臼逃到申国吗？恐怕事情没有那么简单。结合上述《竹书纪年》的记载，被废太子宜臼在逃至申国后，很可能依仗外祖父申侯的支持自立为王或者被拥立为王。这样的举措当然会激怒周幽王。另外还有"王师若在，其救之亦必然矣"值得推敲，这里的"王师若在"说明王师不在，这说明王师远离周幽王。若周幽王身在镐京，则说明王师不知何原因已经远离了镐京；或者周幽王远离镐京，当然固守镐京的王师也就不在周幽王身边。但无论哪一种情况，周幽王的身边都没有强大和足够的军队。

笔者认为，周幽王得知其子称王或者被拥立为王后大怒，作为保全自己地位的举措可能就是在盛怒之下亲自率兵攻打申国，这可称之为"礼乐征伐"。作为外戚的申侯必然保护自己的外孙，于是申侯联合西戎的犬戎和缯侯等对周幽王进行了多方夹击，打败并杀死了周幽王，当然新立的王后褒姒和太子伯服也不可能幸免。

在这一事件中，在历史文献中没有发现周王室的下臣及周围的诸侯进行大规模驰援或顽强抵抗，除了历史文献的偏向性之外，也暴露了周王室及其氏族间存在着巨大的内部矛盾，甚至隐藏着分裂的可能性。应该说这一事件是周幽王先违背了周王室的宗法制（如果如后人所宣称的那样的话），废嫡长子改立幼子为太子而引火烧身，祸起萧墙。从各种史料来看，周幽王是死于内外夹击，西周则是亡于内忧外患。

需要注意的是，在周幽王之子宜臼灭周幽王的事件中，宜臼的主要支持者都是外姓，如申侯和缯侯都非姬姓，而后来护送宜臼东迁的秦襄公（嬴姓，公元前778～前766年在位）也为外族。因此，这是一场典型的外戚干预周王室王政的事件。如果按照宗法制及礼制的伦理观，这是一个典型的杀父弑君事件。

历代王朝的创立者往往被理想化（这是一种氏族祖先的崇拜与伦理观所致），与此相反，末代君王则备受诟病，商纣王和传说中的夏桀皆是如此。西周王朝从王室内部到外部的诸侯对立与分裂，最后形成了镐京（宗周）和雒邑（成周）两大阵营，直到镐京王朝被歼灭。造成分裂的始作俑者周幽王一直都备受指责。"正史"上都说商纣王是被叫作妲己的美女迷住了心窍；而周幽王则是被褒姒搞得神魂颠倒，褒姒也渐被赋予了妖女的形象，更有"赫赫宗周，褒姒威之"（《诗·小雅·正月》）之说。另一方面，得胜的周平王姬宜臼在雒邑之地重新竖起了周王室的大旗，作为君主受到了一定的好评，甚至有观点将东迁王都至雒邑一事评价为革命性的事件。但实际上是周王朝赖以生存的礼乐制度开启了"礼崩乐坏"的不可逆行程，而造成这一崩坏的不是别人，正是周王室自己。

当我们翻开"正史"时，对于王朝的更新迭代基本上都是这三个理由：最高执政者残暴、最高执政者昏庸、最高执政者贪色。从这个论点出发，西周的灭亡与商王朝的灭亡具有相同点，不同点是商纣王残暴而周幽王昏庸，这往往掩盖了当时的社会矛盾及统治集团本身腐化和内部矛盾的激化。还有一个观念被广泛接受，那就是女人是祸水，会祸国殃民，这突显了儒家礼教的特征。这是典型的儒教价值观所教化的二元思维方式。

3

争霸春秋，礼崩乐坏

3.1 春秋序幕

西周灭亡后进入春秋时代。提起春秋时代，我们往往既会想到百花齐放、百家争鸣的时代，又会想到充满生机又战乱不断、图强争霸的年代。那么春秋时代到底是怎样一个时代呢？还是让我们从西周灭亡后东周的确立说起吧！

我们先看看《竹书纪年》是如何记载的："幽王既死，而虢公翰又立王子余臣于携。周二王并立。"

周幽王被杀之后，得胜的原太子姬宜臼在杀死其父王后并没有立即东迁，而要面对周王室其他近亲贵族集团的博弈。这时在王都镐京京畿的周王室嫡亲宗室虢（guó）石父于公元前772年首先拥立了周幽王的另一个儿子姬余臣（一说是周幽王的兄弟）为周王（今通称周携王）。原太子宜臼在与王室旧臣贵族的博弈中处于下风，未能在王都镐京登位，被迫开始了正史中轻描淡写的所谓"平王东迁"。护送其东迁的也不是旧臣及姬姓豪族，而是一个尚未被授爵的附属秦。姬宜臼穿过茫茫的周王朝大地，东迁到周王朝的陪都雒邑。公元前770年，在申侯、缯侯及晋文侯（姬姓，名仇，公元前780~前746年在位）等的支持下，在陪都雒邑（今河南洛阳附近）正式拥立宜臼为王（在陪都雒邑登上王位也是符合那时的礼制的），今通称周平王。至此，周王朝出现二王并立的局面。

周王朝两王并列的局面持续了12年之久。在这并存的12年间，双方力图争取各方诸侯的支持。在诸侯中起关键作用的有姬姓虢氏一族和晋文侯。起初，姬姓虢氏一族中的虢季氏是拥护周携王的，但在最后阶段也转而支持周平王姬宜臼（由出土金文的年号推断出）。在失去姬姓虢氏一族的支持后，周携王姬余臣于公元前759年被支持周平王姬宜臼的晋文侯歼灭。至此，两王并列的历史宣告结束，周王朝又重新回到了一王时代，但此周王朝已非彼周王朝。

尽管周平王姬宜臼因无法在西边立足被逼东迁，但实际效果却得到了地缘上的优势。东迁不仅摆脱了西戎的骚扰，也脱离了与当时有虢氏一族支持的周携王姬余臣一派近身搏斗的处境。毕竟宗周镐京地处西陲，西边又有犬戎的威胁，与

激荡春秋
——东周之历史、文化与思想

东方诸侯国相距遥远，很难得到东方各诸侯国的物资支持。而周平王东迁至雒邑，而雒邑位于周王朝的"中心"地带，又有大面积的直辖领域，无论是联合诸侯还是进行物资筹集都是非常便利的。从这个意义上讲，与其说周平王战胜周携王是道义上的胜利，不如说是地缘利益上的胜利。

虽然回到了一王时代，但得胜的周平王却付出了沉重的代价。

首先要犒劳助其消灭周幽王和护卫其东迁的功臣们，比如申侯、缯侯以及秦，还有后来帮助周平王灭周携王的晋。据《竹书纪年》记载"（周平王）赐秦、晋以邬、岐之地"。也就是说护送并支持周平王的秦原来是没有爵位的，只是侯国的"附庸"。秦因保护周平王东迁有功才被封爵，成为正式的诸侯国，而且还获得了周人雄起之地、宗周旧都所在地渭河平原。秦获得千里封地（虽然当时大部分被犬戎所占领），为秦成为大国及之后的崛起奠定了物质基础。

另一个受益的侯国是晋。周平王把汾水流域所有土地赠送给晋，晋得到了周携王位于今山西东部和河北部分地区的领地。从此，晋国开始了大规模的扩张，并逐渐发展成大国。

再有一个就是郑国。郑武公（姓姬，名掘突，公元前771～前744年在位）的父亲原为周幽王的宗亲旧臣，在那场奸灭周幽王之役中被杀。郑武公协助周平王并助其东迁。周平王"割让"了雒邑周围大片周王室直辖领土，使其搬迁并扩建了郑国①。郑武公也被周平王聘为上卿，后来也得到长足发展，成为春秋早期的一个强国。

周平王东迁后所拥有的周王室直辖领域仅仅相当于今河南西北部的一隅之地，东不过荥阳，西不跨潼关，南不越汝水，北只到沁水南岸，方圆只有600余里，与方圆千里的诸侯大国相比，它只相当于一个中等诸侯国而已。周王室直辖的区域已大幅度缩小，其实力也被严重削弱，其对诸侯的控制和影响基本上依赖于长期礼教化的文化和延续下来近乎崩溃的"礼乐制度"。另外，周平王杀父弑君的"原罪"不仅使他的权威性遭到极大损害，而且对周王室的宗法制度、礼乐制度也产生了深远影响。

这就是我们称之为"春秋"时代的开端。

这个时代之所以被称为"春秋时代"，是源于记录那个时代的一本编年史文献——《春秋》。由于它所记历史事实的起止年代，大体上与一个历史阶段相吻合，所以史学界便把《春秋》这个书名作为这个历史时期的名称。虽然我们后人称这个时期为春秋时期，而其后续历史时期称之为战国时期，但我们不能仅按名称的字面含义来理解时代的特征。

我们常说春秋时代的周王室式微，其式微的程度可从周平王写给诸侯之一的

---

① 公元前806年（周宣王二十二年），周宣王之弟姬友被封国于镐京附近，国号为郑，都于今棫林附近。

公元前774年，郑桓公迁郑国于河南，建都于郑（今河南省新郑市），主要版图位于今河南郑州一带。

晋文侯的一封致谢信体现出来：

"族父义和啊！……呜呼！可怜我这年轻人继承王位，遭到了上天的重重惩罚。我没有什么资财和恩泽施给老百姓，侵犯我国家的兵戎很多。如果在我的治事大臣中，没有老成人长期在职，我就会坐不稳王位了。我呼吁：'祖辈和父辈的诸侯国君，要顾念我，替我担忧啊！'"①

从此致谢信（美其名曰"文侯之命"）可以看出，周平王对诸侯之一的晋文侯几乎到了哀求的地步，其所谓的"天子""王者"独尊已荡然无存。

周平王在位时，相继委任郑武公、郑庄公父子担任周王室的上卿主持朝政。由于郑国实力日趋雄厚，周平王对此有所戒备，便借故欲撤郑庄公寤（wù）生（公元前743～前701年在位）职而另任虢公。郑庄公获悉即赴雒邑对周平王施加压力，周平王再三赔礼仍得不到郑庄公的认可。无奈之下，周平王提出让王子狐（姬狐）到郑国作人质。但群臣认为此举有损周天子颜面，于是提出了相互交换人质的办法，让郑庄公的儿子公子忽也来雒邑作人质，而王子狐去郑国则以学习的名义（史称周郑交质）。从这一史实可知，周平王东迁后，周王室已势力衰微，周王名为天子，实际上已经不能令诸侯了。

东迁以后，周王就再没有进行过巡狩②之礼，诸侯也很少朝见天子。像所有诸侯国中保留周礼最完整的"礼仪之邦"鲁国，在鲁隐公（姬姓，名息姑，公元前722～前712年执政）执政的11年中，周天子曾三次派使臣到鲁聘问（访问），而鲁国却一次也未曾去雒邑朝见周天子，可见鲁国或者说鲁隐公对周平王的态度。

公元前718年（鲁隐公三年），在位近50年的周平王去世。按照《左氏春秋》中的记载，"天子七月而葬，同轨毕至"，周平王三月去世，听闻讣告后，天下诸侯应纷纷汇集周王城成周，九月共同参加天子的葬礼，而七、八月份，周王室臣子武氏子却跑到鲁国来求取助葬的财物[秋，武氏子来求赙（fù）]。非但如此，鲁隐公就连奔丧都免了。

在周平王去世两年后，即鲁隐公五年秋，鲁隐公主持了鲁太子生母的陵寝落成典礼："于是初献六羽，始用六佾（yì）也。"（《左氏春秋·（鲁）隐公五年》）按礼法，"天子八佾，诸公六佾，诸侯四佾。"（《谷梁春秋·（鲁）隐公五年》）作为诸侯，按照礼制鲁国只能

---

① 《书·周书·文侯之命》：王若曰："丕显文、武，克慎明德，昭升于上，敷闻在下；唯时上帝，集厥命于文王。亦唯先正克左右昭事厥辟，越小大谋猷罔不率从，肆先祖怀在位。呜呼！闵予小子嗣，造天丕愆。殄资泽于下民，侵戎我国家纯。即我御事，罔或耆寿俊在厥服，予则罔克。曰唯祖唯父，其伊恤朕躬！呜呼！有绩予一人永绥在位。父义和！汝克绍乃显祖，汝肇刑文、武，用会绍乃辟，追孝于前文人。汝多修，扞我于艰，若汝，予嘉。"王曰："父义和！其归视尔师，宁尔邦。用赉尔秬一卣鬯，彤弓一，彤矢百，卢弓一，卢矢百，马四匹。父往哉！柔远能迩，惠康小民，无荒宁。简恤尔都，用成尔显德。"

② 巡狩：周代，周王巡行视察诸侯为天子所守的疆土。

享受四佾之舞（执羽的舞者八人一列为一佾，四佾就是四列），而鲁太子生母并非诸侯，却享用了六佾之舞。鲁太子生母之陵寝落成典礼与周平王之葬礼形成了强烈反差。

周平王之后的周王室是否有中兴呢？

周平王过世后，因其子早亡，故由其孙姬林（今通称周桓王，公元前719~前697年在位）继位。

周平王东迁时依靠的郑国 ①，在周平王东迁第二年，即灭了郐（今河南省新郑市西北），随后迁都新郑；周平王四年，郑又灭东虢，开启春秋时期姬姓侯国灭姬姓侯国之先河。郑国渐渐强大起来。周桓王姬林即位后，对郑国的"臣服"态度大为不满，就施压郑国，为此周、郑交恶，导致了对周王朝具有重大影响的繻（xū）葛之战。

据《左氏春秋·（鲁）桓公五年》记载，公元前707年（鲁桓公五年，周桓王十三年，郑庄公三十七年）周桓王亲率大军征伐郑国，由虢国国君虢公林父率领右军，统领蔡国、卫国的军队；周公黑肩（周公姬旦之后）率领左军，统领陈国军队。郑庄公寤生率大军在繻葛（今河南长葛北）御敌。战斗中，周桓王姬林被郑国将领祝聃射中肩膀，祝聃请求前去追杀，郑庄公说："君子不希望欺人太甚，何况是欺凌天子呢？只要能挽救自己，国家免于危亡，这就足够了。"此役以周桓王姬林统领的周王室联军失败而告终。

这里周桓王姬林率领的联军，除了陈国（周武王女婿封国）是外姓之外，其他几个都是姬姓。可以说这是周王室在王都附近忠实力量的全部。郑国只是一个随周平王东迁后被赠予的封国，仅仅50年的时光就国力雄起。

相比公元前883年的周王室虽然称不上强盛，但周夷王却凭借齐哀公吕不辰一些小小的失礼就烹杀了实力不弱的齐国君主。而到周桓王时期，天子亲率联军讨伐郑国，不但没能取胜，还挨了郑国将领一箭，"肇事者"郑国无论国君还是军事将领均安然无恙，可见周王朝的衰落程度。

繻葛之战不但使其他侯国对郑国刮目相看，更使周天子威信扫地、权威荡然无存。于是，周天下的"礼乐征伐自天子出"的传统从此消失，取而代之的是"礼乐征伐自侯伯出"。那些不恪守周礼的侯国跃进为侯伯，而那些笃守并依赖宗法制和礼乐制的邑邦（包括周国自身）的衰败步伐加快。

兵败繻葛十年后，周桓王于公元前697年（鲁桓公十五年）三月去世。周桓王的入葬又突显了周王室的衰败。关于周桓王的入葬，在《春秋》中记载的是鲁庄公三年（公元前691年）五月"葬桓王"。若按周礼"天子七月而葬，诸侯五月而葬"，天子去世后七个月就应该安葬，但有周桓王死后七年才正式安葬之说。究其原因，也许是因为周王室内政不稳，才导致周桓王的丧礼延缓；也许是经济问题，正如

---

① 《左氏春秋·（鲁）隐公六年》：周桓公言于王曰，我周之东迁，晋郑焉依。

《左氏春秋·（鲁）桓公十五年》所载："十五年春，天王使家父来求车，非礼也。诸侯不贡车、服，天子不私求财。"对于《春秋》中记载的"葬桓王"，《公羊春秋》和《谷梁春秋》认为是"改葬"，而《左氏春秋》认为是"葬桓王，缓也"。如果是改葬，应该记作"改葬"或"改卜"，但《春秋》中只写"葬"，应该是周桓王去世七年之后才正式安葬。

周桓王死后，他的三个儿子太子佗、王子成父和王子克，展开了王位争夺。

周桓王在世时喜欢小儿子王子克，一直想废长立幼，生前受周礼所限未曾实施。周桓王病重时，曾把王子克托付给周公姬旦的后代、位列三公的周公姬黑肩（？～公元前694年）。托付他等太子佗死后，再把王位传给王子克。周桓王死后，太子佗（姬佗，今通称周庄王，公元前696～前682年在位）继位。而周公姬黑肩却急于想废掉周庄王姬佗而立王子克，于是想趁周王室与齐国通婚、操办婚礼之时杀掉周庄王。大臣辛伯闻风想劝阻却未能奏效。于是辛伯告发，周庄王与辛伯联手，抢先一步杀死了周公姬黑肩。自此，周公姬旦一脉在周王室的爵位继承被废黜，周公在周王室一族也消失在历史记载的长河中。周公一族本来是姬姓统治集团一族的族长，负责姬姓王室的祭祀，也可以说是祭祀仪式的祭司长。这一职位与形式不能不让人想到与商王朝的关联，所不同的是我们不清楚负责商王朝祭祀的是不是商王一族的族长。周公一族的被废，标志着这一长久以来的宗法制度遭到毁灭性破坏，为春秋时期各伯主登上历史舞台解除了宗法上的束缚。

废周庄王立王子克失败后，王子克逃至燕国，而王子成父则避乱离开周王城，到齐国做了齐国卿大夫。

周王室的内乱并没有结束，在周庄王之子周釐王姬胡齐（公元前682～前677年在位）病死后，其子姬阆（今通称周惠王）继位。而周庄王生前喜欢并嘱咐立其为国君的庶子子颓则升为王叔。姬阆即位后贪得无厌，先是抢占五位卿大夫（蒍国、边伯、詹父、子禽、祝跪）的地盖宫室，后又罢免了他们的官职。之后，五位卿大夫联合被周惠王姬阆剥夺了田地的贵族苏氏，拥立王叔子颓，攻打周惠王姬阆，结果被打败，子颓逃至卫国。

卫惠公由于怨恨周王收留了自己的政敌公子黔牟，就联合南燕支持子颓。是年冬，卫和南燕出兵攻入周朝都城，驱逐姬阆，立子颓为天子。

这时，周惠王姬阆想起了周王室曾经的左膀右臂郑国和虢国。虽然周王室昔日和郑国有过争执，甚至发生过战争，但时过境迁，郑国已失去其往日的强大。郑国处于周、卫之间，如果周王室被卫国控制，郑国必将受到挤压，因此，从长远来看，协助周惠王复位对郑国有益无害。郑厉公审时度势出面调解周王室内乱，但没有成功。于是在第二年春俘获了南燕国君仲父，并且将流亡在外的姬阆安置在郑国的别都栎（lì）邑（今河南省禹州市）。

公元前673年夏，郑、虢联军突袭周王都城雒邑，打了子颓和五名共谋大夫一个措手不及，雒邑被很快攻下，子颓和五名共谋大夫全部被杀。周惠王在郑厉公和虢公的拥护下回到都城，重登天子之位。历时三年的王室之乱遂告平息。

周惠王经此大乱并未吸取教训。周惠王在位时宠爱惠后和小儿子王子带（史称周昭公，公元前672～前635年），想废掉太子郑。当时的盟主齐桓公（姜姓吕氏，名小白，公元前685～前643年）请太子郑主持会盟，才算稳定了太子的地位。周惠王死后，惠后想废太子郑立王子带，但未能成功，太子郑继位，也就是周襄王。

虽未成功，但王子带并不甘心，于是效仿周平王登上王位之举，于公元前649年（周襄王四年）夏，给周王室都城附近的扬邑、拒邑、泉邑、皋邑戎狄以及伊、雒之戎许下重贿，周王室都城附近各戎族部落联合出动猛攻周王室王城，并烧毁东门，攻入王城。周襄王被迫逃出王城，躲避到了郑国。此事一出，天下震动，秦国的秦穆公（嬴姓，公元前660～前621年在位）和晋国的晋惠公（姬姓晋氏，名夷吾，公元前650～前637年在位）出兵才赶跑了戎狄部落。齐桓公派人责问戎狄，戎狄之主回应是王子带招他们前来的。得知此情后的周襄王大怒，而王子带败走齐国避难，导致周天子与齐桓公关系迅速恶化。后在大臣们的规劝下，公元前638年（周襄王十五年），周襄王又将王子带召回周王城。

公元前636年（周襄王三十六年），周襄王为了攻郑，结好于翟（狄）国，借助翟国力量攻打郑国，并获取郑大邑栎（今河南省禹州市一带）；之后，又娶翟国国君之女为后（史称隗后）。周襄王也许贪图美色，也许是为了进一步巩固"周翟之好"。这一举动至少说明两个问题，第一是周王室实力已日薄西山，而周王室周围却荆棘密布；第二就是"周礼"和"宗法制"的束缚进一步削弱。

王子带在王城又与王后隗氏串通一气，败露后，隗后被废黜，王子带则逃到隗后的母国——翟国。翟国拥立王子带为周王，出兵攻打周王城，周襄王又一次出逃到郑国。

公元前635年（周襄王十八年），晋侯重耳派兵攻打王子带以迎回周襄王，翟兵大败，王子带和王后都被晋国大将魏犨（chōu）（又称魏武子）杀死，王子带之乱才算结束。作为报答，周襄王便将太行山以南、黄河以北包括原、温等在内的土地送给了晋国。至此，周王朝的地盘仅剩下方圆100多里的弹丸之地。

这些接连不断的周王室内乱，使本来已经衰弱的东周王室更加积弱，无论是自身经济军事实力，还是在以"礼乐"为治国制度的政治层面上，其在诸侯中的地位也可以说是一落再落，已经完全丧失了宗主国权威。

周王室不但失去统治实力，同时也失去了道义上的神圣光环。在周王朝的"天下"，诸侯国为争夺地盘而相互兼并，在诸侯国内则为争权夺利时有臣弑君或子弑父的杀戮上演。

这就是东周王室的衰败史，也是春秋时代之前奏曲！

3.2 《春秋》之春秋

提起《春秋》，通常认为它是我国第一部编年史书，也就是按时间顺序记载历史的书。但这并不完全准确，在其之前有其他的编年史书，只是没有流传下来而已。

《春秋》，也可以叫《春秋编年史》，主要是记述东周前半期鲁国（今山东省西南部）历史的书籍。之所以称之为《春秋》，可能基于两方面的考量：一是因为以时间为基轴编写的，春秋可代表四季，故名《春秋》；二是春天万物复苏，象征着兴旺，而秋天则万物凋零，象征着衰亡，春和秋寓意着对社会盛衰兴亡的记录与思考。站在现代华夏的视野上，它应该叫《鲁春秋》，毕竟它主要记述的是鲁国历史。我们现在称之为《春秋》，有意无意地会把它与整个春秋时代的周王朝历史联系在一起。当然这是与西汉时期汉武帝实施"罢黜百家，独尊儒术"的政策息息相关的。而且单就史实而言，笔者认为《竹书纪年》更为真实。

现通行的《春秋》版本是以鲁国十二公为序，起自公元前722年（鲁隐公元年），结束于公元前481年（鲁哀公十四年），记载了242年间的历史。但实际是记述到鲁哀公十六年，也就是公元前479年。

这本史书被儒家奉为经典，更被后儒们奉为具有"微言大义"的史书。所谓"微言"也就是"简言"，如：

> 元年春，王正月。三月，公及邾仪父盟于蔑。夏五月，郑伯克段于鄢。秋七月，天王使宰咺来归惠公、仲子之赗。九月，及宋人盟于宿。冬十有二月，祭伯来。公子益师卒。（《春秋·（鲁）隐公元年》）

这些文句极其简短，没有对事件展开详尽记述，也没有太多的议论，信息量非常有限，但其在一些关键字上会展示或者暗示作者的褒贬之意。正因为如此，它给后人留下了巨大的发挥空间，也因此创造出了各种各样的演绎和解读。这个特点从文学角度被称为"春秋笔法"，从政治伦理角度被称为"微言大义"。"微言"的"微"字虽然有小、不多的含义，但也有"隐遁"的意思。我们常说皇帝微服私访，这里微服不是小衣服的意思，是不穿皇家平时的服装，其目的就是"隐遁"自己的身份。如《春秋》的第一句："元年春，王正月。"在《左氏春秋》则为："元年春，王周正月。不书即位，摄也。"就是告诉我们，鲁隐公不是真正的即位，是摄政。另外，把"元年春，王正月"改为"元年春，王周正月"也是有隐指的，《公羊春秋》对此进行了长篇论述：

> 元年春，王正月。

> 元年者何？君之始年也。春者何？岁之始也。王者孰谓？谓文王也。曷

为（为什么）先言王而后言正月？王正月也。何言乎王正月？大一统也。公何以不言即位？成公意也。何成乎公之意？公将平国而反之桓。曷为反之桓？桓幼而贵，隐长而卑；其为尊卑也微，国人莫知。隐长又贤，诸大夫扳隐而立之。隐于是焉而辞立，则未知桓之将必得立也。且如桓立，则恐诸大夫之不能相幼君也。故凡隐之立，为桓立也。隐长又贤，何以不宜立？立适（嫡），以长不以贤；立子，以贵不以长。桓何以贵？母贵也。母贵则子何以贵？子以母贵，母以子贵。（《公羊春秋·（鲁）隐公元年》）

这样，所谓的《春秋》之"大义"也往往随着解读人的观点和时代的不同而不同。

《春秋》虽然只是简单罗列历史事件，但对各种出场人物进行了爵位梳理，也就是名分等级划分，如："五月癸丑，（鲁）公会晋侯、齐侯、宋公、蔡侯、郑伯、卫子、莒子，盟于践土。"又如："冬，（鲁）公会晋侯、齐侯、宋公、蔡侯、郑伯、陈子、莒子、邾人、秦人于温。"（《春秋·（鲁）僖公二十八年》）我们从这里可以看到，公、侯、伯、子的名分罗列，正如《庄子·天下》篇所说的"《春秋》以道名分"。也就是说《春秋》以名分分寓褒贬达到"正名"之目的。如《左氏春秋·（鲁）僖公二十三年》记载："十一月，杞成公卒。书（指《春秋》）曰'子'，杞，夷也。"也就是说《左氏春秋》记载的"杞成公"在《春秋》中只是"子"而非"公"。杞国是一个小国家，是夏后裔一族。

除此之外，在一些用词上进行褒贬暗示，如《春秋·（鲁）哀公五年》记载："秋九月癸酉，齐侯杵臼卒。冬，叔还如齐。闰月，葬齐景公。"这里对吕杵臼前边称"齐侯"，后边又称"齐景公"，这说明对当时诸侯国君的称谓并不是固定的，也可以说他们的爵位是后来"固定"的。无论是齐侯也好、齐景公也罢，吕杵臼都是齐国的国君。按照礼制及诸侯的级别，吕杵臼之死本应用"薨（hōng）"叙述，但这里却用"卒"。由此可以"微言"出对吕杵臼的褒贬。对照一下没有正式即过位的鲁隐公，《春秋》称其之死使用了"公薨"，则可以体现出《春秋》的"微言"。

如果从记述历史事实来讲，由于《春秋》过于简单，严格地说是不足以称为史书的。即使勉强称为史书，也不过是一部鲁国在那个时代的史料大纲。

《春秋》有一个非常重要的特点就是"为尊者讳，为亲者讳，为贤者讳"（《公羊春秋·（鲁）闵公元年（公元前661年）》），这是《春秋》编纂者采取了某种原则，有意隐讳了一些事情，可以说这体现了儒家的"礼"文化，也可以说这是"家丑不可外扬"的鼻祖。这种"讳之"不但不实事求是，更遮蔽了自我反省与自我革新的文化氛围与规范。虽然在当时会遮蔽统治者的"尴尬"，甚至社会的波动，但久而久之必然使其衰败。通观中外各国的历史，这也是显而易见的。

对于这种"讳之"，《公羊春秋》还举例说：

公子庆父也。公子庆父则曷(何)为谓之齐仲孙？系之齐也。曷为系之齐？外之也。曷为外之？……子女子曰："以《春秋》为《春秋》，齐无仲孙，其诸吾仲孙与。"

也就是说齐国没有仲孙这个人。

《春秋》的原文是："冬，齐仲孙来。"而《左氏春秋》则是：

冬，齐仲孙湫来省难。书(指《春秋》)曰"仲孙"，亦嘉之也。

仲孙归曰："不去庆父，鲁难未已。"公曰："若之何而去之？"对曰："难不已，将自毙，君其待之。"公曰："鲁可取乎？"对曰："不可，犹秉周礼。周礼，所以本也。臣闻之，国将亡，本必先颠，而后枝叶从之。鲁不弃周礼，未可动也。君其务宁鲁难而亲之。亲有礼，因重固，间携贰，覆昏乱，霸王之器也。"

这里叙述的是齐鲁关系，一方面表示"鲁秉周礼"无疑是赞扬鲁与周礼的。同时，借助"齐人"仲孙与齐侯的对话，来展示齐国君的企图。

又譬如《春秋·(鲁)成公元年》记有："秋，王师败绩于贸戎。"而《公羊春秋》则评论说："孰败之？盖晋败之。然则何为不言晋败之？王者无敌，莫敢当也。"《谷梁春秋》则说："不言战，莫之敢敌也。为尊者讳敌不讳败，为亲者讳败不讳敌，尊尊亲亲之义也。然则孰败之？晋也。"

这无疑是遮了周王室的丑。

再譬如《公羊春秋》评论《春秋》：

《春秋》录内而略外，于外大恶书，小恶不书；于内大恶讳，小恶书。(《公羊春秋·(鲁)隐公十年》)

内大恶讳，此其目言之何？远也。所见异辞，所闻异辞，所传闻异辞。隐亦远矣，曷为为隐讳？隐贤而桓贱也。(《公羊春秋·(鲁)桓公二年》)

也就是说按照《春秋》的编纂原则，《春秋》主要是记载鲁国历史的，所以对于其他国家来说，有大的恶事就记载，小的恶事就不记了；但对于鲁国来说，大的恶事就要避讳，小的恶事就可以记下来。鲁国的大恶事是应该避讳的，为什么这里又明确标注出来了呢？因为时间太久远了，各个时代说法也都有所不同。既然这么久远了，为什么还要为鲁隐公隐讳呢？因为作者认为鲁隐公比较贤良，而鲁桓公比较卑贱低劣。历史的事实是，所谓的"鲁隐公"姬息姑是鲁惠公的庶子而非嫡子，即不是正室所生。按周朝的宗法制，立嫡不立庶，立长不立幼，姬息姑是不能立为国君的。但在鲁惠公去世时，太子(即后来的鲁桓公)太小，不能登位。于是姬息姑上台执政，或称摄政，而不是继承国君之位。这可能是称之为"隐公"的缘由。既然不是继位国君，称"公"是不合适的。就像周公姬旦一样，也没有称之为周王。

《春秋》的原创性问题

流传至今的《春秋》，也是如今通行的《春秋》，但它并不是原本的《春秋》。正如《公羊春秋》在鲁庄公七年（公元前687年）记述的那样：

> 《不修〈春秋〉》曰："雨星不及地尺而复。"君子修之曰："星陨如雨。"何以书？记异也。

这里的《不修〈春秋〉》应该是《春秋》原著，而修完的《春秋》在一些地方未能正确反映原著。如上述的从"雨星不及地尺而复"到"星陨如雨"，雨是从天而降并落到地上，而原著是"不及地""而复"，"复"就是复归。这里的"地"不一定是"实地"，而是地平线或者说地之轮廓。这里描写的是当时的天际之现象，也可称之为天象。如今我们也称此天际现象为"流星雨"。但修改过的文字成了"星陨如雨"，星陨到哪里了？这里的"如雨"首先是形容多，而且是在空中。但雨是要落地的，那么这些星陨是否落地呢？不得而知。也可称消失在茫茫的天空。

这一事件在后来也就是我们如今看到的《春秋》中也有记载："夏四月辛卯夜，恒星不见，夜中星陨如雨。"（《春秋·（鲁）庄公七年（公元前687年）》）

因此，可以认为《春秋》是以《不修〈春秋〉》为蓝本，是在修订《不修〈春秋〉》的基础上形成的。也可以推测当时不仅在鲁国，许多国家都有编年史书。孟轲在其《孟子·离娄（下）》一文中也说：

> 晋之《乘》（shèng），楚之《梼杌》（táowù），鲁之《春秋》，一也。其事则齐桓（公）、晋文（公），其文则史，孔子曰："其义则（孔）丘窃取之矣。"

也就是说，各国有各国自己记述历史的书籍，只是名称不同而已。

关于《鲁春秋》在《左氏春秋·（鲁）昭公二年（公元前540年）》中也有提及：

> 二年春，晋侯使韩宣子来聘，且告为政而来见，礼也。观书于大史氏，见《易象》（或《易》《象》）与《鲁春秋》，曰："周礼尽在鲁矣。吾乃今知周公之德，与周之所以王也。"

来自与周王室有着同样密切关系的晋卿韩宣子（韩起，？~公元前497年）在大史氏观书，见到了《易象》和《鲁春秋》。在阅览了《鲁春秋》之后说："周礼尽在鲁矣。吾乃今知周公之德，与周之所以王也。"是因为《鲁春秋》与晋之《乘》（这是孟轲命名的）记载有很大不同，尤其在"礼"上。这时孔丘才11岁。

从另一方面我们来考察一下《春秋》。司马迁在《太史公书》中的不少资料是来源于《春秋》的年代记录，但还有许多并不是源于《春秋》的年代记录，而这些年代记录大多以立年称元法 ① 来推算的。这些并非源于《春秋》的年代记录恰好证明司马迁采用了其他国家留下来的历史资料，也就是说其他国家也曾经编

---

① 立年称元法：一种纪年法，是前代君主去世与新君主即位在同一年，前后年号有一年的重叠，既是前国君的末年又是新国君的元年。

写过编年史书。

在《国语·晋语》中有晋国大夫司马侯说："羊舌肸(xī)^①习于《春秋》。"在"半夷"的楚国，在教授太子文化课时也涉及《春秋》。楚庄王（芈姓熊氏，名旅，公元前613～前591年在位）让士亹傅教授太子箴，士亹问申叔教授什么，申叔的回答就有"教之《春秋》而为之耸善而抑恶焉，以戒劝其心"（《国语·楚语（上）》）之记述。笔者认为这里的《春秋》应该是楚国的史书。

《公羊春秋》在评述《春秋》时则有："君子曷（何）为为《春秋》？拨乱世，反（返）诸正，莫近诸《春秋》。"（《公羊春秋·（鲁）哀公十四年（公元前481年）》）

这里有"莫近诸《春秋》"之说，笔者理解这里的"春秋"并不是我们现在的《春秋》或者《鲁春秋》，而是指与《春秋》类似的历史书籍。

这句话的意思是要拨乱反正没有比这类历史书籍更贴近的方法了。还有一种理解是排他性的，就是不要去接近其他史书，言外之意，用这本《鲁春秋》作为标准。司马迁在《太史公书·自序》一文中对此引用为"拨乱世反之正，莫近于《春秋》"，把"莫近诸《春秋》"改为"莫近于《春秋》"。一字之差，差之毫厘，谬以千里。按照《太史公自序》的表述，《春秋》就是现在通行的《春秋》，它排除了其他类似的史书，可以说是一种史学遮断。

那么，后人为什么修订《不修〈春秋〉》使其成为《春秋》呢？这当然是基于修改者的政治目的。

《春秋》与孔丘

在历史上，第一个称孔丘作《春秋》并给予崇高评价的是孟轲（今通称孟子，约公元前372～前289年），他在《孟子·滕文公（下）》中说："孔子惧，作《春秋》。"司马迁在《报任安书》中延续了孟轲的说法，明确指出"仲尼厄而作《春秋》"，并且在《太史公书·孔子世家》中进一步解释了"仲尼厄而作《春秋》"的背景和缘由——除了"厄"之外，还有"君子病没世而名不称焉。吾道不行矣，吾何以自见于后世哉？"——因为孔丘之道不行于世，所以他根据鲁国国史作《春秋》。而且，孔丘的个人经验也加入进来，他两次自述是为后世而作《春秋》，以"自我审视"的欲求，达到别人能"知我（孔丘）"的目的。这些文本是孔丘在生命最后时刻说的话，好像是他的遗嘱，而且以《春秋》来代替他所主张和推行的"道"的失败。

那么，到底《春秋》是不是孔丘所作的呢？

如前所述，《春秋》是鲁国的编年史，其记载顺序是按照鲁国国君的先后，以国君名及其在位时间作为年代刻度来记述的。按说国君名分的年份应该是鲁国的历法，但实际上不是。

"元年春，王正月"，这是《春秋》开篇的第一句。这里的"元年"就是元年

---

① 羊舌肸：即叔向，晋国著名的卿大夫，出生年不详，约卒于公元前528年或稍后。

纪年方法，即逾年称元法。逾年称元法是指不把上一任君主过世、新君主当年即位的那一年称为元年，而是跨过年（称之为"逾年"，"逾"意为"跨越"）从第二年正月起称元年的做法。而另一种纪年法是立年称元法，也就是前代君主去世与新君主即位在同一年，前后年号有一年的重叠，既是前国君的末年又是新国君的元年。作为主要记述鲁国历史的《春秋》使用的是逾年称元法，可是鲁国一直使用的是立年称元法，直到它于公元前256年被楚国灭国。那么，为什么记述鲁国历史的《春秋》不采用鲁国的纪年法呢？答案只有一个，那就是它并非由鲁国主持编撰。

《春秋》所采用的逾年称元法是齐国在公元前338年改元后采用的，就在这一年齐国国君称王。因此，我们可以得出结论，《春秋》不是鲁国主持编撰的，其编成不早于公元前338年。由此我们可以得出结论，《春秋》并非孔丘所作。我们也可以推论，《春秋》是由公元前338年之后的齐国主持编撰的，当然其主要材料来源于鲁国以及与其毗邻的齐国，也不能排除参考了失传的编年体史书《不修〈春秋〉》。

战国时代成书的《公羊春秋·(鲁)哀公十四年（公元前481年）》关于《春秋》有一段论述：

> 《春秋》何以始乎隐(公)？祖之所逮闻也。所见异辞，所闻异辞，所传闻异辞。何以终乎哀(鲁哀公)十四年？曰："备矣！"君子曷(何)为为《春秋》？拨乱世，反(返)诸正，莫近诸《春秋》。则未知其为是与？其诸君子乐道尧舜之道与？末不亦乐乎尧舜之知君子也？制《春秋》之义以俟后圣，以君子之为，亦有乐乎此也。

有人认为"君子曷为为《春秋》"中的"君子"是孔丘。首先，在这段文字的前段已经提及孔丘的名字，这里如果用君子代替孔丘的话，显然有点故弄玄虚，也多此一举。下边还有"诸君子"的说法，显然不是指一个人，而是指一批或者一类人。在君子之后是"为为"两个字，不是一个"为"，其意思是"让人创作"。再说《春秋》记述的内容不但涉及侯王行踪，也涉及侯王的秘密。这些侯王朝廷的历史档案，如果没有原始"春秋"资料或者强有力的官方支持，是不可能作为参考来写《春秋》的。如前面已经介绍过，公元前540年（鲁昭公二年），晋卿韩宣子作为贵宾到访鲁国时才见到《鲁春秋》，这说明它是极其珍贵的典籍，除了主管官员及侯王卿大夫贵宾之外，一般人是见不到的。当然，孔丘也不可能例外。

不仅仅在《公羊春秋》中，在《左氏春秋》中也有同时出现"君子曰""丘曰"（或"仲尼曰"）的，笔者认为君子与孔丘两者并非同位语，不能把君子等同于孔丘。

另外值得注意的是，《左氏春秋》在注释《春秋》时，比现存《春秋》多出了两年时间，到鲁哀公十六年（公元前479年）为止：

> 《经》：春王正月己卯，卫世子蒯聩自戚入于卫，卫侯辄来奔。二月，卫子还成出奔宋。夏四月己丑，孔丘卒。（《左氏春秋·(鲁)哀公十六年》）

在鲁哀公十六年的记录当中，记述了"孔丘卒"的内容。也就是说，原来的《春秋》不是到鲁哀公十四年（公元前481年，也即"获麟"事件年）为止，可能有人故意缩短了《春秋》内容以迎合《春秋》为孔丘所作的假象，因为过世的人是不可能写书的，更不能把自己去世的事情写上去。更有在《左氏春秋·（鲁）哀公二十七年（公元前468年）》中提到了三晋（魏氏、赵氏、韩氏）："知（也作智）伯不悛，赵襄子由是惎知伯，遂丧之。知伯贪而愎，故韩、魏反而丧之。"

另一个值得注意的是，记述孔丘言行集的《论语》对《诗》的论述很多，但对《春秋》却只字未提，也可佐证孔丘与《春秋》无关。

因此，可以得出结论：《春秋》非但不是孔丘所作，甚至与孔丘没有任何关系。那些"孔子作《春秋》"的叙说，只不过是崇尚以《春秋》为大义的后人编造出来的。

《春秋》与"三传"

综上所述，《春秋》成书于战国中期，但要论述《春秋》是绕不开所谓"三传"的，即《左氏春秋》《公羊春秋》和《谷梁春秋》。为此，我们综合回顾一下这些史书。

由于《春秋》过于简单且隐讳，对其详解的书籍也就应需而作，流传下来的有《公羊春秋》《左氏春秋》和《谷梁春秋》。这三本史书又被后世（约汉代以后）合称为"春秋三传"，其中以《左氏春秋》（又称《春秋左氏传》）流传最广。

《公羊春秋》是一本对《春秋》进行解释的文献，上起鲁隐公元年（公元前722年），止于鲁哀公十四年（公元前481年），与《春秋》起讫时间相同，可以说《公羊春秋》是与《春秋》进行完全配套的说明书。鲁哀公十四年这一年记载的事件只有一项，那就是"获麟"。也就是说，《春秋》是以"获麟"，即捕获麒麟这一特别事件来收尾的。这一年还有一个事件，即田氏掌控了齐国的政权。

虽然齐国原国君为姜姓吕氏，与周王室也有非常密切的关系，但到战国（即《春秋》及《公羊春秋》编著的时期）时，卿大夫田氏家族已经实际控制了齐国政权，其立场处于一种从传统到新政权微妙的转变之中。其中有一个重要观点是与儒家观点相悖的，那就是《公羊春秋》具有鲜明的"以下克上"的思想，这在当时是革命性的观点。这也许是为什么《公羊春秋》曾有与《墨子》相同的"坎坷"经历，从西汉到清末销声匿迹的原因吧！

我们现在简称为《左传》的是一本独立史书，其原名即《左氏春秋》，在司马迁《太史公书》中就记为《左氏春秋》（《太史公书·十二诸侯年表序》）。后来，《左氏春秋》被认为是《春秋》的"传"，也就是说明书之意，于是便把《左氏春秋》叫成《春秋左氏传》，其用意无非是突出《春秋》的正统性及其"经"性。传统的说法是由鲁国史官左丘明撰写。那么左丘明是什么人呢？在《论语·公冶长》中说"左丘明耻之，丘亦耻之"。也就是说左丘明很可能是早于孔丘的先辈，至少是孔丘所尊敬的同辈人。在《左氏春秋》的一些篇章中，有些"对话"使用了木星纪年法[①]，根据木星的运行规律可以推断出《左氏春秋》(至少是部分)写作时期是在公元前353年到公元前271年之间。因此，基本可以肯定《左氏春秋》不是左丘明所作。退一步讲，《左氏春秋》至少不是左丘明一人所撰写，其著者名只是假借左丘明之名而已。

值得注意的是，《左氏春秋》中引用的《春秋》到鲁哀公十六年(公元前479年)为止，并且在鲁哀公十六年的记录当中，增加了"孔丘卒"的内容。就整体而言，《左氏春秋》正式记载时间比现存《春秋》记述时间多出13年，实际记事多出26年，《左氏春秋》的正式记载终止于公元前454年，且在最后还稍微提及了公元前451年韩氏、魏氏、赵氏消灭知氏之事。因此，把《左氏春秋》作为《春秋》的"传"而称之为《春秋左氏传》并不妥当，它是一部独立的史书。

"三传"中的另两部《公羊春秋》和《谷梁春秋》在论述观点上是与《左氏春秋》相悖的，甚至是对立的。

《谷梁春秋》的论点尤为特殊，与传统的儒家推崇中原周王朝的价值观有较大出入，如前面提及的它对"获麟"事件的记载和评论。《谷梁春秋》的许多论述是以《左氏春秋》的议论为前提的，但其观点往往是反对《左氏春秋》的。《谷梁春秋》具有自己独特的伦理观和历史观，比如被称为"中国"的地域中唯一没有被批判的只有"鲜虞"(今河北石家庄一带)。春秋战国时期，在以中原文化为正统的历史观中，"中国"是指特殊的地域，也就是我们如今所说的中原及其附近区域，而鲜虞根本不在这一区域，应当是狄夷，也就是"野蛮人"。因此，《谷梁春秋》的理论是有别于我们熟悉的《左氏春秋》和《公羊春秋》的，是非常独特的，甚至是异类的。基于《谷梁春秋》这种独特的理论视角，我们有理由相信它是由鲜虞后裔的中山国主导创作的。中山国在公元前296年灭亡，据此可以推断，《谷梁春秋》成书于公元前296年之前。

如果我们仔细阅读一下《公羊春秋》《左氏春秋》和《谷梁春秋》，就会发现其基本主张是很不相同的。举例简单说明一下它们的区别。

在《春秋》中的鲁哀公十四年有这样的记述："齐人弑其君壬(齐简公吕壬)于舒州。"根据"为贤者讳"的原则，那么这个"齐人"没有明确。而在《公羊春秋》及《谷梁春秋》中根本就没有提及此事。但《左氏春秋》中却点了名，说"齐陈恒(田常)弑其君壬于舒州"。这就彰显了三传的明显区别。不但如此，《左氏春秋》还进一步叙述了孔丘对这一事件的态度：

---

① 木星纪年法，就是根据太阳系八大行星中的木星在天体中运行的规律来纪年的方法。木星约12年(更准确一点约为11.86年)运行一周天。它以六十甲子(干支纪年法)为运转周期。古代称木星为岁星，所以又称岁星纪年法。

孔丘三日斋，而请伐齐三。（鲁哀）公曰："鲁为齐弱久矣，子之伐之，将若之何？"对曰："陈恒（田常）弑其君，民之不与者半。以鲁之众，加齐之半，可克也。"公曰："子告季孙。"孔子辞。退而告人曰："吾以从大夫之后也，故不敢不言。"（《左氏春秋·（鲁）哀公十四年（公元前481年）》）

由此我们可以看出，《左氏春秋》利用孔丘对田常的批判进而否定了《公羊春秋》所暗示的"田氏与孔丘之间存在非同寻常的关系"的记述。《左氏春秋》讲的这个故事我们不知真伪，理论上是符合儒家伦理标准的。不过这与孔丘的"不在其位，不谋其政"（《论语·泰伯》）是相违背的，因此我们有理由相信这个故事是虚构的。通观《公羊春秋》可以发现，其"以下克上"的观点并非大逆不道，只要下克上有充分的理由，譬如说周武王姬发克商纣王。从这个意义上说，《公羊春秋》具有革命性的倾向，而《左氏春秋》则趋于保守。这其中除了作者的观点相左之外，也许还包含着当时的国家意志在其中。

《公羊春秋》《左氏春秋》和《谷梁春秋》应该分别代表了不同国家之意志，或许分别代表了战国时期齐国、韩国和中山国的意志。因此，我们有理由相信，这三本历史著作很可能是成书于战国时期的齐国、韩国和中山国或者受这些国家支持的作者编纂而成。

我们再简单回顾一下韩国、齐国和中山国这三个国家。韩国是晋国一分为三的其中之一，而晋国则是周成王弟唐叔虞的封国，是姬姓正宗。历史上，晋文侯曾帮助周平王"东迁"并在周平王与周携王的两王争斗中歼灭周携王。春秋时期，晋文公重耳登上中原霸主地位，为维护周王室的稳定立下了汗马功劳，也得到了周王的奖赏并赋予征伐特权。可以说，在姬姓诸侯国里，晋国、鲁国与周王室的关系最为密切。晋国一分为三后的韩国，其国君为姬姓，虽然不是大宗嫡系（出自曲沃一系），但与周王室毕竟是同宗同姓。因此，在三国中其立场最接近周王室统治赖以生存的宗法制和礼制。

至于中山国则是由少数民族白狄所建，嵌在燕国与赵国之间。其立场从正统中原周王室或者说儒家的立场来看最为异类。但也给我们提供了另一个看待《春秋》的视角。

通观这三本历史著作，《左氏春秋》的记录风格及评论与儒家思想最为相近，因此后来被用于官学并附在《春秋》之后，渐渐被儒者当成儒学经典了。

《春秋》对儒家的意义

对遵守礼制与宗法制而言，《春秋》之特点确可具有"春秋正义"之效果，所以孟轲在其《滕文公（下）》篇里说"孔子成《春秋》而乱臣贼子惧"。司马迁在《太史公书》中的《孔子世家》篇中延续了这个说法："后有王者举而开之。春秋之义行，则天下乱臣贼子惧焉。"又说："微言大义。"《春秋》这些褒贬之意也成了儒家定名分、宗法制的依据，于是就有了孔丘作《春秋》之说。

对于这些历史书籍，我们虽然不能否认其历史价值，但也不能无条件地完全相信其记述的历史。除了口耳相传导致的失真之外，因为儒家擅长整理文献，又因当时中原一带占正统或者说主导地位的仍然是周王朝文化，也是儒家主张的文化，因此，无论在取材还是评论上，难免带有那个时代的烙印，尤其是儒家思想的烙印。

譬如"获麟"事件，在《公羊春秋》和《左氏春秋》中有不同的解读。《公羊春秋》的解读为：

（鲁）公十有四年春，西获麟。何以书？记异也。何异尔？非中国之也。然则将之？薪采者也。采者则微者也，易为以特言之？大（尊贵）之也。易为大之？为获麟大之也。为获麟大之？麟者，仁兽也。有王者则至，无王者则不至。

有以告者曰："有麏而角者。"（不是麒麟，而是捕获了麋鹿）孔子曰："孰为来哉！孰为来！"反袂拭面，涕沾袍。颜死，子曰："噫！天丧予。"子路死，子曰："噫！天予。"西获麟，孔子曰："吾道穷矣！"《春秋》何以始乎隐（公）？祖之所逮闻也。所见异辞，所闻异辞，所传闻异辞。何以终乎哀（公）十四年？曰："备矣！"

君子曷为为（让人创作）《春秋》？拨乱世，反（返）诸正，莫近诸《春秋》则未知其为是与？其诸君子乐道尧舜之道与？末不亦乐尧舜之知君子也？制《春秋》之义以俟后圣，以君子之为，亦有乐乎此也。（《公羊春秋·（鲁）哀公十四年（公元前481年）》）

而《左氏春秋》的解读则是：

十四年春，西狩于大野，叔孙氏之车子锄商获麟，以为不祥，以赐虞人。仲尼观之，曰："麟也。"然后取之。（《左氏春秋·（鲁）哀公十四年（公元前481年）》）

儒家进一步大肆宣扬"获麟"并赋予其神话色彩。到西汉时期，董仲舒赋予它极高寓意：

有非力之所能致而自至者，西狩获麟，受命之符是也。然后托乎《春秋》，正不正之间，而明改制之义。一统乎天子，而加忧于天下之忧也。务除天下所患，而欲以上通五帝，下极三王。以通百王之道，而随天之终始。博得失之效而考命象之为。极理以尽情性之宜，则天容遂矣。（《春秋繁露·符瑞》）

这时孔丘的地位也由私人教师上升为官方宗师，甚至为王。董仲舒认为孔丘受天命，救周之弊，立新王之制。西狩获麟就是孔丘受天命之征兆。事实上，孔丘在"获麟"事件之后没两年就去世了，不知道董仲舒是如何解读这一事件的！按照《公羊春秋》的观点"麟者，仁兽也。有王者则至，无王者则不至"，则意味着新王将降临，而孔丘的"吾道穷矣"则预示着孔丘之道的终结。那么，这新王是谁呢？这是《公羊春秋》的暗示。

值得一提的是，司马迁在《太史公书》中也呼应了这一说法：

其后，天子苑有白鹿，以其皮为币，以发瑞应，造白金焉。国学其明年，郊雍，获一角兽，若麃然。有司曰："陛下肃祗郊祀，上帝报享，锡一角兽，盖麟云。"于是以荐五畤，畤加一牛以燎。赐诸侯白金，以风符应合于天地。……其后三年，有司言元宜以天瑞命，不宜以一二数。一元曰建元，二元以长星曰元光，三元以郊得一角兽曰元狩云。（《太史公书·孝武本纪》）

也就是说与孔丘相关的"获麟"事件，在汉武帝时期出现了"白麟"事件。这一"白麟"事件在汉武帝时期被董仲舒和司马迁又赋予了时代意义。

这一说法在《汉书》中也得到继承：

元狩元年（公元前122年）冬十月，行幸雍，祠五畤。获白麟，作《白麟之歌》。（《汉书·孝武帝纪》）

对于孔丘与《春秋》，司马迁在《太史公自序》中说：

上大夫壶遂曰："昔孔子何为而作《春秋》哉？"太史公曰："余闻董生曰：'周道衰废，孔子为鲁司寇，诸侯害子，大夫雍之。孔子知言之不用，道之不行也，是非二百四十二年之中，以为天下仪表，贬天子，退诸侯，讨大夫，以达王事而已矣。'子曰：'我欲载之空言，不如见之于行事之深切著明也。'"

这从一个侧面说明了春秋时代周王室（周道）的衰败，也正是孔丘企图以原先的周道来复兴周王朝美梦的破灭，以至于说"吾道穷矣"，最后孔丘也明白了"我欲载之空言，不如见之于行事之深切著明也"。

3.3 夷夏之争

在西周以前，夷、夏之辨不严，夷可以变为夏，夏也可以变为夷，周人就来自西戎。直到春秋时期，由于周王室及诸侯国的衰弱，戎、狄、夷、蛮不仅散居四裔，也移居中原地区，在中原地区与"诸夏"杂居在一起。周王朝以来，由于诸夏接受周礼教化，使夷夏之间的文化习俗变得格格不入，加之经济利益的竞争，这就引起了激烈的夷夏之争。为什么会发生夷夏之争呢？还需要从"夏"说起。

在西周时代及春秋时期，主要谈论的是"三代"，即夏、商、周。夏、商、周三族起源与兴起的地区不同，祖先来源各异，但商、周两族都认同大禹所开拓的"禹绩"，即大禹奠定的疆域是其"基地"，可以说他们是大禹的历史延承。

关于"夏"，还需要从灭亡夏的商开始。

当我们追溯到商灭夏时，灭夏后的商并没有仅仅停留在对夏桀的集中批判上面，而是颂扬其继承了夏的鼻祖大禹的疆域。在《诗·商颂·长发》说："濬哲

激荡春秋
——东周之历史、文化与思想

维商，长发其祥。洪水芒芒，禹敷下土方。外大国是疆，幅陨既长。"商人歌颂其先公之德已久发祯祥，在大禹战胜洪水布土下方以奠定疆域时，就已有了王天下的萌兆。《诗·商颂·玄鸟》说："古帝命武汤，正域被四方，方命厥后，奄有九有。"歌颂有神武之德的大乙汤，受天帝之命奄有九州[①]，遍告诸侯，为政于天下。《诗·商颂·殷武》又说："天命多辟，设都于禹之绩，岁事来辟，勿予祸适，稼穑匪解。"这是追叙成汤征服四方以后，对四方诸侯宣告：天命众多诸侯(多辟)，设都于禹绩，你们要按岁来朝觐(来辟)，不要以为勤民稼穑就可以不来朝觐了。由此可见，商人是承认其祖先起源与统治区域都承袭于禹绩的。

周人也认定在建立周朝以前，周所处的西土也是"禹绩(迹)"。

在《书·立政》中记述了周公姬旦告诫姬姓后辈："其克诘尔戎兵，以陟禹之迹。方行海表，罔有不服。"这里用的是"禹之迹"。

《诗·大雅·文王有声》说周文王姬昌作丰邑，"丰水东注，维禹之绩(迹)"；《诗·大雅·韩奕》《诗·小雅·信南山》也歌颂梁山[②]、南山[③]都是"维禹甸之"。《逸周书·商誓》追叙："昔在后稷，唯上帝之言，克播百谷，登禹之绩(迹)。"当然，克商之前，周没有自己独特的文化(当然从商那里学习到一些文化)，这种表白既有附庸文化之嫌，又有冒认禹之迹与夏之疑。

而在《书·康诰》则是："唯乃丕显文王，克明德慎罚……用肇造我区夏，越我一二邦，以修我西土。唯时怙冒，闻于上帝，帝休。"有的解读"我区夏"与"我西土"为互换文，但笔者认为此乃周控制的邦土的两端。意思是说周文王姬昌以修德爱民，团结了周围一二邦，开拓了西土和"区夏"。这区夏，是古今语法词序的倒置，即为夏区。我们知道，在周文王姬昌时期，周已经扩展到今山西西南部一带，这里正是"夏"所在地之一。即使是克商初期，其疆域的东部也是"夏"区。

另外，还有"有夏"之谓。如《书·立政》中说："帝钦罚之，乃伻我有夏，式商受命，奄甸万姓。"《书·君奭》中说："公曰：君奭！在昔上帝割，申劝宁王之德，其集大命于厥躬。唯文王尚克修和我有夏。"

这是在政治文稿之中的表述，而在文化领域，则有《诗·周颂·时迈》的"时迈其邦，昊天其子之。……我求懿德，肆于时夏，允王保之"和《诗·周颂·思文》

---

① 州，水中可以居住的地方叫州，四周的水围绕在它的旁边，由两个川字叠起来会意。传说尧的时代遇上洪水，百姓居住在水中高土上，有人称之高土为九州。九州中的九并非确定数词，而是多的意思。九州也是华夏之疆土的指代词，这一用法一直流传至今。《诗》中的"关雎"的首句为："关关雎鸠，在河之洲。"

② 梁山：今陕西省合阳县西北。

③ 南山：即秦岭中段的钟南山。

的"帝命率育，无此疆尔界，陈长于时夏。"

与周王室有亲密关联的鲁国，在《诗·鲁颂·閟宫》中也有："是生后稷，降之百福，黍稷重穋，稙稺菽麦，奄有下国，俾民稼穑。有稷有黍，有稻有秬，奄有下土，缵禹之绪。"作为传说中的周人鼻祖后稷也"缵禹之绪"而"奄有下土（国）"。

那么上述文献中，"禹之迹"与"有夏""夏区"和"下土""下国"有什么关系呢？

在古典文献中既有"夏后"也有"夏后氏"，但只有"有夏"而未见有"有夏氏"。因此我们可以说"夏后"是指人，而"有夏"指领土或国土。另外还有"时夏"之说，对这里的"有""时"则解释为"有"为语助词，"时"即"是""这个"。更有人解释"有夏"为"有此夏""有华夏"。但无论哪种解释，"夏"作为国土是确信无疑的，联系到"禹之迹"，那么这个"夏"无疑就是大禹的国土了。

但周人为什么自称为"夏"，这与夏代到底有什么渊源关系呢？"禹之迹"与周人之迹又有什么关联？似乎目前还没有公认的可信答案。

按照传统的记载，夏禹传位于其子启，改变了原始部落所谓的"禅让制"，开创了中国四千多年世袭历史的先河。夏到底曾存在于何处，至今仍没有非常确切的定论，但有一点是肯定的，那就是夏并未形成现代意义上的国家，而是由多部落或酋邦组成，其特点是星罗棋布。因此，我们不能期望发现大都城的遗址。

与夏朝有关的遗址或者说文化主要有龙山文化（约公元前2500～前2000年）和二里头文化（约公元前1900～前1600年）。

龙山文化首次发现于山东省济南市历城县龙山镇（今属济南市章丘区）而得名，是以精美的黑陶为主要特征的文化遗存。出土文物经放射性碳素断代并校正，年代为公元前2500年至公元前2000年（这一时期与古代文献中的夏朝相吻合）。分布于黄河中下游的河南、山东、山西、陕西等省。

二里头文化位于今河南洛阳偃师，在嵩山稍西北。这是一种继河南与晋南龙山文化发展而来的文化，早于以青铜文化著称的商文明。发掘文物经碳14测定，二里头遗址的年代，最早约为公元前1900年，相当于夏代，总面积为3.75平方公里。众多考古学家认为，二里头文化遗址就是夏代都城遗址，即夏斟鄩（zhēnxún）的所在地。关于夏都为斟鄩在古本《竹书纪年》和今本《竹书纪年》均有记载："太康居斟鄩，羿又居之，桀亦居之"及"仲康即帝位，据斟鄩"。夏都斟鄩的位置大致在伊洛平原地区，洛阳二里头遗址的考古发掘也基本证实了这一点。

一般认为，夏人初兴与建国在晋南，其都城屡迁，后期又到以嵩山为中心的地区和伊洛平原。《国语·周语》上说"昔伊洛竭而夏亡"，这说明伊洛平原对夏代后期的重要性。

另一种根据古籍记载或者传说，在夏以前的古国唐、虞及夏墟有见于记载，

激荡春秋
——东周之历史、文化与思想

如唐(今山西翼城县)、平阳(今山西临汾县西)、安邑(今山西夏县)、晋阳(今山西运城市永济一带)、鄂(今山西临汾乡宁县),都在汾水下游由汾、涑、浍诸水所构成的晋南平原。因此,从文明传播而言,夏人极可能在这个地区兴起,建立了中国最早的王朝——夏朝。按照战国时期军事家、改革家吴起(公元前440~前381年)的说法:"夏桀之居,左河济,右泰华,伊阙在其南,羊肠在其北。"(《太史公书·孙子吴起列传》)

从文明进程来讲,这里被命名为二里头文化;从文化内涵与面貌看,二里头文化又可分为二里头类型和东下冯类型两个类型。东下冯类型因发现于山西夏县东下冯村而得名,属二里头文化的又一典型遗址。二里头类型分布在以嵩山为中心的地区,东下冯类型分布在汾水下游晋南平原。两个类型分布之区域,正好与夏人与夏代都城分布范围相吻合。因此,笔者认为这是夏人与夏朝的中心区域。

关于夏的疆域,如今大致可以认定为西起今河南省西部、山西省南部,东至河南省、山东省和河北省三省交界处,南达湖北省北部,北及河北省南部。

据古本《竹书纪年》记载,夏代自禹至桀,17王,417年。其他文献记载略有不同,但都不会超出400余年,约为公元前21世纪到前17世纪。但令人遗憾的是,关于夏至今仍未出现直接而强有力的证据。因此,从科学上讲,夏作为王朝尚需进一步研究确定。

紧接夏朝的是商朝。商朝的祖先传说是"契"。商族早期多次迁徙,历史记载的就有8次迁徙。大抵北到自燕山以北的易水流域,南到漳水流域,但基本上没有离开古黄河与古济水之间,即今河北南部、河南东部与北部及山东西部与北部。

从考古文化观察,先商文化可分为漳河型、卫辉型、郑州南关外型,年代顺序与分布地区都是自北而南。其中漳河型年代最早,分布大体包括河北省唐县以南,河南省淇河以北、卫河以西,山西省沿太行山西麓一线,南北长约五六百里,东西宽约二三百里的范围,其中心分布地区在河北省的滹沱河与漳河之间的沿太行山东麓一线,而以漳河中游(清、浊漳二水合流以后)的邯郸、磁县地区的先商遗址为代表,而先商文化漳河型来源于河北龙山文化。可见先商阶段活动范围是以漳河流域为中心的古黄河下游与古黄河、古济水之间,甲骨文中有滴水,即今漳河,商与漳古音相同,甲骨文中有亳,可能汤兴起与灭夏以前大概是以今河南省濮阳为中心。

现代考古发现,陕西龙山文化(客省庄二期文化)主要分布在泾渭流域,与先周文化的分布重合,而且有承袭发展的关系。先周文化目前已知的分布:北界达甘肃省庆阳地区,南界止于秦岭山脉北侧,西界在陇山及其主峰六盘山东侧,东界的北端在子午岭西侧,南端以泾河下游及今西安市东郊的沪水和灞水一带为界。全区南北长300多公里,东西宽200多公里。大致相当于今陕西省宝鸡地区、咸阳地区以及甘肃省的庆阳地区和平凉地区东半部。这些先周文化若按年代顺序，第一期稍早于古公亶父时期，以泾水上游陕西武长县碾子坡先周文化为代表；第二期以碾子坡先周晚期墓葬、岐邑刘家村先周墓葬及长武县下孟村先周遗址为代表，年代大致相当于古公亶父、季历时期；第三期以丰邑先周文化遗存及这一地区先周墓葬为代表，其年代约略相当周文王姬昌、周武王姬发准备灭商时期。上述三期不同年代的先周文化，其中第一期遗存迄今仅在泾水上游地区发现，由此可以推断，古公亶父以前活动范围集中于泾水上游。

对于夏（约公元前2070～约前1600年）、商（约公元前1600～前1046年）、周（公元前1046～前255年）三代的起源，大致可以了解到其地理位置。就三代而言，夏居中，周居西，而商则靠近夏，在其东。从商灭夏、周灭商时所在的区域来看，它们的文化区域是有重叠的，因此可以说，它们的文化既有密切交流又有冲突。但从发源地而言，说周自称夏是冒充夏也是成立的。

图10　金文夏和小篆夏

既然周人自称为"夏"，我们回过头来看看"夏"这个字。

夏，现在我们除了称夏王朝之外，更多的是指季节。但"夏"最初并不是指季节，而是一个完整的"人"字，具有"大""文明"和"伟大"之意。

夏，甲骨文（像赤着脚的人）（像尖嘴锄具），表示一个赤着脚的人手持尖嘴锄下地劳动，字形突出了人的头部、两手、脚（趾）和劳动工具。金文（頁，头，表示想、琢磨）（爪，抓）（执，操持）（刀，垦荒的工具）（卜，表示占卜，观测天象）（耒，翻地的农具），表示观测天象与劳作。有的金文省去"刀"和耒（lěi）。篆文简化字形，省去了刀、耒等农具：（頁，头，思虑）（两手，忙碌）（倒写的"止"，脚），表示手脚忙碌，农耕劳作。这个"夏"字是由手持刀，脚踩耒，观测天象，应季农忙等动作组合在一起形成的。简体隶书省去了篆文字形中的两手。在《尔雅》里解释为"夏，大也。"《方言》[①]的解释具有独特之处："自关而西，秦晋之间，凡物之壮大者而爱伟之，谓之夏。"

西周时期，周的都城及其附近开始称"中域"，也就是后来的中国之意。其

[①]《輶轩使者绝代语释别国方言》的简称，作者扬雄（公元前53～公元19年）。是汉代训诂学一部重要的工具书，也是中国第一部汉语方言比较词汇集。

含义与商朝称都城为"中商"一样，与四土（四方国）相对。出土的西周中期后段的遂公盨（xǔ）铭文有"天命禹敷土，随山浚川，乃差地设征"的记述。《诗·小雅·何草不黄》被认为是"下国刺幽王"的诗，其中有"四夷交侵，中国背叛"的诗句，四夷指四方之夷，与中国（即中域）相对应，四夷没有固定的方位配置。大概在西周末春秋初已有了"四夷"的概念。相对于"下国"的就是"上国"，"上国"无疑是周，周仍处于鄙视"四夷"之状态。

周克商后，周人把西土和"区夏"融合甚至等同，而"区夏"则与禹绩相当。这样一来，周人就成功地避开了"禹王"，只留下禹创建的国家"夏"。尽管如此，"夏"还有夏王朝所在的区域，在某种程度上仍然延续着夏文化。这也表现在对"夏"及夏文化的认同和继承上，以与其他尤其是边疆各异族或者未归化为夏文化相对。

因此，除了传承之外，周人用"夏"来称"禹之迹"也是可以理解的。作为"禹之迹"的"夏"，周人自居也正好说明其继承了"大禹"，不但可以证明他们统治这块领地的正统性，也可以让这个"小邦"统治"大邑商"的领土及对商遗民而言无疑是一种很好的政治选择，因为大禹在商也是受推崇的。周人以夏地与夏文化继承者自居，不但成功地"占领"了原来的商地，同时也变得"伟大"，还可以此为招牌区别于东土之商。

关于"夏"这个代表地域的字，也有人推测是"下土""下国"的省略，或者是"下土"二字之合音。"下土"或"下国"本为与"上天"对应之词。从这个意义上讲，夏不但指"下土"，也有广大之意！关于"下土"之说，也有人认为乃中原人自以为天下之民，故其地为天之下土。

"下土"一词主要通行于西周和春秋时期。战国以后，随着统一思想得到广泛认同，作为当时的论述，"天下"一词则取而代之。

我们对西周之"夏"的含义还是比较确定的，它主要指的是夏王室或者说夏王朝。在西周还是邑邦部落性质时，他们常常拿"商"的前朝"夏"作为殷商的对立面，如上引"乃伻我有夏，式商受命"这句话就是如此，从《诗》《书》等文献的情况来看，它还很少与"蛮""夷""戎""狄"这些词对举。在西周时期，夷、夏之辨不严，夷可以变为夏，夏也可以变为夷。相对于夏人，商人本来就起源于东夷；而周人源于西戎，或者说起初与西戎混在一起，在夏人之西方。正因为如此，在西周之前，夷夏并没有严格区分与严重的相互蔑视。直到春秋中期，戎、狄、夷、蛮不仅散居着四裔，而且在中原地区与"夏地"民族杂居在一起，这样就产生了较大的摩擦甚至对立，当然也有融合。随着周王室的衰败，摩擦加剧发展成对立。

那么产生夷夏对立的历史背景是什么呢？

如前所述，从公元前770年周平王东迁雒邑之时算起，到周桓王（公元前719～前

697年在位）继位时，周王的共主地位已名存实亡。公元前716年（鲁隐公七年），周桓王派凡伯为使聘于鲁，戎人袭击凡伯于楚丘，其地相当于今山东成武县西南，正位于从雒邑经戎州去鲁的途中。凡伯做了戎人的俘虏，而自鲁惠公（公元前768～前723年在位）以来与戎人友好相处的鲁国，竟没有对戎人劫掳天子使臣作出反应。当时在周王室实际理政的郑庄公也对此无动于衷。公元前714年（鲁隐公九年），北戎侵郑，郑打败戎师。当时的戎在中原主要是戎州之戎和戎州以北分布在太行山区的北戎。

到公元前707年（周桓王十三年），周、郑交恶，周王室联军讨伐侯国郑，在繻葛之战败北。周王室王权不但失去了神圣的光环，也失去了统领甚至自卫的能力。由于周的衰落，此时的中原实际上陷入"群龙无首"、诸侯混战的局面。诸侯国间相互兼并，诸侯国的内部也因为争夺权力而上演了多起臣弑君或子弑父事件，礼制、宗法制进一步衰弱！

从历史文献上看，最初记载"夷夏对立"的是公元前661年（鲁闵公元年，齐桓公二十五年），狄人进攻邢国（今河北邢台一带），管仲对齐桓公吕小白说："戎狄豺狼，不可厌也；诸夏亲昵，不可弃也。"（《左氏春秋·（鲁）闵公元年（公元前661年）》）也就是说，戎狄好像豺狼，是不会满足的；诸夏各国互相亲近，是不能抛弃的。

这就是"夷夏对立"的开端，也是齐桓公顺应时代发展而成就霸业的时代背景。

这时之所以产生严重夷夏对立，主要原因有二：一是"戎狄"更多地进入中原地带，而周王朝及其诸侯相对衰落，尤其是"诸姬"的衰弱；二是由于利益冲突，更是文化冲突，造成了夷夏对立加剧。除此之外，齐国得以兴旺也是一个重要原因。

值得注意的是，在这之前长达六十余年的《左氏春秋》记载中不见一例，甚至连类似的概念也找不到，在西周的文献中也没有见到"诸夏"。这一提法在鲁闵公元年（公元前661年）之后的记载中却不断地出现，由此我们就可以判定"诸夏"概念出现于这个时期，至少是到了这一时期才开始流行起来的。相对于"诸侯"而言，"诸夏"更侧重于地域与文化认同，但这一文化根基不是"周"而是"夏"。

"诸夏"与西周的"有夏""时夏""区夏"等"夏"既有关联又有区别。其区别在于这个"诸"字，它脱胎于诸侯的"诸"，是对诸侯的进一步划分。不同于"有夏""时夏"及"夏"的一体概念，它强调的是"各个夏"，而不是"整体的夏"。这鲜明地反映出"诸夏"是一个混合体的概念。

几年之后，以周王室所在的雒邑为中心的中原一带陷入"南夷与北狄交，中国（指中原一带）不绝若线"（《公羊春秋·（鲁）僖公四年（公元前656年）》）的处境。

那么，为什么说是"诸夏"而不是诸侯或者"诸姬"（姬姓诸侯）呢？

西周被灭，东周初期经过两王并存时期，之后虽然迁居雒邑的周平王胜出，但周王室所辖面积大为缩小，其实力大为削弱。如前所述，公元前707年，周桓王率领联军在繻葛之战中被郑国彻底击败，联军中基本上全是姬姓侯国。周王室统帅"诸姬"侯国连内部一个稍微强盛的侯国都不能战胜，何况是抵御外夷了，以至于郑桓公（公元前806～前771年在位）说："若周衰，诸姬其孰兴？"（《国语·郑语》）

在《左氏春秋》中出现过大小国家120多个，其中以姬姓最多，有晋（今山西侯马）、鲁（今山东曲阜）、曹（今山东定陶）、卫（初在今河南淇县，后迁至今河南濮阳）、郑（今河南新郑）、燕（今北京）、滕（今山东滕州市）、虞（今山西平陆）、虢（今河南陕县）、邢（初在今河北邢台，后迁至今山东聊城）及汉水流域的诸姬等国；姜姓国有齐（今山东临淄）、许（今河南许昌）、申（今河南南阳）、纪（今山东寿光）、嬴姓有秦（今陕西凤翔）、江（今河南罗山西北）、黄（今河南潢川）、徐（今江苏泗洪）；芈姓有楚（今湖北江陵）、子姓有宋（今河南商丘）、戴（今河南兰考）；姒姓有杞（原在今河南杞县，后迁至今山东潍坊）；妫姓有陈（今河南淮阳）、曹姓有邾（今山东邹县）、小邾（今山东滕州市）；任姓有薛（今山东滕州市）；曼姓有邓（今湖北襄阳）。另外还有属于其他姓的小国。这也符合《荀子·儒效》篇所记述的"兼制天下，立七十一国，姬姓独居五十三人焉"。西周初建时期，虽然姬姓侯国在数量上占据多数，但后来几乎没有发展成强国的。到东周时，周王室所辖领地大为缩小，实力大为减弱。其他姬姓侯国也处于四分五裂状态，自身难保，就更谈不上联合"抗夷"了。

这就是当时为何只说"诸夏"而非"诸姬"的状况，也是齐桓公吕小白联合"诸夏"成就霸业的时代背景。

公元前533年，周王室使臣聘问晋，言谈之中回顾周王朝的疆土及戎狄之事：

> 王使詹桓伯辞于晋曰："我自夏以后稷，魏、骀、芮、岐、毕，吾西土也。及武王克商，蒲姑、商奄，吾东土也；巴、濮、楚、邓，吾南土也；肃慎、燕、亳，吾北土也。吾何迩封之有？文、武、成、康之建母弟，以蕃屏周，亦其废队是为，岂如弁髦而因以敝之？先王居梼杌于四裔，以御螭魅，故允姓之奸，居于瓜州，伯父（晋）惠公归自秦，而诱以来，使逼我诸姬，入我郊甸，则戎焉取之。"（《左氏春秋·昭公九年（公元前533年）》）

这里指"魏、骀、芮、岐、毕"为西土是西周以前的。战国时代，西土为秦所占。东土的"蒲姑（齐）、商奄（鲁）"，南土的"巴、濮、楚、邓"，北土的"燕、亳"所围成的地域，这就是姬姓周王室的"天下"。需要指出的是，这里的西土、东土、南土、北土皆为战国时代的"天下"范围，并非春秋末年的"天下"。而这一地区，在《左氏春秋》中以"夏"或"东夏"来叙述。

这里的"伯父惠公归自秦"是指公元前645年，秦穆公率军攻打晋国，秦晋两国的军队在韩原（陕西韩城）交战，晋军兵败，晋国国君晋惠公被俘。是年十一月，秦国送回晋惠公，晋惠公返回晋国后献出晋国黄河以西的土地。至此，秦国的地盘向东扩展到黄河。

从"而诱以来，使逼我诸姬，入我郊甸，则戎焉取之"，则可推断晋惠公答应秦并协助把"陆浑之戎"从瓜州（地处甘肃省河西走廊西端，今属甘肃省酒泉市）引入到离周王室不远的中原一带。这样一来，让他们（陆浑之戎）直逼迫姬姓的国家，进入姬姓国家的郊区，戎人于是就占领了这些地方。而在《左氏春秋·（鲁）僖公二十二年》则记有：

> 初，平王之东迁也，辛有适伊川，见被发而祭于野者，曰："不及百年，此其戎乎！其礼先亡矣。"秋，秦、晋迁陆浑之戎于伊川。（《左氏春秋·（鲁）僖公二十二年（公元前638年）》）

陆浑之戎东迁至"南鄙之田"时，此处仍是"狐狸所居，豺狼所嗥"。1952年在属于这一范围的山西省侯马市发现了由六座城组成的晋国晚期都城遗址，年代为公元前585～前416年，距安置"陆浑之戎"仅几十年以后，晋国南鄙由"狐狸所居"一跃而为当时最为繁荣的地区之一。

周王室及姬姓侯国所强调的是"诸姬"，但"诸姬"侯国之中根本没有大国强国，因此转而认同"诸夏"也可以说是不得已而为之。

据《左氏春秋·（鲁）僖公二十一年》记载：

> 实司大皞与有济之祀，以服事诸夏。……蛮夷猾夏，周祸也。（《左氏春秋·（鲁）僖公二十一年（公元前639年）》）

之后就有"汉阳诸姬，楚实尽之"（《左氏春秋·（鲁）僖公二十八年》）。这些分布在汉水、淮水流域的，曾经是周王室屏障的姬姓诸侯，如淮水上游有息国（今河南息县），淯水上游有随（今湖北随州市）、唐（今湖北枣阳东南）、郧（今湖北安陆）等，到公元前632年（鲁僖公二十八年）已经尽数被兴起的楚国消灭。

尽管诸夏与夷狄在争斗，但也有融合。其中姬姓晋国就是一例。晋国与狄接壤，与狄交往由来已久，晋文公重耳的母亲就是狄族。在与戎狄的交往中，不仅仅是相融，更有争斗。从时间上看，可能与晋国的戎狄政策有关。

早在公元前569年（晋悼公四年），晋卿魏庄子（魏绛，？～公元前552年）提出了"和戎五利"建议：第一，"戎狄荐居，贵货易土，土可贾焉"，利用游牧民族重视财货、轻视土地的习俗，可以购买他们的土地，发展对戎狄的贸易；第二，"边鄙不耸，民狎其野，穑人成功"，边境不再有所警惧和战争，百姓才会安居乐业，利于发展农业生产；第三，戎狄事晋，四邻震动，诸侯因为我们的威严而起到威慑作用；第四，"以德绥戎，师徒不勤，甲兵不顿"，用德行安抚戎人，维持和平局面，军队得到休息，军备物资不需消耗，可以保存晋国的实力；第五，"鉴于后羿，而用德度，远至迩安"，有鉴于后羿残暴的历史教训，只有采用以德服人的办法，

激荡春秋
——东周之历史、文化与思想

才能保持长久的安宁和睦局面。[①]

这反映了那个时代的民族问题，也反映了那个时代民族融合的走向。

公元前533年，周王室使臣聘问晋，不但论及周王朝的疆土，同时也提及"姬姓"诸侯的内部问题：

> 王使詹桓伯辞于晋曰："……戎有中国，谁之咎也？后稷封殖天下，今戎制之，不亦难乎？伯父图之。我在伯父，犹衣服之有冠冕，木水之有本原，民人之有谋主也。伯父若裂冠毁冕，拔本塞原，专弃谋主，虽戎狄，其何有余一人？"（《左氏春秋·（鲁）昭公九年（公元前533年）》）

这里的"戎有中国"解读起来有些麻烦。如果把中国解释成周王室所在的中原一带，那么这里的"戎"就是指"陆浑之戎"。但"陆浑之戎"只是"迁居"到中原一带，是不是"有"（占有）则该打个大大的问号。

周王室王使最后所说的"虽戎狄，其何有余一人"？意思是说"即使是戎狄，他们又怎么会心里有我这个天子呢？"听了周王室王使的训话之后，晋卿叔向对韩宣子说：

> "文之伯也，岂能改物？翼戴天子而加之以共。自文以来，世有衰德而暴灭宗周，以宣示其侈。诸侯之贰，不亦宜乎？且王辞直，子其图之。"宣子说（同'悦'）。（《左氏春秋·（鲁）昭公九年（公元前533年）》）

叔向这段话的意思是：（晋）文公（重耳）称伯（霸）诸侯，难道能改变旧制吗？他辅佐拥戴天子，且又加上恭敬。从（晋）文公（重耳）以来，世风日下，德行衰减，而且损害、轻视周王室，用来宣扬它的骄横。诸侯有三心二意，不也是正常（应该）的吗？而且天子的辞令理直气壮，您还是考虑一下。韩宣子听后感到欣然。

那么，韩宣子为什么高兴呢？恐怕是叔向说了"诸侯有三心二意，不也是正常（应该）的吗"？这也说明即使是"诸姬"侯国，也不是铁板一块，况且"汉阳诸姬，楚实尽之"，这就是当时周王朝及"诸姬"侯国的状况。对于抗击夷狄，周王室及姬姓诸侯不但实力不济，也不团结，很难与诸狄抗衡。要抗击夷狄，要团结姬姓诸侯是远远不够的，团结"诸夏"虽说是一个无奈的选择，但也是一个不错的选择。因此，周王室所依赖的核心诸侯国从"诸姬"逐渐转向"诸夏"。

春秋末年，当孔丘论述为僭越礼制不可忍之后说："夷狄之有君，不如诸夏之亡（无）也。"（《论语·八佾》）这是孔丘在指责当时的"礼崩"至无君还不如"夷狄之有

3　争霸春秋，礼崩乐坏

① 《左氏春秋·襄公四年》：（晋悼）公曰："然则莫如和戎乎？"对曰："和戎有五利焉：戎狄荐居，贵货易土，土可贾焉，一也。边鄙不耸，民狎其野，穑人成功，二也。戎狄事晋，四邻振动，诸侯威怀，三也。以德绥戎，师徒不勤，甲兵不顿，四也。鉴于后羿，而用德度，远至迩安，五也。君其图之！"

君"。即使按照周礼的伦理标准，被蔑称为"夷狄"的在道理伦理上也不在"诸夏"之下。孔丘还说"子欲居九夷。或曰：'陋，如之何？'子曰：'君子居之，何陋之有？'"（《论语·子罕》）这表明这时的孔丘似乎对夷狄并不怀有恶感，也表明"夷狄"与"诸夏"在文化上由严重对立向融合过渡。这一融合过渡的潜在的可能性是否定正统的周王室，为未来复兴夏奠定了文化基础。

既然是"诸夏"，则需追溯到"夏"，而夏的创立者是大禹，这为战国时期诸侯谋求独立作了铺垫。因此可以说战国时期，无论是初期的墨翟崇尚大禹，还是后来的魏国国君称"夏王"，这些都是历史的延续。

3.4 争霸春秋

周王朝在西周末经历了王室混乱、分裂，虽然回到一王时代，但周王室的实力已被严重削弱，失去了统领天下的能力。趁着周王室的衰弱，周边的"四夷"开始向中原方向挺进。到春秋中叶，在北方，有些"戎狄"陆续冲下黄土高原，挺进黄河南北两岸，甚至直逼雒邑城下。在雒邑周边有杨拒、泉皋、蛮氏、陆浑、伊雒等戎族。在南方，以长江中游湖北一带为根据地的楚国迅速扩张，陆续攻灭西周时代分封于南阳盆地以及江汉平原地带的诸个小国，拥有了大别山、桐柏山之险，凭借江汉云梦之富，形成了威逼中原之势。中原核心地带受到南北夹攻，可以说是四夷突进，诸侯互伐，强国趁机扩张。周王室所剩下的只是长期礼教下的周王室余威。正是在这一背景下，作为诸侯实际统领者的侯伯应时代而生，强盛起来的齐国首当其任。

公元前685年，齐桓公吕小白（公元前685～前643年在位）在抢得齐国君位后，摒弃前嫌，起用曾经为敌的治世能臣管仲（约公元前723～前645年）为相，实施大刀阔斧变革，使齐国迅速崛起，成为诸侯国的翘楚。此时，"四夷"正在挺进中原，受到直接威胁且距离齐国较近的中原及其北部地区，也就是夏与商之故地。为谋求自己在诸侯中的统领地位（即侯伯地位），扩展自己的势力范围，同时也为抗击狄夷，就必须联合统领其他侯国。为此，齐桓公扛起了"尊王攘夷"的大旗来联合诸侯。但联合哪些诸侯呢？

如前所述，仅靠联合周王室亲昵的姬姓侯国是远远不够的，就周王室受到的直接威胁且与齐国的距离而言，首当其冲的无疑是中原北部。如果只联合中原及齐国附近的姬姓诸侯，显然是不足以抗击夷狄的。尽管这一地区是夏、商故地，但商是被周所灭，诸侯也极少认同前朝——商王朝的。如前所述，就历史、文化与地理位置而言，这一地区的诸侯对夏王朝具有一致的认同，于是就有了"诸夏"。可以说"诸夏"是在夷狄挺进中原的压迫之下，在"尊王攘夷"的大旗之下

激荡春秋
——东周之历史、文化与思想

形成的。

尽管"诸夏"是在"尊王"的大旗下诞生的，但"诸夏"从诞生那一刻起，就使姬姓氏族宗法制进一步走向终结，为最后埋葬周王朝揭开了帷幕。与此同时，开启了向民族的演变，"诸夏"的形成极大地影响了春秋后的历史走向。

齐桓公在管仲的辅助下使齐国迅速强盛起来，从而有实力开启征伐"天下"的历程。《国语·齐语》以朝天子而服诸侯的角度描述了这一征程：

"齐桓公即位数年，东南多有淫乱之国，如莱、莒、徐夷、吴、越等国，齐桓公一战就征服了三十一国。齐桓公于是南征伐楚，渡过汝水，越过方城山，直指汶山，迫使楚国向周王室进贡丝绸而后返回。荆州一带诸侯没有人敢于不来臣服。齐桓公于是北伐山戎，进击令支国，打败孤竹国而后南归。海滨一带诸侯没有人敢于不来臣服。齐桓公与诸侯陈列牺牲，将盟书放在牺牲之上，订立盟约，向诸神起誓，要与诸侯合力同心。齐桓公于是西征，在白狄之地击退狄人，到达西河，将船并连在一起，编制木筏，乘筏渡河，直达晋国的石枕。齐军抬着战车，束紧马肚带，翻越太行山和辟耳的拘夏谿，向西征服流沙和西吴。然后向南为东周王室筑城，帮助晋惠公在绛城即位，吴越一带诸侯没有人敢不臣服。齐桓公在阳谷大会诸侯，在征伐过程中举行六次诸侯军事盟会，又主持三次不带兵车的诸侯和平会盟。诸侯不需卸下铠甲披挂在身，不需要打开兵器袋，弓袋中没有弓，箭袋中没有箭。齐桓公平息武力攻伐，推行文治教化，率领诸侯朝拜天子（但历史的事实是齐桓公从未朝拜过周天子）。"[1]

那么，齐国是如何兴旺起来的呢？——变革！

齐国的变革主要为以下几个方面：

一、重视招揽、提拔、重用人才

成书于战国中期的《管子》在《小匡》篇中是这样记述齐国招揽人才的："为游士八十人，奉以车马衣裘，多其资币，使周游于四方，以号召天下之贤士。"齐桓公还为应招之士设立了庭燎。"庭燎"在春秋时期是侯王在接待外国使者或商讨国家大事时，举行"大庭中燃起火炬"之礼。据《周官·秋官·司烜氏》记载："凡邦之大事，共坟烛庭燎。"这是很高规格的礼仪。齐桓公为了招揽人才，用这种礼仪接待，但这一举措遭到后世儒生及经学者的指责。《礼记·郊特牲》记有：

---

① 《国语·齐语》：(齐桓公) 即位数年，东南多有淫乱者，莱、莒、徐夷、吴、越，一战帅服三十一国。遂南征伐楚，济汝，逾方城，望汶山，使贡丝于周而反。荆州诸侯莫敢不来服。遂北伐山戎，刜(fú)令支、斩孤竹而南归。海滨诸侯莫敢不来服。与诸侯饰牲为载，以约誓于上下庶神，与诸侯戮力同心。西征攘白狄之地，至于西河，方舟设泭(fú)，乘桴(fú)济河，至于石枕。悬车束马，逾太行与辟耳之谿(xī)拘夏，西服流沙、西吴。南城于周，反胙于绛，岳滨诸侯莫敢不来服。而大朝诸侯于阳谷，兵车之属(军事盟会)六，乘车之会(指和平盟会)三，诸侯甲不解累(léi，通"缧"，系甲的绳索)，兵不解翳(yì，兵器袋)，发(tāo，弓)无弓，服无矢。隐武事，行文道，帅诸侯而朝天子。

"庭燎之百，由齐桓公始也。"郑玄[1]作注："僭天子也。庭燎之差，公盖五十，侯伯子男皆三十。"孔颖达[2]疏曰："庭燎之百者，谓于庭中设火，以照燎来朝之臣夜入者，因名火为庭燎也。礼：天子百燎，主公五十，侯伯子男三十。齐桓公是诸侯，而僭用百，后世袭之，是失礼从齐桓公为始……百者，皇氏云：'作百炬列于庭也，或云百炬共一束也。'"在这里，郑玄和孔颖达都从僭越礼制的角度解释了齐桓公设庭燎之事，这从侧面反映出诸侯国君已经开始借最高规格的庭燎仪式僭越礼制以树立自身的权威，这种做法正是其破除"礼制"的写照。孔丘曾称赞齐桓公"桓公九合诸侯，不以兵车（其实，会盟九次只有三次不以兵车），管仲之力也。如其仁！如其仁！"（《论语·宪问》）又说："管仲相桓公，霸诸侯，一匡天下，民到于今受其赐。微管仲，吾其被发左衽矣。"这表明孔丘对齐桓公和管仲"霸诸侯，一匡天下"是持赞赏态度的。对比之下，后儒们却是非常狭隘和僵化的。

除了招揽人才之外，还重用人才。如有人才不上报或隐瞒甚至打压，将受到刑法惩罚。这项措施，完全摆脱了宗法制的世袭性。大量发掘人才，重用人才，也是齐国社会经济迅猛发展的重要保证。

二、改组社会组织构成——四民分业，士农工商

按职业来划分居住地。当时的职业分为士、农、工、商。让从事农业的人员居住在靠近农田的地方，如果是城邑则靠着城邑的出口处。这样同行业的人聚居在一起，便于交流经验，提高职业素质。作为士的阶层，可以探讨如何更好地服务于官府；作为工匠，可以在一起交流技艺，提高产品质量和生产效率；作为商人，可以在一起交流商业信息，活跃商品交换，加速商品流通。同行业居住在一起，不但有助于各职业人士的和睦相处，营造专业氛围，使民众安于本业，也可使后代、子弟从小耳濡目染，在父兄、邻居的熏陶下自然地掌握专业技能，有助于技能的传承与提高。这本身也是一种良好的职业教育，同时也打破了氏族居住的格局，破除了礼教的束缚。精细的职业化分工及世代相传的安排，使齐国的经济实现腾飞，社会实现安定。这是世界文明史上采用职业划分之先驱，也是新文明形式之创举。如今我们虽然没有这样地刻意划分居住区域，但区域经济使一些相关产业及从业人员聚集在一起，形成了较强的区域特色经济。

三、重新划分行政区域

与职业划分配套的是行政区域划分变革，齐国被划分成21个乡：工商之乡6个；士乡15个。同时，对官僚管理阶层也进行了变革。齐桓公亲自统管5个乡，其他10个乡分别由两位上卿各统管5个。另外，设置了主管官僚的长官、主管工匠的长官和主管商业的长官，等等，与我们现在国家按行业设置管理部门非常相

① 郑玄（公元127~200年）：字康成，北海郡高密县（今山东省高密市）人，东汉末年儒家学者、经学家。
② 孔颖达（公元574~648年）：字冲远（一作仲达、冲澹），冀州衡水（今河北省衡水市）人，唐初经学家。

似。在变革管理体制的同时，还引入了定期考核制度，考核各级官员的政绩。这些管理的变革，无疑极大地提高了管理效率，促进了经济腾飞。

四、经济政策

在经济领域最大的变革为土地政策。新土地政策废除周先王制定的井田制（即把土地像井字一样分成九块，八块为农户自种自留地，中间一块为公地，由八户农户共种，收成为官粮，详见"铁之革命"），不再把土地分封后圈起来，而是按照土地的肥沃程度分为不同等级，分等级纳税。这样不仅打破了原先土地之间的隔离，提高了农民种粮的积极性，还提高了粮食的产量，使土地得到充分利用。

齐桓公和管仲的大胆变革，其实质是使齐国摆脱了"礼制"与"宗法制"的禁锢。在短短的几十年里，使齐国一跃变为诸侯国中的鼎盛强国，为齐国后来称雄诸侯成为侯伯奠定了坚实基础。

为什么齐国能在诸侯国的变革中走在前面呢？这与其立国时创立的文化不无关系。在《太史公书·鲁周公世家》中有一段这样的记载：

> 鲁公伯禽之初受封之鲁，三年而后报政周公。周公曰："何迟也？"伯禽曰："变其俗，革其礼，丧三年然后除之，故迟。"（姜）太公（吕望）亦封于齐，五月而报政周公。周公曰："何疾也？"曰："吾简其君臣礼，从其俗为也。"及后闻伯禽报政迟，乃叹曰："呜呼，鲁后世其北面事齐矣！夫政不简不易，民不有近；平易近民，民必归之。"

由此可见，虽然齐鲁相邻，但它们所走的文化路线却大相径庭，其后的发展也就有了巨大差异。

齐桓公在成为侯伯的过程中，打着拥护和保护周王室的旗号"尊王攘夷"，首先制服鲁国，于公元前681年（鲁庄公十三年）与鲁盟于柯（山东省东阿县西南），又吞并附近的谭、遂等小国。公元前663年（齐桓公二十三年）北攻山戎以救燕，一直逐山戎至孤竹而还。过了两年，也就是公元前661年，狄人进攻邢、卫，齐国出兵施救。然而邢、卫由于经常受狄人进攻，难以在自己原有的封疆内立足，无奈分别于公元前659年（齐桓公二十七年）和公元前658年（齐桓公二十八年）由齐桓公率领诸侯帮助其筑城，邢迁于夷仪（今山东省聊城市西南），卫迁于楚丘（即原曹地），这样两国离齐国较近，处于齐国的直接保护之下。

公元前656年（齐桓公三十年，鲁僖公四年）春，齐桓公曾率领齐、鲁、宋、陈、卫、郑、许、曹等八国军队南下，先击溃蔡军，而后直接威胁楚国。而楚成王（芈姓熊氏，名恽，公元前671~前626年在位）面对气势正旺的诸侯联军，毫不惧怕，沉着应对。

楚成王熊恽派使者到齐军去谈判，对齐桓公说："您住在北方，我住在南方，即使牛马发情相逐也到不了对方的疆土。没想到您进入了我们的国土，这是什么缘故？"管仲回答说："从前召康公（姬奭）命令我们先君太公（吕尚）说：'五等诸侯和九州长官，你都有权征讨他们，从而共同辅佐周王室。召康公还给了我们先君征讨的范围：东到海边，西到黄河，南到穆陵，北到无隶。你们应当进贡的包茅没有交纳，周王室的祭祀供不上，没有用来渗滤酒渣的东西，我特来征收贡物；周昭王南巡没有返回，我特来查问这件事。"楚国使者回答说："贡品没有交纳，是我们国君的过错，我们怎么敢不供给呢？周昭王南巡没有返回，还是请您到水边去问一问吧！"于是齐军继续前进，临时驻扎在一个叫"陉"的地方。

这年夏天，齐军后撤，临时驻扎在召陵(今河南省郾城县东)。楚成王派屈完到齐军中去交涉。齐桓公让诸侯国的军队摆开阵势，与屈完同乘一辆战车观看军容。齐桓公说："诸侯们难道是为我而来吗？他们不过是为了继承我们先君的友好关系罢了。你们也同我们建立友好关系，怎么样？"屈完回答说："承蒙您惠临敝国并为我们的国家求福，忍辱接纳我们国君，这正是我们国君的心愿。"齐桓公说："我率领这些诸侯军队作战，谁能够抵挡他们？我让这些军队攻打城池，什么样的城攻不下？"屈完回答说："如果您用德来安抚诸侯，哪个敢不顺服？如果您用武力的话，那么楚国就把方城山当作城墙，把汉水当作护城河，您的兵马虽然众多，恐怕也没有用处！"[1]

对双方而言，如果开战，也可能两败俱伤。为此双方选择了握手言和，以齐国为首的诸侯联军与楚代表屈完在召陵订立盟约。这一事实表明齐桓公实际上已经成为盟主，同时也表明当时的楚国已经具备了相当实力。

公元前651年(鲁僖公九年)，齐桓公召集宋、鲁、郑、许等诸侯在宋之葵丘(今河南商丘民权县)会盟，周襄王派卿大夫宰孔与会，赐齐桓公"文武之胙"：

> 王使宰孔赐齐侯胙，曰："天子有事于文武，使孔赐伯舅胙。"(《左氏春秋·(鲁)僖公九年》)

所谓"文武之胙"就是祭祀周文王姬昌、周武王姬发用的祭肉。在当时能够祭祀周文王姬昌、周武王姬发的只能是周天子。把祭祀之胙赐给齐桓公，既是对齐桓公的嘉奖，也是对其侯伯的认可。

在《左氏春秋·(鲁)僖公九年》中又有"秋，齐侯盟诸侯于葵丘，曰：'凡我同盟之人，既盟之后，言归于好'"的记述。

---

[1]《左氏春秋·僖公四年》：楚子使与师言曰："君处北海，寡人处南海，唯是风马牛不相及也。不虞君之涉吾地也，何故？"管仲对曰："昔召康公命我先君大公曰：'五侯九伯，女实征之，以夹辅周室。'赐我先君履：东至于海，西至于河，南至于穆陵，北至于无棣。尔贡包茅不入，王祭不共，无以缩酒，寡人是征；昭王南征而不复，寡人是问。"对曰："贡之不入，寡君之罪也，敢不共给？昭王之不复，君其问诸水滨！"师进，次于陉。夏，楚子使屈完如师。师退，次于召陵。齐侯陈诸侯之师，与屈完乘而观之。齐侯曰："岂不谷是为，先君之好是继。与不谷同好，如何？"对曰："君惠徼福于敝邑之社稷，辱收寡君，寡君之愿也。"齐侯曰："以此众战，谁能御之！以此攻城，何城不克！"对曰："君若以德绥诸侯，谁敢不服？君若以力，楚国方城以为城，汉水以为池，虽众，无所用之！"屈完与诸侯盟。

对这次盟约，在《孟子·告子（下）》中有较为详细的描述：

> 蔡丘之会诸侯，束牲、载书而不歃血。初命曰："诛不孝，无易树子，无以妾为妻。"再命曰："尊贤育才，以彰有德。"三命曰："敬老慈幼，无忘宾旅。"四命曰："士无世官，官事无摄，取士必得，无专杀大夫。"五命曰："无曲防，无遏籴，无有封而不告。"曰："凡我同盟之人，既盟之后，言归于好。"

孟轲的描述虽然比较详尽，但带有明显的战国时代烙印和孟轲主张的伦理道德色彩，比如"诛不孝"。"士无世官"即官职不世袭，这一主张在战国时期得到吴起[①]和商鞅[②]的强力推进，为此两者也丧命于旧势力。另外，其中的"无有封而不告"也是值得商榷的。在齐桓公时代，即使作为侯伯（霸主）也是没有权力封爵的，只有周王有这个权力。既然没有这个权力，也就不存在报与不报了。到孟轲时代，诸侯得以称王，才有了封爵的权力。

这盟约相当于现在的国际公约，而对于违反这些公约的诸侯，周王室已无能力进行"礼乐征伐"，取而代之的是齐桓公。这标志着齐桓公已成为名副其实的盟主。

这样齐国联盟其他诸侯小国，数年间通过南征北战、东讨西伐，"一战帅服[③]三十一国"（《国语·齐语》），"九合诸侯"，打败降服了诸多国家，进一步巩固了其侯伯地位，也使中原有了一个相对稳定的局面。

在齐桓公的暮年，国内发生巨变，几个辅佐大臣相继离世后，年迈的齐桓公因用人失误，惨遭争权夺利的几个宠臣及儿子们的监禁，被活活饿死。随即他的儿子们为夺权相互厮杀，齐国陷于内乱。

作为齐桓公为盟主时期的"二把手"宋国国君宋襄公（子姓宋氏，名兹甫，公元前650～前637年在位）则带领盟国卫国、曹国、邹国等一同前往齐国平乱，拥立齐桓公之子吕昭（今通称齐孝公，姜姓吕氏，公元前642～前633年在位）即位，并安葬已死多日的齐桓公。成功平息齐国内乱，不仅使宋襄公受到诸侯的称赞与尊敬，也点燃了其称霸诸侯的雄心。

宋襄公想趁热打铁，凭借其领导诸侯平定齐国内乱之余威，高举"尊周守礼"的政治大旗，召集诸侯会晤，企图谋取盟主地位。

公元前639年（周襄王十三年，鲁僖公二十一年）春，由宋襄公倡议，宋、齐、楚三国国君参加的"三国首脑"会议在齐国的鹿地举行。宋襄公主张在秋季举行一次会盟，以确定共扶周王室的事宜，其实就是确立新的盟主。到了秋天约定开会的日

---

① 吴起（公元前440～前381年）：战国初期著名军事家和变革家。

② 商鞅（约公元前395～前338年）：又称公孙鞅、卫鞅，战国时期法家代表人物、著名的变革家。

③ 帅服：相率而归服，一个接一个归服。

子，楚、陈、蔡、许、曹、郑等六国之君如约而至，但齐、鲁和其他大国爽约。宋襄公想仿效齐桓公的做法，订立盟约共助周王室，停止征伐实现太平。但在谁为盟主的问题上，宋襄公遇到了与齐桓公八诸侯联军对峙并与其签订盟约的楚成王的阻拦。

宋襄公依据当时比较传统的观念，欲以其拥有较高的爵位——公爵成为盟主。宋襄公认为楚国的子爵爵位是周王室分封的，而其所谓的"王"是自封的假王，因此宋襄公称楚成王为楚子。按照当时的礼制，宋襄公居高位也是符合礼制的。但所谓的礼制在当时已经式微，已沦为诸侯装饰的工具，各国最终是以实力行事。为争盟主之位，宋、楚两国国君互不相让。会盟时，楚成王命令经过伪装的随行武装人员生擒了毫无戒备的宋襄公。虽然会盟前有人建议宋襄公带兵以防不测，但因在盟会前告知诸侯赴约时不得带武装人员，宋襄公拒绝了手下人的建议。

宋襄公被擒后被押至楚国。后经齐和鲁等从中斡旋，几个月后，宋襄公被楚成王释放回国。回国后，宋襄公还不死心，仍然想与楚国争盟主。但由于楚国兵强马壮，直接与楚国开战取胜的可能性很小。宋襄公听说郑国积极支持楚国为盟主，为此郑文公（姬姓郑氏，名踕，公元前673～前628年在位）还去楚国拜会了楚成王。宋襄公认为这是讨伐力薄国小的郑国的好机会。于是，宋襄公不顾公子目夷和掌管军队的大司马公孙固的反对，于公元前638年夏亲率大军攻打郑国。郑文公得知情报后急向楚国求救，楚成王接报后，采取了攻宋救郑的策略，并亲率大军直奔宋国。

宋襄公得知此事后，感到事态严重，不得已急忙撤军。公元前638年（周襄王十四年）十月底，当宋军返抵宋境时，楚军尚在向宋国行军的途中。宋襄公为阻击楚军于边境地区，屯军泓水（涡河的支流）以北，以待楚军的到来。十一月初一，楚军进至泓水南岸并开始渡河，这时宋军早已布好阵势。宋大司马公孙固鉴于两军众寡悬殊，宋军已占有先机，建议宋襄公把握战机，乘楚军渡到河中间时予以攻击，但被宋襄公断然拒绝。楚军得以全部顺利渡过泓水，但未布好列阵，这时公孙固又劝宋襄公乘楚军列阵未毕、行列未定之际发起攻击，宋襄公仍然不予采纳。一直等到楚军布阵完毕，一切准备就绪之后，宋襄公这才下令击鼓向楚军进攻。战斗的结果是弱小的宋军不敌强大的楚师，宋军受到重创，宋襄公的大腿也受了重伤，其精锐禁卫军也全部被歼。宋襄公在公孙固等人的拼死保护下才突出重围仓皇逃回都城。泓水之战就这样以楚胜宋败降下了帷幕。

回国后，宋人都责备宋襄公，宋襄公却辩解说：

> 君子不重伤，不禽二毛。古之为军也，不以阻隘也。寡人虽亡国之余，不鼓不成列。（《左氏春秋·(鲁)僖公二十二年》）

宋襄公这里所讲的是当时与战争有关的礼规。有一部虽然成书于战国初期，但记录的可能是西周时期的军事礼规——《军礼司马法》①，这本书在某种意义上反映了西周的军事思想，其中有与宋襄公相近的表述：

> 古者逐奔不过百步，纵绥不过三舍，是以明其礼也；不穷不能而哀怜伤病，是以明其仁也；成列而鼓，是以明其信也；争义不争利，是以明其义也；又能舍服，是以明其勇也；知终知始，是以明其智也。六德以时合教，以为民纪之道也，自古之政也。

《军礼司马法》强调，追击逃散的敌人不能超过一百步，追寻主动退却的敌人不能超过三舍（九十里），这是礼；不逼迫丧失作战能力的敌人并哀怜伤病人员，这是仁；等待敌人摆好作战阵势再发起进攻，这是信；争天下大义而不争一己小利，这是义；能够赦免降服的敌人，这是勇；能够预见战争胜负，这是智。宋襄公所说的"不重伤，不禽二毛""不鼓不成列"正是这部《军礼司马法》所提倡的战争中应该遵守的战争礼规的具体体现。

当然，还有一个文化传承的问题，据《公羊春秋》记载：

> 宋公与楚人期战于泓之阳。楚人济泓而来。有司复曰："请迨其未毕济而系之。"宋公曰："不可。吾闻之也，君子不厄人，吾虽丧国之余，寡人不忍行也。"（《公羊春秋·(鲁)僖公二十二年》）

宋国是殷商后裔，按照宋襄公的说法，虽然我是被灭国的商人后裔，我也不忍破坏我们执守的对战争的信念。

据《左氏春秋》记载，宋襄公不仅是要争当盟主，其终极目标是恢复子姓王朝：

> 楚人伐宋以救郑。宋公将战，大司马固谏曰："天之弃商久矣，君将与之，弗可赦也已"，弗听。（《左氏春秋·(鲁)僖公二十二年》）

这也许是宋襄公为什么打仗要胜之合"礼"的原因之一吧！如果不这样，即使能战胜楚国，也很难让诸侯折服，很难实现他的宏大目标。但无论如何，宋襄公以失败告终，落后于时代的发展，是守旧迂腐的一种表现。

公元前637年，受伤大半年的宋襄公伤病发作而亡，他争当盟主的夙愿如昙花一现从此烟消云散。泓水之战的惨败标志着宋襄公所坚持的周之"军礼"已被历史的巨浪淹没，仅依靠在诸侯国中的威望和爵位是无法成为"盟主"的，实力是必不可少的条件。

孟轲在论述春秋时期的诸侯领袖时说："以力假仁者霸，霸必有大国。"（《孟子·公孙丑(上)》）而荀况则说："信立而霸。"（《荀子·王霸》）无论孟轲还是荀况，他们的立场不同，道德观不一，但都失之公正、全面。仅仅靠信，如宋襄公，或仅仅靠力，如楚成王，均成不了真正的盟主。要成为盟主，无力不行，无信也不行，这是一

---

① 《军礼司马法》，又称《司马法》或《司马兵法》，最早见于《汉书·艺文志》的礼类。

个实力与道义的综合平衡问题。

作为宋襄公对手的楚国，虽然在宋楚之争中击败宋国，但由于其使用的手段及方式，再加上它一直被周王朝视为半蛮夷之国，无论是自己的实力，还是在诸侯国中的影响力以及当时的政治、文化氛围，都不足以让周王室承认其侯伯地位。

值得一提的是楚国也为治愈齐国之乱作出了贡献：

> 桓公之子七人，为七大夫于楚。（《左氏春秋·(鲁)僖公二十六年》）

此时，"天下"仍处于无"侯伯"之局面，而收拾这一混乱局面，登上周王室认可的"侯伯"舞台的正是宋襄公兵败养伤期间按国礼高规格接待过的、因晋国国内权力之争被迫流亡在外的晋国公子重耳(今通称晋文公，姬姓晋氏，公元前636～前628年在位)。

公子重耳在外流亡期间，到访过包括齐国、宋国和楚国在内的许多国家，但均未得到对其复国计划的支持。直到公元前637年，晋惠公病危而面临着继位问题，才给重耳复国创造了机会。此时的晋国太子圉正在秦国作人质，秦穆公也将女儿怀嬴嫁给了他。可能是就其回国继位问题，太子圉与秦穆公没有达成协议，太子圉背着秦穆公只身逃回了晋国。公元前636年晋惠公病死，太子圉即位，即晋怀公。

这时秦晋两国生怨，秦穆公转而协助流亡在外的晋怀公伯父重耳复国。秦穆公与重耳达成了协议，并把女儿怀嬴改嫁给重耳，然后发兵助重耳复国。他们联合晋国内重耳的旧交，里应外合消灭了刚刚即位而立足未稳的晋怀公，此时已62岁高龄的重耳复国成功。

晋文公重耳复国后，重新调整国家机构，对内设六卿。作为国家官僚体制设置六卿在《书·甘誓》中就有所记载，但这并非指侯国。后来，晋国的六卿形成为六大家族，他们为晋国的霸业贡献了自己的才智与力量，与此同时自身也得到发展壮大，最后形成魏、赵、韩三大家族，史称"三晋"。

晋文公重耳在整顿好国内事务后，对外所做的第一件大事就是让周襄王姬郑复位。

公元前636年，周襄王被弟弟王子带雇佣翟(狄)军(当时北方的狄族)赶出了周王城。

公元前635年，秦穆公和晋文公重耳准备迎周襄王回王城。在勤王途中，晋文公重耳的上卿狐偃① 给他出谋说：

---

① 狐偃(约公元前715～前629年)：出身戎狄部落。其父狐突，在晋武公时出仕晋国。武公之子晋献公娶狐突的女儿生重耳和夷吾，故为重耳舅父。重耳出亡时一直伴随，公元前636年，在赵衰、狐偃、胥臣、先轸的辅佐下重耳成为晋国国君，狐偃身居高位辅助重耳，对重耳有较大影响和贡献，有评论"文公染于舅犯，故霸诸侯，功名传于后世"。

求诸侯，莫如勤王。诸侯信之，且大义也。继文之业而信宣于诸侯，今为可矣。(《左氏春秋·(鲁)僖公二十五年(公元前635年)》)

也就是说，求得诸侯的拥护，没有比为天子效力解难更为有效的。这样既能得到诸侯的信任，又合乎大义。继续晋文侯事业之信义也可在诸侯中得以宣扬，现在是机会了。

晋文公重耳采纳了狐偃的建议，辞别了秦穆公，带兵直奔王子带当时所在的温地(今河南省焦作市温县)，并生擒王子带，然后迎周襄王回王城，将王子带押到王城处死。周襄王还朝后，晋侯重耳拜见周襄王并提出了"请隧"：

戊午，晋侯(重耳)朝(周襄)王。王享醴，命之宥。请隧，弗许。(《左氏春秋·(鲁)僖公二十五年(公元前635年)》)

关于"请隧"，在国语中也有记载：

晋文公既定襄王于郏，王劳之以地，辞，请隧焉。王弗许。(《国语·周语(中)》)

而且还说了一大堆理由：

今天降祸灾于周室，余一人仅亦守府，又不佞(ning)以勤叔父(晋文公)，而班先王之大物以赏私德，其叔父实应且憎，以非余一人，余一人岂敢有爱也？先民有言曰："改玉改行"。叔父若能光裕大德，更姓改物，以创制天下，自显庸也，而缩取备物，以镇抚百姓，余一人其流辟于裔土，何辞之有与？若犹是姬姓也，尚将列为公侯，以复先王之职，大物其未可改也。叔父其茂昭明德，物将自至，余何敢以私劳变前之大章，以忝天下，其若先王与百姓何？何政令之为也？若不然，叔父有地而隧焉，余安能知之？

(《国语·周语(中)》)

"请隧"也就是在自己死后能够以"隧"之礼下葬。"隧"是指下葬时通向墓穴的墓道，墓道除入口外，其他全部在地下，这是天子的葬礼才能使用的礼仪。诸侯下葬时使用"羡"，"羡道"是裸露在地面上的。周王的棺椁是顺着隧道抬下去放入穴中，诸侯的棺椁则是顺着羡道走到穴边，然后悬柩而下。

晋文公虽然"请隧"被周襄王婉言拒绝，但也得到了相应的回报。周襄王把阳樊、温、原和攒茅四个邑(今河南省济源市、温县和修武县一带)划给了晋。周王室保全了唯我独尊的礼遇，却割舍了大片土地，也就是要了面子，失了里子。这也是周王室被"礼制"绑架，作茧自缚。

这一"请隧"表明，晋文公重耳欲逾越礼制，享受天子级别的下葬待遇。虽未达成，却显露出晋文公欲与周王并肩的苗头。从齐桓公到晋文公称霸的表现，我们可以看到人们的思想正在突破"周礼"的桎梏，也显露出"周礼"甚至周制的崩坏。

晋文公复国后对外所做的第二件大事就是与楚国的战争，史称"城濮之战"。对楚的战争还得从楚成王在泓水之战大败宋襄公说起。楚国打败宋国后，楚成王虽然没有被封为"侯伯"(那时的楚庄王被诸夏称为"楚子"),但周王室式微,周围一些小邑邦有的已经臣服楚国,有的也加入联盟之中,包括宋、郑、鲁、陈、蔡、卫、曹等。楚实际上是一定范围的盟主,而宋则是不得已而臣服的。

这期间,晋国在晋文公重耳的治理下迅速强大起来。重耳流亡时,宋国包括国卿和宋襄公之子、也即现在的宋成公(子姓宋氏,名王臣,公元前636~前620年在位)曾善待过重耳,因此宋成公想脱离楚国投奔晋国[1],这样就遭到了以楚国为首的联盟的围攻。

公元前633年,晋文公组成三军。每军设将、佐各一名,依次为中军将、中军佐、上军将、上军佐、下军将、下军佐,其中中军将为正卿,执政晋国,六卿[2]出将入相,掌管晋国军政大事,是中国最早的内阁制度。

就晋国的军事力量而言,晋国最初只有一军(公元前678年),"王使虢公命曲沃伯以一军为晋侯"(《左氏春秋·(鲁)庄公十六年》);公元前661年,"晋侯作二军"(《左氏春秋·(鲁)闵公元年》);到晋文公重耳时代,先于公元前633年,"于是乎搜于被庐,作三军,谋元帅"(《左氏春秋·(鲁)僖公二十七年》);而后于公元前629年增加到五军(《左氏春秋·(鲁)僖公三十一年》)。到公元前588年时,"十二月甲戌,晋作六军。韩厥、赵括、巩朔、韩穿、荀骓、赵旃皆为卿,赏鞍之功也"(《左氏春秋·(鲁)成公三年》)。这时晋国扩军至六军,这就完全突破了周礼的规定:"王六军,大国三军,次国二军,小国一军,军将皆命卿"(《周官·夏官·司马》),与周王室拥有同样的兵力编制。

公元前633年冬,楚、郑、陈等国军队开始围攻宋国,宋国派人到晋国求救。晋文公采纳了部下的建议:首先攻打曹国,以图给宋解围。公元前632年春,晋国出兵攻打曹国途经卫国时被拒,无奈之下退兵绕道再攻曹国。其间争取到齐国加盟。在攻打曹国时,晋军损失严重。宋国再度告急,派门尹般到晋军中告急:

(晋)公曰:"宋人告急,舍之则绝,告楚不许。我欲战矣,齐、秦未可,若之何?"

先轸曰:"使宋舍我而赂齐、秦,藉之告楚。我执曹君而分曹、卫之田以赐宋人。楚爱曹、卫,必不许也。喜赂怒顽,能无战乎?"

公说,执曹伯,分曹、卫之田以畀宋人。(《左氏春秋·(鲁)僖公二十八年(公元前632年)》)

这样先拿下曹、卫两个小邑邦,把齐和秦也诱入战争,同时激怒楚国使其出战。争取到了齐国和秦国参战,晋方阵营的力量就壮大了,也更有胜算了。

楚成王熊恽并不想与晋国开战,说:"不要去追逐晋国军队!晋侯在外边十九年,而今果然得到了晋国。他饱尝险阻艰难,深晓民情真假。上天给予他年

---

① 宋以其善于晋侯也,叛楚即晋。(《左氏春秋·(鲁)僖公二十六年(公元前634年)》)

② 按照礼制只有周王室可以设六卿,诸侯设三卿。

激荡春秋
——东周之历史、文化与思想

寿，同时除去了他的祸害。这是上天安排的，怎么可以废除呢？《军志》曰：'适可而止。'又曰：'知难而退。'又曰：'有德的人不能抵挡。'这三条记载，适用于晋国。"①

楚国令尹(相当于国相)子玉再请战，楚成王勉强同意，但并未派给太多的兵力。

重耳在流亡期间，曾经在宋国受到过款待，那时宋国正好经历了泓水之败。重耳与当时的卿僚有过密切交往，对泓水之战了如指掌。他可能吸取了宋襄公败给楚军的教训，采用了诱敌深入的战术(当然这一战术也是合乎当时的军礼文化的)。首先避开了楚军的锋芒，命令晋军"退避三舍"(一舍三十里)。晋军后撤到卫国的城濮(今山东鄄城西南一带)，离晋国较近，便于补给，选择有利的战场，便于齐、秦、宋等盟国军队的会合。决战时，晋军避强击弱：先"蒙马以虎皮"，使楚右师溃；再用伴败之计，虚设"二旆"和"舆曳柴而伪遁"，诱敌深入而反攻夹击，使楚左师溃。最后，子玉被迫收兵，晋军取得了"城濮之战"的胜利。"城濮之战"的结局遏制了楚国的北上进程。

如前文所述，齐桓公曾兵临楚境，阻止楚国北上；宋襄公则败于楚人之手，这次"城濮之战"才由中原地区的晋国击败楚人，阻止了其进一步北上。对此，顾颉刚在评论楚人北进被挡时说："楚人武力的锐利和兼并的急速真像商末的周人一样，要没有人出来把这席卷世界的怒潮挡住，中国便给楚统一了。"(顾颉刚：齐桓公的霸业，《顾颉刚古史论文集》第二册，北京：中华书局，1988年，第370页)。傅斯年②在评价"城濮之战"的历史作用时说："假如楚于城濮之战，灭中原而开四代(夏商周楚)，匈奴于景武(汉景帝和汉武帝)之际，吞区夏而建新族，黄河流域的人文历史应该更有趣些，儒学也就不会成正统了……新族不兴，旧宪不灭，宗法不亡，儒家长在。中国的历史长则长矣，百姓众则众矣。至此之由中庸之道不无小补，然而果能光荣快乐乎哉？"(傅斯年：战国子家叙论，《傅斯年全集》第二册，台北：经联出版事业公司，1980年，第109页)。可见"城濮之战"对中国历史走向意义之重大。

之后，晋文公在践土(今河南广武)修建了王宫，与齐侯、鲁公、宋公、蔡侯、郑伯、卫子、莒子会盟(史称"践土之盟")。

> 王命尹氏及王子虎、内史叔兴父策命晋侯为侯伯。(《左氏春秋·(鲁)僖公二十八年(公元前632年)》)

这里的侯伯就是诸侯之长之意，也就是后来孟轲所说的"霸主"，晋文公从

---

① 《左氏春秋·(鲁)僖公二十八年》：楚子入居于申，使申叔去谷，使子玉去宋，曰："无从晋师。晋侯在外十九年矣，而果得晋国。险阻艰难，备尝之矣。民之情伪，尽知之矣。天假之年，而除其害。天之所置，其可废乎？《军志》曰：'允当则归。'又曰：'知难而退。'又曰：'有德不可敌。'此三志者，晋之谓矣！"

② 傅斯年(1896～1950年)：山东聊城人。现代历史学家、古典文学研究专家、教育家。

此成为名副其实的新盟主。

周的伯制可以说是承继前代商王朝而来，周文王姬昌曾被商王子辛授予"西伯"。在战国时期被孟轲称作"霸"的，在春秋时期，按照周王朝的正统说法应该是"侯伯"或"西伯"等"伯"。

周王策命之后对晋文公重耳说：

> 敬服王命，以绥四国，纠逖(tì)王愿(tè)。(同上)

当年冬，晋文公重耳再度召集诸侯到温地(今河南省焦作市温县)：

> 冬，(鲁)公会晋侯、齐侯、宋公、蔡侯、郑伯、陈子、莒子、邾人、秦人于温。天王狩于河阳。(《春秋·(鲁)僖公二十八年(公元前632年)》)

而《左氏春秋》则记载：

> 是会也，晋侯召王，以诸侯见，且使王狩。(《左氏春秋·(鲁)僖公二十八年(公元前632年)》)

《左氏春秋》中引用《诗》的"惠此中国(指商王朝所在的中原地域)，以绥四方"来赞誉晋文公重耳，同时借用孔丘评论来指责晋文公："仲尼曰：'以臣召君，不可以训。'"意思是说"以臣下而召见君上，是不能作为榜样的"。而《春秋》中的"天王狩于河阳"也被《左氏春秋》解释为"言非其地也，且明德也"。也就是说"天下本都是周王朝的地方，而这里却不是周襄王的地方了，这是为了表明晋国的功德而避讳的说法"。

值得一提的是，晋文公重耳的母亲是出身戎狄部落的，因此，重耳从血统上讲是姬姓周人与狄人的混血儿。就文化层面而言，重耳也是不可能完全摆脱戎狄文化影响的，尤其是其舅父狐偃的影响。我们有理由相信，重耳并非完全被周王室文化所束缚，而是利用并突破周王朝正统文化。正因为如此，重耳才能在诸侯竞争激烈的春秋时期称"侯伯"。这或许是孔丘评价"晋文公重耳谲而不正"(《论语·宪问》)的真正原因所在。从"城濮之战"的作战方式也可看出，重耳既摆脱了宋襄公的守旧打法，也在某种意义上符合了当时传统的用兵原则。可以说，这是军事伦理及作战方式的变化，也是旧军礼制崩坏的表现之一。

城濮一战之后，晋国从山西一带南下，势力范围扩张到以河南一带为中心的诸侯们的地盘。晋国在向南扩张时，也有遏制并与不被中原文化认可、从湖北向河南扩张的楚国相对抗的意图。而楚国在城濮之战受挫后，虽然北上道路受阻，但并未伤及元气，而后转向东发展。

这样围绕着中原的几个大国：晋、秦、楚、齐形成了相对稳定的态势，虽然他们之间也有战争，但大规模集团性的战争基本上没有发生，这一态势非常有利于中原地区的相对稳定。

在晋文公重耳之后，另一位独领风骚的诸侯就是辅助晋文公重耳从流亡到复国的"贵人"——秦穆公。

激荡春秋
——东周之历史、文化与思想

秦在春秋初叶还只是一个僻处西陲、仅为周附庸的蕞尔小邑。西周末年周王室发生内乱，这时的国君秦襄公（嬴姓，公元前778～前766年在位）选择了站在周平王一边，在周平王突围"东迁"时护送过周平王，因而在周平王继位后才封秦为诸侯，并将岐山以西之地划归了秦，后定都于雍（今陕西凤翔南）。

到秦穆公时，秦国已经变得比较强大。曾在毗邻大国晋国国内发生动荡时，助晋国公子夷吾回国立为国君，即晋惠公，又在晋惠公背弃恩义时击败并生擒他（公元前645年，鲁僖公十五年）。再有就是助大名鼎鼎的晋文公重耳复国。在晋文公重耳过世之后，两国关系陡然起变。秦穆公企图利用新的晋侯继承者地位未稳之际向东扩张。

晋国横居秦国东方，秦穆公要想东扩进军中原，就必须越过晋国这一"屏障"。秦穆公在东进中，曾于公元前627年和公元前625年两次与晋国发生战争，即崤之战（今河南三门峡东南）和彭衙之战（今陕西白水东北），但两次均被晋军打败。

公元前624年（秦穆公三十六年），秦穆公亲自率兵讨伐晋国，渡过黄河以后，将渡船全部焚毁，表示誓死克敌之决心。秦军夺得王官（今山西闻喜西）和郊。晋军拒不出战，秦军从茅津渡过黄河到达南岸崤地，在当年的战场为战死的将士堆土树立标记后回国。秦东进之路被晋牢牢挡住。

在几次东进尝试未果的情况下，秦穆公调整战略方向，转而向西进发。

秦国周围及西方，原来是西周的势力范围，也是周王朝的发祥地。到西周灭亡时，曾经协助周平王"东迁"的秦，从一个附属变为侯国，从名义上继承了这块西周故土，但其实力远远不足以统领西域。发展到秦穆公时代，秦国已具备了西进的实力。

司马迁在《太史公书·秦本纪》中讲述了一个秦穆公西进的有趣故事：

约公元前625年，戎王听说秦缪（穆）公贤德，即差遣由余（因故逃亡至西戎的晋国人）到秦国察看其国情。秦穆公就把宫室和积聚财物的仓库指点给由余看。由余说："这些倘若使鬼神做成，则是有劳神力；倘若使人做成，则害苦了老百姓。"秦穆公听了此言，感到奇怪，因而问由余道："中国用《诗》《书》、礼、乐、法度来治理百姓，然而还时时出乱子。如今你们戎夷没有这些东西，用什么治理百姓呢？这不是很困难的事吗？"由余笑答道："这就是中国之所以出乱子的缘故！最早的圣人黄帝设置礼、乐、法度，他自己首先带头依礼、乐、法度行事，也仅仅达到小治。其后代的君王日趋骄奢淫逸，法度的威严仅用于震慑百姓，导致民不聊生，百姓便对这些所谓的仁义法度积怨渐深，盼望当政者自律自清，这样便上下互相怨恨，继而发生篡位弑君之事，以至于诛灭宗族，这都是礼、乐、法度的弊病啊！戎夷就不是这样，居上位者，用淳厚的恩德去对待百姓，百姓怀抱忠心侍奉在上之君。一国的政治，犹如治理一身之疾一样，在不知不觉中就治好了，这才是真正的圣人政治啊！"

之后秦穆公咨询内史廖道："我听说邻国出了圣人，这是它的敌国的忧虑。现在由余就是圣人，他是我的祸患，怎么办呢？"内史廖就出主意："戎王住在偏僻蛮荒的地方，从未听过中国的乐声，可先赠送些乐女给戎王，用以夺戎王之志，乱其国政。"秦穆公采纳了他的建议，送了乐女二列给戎王。戎王十分高兴地接受了乐女，之后整日沉醉于女乐之中。这些乐女整整一年都未回到秦，而此期间由余则留在秦国，而后由余回到戎王那里，君臣产生间隔，秦成功地离间了由余和戎王。后来，由余离开戎王，到秦国辅佐秦穆公。

公元前623年（秦穆公三十七年），秦国采用由余的计谋讨伐戎王获胜。于是，秦国疆域比原来扩大了12倍，辟地千里，势力范围南至秦岭，西达狄道（今甘肃临洮），北至朐衍戎（今宁夏盐池），东到黄河，史称"秦穆公霸西戎"。[①]

对秦穆公的西进，韩非在其《十过》篇中也进行了描述：

> 昔者戎王使由余聘于秦，穆公问之曰："寡人尝闻道而未得目见之也，愿闻古之明主得国失国常何以？"由余对曰："臣尝得闻之矣，常以俭得之，以奢失之。"穆公曰："寡人不辱而问道于子，子以俭对寡人何也？"由余对曰："臣闻昔者尧有天下，饭于土簋，饮于土铏（xíng，食器）。其地南至交趾（古代南方地名，在今越南），北至幽都（古地名，在今北京一带），东西至日月所出入者，莫不宾服。尧禅天下，虞舜受之，作为食器，斩山木而财（通"裁"，制作）子，削锯修其迹，流漆墨其上，输之于宫以为食器。诸侯以为益侈，国之不服者十三。舜禅天下而传之于禹，禹作为祭器，墨染其外，而朱画其内，缦帛（没有彩色花纹的丝绸）为茵（座垫），将席颇缘，觞酌有采，而樽俎有饰。此弥侈矣，而国之不服者三十三。夏后氏没，殷人受之，作为大路，而建旒九，食器雕琢，觞

---

① 《太史公书·秦本纪》：戎王使由余于秦。由余，其先晋人也，亡入戎，能晋言。闻缪公贤，故使由余观秦。

秦缪公示以宫室积聚。由余曰："使鬼为之，则劳神矣；使人为之，亦苦民矣。"缪公怪之，问曰："中国以《诗》《书》、礼、乐、法度为政，然尚时乱，今戎夷无此，何以为治，不亦难乎？"由余笑曰："此乃中国所以乱也。夫自上圣黄帝作为礼、乐、法度，身以先之，仅以小治。及其后世，日以骄淫，阻法度之威以责督于下；下罢极，则以仁义怨望于上。上下交争怨，而相篡弑，至于灭宗，皆以此类也。夫戎夷不然，上含淳德以遇其下，下怀忠信以事其上。一国之政，犹一身之治，不知所以治，此真圣人之治也。"

于是，缪公退而问内史廖，曰："孤闻邻国有圣人，敌国之忧也。今由余贤，寡人之害，将奈之何？"内史廖曰："戎王处僻匿，未闻中国之声，君试遗其女乐以夺其志；为由余请以疏其间，留而莫遣以失其期。戎王怪之，必疑由余，君臣有间，乃可虏也。且戎王好乐，必怠于政。"缪公曰："善！"因与由余曲席而坐，传器而食，问其地形，与其兵势，尽察。而后令内史廖以女乐二八遗戎王。戎王受而说之，终年不还。于是，秦乃归由余。由余数谏不听。缪公又数使人间要由余，由余遂去降秦。缪公以客礼礼之，问伐戎之形。

三十七年，秦用由余谋伐戎王，益国十二，开地千里，遂霸西戎。

酌刻镂，白壁垩墀（è chí，以有色土涂地面），茵席雕文。此弥侈矣，而国之不服者五十三。君子皆知文章（华丽的文采）矣，而欲服者弥少。臣故曰：俭其道也。"

（《韩非子·十过》）

与司马迁叙述的儒家治国之道，即用《诗》《书》、礼、乐、法度来治理百姓相比，韩非强调的治国之道是"俭"，即随着时代的发展，统治者往往会越来越奢靡，因此需要提倡"俭"的精神来治国。

从司马迁的叙事来看，由余是一个十分了解东西方政治文化的人。他的言语无疑是对"礼乐"制度的批判。秦穆公正是利用"乐"这一工具来瓦解西戎，乱其国政而后出兵征伐，以迅雷不及掩耳之势降服了对方。而韩非的叙事中，把戎王"日以听乐，终几不迁，牛马半死"作为叙事点，也就是说戎王沉溺于声乐，几乎中断了游牧民族随季节而迁徙以寻找适合放牧的地方，结果造成牛马半死不活的，从而造成了国力大减。可以说韩非的叙述是说到了实处，这也是秦穆公伐戎王能成功的原因所在。

在秦穆公称霸西戎之后，周襄王派遣召公过送金鼓给秦穆公以示祝贺，并鼓励秦继续征伐。

历史似乎又回到了五百年之前，当年商纣王"乃赦西伯（周文王），赐之弓矢斧钺，使西伯得征伐"（《太史公书·殷本纪》）。此后西伯昌先后征伐犬戎、密须、耆国、崇（侯虎）等国，并自岐迁都于丰，最后推翻了商王朝。而秦穆公获得"西伯"后，秦虽有强弱变迁，但最终在四百多年后，终结了授予其"西伯"的周王朝。

秦穆公作为秦国历史上一位有作为的君主，秦的后人是十分称赞他的。秦孝公（公元前361～前338年在位）曾下令国中称：

昔我缪公（秦穆公）自岐雍之间，修德行武，东平晋乱，以河为界，西霸戎翟（狄），广地千里，天子致伯，诸侯毕贺，为后世开业，甚光美。（《太史公书·秦本纪》）

作为始皇帝赵政（今通称始皇帝，公元前259～前210年，嬴姓赵氏，名政，也说名"正"，又称祖龙。公元前247～前210年在位，公元前221年称皇帝）时期的丞相李斯（约公元前284～前208年），在其《谏逐客书》中也论及秦穆公：

昔秦穆公求士，西取由余于戎，东得百里傒于宛，迎蹇叔于宋，来邳豹、公孙支于晋。此五子者，不产于秦，而秦穆公用之，并国二十，遂霸西戎。

秦穆公虽然"霸西戎"，但与被孟轲称为春秋"五霸"中最著名的两位盟主——齐桓公和晋文公相比，无论是统领领域，还是行动旗号则均不相同。齐桓公主要是统领诸夏，也就是中原一带的诸侯国，向齐国的西北（今河北中南部）抗击北狄，向南威胁和逼迫楚国，所打的旗号是"尊王攘夷"；而晋文公主要是勤周王室，并向南阻止楚国北上威胁中原。按照周王朝的封国布局，齐和晋的确起到了拱卫周王室的作用。

尽管秦穆公被称为"西伯"霸西戎，但要作为春秋霸主，其统领范围还是缺少中原区域，故称之为"霸西戎"，而非"霸中原"；既非"勤王"也非"尊王攘夷"。中原是东周王朝的核心地带，对中原实施领导性的影响力也许才能真正称为"春秋霸主"。中原对于"天下"至关重要，也是"天下"的中心。接下来的一位"盟主"就是"问鼎中原"的楚庄王（芈姓熊氏，名旅，公元前613～前591年在位）。

如前所述，在楚国向北扩张的过程中，曾被齐桓公遏制，未能实现突破，但楚国并未放弃扩张战略。楚成王时期，自公元前655年以来，先后灭贰、谷、绞、弦、黄、英、蒋、道、柏、房、轸、夔等国，疆土进一步开拓。在公元前640年，随国同汉水以东诸国背叛楚国，楚令尹子文攻随，随盟誓顺服，从此以后，随国"世服于楚，不通中国（指周王朝）"，成了楚国的附庸。至此，楚国国力更加强盛，便向北扩张与晋国争霸。

楚在与晋争霸过程中，于公元前632年受挫于城濮，一度无力与晋争雄。但城濮之败并未影响楚的整体国力，楚仍然为南方大国。南北两强虎视中原，不断在争夺和控制中间地带诸中小国家上展开拉锯战。

在向北发展的过程中，楚国国君熊旅曾经率领楚军北上，借伐陆浑（今河南嵩县东北）之戎之机，把楚国主力大军开至东周雒邑南郊，举行盛大的阅兵仪式。当年即位不久的周定王（姬姓，名瑜，公元前606～前586年在位）闻讯忐忑不安，派巧言善辩的王孙满去慰劳。楚庄王接见王孙满，二人谈论天下大势。这便是使楚庄王名扬天下的"问鼎中原"之事。在《左氏春秋·（鲁）宣公三年（公元前606年）》中是这样记载的：

> 楚子伐陆浑之戎，遂至于雒，观兵于周疆。定王使王孙满劳楚子。楚子问鼎之大小轻重焉。对曰："在德不在鼎。昔夏之方有德也，远方图物，贡金九牧。铸鼎象物，百物而为之备，使民知神、奸。故民入川泽山林，不逢不若。螭魅罔两，莫能逢之。用能协于上下，以承天休。桀有昏德，鼎迁于商，载祀六百。商纣暴虐，鼎迁于周。德之休明，虽小，重也；其奸回昏乱，虽大，轻也。天祚明德，有所底止。成王定鼎于郏鄏，卜世三十，卜年七百，天所命也。周德虽衰，天命未改。鼎之轻重，未可问也。"

楚庄王试探着问九鼎的轻重，大有将其搬走之意，也是对当时周王室的轻视与威胁。王孙满则回答称：要取天下"在德不在鼎"，当然也不忘宣称"周德虽衰，天命未改"。尽管如此，他还是承认了周德已衰，但还不到绝命的时候。紧接着王孙满告诫楚庄王："鼎之轻重，未可问也！"意思是说你问这个还不够格。

从这篇文章里对楚国国君通篇使用"楚子"的称呼可见其带有明显的蔑视。事实上楚国早在楚成王时期就已经开始称王了。值得一提的是，在《左氏春秋》中并非全部采用"楚子"的说法，而是经常交叉使用"楚子"和"楚王"两种称呼。其用意可能是提醒读者"楚王"就是"楚子"。但是，在这段文字当中，"楚王"的说法却一次也没有出现，这在《左氏春秋》中是比较罕见的。大概是由于这段对话讨论的是周王朝权威的移交问题，所以才特别加以贬低的缘故吧！

从文章通篇的整体意思来看，无论是称楚子也好，楚王也罢，当时的楚国国君的确已经给周王朝造成了巨大的压力。

公元前597年，北上的楚国终于为争霸中原再次与晋国展开大战，大战之地就是邲（今河南郑州北），此战史称"邲之战"。

当两国联军到达邲地时，按照那时的战争模式与规则，参战双方都是列阵而战。但这次楚军发现晋军未曾列阵就主动提前出击了：

《军志》[①] 曰："先人有夺人之心"。薄之也。(《左氏春秋·(鲁)宣公十二年(公元前597年)》)

《军志》说："抢在敌人前面发动进攻，可以夺去敌人的斗志。"这是要主动迫近敌人。这与当年楚军在泓水之战中宋襄公采取的待敌军越过河、列好阵再实施攻击形成了鲜明的对比。尽管晋军提前主动出击，但战役的结果却是楚国大胜晋国。战役结束时尸横遍野，为此楚国大臣潘党建议在战场建造收容晋国军人尸体的建筑物——"京观"：

君盍筑武军，而收晋尸以为京观。臣闻克敌必示子孙，以无忘武功。(同上)

楚庄王熊旅却拒绝了他的建议："非尔所知也。夫文，止戈为武。"(同上)

并进一步解释说：

夫武，禁暴、戢兵、保大、定功、安民、和众、丰财者也。故使子孙无忘其章。今我使二国暴骨，暴矣；观兵以威诸侯，兵不戢矣。暴而不戢，安能保大？犹有晋在，焉得定功？所违民欲犹多，民何安焉？无德而强争诸侯，何以和众？利人之几，而安人之乱，以为己荣，何以丰财？武有七德，我无一焉，何以示子孙？其为先君宫，告成事而已。武非吾功也。古者明王伐不敬，取其鲸鲵而封之，以为大戮，于是乎有京观，以惩淫慝。今罪无所，而民皆尽忠以死君命，又可以为京观乎？(同上)

从此我们也可以看出楚庄王的战争观。他不但从文字的角度解释了"止戈为武"，还讲了"武"的七德："禁暴、戢兵、保大、定功、安民、和众、丰财"，即"武"应该是禁止暴力、消除战争、保持强大、巩固功业、调和百姓、团结民众、增加财富，并表示："今我使二国暴骨，暴矣！"意思是说如今因为这场战争而使两国的将士暴尸于战场，已是残忍的行为了；又说："武有七德，我无一焉，何以示子孙？"也就是说，战争是残暴的行为，是不值得立纪念物向子孙后代炫耀的。

楚庄王随后在黄河边上祭祀了河神，修建了先君的神庙，报告战争胜利后回

---

① 《军志》：是西周时期的军事著作，反映了西周时期的军事思想，现已遗失。

国。这里既没有召集诸侯会盟，也没有邀请周天子来贺，而是祭祀河神，报告祖先。这突显了楚文化的特点有别于中原周文化（也即儒家思想的根基），同时也说明楚与周的关系并不和谐。

相比于"城濮之战"，虽然结果正好相反，但楚国在邲之战取胜后，并没有乘胜彻底击垮晋国，也许要完全击垮晋国也不是唾手可得之事。如果楚庄王乘胜追击一举击垮晋国，那么周王朝就会被彻底埋葬，中国的历史走向也将发生巨变，而后以周王朝主流文化为基础的儒家文化也就不会源远流长。那样的华夏历史会是怎样的发展轨迹呢？

楚国邲之战大胜晋国，中原多国背晋向楚，楚庄王因而成为新盟主。关于邲之战，韩非在《喻老》篇中说："楚庄王举兵诛齐，败之徐州，胜晋于河雍，合诸侯于宋，遂霸天下。"尽管如此，晋国在邲之战中失败并没有动摇其根基。中原周围仍然是四个国家：大国楚与晋，次大国齐与秦。

在晋楚对立相持阶段，地处长江下游的吴、越开始崛起，并加入争霸行列。

强大的长江中游国家楚国，在不断地给北边的中原诸侯们施加压力的同时，也沿长江而下，向下游的江淮流域扩张。晋国为了减轻自己的压力，拉拢位于长江下游江苏一带迅速崛起的吴国来牵制楚国，吴与楚为争夺势力范围不断交战。

公元前525年（周景王二十年），吴国舟师逆江而上进攻楚国，在长岸（今安徽当涂西南）与楚军开战，吴军夜袭击败楚军，夺回所失去的王舟"余皇"。公元前519年（周敬王元年），吴王僚率军进攻楚之战略要地州来（今安徽凤台），楚国以楚、顿（今河南商城南）、胡（今安徽阜阳西北）、沈（今河南沈丘）、蔡（今河南新蔡）、陈（今河南睢阳）、许（今河南叶县）七国联军来救，途中楚军统帅令尹因病而亡，联军被迫撤退。吴军尾随联军，在楚军回军途中的鸡父（今河南固始）奇袭，并采取灵活战法，大败楚军后夺取州来。

公元前515年，阖闾派专诸刺杀吴王僚，夺得吴国王位，开启了吴国一个新的时代。吴王阖闾（公元前515~前496年在位）执政期间，任用楚国旧臣伍员（伍子胥，公元前559~前484年）为相，使国势日益强盛并对外扩张。

《左氏春秋》记述了伍员的攻楚建议：

公元前512年，吴王问伍子胥说："当初你说进攻楚国，我知道能够成功，但恐怕他们派我前去，又不愿意别人占了我的功劳。现在我将要自己占有这份功劳了。进攻楚国怎么样？"伍员回答说："楚国执政的人多而不和，没有人敢承担责任。如果组织三支部队对楚国来个突然袭击之后迅速撤退，一支部队到达，他们必然会全军应战。他们出击，我们就退回来；他们回去，我们就出击，楚军必定在路上疲于奔命。屡次突袭快撤使他们疲劳，用各种方法使他们失误。他们疲乏以后再派三军继续进攻，必定大胜他们。"阖闾听从了伍子胥的建议，频频派兵骚扰楚国，使楚国处于困顿疲乏之中。①

公元前511年（周敬王九年）秋，吴王派军攻楚边邑夷（即城父，今安徽霍山南）等地。楚军前去支援，吴军随机后退；楚军回师，吴又攻弦（今河南息县南），楚再驰援，吴军又撤退。此后吴军年年如此袭扰楚境，以致"楚自昭王即位，无岁不有吴师"。

公元前508年（周敬王十二年），楚属国桐（今安徽桐城北）叛楚附吴，伍子胥为达到"多方以误之"的目的，借机唆使楚附庸舒鸠氏（今安徽舒城）诱楚来攻。楚派囊瓦率军攻吴。吴军迎击于豫章（大别山东，巢湖以西江北地区），伍子胥将大量船只部署于豫章地区南部江面上，故示守势，而将主力潜伏于巢邑附近。

囊瓦误认为吴军尽在江上，因而对陆上戒备松懈。吴军乘其不备，由侧背突然发起进攻，楚军大败。吴军乘胜攻占巢城，俘虏楚大夫公子繁。经过近六年忽南忽北地攻楚边邑，不仅使楚军疲惫和士气不振，而且使楚国认为吴国只是攻扰边邑，判断吴不会大举进攻，只注意边邑的防守，而疏于国都地区的战备，为吴国大举攻楚创造了有利的条件。

伍子胥的"三师肄楚"战略，虽然和晋悼公（姬姓，名周，公元前573～前558年在位）的"三分四军"战略一样都是疲惫敌军，但二者有本质的区别：晋悼公的战略目的只是为了避免与楚决战，是消极性的；而伍子胥的战略目的则在于疲惫敌人之后"以三军继之"进行决战，疲敌仅是为决战创造有利条件而采用的手段。另外，这种充分发挥机动性的战法，已具有运动战、游击战的萌芽性质！

公元前506年（阖闾九年，周敬王十四年）冬，吴王阖闾亲率其弟夫概和伍子胥、伯嚭等，出动全国之兵，以救蔡为名先奔蔡迫使楚军撤离。尔后吴军会同蔡、唐之师进军伐楚。乘船溯淮水西进，至战略要地州来，舍舟于淮汭（今河南潢川，一说今安徽凤台），登陆前进。挑选少量精锐士卒为前锋，采取迂回进军路线，迅速穿过楚北部的大隧、直辕、冥阨三关险隘（均在今河南省信阳市以南，河南、湖北两省交界处），直趋汉水，深入楚腹地，挺进到汉水东岸，不出数日就直接威胁到楚国都城郢都，实现了对楚的奇袭。

在战争中，吴军灵活机动，因敌用兵，以大迂回奔袭、后退疲敌、寻机决战、深远追击等战法，迫使楚军仓促迎战，节节失利，最终楚昭王不得不逃离楚国都城郢（今湖北省江陵县纪南城）。这一战，吴军大败楚军，仅数天即进入楚国国都，创造了春秋时期攻占大国都城的先例。这是长江下游的大国攻陷长江中游的大国国都的范例，史称"柏举之战"。"柏举之战"的胜利标志着吴国的强势崛起，改

---

① 《左氏春秋·（鲁）昭公三十年》：吴子问于伍员曰："初而言伐楚，余知其可也，而恐其使余往也，又恶人之有余之功也。今余将自有之矣，伐楚何如？"对曰："楚执政众而乖，莫适任患。若为三师以肄焉，一师至，彼必皆出。彼出则归，彼归则出，楚必道敝。亟肄以罢之，多方以误之。既罢而后以三军继之，必大克之。"阖庐从之，楚于是乎始病。

写了春秋晚期列强争霸的基本格局。

对比一下历史上四场著名的战役：公元前638年的"泓水之战"、公元前632年的"城濮之战"、公元前597年的"邲之战"和公元前506年的"柏举之战"，就会发现其战略战术发生了颠覆性变化。如果说"城濮之战"还能看到"军礼"对战争影响的影子，那么在"柏举之战"之中，"军礼"的影响已荡然无存。吴军在"柏举之战"中采用的战略、战术彻底抛弃了西周以来囿于"军礼"的战争原则，彻底摆脱了"军礼"对战争的束缚，开创了古代战争的新时代。在军事上突破并非完全依赖于其军事理论，其所在国的文化也起到了最终的决定性作用。吴、越受中原文化影响很少，就连他们国君的名字也没有中原风格，这可能是当时他们的文化不僵化的优势所在。

与吴为邻，以会稽（浙江省绍兴市）为中心的越也渐渐崛起。越得到楚的帮助，以牵制楚的对手吴。晋楚之争在吴越之地转化成吴越争雄。

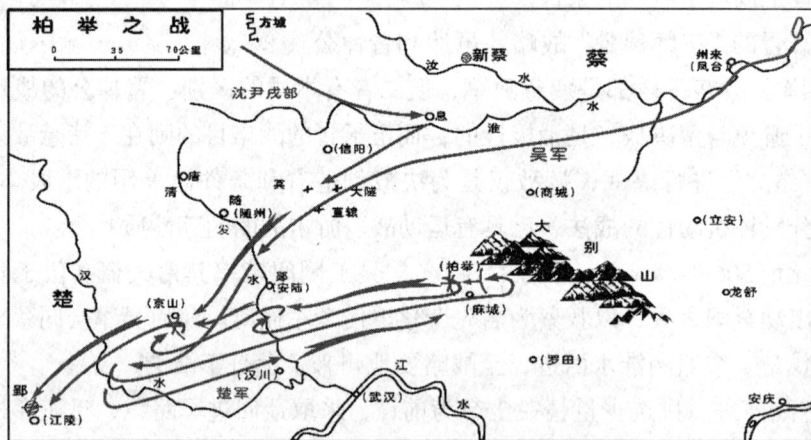

图11　柏举之战吴军进攻路线示意图

公元前496年，吴王阖闾攻越，战于檇李（今浙江嘉兴西南），越军采取偷袭战术，阖闾中箭，不久不治身亡。阖闾临死前嘱咐儿子夫差勿忘杀父之仇。夫差（公元前495~前473年在位）继位后，为了洗雪其父败给越王勾践的耻辱，励精图治，治国强军。

公元前494年（夫差二年），勾践闻夫差为报父仇，正加紧训练军队准备攻越，不听大夫范蠡的劝阻，决定先发制人出兵攻吴。吴王夫差发精兵应敌。两军在夫椒（今江苏苏州西南太湖中）大战，越军损失惨重，越王勾践带着残兵退守会稽山（今浙江绍兴南）。吴军乘胜追击包围了会稽山。越王勾践无奈，采纳大夫范蠡、文种建议，派文种贿赂吴太宰伯嚭，请其劝吴王夫差准许越附属于吴。伍子胥劝吴王杀掉勾践以绝后患，吴王未听从伍子胥劝谏，反而听信了太宰伯嚭之言，允许越国投降并撤军回国。

吴王在"降服"南方的越国之后，乘胜利之威，意欲向北扩张。公元前486年，吴王夫差在邗（音hán，今江苏扬州附近）筑城，又开凿邗沟：

阙为深沟，通于商、鲁之间，北属之沂，西属之济，以会晋公午（定公）于黄池。（《国语·吴语》）

邗沟至末口（今江苏省淮安县），贯通长江与淮河；又北通沂水（源出今山东沂源县，流入古黄河废道），西接济水（源出今河南济源市王屋山，其故道本过黄河而南，东流至山东，与黄河并行入海，后下游被黄河所占）。开掘了邗沟，等于为向北扩展作好了准备。尽管开掘邗沟是为了向北扩展，而后又有艾陵之战，但它也成为中国南北运河开凿的鼻祖，客观上为区域性的经济发展创造了良好条件。

公元前484年（鲁哀公十一年）春，齐国由大将国书、高无丕率师攻打鲁国至都城城郊，但以失败告终。此时，吴王夫差欲向北扩展，鲁国正好利用这一时机，说服吴国伐齐。吴王夫差窥视到齐景公去世后的齐国新君势弱，国内不稳，有意出兵打击齐国。在此背景下，鲁吴两国一拍即合，在齐国南部的艾陵（今山东莱芜东北）与齐国进行了一场规模宏大的恶战——史称"艾陵之战"，全歼10万齐军。

在"艾陵之战"获胜两年后，即公元前482年（夫差十四年），盛夏时节，吴王夫差亲率精锐之师北上，与晋争霸于中原，在黄池（今河南省封丘县西南）会晤晋、鲁等中原诸侯。晋国方面由赵鞅陪同晋定公出面，鲁国君哀公与子服景伯按约前来，另外还有周王代表单平公作为见证人。这次会晤除了当事者吴、晋和鲁之外，周王室及其他诸侯仅仅派代表出席，可见他们的重视程度。就数量而言，由于大国兼并小国，出席的诸侯在数量上也与齐桓公、晋文侯时代不可同日而语。

吴王夫差正在尽全力与晋国争夺盟主时，未曾料到黄雀在后。越王勾践趁吴国国内空虚，偷袭了吴都姑苏（今江苏苏州）并杀死吴太子友。消息传到了争霸现场黄池，吴王夫差为了不影响争霸的大好形势，封锁了此不幸的消息，对晋以武力相胁，最终得以主盟。吴王夫差仓促与晋国定盟后急切返回，与越国连战不利，不得已与越议和。黄池之会并没有给吴国带来使其更加强大的实际利益，反遭死敌越国乘虚偷袭，惨遭重创。

值得一提的是，无论《春秋》还是"三传"中，吴王夫差都被直呼其名或者以吴子相称，其称呼与楚国国君几乎一样。

《春秋》记载："（鲁）公会晋侯及吴子于黄池。"

《左氏春秋·（鲁）哀公十三年》的记述为："夏，（鲁哀）公会单平公、晋定公、吴夫差于黄池，盟，吴晋争先，乃先晋人。"而博弈交涉之后，又有："吴人将以公见晋侯，子服景伯对使者曰：'王合诸侯，……且执事以伯召诸侯，而以侯终之，何利之有焉？'"这说明鲁国是承认吴国为侯伯的。

《公羊春秋》则记载说："（鲁哀）公会晋侯及吴子于黄池。吴何以称子？吴主会也。吴主会则曷为先言晋侯？不与夷狄之主中国也。其言'及吴子'何？会两伯之辞也。不与夷狄之主中国，则曷为以会两伯之辞言之？重吴也。曷为重吴？吴在是则天下诸侯莫敢不至也。"（《公羊春秋·(鲁)哀公十三年》）这里仍然认为吴王夫差是"夷狄"，称之为"吴子"，但又说"会两伯"。既然蔑视夷狄作为中原盟主——侯伯，那为什么还要来呢？说到底还是迫于吴的强大。

在《谷梁春秋》中是这样记述的："黄池之会，吴子进乎哉！遂子矣。吴，夷狄之国也，祝发文身，欲因鲁之礼，因晋之权，而请冠、端而袭其藉于成周，以尊天王。吴进矣！吴，东方之大国也，累累致小国以会诸侯，以合乎中国。吴能为之，则不臣乎？吴进矣！王，尊称也。子，卑称也。辞尊称而居卑称，以会乎诸侯，以尊天王。吴王夫差曰：'好冠来！'孔子曰：'大矣哉！夫差未能言冠而欲冠也。'"也就是说，黄池之会，吴王夫差进升了，可以称吴子了。这里还借用孔丘之口来蔑视夫差，吴王夫差要求给他"拿好帽子来"，孔丘评论说："大胆呵！夫差还说不出帽子的差别却想戴帽子。"

在《太史公书·吴太伯世家》中关于这一会盟是这样记述的："十四年春，吴王北会诸侯于黄池，欲霸中国以全周室。"这里"春"不同于《左氏春秋·(鲁)哀公十三年》中的"夏"，因为吴国当时用的是夏正，这说明吴并未臣服于周，也充分说明了夏的影响广泛。

20世纪20年代出土于河南辉县的春秋时代青铜器赵孟庎壶（现藏于大英博物馆，为赵简子所作）铭曰："禺（遇）邗王（即吴王）于黄池，为赵孟庎（介），邗王之惖（赐）金，台（以）为祠器。"从此青铜器也可佐证"吴王北会诸侯于黄池"之事。

关于吴王是否成为会盟之盟主，在《太史公书》中多有记述：

秦悼公九年，晋定公与吴王夫差盟，争长于黄池，卒先吴。吴强，陵中国。（《太史公书·秦本纪》）

晋定公三十年，定公与吴王夫差会黄池，争长，赵鞅时从。卒长吴。（《太史公书·晋世家》）

晋定公三十年，定公与吴王夫差争长于黄池，赵简子（赵鞅）从晋定公。卒长吴。（《太史公书·赵世家》）

吴王夫差十四年，因北大会诸侯于黄池，以令周室。（《太史公书·伍子胥列传》）

以上记载都足以说明，吴国的强盛已经可以"令周室""陵中国"了。

在《国语·吴语》对此亦有记载：

吴王夫差既杀申胥，不稔于岁，乃起师北征二，以会晋公午于黄池，吴公先献，晋侯亚之。

哀公七年，吴王夫差强，伐齐，至缯，征百牢于鲁。季康子使子贡说吴王及太宰嚭，以礼诎之。吴王曰："我文身，不足责礼。"乃止。

哀公八年，吴为邹伐鲁，至城下，盟而去。

哀公十年，伐齐南边。

吴国虽然强行称霸，但国力并没有因为"称霸"而变得更加强大。而世敌越国始终没有忘记消灭吴国，吴越关系正如《国语·越语（上）》所言："夫吴之与越也，仇雠敌战之国也；三江环之，民无所移。有吴则无越，有越则无吴。将不可改于是矣！"

公元前473年（夫差二十三年、越勾践二十四年），与吴王夫差展开殊死争斗的越王勾践（姒姓，公元前497～前465年在位）兴兵攻破了吴国都城姑苏，吴王夫差被围困在吴都西面的姑苏山上，求和未许而自杀，吴国灭亡。

吴国的灭亡，早在吴国出兵攻打齐国，即"艾陵之战"时，伍子胥就进行过警告：

吴国将要攻打齐国，越王率领他的部下前去朝见，吴王和臣下都赠送食物财礼。吴国人都很高兴，唯独伍子胥感到忧惧，说："这是在豢养吴国的骄气啊！"就劝谏说："越国在我们这里，是心腹中的一个病，同处在一块土地上而对我们有所要求。他们的驯服，是为了达到他们的欲望，我们不如早点下手。在齐国如愿以偿，就好像得到了石头田一样，没法使用。我们不把越国变成池沼，吴国就会被灭掉，好比让医生治病，却说'一定要留下病根'，这是从来没有过的。《盘庚之诰》（即《书·盘庚》篇）告诫说：'如果有猖狂捣乱不顺从命令的，就统统铲除不留后患，不要让他们的种族延长下去。'这就是商朝所以兴起的原因。现在您的做法相反，想要用这种办法来求得称霸的大业，不是太困难了吗？"吴王夫差不听，派伍子胥到齐国去。伍子胥把儿子托付给齐国的鲍氏，改姓王孙氏。伍子胥从齐国回来，吴王听说这件事，便派人把属镂宝剑赐给伍子胥让他自杀。伍子胥临死的时候说："在我的坟墓上种植槚树，槚树可以成材。吴国大概就要灭亡了吧！三年以后，吴国就要开始衰弱了。骄傲自满必然失败，这是自然的道理啊。"[1]

对于吴王夫差的称霸与失败，现知之甚多的是其用人经历，突显了伍子胥等能臣的智谋与洞察力，完全没有中原文化的痕迹。

越灭吴后，步其后尘，越王勾践北上会诸侯于徐州，一时号为盟主。

勾践得胜后的行动，在《太史公书·越王勾践世家》是这样记述的：

---

[1] 《左氏春秋·（鲁）哀公十一年》："吴将伐齐，越子率其众以朝焉，王及列士，皆有馈赂。吴人皆喜，唯子胥惧，曰：'是豢吴也夫！'谏曰：'越在我，心腹之疾也。壤地同，而有欲于我。夫其柔服，求济其欲也，不如早从事焉。得志于齐，犹获石田也，无所用之。越不为沼，吴其泯矣，使医除疾，而曰：'必遗类焉'者，未之有也。《盘庚之诰》曰：'其有颠越不共，则劓殄无遗育，无俾易种于兹邑。'是商所以兴也。今君易之，将以求大，不亦难乎？吴其亡乎！三年，其始弱矣。盈必毁，天之道也。'"

勾践已平吴，乃以兵北渡淮，与齐、晋诸侯会于徐州，致贡于周。周元王使人赐勾践胙，命为伯。

这段话从周王朝的角度来看倒是没什么，但越国是与周王朝分庭抗礼并称为王的国家，在这里却对周朝行臣下之礼，姿态比楚庄王还要低微，令人费解。

司马迁是这样描述当时的越王勾践的：

勾践已去，渡淮南，以淮上地与楚，归吴所侵宋地于宋，与鲁泗东方百里。当是时，越兵横行于江、淮东，诸侯毕贺，号称霸王。（《太史公书·越王勾践世家》）

公元前468年，越国迁都于琅邪（今山东青岛、日照、临沂一带），泗（水）上十二诸侯来朝。越国疆域南抵闽中，西接鄱阳，东尽大海，北邻齐鲁，盛极一时。这时形成了晋、齐、楚、越四强。

公元前465年，越王勾践的离世，标志着春秋争霸时代的结束。

在记述春秋的历史时，尽管有司马迁《吴太伯世家》一篇把吴王夫差家族的历史追溯到周国姬姓，但吴、周两国姬姓的信奉及文化习俗有着天壤之别。如果吴国的祖先和周王室及其他诸侯国的姬姓都是来自西部的周，那么到春秋时代则呈现出泾渭分明的信仰与文化传统，我们不得不认为后来周王朝的文化是在吸收中原殷商文化的基础上发展起来的。如果按照司马迁的记述是"吴太伯从吴俗"，那么，姬姓族人在灭商后所处的地域与文化不同，造成了其强弱不一。造就这些的并不取决于是否为姬姓，而是取决于当地的民族和深植于这些族人的文化和技术。华夏文明是多点闪光、亮如繁星，长江下游的良渚遗址①发现就足以证明这一点。可以说吴、越的兴起是良渚文明衰落之后的重生。

对于吴越两国，除了吴王夫差和越王勾践卧薪尝胆、励精图治的故事脍炙人口之外，还有两位能臣也是家喻户晓的，即伍子胥（公元前559～前484年）与范蠡（公元前536～前448年）。两个人都忠心辅佐自己的国君，伍子胥实现了其复仇的目的，但最后被吴王夫差赐死，而范蠡则是"功遂身退"。

在前述几位霸主中，齐、晋及秦都与周王室保持着良好的"亲昵"关系。齐桓公以"尊王攘夷"为口号，不但驱逐了外夷，维护了周王室的稳定，同时也阻止了楚国的北进直击中原。晋文公基本上也是起到了拱卫周王城的作用，不但阻止了楚的北上，而且还挡住了秦的东进，客观上也拱卫了中原。后来的几位王者，包括楚庄王、吴王夫差和越王勾践，都是名义上与周王并肩的王者，迫于中原诸侯国的集团实力，也未能突破中原。但打的已经不是"尊王"的旗帜，历史文献中所叙述的吴王及越王虽表面上还是躬身甚至称臣，但他们的头颅却是高高

① 良渚文明是中国浙江钱塘江流域一支重要的古文明，是铜石并用时代，距今约5250～4150年，因遗址发现于浙江余杭良渚镇而得名。

激荡春秋
——东周之历史、文化与思想

扬起的。

就统领领域而言，齐桓公主要是统领诸夏，也就是中原一带的诸侯国，向齐国的西北（今河北中南部）抗击北狄，向南威胁和逼迫楚国；晋文公主要是勤周王室，并向南阻止楚国北上威胁中原；秦穆公在向东挺进被阻后，向西进霸西戎；楚庄王则主要是向东北方长江流域延伸，并兵临周王城；吴王阖闾及其子夫差沿长江流域向西发展，最后试图扩张至中原而与晋争夺盟主；越王勾践则在复国灭吴后沿着吴国开辟的北方领土继续北上，称雄江淮一带并迁都至琅琊。而进入中原地带的戎狄及海岱地区的夷、舒，在与诸夏的搏斗、交往中逐渐融合，强盛一时的越国后分别被晋、齐、楚等国所吞并湮灭。

纵观春秋，仅据鲁史《春秋》记载的军事行动就有480余次。《左氏春秋》记载的盟会就有100多次，战争有300多场，大小诸侯国见诸经传的170多个，其中有36名君主被杀，52个诸侯国被灭。司马迁在《太史公自序》中也说："春秋之中，弑君三十六，亡国五十二，诸侯奔走，不得保其社稷者，不可胜数。"可见春秋时代是一个政治上很混乱的年代。

3.5 占卜、预测与《周易》

尽管周在克商初期，仍然沿用了殷商的观念，"文王陟降，在（天）帝左右"，即变成神的就"升天"，伴随在"天帝"周围。但之后，周进行了意识形态及文化大变革，把商的"尊神文化"变革成"尊礼文化"。人间的最高权威由上天的天帝降格为地上的天子、天王，但尊神文化的传统并没有完全消失，占卜作为重要的支撑之一仍然得以保存、变化与延续。而这一变化与延续的代表就是《周易》。在西周及春秋时期,《周易》作为筮占书流行。在《左氏春秋》中已有《周易》（经部）用于占卜、预测的记载。

公元前646年，秦国闹饥荒请求晋国支援。晋国大夫庆郑认为以前晋闹饥荒时曾得到秦慷慨支援，如今秦遇到荒年，晋理当还报予以支援。此建议遭到晋惠公舅父虢射的反对。惠公采纳了虢射的建议，不给秦粮食援助。这样就激怒了秦国，准备讨伐晋国。临战之前，秦进行了占卜以预测胜负。

卜徒父用筮草占卜："吉利。渡过黄河，侯的车子毁坏。"秦穆公责问，卜徒父回答说："这是大吉大利。晋军连败三次，晋国国君必然被俘获。这一卦得到"蛊"，卦辞说：'大军被拦截，三去除之余，获得雄狐。'雄狐指的一定是他们的国君。《蛊》的内卦是风，外卦是山。时值秋季，我方之风吹落对方之山的果实，还取得他们的木材，所以能战胜。果实落地而木材丢失，不打败仗还等待什么？"

公元前645年秋季，秦举兵攻打晋国（即韩原之战）并深入晋国境内。晋国为迎战而给国君挑选车夫（御右）进行占卜，庆郑得到了吉卦，然而晋惠公却说："庆郑对我不恭顺。"于是采用郑国人步扬为护驾。庆郑又劝晋惠公应用晋国本土的马匹驾车，晋惠公仍然不听，坚持用产自郑国的马匹"小驷"。

在秦晋会战中，晋惠公马陷于泥淤中，急召庆郑护驾，庆郑则说："不用卜，败不亦当乎。"说完就离去了。后庆郑虽呼叫梁由靡和虢射营救晋惠公，但晋惠公仍然被秦军俘虏。[①]

这一段讲述晋惠公不信或未服从占卜而与秦开战，结果自己被秦俘虏。当然，我们不知道这一占卜故事是否为后人编造，但至少说明这是那个时代的信仰。

又如公元前635年，晋文公重耳挥师南下欲平定周王室之乱到达黄河边时，在决定是去对应诸侯还是直接勤王时进行了占卜：

> 秦伯师于河上，将纳王，狐偃言于晋侯曰："求诸侯莫如勤王，诸侯信之，且大义也，继文之业，而信宣于诸侯，今为可矣。"使卜偃卜之，曰："吉。遇黄帝战于阪泉之兆。"公曰："吾不堪也。"对曰："周礼未改。今之王，古之帝也。"公曰："筮之。"筮之，遇《大有》[②]之《睽》[③]，曰："吉。遇'公用享于天子'之卦也。战克而王飨，吉孰大焉。且是卦也，天为泽以当日，天子降心以逆公，不亦可乎？《大有》去《睽》而复，亦其所也。"晋侯辞秦师而下。（《左氏春秋·（鲁）僖公二十五年（公元前635年）》）

---

① 《左氏春秋·（鲁）僖公十五年》：晋侯（晋惠公）许赂中大夫，既而皆背之，赂秦伯（秦穆公）以河外列城五，东尽虢略，南及华山，内及解梁城，既而不与。晋饥，秦输之粟。秦饥，晋闭之籴（音笛）。故秦伯伐晋，卜徒父筮之，吉。涉河，侯车败。诘之，对曰："乃大吉也。三败，必获晋君。其卦遇蛊，曰：'千乘三去，三去之余，获其雄狐。'夫狐蛊，必其君也。《蛊》之贞，风也；其悔，山也。岁云秋矣，我落其实，而取其材，所以克也。实落材亡，不败何待？"三败及韩。晋侯谓庆郑曰："寇深矣，若之何？"对曰："君实深之，可若何？"公曰："不孙。"卜右，庆郑吉，弗使。步扬御戎，家仆徒为右，乘小驷，郑入也。庆郑曰："古者大事，必乘其产，生其水土，而知其人心，安其教训，而服习其道，唯所纳之，无不如志。今乘异产，以从戎事，及惧而变，将与人易。乱气狡愤，阴血周作，张脉偾兴，外强中干，进退不可，周旋不能，君必悔之。"弗听。九月，晋侯逆秦师，使韩简视师，复曰："师少于我，斗士倍我。"公曰："何故？"对曰："出因其资，入用其宠，饥食其粟，三施而无报，是以来也。今又击之，我怠秦奋，倍犹未也。"公曰："一夫不可狃，况国乎？"遂使请战，曰："寡人不佞，不能合其众，而不能离也。君若不还，无所逃命。"秦伯使公孙枝对曰："君之未入，寡人惧之，入而未定列，犹吾忧也。苟列定矣，敢不承命。"韩简退曰："吾幸而得囚。"壬戌，战于韩原，晋戎马还泞而止，公号庆郑，庆郑曰："愎谏违卜，固败是求，又何逃焉？"遂去之。梁由靡御韩简，虢射为右，辂秦伯，将止（意为获）之。郑以救公误之，遂失秦伯。秦获晋侯以归。

② 《周易》六十四卦之十四卦。

③ 《周易》六十四卦之三十八卦。

激荡春秋
——东周之历史、文化与思想

尽管身为晋文公舅父、出身狄族的狐偃提出了极为高明且可行的策略，但晋文公在决策之前仍求助于占卜。

又如，公元前598年，楚晋为争夺称霸的关键点——郑国——而展开对决。当晋军到达黄河岸边时，郑国已经与楚国言和。此时，就是否继续进军产生了分歧，作为副帅的先縠未得主帅荀首的许可而率先进发。这时知庄子说：

> 此师殆哉。《周易》有之，在《师》三之《临》三，曰："师出以律，否臧凶。"执事顺成为臧，逆为否，众散为弱，川壅为泽，有律以如己也，故曰律。否臧，且律竭也。盈而以竭，天且不整，所以凶也。不行谓之《临》，有帅而不从，临孰甚焉！此之谓矣。果遇，必败，彘子尸之。虽免而归，必有大咎。（《左氏春秋·(鲁)宣公十二年（公元前598年）》）

由此可知，无论是占卜还是《周易》，都是古代决策的重要依据，也可看出《周易》的影响力。这也彰显了当时的信仰与思维方式，至少是在与周王室比较紧密的邑邦。时至今日，虽然占卜对重大决策已无影响，但信奉《周易》的仍大有人在。

占卜不但在国家重大决策中有举足轻重的作用，国君及豪门贵族的重大事务，如婚姻也同样用占卜作为决策参考：

> 初，晋献公筮嫁伯姬于秦，遇《归妹》之《睽》。史苏占之，曰："不吉。其繇曰：'士刲羊，亦无衁也。女承筐，亦无贶也。西邻责言，不可偿也。归妹之睽，犹无相也。'"（《左氏春秋·(鲁)僖公十五年（公元前645年）》）

在儒文化相当浓厚的鲁国，龟卜也是贵族们常用的占卜方法。如春秋末年，与孔丘同时代的鲁大夫公父穆伯之妻敬姜想给儿子娶妻室时，就用龟卜来挑选未来儿媳妇的姓氏。"老请守龟卜室之族"（《国语·鲁语（下）》），这里的"守龟"就是他们家族专门用来进行龟卜的。可见，到春秋末，龟卜在占卜上还是具有相当影响力的。

占卜不但在中原被用于决策，就连中原称之为"蛮夷"的周边地区也有利用占卜作决策的，足见占卜文化在古代的影响范围。

> 吴伐楚。阳匄为令尹，卜战，不吉。司马子鱼曰："我得上流，何故不吉？且楚故，司马令龟，我请改卜。"令曰："鲂也，以其属死之，楚师继之，尚大克之。"吉。战于长岸，子鱼先死，楚师继之，大败吴师，获其乘舟余皇。（《左氏春秋·(鲁)昭公十七年（公元前525年）》）

我们并不清楚吴进行的占卜所依据的解释是否与中原一样，但《周易》作为占筮书在西周及春秋时期是非常流行的。

关于《周易》起源，传说是出现在伏羲时代，这可能源于司马迁在《太史公书·太史公自序》中的叙述："余闻之先人曰：'伏羲至纯厚，作《易》八卦。'"也有学者认为是伏羲亲自从八卦推演出六十四卦的。

关于《周易》，司马迁在《太史公书·周本纪》有记载："西伯盖即位五十年。其囚羑（yǒu）里，盖益《易》之八卦为六十四卦。"这是公元前12世纪商末时，西伯姬昌被商王软禁羑里城（今河南省安阳市一带，即出土了大量记述龟卜辞的殷商王朝祭祀之地）期间，在研究前人的"占卜学"之后，创作了六十四卦之卦辞与爻辞；也有说卦辞出于西伯姬昌，而爻辞则出自其子周公姬旦。

在《太史公书·日者列传》中还有"伏羲作八卦，周文王演三百八十四爻而治天下"（周文王姬昌当时为西伯，是商属方国周的君主，"治天下"其实只是治理方国周而已，而非那时真正意义上的商之天下，更不是战国时期的华夏之天下）的记述。司马迁把《易》列入"日者"列传，这表明他认为《易》属于占卜类的书籍。所谓"日者"是先秦时期以占卜为职业的人。1975年12月在湖北省孝感市云梦县睡虎地的秦墓中就出土了《日书》，《日书》就是古代日者占卜时所用的指导手册。

至于《周易》的卦图，又称为"河图"，之所以称为"河图"，是因为传说在荥阳一带的黄河中有龙马背负这张图浮出水面。成书不早于战国时期的《十翼》在其《系辞（上）》中就有"河出图"，《书·顾命》（是否后世伪造，值得怀疑）中也有"大玉、夷玉、天球、河图，在东序"的记述。

上述各种传说均缺乏证据，不足为信。

就《周易》的内容而言，是与商朝盛行的以甲骨受火龟裂的纹路占卜有直接关联的。商朝人信仰"上天"对地（天下）的主宰或昭示，天象的变化可能昭示着天下与人间的运势。因此，企图用龟甲烧灼后的裂纹图像变化来预言未来的走势，这就是龟卜之兆。对占卜进行解说的词语称之为龟之繇（zhòu）辞，与后来的卦辞爻辞具有一定的关联性。繇辞是掌卜人视兆而占的占辞。如有与以前所卜相同之事，同时又与以前有相同之兆，则占辞即可沿用以前的旧辞；如以前并无此兆，则须造新辞。所谓八卦，应该是周人模仿灼龟裂纹或受其启发创造的，而其八卦等的解释辞也是随着时间的推移逐渐推演出来的。而这些卦辞爻辞等，也是与先前的占辞有继承与发展关系的。

如前所述，在先秦文献中常见引用繇辞来对占卜结果进行说明。如：

初，晋献公欲以骊姬为夫人，卜之，不吉；筮之，吉。公曰："从筮。"卜人曰："筮短龟长，不如从长。且其繇曰：'专之渝，攘公之羭。一薰一莸，十年尚犹有臭。'必不可。"（《左氏春秋·（鲁）僖公四年（公元前656年）》）

再如《左氏春秋·（鲁）昭公七年（公元前535年）》记载：

孔成子① 以《周易》筮之，曰："元尚享卫国主其社稷。"遇"屯"② 三。又

---

① 孔成子：卫国（今河南濮阳一带）大夫。
②《周易》上经三十卦之屯（zhūn）卦，六十四卦之一。

激荡春秋
——东周之历史、文化与思想

曰："余尚立絷，尚克嘉之。"遇"屯"三之"比"①。以示史朝。史朝曰："'元亨'，又何疑焉？"成子曰："非长之谓乎？"对曰："康叔名之，可谓长矣。孟非人也，将不列于宗，不可谓长。且其繇曰'利建侯'。嗣吉，何建？建非嗣也。二卦皆云，子其建之。康叔命之，二筮袭于梦，武王所用也，弗从何为？弱足者居，侯主社稷，临祭祀，奉民人，事民人，鬼神，从会朝，又焉得居？各以所利，不亦可乎？"

其中所称之"繇"辞，有些与《周易》的卦爻辞相同，如上述昭公七年的"繇"是与《屯》卦辞相同的。

商代流行的龟卜具有很大的不确定性且操作非常麻烦。随着时间的推移，龟卜慢慢地衰退，取而代之的是用一种叫"蓍"的植物进行的蓍占。占卜逐渐形成了龟卜与蓍占并行的局面，而后蓍占逐渐成为主流，原来的"龟长蓍短"则变成了"龟短蓍长"。当龟卜与蓍占相违，则舍龟从蓍。用植物进行占，从最初使用"蓍"，到后来用竹，因此称之为筮(shi)。

其具体做法是：巫人在一束蓍草中，以两株为一份，分置一旁；最后所剩，或为单数，或为双数，便以乾（"—"）或坤（"- -"）为记，得出每六个一组的组合。这种组合再对照《周易》中卦象、爻象，据以判断所问事项吉凶，这种方法称为"筮"。另一种说法是：用蓍或竹条一共有五十支，只有一支置之不用，所使用的是其中四十九支。这就是所谓筹，又称之为策。然后观其纵横交错，并与《周易》对照。但无论上面哪种方法，是与以裂纹（"象"）为占卜之源有根本性区别的。

《周易》是以八卦为基础，八卦用八种称之为爻的符号表示，而每一个符号由阳爻"—"和阴爻"- -"两种完整或分成两截的直线基本符号排列组成，用"—"表示发生，用"- -"表示不发生。用三个爻进行任意组合可组成八种形式，即乾(☰)、震(☳)、巽(☴)、坎(☵)、坤(☷)、离(☲)、艮(☶)、兑(☱)八种。这八种形式统称为"八卦"。

如果把任何两"卦"叠合在一起，就形成了由六爻组成六层的图案，六层的图案可分为上半部分和下半部分，上下两部分各由三个"爻"搭配而成，即为八卦中的"卦"。这样就形成了六十四种不同的组合，也就从八卦发展成六十四卦。从八卦演出六十四卦，在现在看来，这并不是一件很具创造性的事情，就是把八卦进行简单的排列组合演绎成六十四卦。当然这对古人来讲可能并非易事。

每卦之中有六"爻"，这样六十四个卦画中就有了三百八十四爻，对各个爻的含义进行的解释语，称之为"爻辞"。卦辞在爻辞之前，一般起标题的作用。

①《周易》上经三十卦之比卦，六十四卦之一。

爻辞则是主要说明内容，根据其内容按六爻的先后层次安排。每一卦由卦图（符号）、卦名（标题）、卦辞和爻辞（文字解释）四部分组成。《周易》——也就是六十四卦之卦辞与爻辞——的原文仅有448句话，非常简略。

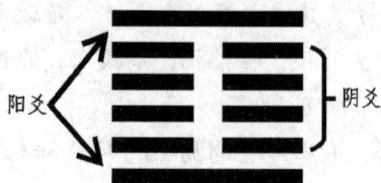

图12　颐卦图

每卦辞之下的六条爻辞分别用"九""六"作为爻题，阳爻称九，阴爻称六。一卦六爻自下而上，若为阳爻依次为初九、九二、九三、九四、九五、上九；若为阴爻依次为初六、六二、六三、六四、六五，上六。以《颐》为例：

《颐》：贞吉。观颐，自求口实。<——卦名卦辞

初九：舍尔灵龟，观我朵颐，凶。

六二：颠颐拂经于丘颐，征凶。

六三：拂颐，贞凶，十年勿用，无攸利。

六四：颠颐，吉。虎视眈眈，其欲逐逐，无咎。

六五：拂经，居贞吉，不可涉大川。

上九：由颐，厉，吉。利涉大川。

爻辞

六十四卦分别计入《上经》和《下经》，《上经》三十卦、《下经》三十四卦。《易》本经经历了从八卦（正式名称是"八经卦"）向六十四卦（正式名称是"六十四别卦"）演绎的过程。在这个演绎过程中，到底谁起到了至关重要的作用，现在无从考证。

现代史学界对传统说法提出怀疑，认为"卦辞"和"爻辞"中讲到西伯姬昌（周文王）以后的历史事件和历史人物，这足以证明《周易》本经成书非出于一时一人之手。而且其创作过程延续了很长时间，也许几百年甚至上千年。现在一般认为《周易》成书于东周时期的公元前七到六世纪。如前所述，从《左氏春秋》多处引述《周易》可知，《周易》在当时是比较流行的，也许是《周易》形成的时代。

无论《周易》是如何创始的，有一个事实是不能否认的，那就是《周易》最初是用来占卜的，也就是预测未来吉凶的。

《周易》原来的经文既古又短，表达非常模糊，这也是《周易》的特点之一。最后，《周易》被演变成具备三个基本要素或者说是三种方法：

一是"象"的概念。从殷商传承的角度来说，依靠"象"，也就是龟的裂纹图像，是在实际中得到应用的。这在《周易》中没有突出地进行文字表述，或者说在《周易》的经文中没有被提到相应的高度。但我们不能否认殷商占卜对

周的占卜——《周易》的影响。对《周易》的认识，我们可以把卦和爻作为图像象征，借鉴现代符号逻辑学（Symbolic Logic）的方法去了解与理解。《周易》中的卦和爻的图像意义与现代符号逻辑学中所称的"变数"有相似之处。在现代符号逻辑学里，变数的作用是作为某类或某些类具体事物的替代物。属于某一类别并且满足某些条件的一个具体事物，可以纳入某个公式和某个变数。我们也可以将占卜之事纳入某个卦辞和爻辞所说的内容，而这里的卦和爻就是这事物的符号或象征。这个公式便代表着某种规律或者"趋势"，成为某类对象所应当遵循的指示。

《周易》的释辞是含糊不清的，也是模棱两可的。原因在于《易经》经文的每一句话的意义并不仅仅是文字本身，而且都有一种象征意义。意象相似的类比是比喻（如言某物圆似月亮），意象没有直接相似性的类比是暗喻或象征。因此，用现代符号逻辑学的方法来解释《易经》也是不可能的，这里只是提供一个理解《易经》的参考思路。

正是由于《易经》经文的模糊性和意象性，使《易经》显得非常神秘，这一神秘使一些人奉《易经》为"群经之首，大道之源"。

3.6 兵学革命——孙武

孙武，今通称孙子。对于熟知军事的中国人来讲，孙子可以说是家喻户晓。但他到底是什么时候的人，还没有确切的答案。司马迁在《太史公书·孙子吴起列传》中有"孙子武者，齐人也。以兵法见于吴王阖闾。"也就是说孙子与吴王阖闾有交集，大约生活在公元前545～前470年间。

在《太史公书·伍子胥列传》中有如下文字：

> 阖闾立三年，乃兴师与伍胥、伯嚭伐楚，拔舒，遂禽故吴反二将军。因欲至郢，将军孙武曰："民劳，未可，且待之。"乃归。

在《太史公书》的其他列传中也有记述，如《孙子吴起列传》中的"西破强楚，入郢，北威齐晋，显名诸侯，孙子与有力焉"以及《伍子胥列传》中的"当是时，吴以伍子胥、孙武之谋，西破强楚，北威齐晋，南服越人"。这说明孙武为吴国"西破强楚"作出了突出贡献。司马迁所述的"西破强楚"或许是指"柏举之战"。

如果司马迁的记述属实，那么孙武在阖闾三年（公元前512年）就已经成为吴国军事决策机构的重要人物之一。另外，按照《太史公书》之记述，吴王阖闾会晤孙武之前业已读过孙武的"投名状"——《孙子》十三篇。如果这也属实的话，那么《孙子》的成书时间不应晚于公元前512年。

但在先秦的文献中几乎没有关于孙武的记载。在《吕览·不二》篇中列举了先秦十杰：

> 老耽（聃）贵柔，孔子贵仁，墨子贵廉，关尹（尹喜）贵清，子列子（列御寇）贵虚，陈骈贵齐，阳生（杨朱）贵己，孙膑贵势，王廖贵先，儿良贵后。此十人者，皆天下之豪士也。

上述人物中，孙膑、王廖和儿良是兵家，却没有孙武。孙膑是战国中期的军事家，其他两位著作未能流传下来，身世不详。

战国末年的韩非（约公元前280～前233年）在《韩非子·五蠹》中有提及：

> 境内皆言兵，藏孙、吴之书者家有之，而兵愈弱，言战者多，被甲者少也。

这里的孙不知是孙武还是孙膑，吴是比较确定的，即吴起（公元前440～前381年），战国初期著名军事家和变革家。

在公元前506年的"柏举之战"中，吴军灵活机动，因敌用兵，以迂回奔袭、后退疲敌、寻机决战、深远追击等战法，五战五捷，最后攻克楚国都城郢，迫使楚昭王出逃。"柏举之战"中的吴军实施战略、战术与《孙子》（又称《孙子兵法》）的"攻其无备，出其不意""以迂为直""避实击虚"等战术原则高度吻合。因此，我们可以间接推断《孙子》的部分作战思想与"柏举之战"的作战指导思想同源，但仅凭此我们也无法断定孙武参与了"柏举之战"。

无论《孙子》是否为孙武所著，其包含的丰富而深刻的军事理论体系，在古今中外的军事理论中享有崇高地位，可以说《孙子》是我国第一部具有科学军事思想的著作，它彻底颠覆了春秋中期之前的军事思想。

这部历久弥新的兵学名著，主要内容要点如下：

3.6.1 战争与国家

战争与国家息息相关，不应仅仅从军事方面考虑战争，还应考虑到军事行动对于国家的巨大影响。因此，《孙子》第一篇《计》开篇便有引人注目的表述："兵者，国之大事，死生之地，存亡之道，不可不察也。"强调了军事对于国家存亡、百姓生死的重大意义。它把战争推向了国家大事之高层，上升到政治层面。《孙子》在列举战争的五个主要要素（即五事：道、天、地、将、法）中，首推"道"："道者，令民与上同意也。"这里的"道"不同于老聃的"道"，它是指军事战略的国家政治基础，其实际内容与含义属于我们如今所说的政治范畴。它又指出："修道而保法，故能为胜败之政。"修明政治，确保法制，就能掌握胜败的决定权。把政治作为决定战争胜败的首要因素，虽然不是非常明确，但无疑已经涉及战争与政治的关系，这在军事理论上是首创，是《孙子》的重要贡献。

尽管《孙子》一书讲的是兵法，但作者还是清醒地意识到战争的残酷性：战争对鲜活生命的无情吞噬，对国家经济的巨大损耗及可能造成的亡国丧家的巨大风险。因此，他告诫最高决策者，战争关系到国家存亡与百姓安危，必须认真而又谨慎对待。

在《用间》篇中又说："凡兴师十万，出征千里，百姓之费，公家之奉，日费千金：内外骚动，怠于道路，不得操事者七十万家。"又在《火攻》中说："非利不动，非得不用，非危不战。主不可以怒而兴师，将不可以愠而致战：合于利而动，不合于利而止。怒可以复喜，愠可以复悦，亡国不可以复存，死者不可以复生。故明君慎之，良将警之，此安国全军之道也。"作者旗帜鲜明地主张"慎战"，清醒地意识到动用暴力手段并不是解决国家间冲突的最好途径。

3.6.2 兵者诡道

春秋中期之前的战争，其作战的准则为"军礼"，又有《司马法》等的约束，战争往往遵循这些礼规展开。最典型的例子是宋襄公与楚成王的"泓水之战"。"兵者，诡道也"之战争指导思想是对以往战争注重申明"军礼"做法的颠覆，使军事学说真正步入战争本来的轨道。以往的战争，往往以"诛讨不义""会天子正刑"等名义进行，这是与周礼配套的作战伦理与规则。因为周礼规定了周王室及诸侯可以拥有的兵力，按照周礼等制定的战争法规，拥有强大兵力的周王室无疑会取得胜利。

孙武毅然挣脱西周以来"军礼"的束缚，明确喊出了"兵者，诡道也""兵以诈立"等口号，并提出了一整套克敌制胜的战术谋略。在《计》中，孙武提出了"诡道十法"，即：

能而示之不能，用而示之不用，近而示之远，远而示之近。利而诱之，乱而取之，实而备之，强而避之，怒而挠之，卑而骄之，佚而劳之，亲而离之。

《孙子》还明确提出了"伐大国"、战胜强敌的主张，是对以往战争的否定，也是那个时代的需要。在战争善后上，《孙子》主张"拔其城，隳其国"，而以往的《司马法》则是"又能舍服""正复厥职"。在后勤保障及执行战场纪律方面，《司马法》等主张"入罪人之国""无取六畜禾黍器械"，而《孙子》则宣扬"因粮于敌"，主张"掠乡分众"。这些都反映了《孙子》战争指导思想对春秋前期军事礼规的颠覆。

3.6.3 战争要素

《孙子兵法·计篇》把主要战争要素归结为五项，即五事："一曰道，二曰天，三曰地，四曰将，五曰法。"从社会政治、天时地利、将领素质、士卒能力、组织编制等方面来衡量战争所具备的条件。这也是推断未来战场胜负的关键要素。

将帅作为军队的统领者，是决定战争胜负的关键要素之一。孙武非常重视将帅的素质问题，在《地形》篇中，他要求将帅应具有忠君爱民、不求功名的品质，所谓"进不求名，退不避罪，唯人是保，而利合于主，国之宝也"。在为将帅设置各项素质指标的同时，他在《九变》篇中还指出了将帅容易产生的五种致命缺陷，也即"五危"："必死，可杀也；必生，可虏也；忿速，可侮也；廉洁，可辱也；爱民，可烦也。……覆军杀将，必以五危，不可不察也。"意思是说将帅有五种致命弱点：有勇无谋，只知死拼，就可能被敌诱杀；临阵畏怯，贪生怕死，就可能被敌俘虏；急躁易怒，一触即跳，就可能受敌凌辱而妄动；廉洁而爱好名声，过于自尊，就可能被敌侮辱而失去理智；溺爱民众，就可能被敌烦扰而陷于被动。用兵者自当时刻戒惧"五危"，以避免"覆军杀将"的可悲命运。

如何对待士卒，也是检验将帅素质的重要指标。孙武主张文武兼施的治兵原则。《行军》篇说："卒未亲附而罚之，则不服；不服，则难用也。卒已亲附而罚不行，则不可用也。故令之以文，齐之以武，是谓必取。令素行以教其民，则民服；令不素行以教其民，则民不服。令素行者，与众相得也。"既要有严肃的军纪法规，士卒一旦违逆便应惩罚；同时又要用怀柔策略使士卒亲附，以教育手段提高士卒能力。孙武提醒用兵者在士卒未亲附前，不宜进行惩罚，要做到恩威并施，把握合适时机。在《地形》篇中，他还提出了"爱兵"但不可"惯兵"的主张，即"视卒如婴儿，故可与之赴深溪；视卒如爱子，故可与之俱死。厚而不能使，爱而不能令，乱而不能治，譬若骄子，不可用也。"将领既要关心爱护士卒，"视卒如婴儿""视卒如爱子"，但又不能过分宽松，不能骄纵放任，以免陷入"厚而不能使，爱而不能令"的窘境。

3.6.4 理想完胜

在《谋攻》篇中，孙武提出了"不战而屈人之兵"的"完胜"思想：

> 凡用兵之法：全国为上，破国次之；全军为上，破军次之；全旅为上，破旅次之；全卒为上，破卒次之；全伍为上，破伍次之。是故百战百胜，非善之善者也；不战而屈人之兵，善之善者也。

在孙武看来，战争的理想效果是不战而完胜，即迫使敌人全部降服。我们也可称之为"非暴力战争"。这是孙武最为推崇的"战争"之胜利，也是孙武作为战争决策者追求的方向。为了实现这一目的，孙武认为只有加强战备，增强军事实力，辅之以政治、经济、外交等手段，对敌国形成强大的威慑，使其不得不降，才能真正实现"屈人之兵而非战也，拔人之城而非攻也，毁人之国而非久也，必以全争于天下"（《孙子·谋攻》）的理想境界。

这句"不战而屈人之兵"也成了广为流传的名言之一，对后世产生了巨大影响。

3.6.5 致胜战术

孙武的作战战术完全抛弃了春秋前期"军礼"的作战方式，把作战战术发展成军事科学，提出了一整套克敌制胜的战术思想。

孙武除了在《计》篇中提出"诡道十法"之外，还在《谋攻》篇中提出依据兵力多寡，相应调整对敌战术的方法，即："故用兵之法，十则围之，五则攻之，倍则分之，敌则能战之，少则能逃之，不若则能避之。"在《谋攻》篇的"伐交"说，则强调了外交对于军事斗争的重要意义。在《形》篇中，他提出了壮大实力、强大自我的"不可胜"主张，即"昔之善战者，先为不可胜以待敌之可胜。不可胜在己，可胜在敌。故善战者，能为不可胜，不能使敌之可胜"，进而研究了进攻与防御的辩证关系，所谓："不可胜者，守也；可胜者，攻也。守则不足，攻则有余。"在《势》篇中，他提出了"奇正"范畴，指出："凡战者，以正合，以奇胜。故善出奇者，无穷如天地，不竭如江河。""战势不过奇正。奇正之变，不可胜穷也。奇正相生，如循环之无端，孰能穷之！"在《虚实》篇中，孙武分析并论述了由兵力集中(专)与分散(分)而造成的强弱虚实问题，他认为："故形人而我无形，则我专而敌分。我专为一，敌分为十，是以十攻其一也，则我众而敌寡；能以众击寡者，则吾之所与战者，约矣。"并进而提出了"兵之形，避实而击虚"的战术思想。在《军争》篇中，他探究了军队如何利用行军争夺先机，用"以迂为直，以患为利"的辩证思维，以图顺利到达预定战场。在《九变》篇中，他要求兵家在熟知各种地形的前提下，机动灵活地变换战法以战胜敌人，做到"圮地①无舍，衢地交合，绝地无留，围地则谋，死地则战，途有所不由，军有所不击，城有所不攻，地有所不争"。在《地形》篇中，他强调了地形作为"兵之助"的重要价值，提醒用兵者研究地形："夫地形者，兵之助也。料敌制胜，计险厄远近，上将之道也。知此而用战者必胜，不知此而用战者必败。"在《九地》篇中，他提出了"兵之情主速，乘人之不及，由不虞之道，攻其所不戒也"，不同于以往"军旅以舒为主""虽交兵致刃，徒不趋，车不驰"的作战方法；又提出了扰乱敌人战术安排的措施，即"使敌人前后不相及，众寡不相恃，贵贱不相救，上下不相收，卒离而不集，兵合而不齐"。

在《计》篇中，孙武说："夫未战而庙算胜者，得算多也；未战而庙算不胜者，得算少也。"孙武重视战前的"庙算"，认为战争的胜负是可以通过推演预知的。战争的胜负涉及敌我双方在社会政治、天时地利、将领素质、士卒能力、组织编制诸多方面的优劣情况，必须进行详细考察、缜密分析，才能准确推断未来战场的胜负形势。这一思想在军事上也是首创的，至今仍然被奉为军事的主要指

---

① 圮地(pǐ dì)：意为难以通行的地方。

导思想之一。

在《用间》篇中，孙武阐述了间谍对于谋划军事行动、决定斗争胜利起着至关重要的作用，认为："故三军之事，莫亲于间，赏莫厚于间，事莫密于间，非圣贤不能用间，非仁义不能使间，非微妙不能得间之实。微哉微哉，无所不用间也！""故唯明君贤将，能以上智为间者，必成大功。此兵之要，三军之所恃而动也。"这些论述，均体现了孙武的作战原则与思想。

4

技术跃进，周制裂变

4.1 铁之革命

对于春秋这段历史，最广为传播的是司马迁的《太史公书》，当然还有《春秋》及其所谓的"春秋三传"、《国语》等。这些作品尽管从不同侧面、不同视角和不同立场来描述历史，但众所周知因汉武帝"罢黜百家，独尊儒术"以及后来以儒学经典为科考科目的原因，历史的描述依赖于儒家的政治与伦理思想，而引起社会变革的内在驱动力——科技发展却常常被忽视。

当一种新技术物化之后，其对生产的直接影响也会加速社会的变化。春秋中后期，由于技术的发展，铸铁技术逐渐成熟，出现了需要1100～1300℃高温熔解铁矿石的铸铁工艺。铁器用于农具，促进了生产力飞速发展，大量土地被开垦，这成为诸侯国快速发展并强大起来的主要原因。新技术的发展带来生产力的迅猛提高，而原来的生产关系必然受到冲击，这就强有力地加速了周王朝建立在宗法制和井田制基础上的封建制度的瓦解。随着水利的兴修、铁器的使用和牛耕的推广，诸侯国的经济得到发展，政治形势也产生了急剧变化。强国崛起，国家兼并加速，使原为大国的都城成为"中央"，而被灭亡的邑邦变成了"地方"，随之而来的是统治方式的变化，这些国家并没有沿用周王朝的分封制，而是由"中央"派遣官吏到地方进行管理。

值得指出的是，人类直到18世纪仍然采用木材作为炼铁的能源。在18世纪后半叶，才发明了从煤炭中提炼焦炭的方法并在英格兰得到推广。炼铁业从此有了必备燃料，为人类的交通和生产提供了强大的动力支持，世界由此发生了翻天覆地的变化，英国以此先进的技术开创了"日不落"时代。

根据出土文物推测，夏王朝时我国就具备了一定的冶铜技术水准。河南洛阳偃师二里头遗址发现的仍是一些爵及锛、凿等类小工具。商代铜器主要是铜锡合金与铜铅合金，各个时期所含比例有所不同，其用途大致可分为祭器、纪念器、礼器、食器、兵器、马车器、手工业工具(包括少量农具)和乐器等。以鼎为例，既是常用食具，又是重要的祭器、礼器。古代华夏中原文化中，出土的最具代表性的

图13　商代后母戊鼎

1939年于河南安阳殷墟出土，现收藏于中国国家博物馆

图14　吴王夫差剑

春秋晚期青铜器，1976年河南辉县出土，现收藏于中国国家博物馆

图15　越王勾践剑

春秋晚期青铜器，1965年湖北省荆州市江陵县望山楚墓群1号墓出土，现收藏于湖北省博物馆

激荡春秋——东周之历史、文化与思想

青铜器是商代的后母戊鼎（又称司母戊鼎），它是商王祖庚（约公元前1191年即位，在位7年）或祖甲为祭祀母亲戊而作的祭器，是迄今为止在中原地区发现的最大鼎器，高1.33米，重达875公斤。该鼎造型厚重典雅，气势恢宏，纹饰精美，显示出高超的铸造工艺。

但在农业生产方面，除商、周遗址发现少量青铜工具外，主要是使用石器、木器，还有一些骨器与蚌器（收割器）。农业生产工具与龙山文化时期（约公元前2500~前2000年）无明显发展和变化。生产的主要负担者是奴隶和庶人，他们住在"都""邑"之外的"郊"与"野"。"国人"与"野人"的对立，主要是奴隶主贵族与奴隶及庶人的对立。

夏以降的华夏国体都以农业为主，其土地、耕田、民众之数为国之根本，是衡量和区分国之强弱的重要指标。农业的兴旺和农业政策命系国家的存亡。

按史学家们的分类原则，中国古代历史分为原始社会（母系氏族、父系氏族）奴隶社会、封建社会等。其中，郭沫若借助"五种生产方式"所建构的框架，认定夏商周是"奴隶社会"，战国进入"封建社会"是一个比较被公认和接受的划分方式。

在《诗·驷驖》中记载有歌颂秦襄公（公元前778~前766年在位）狩猎的诗，诗中有"驷驖（tiě）孔阜，六辔（pèi）在手"的句子。"驷驖"是指铁黑青色的四匹驾车的马。秦人用铁的颜色来形容其他物的颜色，可见秦人对铁已不生疏。1976年在陕西雍城凤翔秦公陵园及秦公一号大墓（春秋末年时秦国大墓，推断为秦景公之墓）中，就出土有10多件铁铲、铁锸。1978年在甘肃灵台景家庄春秋早期秦墓中，出土一把铜柄铁剑，都证明秦人使用铁较早。1990年在河南三门峡市上村岭虢国[①]墓地发现了铜柄铁剑，为我国现存最早的人工冶铁实物，证明西周晚期已经掌握了冶铁技术。1973年，位于湖北省东南部、今黄石市境内的大冶铜绿山古矿冶遗址在采矿生产中被发现，并在1974至1985年进行了考古发掘，发现了不同时代、不同结构的采矿与冶炼遗迹，并出土了大量铜斧、铜锛、铁斧、铁锤。在冶炼器具中，有春秋早期残存的鼓风竖炉10多座，用于冶炼粗铜。这从侧面证明了当时已经发明鼓风器具，而鼓风器具的出现，为之后的炼铁作好了技术上的准备。

铁器出现得比较晚，除了原材料之外，冶炼铁需要较高温度也是一个重要原因。现代科学告诉我们，冶炼铁需要从铁矿石（酸化铁）中还原出铁，而这就需要1100～1300℃高温来熔解铁矿石。能达到如此高温是冶炼技术进步的一个重要标志。

春秋战国时期是用燃烧木炭来实现高温的，这就需要给燃烧的木炭供应大量空气。在《老子》一书中有"天地之间，其犹橐籥（tuó yuè）乎"的论述，这句中的"橐籥"是一个鼓风设备，类似于风箱或者风囊，在当时是顶级高技术制品，可以说没有它就不可能把火烧到千度以上，也就不可能炼铁，而铁作为当时的生产工具、军队装备是不可缺少的。在《墨子·备穴》篇中有"具炉橐，橐以牛皮"，又说"以颉皋[②]冲之，疾鼓橐熏之"。墨翟是科学和技术专家，他创立的墨家也非常重视技术，其说法应该是比较真实可信的。也就是说，这是用牛皮做的一种炉具（鼓风）。

在《国语·齐语》中记载有管仲对齐桓公说："及耕，深耕而疾援之，以待时雨。时雨既至，挟其枪刈（yì）耨（nòu）镈（cuàn）以从事于田野。"不但如此，出土的文物显示，春秋中后期已经出现以一头或二头牛牵引铁犁耕作的牛耕法。犁的三角形犁钎和推土的犁铲用铸铁制成，犁的本体（由牛牵引的长柄、手扶的犁柄、垂直立着的犁柱、在地面上滑动的犁床等）因为是木制的所以腐蚀殆尽，但出土了犁钎和犁铲。

对于以铁器作为工具进行牛耕，当时的书籍也有记载，如孔丘的弟子冉耕（字伯牛）和司马耕（字子牛）、司马犁（字牛）等。当时人的名字已有牛、犁、耕的字样，说明牛耕在春秋末期已经引起社会的广泛注意。

---

① 虢国是西周初年的重要姬姓诸封国。原封地在今陕西省宝鸡市，西周晚期迁至今河南省三门峡市，国都上阳位于今李家窑村。史载，虢国历史在公元前9世纪至公元前7世纪。其间，虢国国君世代为周天子的卿士，负有统领王师、捍卫周王室的重任，他们曾替周天子东征西讨，南征北战。周夷王时虢公"伐太原之戎"，立下了赫赫战功，在屏藩周室中占有举足轻重的地位，公元前655年被晋国所灭。

② 颉皋：亦作"桔皋"，井上汲水的工具，即产生负压之机构。

无论是历史文献还是出土实物，都足以说明在春秋中后期，铁器已经用于农耕，并出现了牛耕。过去仅作为"宗庙之牲"的牛已成为"畎(quǎn)亩之勤"。

铁器除了用于生产和武器之外，还用于其他方面，如《左氏春秋·(鲁)昭公二十九年(公元前513年)》记载："冬，晋赵鞅、荀寅帅师城汝滨，遂赋晋国一鼓铁，以铸刑鼎，著范宣子所为《刑书》焉。"这里指的是用铁来铸造铁鼎，铸刻当时的《刑书》。这说明其铸造工艺有了进一步提高。

在《墨子》一书中对铁有更为具体的描写，如《备城门》篇的"杀沙砾铁""以锢金若铁锞之，(又)鍱之以铁必坚""灶有铁锯(又)灶置铁锯焉""藉车必有铁纂"和"诸藉车皆针什"。在《备穴》篇则有："铁锁，县正当穴口，(又)铁锁长三丈""穴矛以铁，长四尺半，大如铁服(粗)""难近穴，为铁铁""为铁钩钜，长四尺者"和"为铁校卫穴四"等。足见铁的应用日趋广泛。

在《国语·齐语》中有记载："美金以铸剑戟，试诸狗马；恶金以铸钮夷斤榻，试诸壤土。"这里的"美金"是指青铜器，而"恶金"则是指铁。《管子·小匡》则有："美金以铸戈剑矛戟，试诸狗马；恶金以铸斤斧钮夷锯榻，试诸土木。"《管子》成书较《国语》晚，而改"壤土"为"土木"，虽一字之异，却表明了冶铁技术的进步。由此可以看出，铁器从用于土壤铁犁发展到了土木的斧锯。

与原材料稀缺的青铜相比，铁的原材料非常丰富，且铁器因其锋利无比，所以适合砍伐大量木材，开荒扩展农耕。冶铁技术的提高，铁器得以较快普及。木材与铁为人们提供了大量的铁制工具。于是人们开始砍伐大片森林，不断把田地开垦的边界推向曾经可望而不可即的远方。

《管子》一书尽管是假托管仲之名，其著者不仅不一，而且年代也不同，从春秋末期到战国后期均有作者，因此，我们也可从中看出冶铁技术及其应用的进步与变化。如:《海王》篇记载:

今铁官之数曰，一女必有一针一刀，若然后也，其事立；耕者必有一耒一耜一铫，若其事立；行服连轺辇者，必有一斤一锯一锥一凿，若其事立；不尔而成事者，天下无有襄。

又如《轻重乙》篇所载:

"衡"谓寡人曰，一农之事，必有一耜一铫，一镰一耨，一椎铚，然后成为农；一车必有一斤一锯，一釭一钻，一凿一轲，然后成为车；一女必有一刀一锥，一针一鉥，然后成为女。请以令断山木，鼓山铁！

这表明铁制品更加繁多，技术也更复杂。

我们知道石犁不但很难制作，也非常笨拙，不能高效地进行农耕。木犁虽然制作便利，但翻不动坚硬黏土，也容易磨损。而铁犁锋利无比，不但可以耕作坚硬土质，且高效耐磨。采用铁制农具，尤其是铁制犁，可扩大耕种面积、改变耕地形状；用铁制镰刀收割庄稼，快速且省力。这些都会极大地促进粮食增产、增收。铁器作为工具，如用于木工，也使人们砍伐树木、造车更加容易、普及，极大地改善交通运输状况。同时，铁具制作需要专门手艺，一般农民并不具备这一技能。因此，制铁技术的发展不但壮大了新的工匠阶层，也促进了矿业开发与商品交换，繁荣了商业文明和丰富了农民的生活。可以说制铁技术的成熟与推广，是以蒸汽机车发明和推广为标志的机械革命带来的产业革命之前最具影响力的技术革命，其对人类社会发展的影响堪比蒸汽机车为代表的工业革命，它是人类发展史上划时代的里程碑。

冶炼技术的发展与推广，人们的生产方式与以往相比有了质的飞跃，利用铁器和畜力进行农业耕种的方法越来越普及，从事农业的生产者能够耕种的土地面积也急剧增加，使一些国家或地区迅速发展起来。

可以说炼铁技术的应用、推广程度是决定一国发展速度的物质基础。马克思的"生产力决定生产关系，生产关系决定上层建筑"学说给了我们分析社会发展的科学工具，值得我们思考、利用。也可以说，正是由于铁器大量应用这一生产力的变化，促使农业及相应的手工业得到革命性的飞跃，为各国提高农耕生产效率、开拓新耕地打下了坚实的技术基础。随着时间的推移，诸侯国的经济得到发展，政治形势也产生了急剧变化，上层建筑随之激烈变动。一些国家迅速崛起，而另一些国家则相对衰落。

由于牛耕和铁制农具的应用和逐渐普及，农业生产力水平得到提高，大量荒地被开垦，贵族的私田逐渐增加。同时贵族之间通过转让、赏赐，甚至互相劫夺，使私有土地无论是绝对量还是对比公田的比例，都急剧增加。这一趋势也迫使一些国家进行改革。如公元前594年（鲁宣公十五年），鲁国开始实行按亩征税的田赋制度——"税亩制"。

《左氏春秋·（鲁）宣公十五年（公元前594）》记载："初税亩，非礼也，谷出不过藉，以丰财也。"初税亩从字面上解释：初，即开始的意思；税亩，指按土地亩数对土地征税。初税亩是春秋时期鲁国承认土地私有合法化的开始。

在实行初税亩之前，鲁国施行按井田征收田赋的制度，私田不向国家纳税。由于大量开发新田，私田不断增加，国家财政收入占全部农产品收入的比重不断下降。关于"井田制"，《孟子》一书是这样描写的：

> 请野九一而助，国中什一使自赋。……方里而井，井九百亩，其中为公田。八家皆私百亩，同养公田。公事毕，然后敢治私事。（《孟子·滕文公（上）》）

即一个小生产单位，一共耕种900亩土地，其中100亩为公地，由其他八家共同出力耕作，其产品为上交公粮。这样的"赋率"为九分之一，约10%。

而在初税亩之后，纳税率变为："公田之法，十足其一；今又履其余亩，复十取一。"即：履亩而税，按田亩征税，不分公田、私田，凡占有土地者均按土地面积纳税，税率为产量的10%。初税亩的实行，增加了财政收入，实际上承认了土地私有制，适应和促进了新生的封建土地占有关系，同时也加速了井田制的瓦解。

初税亩从律法的角度肯定了土地的私有制，使历史进程从奴隶社会向封建社会的发展迈出了关键的一步。初税亩的实施，使生产关系更加适应了生产力的发展，是历史进步的具体表现。税亩制是土地私有制前提下平等赋税制度的最初形式，是符合经济发展的一般规律的。它在激发劳动者生产积极性方面起到了重要作用，是当时的社会条件下比较科学的选择。税亩制的实施，也使社会分配方式发生了显著改变，按实际田亩产量十分之一纳税的具体方式，使劳动者切实体会到了努力带来的收益，从而促使劳动者不断提高劳动效率。税亩制的改革之所以能够成功，是因为这一制度顺应了历史发展的潮流和方向，是在先进生产力推动下，对生产关系的一次合理调整，在某种程度上体现了劳动者的利益诉求，是经济规律作用的结果。

春秋中后期到战国前期，诸侯国原有社会阶层的剧烈变革和卿大夫阶层崛起。有进取思想的贵族及其他阶层大胆采用新技术，极大地提高生产力，并利用铁制工具进一步开垦荒地为良田，使他们的实力和地位得到迅速提升。那些不能适应新技术而固守传统僵硬理念与思想的权贵们，则在新技术的浪潮中被逐渐淘汰。

这一点，我们的史学家多以正统儒家"礼乐制度"及宗法制度来分析社会，对于深层次及隐含的推动力却很少考虑，尤其是生产力飞速发展的影响。我们的正史都是记录那些帝王将相的事情，很少记录民间及科技方面的事迹，致使关于技术进步对社会发展变化的作用的历史资料非常欠缺。另外，在我国以儒家文化为主的历史传承过程中，往往忽略科技发展对社会的深刻影响，而主要注重社会伦理与统治者的个人行为，致使春秋时代这一深刻的社会变化被孔丘描述为"礼崩乐坏"。后儒们秉持劳心者治人、劳力者治于人的观念，是不可能看到生产力发展对社会的影响的，当然也不会顺应历史的发展而提出新的理论。

铁器的使用和牛耕的推广所带来的生产力新水平，使社会生产力产生了飞跃，生产状况也随之蜕变，旧有的制度及社会关系随之动摇、崩溃。春秋中后期，诸侯国的经济得到发展，政治形势和社会组织也产生新的演变，以适应新状况的演变。在一些周制束缚严重的国家，君主的地位相对弱化，代之执政的是崛起的世卿阶层，出现了卿专君权的社会现象。

4.2 卿专君权

历史从争霸转向"世卿兴起"的时代。在这一过程中，出现了著名的"三桓"

和"三晋"。

卿专君权在历史上最早、最有名的可能是"三桓"了。"三桓"为鲁桓公（公元前712～前694年在位）三个儿子庆父、叔牙、季友的后代，当然也是周公姬旦的后裔。这三家分别为季氏（季孙氏）、孟氏（仲孙氏）、叔孙氏。虽然这三桓因"三"而"成名"，但实际上鲁国还有其他强势的权贵，这些权贵也是鲁侯的子孙，例如鲁孝公（公元前795～前768年在位）的子孙中有臧氏（臧孙氏）。"三桓"之所以"有名"，除了曾经控制过鲁国国家政权之外，也与三晋（魏氏、赵氏、韩氏）和孔夫子有关（孔丘曾侍奉于这三家中的季氏），更与《左氏春秋》的记述历史出发点有关。在《左氏春秋·（鲁）哀公二十七年（公元前468年）》中提到了三晋，对三家分晋局面的形成做了详细的说明。作为另一个"三"的"三桓"自然也作为一个重点来记述，即鲁哀公与"三桓"的矛盾进一步激化："（鲁哀）公患三桓之侈也，欲以诸侯去之。三桓亦患公之妄也，故君臣多间。"他们之间的矛盾达到了欲除对方而后快的地步。

公元前609年，鲁文公姬兴去世，大夫襄仲在齐惠公默许下，杀死文公嫡子恶及视，拥立其庶子姬馁为国君，即后世所称的鲁宣公。鲁宣公是被大夫拥立的国君，自然不会太强势。

鲁国国君的权威在鲁宣公去世后进一步衰落，政权实际掌控在姬姓季孙氏、孟孙氏、叔孙氏三家权贵手中。

鲁襄公十一年（公元前562年），鲁国作三军，季孙氏、孟孙氏、叔孙氏分公室一部而各有其一，鲁君直辖的土地和附属于土地上的奴隶被瓜分，并以封建制的形式取代了奴隶制。

公元前537年，"三桓"第二次瓜分公室，季氏分得一半。"三桓"之所以再次瓜分公室，则需了解一下当时的国君鲁昭公姬裯（公元前542～前510年在位）。

《左氏春秋·（鲁）襄公三十一年（公元前542年）》记载："于是昭公十九年矣，犹有童心。"司马迁的《太史公书》也进行了确认，《鲁周公世家》中有"昭公年十九，犹有童心"，并且说"居丧，意不在戚，而有喜色"。

《左氏春秋》记述了公元前537年（鲁昭公五年）鲁昭公去晋国见晋平公的故事。鲁昭公从郊劳（晋国在郊外举行的欢迎仪式）直至馈赠等所有的外交仪式都做得非常到位。晋平公对鲁昭公刮目相看，对晋国大夫女叔齐说："鲁国国君不是很知礼吗？"不料，女叔齐却不认可晋平公的说法。他说，鲁昭公擅长的只是仪式，而不是周礼，"是仪也，不可谓礼。"女叔齐解释说："礼所以守其国，行其政令，无所失其民者也。今政令在家，不能取也。……公室四分，民食于他。思莫在公，不图其终。为国君，难将及身，不恤其所。礼之本末，将于此乎在，而屑屑焉习仪以亟。言善于礼，不亦远乎？"女叔齐这段话的意思是，"礼是用来守卫国家、执行政令、不失去百姓的东西。现在，鲁国国君的大权旁落到了卿大夫的手中。鲁国公室被季孙氏、叔孙氏、孟孙氏三大家族分成了四份。由于大权旁落，老百姓现在都不怎么关注国君的处境了。身为国君，祸难就快降临到自己身上了，还不赶紧想办法解决，却还在琐屑地学习礼仪。这哪里算得上是知礼呢？"女叔齐的说法切中要害，"礼"的核心不是掌握各种"仪式"的细节，而是要通过"礼"来规范国君与大夫之间的关系，从而达到巩固政权的目的。由此看来，鲁昭公确实只知道"礼"的皮毛而不知"礼"的精髓。

那么，鲁昭公是如何处理国政的呢？我们看看他是如何处理一件"斗鸡事件"的。

鲁昭公二十五年(公元前517年)，在鲁国发生了一件对鲁昭公有致命影响的大事——斗鸡。当时鲁国贵族嗜好斗鸡赌博，而且赌注很大，自然也都千方百计地想取胜。当时的权贵大族季孙氏与郈氏斗鸡，双方为取胜都在暗中作弊。季平子在他的鸡翅膀上涂了芥末，以便在斗鸡时造成对方鸡视力模糊；而郈昭伯则在他的鸡爪上装了铁爪。斗鸡的结果是季平子输掉了，从此两家结怨。为一鸡毛小事，季平子一怒之下侵占了郈昭伯的封地，郈昭伯则把季平子侵占封地一事状告到鲁昭公那里。鲁昭公则想借此斗鸡事件，削弱卿大夫大家族的势力，故亲自带兵去攻打季平子。季平子对这一突如其来的进攻毫无准备，身陷危局。为此，季平子再三表明领罪，甚至表明愿意离职以接受调查或带五乘车流亡国外。可鲁昭公均不答应，双方形成了僵局。在鲁昭公和季平子对峙之际，叔孙氏加入到了支持季平子的行列，随后，持观望态度的孟孙氏也带兵去援救季平子，"三桓"联手攻击鲁昭公，鲁昭公大败，被迫逃亡齐国。此后又辗转至晋，晋欲使鲁昭公返鲁，鲁国不收。公元前510年，鲁昭公客死在晋地乾侯。

正统的儒家历史观是对"三桓"持批判态度的，毕竟他们破坏了所谓的"礼制"，把国君赶下台了。也许按照儒家的观点，即使这样具有"童心"的国君，为斗鸡而发动讨伐战争也是值得拥护的，至少也要辅佐其维持统治。之所以后儒持如此观点，除了视礼制为正统之外，恐怕也与孔丘对待鲁昭公的态度有关。针对鲁昭公是否"知礼"的问题，孔丘就有过评论：

陈司败问："昭公知礼乎？"孔子曰："知礼。"子退，揖巫马期以进之，曰："吾闻君子不党，君子亦党乎？君娶于吴，为同姓，谓之吴孟轲。君而知礼，孰不知礼？"巫马期以告，子曰："丘也幸，苟有过，人必知之。"(《论语·述而》)

这段话讲的是陈国的卿大夫问孔丘："鲁昭公知礼吗？"孔丘说："知礼。"等孔丘走了以后，又问孔丘的弟子巫马期说："我听说君子没有偏袒，难道君子也有偏袒吗？鲁君从吴国娶了夫人，因为是自己的同姓，因此讳称夫人为吴孟轲。如果鲁昭公算是知礼，那么还有谁不知礼呢？"虽然孔丘精通礼制，也非常擅长伦理，但他还是谎称鲁昭公知礼。由此可见孔丘对鲁昭公的态度。

到鲁悼公(公元前466～前429年在位)继位后，"三桓"已经完全凌驾于国君之上，因此有"三桓胜，鲁如小侯，卑于三桓之家"(《太史公书·鲁周公世家》)之说。

激荡春秋
——东周之历史、文化与思想

尽管"三桓"掌控了鲁国统治大权，但鲁国却没有像晋国一样被一分为三。究其原因，一方面，鲁国是"周礼尽在"的国度，受礼教束缚严重，尽管"三桓"实掌君权，但还不足以突破"礼"的底线，取代鲁君；另一方面，鲁国和齐国、晋国、楚国、秦国这样的大国相比，只是一个中等诸侯国，如果再分裂，无异于自掘坟墓。

孔丘目睹当时世卿的兴起，说：

> 天下有道，则礼乐征伐自天子出。天下无道，则礼乐征伐自诸侯出。自诸侯出，盖十世希不失矣。自大夫出，五世希不失矣。陪臣执国命，三世希不失矣。天下有道，则政不在大夫。天下有道，则庶人不议。（《论语·季氏》）

又说：

> 禄之去公室，五世矣。政逮于大夫，四世矣。故夫三桓之子孙微矣。（《论语·季氏》）

孔丘认为这些"礼崩乐坏"，也就是政治体制上的破坏均自上而下。"礼乐征伐，自诸侯出"，则十世以后，必又降而"自大夫出"。"自大夫出"，则五世以后，必"陪臣执国命"而"三桓之子孙微矣"。"陪臣执国命"，则三世以后，庶人必有起者。孔丘道出了社会的变化趋势，但他没有找出正确的解决办法，只是抱残守缺，企图以"克己复礼"及"正名"来复辟原来的社会秩序。孔丘认为应该使天子仍为天子，诸侯仍为诸侯，大夫仍为大夫，陪臣仍为陪臣，庶人仍为庶人——使实皆如其名，即所谓正名。

4.3 知识传播的嬗变——官学民化

周王室及更早的统治者依据当时的事务（如农业、祭祀、天文等）设立官职，都有特定的分野与职责，也可以说是"知识"官僚。当时各部门官吏的职责是把该部门相关的知识传承下去，而这些职业官吏往往是世代相传，与贵族诸侯的官位爵位世袭不同，他们的知识是世传的。一般认为在西周时期，吏与师是不分的，知识的传授基本上都是官学，所授文化教育仅限于统治集团。因此，当时只有"官学"，没有"私学"。在始皇帝统一六国之后，这一做法再度由丞相李斯提倡。

这个时期的一个重要特征就是"政教合一"，也就是寓教化于政治，寓政治于教化，政治活动本身就是教化活动。不管这种方式是否能构成教育的最理想形态，但它的确体现了教育最初的存在方式。对于古代中国而言，虽然后来的教育实践形式非常多样，但它同政治的剥离程度，并不如我们通常想象的那样高，可以说"政教合一"一直是西周以来直至春秋末年基本的教育模式。

随着西周王朝的湮灭和周平王东迁以及周王朝经过两王（平王和携王）的争斗，社会动乱，政体分崩。东周王朝的败落开始加速，部分知识官吏失去了赖以维持富裕生活的优越职位。另外，部分分封的封侯、统治阶层也失去了权力基础而流入民间，跌入了平民生活。当东周的政治、经济和社会结构发生变化，而其自身的文化积累又达到相当高度时，原先牢固的官守知识官僚局面被打破，知识与学术开始由官方独揽而下移至民间。当政治发生变故或者王室衰败时，一些知识官吏、术士就有可能离开官室，也就意味着其所执掌的学术可能随之流传到其他地方去了。老聃（今通称老子，约公元前571～前471年）可能就是其中的一位。那些原先服务于贵族世家的术士也出现了变动，有的术士渐渐失去地位，散落社会。因为有深厚的文化基础，他们可继续以方术为生。这就是"方士"的由来，也是所谓的"天子失官，学在四夷"（天子丧失了自己官守的知识官僚，官守的知识学术向四夷散落）。

与此同时，一些统治阶层兴旺发达起来，需要有知识的人为他们服务。可以说孔丘就是顺应了这一时代需要，自学成才走向知识分子阶层的。

在这一文化的演变过程中，一个分水岭就是私学的建立。

随着春秋时代诸侯兼并越来越多，知识分子更多地流入了民间。这些知识分子为了生存，便利用其一技之长，以私人身份招募学生，传授知识。这样，他们就从"官"转换成为"师"。非世传性的官吏诞生及文化繁荣的需要，教育活动得到快速发展。官学开始走进民间，教化行为开始与政治行为剥离，教育开始向独立方向演变。

公元前525年秋天，当蕞尔小国郯国（今山东省临沂市郯城县）国君郯子访问鲁国时，鲁大夫叔孙昭子问起远古少昊氏以及以鸟名为官名之事，郯子说：

> 吾祖也，我知之。昔者黄帝氏以云纪，故为云师而云名；炎帝氏以火纪，故为火师而火名；共工氏以水纪，故为水师而水名；大皞氏以龙纪，故为龙师而龙名。我高祖少皞挚之立也，凤鸟适至，故纪于鸟，为鸟师而鸟名。凤鸟氏，历正也。玄鸟（燕）氏，司分者也；伯赵氏，司至者也；青鸟（黄莺）氏，司启者也；丹鸟（锦鸡）氏，司闭者也。祝鸠（鹁鸪）氏，司徒也；鵙鸠（jū jiū，鱼鹰）氏，司马也；鸤鸠（shī jiū，布谷鸟）氏，司空也；爽鸠（鹰类）氏，司寇也；鹘鸠（gú jiū，斑鸠）氏，司事也。五鸠，鸠民者也。五雉，为五工正，利器用、正度量，夷民者也。九扈为九农正，扈民无淫者也。自颛顼以来，不能纪远，乃纪于近，为民师而命以民事，则不能故也。（《左氏春秋·（鲁）昭公十七年（公元前525年）》）

上述郯子的谈论，涉及诸多鸟类，这或许反映了古人对鸟的崇拜。1986年在四川广汉三星堆出土了高达396厘米的祭拜神树（约公元前2800年～前1100年），神树三层九枝，其枝头分立九鸟（该神树顶端损失，或许在最顶端还有一只鸟），彰显了古蜀国人对鸟的崇拜，也说明华夏文明的多元性。

图16 祭拜神树(左)和其上之鸟(右)

1986年四川广汉三星堆一号祭祀坑出土，现藏于三星堆博物馆（孙雪刚摄）

27岁的孔丘听说后就拜见郯子并向他请教。

> 仲尼闻之，见于郯子而学之。既而告人曰："吾闻之：'天子失官，学在四夷。'犹信。"（《左氏春秋·(鲁)昭公十七年（公元前525年)》）

回来后孔丘告诉他人："我听说'天子失官，学在四夷'，现在相信了。"那么，"天子失官，学在四夷"具体蕴含的意义是什么呢？

一般认为，"天子失官"所导致的学术下移分两个步骤，即由周王室下移于侯国，再由侯国下移到民间。零星的史料并不能清楚地展示这一过程，但从春秋时代"士"阶层的崛起及其后众多学术流派的大量涌现来看，如果没有下移于民间的学术，这是不可想象的。

首先，尽管"士"有文士、武士之分，但这并不妨碍他们构成一个相对独立的知识阶层。这其中，文士是专门的精神产品的生产者。这类人的大量出现，至少表明了侯国自身在学术传播上力量的增强。到战国时期，发展到"养士"之风盛行，也必然会带来学术传播范围的扩大。

其次，与"士"阶层的崛起紧密相关的是学派的发展，这从另一个方面表明了学术下移及其变化的速度。如果按照班固《汉书·艺文志》的说法，这些学派的前身，都是世守一官、各司其职的王室职官。如儒家，即"出于司徒之官"。

从教育的角度来看，"天子失官"带来的直接影响，就是使教育活动由与政治的密不可分转化为比较专门的知识技能传授成为可能，也使职业相对专门的施教者(教师)的出现和受教育对象范围的扩大成为现实。私学的发展为中国古代的教育补上了一个重要内容。这其中，儒家学派奠基人孔丘是这方面的杰出代表。从孔丘教授的"六艺"科目来看，所教授的科目内容基本上继承了周王室官方的教化内容，重点是周礼，当然也包括士人应具备的基本技能：射箭与驾驭车辆。而对周的官僚体制中的其他方面，如农官、天文官的知识没有涉及。

虽然如此，这里有一个最大问题是：区区小国郯国国君竟有如此丰富、深远的知识，甚至让年轻的孔丘感叹不已。就郯国国君所讲述的这些知识而言，反映了两个问题，一是这些知识在儒家思想，也就是礼制与宗法制思想浓厚的鲁国是贫乏的；二是这与"天子失官"没有什么关系，是古老文化在不同区域的传承，如果我们与《周官》比较一下即可明知。

春秋时代，长期占统治地位的周王朝以及其赖以统治的基础"礼制"和"宗法制"走向了没落。正如孔丘所描述的那样，是"礼崩乐坏"的时代。处于这种"混乱"时代，有知识之人寻求可指导社会通向安定发展轨道的路径，各种思想与学术层出不穷。这一"百家争鸣、百花齐放"时代的形成，除了社会的需求和文化发展的需要之外，长期占统治地位的周王朝的衰败，以及周王朝制定的"礼乐"制度的失效，不仅导致了诸侯争霸政治局面的出现，同时在意识形态上客观地为思想解放和百家争鸣创造了宽松的环境与必要的条件，孕育了诸子百家的诞生和成长。因此，春秋时期绝非一个单纯的"乱世"，在社会分崩离析的同时，也粉碎了周王朝礼制的束缚，使众多有识之士力图以新的社会组织形态来"拯救"这个纷争的世界。新的学术和思想相继萌生、发芽，诞生了闪耀着五光十色的学问家，即我们如今所称的诸子百家。

在先秦诸子百家中，就文化影响力、影响广度而言，道、儒、墨三家占据了主导地位。而这三家是诞生在历史巨变之核心与枢纽的春秋末至战国初年代。老聃、孔丘和墨翟分别是这三家的创立者。

4.4 崇德尚道——老聃与老学

4.4.1 老聃其人

在诸家学说中，道家是最早的学说之一，其奠基者是我国古代伟大的哲学家和思想家老聃。《老子》(又称为《道德经》)被认为是反映老聃思想的书，是中国历史上首部完整的哲学著作，现在通行的版本共有81章。老聃的哲学思想和由他创立的道家学派，不仅对我国古代文化、思想的发展作出了巨大贡献，也对我国两千多年来的文化传承和艺术发展产生了深远的影响，尤其对我国哲学体系的建立、发展起到了举足轻重的作用，同时也对世界哲学的发展产生了一定的影响。

关于老聃的思想，在战国中后期的《庄子·天下》篇（据考证为庄周后辈道家弟子所作）中有"以本为精，以物为粗，以有积为不足，澹然独与神明居，古之道术有在于是者，关尹、老聃闻其风而悦之"的记述。战国末年的《荀子·天论》篇也有"老子有见于诎，无见于信"的记述。

关于老聃的生平，在庄周（今通称为庄子，公元前369～前286年）著作《庄子·养生主》篇中有"老聃死，秦失吊之"的记载。《吕览·当染》篇则有"孔子学于老聃、孟苏、夔靖叔"的记述。至于老聃的生平籍贯，则需要从司马迁的《太史公书》中去寻找。

司马迁在《太史公书·老庄申韩列传》中是这样介绍老聃的：

老子者，楚苦县厉乡曲仁里人也，姓李氏，名耳，字聃，周守藏室之史也。

司马迁这里所说的"楚"本应该是老聃所处时代的"楚国"，但实际上不是。老聃的故乡是一个小国——陈国，它在老聃之后才被楚国吞并。司马迁使用这个"楚"很容易让人误解老聃是楚国人。公元前479年（陈湣公二十三年），楚国公孙朝率领楚军攻破陈国，陈国国君陈越被杀，陈国亡，其版图也就并入了楚国。也就是说老聃在世时，陈国尚存，后来才被楚国吞并。唐代司马贞作了进一步研究考证，他在《史记索隐》中说："苦县本属陈，春秋时楚灭陈，而苦又属楚，故云楚苦县。"

关于老聃的故乡，有一种强烈的观点认为，老聃是一位具有深厚中原文化底蕴的学者，为此在论证老聃的故乡时，认为老聃是陈国人，长期生活于中原地区，并一直在周王室任职。这一观点的言外之意是按照周王朝的正统历史观，楚国是属于半蛮夷之地，不可能产生如此辉煌的思想。这可能有一个中原文化的情结在里边。其实当时弱小的陈国比邻扩张后的强国楚，在文化上相通甚至相融也是合情合理的，即使老聃吸收了楚国文化，甚至老聃是楚人后裔也是不足为奇的。

关于老聃到底为何人？司马迁没有给出确切的答案，他在《太史公书·老庄申韩列传》中列举了三个人——李耳、老莱子和太史儋可能是老聃。

首先说老聃可能就是老莱子，其理由是老莱子也是楚国人，也有著书，书为十五篇，讲道、德之用，与孔丘同时。

关于老莱子，在《庄子·外物》篇中记述了一个他与孔丘的故事：老莱子的门徒外出砍柴，碰到孔丘，回来时把情况告诉老莱子，说："在那路上有个人，上身长，下身短，肩背微驼，耳贴脑后；目光高远，好像心怀天下大事。不认识他是什么人。"老莱子说："这个人必定是孔丘，召唤他来。"孔丘来了。老莱子说："孔丘呀！要去掉你贤能自负的态度和聪明毕露的容貌，这样才能成为一个有德行的君子。"孔丘恭敬作揖并退却一步，自愧不如地改变了神色，请教说："我的道业还能进修提高吗？"老莱子说："你忍不住执意去拯救当今一代的痛苦，却轻视子孙万代的后患，这究竟是你的道术本来就浅薄无知呢，还是你的道术远远不够成熟呢？倘若仅仅因为一时需要哗众取宠就去布施恩惠，却无视给自己留下终身的玷污，只有庸人才会走向这一步。人们只不过以虚名相招引，以私利相结纳。与其赞誉唐尧（即尧帝）之善而非难夏桀之恶，倒不如善恶两忘而停非誉的议论。只要违反了物性的自然法则就没有不伤道害理的，扰动了心灵的平静恬淡就没有不为非作歹的。圣人总是毫不在意从容顺物行事，却每每取得成功。那有什么办法呢，你偏要负重而终身自命不凡呀！"[1]

年轻时的孔丘曾千里迢迢从鲁国曲阜到周王城雒邑向老聃请教。老聃在听完孔丘的主张及提问后，并没有正面回答孔丘的问题，只是告诉他："（你所言及的想恢复的那个周礼）当年倡导它的人连骨头都已经腐朽了，只有他们的言论还在。君子适逢好的时代，就出来做官干事业；遇到不好的时代，就像蓬草一样，随处逍遥自在。我听说，善于经商的人把货物隐藏起来，好像什么东西也没有；有高尚道德的君子，那谦虚的容貌像个愚钝的人。抛弃你满身的骄气和过多的欲望，抛弃你做作的神态和好高骛远的志向，这些对于你自身没有任何好处——我能告诉你的就只有这些了。"[2]

在《太史公书·孔子世家》中还记述了老聃对孔丘的赠言：

> 辞去，而老聃送之曰："吾闻富贵者送人以财，仁人者送人以言。吾不能富贵，窃仁人之号，送子以言，曰'聪明深察而近于死者，好议人者也。博辩广大危其身者，发人之恶者也。为人子者毋以有己，为人臣者毋以有己。'"

从年代来讲，老莱子与老聃都是春秋末期人，很可能是同时代且年龄相仿的人。就思想而言，他们都与孔丘"道不同"。不过我们对比一下这两个故事，就会发现老聃是一个比较稳重的人，说话也比较婉转；而老莱子则是一个非常直率的人。因此从性格特征来看，老聃与老莱子并不是同一个人。从职业方面看，老

---

① 《庄子·外物》：老莱子之弟子出薪，遇仲尼，反以告，曰："有人于彼，修上而趋下，末偻而后耳，视若营四海，不知其谁氏之子"。老莱子曰："是丘也，召而来。"仲尼至。曰："丘！去汝躬矜与汝容知，斯为君子矣。"仲尼揖而退，蹙然改容而问曰："业可得进乎？"老莱子曰："夫不忍一世之伤，而骛万世之患，抑固窭邪，亡其略弗及邪？惠以欢为，骛终身之丑，中民之行进焉耳！相引以名，相结以隐。与其誉尧而非桀，不如两忘而闭其所誉。反无非伤也，动无非邪也。圣人踌躇以兴事，以每成功。奈何哉其载焉终矜尔！"

② 《太史公书·老子韩非列传》：孔丘适周，将问礼于老聃。老聃曰："子所言者，其人与骨皆已朽矣，独其言在耳。且君子得其时则驾，不得其时则蓬累而行。吾闻之，良贾深藏若虚，君子盛德容貌若愚。去子之骄气与多欲，态色与淫志，是皆无益于子之身。吾所以告子，若是而已。"

聃长期担任周守藏室之史，而老莱子是位隐者，没有资料表明其做过什么官吏，他们的身份与职业也是完全不同的。从著作的篇章来讲，老莱子的著作也与如今发现的《老子》的篇章有较大的出入。遗憾的是，其著作也没有流传下来。

司马迁在《太史公书·仲尼弟子列传》中写道："孔子之所严事，于周则老子，于卫蘧伯玉，于齐晏平仲，于楚老莱子，于郑子产。"这里司马迁又将两人区分开来，可见司马迁其实并不认为老聃与老莱子是同一个人，只是两人同为春秋末人，且同为道家人物，孔丘又都向他们请教过，世道传说把他们混淆在一起了。

其次是李耳。司马迁在《太史公书·老庄申韩列传》中是这样记述老聃儿子的：

> 老子之子名宗，是魏国将军，被封于段干。宗之子名注，注之子名官，官之玄孙名假，假在汉孝文帝时有官职。假之子名解，任胶西王刘卬的太傅，所以其家在齐。

此处说的这个儿子显然是李姓（氏）的，但魏国是在战国初期由晋国一分为三分出来的，在公元前403年才被封国，距离老子时代相差有一百六七十年之久。作为老聃的儿子又是魏将显然是不可能的。造成这种"时代"错误的原因很可能是司马迁在探访老聃故乡时，误将当地的道家名人李耳当成了老聃。

最后说到太史儋这个人，其年代在孔丘去世129年之后，这显然与《太史公书·仲尼弟子列传》所说的"孔子之所严事，于周则老子"所提及的老聃时间上相差太远，说太史儋是老聃显然也是不足为信的。

值得一提的是，在1987年出土的《包山楚简》①卜筮祭祷部分有"与祷楚先老僮、祝融、毓[鬻(yù)，媸(chī)]酓(yǎn)(熊)各两羖"的记载。因此，老姓在先秦是存在的。从另一方面讲，先秦时期的书籍中提及老子时多用老聃，而聃与耳意思是相近的，司马迁很有可能把"聃"冠"耳"戴了。

我们主要是为了解老聃的思想或者学说，至于老聃是姓李还是姓老并不重要。套用老聃的一句话：姓，可姓也，非恒姓也；名，可名也，非恒名也。

老聃的传说

关于老聃的传说可能源于司马迁在《太史公书·老庄申韩列传》对老聃的记述有些过于简练，也模糊不清：

> 居周久之，见周之衰，乃遂去。至关，关令尹喜曰："子将隐矣，强为我著书。"于是老子乃著书上下篇，言"道""德"之意五千余言而去，莫知其所终。

司马迁没有搞清楚老聃辞去周王室史官后去哪里了。这给后人留下了悬念，也给老聃的神秘传说留下了想象空间。

这里的"至关"，是哪个"关"呢？没有交代清楚，方向性也不清楚。下面

---

① 卜筮祭祷简是墓主临死前三年间（公元前318～前316年）的占卜记录。

图17 老子出关图
宋·晁补之（1053～1110年）

是"子将隐矣"，那怎么才算隐去呢？是走入深山老林还是老归故乡？没有人确知。

在《战国策》编辑者刘向（约公元前77～前6年）的《列仙传》中是这样记述老聃的："后周德衰，乃乘青牛车去。入大秦，过西关。关令尹喜待而迎之，知真人也。乃强使著书，作《道德经》上下二卷。"（清文渊阁《四库全书》本）这里边有两个关键地方需要注意，一是"乘青牛车去"，二是"入大秦，过西关"。关于"入大秦，过西关"，因为秦国在周王城雒邑的西边，所以按照地理位置及路径而言，这"西关"应该是函谷关①。但函谷关在秦孝公（公元前361～前338年在位）时才设置。不过函谷是雒邑到镐京、咸阳的必经之路，后世说过函谷关也没有原则性错误，地理路径无误，只是在老聃的年代函谷所在之处还没有"关"而已。

七八百年后的司马贞（公元679～732年）在唐朝开元年间（公元713～741年）写《史记索隐》时，引用的《列仙传》关于老聃的西游的事情，则成了"老子西游，关令尹喜望见有紫气浮关，而老子果乘青牛而过也"。需要注意的是，西汉刘向的《列仙传》中老聃是"乘青牛车去"，到唐代司马贞时，则把老聃的车给没收了，只给老聃留了青牛。这大概就是老聃乘青牛出关说的由来吧！无论是现存的古画，还是现代画或雕塑，均把老聃画成或塑成一个乘青牛的老者。这些画家或者雕塑家，估计是没有骑着牛长途跋涉过的，甚至连牛都没有骑过，也许他们真的把老聃当作仙人了，否则他们就不会让一个五六十岁（甚至更老）的老人骑在牛背上长途跋涉、受尽颠簸的折磨了。

这个老聃乘青牛出关对后世影响很大。直到现在，在人们的心目中，老聃是一位大耳下垂、须发皆白，但精神爽朗、神态安详、乘青牛而隐逸的老者。画师笔下的《老子出关图》上那位老成持重、飘逸达观的得道老者也多是这幅形象。

---

① 函谷关，战国时秦设置，在今河南省灵宝市西南，东自崤山，西至潼津，大山中裂，绝壁千仞，有路如槽，深险如函，故名。亦称崤函，关城在谷中。

4.4.2 思想与主张

老聃的思想集中表现在《老子》一书中,《老子》一书是否为老聃自著以及成书时间,历来纷争不断。

现行通行的版本《老子》为81章,也有几种古籍版本。其中1993年10月发掘的湖北省荆门市郭店村的一号楚墓中的书简中有《老子》,分为甲、乙、丙三种。它的绝大部分文句与现行通行本《老子》相近或相同,但不分德经和道经,而且章次与现行通行本也不相对应,其内容为现行通行本《老子》81章中的31章。据碳14测定,墓葬时间约为战国中期、公元前300年左右,由此可以推断《老子》竹简本应早于此时,这也是迄今为止最早的版本。

总的来讲,《老子》这本书,不能说全部出自老聃之手,但也不能说书中没有老聃原话。笔者认为现在通行的九九八十一章的《老子》应该是逐渐形成的。抛开那些众说纷纭的争论,比如:哪些是老聃原来的遗说?哪些是后世道家学者增补甚至修改的?虽然存在众说纷纭的争论,这里只把《老子》作为反映老聃的思想来对待。

道与德

"道"是老聃学说的核心概念、中心议题,也是其他观点和论述的原点与归宿点。老聃是这样解释"道"的:

> 有物混成,先天地生。寂兮,寥兮,独立而不改,周行而不殆,可以为天下母。吾不知其名,强字之曰:"道";强为之容曰:"大"。(《老子》第25章)

由此可见,老聃也是勉强用了一个"道"字来代表他的概念。在老聃那个年

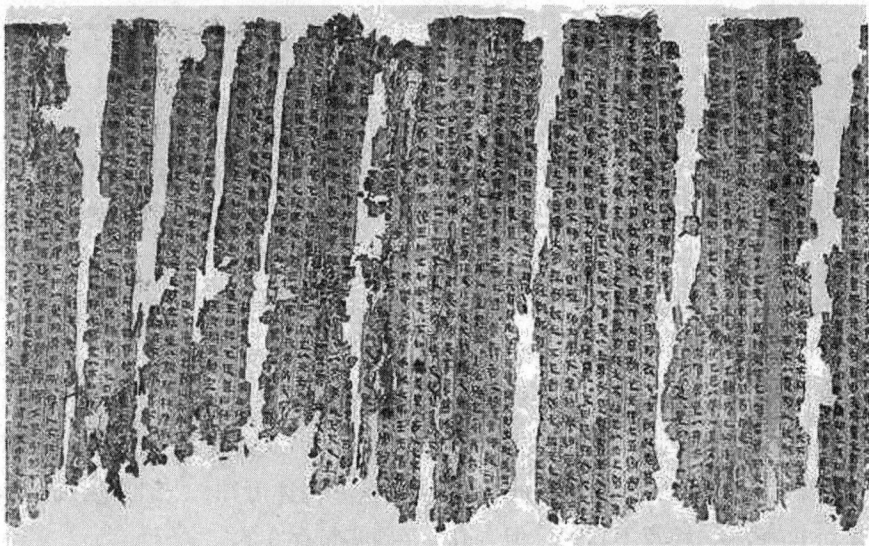

图18 楚简《老子》

代，刚刚向复合词过渡，用单体字表述还是占很大比重的。

"道"是"有物混成，先天地生"，其特点是"独立而不改，周行而不殆，可以为天下母"。即"道"的运行、存在等不受其他任何事物的影响和约束，它是"独立而不改"的。

我们可以说万物相连，但这里老聃说"道"是"独立而不改"，这就表明"道"是独立于万物的，但这并不是说"道"与万物没有联系，恰恰相反，"道"是万物之宗，是万物之根源。老聃在第42章又说：

> 道生一，一生二，二生三，三生万物。（《老子》第42章）

这就明确指出了万物是由"道"生成的，也就说明了"道"乃万物之根源。因此，可以说"道"为天下母。

除此之外，老聃还告诉我们"道"是始终处于运动中的，是"周行而不殆"的，也就是说"道"在永恒地动，而且是"周行"，"周行"就是无所不至地运行。

> 道之为物，唯恍唯惚，惚兮、恍兮，其中有象；恍兮、惚兮，其中有物；窈兮、冥兮，其中有精；其精甚真，其中有信。（《老子》第21章）

这里再次明确指出"道"是"物"，但这里的"物"与我们所常见的实物不同，它恍恍惚惚，飘然不定，但"道"并不是虚无的，它含有"象""物""精""信"。"道"具有不同的特征和特性，是很复杂的。

老聃进而对"道"作了进一步描述：

> 道冲而用之，或不盈；渊兮，似万物之宗；湛兮，似或存；吾不知谁之子，象帝之先。（《老子》第4章）

> 道之出口，淡乎，其无味。视之不足见。听之不足闻。用之不足既。（《老子》第35章）

> 是谓无状之状，无物之象，是谓惚恍。迎之不见其首，随之不见其后。（《老子》第14章）

用现代的语言来描述的话，道是无形、无体、深邃、寂静而隐秘的存在。老聃这里所说的"道"是指形而上的，是真实存在的，而不是形而下的。老聃的"道"是独立于"神"并凌驾其上的，它是凌驾于古代华夏文明中的"上帝"、鬼神之上的。

老聃利用人类的感知对"道"进行的竭尽所能的描述，尽可能"感知化"地阐述"道"：在味觉上，道不像我们常吃的美食，它没有一点味道，平淡无奇；你看它却看不见它，听它却听不到它；你迎着它走，却看不到其首；想随着它，却望不见它的后背。"道"不是有形的实物，它具有"无状之状"；实物空间可以抽象出"象"，但"道"却是"无物之象"。从这些描述可知，"道"是人们凭着感官（视、听、触）感知、触及不到的，但"道"又确实是存在的。

尽管老聃在《老子》里给了许多关于"道"的描述，但现在我们要清晰描述并阐明老聃的"道"也是非常困难的，这不仅仅是由于老聃那个时代的局限和文字表述的局限。

纵观上述，"道"是老聃哲学上的专有名词，是形而上的。"道"是世界存在之本原，也是创生宇宙的动力之源。它亘古存在，也将永恒存在。

在老聃的学说中，与"道"密切相关联的是"德"。"德"本来是最高统治者的一种神奇的"灵力"，后逐渐演化成惠及百姓的能力及"品德"。老聃把这一概念进行了抽象与提升，与"道"结合，赋予了其"道"的特性。万物在生成过程之中，都有"道"在其中，其表现就是"德"。它兼有万物本有的品"德"，"德"是"道"派生出来的特性之一，惠及天地万物。可以说，天地万物都不能脱离"德"的孕育与滋养。老聃的"德"必须服从于"道"，即"孔德之容，唯道是从"。

关于"道"与"德"，老聃说：

> 道生之，德畜之，物形之，势成之。是以万物莫不尊道，而贵德。道之尊，德之贵，夫莫之命而常自然。故道生之，德畜之，长之育之，亭之毒之，养之覆之，生而不有，为而不恃，长而不宰，是谓玄德。……万物莫不尊道而贵德。(《老子》第51章)

这段文字清楚地阐述了"道"与"德"的关系是密不可分的。

"生而不有，为而不恃，长而不宰，是谓玄德。"简而言之就是生养而不据为己有，使之繁盛而不自炫其能，让其成长而不充当主宰，这是最高标准的德——"玄德"。为此，他又说："上德不德，是以有德。上德无为，而无以为。"(《老子》第38章)"上德不德"就是不以德为德、不自居有德的德，也是有德的最高境界。

"德"是指从道那里所得到的那种自然而然或者称之为天然的本性，人类社会的"德"是道之德在人间的延伸。对人类来讲，老聃认为婴儿幼童没有受到(当时)人类文化的污染，也没有吸收(当时的)知识，除了本性之外，几乎没有贪欲。因此就人类而言，婴儿幼童时期离德不远。因此，老聃说"恒德不离，复归于婴儿"(《老子》第28章)，又说"含德之厚，比于赤子"(《老子》第55章)。究其原因，是因为婴儿幼童的生活最接近人的原初状态。

对人类社会而言，就是让百姓各行其是，织布而衣，耕田而食，使他们的本性浑然一体，无偏无私，顺其自然。这就是老聃的德治天下。

总之，我们可以把这个"德"字分成两类来进行理解。首先从中国的历史上开始，这个"德"从开始带有原始宗教色彩，逐渐演变成政治学和伦理学层面的，从王逐渐下降到侯，现在已经作为道德标准，应用于普通人。老聃借助这个"德"字，并进一步作了扩张和提升，上升到哲学层面。因此，我们在理解老聃的"德"时，要避免陷入传统伦理道德之"德"的误区。

对世界本源的认识，与老聃的"道"不同，后世传说的古希腊第一位哲学家是泰勒斯(希腊语：Θαλής，英语：Thales，约公元前624～前546年)。他提出了

"水本原"说，即"万物源于水"。在他眼中，水变成其他物体的过程遵循常规模式，无须神力作用。水的蒸发和凝结作用是司空见惯的，人们可以在小范围内天天看到。泰勒斯认为这些作用在很大范围上持续了很长一段时间，所以最终形成世界。从这一观点来看，泰勒斯将神忽略在外。在世界形成方面，这一理念是与老聃相通的。无论是古希腊的先哲还是古代中国的道家，通过排除顶层神的作用，将自然万物归功于普通法则的作用，老聃则提出了"道法自然"的观念。

后世哲学家尝试对泰勒斯的这一思想进行改良。有人认为，空气是基本物质；还有人认为，基本物质具有无穷性或无限性。这有点像我们今天对外层空间的看法。再后来，犹如战国中期中国的金木水火土五行学说，土、空气、火、水四种基本物质理论得到广泛认可。该理论认为，包括动植物在内的世间万物都由四种物质混合而成。

古希腊哲学家德谟克利特（约公元前460年～前370年）提出了最初的原子学说。他认为，万物是由原子组成，原子是不可再分的物质微粒，且每一个都不会发生改变。原子与原子之间是虚空的，也是原子所在的场所。万物的生长与衰败是由原子的聚合分离导致的。尽管后来我们发现了化学反应的最小单元为原子，但不能说此原子为彼原子。虽然说德谟克利特的原子说对我们现在人来讲更容易理解，也与19世纪之前的科学更接近，但我们不能说他的学说比老聃的学说更正确。如果我们充分了解一下20世纪的物理学向微观方向的发展，就可以知道老聃的学说要比德谟克利特的学说更加微观、深层、辩证。德谟克利特的原子学说与老聃的"道"在哲学理念上是有巨大差异的。因此，我们可以说就对世界本源的认识深度而言，老聃远远超越了古希腊的哲学家们。无论是古希腊的先哲，还是中国的先哲，他们的伟大之处在于抛弃了诸神作用及神话传说故事，尝试用自然法则解释事物，为人类认识自然转向科学作出了开创性的贡献。

循环往复与复归

老聃生活在中原地带，是四季分明、冬去春来、周而复始的亚热带气候。老聃又是周王室守藏室之史官，他不但对四季更迭有认知，而且对星辰运动也是有深刻认识的：浩瀚的天空，星辰运行至远方，似乎消逝在茫茫的天空，但随着时间的流逝，它们又从远方返回到原来的位置。老聃或者基于生活环境的考察，或者源于职业的深思，他在总结这些"规律性"的基础上，明确提出了"循环与往复"的理论。他说"反（返）者，道之动"（《老子》第40章）和"吾不知其名，强字之曰：'道'；强为之容曰：'大'。大曰逝，逝曰远，远曰反（返）"（《老子》第25章）的认知规律。这也是我们现在常说的"物极必反"的来源。

对于"物极必反"的理论，不仅用于描述事物的运行、发展规律，同时它也是辩证法。事物等发展到一定阶段，或者说发展到极致，就会回归或者向对立面转换。正是由于上述"返"的理论，引出了"复归"这一老聃的重要主张："复归"到事物的初始状态，也就是回归事物的根本，也是其追根溯源的体现。这一观念基于对"道"的认识："反(返)者，道之动"，道本身具有"返"的运动规律。

老聃的"大曰逝，逝曰远，远曰反(返)"，既是他的循环往复观，也是他的宇宙观。老聃对宇宙、自然界的运行的深层次思考，顺应了21世纪的科学发现，宇宙是动态的，处于膨胀之中，也即"大曰逝，逝曰远"。但宇宙膨胀到极致后会不会"远曰反"呢？笔者认为会的。

对于物极必反，如果我们要问这"极"在哪里呢？《老子》里没有提出这个疑问，当然也没有给出明确的答案。

复归于朴

在老聃的理论中还有一个非常重要的概念：朴。朴的本义是未被雕琢的原木，老聃的"朴"是"道"的一个非常重要的特征："道恒无名，朴。""朴"用于表述"道"的原本状态，这一状态如此"靠近"道以至于它与"道"一样是无名的，因此，他又说"无名之朴"。老聃在描述得道之士时还说："敦兮，其若朴。""朴"这种状态一旦遭到人为的破坏，则事物的自然本性(也就是道性)就遭到了破坏，就失去了它接近"道"的品质。破坏得愈多，愈远离道。因此，以老聃为代表的道家主张返朴，也就是我们常说的返璞归真的由来。

道家认为原木被分割、雕琢成各种器皿，这是木工的罪过；毁弃人的自然本性以推行所谓礼教仁义，就是人为之罪过。最好的品质，是天真纯朴的自然天性；最好的生活，是自然而然、无知无觉的自在生活。天真淳朴不是人为培养的，它只能与生俱来并得到保护而不丢失；自然而然不能被人为地创造出来，而只能保护不被破坏；不人为破坏万物的自然而然的属性，这就是"无为"；被破坏的人的自然本性需要回到其质朴的状态，这就是"复归于朴"。

作为人而言，什么是"朴"，什么时候最具有"朴"的状态呢？在老聃看来，除了得道者之外，婴儿是最接近"朴"的，如婴儿刚刚降临人世，没有受过什么世俗文化的熏陶，也没有多少世俗的知识，是最接近人的原初状态的。婴儿除了饥饿之欲很少有其他欲望。这时的婴儿也是含德富余的，因此才有"为天下谿，恒德不离，复归于婴儿。为天下谷，恒德乃足，复归于朴。为天下式，恒德不忒，复归于无极"(《老子》第28章)的主张。

尚柔、不争与谦下

老聃是尚"柔"的，他说："人之生也柔弱，其死也坚强。草木之生也柔脆，其死也枯槁。"(《老子》第76章)这一观点可能来自老聃对动物、植物的观察。无论是人还是植物，在幼小时虽然柔弱，但它却能从柔弱逐渐变得强大；但当苗壮之后，却走向衰退与死亡。树苗是柔弱的，禾苗也是柔软的，但这都是生机盎然的开端。这些都是我们日常生活中能够感知却往往被忽略的道理，但老聃从中能够悟出道理，这也可能是老聃"尚柔"的原因。

基于这一观念，老聃把"柔"的特性赋予了他的顶级概念——"道"之中。他用我们熟悉得不能再熟悉的水的优良"品质"作比喻，来阐述他的"道"："水，善利万物而不争，处众人之所恶，故几于道。"（《老子》第8章）他又说："天下莫柔弱于水。"可以说我们最为熟悉的水之柔成了我们理解"道"之柔的桥梁。老聃用现实中有形（形而下）的"水"比喻、阐述无形（形而上）的"道"，进而从形而上的"道"出发，来推演他的整个哲学体系。因此，他又说："弱者，道之用。"（《老子》第40章）

尚柔守弱是老聃的一条基本主张，老聃要达到的终极目标是"天下之至柔，驰骋天下之至坚"（《老子》第43章）。

"不争"也是老聃的重要理念之一，这一理念同样来源于其核心概念'道'。对于不争与取胜，老聃有自己的辩证看法，他说："曲则全，枉则直，洼则盈，敝则新，少则得，多则惑。"（《老子》第22章）也就是说"委屈反而可以保全，弯曲反而能够伸直，低下反而可以充盈得益，破旧反而可以生新，少取反而可以多得，若是贪多反而弄得迷惑"。当然，老聃提倡"不争"，除了对人类争斗历史的反思之外，也是我们建立和谐社会必不可少的理念。但人类似乎并没有按照老聃的愿望发展，而是在斗争中生存、发展。

对于"不争"这一观念，在老聃看来，"不争"则"天下莫能与之争"，这是老聃的辩证思维。从本质上讲，也是老聃"天之道，不争而善胜"和天道无为精神的体现，也是天道的德性之一——"不争之德"。

纵观人类历史，无论个人还是国家，争强好斗之性从未减弱。因此，老聃感叹道："吾言甚易知、甚易行；天下莫能知、莫能行。"（《老子》第70章）也就是说他的学说不但容易懂而且容易践行，但天下的人却很少能懂得并践行的。这其中的原因需要我们深思！

除了不争之外，老聃还有一个更进一层的概念，那就是不但不争，而且要谦下！

老聃的"谦下"是与儒家不同的，他的"谦下"不是遵从什么礼，而是实实在在要"处下"的，从内心深处修养出来的，不像"谦让"多少会让人觉得虚伪。老聃主张"大国者，下流，天下之交"（《老子》第61章），意思是说即使是大国，在与其他小国交往时，也要把自己放到较低的位置上。他又说;"江海之所以能为百谷王者，以其能为百谷下。"（《老子》第66章）也就是说，因为大海处在百川之下，也就是下流，所以大海才能成为百川之王。老聃心中的理想是最高统治者圣人也要"在民前也，以身后之；其在民上也，以言下之"；即使是战争，老聃也不敢主动进攻，不敢进寸而退尺，这就是老聃所提倡的"谦下"。

无为而自然为

"无为"是老聃的另一个核心概念与主张。老聃这一主张与其他的概念与主

张一样，追根溯源都是来自他的最核心概念"道"："道恒无为，而无不为。"（《老子》第37章）

老聃的"无为"并不是什么都不做，而是不刻意去作为，更不是妄为。人的活动和作为应限于"顺乎自然"和"适可而止"的范围。"顺乎自然"即按照时势和事物的本性行事，而非强行而为。对于"为"，老聃说"为者，败之；执者；失之"（《老子》第64章），"企者不立，跨者不行"（《老子》第24章）。也即标新立异、违反自然规律的人为行为，有时可能会哗众取宠，但最终必然会失败。

古希腊哲学家亚里士多德（Aristotle，公元前384～前322年）也有类似的思想。亚里士多德的著作中有著名的《物理学》（*Physics*），尽管近现代的科学分类把物理学作为一个学科，但亚里士多德的"物理学"是与现代物理学不能全然画等号的。Physics这个词在古希腊称phasis（或者"physis"），"phasis"是与生长有关的。譬如说一粒枣核的"自然（属性）"就是要长成为一棵枣树。这就是亚里士多德使用这个字的意义。亚里士多德说，一件事物的"自然（属性）"就是它的目的，它就是为了这个目的而存在的。因而这个字具有一种目的论的含义。有些事物是自然存在的，有些事物则是由于别的原因而存在的，如动物、植物和单纯的物体（元素）是自然存在的。老聃的"无为"近似于亚里士多德的"自然"（如今我们也翻译成物理），但老聃的"无为"并没有目的性，或者说人为的目的性。

"智"与"愚"

老聃是反"智"赞"愚"的。在《老子》中有多处涉及"智"和"愚"，如第65章的"古之善为道者，非以明民，将以愚之。民之难治，以其智多"，第20章的"我愚人之心也哉"！但老聃所指的"智"与"愚"并不等同于现代意义上的"智"和"愚"。

在古代汉语中，"愚"这个字除了愚笨之外，还有其正面的积极含义。老聃在《老子》中所使用的"愚"显然不是我们现在理解的"愚蠢"之意。这里的"愚"是指质朴纯真。但这"愚"也是和常人及儿童的"愚"是不一样的，常人和儿童的"愚"是自然决定的，而这"愚"是经过心灵修养得来的。中国人有一句谚语"大智若愚"。老聃的"愚"是大智，而不是常人和儿童的"愚"。

"智"这个字我们今天理解是广义的智慧，既包括我们对待人间事物的智慧，也包括我们探索自然的智慧，用一个科学的评价指标就是"智商"。老聃所反对的"智"用现代汉语讲就是"智巧"。在理解这里的"愚"时，我们应该把它作为"智巧"或"智谋"的对立面来理解。

在道家著作《列子①·汤问》篇中讲述了一个我们如今家喻户晓的故事——"愚公移山"。故事的两个主人公一个叫愚公，另一个则叫智叟，其用意是一目

---

① 列子，道家学者，本名列御寇，约为公元前450～前375年。著有《列子》。

了然的。这个故事告诉我们什么是道家的"愚"和"智"。

《老子》第65章里说"古之善为道者，非以明民，将以愚之"，因此常有人把这句作为老聃愚民思想的证据。以我们现在的社会价值体系来评价，如果说老聃完全没有愚民思想也是很难令人理解的，但如果说老聃是我们当今意义上理解的愚民思想也是不对的。时代不同社会基础不同，人们的认知和价值观也不同。如果放到老聃自己设计和崇尚的社会，那这个"愚民"显然是不成立的，因为老聃设计或者崇尚的社会就是以这些"愚民"为基础的，否则老聃的理想社会将不成立，老聃的无为而治显然是不现实的，也是不可能实现的。老聃对待百姓"将以愚之"的同时，也要求治理者先能自"愚"，治理者有了一颗"愚人之心"，而后使民同"愚"，这样才能使整个社会如老聃所愿，重返淳朴自然的自然之民社会。只有这样，老聃的无为而治才能无为而无不为，才能使社会自然而然地取得成就。这就是老聃"愚"的真实用意。

战争观与用兵

老聃生活的时代正处于诸侯混战、兼并的春秋时期。战争的伤害正如老聃描述的那样："天下无道，戎马生于郊。"(《老子》第46章)"师之所处，荆棘生焉。大军之后，必有凶年。"(《老子》第30章)百姓是战争最直接的受害者，老聃对此有清楚的认识。这是老聃对当时战争频发的强烈谴责，他是反对战争的，他说："夫兵者，不祥之器，物或恶之，故有道者，不处。"(《老子》第30章)在老聃看来，用兵连物都讨厌，何况是有道者。这也表明了他极度厌恶用兵的态度。

老聃既反对战争，也反对用战争取天下。除了与他所处的时代有关之外，也是他的思想使然。老聃还告诫那些辅助人主者，要"以道佐人"，且"不以兵强天下"(《老子》第30章)。

当不可避免的战争发生了，造成伤亡的事情是不可避免的。老聃对待战争中的杀戮与被杀、战后处理态度是"杀人之众，以悲哀泣之；战胜以丧礼处之"(《老子》第31章)。老聃明确指出，对于战争中丧失性命之人，要"以悲哀泣之"。即使得胜也不是什么喜庆之事，要"以丧礼处之"。这是令人肃然起敬的战争观！

他还对那些赞美获胜的人进行了无情的谴责："胜而不美，而美之者，是乐杀人。夫乐杀人者，则不可得志于天下矣。"(《老子》第31章)谴责这些喜欢杀戮的君主、将军。这些喜欢暴力屠杀、习惯用兵的人是不会得志、得天下的。

尽管老聃反对用兵，但无论是老聃所处的春秋时代，还是纵观整个人类的历史长河，战争是人类历史挥之不去的一部分。老聃对于战争用兵持有"不得已而用之"的态度。他说："兵者，不祥之器，非君子之器，不得已而用之，恬淡为上。"(《老子》第31章)

当面对不得已而为之的战争时，老聃主张采取的方针不是主动进攻而是被动迎战："用兵有言：吾不敢为主而为客，不敢进寸而退尺。"(《老子》第69章)

激荡春秋
——东周之历史、文化与思想

春秋前期，也可以说在老聃之前的时代，两军打仗是要排兵布阵的，当然这是在双方兵力并不太悬殊的情况下的作战方式。基于以弱对强的非对称战争，老聃具有"弱之胜强，柔之胜刚"的思想，这一思想具体贯彻到战争中就是"行无行，攘无臂，扔无敌，执无兵"(《老子》第69章)的作战原则。虽有行阵，却好像没有行阵可列；虽要奋臂，却好像没有臂膀可举；虽有兵器，却好像没有兵器可持；虽面对敌人，却好像没有敌人可赴。就像我们现代竞技场上的两个摔跤手要规避对手抓住自己的要害。老聃的这些表达方式，有点只可意会不可言传的玄妙之意。

对于用兵，老聃主张要"善有果而已，不敢以取强。果而勿矜，果而勿伐，果而勿骄，果而不得已，果而勿强"(《老子》第30章)。对于不得已的用兵，只要达到战争的目的就行，不能逞强好战。即使取得胜利，也不能矜夸、炫耀、骄傲。他告诫那些穷兵黩武的君主"兵强则灭，木强则折"，对于大国，他告诫要"强大处下，柔弱处上"(《老子》第76章)。

对于战争指挥者和战斗人员，老聃则主张："善为士者，不武；善战者，不怒；善胜敌者，不与。"(《老子》第68章)这里"士"是战斗指挥员。善于用兵的指挥者，不会张扬武力、意气用事；善于作战的人，不会因战事而怒发冲冠、逞匹夫之勇；善于胜敌的人，不会故意与敌人为敌、争强好胜。

对于战争，老聃还特别强调了不能轻敌，他说："祸莫大于轻敌，轻敌几丧吾宝。"

老聃在论述用兵时，没有言明通常用兵时提升军队的士气，这可能是老聃所说的战争并非以强凌弱的进攻性战斗，并不靠士气来取胜。但他也提到："抗兵相加，哀者胜矣。"在两军对垒、军力相当的情况下，哀慈(受欺侮而奋起抵抗)的一方是一定会获得胜利的。这也是我们常说的"哀兵必胜"吧！

老聃的用兵与其"以正治国"不同，其用兵指导原则是"以奇用兵"(《老子》第57章)。这与"兵不厌诈"是语不同而意相近。不过不能因此认为老聃是主张要弄阴谋的。反对智巧、权谋是老聃思想的基本内容，耍弄智巧、权谋与老聃的自然无为的宗旨是背道而驰的。

针砭时政

老聃所处春秋末年，诸侯国之间你争我夺，原有的社会体制在崩坏，新的体制尚未确立。在这个剧烈变动的时期，出现了社会混乱、贫富悬殊、社会矛盾尖锐、阶级严重对立的局面。在先秦的百家中，老聃及道家是首个、也是为数不多的直接针砭时政、把矛头直指统治阶级的学派。

老聃认为此时的统治者彻底失"德"且渐渐挣脱了"礼"的束缚，虽然还戴着假面的伪装，但变得更加贪得无厌、巧取豪夺、声色犬马、奢侈糜烂。老聃作为一位周王室守藏室史官，目睹了社会的混乱与变迁，痛击社会的混乱："朝甚除，田甚芜，仓甚虚。服文彩，带利剑，厌饮食，财货有余。"(《老子》第53章)统治者奢靡腐败，身服锦绣纹彩，佩戴锋利的宝剑，炫富招摇，终日饱食豪宴，重税搜刮民脂民膏，金玉满堂。贪得无厌的利益驱使导致战争连绵不断，致使大量田地荒芜，国库空虚，百姓家中无存粮。统治者为了维持奢侈的生活，只有靠重税搜刮民脂民膏，这必然会加重老百姓的负担，使老百姓忍饥挨饿，甚至到了不得不舍身冒死去犯上的地步。正如老聃所描述的那样："民之饥以其上食税之多，是以饥。民之难治以其上之有为，是以难治。民之轻死以其求生之厚，是以轻死。"(《老子》第75章)可以说老百姓已经到了生不如死的地步，到了"民不畏死，奈何以死惧之"(《老子》第74章)的地步。统治者与被统治者过着冰火两重天的生活。

在对待处置违法之民众上，老聃并没有直接抨击统治阶级的刑杀，也没有在详细分析犯法的原委后为犯法民众辩护，只是作了迂回的"劝告"。老聃并没有直接去谴责、批判统治者，而是通过对老百姓悲惨生活状况的描写来鞭挞统治者。他在了解、批判现实社会的基础上，结合其深厚的历史知识背景，指出了人类社会精神的堕落与欲望的过度膨胀的相关性，这也是老聃探索的出发点所在。可以说是老聃为了从根本上消除这些危害而发出的振聋发聩的呼声。由于老聃具有深邃的思想和辩证的认识，他对社会黑暗的认识更为深刻，对严酷现实的批判更为尖锐，这反映了一代哲人的社会良知和理论勇气。老聃的思想不仅在那个时代大放异彩，对后世也产生了深远影响。

当然，老聃也没有号召老百姓起来造反。从老聃所处的社会地位及长期被儒教化的时代来看，要老聃突破这种思维，也是不现实的。

贬仁义礼

作为周王朝统治基础的"礼制"和"宗法制"至老聃所处的春秋末年已经是苟延残喘，奄奄一息。社会更加混乱，学问家都提出自己的治国理念，以求社会秩序有序化、正常化。

作为道家鼻祖的老聃深谙历史，能够审时度势、追根溯源，认为"礼制""宗法制"是违背"天之道(自然之道)"的，必须从整体上对传统的"礼制"观念进行彻底抛弃和颠覆。让人类社会回到"天之道"上来，从实质上对周王朝制定的"礼"进行革命。

应该注意的是，老聃指责、贬低的是战国之前的"礼"与"仁"，我们不能把老聃贬低的"礼"与"仁"等同于现在意义上的"礼"与"仁"，因为不同时代其含义也是变化和不同的。

鉴于历史的进程与现状，老聃提出："大道废，有仁义；六亲不和，有孝慈；国家昏乱，有忠臣。"(《老子》第18章)"失道而后德，失德而后仁，失仁而后义，失义而后礼。夫礼者，忠信之薄而乱之首。前识者，道之华而愚之始。是以大丈夫，

激荡春秋
——东周之历史、文化与思想

处其厚，不居其薄。处其实，不居其华。故去彼取此。"（《老子》第38章）

老聃从历史的角度，明确了道与德、德与仁、仁与义、义与礼，是依次接踵而至的。虽然他贬低仁、义、礼这些人为的道德规范，但没有以绝对正确的姿态自居，在否定的同时，多少也包含了某种意义上的肯定。

在老聃看来，这些仁、义、礼的东西都是人为规定的，是对人本性的一种改造。用儒家荀况（今通称荀子，约公元前313～前238年）的话来讲这个就叫作化性起伪，改变本来的性，然后用人为制定的礼仪来规范人们，仁义这些东西都是属于这一类的。这些仁、义、礼所提倡的是与老聃提倡的"道"相悖的。老聃基于对自然之道的总体认识，从天道自然无为的原则出发，主张"无为"的政治。因此，老聃贬低仁、义、礼这些人为的政治和价值观是自然而然的。为此，老聃提出了："上德不德，是以有德。上德无为，而无以为。上仁为之，而无以为。上义为之，而有以为。上礼为之，而莫之以应，则攘臂而扔之。"（《老子》第38章）

老聃所崇尚的是"上德"，这是最高的德。"上德不德"就是不以德为德、不自居有德的德，也是德的最高境界。仁、义、礼，这些人为的并被世俗所崇奉、孜孜以求的道德价值，在老聃看来都是失道之后的产物，由于背弃了最高的德，于是每况愈下，丧失了德的精神。

老聃用反推思维方式罗列了礼、义、仁、德、道在华夏文明的发展历程。德治是儒家与道家都崇尚的治世理念，不过儒家的"德"与道家的"德"字虽一样，内涵却不一样。从历史进程的角度看，在西周时期几乎没有"仁"的概念，用"仁"只是在春秋以后才开始，究其历史原因，因为春秋时期的周天子失"德"，统治者也只能退而讲"仁"了。这是老聃贬低仁、义、礼的直接社会原因，也是对殷、周以来政治文化传统的反思。但老聃并不认同仁、义、礼为核心价值的伦理道德，他带着反思与批判的目光审视与社会堕落密切相关而日趋败坏的人文传统，他超越于世俗的理论，也就是基于"道"——来自自然的理论来论述这一历史过程，显示出其思想的深邃与超越。

老聃认为，仁、义、礼之类都是精神道德沦丧之后的人为产物，虽然当时的统治者及其体制的维护者视其为治世之宝，但这些既不可信，也不可用。因为这不过是当时统治者为维护自己"食不厌精，衣不厌奢，乐不厌声"奢靡生活而推崇的理念，是造成田园荒芜、国家混乱的罪魁祸首。

深谙历史和崇尚自然的老聃，则从历史文明的发展源头和对自然界及自然规律的深思，提出了其治国安邦的理念——尊道贵德。但老聃的德不是传统意义上的德，而是更加广泛意义上的德，是"唯道是从"的德。老聃从根本上颠覆了作为礼制存在的基础，当然也就贬低或者否定了儒家提倡的仁、义、礼等。我们可以认为老聃是彻底的革命者、崇尚自然者。

与孔丘主张"克己复礼"和仁义道德来教化人们不同，老聃认为人应该顺德，就是顺应事物的本性行事，人的生活应该超越世俗的是非善恶"道德"。他蔑视儒家所主张的仁义道德，认为那是人为的，是基于对万物的由来和万物的本性偏离而产生的。老聃从更为久远的历史维度来考察人类社会精神层面的发展趋势，认为这是在一步一步堕落下去。这是老聃对人类的道德逐渐衰退的认识，这也是造成春秋社会混乱的原因所在。为此，老聃认为这些礼、仁、义必须彻底抛弃，重新回到人类最美好的"古朴"时代。

圣人与治国

在治国政治理论方面，老聃提倡圣人治国。虽然这是中国传统的治国范式，但老聃所指的圣人不同于我们传统的"圣人"或者说儒家推崇的"圣人"。老聃认为国家元首应当是一个圣人，他理想中的圣人是具有他所理想化的品德与行为准则的人。

老聃所指的圣人是得道之人，是能够得到"道"的精髓，并贯彻到治理国家的具体事务中去的最高执政者。

老聃所指的圣人是"自知不自见，自爱不自贵"(《老子》第72章)的人，知道自己有什么优缺点，不会孤芳自赏、自认为高人一等。

老聃所指的圣人是一个清心寡欲的淡然之人，一个"为腹不为目"的人。也就是说圣人对待外界包括外物只是满足自己生存的基本条件，而不会是一个贪得无厌的人。老聃用出生不久的婴儿来比喻，但并非是婴儿般未曾接受人类社会熏陶的寡欲，而是靠自身的修养达到的寡欲，故圣人"去甚、去奢、去泰"(《老子》第27章)。这里的"甚"是极端的意思，"奢"是奢侈的意思，而"泰"则是过分的意思。作为圣人就是要去除极端、奢侈和过分，不走极端，不贪图奢侈，也不做过分之事。

老聃所指圣人的秉性是"方而不割，廉而不刿，直而不肆，光而不耀"(《老子》第50章)。圣人具有这四个方面的品质：方是方正、端正；廉是刚强；直是率直，不做作；光是光彩，光芒四射。这四个方面的品质加以不割、不刿、不肆、不耀的限制后，作为圣人就是有棱角而不生硬，刚正而不伤人，直率而不放肆，光彩照人而不刺眼。

老聃也给圣人赋予了"静"的特性，自"静"也是圣人治理天下的一种方法："我好静，而民自正"(《老子》第57章)和"不欲以静，天下将自定"(《老子》第37章)。

老聃的圣人待民之心为"无恒心，以百姓心为心""善者，吾善之；不善者，吾亦善之。信者，吾信之；不信者，吾亦信之"(《老子》第49章)。老聃的圣人又是"常善救人，故无弃人"(《老子》第27章)。

老聃笔下的圣人对待百姓没有偏爱，也没有区别，犹如"天地不仁，以万物为刍狗"一样，老聃的"圣人不仁，以百姓为刍狗"(《老子》第5章)。也就是圣人对待百姓犹如天地对待万物都是一样的，没有什么偏爱，也没有厚此薄彼。可以说

激荡春秋

——东周之历史、文化与思想

圣人对待百姓就像自然规律般对待人类公平公正，不会因某种主观因素而奉承或摒弃。从这个意义上讲，圣人是基于对自然的深刻认识和认同的"无爱无不爱"的"道主义者"。

老聃所推崇的圣人并不像儒家提倡的圣人那样对百姓进行礼教化，而是"行不言之教"。主张作为最高统治者的圣人以身作则，达到上行下效的效果："我无为，而民自化；我好静，而民自正；我无事，而民自富；我无欲，而民自朴。"（《老子》第57章）

作为国家理想的最高执政者，圣人"居无为之事"（《老子》第2章），"我无事，而民自富；我无为，而民自化；我好静，而民自正；我欲不欲，而民自朴"，并且说"侯王若能守之，万物将自宾"（《老子》第32章）。总而言之，"天下，神器也，不可为也"，这就是老聃的"以正治国"理念，也是"无为"思想的体现。

老聃这一圣人无为而治的治国方略可以由老聃关于"道"与"德"的理念推演出来，他说"道恒无为"及"上德无为"，作为得道之人的圣人自然而然地就会采取无为而治的治国理念。

在周王朝时代，人们所有的智慧无非是利用巧智博得人们的赞赏或者对他人、他国的争斗取胜，进而获得自己的更大利益。因此，老聃认为"民之难治，以其智多；故以智治国，国之贼，不以智治国，国之福"（《老子》第60章）。从根本上讲，以智治国也是与老聃的无为之治的思想相违背的。

从当时的治国现实而言，老聃是反对当时的诸多治国理念的。譬如说，他认为"法令滋彰"不但无助于社会的和谐稳定，反而会使"盗贼多有"。有一点值得非常注意的是，老聃推崇理想的国君——圣人，实际上是"无君"思想，只是在表达上老聃非常隐晦，也非常辩证。老聃推崇的国君——圣人，是一个理想人物，更重要的是作为国君的圣人是采用"无为而治"的治国方略。老聃在评价君主时说："太上，下知有之。"（《老子》第17章）统治者应该遵循"道"进行治国："道恒无为而无不为。侯王若能守之，万物将自化。"（《老子》第37章）老聃认为最好的侯王是百姓只知其存在即可，侯王只要能够遵循"道"，万物都将会宾服。这就是老聃解决治国问题的思路和方法。

统治者与被统治者，一直是人类历史上一个"强与弱"的矛盾统一体。老聃的无为而治理念，以现代政治术语来说，有点无政府主义和民众自治的色彩，也可以说是一种放任主义或者完全不干涉主义。老聃的思想如果推演下去，将近似于近代西方的民主政治。这一主张是与以礼治国的主张完全对立的，因为"礼"是人为强加的，不合乎人的自然属性，也不符合社会的自组织自然规律。

治国策略

首先，对统治者而言，执政者要诚信治国。"信不足焉，有不信焉"（《老子》第17章）。诚信不够，老百姓自然不会相信统治者。

其次，要公平治国，损有余而补不足。

老聃对当时的治国政策进行了猛烈抨击，认为那些政策都是统治者为强夺豪取，劫贫济富，以压榨贫苦的百姓来奉养统治集团而制定的。他在《老子》第77章中直接指出当时的治国之道是与"天道"背道而驰的，不符合"天之道（自然之道）"。治国应该符合"天之道"，即：

天之道，其犹张弓与。高者抑之，下者举之。有余者损之，不足者补之。

天之道，损有余而补不足。人之道，则不然，损不足以奉有余。（《老子》第77章）

老聃认为，天道是公平的，高、下，有余、不足，随时调节补充。"天之道（自然之道）"像拉弓射箭一样：弦拉高了，把它压低一些；弦拉低了，把它抬高一些。天之道（自然之道）就是减少多余的而弥补不足的。而现实社会实行的法则却反"天之道（自然之道）"而行，现实的社会法则不是取富补贫，而是劫贫济富。因此，治理国家关键是要做到"损有余而补不足"。

再次，是使社会和谐。

对于社会和谐问题，老聃除了"不争"与"不尚贤"之外，还提倡"和大怨"和"报怨以德"来从根本上解决业已存在的不和谐问题。除了上述的"损有余而补不足"治国原则之外，他还要求统治者对待民众公平，做到无亲无疏、无利无害、无贵无贱，公正无偏私，使民众不结怨恨。因此，老聃在《老子》第56章里说："故不可得而亲，亦不可得而疏；不可得而利，亦不可得而害；不可得而贵，亦不可得而贱。故为天下贵。"这对于现代社会而言，执掌裁判权的法官尤为重要，如果法官在作裁决时徇私舞弊，势必会招致民众的积怨，久而久之就会破坏社会秩序，严重时会导致社会动荡，甚至混乱。老聃在《老子》第66章里说的"是以圣人处上而民不重，处前而民不害。是以天下乐推而不厌"，也表述了他亲民而不狂妄自大的思想。

再其次，是治理国家要遵循俭啬的原则："治人事天，莫若啬。"啬也是老聃的三宝之一。"啬"既反对铺张浪费，也是防止过度行为的有效观念。对国家而言，俭啬可使国家增加储备，增强实力，使国家"深根固柢"。这样国家在应对各种灾难、威胁和危机时，才可立于不败之地。所以老聃又说"俭故能广"，这其中的道理是不言自明的。

最后，是老聃反对"以智治国"，认为"以智治国，国之贼"。老聃认为，统治者以智治国，不但违背其以正治国和诚信治国的主张，也会使百姓被迫以巧应对，使举国上下奸伪丛生，从而导致天下大乱。老聃又进一步阐述了其对待民众的主张："虚其心，实其腹，弱其志，强其骨，恒使民无知、无欲。"老聃还提出："非以明民，将以愚之。"（《老子》第19章）初一看老聃似乎有愚民思想，但老聃又有"我愚人之心也哉"（《老子》第3章）之自白。

老聃的用兵理念是以奇用兵，而他的治国理念则是以正治国。治国是一种常规化且持久的工作，所以必须"以正治国"。国家的长治久安与百姓的幸福生活，靠的是正当、适宜的治理方略。

老聃的"无为而无不为"和"自然而然"是一种更为广义的概念，在人类社会上，也是没有人为目的的，如在《老子》第17章所说的"功成事遂，百姓皆谓：我自然"。

老聃所描写的理想社会中尚有"甘其食，美其服，安其居，乐其俗"（《老子》第80章)，这当然不是使民绝对无欲，而是要人们"去甚，去奢，去泰"。因此，老聃又说"知足不辱，知止不殆，可以长久"（《老子》第44章)及"罪莫厚于甚欲，祸莫大于不知足。咎莫憯[①]于欲得。故知足之足，恒足矣"（《老子》第46章)。

相对与辩证

老聃首先提出了相对观并进行了深入探究，这在先秦诸子百家中是史无前例的。从世界范围来讲，亦属首屈一指。因此，就相对观而言，老聃可以说是世界哲学界的鼻祖。

如他在《老子》第2章说："天下皆知美为美，斯恶已；皆知善，斯不善矣；有，无之相生也；难，易之相成也；长，短之相形也；高，下之相盈也；音，声之相和也；先，后之相随也。"它告诉我们有了"丑"才能彰显出"美"，美与丑是相对的，也是相互依存的。善与恶、有与无、难与易、长与短、高与低、音与声、前与后等，既是相对的概念，同时又是相互依赖的。离开前者，后者不存在；离开后者，前者不成立。只有在相对的情况下，才能彰显出来。譬如说没有长，也就没有短了；反之亦然。

《老子》一书中的"物壮则老""正复为奇，善复为妖""曲则全，枉则直，洼则盈，敝则新，少则得，多则惑"及"祸兮，福之所倚；福兮，祸之所伏。孰知其极"等表述，都阐述了事物的两面性，事物会向着它们的对立面转化，这些都是老聃朴素辩证法思想的体现。因此，老聃是中国历史上当之无愧的第一位辩证法大家。

老聃还把"相对"与"辩证"融合到一起，提出了"对立统一"的思想，如："明道若昧。进道若退。夷道若纇[②]。上德若谷。大白若辱。广德若不足。建德若偷。质真若渝[③]。大方无隅。大器免成[④]。大音希声。大象无形。"（《老子》第41章)大直若屈。大巧若拙。大辩若讷。(《老子》第41章)这些语句往往后边是表象，前者是实质，表面上互相排斥，其实质是对立统一的，反映了他对事物的辩证认识。

---

① 通行本为"大"。憯(cǎn)，同"惨"，惨痛。

② 纇：本义为丝上的疙瘩，这里引申为不平坦之义。

③ 渝：本义为水由净变污，引申为改变，变。

④ 通行本为"大器晚成"；竹简本为"大器曼成"。

修身、为人与处世

前文已经对老聃的理想人物——圣人——进行了许多介绍，若要达到这个理想人物的境界，老聃给出的方法是修身。以修身为基点向社会方向扩展，就涉及为人与处世；向自身深入，就是养生。

《老子》一书的主旨思想是试图发现宇宙万物变化的法则。世上事物虽然千变万化，但事物演变的法则并不会改变。人如果懂得这些法则，按照这些法则来行动，自身就可以长生，如果再掌握这些法则，顺应这些事物的变化、演变，那事物的演变就会有益于人们。

在修身方面，主张"载营魄抱一"、专气致柔和涤除玄览三个方面：

第一是要"载营魄抱一"，做到意念专一。在古代，魂与魄不同，魄指依附于人的身体而存在的，魂则可以游离于身体而存在，魂与魄都属于精神层面。"载营魄抱一"就是要做到意念专一。

第二是要致柔。老聃是尚"柔"的，达到像婴儿一样"柔和纯朴"之境界。老聃还专门论述了"柔"的对立统一面"坚"，他说："坚强者死之徒，柔弱者生之徒。"（《老子》第76章）把"柔"作为一种生的象征，把"柔弱"作为一种长生的手段，而把"坚强"作为死亡的象征。"物壮则老，是谓不道"（《老子》第30章），也就是说有意造成或者强制制造成事物的强大，是违反道的原则的，其结果是"早已"——早日结束它的生命。而且老聃也坚信"柔弱胜刚强"（《老子》第36章）和"天下莫柔弱于水，而攻坚强者，莫之能胜。……弱之胜强，柔之胜刚"（《老子》第78章）。他进一步论述道"守柔曰强"，也就是说"守柔"是真正的"强"，这也体现了老聃的辩证思想。

第三则是清除内心的杂念与污垢，达到清明如一的状态。后人把这一思想延伸到修身与养生之中。

修身的结果要达到"知其雄，守其雌。知其白，守其辱。知其荣，守其辱"（《老子》第28章），使自己能够保持质朴淳厚的品德，思想上要进入清静、无欲、无为的境界。做到谨小慎微，见素抱朴，谦逊可亲，虚怀若谷，清净恬淡，宠辱不惊，知足知止。这也是老聃最关心的人生在世的全生、长生的答案所在。

在处世方面，老聃以"慈""俭""不敢为天下先"为三宝，就是把慈爱、俭啬收敛、谦下不争作为人生的法则。

对于人们的行为方式与规范，老聃警告人们"不自见，故明；不自是，故彰；不自伐，故有功；不自矜，故长。夫唯不争，故天下莫能与之争"（《老子》第22章）。又说："不知'常'，妄；妄作，凶。"（《老子》第16章）人应当懂得天地间万事万物变化规律，相对、相反相成的"常理"，也就是自然变化的规律。为人处世要合乎自然的"常理"，这也是老聃所说的"知常曰明"。知"常"就是"适可而止"，就是要达到某个有限的具体目标。

老聃具有贵身思想，他说"自爱，不贵身"（《老子》第72章），又说"外其身而身存"（《老子》第7章），其意思是说不刻意或者过分在意自己，结果反而保全了自己。这也说明老聃并不主张极端过分"贵身"。这种贵身爱身的思想，与俭啬不争的要求是一致的，所以，老聃说"夫亦将知止，知止所以不殆"（《老子》第32章）；当获得成功时，老聃又告诫人们："后其身而身先，外其身而身存。非以其无私邪！故能成其私。"（《老子》第7章）

清静、寡欲与节俭

在老聃看来，"静"是事物的根本特性之一，也是"人"应处于的一个根本状态。老聃在论述"清净"时说："静胜热，清静为天下正"（《老子》第45章）。老聃还拿出了动物（当然也包括人类）繁衍后代必须的动作作为论述的支持，他说："天下之交，牝（pìn）常以静胜牡（mǔ），以静为下"（《老子》第61章），牝是指雌性的，牡是指雄性的，在两性相交的过程中，雌性往往处在"下边"、处在被动的状态，而雄性则处于上边，往往是主动的。表面上是雄性处于"上"，但实际上，性交过程中，处"下"的雌性往往扮演着引导的角色，且能以静制动并保持长久的耐力。性交后的结果，是雌性有所得，实现繁衍生育。因此，老聃认为是雌性取胜于雄性。如果把这个实际情况应用人类身上，则是与我们习以为常的伦理观点相悖的。

老聃说"恒无欲也，以观其妙（miǎo）"，这也是老聃的一个研究、思考方法。老聃进而说"致虚极，守静笃。万物并作，吾以观复"（《老子》第16章），即欲认识和发现事物发展变化的奥秘，心静是一个必须保持的状态。老聃又说："夫物芸芸，各复归其根。归根曰静。"（《老子》第16章）在老聃看来，"静"是万物的根本特性或者原有的状态。因此，在治理国家、处理社会生活中的各种问题时，也应当遵循"静"的原则，因此他告诫统治者"静为躁君""轻则失根，躁则失君"，这样才能治理好国家而不"妄作"，才能避免危险和恶果。

除了"静"，另一个重要概念就是"寡欲"。"无名之朴，夫亦将无欲"（《老子》第37章）。当然圣人可以做榜样，"我无欲，而民自朴"（《老子》第57章）。尽管老聃这里使用的是"无欲"，但不能认为是绝对无欲。

在老聃看来，社会的发展使人失去了原有的德而滋长了欲望，导致欲望膨胀。人们竭力满足欲望以追求快乐，但人的欲壑难填，当人竭尽全力去追求满足奢侈的欲望时，其结果适得其反，正如老聃所告诫的那样："五色令人目盲，五音令人耳聋，五味令人口爽，驰骋畋猎令人心发狂，难得之货令人行妨。"（《老子》第12章）五色本可以悦目，但如果过之为极，则会"令人目盲"；五音本可以悦耳，但如果过之为极，则会"令人耳聋"。老聃为此提出了象征性建议："为腹不为目"。眼睛看外面的东西是没有限制的，通过眼睛观察到的外部，不仅为我们引路，也会给我们增加美的享受。同时，由于它的无限性，所以也容易引起人们的贪欲。而作为我们的肚子，也就是我们的胃口，其容量是有限的，填饱肚子也是我们生存的基本条件。这就是说，人要活着就要靠外物来养活自己，如获取食物，这就叫"为腹"。这里的"腹"是指人类生存的基本条件。但人活着，无论是文化驱使还是本性使然，我们往往被"外物"过度吸引。"外物"原本是为我们生存服务的，但当我们过分地去追逐外物时，我们反而成了"外物"的崇拜者，成了无为"外物"的奴隶，被"外物"所奴役。这不能不说是人类欲望的异化。消除这些过度的欲望，不为"外物"所左右，这就叫"不为目"！这里的"目"并非仅指我们的眼睛，它泛指我们的感官及对外界的感知。他还告诫那些贪欲的人："罪莫厚于甚欲，祸莫大于不知足。咎莫憯（cǎn）于欲得。"（《老子》第46章）

老聃认为，淳朴而无过高"欲"的百姓，其治理是容易的。过度的"欲"会导致民心混乱，"不见可欲，使民心不乱"（《老子》第3章）。

俭啬，老聃视其为三宝之一。对个人而言，所谓俭啬，就是要爱惜自身，收敛而不张扬，内心淳朴。因此，老聃认为唯有俭啬才能早早服道，才能重积德，才能不断聚积内在的力量，使自己立于不败之地。所以，俭啬就是长生久视之道。

《孙子》与《老子》

《孙子》是一部兵书，其主要是论述军事思想，但也具有概括、抽象、辩证等哲学思想，特别是对"形""势""虚实""奇正""专分""多寡"等概念的阐释。其中的一些论兵思想在哲理上是与《老子》中的论兵有关联之处的。

老聃在论述用兵时，强调了与以正治国不同的以"奇"用兵的方略，但他没有作详尽论述。"奇"也是《孙子》的核心概念之一：

> 三军之众，可使必受敌而无败者，奇正是也。（《孙子·势》）

又说：

> 凡战者，以正合，以奇胜。（同上）

也就是"凡是作战，总是以正兵迎敌，以奇兵取胜"。"正"主要是指常规战法，依据时代及战争而不同，"奇"主要是有别于常规战法的特殊战法。如声东击西的作战方法，声东是用的正（当然也是"虚"），击西（当然也是"实"）用的是"奇"。

> 凡战者，以正合，以奇胜。故善出奇者，无穷如天地，不竭如江河。终而复始，日月是也；死而复生，四时是也。声不过五，五声之变，不可胜听也。色不过五，五色之变，不可胜观也。味不过五，五味之变，不可胜尝也。战势不过奇正，奇正之变，不可胜穷也。奇正相生，如循环之无端，孰能穷之？（《孙子·势》）

孙武的"终而复始，日月是也；死而复生，四时是也"与老聃的"（强）字之曰：道。（吾）强为之容曰：大。大曰逝，逝曰远，远曰反（返）"（《老子》第25章）及"反（返）者，道之动"（《老子》第40章）是相承的。但老聃侧重于世界本源，属哲学层面，而孙武则是侧重于战争理论，属应用层面。

孙武接下来在论述"奇"的变化无穷时说"声不过五，五声之变，不可胜听也。色不过五，五色之变，不可胜观也。味不过五，五味之变，不可胜尝也"；而老聃则说"五色令人目盲，五音令人耳聋，五味令人口爽"（《老子》第12章）。两者的论述着眼点虽然不同，但所用的五色、无声、五味却是完全相同的。

最后孙武得出"战势不过奇正，奇正之变，不可胜穷也。奇正相生，如循环之无端，孰能穷之"？也就是说正兵和奇兵是辩证的统一，可以说奇中有正，正中有奇，奇正相生，变化无穷；老聃则说"祸兮，福之所倚；福兮，祸之所伏。孰知其极？其无正，正复为奇，善复为妖"（《老子》第58章）。可以说孙武与老聃的辩证思维是不谋而合的。

老聃在论述战争策略时说："吾不敢为主而为客，不敢进寸而退尺。"（《老子》第69章）而孙武也有类似的表述，且作了较为详尽的解说："昔之善战者，先为不可胜，以待敌之可胜。不可胜在己，可胜在敌。故善战者，能为不可胜，不能使敌之可胜。故曰：胜可知，而不可为。"（《孙子·军形》）这里孙武首先说"先为不可胜"，这也正是老聃的策略"吾不敢为主而为客"。孙武强调善战者"能为不可胜"，也就是说善于打仗的将帅，首先要"自保"，而且能够"自保"。至于能不能战胜敌人，不仅仅取决于我们，即使我们比敌人强大。所以说，我军实力强于敌方时，是可以预知胜利的，但仅凭实力强于敌方就采取进攻以图战胜敌人是不可取的，因为如果敌人不犯错误，也是无机可乘、难以取得胜利的。这从某种意义上讲，也是不可强为的思想体现。

老聃有"行无行，攘无臂，扔无敌，执无兵"（《老子》第69章）的作战方针；孙武则有"故形人而我无形，则我专而敌分"（《孙子·虚实》），其意是说"使敌人暴露形迹，而我方却隐蔽实情，没有显示形迹，这样我方就能集中兵力，而敌人却分散兵力"。孙武又说："善攻者，敌不知其所守；善守者，敌不知其所攻。微乎微乎，至于无形；神乎神乎，至于无声，故能为敌之司命。"（《孙子·虚实》）在具体作战方针上，两者也是相近的。老聃表述得更为抽象，而孙武则更为具体。

孙武在"五事"中第一个提到的就是"道"。孙武的"道"与老聃的"道"虽然不在同一层次上，但并不一定没有关联性。老聃的"道"是哲学意义上的道，包含了形而上之宇宙本原、本体和万物的运动变化所遵循的规律、人类社会和生活的准则、个人修养的最高境界等诸多含义；孙武的"道"，其内涵仅限于政治与军事领域。老聃说："人法地，地法天，天法道，道法自然。"（《老子》第25章）显然这里的"地""天""道"是不断递进的范畴，"地"和"天"均要遵循"道"的规律；而在《孙子》"五事"之中，"道"是与"天""地"并列平行的，"道"并不具有统领后两者的地位。虽然《老子》与《孙子》两书所论述的"道"各有不同指向，我们不能推断《孙子》哲学思想源于《老子》，但也不能断然否定《孙子》与《老子》具有渊源关系。

孙武与老聃在语言表述上也有相似性。如《虚实》篇的"微乎""神乎"与《老子》的"惚兮，恍兮"（《老子》第21章）；"无形""无声"与《老子》中的"大象无形""大音希声"（《老子》第41章）。这不仅仅是表述上的偶然相近，而且是思想上的关联性。因此，笔者认为孙武与老聃所处的时代相距不会太远；或者说《老子》与《孙子》的成书时间较为相近，至少是其中的某些内容。可以说孙武（《孙子》）的思想与老聃（《老子》）的思想有着割不断的内在渊源。

4.5　复礼尚仁——孔丘与孔学

孔丘（今通称孔子及孔夫子，公元前551～前479年）是中国家喻户晓的"圣人"，是中国私学教育的开创者和杰出代表。就儒家思想而言，虽说孔丘是奠基人，但儒家思想并非由孔丘首创，它可以追溯到西周前期。在殷商属国周联合西部各方势力成功克商后入主中原，在经历了内乱与平定周边之后，周王朝的统治地位得以稳定。这期间，周王朝的统治者在总结商王朝衰败原因的基础上，开始建立有别于商王朝的统治体系。除了用分封制来分享胜利果实之外，在意识形态上也抛弃了商王朝仅仅依靠"天命"的统治手段，把最高统治者冠以上天之元子——天子，并逐步制定了严格的统治制度——等级森严的礼制，周王朝的最高统治者——天子凌驾于诸侯之上，而这正是后来儒家思想的社会基础。礼乐制度作为一项国家大政方针是在西周时逐渐形成的，其至于完善约经历了二三百年的时间。最后，周王朝形成了以分封制、宗法制、井田制和礼乐制为核心的政治、思想、经济与文化政策，成为有别于前商朝的国家。

作为周克商的大功臣，周王朝初期的实际统治者周公姬旦被后来的儒家塑造成"元圣"，也被宣传成礼乐制度的制定者。姬旦是否为礼乐制度的制定者，取决于姬旦的言行，而非后世的宣扬。前文对周公姬旦的言论多有引用，其言论记述在《书·周书》中，多数都是周成王登位之前的言论。关于施政方针，姬旦的言论集中在周王朝基本稳定之后。无论是代表周成王的讲话还是对年轻君主的教诲，除了继承其父西伯姬昌的思想之外，多是与商末文化一脉相承的。譬如：

> 封，敬明乃罚。人有小罪，非眚，乃唯终自作不典，式尔，有厥罪小，乃不可不杀。

> 王（姬旦）曰：汝陈时臬事罚，蔽殷彝，用其义刑义杀，勿庸以次汝封。

（《书·周书·康诰》）

也就是说，对刑罚要谨慎严明。如果一个人犯了小罪，而不是过失，还经常干一些违法的事，那么，虽然他的罪过最小，却不能不杀。

在周公姬旦的这些言论中，尚未发现有与后来孔丘所提倡的礼乐相关的内容。在周成王登位后，历史文献中既没有姬旦言论的记载，也没有其行动的有关记载，姬旦从此从历史文献中销声匿迹，这也给后人"创造"了再塑造理想化的周公的空间。

那么儒家为什么把周公姬旦推上元圣的地位呢？

首先，要从周公姬旦氏族说起。姬旦一族是构成周的氏族统治的最重要一族，但从血缘集团中的新君王确定后，举行确认仪式昭告天下并让其他血缘氏族族长认可，周公就是掌管这一"登位"仪式的氏族族长，周公姬旦一族也是祭祖祭祀典礼的首席司仪。从这个意义上讲，周公姬旦是周王朝儒者(登基、祭祖等重大活动的司仪)的鼻祖。姬旦一族(历代周公)的另一个重要责任就是对陪都雒邑及其周围进行统治。到了西周末年(公元前770年)，周王朝分裂成东西两方，东为周平王，西为周携王。周平王在雒邑登位，雒邑一带的统治者就变成了周王，周公一族便退居二位，成了周王身边的辅佐者。因此，周公姬旦一族在周王室统治集团中具有举足轻重的地位。

其次，要从孔丘的故乡鲁国的历史说起。鲁国是周公姬旦的封地，"封周公旦于少昊之虚曲阜，是为鲁公。周公不就封，留佐武王。"(《太史公书·鲁周公世家》)也就是说姬旦是鲁国创立的鼻祖。司马迁在《太史公书》中的"鲁世家"中间还特别加入了"周公"两个字，且不论周武王在世时期周王朝的统管力是否延伸到曲阜，"留佐武王"的周公与"是为鲁公"一人占有两种身份也是令人费解的。另外，鲁国初代国君伯禽是不是姬旦的嫡系后代也是值得商榷的，因为作为姬旦兄长的周武王姬发的长子尚为孺子，不能亲政，那么，作为弟弟的姬旦的儿子就已成长到可以胜任一方诸侯吗？因此，笔者认为去鲁地赴任的很可能是姬旦的族人。

姬旦为克商、建立周王朝立下了汗马功劳，是周王朝的开国元勋。姬旦在周王朝初期，一度居(摄政)王位执掌政权，但并没有一直占据王位。无论是姬旦还是其氏族，其在周王朝所处的地位，是除周天子之外首屈一指的。

最后，就是儒学的奠基者孔丘。孔丘非常向往姬旦的成就，对他推崇备至。孔丘赞叹"如有周公之才之美，使骄且吝，其余不足观也已"(《论语·泰伯》)，"甚矣，吾衰也！久矣，吾不复梦见周公"(《论语·述而》)。孔丘之所以对姬旦推崇备至，一个最大的原因恐怕是姬旦在周王朝的历史地位、作用和行为；另一个就是姬旦还是鲁国国君的氏族祖先。对于生为鲁人，又深受周礼文化影响的孔丘而言，崇拜周公姬旦也是自然而然的。孔丘此举的目的，一是表明他想要辅佐君主；二是赞美鲁国国君的先祖，可以说是一举两得。

在孔丘所处的时代，天子已不足以以德治国，"克己复礼"成了孔丘的最佳选择，周公是力图挽救周王朝的理想古人！孔丘没有成王的野心，也没有那个思想，更没有现实可能性。以周公为榜样，不但符合周王室，也符合鲁国利益，是容易被君主所接受的，也就可以实现他入仕的目的，在这方面孔丘可谓不遗余力。

如前所述，克商初期周人还没有登基这样的"礼仪"礼规，举行大型庆典时，还要百官现学商礼。因此，在克商入主中原初期，周人是没有详细周密的礼规的。其礼也是在沿用、改造商礼的基础上逐渐形成的，周在克商前毕竟只是商的方国，相比商是一个蕞尔小国。从《书》中有关姬旦的言论记载来看，周初的治国行为除了沿用改造过的天神观之外，就是继承了古代传承下来的以德治国的理念。在周公姬旦的言论中，几乎找不到关于礼制的言论，因此，汉人传说周公制礼作乐是非常值得探讨的。从现在的先秦资料看，笔者认为把周公说成是礼乐制的始创者，显然是汉代及之后的伪造。他们为礼制找到了"鼻祖"，找到了不二人选。

4.5.1 孔丘其人

孔丘是周王朝传统文化的继承者和崇尚者。

尽管还原真实的孔丘是一件非常复杂而艰难的工作，但要正确认知孔丘的思想，了解孔丘的身世及经历是必要的。

孔丘出生于鲁国陬邑（今山东省曲阜市尼山镇境内），幼时丧父，少年时丧母，因此少年时代的孔丘是在不寻常的家庭中度过的。那个时代并不像我们现在以儒家思想为基础的伦理观，作为私生子的孔丘似乎也没有受到什么创伤。《太史公书·孔子世家》记载孔丘从小就好礼："为儿嬉戏，常陈俎豆，设礼容。"也就是说在儿童玩耍时，孔丘经常以"礼仪"作为游戏来玩。孔丘所在的鲁国，是"周礼尽在"的侯国，其礼教文化氛围最为突出。在这样的文化氛围中，孔丘后来成为儒学大师也就不足为奇了。

孔丘的出身是"贱民"，孔丘曾自称"吾少也贱，故多能鄙事。君子多乎哉？不多也"（《论语·子罕》）。孔丘家境也比较穷，因此才有"孔子贫且贱"（《太史公书·孔子世家》）之说。在孔丘所处的奴隶制时代，从姓氏可以区别贵贱，决定婚姻。当时，贵族才有姓氏，平民和奴隶只能有名、字而已，孔丘生前也没有姓。"孔"姓是他的门徒在他去世后确定的。这就是我们如今所说的孔丘的祖先是商朝后裔，与商王同姓"子"。孔丘的祖先孔父嘉（字"孔父"，名"嘉"）为宋国贵族，其后代分出来成为独立一家，以"孔"为氏，这就是孔丘子姓孔氏家族的由来。孔丘的祖先经过多代人的辗转迁移，来到鲁国。孔丘小时候从做雇工开始，在贵族家里打工糊口。由于孔丘非常好学，慢慢学会了不少技能，如算账等，还做过账房伙计。后来据说升为司空，负责贵族家族的房屋土木工程。由于在贵族家里工作，也就耳濡目染贵族日常生活的很多东西，尤其是礼仪方面的知识与实践。可以说孔丘利用了一切机会来学习这些知识。《论语·八佾》篇说他"入太庙每事问"，时刻注意"礼"的事情。太庙是国君氏族祭祀其祖先的地方，是礼仪最高的实施场所。

孔丘在这里询问学习，无疑是对这些礼仪的推崇与认可。可以说青少年时代的孔丘除了是雇工之外，还是一个好礼而又勤于学礼的年轻人。积累自己的知识之后，孔丘投身于为婚丧嫁娶服务的行业，这一行业是和传统文化与习俗密切相关的。

儒者、教书与司政

孔丘所处的时代是一个剧烈嬗变的时代，用孔丘自己的话来讲，是一个"礼崩乐坏"的时代。虽然是"礼崩"，但周礼在民间仍有相当的影响力，民俗也不可能很快脱胎换骨。婚丧嫁娶等民间风俗，仍延续着烦琐复杂的周礼，尤其是那些原来为官的，其自家原有专人操办，而今落入民间仍想守"礼制"，但自己又无这方面的知识，就聘请那些熟悉婚丧嫁娶、祭祀或其他礼仪规矩的人做司仪，这些人就是所谓的"儒"或"儒者"。

孔丘随着有关"礼教"知识的增长，进入了司仪服务业。这也是孔丘学以致用吧！

关于这一职业之所以被称为"儒"，据徐中舒《甲骨文字典》考释，甲骨文的儒，像人沐浴濡身之形。上古原始宗教举行祭礼之前，司礼者必斋戒沐浴，以示诚敬。学者一般认为儒是源于殷商时期甚至更早的一种以宗教司仪为生的职业，负责操办治丧、祭神等带有宗教和祭奠性质仪式的从业者。战国末年的儒家集大成者荀况（今通称荀子，约公元前313～前238年）在《礼论》篇论述"礼"时说："大象其生以送其死，使死生终始莫不称宜而好善，是礼义之法式也，儒者是矣。"（《荀子·礼论》）它说出了儒者的具体工作。章太炎[1]在《国故论衡》里说："儒本求雨之师，故衍化为术士之称。"胡适[2]认为儒者为殷遗民，而这些人在殷商被周取代后沦落为执丧礼者，儒为周代社会对此类术士之蔑称。因从事这些职业的人为亡国之遗民，在社会上只能以柔弱之势存在。因此，东汉许慎《说文解字》在对"儒"解释时说："儒，柔也，术士之称。"这也是合乎逻辑的。考虑到孔丘为殷商后裔，其从事儒业也是合情合理的。据郭沫若考证，"儒"本是鄙称，儒家这一称号并不是孔丘自封家号，而是墨家对孔丘这一学派的称呼。如今我们所称的儒家以孔丘为宗师，甚至追溯到孔丘崇尚的周公姬旦。

由于孔丘酷爱周礼，他曾长途跋涉到鲁国周边的侯国进行实地考察，拜访名家以便研究"礼"的历史轨迹及"礼制"。他在三十多岁时，曾千里迢迢到当时的周王室的王城雒邑去拜访在那里做守藏室史官的老聃。除了去周王城之外，孔丘还去了其他几个国家。

由于社会激烈的动乱与巨变，贵族集团也出现了剧烈变动，有的失去了其贵族头衔和相应的社会地位，一些做"官学"的人和以"官学"为生的人失去了其

---

① 章太炎（1869～1936年）：清末民初民主革命家、思想家、学者。

② 胡适（1891～1962年）：现代思想家、文学家、哲学家。

"官学"职位。同时，由于社会需要操办婚丧嫁娶的文化人，这些失去"官学"职位的人继续从事教育事业，"私学"由此诞生。

由于孔丘精通礼仪，开始从事司仪服务业。而后，孔丘也加入了"私学"的潮流，开办私学堂。

孔丘的私学培养了不少儒学学生并代代相传，这样随着私学教育的发展，培养了众多以儒学为学的学生。随着儒生的逐渐增多，儒学的影响日益广泛，儒家思想也成为百花齐放中的一朵绚丽花朵。正因为如此，孔丘成了我国第一代私学教师中的杰出代表。需要指出的是，这时的儒学只是诸学百花中的一朵，而非一枝独秀。

由于职业的需求与个人价值观的取向，孔丘从教授内容到学生的培养，逐渐形成了自己的观点与流派。孔丘在教授儒家知识的同时，还积极宣传"克己复礼"的政治主张，并积极介入政治，不失时机地踏入政界，试图通过从政来实现其政治抱负。有史料显示孔丘进入鲁国政府成为官吏，有的说只是做类似咨询顾问之类的工作，也有的说只是贵族的客卿，但无论怎样，就其"入仕"理念来讲也是可以理解的。譬如，孔丘35岁那年去了齐国，"为高昭子家臣，欲以通乎（齐）景公"（《太史公书·孔子世家》），也就是说到齐国，在高昭子家作家臣，尔后通过高昭子见到了齐景公（姜姓吕氏，名杵臼，公元前547～前490年在位），目的很明确，就是想入仕。齐景公问孔丘如何为政，孔丘回答说"君君，臣臣，父父，子子"，后又说"政在节财"。孔丘的观点一时得到了齐景公的认可，但遭到三朝元老、名臣晏婴①的反对，孔丘在齐的入仕当然也没有成功。

孔丘教书育人，今天我们常说教授的内容为"六经"，即《诗》《书》《礼》《乐》《春秋》和《易》，也即在汉武帝时代被奉为儒学经典的"五经"，五经中不包含《乐》。其实这与孔丘实际教授的内容是有出入的。

孔丘所教授的科目一般被认为是六艺，即"礼、乐、射、御、书、数"。其中驾驭与箭术为实用技能，也是"士"阶层的必备技能，"礼、乐、书、数"则是儒家之学的文化课。但这些科目也不能确定孔丘是什么时候开始教授的。譬如"乐"，孔丘在35岁之前没有学过，即使孔丘35岁之前开设私塾，也不可能教授"乐"。学问是与年龄及阅历有关的，尤其对孔丘这样自学成才的人而言。

对于"六艺"的内容为"礼、乐、射、御、书、数"是比较可信的。但到汉代独尊儒术后，"六艺"被演化为"六经"。纵观孔丘弟子及再传弟子所编的孔丘言行录《论语》，孔丘并未对教授内容进行分类，也未有涉及"六艺"总论及功用的言论。但对孔丘多能之事在《论语》则是有反映的：

---

① 晏婴（？～公元前500年）：晏氏，字仲。齐灵公二十六年（公元前556年）晏婴继任为上大夫，历任齐灵公、庄公、景公三朝，辅政长达50余年。

太宰问于子贡曰："夫子圣者与？何其多能也？"子贡曰："固天纵之将圣，又多能也。"子闻之，曰："太宰知我乎？吾少也贱，故多能鄙事。君子多乎哉？不多也。"（《论语·子罕》）

对于多能之事，孔丘自己解释为"我因为少年时地位低贱，所以会许多卑贱的技艺"或许是一种真实的写照。但是，到了汉代，孔丘被高举为圣人，当然其教授的科目都是高屋建瓴的经典，"六艺"也就自然而然演变成"六经"了。

其实，孔丘在教授的科目上，如他自己所言，多为"鄙事"，主要是面向中下层人士，而且可能缺少一些上层统治者所必备的知识，尤其是当时的王侯贵族，他们当然会有他们的专职老师。参照一下楚国国君熊旅（今通称楚庄王，公元前613～前591年在位）时期的太子师傅教授科目的目录，也可以对比一下贵族出身的韩非（今通称韩非，韩桓惠王之子，约公元前280～前233年）的著作涉猎的范畴，就会发现其明显差别。

楚庄王熊旅时期的太子师傅士亹（wěi）询问士大夫申叔时如何教育太子，申叔时回答说："教太子读史书，可以让太子懂得扬善抑恶，警戒、劝勉太子的心志；教太子读《世》，可以使太子彰显明德而废弃幽昏品行，来鼓励和引导他的行为；教太子读《诗》，可以引导太子拓广美德，从而照亮太子的志向；教太子读《礼》，可使他懂得尊卑上下的法度；教太子听'乐'，可洗涤污秽的心灵，镇服轻浮而使其稳重；教太子读《令》，使他了解百官的职事；教太子读《语》，让太子懂得彰显其德的重要性，知道先王致力于用美德施政于百姓；教太子读《故志》，使他懂得历代兴衰的道理而引以为戒；教太子读《训典》，使他知道宗族类别与繁衍，能够用它来进行比较、比照。"[①]

由此我们可以发现，贵族太子接受教育时所教授的科目要比孔丘所教授的科目宽泛得多。当时的楚国并没有被周王室公平接纳，属于"半蛮夷"侯国，自称为王的楚国国君的爵位是子爵。即便如此，楚国太子的学习内容也是非常丰富的。有一点值得注意的是，在列举的科目中没有《易》。

这些书籍大多从西周开始就逐渐形成，其内容都是作为教育贵族子弟的素材，但与我们现在见到的不同，现在见到的版本都是经过后人重新编辑的。

作为儒学经典的六经，即《诗》《书》《礼》《乐》《春秋》和《易》，除《春秋》之外，其他经典都是从西周开始就逐渐形成，这些书籍的内容都是教育贵族子弟的素材。而《春秋》是记述东周前半部分的历史类书籍。如前所述，孔丘与《春

---

① 《国语·楚语（上）》：(士亹)问于申叔时，叔时曰："教之《春秋》，而为之耸善而抑恶焉，以戒劝其心；教之《世》，而为之昭明德而废幽昏焉，以休惧其动；教之《诗》，而为之导广显德，以耀明其志；教之礼，使知上下之则；教之《乐》，以疏其秽而镇其浮；教之《令》，使访物官；教之《语》，使明其德，而知先王之务用明德于民也；教之《故志》，使知废兴者而戒惧焉；教之《训典》，使知族类，行比义焉。"

秋》无关，至少是与现在通行的《春秋》无关。

《诗》大约成书于公元前6世纪，汇集了从西周初年到春秋中期500多年的诗歌，现存的为305篇（原311篇）。先秦称为《诗》，或取其整数称"诗三百"。

关于《诗》还有一种广为流传的说法，就是孔丘删节《诗》之说，即现在《诗》中的300多首是孔丘从3000余首中挑选出来的。这个说法记载于司马迁的《太史公书·孔子世家》："古者《诗》三千余篇，及于孔子去其重，取可施于礼义。"《论语·为政》记载了孔丘论《诗》："《诗》三百，一言以蔽之，曰：'思无邪'。"这里的"思"是助词，并非思考的"思"。如果孔丘删节是事实的话，那么孔丘是按照什么标准呢？当然是孔丘认为"无邪"的诗才被录入选集，这样无疑会删节大量被孔丘认为"有邪"的诗。依据当时孔丘所坚持的道德标准进行删节，那么这无疑会使色彩斑斓的《诗》变得单调，不免会造成文化传承的巨大损失。司马迁在《太史公书·屈原贾生列传》中说过："国风好色而不淫，小雅怨诽而不乱。"我们的文化发展到如今，"好色"已经不是正面词汇，而是一个负面的消极词汇！

据《左氏春秋·襄公二十九年》记载，公元前544年吴公子季札至鲁国观乐，鲁乐工为他所奏的诗"风"次序与今本《诗》基本相同，说明那时已有了一部《诗》，此时孔丘年仅8岁。孔丘说："吾自卫返鲁，然后乐正，雅、颂各得其所。"（《论语·子罕》）可以推知，孔丘曾为《诗》正过乐，只不过那是公元前484年（鲁哀公十一年）冬，孔丘从卫国返回鲁国后的事情了。春秋后期新乐兴起，古乐失传，《诗》便只有诗歌流传下来，成为今之所见的诗歌总集。孔丘把读《诗》、用《诗》作为一种文学修养，有"不学《诗》，无以言"的论述。

作为儒学经典的《易》，孔丘当时是否讲授，要打一个大大的问号。无论从孔丘言行录《论语》中的思想性及记录，还是从历史文献看，孔丘的思想与《周易》没有什么关联。在《论语》中唯一提及《易》的是《论语·子路》篇，其中有：

> 子曰："南人有言曰：'人而无恒，不可以作巫医。'善夫！""不恒其德，或承之羞。"子曰："不占而已矣。"

这里的"不恒其德，或承之羞"是《周易》64卦第32卦恒卦中的爻辞，巫医是指用卜筮为人治病的人。这是在论述与卜筮有关的内容，《易》为占卜之书，被引用也是正常的。我们也知道"（孔）子不语怪、力、乱、神"（《论语·述而》），从这一意义上讲，孔丘讲授《易》也是不合逻辑的。从孔丘言行录《论语》中的思想性及记录看，几乎看不到《易》的思想影响痕迹。总之，仅凭借这一句，就断定孔丘讲授《易》显然是缺乏说服力的。但如果说孔丘知道《易》的一些内容，也是不足为怪的。

在成书于战国中晚期的《庄子·天运》篇中提及"孔子谓老聃曰：'丘治《诗》《书》《礼》《乐》《易》《春秋》六经，自以为久矣，孰知其故矣，以奸者七十二君，论先王之道而明周、召之迹，一君无所钩用。'"在《庄子》的另一篇《天下》篇中则有"其明而在数度者，旧法世传之史尚多有之。其在于《诗》《书》《礼》《乐》者，邹鲁之士、缙绅先生多能明之"。也就是说"旧的法度，历史上已有许多的记载。这些记在《诗》《书》《礼》《乐》之中的内容，邹（春秋时期的侯国名，孟轲故乡，在今山东省西南的邹城一带）、鲁两地（鲁国是周公姬旦的封地，而周公姬旦传说是礼乐的制定者，也被认为是儒家文化的鼻祖，因此鲁与不远的邹儒家文化比较盛行）的文化人和官吏们大多也都熟知"。

在这些邹鲁士绅所学的科目中没有《易》与《春秋》。或许《春秋》保密级别高，而《周易》对于一般人，即使是绅士，也没有什么用途或者兴趣。

在儒家历史文献中，《孟子》始终未言及《周易》，直到战国末年荀况的著作《荀子》中才言及《周易》。因此，从《周易》的影响、扩展及《论语》的成书年代来看，笔者认为孔丘是没有教授过《周易》的，应该也不会精通《周易》的。

需要指出的是，如今通称的《周易》分两部分：一部分是《易》，也可称之为《易经》；另一部分是《十翼》，也称《易传》。《十翼》不知谁著，但不会早于战国时期。

因此，从孔丘的学问（当然与他的年龄及阅历有关）看，六艺"礼、乐、射、御、书、数"为一般课程，至于《诗》《书》及《周易》（很难肯定包括《易》），孔丘能教授多少，就很难说了，这是高级课程。

六艺中的另一科目"乐"是与周王朝治国相关的科目，也是与意识形态相关的科目，即我们常说的礼乐治国。《乐》不但讲究乐理，对普通人而言更多的是演奏技巧。这些都是孔丘非常喜欢的"乐"，他在35岁时去齐国"为高昭子家臣，欲以通乎（齐）景公"时才在那里听到"乐"，而"与齐太师语乐，闻《韶》音，学之，三月不知肉味，齐人称之"（《太史公书·孔子世家》），而在《论语·述而》篇中的记述则为"子在齐闻《韶》，三月不知肉味，曰：'不图为乐之至于斯也。'"孔丘在周游列国期间，"学鼓琴师襄子，十日不进"（《太史公书·孔子世家》），也即孔丘向师襄子学习鼓琴，学了十天仍止步不进。过了好长一段时期，孔丘才领悟到曲子的内涵。此时的孔丘已经60多岁高龄了。然而，司马迁又说："'《关雎》之乱，以为《风》始，《鹿鸣》为《小雅》始，《文王》为《大雅》始，《清庙》为《颂》始。'三百五篇，孔子皆弦歌之，以求合《韶武》《雅》《颂》之音。三百五篇，孔子皆弦歌之。"（《太史公书·孔子世家》）不知是为了突出学"乐"之难，还是宣扬孔丘有过人之才？从《太史公书》对孔丘学"乐"的记述，很难判断孔丘对"乐"的精通程度。因此，作为其授业之一的"乐"教授到什么程度，也是非常值得探讨的。尽管孔丘非常热爱"乐"，以至于听到"乐"三个月不知肉味；也非常附会统治者的重"乐"，但纵观《论语》，并未见孔丘对"乐"的社会作用及乐理进行系统论述，只是赞誉先王们的"乐"是如何伟大而已。

从孔丘所教授的内容，可以看出其教育思想与目的。简单讲，就是"入仕"，即培养官吏，当然我们不能否认其文化教育意义。这一点，我们可以从《论语·子路》中记述的樊迟向孔夫子请教种粮食的故事中略见一斑：

樊迟向孔丘请教稼穑之事，孔丘说："我比不上老农民。"樊迟又请教种菜，孔丘说："我比不上老菜农。"樊迟出去后，孔丘说："樊迟真是个小人（下等人）啊！如果统治者讲求礼治，那么百姓就不会不尊敬他；如果统治者讲求道义，那么百姓就不会不服从他；如果统治者讲求信用，那么百姓就不会不说真话。如果能做到这样，其他地方的百姓都会带着子女来归附他，哪里还用得着种粮食呢？"[1]

本来论种地孔丘比不上老农是很正常的，毕竟从孔丘的个人经历看，他曾在富贵人家当佣人、杂工，而后以儒者和教师为职业，不善耕种也是很正常的。但在樊迟走后他的一番论述，不难看出孔丘是鄙视农耕和农民的。当然，孔丘培养的是"大人"，只要当上"大人"自然也就不用种地了。不过，地还是需要人去种的，只不过孔丘教授的内容不涉及农业，他也鄙视耕种。

孔丘以入仕为目的的教育方针，被后来的孟轲作了最为清楚的表述，那就是"劳心者治人，劳力者治于人"（《孟子·滕文公（上）》）。孟轲还有"盖学优则仕，非仕则无以为生。故曰：'士之仕也，犹农夫之耕也，农夫岂为出疆，舍其耒耜哉？'"（《孟子·滕文公（下）》）由此可见儒家的教育思想及目的。

对于孔丘的教育思想，多有以"有教无类"进行褒扬的。但这往往没有搞清楚孔丘是何时、何地、何种情况下说这句话的。

孔丘被迫离开鲁国后，便踏上了寻求入仕的流浪生涯。其间，一次孔丘被迫离开卫国去陈国，途中在一个叫匡的地方遭到围困。孔丘及其弟子整整5天都不得脱身。虽然历经磨难，但孔丘还是坚持授业，给弟子们谈仁论礼。这句"有教无类"就是孔丘在这期间所说的一句话。这句话的前面是"当仁，不让于师""君子贞而不谅""事君，敬其事而后其食"，后面是"道不同，不相为谋"（《论语·卫灵公》），显然孔丘不是在论述办学之事，而是在宣传其主张，主张给所有人，不分类别宣传其理念。即便是谈论招收学生之事，也是在他们处于极其艰难的环境下所采取的应急措施。另外，这时孔丘已经60多岁，如果60多岁才表达其教育思想，显然是不能判断为其终身教育理念的。因此，也大可不必将其上升到孔丘伟大的教育思想的高度。在《论语·述而》篇中有"子曰：'自行束脩（xiū）以上，吾未尝无诲焉。'"这里孔丘说："只要自愿拿着十条干肉为礼来见我的人，我从来没有不给他教诲的。"这十条干肉对于今天的一般家庭来讲，并不是什么昂贵的

---

[1]《论语·子路》：樊迟请学稼。子曰："吾不如老农。"请学为圃。曰："吾不如老圃。"樊迟出。子曰："小人哉，樊须也！上好礼，则民莫敢不敬；上好义，则民莫敢不服；上好信，则民莫敢不用情。夫如是，则四方之民襁负其子而至矣，焉用稼？"

东西。但在孔丘那个年代可能是一笔非常大的花费。孟轲曾经有一个理想，就是能让“七十者可以食肉矣”《孟子·尽心（上）》。可见在战国中期孟轲的年代，普通百姓也是很难吃上肉的。当然，孔丘办的是私学，收取一定的礼物或者学费也是合情合理的，毕竟孔丘也要吃饭、也要生活的。因此，没必要把孔丘的教学拔高到“有教无类”的高度，也没必要因为孔丘收学费就贬低他。

在孔丘时代，作为私人教师的并非只有孔丘一人。在《庄子·德充符》篇中有这样的记述：

> 鲁有兀者王骀，从之游者与仲尼相若。常季问于仲尼曰：“王骀，兀者也，从之游者与夫子中分鲁。立不教，坐不议，虚而往，实而归。固有不言之教，无形而心成者邪？是何人也？”仲尼曰：“夫子，圣人也，丘也直后而未往耳。丘将以为师，而况不若丘者乎！奚假鲁国！丘将引天下而与从之。”

也就是说有位身残志不残的王骀是与孔丘同时代的教师，在鲁国与孔丘齐名。可以说孔丘是当时私学教师的佼佼者，而非唯一教师。

还有一位是少正卯。在孔丘56岁时，孔丘入仕鲁国公室，据说一度升到大司寇并代理相国。在他代理的第七天做出了震惊朝野的事情，杀死了持不同政见者的私学教师少正卯：

> 孔子为鲁摄相，朝七日而诛少正卯。门人进问曰：“夫少正卯，鲁之闻人也，夫子为政而始诛之，得无失乎？”孔子曰：“居，吾语女其故。人有恶者五，而盗窃不与焉。一曰心达而险，二曰行辟而坚，三曰言伪而辩，四曰记丑而博，五曰顺非而泽。此五者有一于人，则不得免于君子之诛，而少正卯兼有之。故居处足以聚徒成群，言谈足饰邪营众，强足以反是独立，此小人之桀雄也，不可不诛也。”《荀子·宥坐》

这一事件在《孔子家语·始诛》中也有记述：

> 孔子为鲁司寇，摄行相事，有喜色。仲由问曰：“由闻君子祸至不惧，福至不喜，今夫子得位而喜，何也？”孔子曰：“然，有是言也。不曰乐以贵下人乎？”于是朝政，七日而诛乱政大夫少正卯，戮之于两观之下，尸于朝。三日，子贡进曰：“夫少正卯，鲁之闻人也，今夫子为政，而始诛之，或者为失乎？”孔子曰：“居，吾语汝以其故。天下有大恶者五，而窃盗不与焉。一曰心逆而险，二曰行僻而坚，三曰言伪而辩，四曰记丑而博，五曰顺非而泽，此五者有一于人，则不免君子之诛，而少正卯皆兼有之。其居处足以撮徒成党，其谈说足以饰褒荣众，其强御足以反是独立，此乃人之奸雄者也，不可以不除。夫殷汤诛尹谐、文王诛潘正、周公诛管蔡、太公诛华士、管仲诛付乙、子产诛史何，是此七子，皆异世而同诛者，以七子异世而同恶，故不可赦也。诗云：‘忧心悄悄，愠于群小，小人成群，斯足忧矣。’”

这一事件也被收入了《太史公书·孔子世家》：

（鲁）定公十四年，孔子年五十六，由大司寇行摄相事，有喜色。门人曰："闻君子祸至不惧，福至不喜。"孔子曰："有是言也。不曰'乐其以贵下人'乎？"于是诛鲁大夫乱政者少正卯。与闻国政三月，粥羔豚者弗饰贾，男女行者别于涂，涂不拾遗，四方之客至乎邑者不求有司，皆予之以归。

那么孔丘为何要杀少正卯？从一些历史文献中，我们也可以发现一些线索。东汉王充在其所著《论衡》中谈到这一事件时说：

少正卯在鲁，与孔子并。孔子之门，三盈三虚，唯颜渊不去，颜渊独知孔子圣也。夫门人去孔子归少正卯，不徒不能知孔子之圣，又不能知少正卯，门人皆惑。子贡曰："夫少正卯，鲁之闻人也。子为政，何以先之？"孔子曰："赐退，非尔所及。"夫才能知佞（ning）若子贡，尚不能知圣。世儒见圣自谓能知之，妄也。（《论衡·讲瑞》）

这里讲的是孔丘与少正卯的门户之争。这一记述也可从《论语》中得到间接印证。

颜渊问为邦，子曰："行夏之时，乘殷之辂，服周之冕，乐则《韶》《舞》。放郑声，远佞人。郑声淫，佞人殆。"（《论语·卫灵公》）

这显示出孔丘是很讨厌有佞之人的。

颜渊（颜回）是孔丘的得意门生，不但孔丘夸赞他，连同门的子贡也夸赞他：

子谓子贡曰："女（你）与（颜）回也孰愈？"对曰："赐也何敢望回？回也闻一以知十，赐也闻一以知二。"子曰："弗如也，吾与女弗如也。"（《论语·公治长》）

孔丘明确主张"圣人之治化也，必刑政相参焉"（《孔子家语·刑政》），提出了仅凭道德立场的"巧言破律"等四种情形为必诛之罪的主张。少正卯正是因"巧言破律"之罪名而被杀。这一思想在战国末年的荀况那里则表述为："治之经，礼与刑。"（《荀子·成相》）

"独尊儒术"后的东汉建初四年（公元79年），为统一经学的认识，举行了白虎观经学会议。上自皇帝、下迄儒生达成了共识，其资料汇编成《白虎通义》[1]。在《白虎通义》的《诛伐》篇中写入了"佞人当诛何？为其乱善行，倾覆国政"，正式从意识形态层面支持这一"言论诛伐"主张。

按《太史公书》所载，孔丘在鲁国为政时把鲁国治理得井井有条，这引起了

---

[1]《白虎通》，又称《白虎通义》《白虎通德论》。为了统一儒家及统治者内部关于儒学的认识，东汉章帝建初四年（公元79年）朝廷召开白虎观会议，由太常、将、大夫、博士、议郎、郎官及诸生、诸儒陈述见解，"讲议五经异同"，意图弥合今、古文经学异同。汉章帝亲自裁决其经义奏议，会议的成果由班固写成《白虎通义》一书，简称《白虎通》。《白虎通》以今文经学为基础，是当时上至皇帝、下迄儒生的儒学共识，其作用是初步实现了经学的统一，其保存了当时被认为正统经典的经学之典范。

激荡春秋
——东周之历史、文化与思想

邻国齐国的警觉，于是齐国送美女给鲁国国君，使其沉迷于歌舞美色之中而荒废朝政。孔丘看不惯季桓子季孙斯的当政而离开鲁国(实际上是孔丘与上层执政集团的矛盾加剧)，开始了其"周游列国"进行谋职之路，也开启了其宣传"克己复礼"政治主张的历程。

从另一个角度讲，孔丘在为政期间，还与崛起的卿大夫阶层发生了激烈冲突。孔丘踏入政界不但未能实现其政治理想和抱负，反而被崛起的卿大夫势力逼出了鲁国。这一事件也说明孔丘的"克己复礼"政治主张在当时的鲁国是行不通的。自此，孔丘被迫开始"周游列国"的游士生涯。

游士孔丘

我们这里以司马迁的《太史公书·孔子世家》为主线来简述一下孔丘的"游士"生涯。司马迁在记述孔丘的事迹时，没有将其归入记载个人历史"列传"，而是将其拔高了一个级别，升格为诸侯级，作为"世家"来记载，即《孔子世家》。因此，我们可以说《太史公书·孔子世家》中并没有刻意贬低孔丘的意图，相反有不少是在过誉孔丘。

> 孔子遂适卫，主于子路妻兄颜浊邹家。卫灵公问孔子："居鲁得禄几何？"对曰："奉粟六万。"卫人亦致粟六万。居顷之，或谮(zèn)孔子于卫灵公。灵公使公孙余假一出一入。孔子恐获罪焉，居十月，去卫。(《太史公书·孔子世家》)

也即孔丘在卫期间，卫灵公(卫国国君，姬姓，名元，公元前534～前493年在位)依照孔丘在鲁国从政时得到的俸禄，也给了他俸米六万斗。过了没多久，或许有人向卫灵公说了孔丘的坏话。卫灵公派大夫公孙余假频繁出入孔丘住所。孔丘害怕获罪，居住了十个月，便离开卫国。

孔丘离开卫国后去的是陈国，途中经过一个叫匡的地方，在那里收了颜刻为仆人。据《太史公书》记述，匡人误以为他是阳货，因为孔丘的长相与阳货颇为相像(如果属实，那么孔丘的塑像、画像应该与阳货极为相似)，就将孔丘围困了整整5天，孔丘的从者当中有一个人曾经是卫宁武子的下臣，于是派他去卫说和，孔丘一行最终得以脱困离去。

孔丘离开匡地之后到了蒲地，过了一个多月，又返回卫国，寄住在蘧伯玉家。在那个时候孔丘见到了卫灵公的夫人南子。在返回卫一个多月后的一天，卫灵公与夫人同坐一辆车外出，宦官雍渠陪侍车右，出宫后，让孔丘坐在第二辆车上跟从。孔丘说："吾未见好德如好色者也。"(《论语·子罕》)孔丘对卫灵公的所作所为感到厌恶，就离开卫国去了曹国，后来又到了宋国。

在宋国，孔丘与弟子们在大树下演习礼仪。宋国的司马桓魋想杀死孔丘，就把树砍掉了(由此可见，他们并非要杀死孔丘一行，而是要驱离他们)。孔丘只得离开这个地方。弟子们催促说："可以速矣。"孔丘说："天生德于予，桓魋其如予何？"(《论语·述而》)孔丘又去了郑。孔丘之言犹如当年西伯姬昌战胜黎国之后，直接威胁到商王朝时，商王子卒回答说："我生不有命在天？"

孔丘到郑国后，一次与弟子们走散，孔丘一个人站在外城的东门。郑国有人看见了就对子贡说："东门有人，其颡(sǎng，额头)似尧，其项类皋陶，其肩类子产①，然自要(腰)以下不及禹三寸。累累若丧家之狗。"我们知道，大禹治水经巡天下，与大禹走过的范围相比，孔丘游历的范围要小得多，所以说孔丘"自要(腰)以下不及禹三寸"。

子贡见到孔丘后如实地告诉了孔丘。孔丘欣然笑曰："形状，末也。而谓似丧家之狗，然哉！然哉！"(《太史公书·孔子世家》及《孔子家语·困誓》)

孔丘接下来去了陈，寄住在司城贞子家里。有一天，许多只隼(sǔn)落在陈国的宫廷中死了，一看之下，是被楛木做的箭(石制箭头)射死的。陈湣公(妫姓陈氏，名越，公元前501～前478年在位)派使者向孔丘请教，孔丘说：

> 隼来远矣，此肃慎之矢也。昔武王克商，通道九夷百蛮，使各以其方贿来贡，使无忘职业。于是肃慎贡楛矢石砮，长尺有咫(九寸的两倍，九寸是尺度的基准，意味着上天。这种说法始于战国时代)。先王欲昭其令德，以肃慎矢分大姬，配虞胡公而封诸陈。分同姓以珍玉，展亲；分异姓以远职，使无忘服。故分陈以肃慎矢。(《太史公书·孔子世家》)

陈湣公听后叫人到过去收藏各方贡物的仓库中去找一找，果然找到了这种箭。这一记载说明孔丘对箭术是非常精通的，射箭也是"六艺"之一，即"射"。

孔丘在陈国居住了三年后，离开陈国去卫国。途中经由蒲邑，正赶上卫国大夫公孙氏占据蒲邑进行反叛。孔丘一行被拦截，经过激烈抗争终被放行，但前提是不能去卫国国都，孔丘与他们立了盟约。但孔丘被释后，仍然去了卫国国都。

卫灵公听说孔丘到来，非常高兴，亲自到郊外迎接，尔后问可不可攻打蒲邑，孔丘说可以。卫灵公说："吾大夫以为不可。今蒲、卫之所以待晋、楚也，以卫伐之，无乃不可乎？"最后卫灵公还是听从了其大夫的建议，并没有攻打蒲邑。在卫国，孔丘还是没有得到重用，无奈之下欲向赵简子求职，但未成行，之后回到老家陬乡少歇，随后再度返回卫国。

有一天，"卫灵公问陈(同"阵"，即排兵布阵)于孔子，孔子对曰：'俎豆之事，则尝闻之矣(从幼年时期起经常用的简陋的生活用具我是知道的)；军旅之事，未之学也。'明日遂行。"(《论语·卫灵公》)孔丘回答卫灵公说："祭祀礼仪方面的事情，我还听说过；排兵布阵的事，从来没有学过。"第二天，卫灵公与孔丘谈话的时候，看见空中飞来大雁，就只顾抬头仰望，注意力不再集中在孔丘身上。孔丘感到被冷落，于是离开卫国再往陈国。显然，卫灵公所期望的是孔丘能帮助他治军强国，但孔丘只擅长祭祀礼仪方面的事情，因此孔丘离开卫国也是无可奈何的选择。

---

① 子产(？～公元前522年)：又称公孙侨、公孙成子等。姬姓郑氏，名侨，字子产。

激荡春秋
——东周之历史、文化与思想

从卫灵公准备讨伐蒲邑并让孔丘排兵布阵来看，孔丘并不精通军事。在战争决策方面，他只是考虑志气等励志的"匹夫之勇"，而未考虑国家关系及地区的战略意义。

孔丘从陈国移居蔡国，又到楚国的叶地，之后又回蔡国。

当孔丘从楚国的叶地返回蔡国时，在路上遇见两个在田中耕作的农夫，一个叫长沮，另一个叫桀溺。孔丘一行从那儿路过，因不知渡口在哪里，就让子路去打听渡口在什么地方。长沮问："拉着缰绳看车子的那位是谁？"子路说："是孔丘。"又问："是鲁国的孔丘吗？"子路说："是的。"长沮说："他就是知道渡口的人啊！"子路无奈又去问桀溺，桀溺问："您是谁？"子路说："我是仲由。"又问："是鲁国孔丘的学生吗？"子路说："对，正是。"桀溺说："大道崩坏，天下像洪水一样滔滔横流，谁又能改变它呢？你与其追随孔丘那样逃避恶人的人，还不如追随我们这样逃避乱世的人呢！"说完，又埋头耕作。子路把此话告诉了孔丘，孔丘失望地说："人是不能和鸟兽合群共处的，我不和世人在一起又能和谁在一起呢？如果天下有道，我就不和你们一起来改变它了。"[1]

孔丘这里把避乱世的农夫比作"鸟兽"，不可与他们"同流"。但反过来讲，孔丘被"鸟兽"农夫奚落一顿，也不是什么光彩的事情。此事在《太史公书·孔子世家》也有相同讲述。

周游列国时，有一次子路掉队落在后边，遇到一位干农活的老丈。子路就问他说："子见夫子乎？"丈人回答说："四体不勤，五谷不分，孰为夫子？"（四肢不劳，五谷难分，谁是老师？）后子路留宿老丈家，老丈杀了鸡，做了小米饭给他吃，又叫两个儿子出来与子路见面。子路追赶上孔丘后把老丈之事如实告诉了孔丘。孔丘说："隐者也。"子路对此叹息道："有才能而不出仕是不义。长幼之礼节不能废，那君臣之义又如何可以废弃呢？洁身自好，独善其身，是乱了大义呀。君子应该出仕，践行大义，为国效力。我已经知道了如今大道行不通的原因！"[2]

可见孔丘所主张的"道"之不行，孔丘及其弟子也是知道的。这从另一个方

---

① 《论语·微子》：长沮、桀溺耦而耕。孔子过之，使子路问津焉。长沮曰："夫执舆者为谁？"子路曰："为孔丘。"曰："是鲁孔丘与？"曰："是也。"曰："是知津矣！"问于桀溺。桀溺曰："子为谁？"曰："为仲由。"曰："是鲁孔丘之徒与？"对曰："然。"曰："滔滔者，天下皆是也，而谁以易之？且而与其从辟人之士也，岂若从辟世之士哉？"耰（yōu）而不辍。子路行以告，夫子怃然曰："鸟兽不可与同群，吾非斯人之徒与而谁与？天下有道，丘不与易也。"

② 《论语·微子》：子路从而后，遇丈人，以杖荷蓧（diào）。子路问曰："子见夫子乎？"丈人曰："四体不勤，五谷不分，孰为夫子？"植其杖而芸。子路拱而立。止子路宿，杀鸡为黍而食之。见其二子焉。明日，子路行以告。子曰："隐者也。"使子路反见之。至，则行矣。子路曰："不仕无义。长幼之节，不可废也；君臣之义，如之何其废之？欲洁其身，而乱大伦。君子之仕也，行其义也。道之不行，已知之矣。"

面说明，当时的道家思想还是有较多信仰者的。这也是老聃思想赖以生长的土壤。从子路与长沮、桀溺等的对话，我们也可以感知到这些"隐者"认为孔丘"是知其不可而为之者"（《论语·微子》）。从子路的"道之不行，已知之矣"也可推知孔丘的弟子们对孔丘的主张不可行也是心知肚明的。

孔丘迁居蔡国三年，后又去楚国，在途经陈国时遭到围困：

> 围孔子于野。不得行，绝粮。从者病，莫能兴。孔子讲诵弦歌不衰。……于是使子贡至楚。楚昭王兴师迎孔丘，然后得免。（《太史公书·孔子世家》）

孔丘在陈被困绝粮之事，在《论语》中也有提及："在陈绝粮，从者病，莫能兴。"（《论语·卫灵公》）在《庄子·天运》篇则有"围于陈蔡之间，七日不火食"之记述。

到楚国后，楚昭王（芈姓熊氏，名壬，公元前515～前489年在位）也动过重用孔丘的心思，甚至一度想要赐他采邑，可令尹子西坚决不赞同。

> （楚）昭王将以书社地七百里封孔丘。楚令尹子西曰："王之使使诸侯，有如子贡者乎？"曰："无有。""王之辅相，有如颜回者乎？"曰："无有。""王之将率有如子路者乎？"曰："无有。""王之官尹有如宰予者乎？"曰："无有。""且楚之祖，封于周，号为子男五十里。今孔子述三王之法，明周（公）、召（公）之业，王若用之，则楚安得世世堂堂方数千里乎？夫（周）文王在丰，（周）武王在镐，百里之君，卒王天下。今孔子得据土壤，贤弟子为佐，非楚之福也！"（楚）昭王乃止。（《太史公书·孔子世家》）

楚昭王听了令尹子西的话，也就打消了封地给孔丘的想法。这年秋天，楚昭王死在城父，孔丘在楚国终究没能做成官。

这是孔丘在周游列国中唯一给了孔丘高大形象的侯国，但比较有意思的是这个侯国不是与周王室亲昵的侯国，而是一向被周王室认为是"半蛮夷"的楚国。楚昭王熊壬认为孔丘即便自己做大王也不是什么不可思议的事情，由于惧怕孔丘日后得势壮大会威胁到楚国的安全，才没有给他采邑。作为"克己复礼"推动者的孔丘并没有在儒家文化比较深厚且大多是姬姓国度得到好评，却在被正统视为"半蛮夷"之国的楚受到很高评价，这个故事本身就很值得玩味。

孔丘与楚昭王有关的话题，在《太史公书·楚世家》中也有记述。公元前488年，吴国攻伐陈国，楚昭王救援。这时在陈国的孔丘听说后说："楚昭王知大道矣。其不失国也，宜哉！"（《太史公书·楚世家》）对于一向被认为"半蛮夷"的楚国，其国君却得到孔丘的赞誉，其中的缘由是值得玩味的。

与孔丘在楚国得到国君赏识却遭到相国反对的故事类似，孔丘年轻时，在齐国也受到过几乎相同的遭遇。

如前所述，孔丘35岁时曾到齐国谋职。当齐景公问孔丘如何为政时，孔丘回答说："君君，臣臣，父父，子子。"齐景公听后说："善哉！信如君不君，臣不臣，父不父，子不子，虽有粟，吾得而食诸？"（《论语·颜渊》）后又说"政在节财"。

孔丘的观点一时得到了齐景公的认可，并准备给他采邑做试验田。但这时三朝元老、历史上有名的晏婴提出了异议，他说："不行。他（儒家）傲慢而自作主张，不可以教导下民；喜欢音乐而混乱人，不可以让他们亲自治民；主张修身从命而懒于作事，不可以让他们任官；崇办丧事哀伤不止，不可以使他们热爱百姓；异服而作出庄敬的表情，不可以使他们引导众人。现在孔丘用盛大的歌乐来使世人奢侈，弦歌鼓舞以召集弟子，纷增登降的礼节以显示礼仪，努力从事趋走、盘旋的礼节让众人观看。学问虽多而不可让他们言论世事，劳苦思虑而对民众没什么好处，几辈子也学不完他们的学问，壮年人也无法行他们繁多的礼节，累积财产也不够花费在'乐'上。多方装饰他们的邪说，来迷惑当世的国君；大肆设置音乐，来惑乱愚笨的民众。他们的道术不可公布于世，他们的学问不可以教导民众。现在君王封他以移齐国风俗，这不是引导民众的方法。"

齐景公只得作罢。① 其结果如同孔丘在楚国的情况一样，并没有得到任用。

从执政者的立场和角度而言，晏婴对以孔丘为代表的儒家的分析与批评是非常正确的，也是很中肯的。

从孔丘两次被执政者否定的故事可以得知，孔丘的理论可能被极个别国君认可，但对于国家务实执政者而言是不可取的。

孔丘带着弟子背井离乡，"周游列国"：鲁（曲阜，今山东省曲阜市）→卫（帝丘，今河南省濮阳市）→鲁→卫→曹（陶丘，今山东省菏泽市定陶区）→宋（商丘）→郑（新郑，今河南省新郑市）→陈（宛丘，今河南省周口市淮阳区）→蔡（新蔡，今河南省驻马店市新蔡县）→叶（今河南省平顶山市叶县）→楚（负函，今河南省信阳市），"穷乎陈、蔡之间，藜羹不斟，七日不尝粒"（《孔子家语·在厄》），"累累若丧家之狗"（《孔子家语·困誓》及《太史公书·孔子世家》），向多位君主宣传其政治主张——"克己复礼"的治国方略，却四处碰壁，没有得到一位国君的采纳。甚至连孔丘自己都心灰意冷，"道不行，乘桴浮于海"（《论语·公冶长》）。且不说韩非将孔丘的儒学视为"五蠹"之首（《韩非子·五蠹》），就史实来讲，孔丘的学说在其生前的确不为各国君主所接受，也即所谓的"言之不行，道之不行"（《太史公书·孔子世家》）。公元前484年（鲁哀公十一年），孔丘弟子冉求（冉有）率左师抵抗入侵的齐军，身先士卒，以步

———————

① 《晏子春秋》外篇第八及《墨子·非儒（下）》：仲尼之齐，见景公，景公说之，欲封之以尔稽，以告晏子。晏子对曰："不可。彼浩裾自顺，不可以教下；好乐缓于民，不可使亲治；立命而建事，不可守职；厚葬破民贫国，久丧道哀费日，不可使子民；行之难者在内，而传者无其外，故异于服，勉于容，不可以道众而驯百姓。自大贤之灭，周室之卑也，威仪加多，而民行滋薄；声乐繁充，而世德滋衰。今孔丘盛声乐以侈世，饰弦歌鼓舞以聚徒，繁登降之礼，趋翔之节以观众，博学不可以仪世，劳思不可以补民，兼寿不能殚其教，当年不能究其礼，积财不能赡其乐，繁饰邪术以营世君，盛为声乐以淫愚其民。其道也，不可以示世；其教也，不可以导民。今欲封之，以移齐国之俗，非所以导众存民也。"公曰："善。"于是厚其礼而留其封，敬见不问其道，仲尼乃行。

兵执长矛的突击战术取得胜利。曾被孔丘指责为"非吾徒也。小子鸣鼓而攻之可也"的冉求趁取胜之机，巧妙地说服季康子迎回在外流浪多年的老师孔丘。就这样，在经历了长达14年的辗转国外生活之后，近70岁高龄的孔丘回到了自己的母国——鲁国，继续教书育人并整理所教授的古代文献，直到公元前479年（鲁哀公十六年）去世，享年73岁。

孔丘儒学的实质是延续周王朝统治的政治与文化学，并没有什么实质性创新和独特见解，即使"克己"来进行复礼也是不可行的，当然也未达到强胜劣汰的地步，各诸侯作为政治家和统治者是不会采用孔丘提倡的"复礼"的，因为它不但不会使国家迅速强大起来，而且会导致国家的衰败，甚至灭亡。

孔丘不但是开设私塾之先驱，也开启了游士之先河。当然，这里的游士是指有知识、有主张、有理想的士人，或者叫知识士人，他们不同于游侠。孔丘之后的诸多士人，如吴起、商鞅、孟轲、苏秦、张仪、李斯、韩非等都有游士生涯，这些人除继承孔丘之志的孟轲之外，其他人均得到重用。

孔丘的离世并没有中断儒家的追求，儒家弟子们在变换与摸索中继续追求着其梦想。在中国的历史上，儒家弟子从来没有独立实现儒家的理想，而儒家思想则常常归附在统治者的脚下，是帝王实现其统治百姓的思想桎梏。

4.5.2 思想与主张

孔丘思想可以说最集中地反映在《论语》中，这部书并不是孔丘所著，而是由其弟子门徒所编写。一般认为《论语》在战国时代形成雏形，到了汉代才成为当今所见版本。

目前研究《论语》的理论基本上是将《论语》中的篇章加以分类，然后对其形成的先后顺序加以论述，而缺乏以"地域性"来进行分析。也就是说，《论语》中所述的内容，是在哪个地方所为、所作，后来又经过什么地方进行过什么样的加工等，目前对此有关的研究非常不足。然而，文献的形成不但带有时代烙印，也带有区域性特点，因此研究《论语》也不能忽略这一方面。

孔丘的思想发源于为邑邦之国时代的鲁国，其思想最初也是从鲁国出发向外传播的。孔丘一行的"周游列国"就是宣传孔丘的主张与思想。孔丘最初是一名私学教师，他陆续培养了许多学生，他的学生有的又作为教师或者兼职教师，又培养了大量学生。他的学生多散布在鲁及中原附近的国家，这样孔丘所教授的科目及他自己的思想得以较广泛地传播。其间，社会由邑邦国家向领土国家转变中，各个领土国家根据自己国家的需要，分别对孔丘的思想加以利用宣传。于是，各国对孔丘的形象也随之进行了不同塑造，这就是"孔子们"。由于每个国家的需求各有不同，因而各国宣传的孔子思想也是有显著差异的。

必须指出的是，《论语》这本书反映的思想，除了部分是反映邑邦国家时代之外，大部分内容是以领土国家时代的秩序为前提的。前者反映的是孔丘的时代，而后者则是反映若干代后孔丘的后世弟子们所处的战国及之后的时代风貌。

考虑到春秋与战国的时代背景，包括邑邦国家与领土国家的国家意识形态，《论语》内容哪些真正是孔丘所说的，哪些是弟子门徒们根据当时的文化、政治等而再创作的，我们并不得而知。如果仔细梳理比较一下《论语》的内容，就会发现《论语》所表现的思想及概念或主张反复交错，甚至有矛盾之处。之所以反复交错、相互矛盾，是由于利用孔丘的目的不同，所记载与引用孔丘之言也就不同。当然不能排除孔丘思想的变化而出现前后不一的情况。要真正了解"事实"，需要我们根据文献的不同，结合时间与区域、场合来分析还原书中利用虚拟孔丘的意图。尽管有如此多的问题，《论语》仍然是最能反映孔丘或者说那个时代孔丘儒学思想的文献。

《论语》到西汉时期仅有口头传授及从孔丘住宅夹壁中所得的本子，计有三种不同的版本：鲁人口头传授的《鲁论语》20篇；齐人口头传授的《齐论语》22篇，其中20篇的章句很多和《鲁论语》相同，但是多出《问王》和《知道》两篇；从孔丘住宅夹壁中发现的《论语》，称之为《古文论语》，也没有《问王》和《知道》两篇，但是把《尧曰》篇的"子张问"另分为一篇，于是有了两个《子张》篇，篇次也和《齐论语》《鲁论语》不一样，文字不同的计400多字。

《论语》自汉武帝"罢黜百家，独尊儒术"之后，被尊为"五经之辖辖，六艺之喉衿"，是研究孔丘及儒家思想，尤其是原始儒家思想的第一手资料。南宋时朱熹将《大学》《中庸》《论语》《孟子》合为"四书"，使之在儒学经典中的地位日益提高。元代延祐年间，科举开始以"四书"开科取士。此后直到清朝末年推行洋务运动，废除科举之前，《论语》一直是学子士人奉行的金科玉律。

复礼与正名

孔丘年轻时是一个如饥似渴的学"礼"者，后来又是坚定不移的守礼者、复礼者。

孔丘非常喜欢"礼"，曾长途跋涉拜访学者、实地考察来研究"礼制"的历史轨迹，成为礼学大家：

> 夏礼吾能言之，杞不足征也；殷礼吾能言之，宋不足征也。文献不足故也，足则吾能征之矣。（《论语·八佾》）

孔丘之时，所谓儒学实际就是礼学，"礼"与"仁"是孔丘学说的核心内容，孔丘并不认为传说由周公所制定的一整套治国制度（宗法制与礼制）有什么缺陷，因而也不需要另外寻找替代的理论，他认为社会之所以混乱，是由于周公所制定的那套治国方略遭到了乱臣贼子的破坏，因此需要"克己复礼"，使"天下归仁"。他十分推崇西周实行的"礼治"，也是极力维护西周之礼制的，他说："周监于二代，郁郁乎文哉！吾从周！"（《论语·八佾》）彰显了他对西周时代的留恋和向往之情。

对于春秋的社会变迁，孔丘归结于"礼崩乐坏"这一显而易见的社会政治现象。因此，恢复西周时的社会秩序，改变现实中"礼崩乐坏"的混乱状态，是他梦寐以求的理想和终生追求的目标。为此，他主张恢复西周的礼制以恢复天下秩序，他说："生，事之以礼；死，葬之以礼，祭之以礼。"（《论语·为政》）"上好礼，则民莫敢不敬。"（《论语·子路》）"上好礼，则民易使也。"（《论语·宪问》）除了尚"礼"之外，孔丘也极力主张"受礼"，以发挥"礼"的约束力，他在教育弟子时曾说"非礼勿视，非礼勿听，非礼勿言，非礼勿动"（《论语·颜渊》），牢牢地把人禁锢在"礼"网里。孔丘认为"博学于文，约之以礼，亦可以弗畔矣夫"（《论语·雍也》），即广泛地学习典籍，用礼约束自己的行为，这样就可以不背离正道了。这就是试图以"礼"约束人们，恢复以礼制为核心的社会秩序。当然，这样也可达到防止反叛、有效控制社会的目的。

其实，孔丘之所以能成为孔夫子是得益于被他称为"礼崩乐坏"的时代的。之前的西周是宗法非常严厉的时期，职业也是世袭、不能更改的，也就是说造剑的家庭永远造剑，图书管理员的儿子也只能做图书管理员。以孔丘的出身，如果是在西周礼不崩乐不坏的情况下，孔丘万万成不了孔夫子，更成不了孔圣人，无论他有多么聪明、多么勤奋、多么钻营。

孔丘不但"信而好古"，而且守古（周礼）、复古（周礼），因此当他遇见有人破坏周礼之时，便是"痛心疾首"地反对。

如前所述，齐桓公有"庭燎之百"的僭越礼制行为；晋文公重耳公然向周襄王"请隧"，欲用天子的葬礼规格。在今三门峡发掘的虢国（公元前8世纪至公元前7世纪）墓地中就出土了九鼎八簋青铜器。1996年于河南新郑的郑韩古城遗址也出土了被认为是春秋中晚期的九鼎八簋青铜器，另外山东沂水刘家店子的莒国国君墓、其夫人墓，安徽寿县蔡侯墓出土的葬器皆为九鼎。由此可见，在春秋中晚期，一些诸侯已经"僭越"开始享受周天子专享的礼制待遇了。这也正是孔丘所说的"礼崩乐坏"吧！

齐国与晋国称霸时都打着"举天子以令诸侯"的旗号，但孔丘在评论齐桓公和晋文公是不同的，他时说："齐桓公正而不谲(jué)，晋文公重耳谲而不正。"（《论语·宪问》）对晋文公在战争中实行的战术，尤其是称霸后召见周天子，孔丘是不能接受的，所以他说晋文公诡诈。而对于齐桓公打着"尊王"的旗号称霸，孔丘认为他的做法是合于"礼"的。但对于辅助齐桓公而居功至伟的管仲，孔丘讽刺道："邦君为两君之好，有反坫①，管氏亦有反坫。管氏而知礼，孰不知礼？"（《论语·八佾》）孔丘对管仲的两个充满矛盾的评价突显了其既要"有仁"又要"守礼"价值观。如果管仲完全守周礼，那么他就不可能完成协助齐桓公霸诸侯的"如其

---

① 坫（diàn）：屋中的土台子。反坫，即诸侯之间互相敬酒后把空酒杯放还坫上。

仁，如其仁"；如果管仲不完全守周礼，那么他就有可能完成协助齐桓公霸诸侯的"如其仁，如其仁"。恐怕管仲做不到孔丘所要求的不切实际的悖论式的两全其美。

卿大夫季孙肥（今通称季康子，？～公元前468年，姬姓季氏，名肥）用天子才能用的八佾在庭院中奏乐舞蹈，孔丘听说后呵斥道："是可忍也，孰不可忍也！"（《论语·八佾》）对于春秋不时发生的"弑君"之事，孔丘当然持强烈谴责态度："陈（田）成子弑简公，孔子沐浴而朝，告于哀公曰：陈恒弑其君，请讨之。"（《论语·宪问》）

关于"弑君"问题，早在公元前573年晋国国君姬寿曼被大臣杀死时，鲁国朝廷就有评论：

> 晋人杀厉公，边人以告，（鲁）成公在朝。公曰："臣杀其君，谁之过也？"大夫莫对，里革曰："君之过也。夫君人者，其威大矣。失威而至于杀，其过多矣。且夫君也者，将牧民而正其邪者也，若君纵私回而弃民事，民旁有慝无由省之，益邪多矣。若以邪临民，陷而不振，用善不肯专，则不能使，至于殄灭而莫之恤也，将安用之？桀奔南巢，纣踣（bó）于京，厉流于彘（zhi），幽灭于戏，皆是术也。夫君也者，民之川泽也。行而从之，美恶皆君之由，民何能为焉。"（《国语·鲁语（上）》）

简而言之，按照里革的观点，晋厉公被下臣所杀是咎由自取。由此可见，即使在当时的鲁国，孔丘的观念也是保守的。

孔丘"从周"且崇拜周文王姬昌和周公姬旦。周游列国时，孔丘在一个叫匡的地方被当地人围困时说：

> 文王既没，文不在兹乎？天之将丧斯文也，后起者不得与于斯文也；天之未丧斯文也，匡人其如予何？（《论语·子罕》）

这里孔丘把周文王姬昌的追谥"文"与"斯文"联系起来，暗指周文王姬昌是"文"与"斯文"的继承者。这种思考方法无论从逻辑学还是从历史的继承性而言都是风马牛不相及的。孔丘又感叹道："如有用我者，吾其为东周乎？"（《论语·阳货》）

在孔丘的思想里，周礼（从井田到刑罚，从音乐到酒具）所规定的一切都是完美无瑕的，是不可更改，甚至是至高无上的。为此，孔丘以恢复西周文化（即礼乐文化）为使命，企图使之完全再现于东周。

孔丘对于"田赋"的态度，可从其对上卿季孙肥（季康子）咨询"田赋"时的行为与言论中略见一斑。公元前484年（鲁哀公十一年）齐国公族攻打鲁国，虽然在这次保卫战中鲁国击退了齐国，随后与吴国又一次打败了齐人，但是季孙肥很担心，认为"小胜大，祸也。齐至无日矣"，命令鲁人修理武器战备，以防齐国再来侵犯。公元前483年（鲁哀公十二年），季孙肥"用田赋"，改革税赋。季孙肥咨询孔丘"田赋"时，孔丘没有当面回答，回来后私下对他的学生冉有（冉求）说，先王已经有税赋的详细指令，并给冉有介绍了先王关于"贡礼"(贡奉)的言论，而后又说："如果季氏想按照法度征税，就按周公(姬旦)已有的籍田之法(即井田制)；如果季氏想违背法度，那他就随意征税好了，何必来问我呢！"[①]

孔丘这里的先王显然是指周文王姬昌、周武王姬发，所说的税赋也就是西周时期制定的"井田制"，即八户中除了各自的一块田之外，还共种一块公田作为公粮贡奉。

孔丘弟子冉有帮助季氏进行田赋变革，增加财政收入，为此受到孔丘的严厉批评。孔丘认为季氏比西周时期的周公还要富有，而冉有还帮他搜刮来增加他的钱财，因此孔丘说："他不是我的学生了，你们可以大张旗鼓地去攻击他！"冉有为季孙氏家臣，曾受季氏之命就"以田赋"一事征求老师的意见。孔丘认为冉有帮助季孙氏改革赋税，不配当他的学生。可见，他反对改革赋税的态度是十分坚决的。

值得一提的是，此时的鲁国正从奴隶社会向封建社会过渡，正是在这一历史进程之中，季氏一族得以更加富有，甚至霸于鲁君。究其致富原因，应该是其采取了必要的措施，包括新技术，开疆扩土，扩大其封邑领土，这也是社会从奴隶制向封建制转变的特点。伴随着这一历史进程的就是赋税改革。

关于治国方法，在孔丘晚年时，他的弟子子路问他："卫君待子而为政，子将奚先？"孔丘回答说："必也正名乎！"(《论语·子路》)

所谓正名，就是若使君臣父子皆如伦理道德或者礼制所规定的，使为君者必合乎君之名，为臣者必合乎臣之名。使天子仍为天子，诸侯仍为诸侯，大夫仍为大夫，陪臣仍为陪臣，庶人仍为庶人。使"实"皆如其名，我们可以称之为正名主义。这里的"实"是礼制规定的"实"，也可以说是人为规定的"实"，而不是客观物质的"实"。这样天下就恢复到礼制天下了，也就是孔丘所说的"天下有道"。这是与孔丘年轻时的主张一致的。孔丘年轻时，齐景公问政于他，他回答说："君君，臣臣，父父，子子。"齐景公说："善哉！信如君不君，臣不臣，父不父，子不子，虽有粟，吾岂得而食诸？"(《论语·颜渊》)

名必有名的定义，按照事物的要素、特点等，名所指事物应该为所以名此事物。对"名"而言，在战国时期发展成一个学派——名家。不过孔丘这里的"正名"仅限于礼制及道德伦理层面，无逻辑层面的意义。这也反映了时代的特点，

---

① 《国语·鲁语(下)》：季康子欲以田赋，使冉有访诸仲尼。仲尼不对，私于冉有曰："求来！女不闻乎？先王制土，籍田以力，而砥其远迩；赋里以入，而量其有无；任力以夫，而议其老幼。于是乎有鳏、寡、孤、疾，有军旅之出则征之，无则已。其岁，收田一井，出稷禾、秉刍、缶米，不是过也。先王以为足。若子季孙欲其法也，则有周公之籍矣；若欲犯法，则苟而赋，又何访焉！"

也可以说是孔丘思想的狭窄与浅显。它是指社会上人与人各种关系之名，其功用在于别贵贱。如君、臣、父、子等名，均指此人与彼人的关系。"君君，臣臣，父父，子子"之中，"君君"前面的君字指事实上的君，而下一个君字是指君之名，君的定义。臣、父、子也都是这样的。

对于春秋时期的历史发展，孔丘坚守"克己复礼"的信念，执着于以"礼"治国的理念，畅想他们的仁义王道。由于他们"礼制仁义"的理念，禁锢了他们对历史走向的深层次探索，始终没有认识到周王朝灭商后实施"礼制"和"宗法制"治国时，需依靠强大的军事后盾和经济实力。只有建立在这一基础上的周王室才可以挥舞"礼制"大旗，发动"礼乐征伐"。

尽管孔丘把"克己复礼"作为其终生的奋斗目标，但他并没有对"礼"进行深入系统的理论探讨。对"礼"的系统化论述是由战国末期的荀况完成的。

仁与义

孔丘学说的核心内容除了"礼"之外，"仁"是另一个重要观念。

从历史文献中我们可知，在老聃和孔丘之前，"仁"就是一个重要的伦理概念，已经有了从"爱亲"扩展到"爱民"的范畴。但这只是"仁"的一方面的含义。

那么"仁"这个字是什么时候出现的？孔丘说的"仁"又是什么含义呢？

清代学者阮元（1764~1849年）认为："'仁'字不见于虞夏商周《书》及《诗》三颂、《易》卦爻辞之内，似周初有此言而尚无此字……盖周初但写'人'字，《周礼》后始造'仁'字也。"郭沫若[1]则认为，不仅甲骨文中不见仁字，金文中亦不见仁字。"仁"是春秋时代才出现的新名词。因此，这个"仁"很可能在春秋时代才出现。

"仁"的最初含义是宗法、家族意识，在《书·金滕》记载周公姬旦为周武王姬发健康状况恶化而祈祷时说"予仁若考"。冯友兰[2]认为，这里所说的"仁"即"顺从祖先的意志"，也有人认为这里的"仁"通"佞"，是多才的意思。如果"仁"通"佞"，那么这个"佞"在孔丘及后世儒生的词汇表里是一个贬义词，如"放郑声，远佞人。郑声淫，佞人殆"（《论语·卫灵公》）和"佞人当诛何？为其乱善行，倾覆国政"（《白虎通义》）。

关于"仁"的伦理意义，在与周王室关系密切的姬姓侯国晋也有记载。晋献公诡诸（姬姓晋氏，公元前677~前651年在位）在灭骊戎后俘虏了骊姬并将她立为夫人。在国君继承人问题上，骊姬与已立为太子的申生产生了矛盾，骊姬在晋献公父子之间制造相互不信任，夸太子"吾闻申生甚好仁而强，甚宽惠而慈与民，皆有所行之"，然后就开始阐述"仁"的含义："为仁与为国不同：为仁者，爱亲之谓仁；

---

① 郭沫若（1892~1978年）：原名郭开贞，字鼎堂，现代作家、诗人、历史学家、考古学家和书法家。

② 冯友兰（1895~1990年）：字芝生，河南省南阳市唐河县祁仪镇人，当代哲学家、教育家。

为国者，利国之谓仁。"（《国语·晋语一》）这说明"仁"在当时已经是一个重要的伦理词汇，其内涵虽然是褒义词，但含义却是不太确定的。但有一点可以肯定"仁"具有"爱亲"之义。这也说明"仁"与周以来的宗法、氏族具有千丝万缕的联系。

内史过在向周襄王姬郑论述晋惠公必无后时说：

> 被除其心，精也；考中度衷，忠也；昭明物则，礼也；制义庶孚，信也。然则长众使民之道，非精不和，非忠不立，非礼不顺，非信不行。（《国语·周语（上）》）

这里没有提到"仁"字，而内史过是两朝（周王姬阆和周王姬郑）大夫，这期间他并没有提及"仁"的概念。这至少说明"仁"还没有上升到后来的高度，成为统治者的共识。

周襄王在位期间（公元前651～前619年在位），一个叫兴的人接任过的内史职位，他在论述晋文公必霸时说：

> 礼所以观忠、信、仁、义也，忠所以分也，仁所以行也，信所以守也，义所以节也。忠分则均，仁行则报，信守则固，义节则度。分均无怨，行报无匮，守固不偷，节度不携。若民不怨而财不匮，令不偷而动不携，其何事不济！中能应外，忠也；施三服义，仁也；守节不淫，信也；行礼不疚，义也。（《国语·周语（上）》）

这里就出现了"仁"，而且与忠、信、义并列。这反映"仁"字及其概念在得到提升与重视，也可以说是因人不同而对"仁"的认可程度不一。

公元前639年（周襄王十三年），周王室大夫富辰谏周襄王以狄伐郑及以狄女为后时说：

> 章怨外利，不义；弃亲即狄，不祥；以怨报德，不仁。夫义所以生利也，祥所以事神也，仁所以保民也。不义则利不阜，不祥则福不降，不仁则民不至。古之明王不失此三德者，故能光有天下而和宁百姓，令闻不忘。王其不可以弃之。（《国语·周语（中）》）

意思是说，古代的英明君王没有失去义、祥、仁这三种德行，所以能有广大的疆域，使百姓和睦安宁，美好的名声至今使人不能忘怀。君王不能背弃这些德行啊！

《左氏春秋·（鲁）成公九年（公元前582年）》记载晋国上卿范文子的话时说"不背本，仁也"，这里的"仁"，也就是冯友兰认为的"顺从祖先的意志"的含义。

到春秋中后期，周王室卿大夫单朝（单襄公）在论述晋国战胜楚国时说："夫仁、礼、勇，皆民之为也。以义死用谓之勇，奉义顺则谓之礼，蓄义丰功谓之仁。"（《国语·周语（中）》）把仁、礼、勇作为战胜敌人的重要伦理支点。在评述晋悼公晋周（姬姓，公元前586～前558年）时，他又说晋周"言仁必及人"（《国语·周语（下）》），也就是说讲到"仁"必然涉及他人，也就是人与人之间的关系。因此，无论"仁"的"爱亲"

激荡春秋
——东周之历史、文化与思想

还是"爱人",都是表述人与人之间关系的。

"仁"除了上述含义之外，还有"功"与"利"的含义，只不过这些"功"和"利"往往被拔高到国家层面。如《国语·鲁语（上）》中的"夫仁者讲功"和《国语·晋语》中的"利国之谓仁"；再如"奔死免父，孝也；度功而行，仁也"（《左氏春秋·(鲁)昭公二十年(公元前522年)》），也就是说，赴死而使父亲得到赦免，这是孝；掂量成功的可能性而行动，这是仁。

孔丘最为推崇"仁"，在《论语》中出现的次数最多，达109次，如：

刚、毅、木、讷，近于仁。《论语·子路》

仁者必有勇，勇者不必仁。《论语·宪问》

仁者先难而后获，可谓仁矣。《论语·雍也》

子贡曰："如有博施于民而能济众，何如？可谓仁乎？"子曰："何事于仁，必也圣乎！尧舜其犹病诸！夫仁者，己欲立而立人，己欲达而达人。能近取得，可谓仁之方也已。"《论语·雍也》

颜渊问仁。子曰："克己复礼为仁，一日克己复礼，天下归仁焉。为仁由己，而由人乎哉？"《论语·颜渊》

樊迟问仁。子曰："爱人。"《论语·颜渊》

樊迟问仁。子曰："居处恭，执事敬，与人忠。虽之夷狄，不可弃也。"

《论语·子路》

能行恭、宽、信、敏、惠五者于天下者，为仁矣。《论语·阳货》

孝悌也者，其为仁之本欤。《论语·学而》

从孔丘论"仁"来看，其"仁"的含义是多方面的，可以视为儒家的一种很高的修养境界，"爱人"只是其中一个方面。孔丘的"仁"之爱的含义是基于宗法制、家族亲缘之间的爱，当然也必须遵守当时的"礼"。这就是说孔丘提倡的"仁爱"是一种有等级差别的"爱"，也是亲缘之间的爱！孔丘用血缘关系将"爱人"的范围由"博爱"而缩限于有差等的"爱"。

孔丘作为一名教师，在论述"仁"的"功"与"利"方面比较少，毕竟不是当朝为官。但当评论帝王将相时，他还是用到了"仁"之"功"的含义的，如在赞美齐国丞相管仲时就说："(齐)桓公九合诸侯，不以兵车，管仲之力也。如其仁！如其仁！"《论语·宪问》

行仁义与守周礼

在提倡"克己复礼"的同时，孔丘也非常推崇"仁义"，那么当两者相遇时会有什么情况发生呢？我们看看孔丘与其弟子子路关于行仁义与守礼规的对话：

季孙氏做鲁国的相国，孔丘弟子子路担任郈县令。鲁国在五月发动民众挖长沟，子路拿他私人的俸粮做成稀饭，在五父的大路上邀请挖沟的人吃。孔丘听到这件事，派弟子子贡去倒掉他的饭，打毁他的器皿，说："鲁国国君拥有这些民众，你为什么给他们饭吃？"子路非常愤怒，卷起袖子走进去请求说："夫子痛恨我实行仁义吗？我向夫子学习的就是仁义。仁义，就是和天下的人共同占有财富，共同享受利益。现在拿我的俸粮给百姓吃，有什么不可以呢？"孔丘说："仲由（子路）竟然这样粗野啊！我以为你懂得这个道理，你居然没有学到。你原来是这样不懂得礼啊！你给他们饭吃，是为了爱他们。但是按照礼的规定，天子爱天下的民众，诸侯爱封国的百姓，大夫爱他官职范围内的人，士人爱护他的家族。超越礼规范围去爱，就叫作侵权。现在鲁国君主拥有的百姓，而你却擅自仁爱他们，这是你侵犯君主的权利，这不是胆大妄为吗？"①

由此我们可以看出即使行仁义也要受到礼的严格限制，即"仁"需符合"礼"才能实施，才能称之为"仁"。分析一下孔丘说话的逻辑，行仁只能是一些当官的恩施，而且其实行范围也有严格限制。这再次说明，孔丘主张的仁或者仁爱，不但是有差别的爱，也是不能随意实施的爱。

这个故事与孔丘回答子贡关于仁的提问则是完全不相符的。子贡问孔丘："如有人能让百姓都得到实惠，又能扶贫济困，怎么样？能算是仁人吗？"孔丘回答："何事于仁，必也圣乎！尧舜其犹病诸！夫仁者，己欲立而立人，己欲达而达人。能近取得，可谓仁之方也已。"（《论语·雍也》）当然，上面那个关于"仁"与"礼"的故事出自法家代表人物韩非之手。

智与勇

关于"智"我们如今可以用"智商"进行量化，进行客观上的科学评价，但在春秋末期老聃和孔丘的年代是没有这样的评价标准的，"智"多与道德标准及人间关系相关联，与我们如今所说的"智慧"内涵并不相同。孔丘是这样评价"智"的。

> 公父文伯卒，其母（敬姜）戒其妾曰："吾闻之：好内，女死之；好外，士死之。今吾子夭死，吾恶其以好内闻也。二三妇之辱共先者祀，请无瘠色，无洵涕，无搔膺，无忧容，有降服，无加服。从礼而静，是昭吾子也。"仲尼闻之曰："女知莫若妇，男知莫若夫。公父氏之妇（敬姜）智也夫！欲明其子之令德。"（《国语·鲁语（下）》）

这个故事说明这位贵妇人是如何巧妙地维护礼教的，孔丘夸这种行为是

---

① 《韩非子·外储说右上·说一》：季孙相鲁，子路为郈令。鲁以五月起众为长沟，当此之为，子路以其私秩粟为浆饭，要作沟者于五父之衢而餐之。孔子闻之，使子贡往覆其饭，击毁其器，曰："鲁君有民，子奚为乃餐之？"子路怫然怒，攘肱而入，请曰："夫子疾由之为仁义乎？所学于夫子者，仁义也；仁义者，与天下共其所有而同其利其也。今以由之秩粟而餐民，其不可何也？"孔子曰："由之野也！吾以女知之，女徒未及也。女故如是之不知礼也？女之餐之，为爱之也。夫礼，天子爱天下，诸侯爱境内，大夫爱官职，士爱其家，过其所爱曰侵。今鲁君有民而子擅爱之，是子侵也，不亦诬乎？"

激荡春秋
——东周之历史、文化与思想

"智"。但事实上她所用的方法是"巧智"，带有欺骗性质，也可以说是"小聪明"。

在流传下来的儒家文化中，孔丘一向被当作文人，即使是圣人也是"文圣人"，很少把孔丘与"勇"关联起来的，这可能是后儒们把孔丘"儒文化""圣化"的结果。对于孔丘"勇"的形象很少提及，但历史上孔丘被作为"勇者"被提及过，而且在《论语》中有"知者不惑，仁者不忧，勇者不惧"（《论语·子罕》)，将"智者""仁者""勇者"并列称赞。又说"见义不为，无勇也"（《论语·八佾》)，倡导勇与自身是"勇者"并不能画等号。

对于孔丘作为"勇者"，常常以孔丘在齐鲁夹谷之会为切入点来展示。

关于"夹谷之会"，在《春秋·(鲁)定公十年》中记述得比较简单："夏，公会齐侯于夹谷。公至自夹谷。晋赵鞅帅师围卫。齐人来归郓、欢、龟阴田。"而在《左氏春秋·(鲁)定公十年》中则是记述了齐人图谋动武，"犁弥言于齐侯曰：'孔丘知礼而无勇，若使莱人以兵劫鲁侯，必得志焉。'"岂料此时孔丘却挺身而出，以"裔不谋夏，夷不乱华，俘不干盟，兵不逼好"的严正"礼论"，使齐君听了之后羞愧得无地自容（《左氏春秋》言其为"遽避之"），只好罢休。这些描述的真实含义是说齐是"野蛮之地不懂华夏礼仪"，借孔丘之口来攻击齐国。至于孔丘，在《论语·八佾》中有"夷狄之有君，不如诸夏之亡(无)也"。这是孔丘在指责当时的"礼崩"至无君还不如"夷狄之有君"。在《论语·子罕》中又有"子欲居九夷。或曰：'陋，如之何？'子曰：'君子居之，何陋之有？'"的记述。显然孔丘似乎对夷狄并没有太多的恶感。另外，孔丘是"吾从周"的，显然用"华夏礼仪"有悖孔丘的理念。这有可能是《左氏春秋》借助孔丘之言来宣传其"夷夏观"。

我们知道，莱人受齐驱使，已纳入齐国的统治体系之下（当时齐国的丞相晏婴就是莱人）。从现实政治和现实利益的角度说，莱人显然比鲁人更亲近齐，但是莱依然被斥为异类，被贱视为"夷"。齐与莱都为姜姓，在血统上是相同的，但是两者对西周灭殷时所做的功绩和其在西周宗法封建制度的地位不可同日而语，因而两者一为"诸夏"一为"夷"。

关于"夹谷之会"，在《谷梁春秋·(鲁)定公十年》中则有记载：

> 齐人使优施舞于鲁君之幕下。孔子曰："笑君者罪当死！"使司马行法焉，首足异门而出。

这里是下级嬉笑君主，当然是死罪。处罚他可能是符合"周礼"的。

在司马迁的《太史公书·孔子世家》中所描述的夹谷之会则是这样的：

鲁定公（姬姓鲁氏，名宋，公元前510~前495年在位）时期，孔丘入仕，传说入仕后连升三级，从中都宰、司空到大司寇。当齐国得知鲁国重用孔丘后，感到对齐国不利，于是派使者访问鲁国并示好，同时邀请鲁国国君举行两国国君的会晤，会谈地点定在齐地夹谷。公元前500年（鲁定公十年)，孔丘作为这次会晤的执行首辅（"摄相事") 陪同鲁定公出席会晤。临行前,孔丘进言鲁定公说:"臣闻有文事者必有武备,有武事者必有文备。古者诸侯出疆,必具官以从。请具左右司马。"也就是要带兵前往。峰会期间,孔丘表现得非常强势,对齐国的欢迎礼仪百般挑剔、横加指责。齐国演奏第一首乐曲,他指责为"夷狄之乐",进而将演奏者赶出会场。齐国又"奏宫中之乐",这时候作为演员的侏儒出场,他又指责第二首乐曲是以"匹夫而营惑诸侯",下令"有司"对演员实施刑罚,致使这些侏儒与俳优顿时身首异处,血溅舞台。齐景公此时只有羞愧和恐惧,只好把先前占有的鲁国土地归还给了鲁国并赔礼道歉。①

如果仔细分析一下《太史公书·孔子世家》中夹谷之会的故事还是存在一些问题的。首先,该故事告诉我们这时"礼"仍有无比强大的约束力和威力,这与孔丘的"礼崩乐坏"及"克己复礼"是不相符的。但这个故事却诠释了孟轲所谓的"孔子成《春秋》,而乱臣贼子惧"(《孟子·滕文公(下)》)。

值得一提的是,孔丘约20年前在齐国"为高昭子家臣,欲以通乎(齐)景公"(《太史公书·孔子世家》),即孔丘作为高昭子的家臣并通过高昭子见到了齐景公,但齐景公没有任用他。没想到,21年后孔丘作为鲁国的辅佐大臣陪鲁国国君前去会晤齐景公,还着实"吓着"了齐景公。然而,说齐景公害怕了孔丘的"正礼"行动,是缺乏根据的。在《论语·季氏》中有孔丘对齐景公的评价:"齐景公有马千驷,死之日,民无德而称焉!"虽然对齐景公评价不高,但也道出一个事实,那就是齐国很强大。一个强大国家的国君害怕一个弱国的臣子是令人费解的。但如果以道德伦理来评价孔圣人的行为,这种逻辑也是可以理解的。

孔丘作为鲁国赴会的首辅,他在峰会上的表现突出了"勇",他不但"勇对"

①《太史公书·孔子世家》:定公十年春,及齐平。夏,齐大夫黎鉏言于景公曰:"鲁用孔丘,其势危齐。"乃使使告鲁为好会,会于夹谷。鲁定公且以乘车好往。孔子摄相事,曰:"臣闻有文事者必有武备,有武事者必有文备。古者诸侯出疆,必具官以从。请具左右司马。"定公曰:"诺。"具左右司马。会齐侯夹谷。为坛位,土阶三等,以会遇之礼相见,揖让而登。献酬之礼毕,齐有司趋而进曰:"请奏四方之乐。"景公曰:"诺。"于是旍旄羽被矛戟剑拨鼓噪而至。孔子趋而进,历阶而登,不尽一等,举袂而言曰:"吾两君为好会,夷狄之乐何为于此!命有司!"有司却之,不去,景公心怍,麾而去之。有顷,齐有司趋而进曰:"请奏宫中之乐。"景公曰:"诺。"优倡侏儒为戏而前。孔子趋而进,历阶而登,不尽一等,曰:"匹夫而营惑诸侯者,罪当诛!请命有司!"有司加法焉,手足异处。景公惧而动,知义不若,归而大恐,告其群臣曰:"鲁以君子之道辅其君,而子独以夷狄之道教寡人,使得罪于鲁君,为之奈何?"有司进对曰:"君子有过则谢以质,小人有过则谢以文。君若悼之,则谢以质。"于是齐侯乃归所侵鲁之郓、汶阳、龟阴之田以谢过。

《太史公书·鲁周公世家》:定公十年,定公与齐景公会于夹谷,孔子行相事。齐欲袭鲁君,孔子以礼历阶,诛齐淫乐,齐侯惧,乃止,归鲁侵地而谢过。

激荡春秋
——东周之历史、文化与思想

齐国的礼仪，而且还下令"勇杀"齐国为会晤进行表演的侏儒，不能说孔丘乏勇。

对孔丘在"夹谷之会"中呈现的"勇"，《左氏春秋》讲的是"礼"，而《太史公书》讲的是"乐"。

关于"夹谷之会"，在《左氏春秋》中还作了进一步记述，那就是签订盟约："将盟，齐人加于载书曰：'齐师出竟，而不以甲车三百乘从我者，有如此盟。'"（《左氏春秋·（鲁）定公十年》）这次峰会的根本目的，就是齐国要出击晋国，以维护其势力范围，而此时鲁国与晋国友好，齐国以归还原已久占的鲁国三邑换取齐国出兵时鲁国以"甲车三百乘"相助。至于交涉过程，只是一个谈判技巧，无论礼还是乐，利益与实力才是最根本的。

是年（公元前500年），鲁国终于与齐国站在了统一战线上，这年夏天齐鲁结盟，此时齐、鲁、卫、郑正式同盟，形成对晋国东方战线的包围之势。

值得一提的是，与"勇"相关的还有"直"。孔丘在与弟子讨论时表明了他对"直"的观点。叶公夸耀他知道的一个人堪称真正，告诉孔丘："我们乡里有个正直的人名叫躬，他父亲偷了羊，他亲自去告发。"孔丘说："我们乡里正直的人做法不一样，父亲替儿子隐瞒，儿子替父亲隐瞒。这里面自然就有正直了。"[①]

这就是说父子相互隐瞒违法之事中可以引出正直，这样的正直才是真的正直。这可能就是儒家提倡的"亲亲"或"事亲"吧！

不可而为与天命论

如前所述，从老聃、老莱子对年轻孔丘的批评中我们可以感受到，孔丘不但"志于学"，而且志于传播，志于"克己复礼"，试图以周礼恢复春秋时期混乱的局面。可惜孔丘为之奋斗终生也未实现复周礼的理想，孔丘这一"不可而为"的精神在一定区域也是名声在外的。《论语·宪问》就有相关相关记述：

> 子路宿于石门。晨门曰："奚自？"子路曰："自孔氏。"曰："是知其不可而为之者与？"

而在《论语·子路》则有：

> 不得中行而与之，必也狂狷乎。狂者进取，狷者有所不为也。

与此相矛盾的是天命论。就现在的历史资料来看，天命论始于商朝。到商末时，周人提出了天命无常论，并以此作为反对商朝的意识形态。到春秋末年，孔丘从"志于学""不可而为"，再到"知天命"，这或许是时代并没有按照他的主张发展而出现的认识转变。因此，可以有理由说孔丘是在后期才变成"天命"信仰者，当然也是坚定的"守礼者"。

孔丘注重社会实践与社会伦理，他周游列国，到处宣扬他的恢复周礼及仁之

---

① 《论语·子路》：叶公语孔子曰："吾党有直躬者，其父攘羊，而子证之。"孔子曰："吾党之直者异于是：父为子隐，子为父隐，直在其中矣。"

理念，希图以此解决现实中的纷争，他并不关心离现实比较遥远的哲学问题。在孔丘看来，虽则有"天命"的存在，但"天"并非任何时候都在那里支配人间的事情。孔丘的学生子路询问有关鬼神之事，他回答说："未能事人，焉能事鬼？"子路又问"死"之事，孔丘说："未知生，焉知死？"（《论语·先进》）孔丘的这种思想，源于对春秋时期著名政治家子产的认同。虽然孔丘没有与子产见过面，却十分称赞子产的为人。子产曾有一句有关"天道"问题的名言："天道远，人道迩，非所及也，何以知之？"（《左氏春秋·昭公十八年》）以此来驳斥晋国占星术者所说的关于郑国将要发生大火的预言。孔丘不探究"天道"，而是将全部精力用于研究"人道"，当然主要是人治之道，这种倾向是与子产的思想有渊源的。

孔丘的天命思想在《论语》中有多处表现：

获罪于天，无所祷也。（《论语·八佾》）

不知命，无以为君子也。（《论语·尧曰》）

道之将兴也与，命也。道之将废也与，命也。（《论语·宪问》）

死生有命，富贵在天。（《论语·颜渊》）

君子有三畏：畏天命，畏大人，畏圣人之言。（《论语·季氏》）

就孔丘的天命论而言，认为人生一切都是命注定，人当安于所命，放弃努力、选择和改变，这实际代表了统治者的意识形态。在周王朝牢固确立统治体系后，其意识形态逐渐转变。在体制下则反映在世官世业、世工世守的宗法制上。天命论是必然论、决定论。天命所定，则人力无能为。这一天命观，实际上起到了麻痹人们思想、维护统治者永久统治的作用。

在孔丘看来，虽则有"天命"存在，但"天"并非任何时候都在那里支配人间。他曾经这样回答关于"天"的问题："天何言哉？四时行焉，百物生焉，天何言哉？"（《论语·阳货》）因此，没有必要成天去探究神秘莫测的东西，而应当将主要精力放在"人世间"——即现实社会的问题上。

4.5.3 从夫子到圣人

孔丘生前主要是一位私人教师，是许多教师中的一位杰出教师，也是我国"私学"开创期的佼佼者。

孔丘在世时及去世之后的战国时代，各诸侯国依据自己国家的价值观及政治需要，对他的评价各不相同、褒贬不一。孔丘在先秦时期，远远没有后来的地位。非常赞赏孔丘的战国时代的儒家代表人物荀况虽然称赞孔丘"德与周公齐，名与三王并"（《荀子·解蔽》），但也只称孔丘为"真先君子"（《荀子·非十二子》）。

对孔丘评价出现大的转机是发生在公元前2世纪西汉武帝刘彻（公元前140～前87年在位）时期。由于汉武帝实行了"罢黜百家，独尊儒术"政策，儒家独占意识形态顶峰，加之官吏学术泰斗董仲舒（约公元前176～前104年）等的极力推崇和积极推广，孔丘在去世300年后被推上了"至圣先师"的地位，凌驾于所有其他教师之上。

如前所述，作为家喻户晓且具有广泛影响力的《太史公书》本应把孔丘列入记载诸子的个人传记——"列传"之中去，但司马迁却"破格"提升孔丘到诸侯级，用"世家"来介绍他的生平，这本身就带有偏向性。

司马迁眼中的孔丘：

> 孔子之时，周室微而礼、乐废，《诗》《书》缺。追迹三代之礼，序《书传》。上纪唐虞之际，下至秦穆，编次其事。曰："夏礼吾能言之，杞不足征也。殷礼吾能言之，宋不足征也。足，则吾能征之矣。"观殷夏所损益，曰："后百世可知也。以一文一质。周监二代，郁郁乎文哉，吾从周。"故《书传》《礼记》自孔氏。孔子语鲁大师："乐其可知也。始作翕如，纵之纯如。皦如，绎如也，以成。吾自卫反鲁，然后乐正，《雅》《颂》各得其所。"古者《诗》三千余篇，及至孔子，去其重，取可施于礼义。上采契、后稷，中述殷周之盛，至幽厉之缺，始于衽席。故曰："《关雎》之乱以为《风》始，《鹿鸣》为《小雅》始，《文王》为《大雅》始，《清庙》为《颂》始。"三百五篇，孔子皆弦歌之，以求合《韶》《武》《雅》《颂》之音。礼乐自此可得而述，以备王道，成六艺。孔子晚而喜《易》，序《彖》《系》《象》《说卦》《文言》。读《易》，韦编三绝。曰："假我数年，若是，我于《易》则彬彬矣。"孔子以诗书礼乐教，弟子盖三千焉。身通六艺者七十有二人。……其于乡党，恂恂似不能言者。其于宗庙朝廷，辩辩言，唯谨尔。朝，与上大夫言，訚訚如也；与下大夫言，侃侃如也。入公门，鞠躬如也；趋进，翼如也；君召使傧，色勃如也。君命召，不驾行矣。鱼馁，肉败，割不正，不食。席不正，不坐。食于有丧者之侧，未尝饱也。是日哭，则不歌。见齐衰、瞽者，虽童子必变。三人行，必得我师。"德之不修，学之不讲；闻义不能徙，不善不能改；是吾忧也。"使人歌，善，则使复之，然后和之。子不语：怪、力、乱、神。……乃因史记作《春秋》；上至隐公，下讫哀公十四年，十二公。据鲁，亲周，故殷，运之三代，约其文辞而指博。故吴楚之君自称王，而《春秋》贬之曰"子"。践土之会，实召周天子，而《春秋》讳之曰"天王狩于河阳"。推此类以绳当世。贬损之义，后有王者举而开之。《春秋》之义行，则天下乱臣贼子惧焉。（《太史公书·孔子世家》）

尽管如此，当我们阅读其中记述的孔丘的事迹及评论时，也没有令人肃然起敬的感觉。

如前所述，司马迁"拨乱世而反之正，莫近于《春秋》"来源于《公羊春秋》对《春秋》的评述："君子曷为为《春秋》？拨乱世，反（返）诸正，莫近诸《春秋》。"（《公羊春秋·(鲁)哀公十四年（公元前481年）》）不过，司马迁修改了一个字，把"诸"改成了"于"。这样就把《鲁春秋》独一无二化了。我们常说"以史为鉴"，但不宜说"以《春秋》为鉴"。这样"拨乱世而反之正"的依据就发生了改变，可以说改变了主题文化和伦理道德，也改变了历史走向。

司马迁在这里明确指出《春秋》是孔丘所作，并称："后有王者举而开之。《春秋》之义行，则天下乱臣贼子惧焉。"那么，这个"后有"的"王者"是谁呢？

《太史公书·十二诸侯年表》的开头也有相关的记录，在这一部分，司马迁提到了《左氏春秋》《铎氏传》《虞氏春秋》等，并说："各往往捃摭春秋之文以著书，不同胜纪。汉（刘邦时期）相张苍历谱五德（作《终始五德传》），（汉武帝时期）上大夫董仲舒推《春秋》义，颇著文焉（著《春秋繁露》）。"换言之，太史公司马迁的意思是：《春秋》之义现如今（汉武帝时代）被广泛议论，那么这个"后有"的"王者""行《春秋》之义的人"就是汉武帝。如果再关联上"周公卒五百岁而有孔子"（《太史公书·太史公自序》），那么，孔丘预言的王者就是汉武帝了，这可能是孔丘被拔高的现实意义所在。

由于《太史公书》被视为正史，又受历代封建统治者的推崇，影响甚广。可以说，《太史公书》中的孔丘成了中国两千多年来大多数人的"孔子观"。今天，当我们依据科学及考古发现，再来审视它的时候，就会发现《孔子世家》多有不实之处。另外，《太史公书》更名为《史记》也会误导许多人，以为《太史公书》所记述的就是"史记"。

要真正了解"事实"，我们应该从不同的先秦文献，多视角、多方面来了解孔丘。如《庄子》及其他道家先秦文献，《孟子》《春秋》及其所谓的"三传"之中，还有《荀子》及《吕览》等展示的孔丘形象。这些历史文献比《太史公书》更早，在时间上更接近于孔丘生活的年代。由于作者的目的和立场不同，这些文献中对孔丘的评价也不相同。各国和各家对孔丘的评价也不尽相同，所以，在采用各家、各国创作的文献时，不能囫囵吞枣地接受。

汉武帝时期实行"罢黜百家，独尊儒术"之后，经学家们分为古文派和今文派，古文派主张"六艺"（后解释为"六经"）为周公所作而孔丘述之；今文派则主张孔丘作《春秋》，自比文王。但这些都不合事实。尽管如此，后儒们都以周公姬旦、孔丘作为儒学创始鼻祖。

今文经学认为所谓的"六经"皆孔丘所作，注重阐发经文的"微言大义"，主张通经致用；以董仲舒、何休等为代表，最重视《公羊春秋》。而古文经学崇奉周公，视孔丘为"述而不作，信而好古"的先师，偏重训诂，与现实政治问题联系较弱；以刘歆、贾逵等为代表，最重视《周礼》。

后来有些儒家甚至认为，孔丘受命于天，继承周朝之后，开辟了一个新朝代，这个朝代没有王朝，也没有君王，孔丘便成了这个没有王朝的无冕之"素王"。由其弟子门徒所编纂的记载孔丘言行的文献《论语》也成了儒学经典。如果看记述孔丘的言行集《论语》，就会发现孔丘的确只是一位教师，并不具王者风范。

在汉武帝之后的文化洪流中，除了"经书"之外，还有与"经书"相伴的

激荡春秋
——东周之历史、文化与思想

"纬书"。"纬书"中的孔圣人独特形象曾经在东汉时代风行一时。例如《论语撰考》中说"感黑龙之精以生仲尼（孔丘）"，这种将孔丘特异化成"圣人"的描述，使孔丘的形貌显得非常怪异。《孝经钩命决》则形容孔丘的嘴像海一样大，龟背、虎掌等。这与我们现在流行的孔子形象风貌大不相同。

到隋炀帝时期，创建了以儒家经典为主要选拔内容的科举制度，进而使儒家在中国文化及意识形态中独占鳌头。后人出于不同目的，把春秋末年杰出的私学教师孔丘变成了官学教主，孔丘不断被美化、神化成为圣人。孔丘作为圣人被多次加以利用，可以说孔圣人非孔丘也！

"孔圣人"是儒家文化创造的圣人，只是给它找了个替身——孔丘而已。

我们现在见到的有关孔子的形象描述，主要来自后世儒家学问体系——宋明理学当中所宣扬的孔子形象，是植入了以儒家文化为主导的士大夫所描绘的他们心目中理想孔丘的形象，而不是历史上孔丘的真实形象。但要恢复孔丘的本来形象也不是一件轻而易举的事情，除了史料的真实性之外，采用正确的、实事求是的严密的科学分析是必不可少的。毋庸置疑，我们的传统文化以儒家思想为主，也是一个巨大的文化壁垒。

4.5.4 孔丘与老聃

老聃和孔丘都是春秋末人，是诸子群星中最具代表性的人物。两位同是文化巨人，对中国文化产生了巨大影响，但其学说却是"道不同"。历史上把他们的学问归结为隐学和显学，直接从字面上理解，隐学要隐遁一些，要研究它需要深度思考，而显学则是显而易见的，也是最容易被接受的。

对华夏文化的影响面而言，老聃是基于哲学层面对华夏文化体系进行了创新与发展，政治上老聃主张彻底变革；而孔丘则多在伦理学、社会学和政治学上有所建树，其特点是专注于文化典籍的整理与传承，政治上主张"克己复礼"，除了周游列国进行传教式的宣传之外，培育弟子是他的另一大特点与贡献。老聃的贬礼是与孔丘的护礼、复礼立场相对立的。"克己复礼"的核心就是要恢复周朝稳固统治后所确立的礼制，用礼来统治的制度。而老聃则抨击"礼"是"忠信之薄，而乱之首"，并说"是以大丈夫，处其厚，不居其薄，处其实，不居其华"。对我国文化的影响，如果说大小的话，由于孔丘学说长期被封建王朝作为意识形态所推崇，其学说的影响要比老聃大，但老聃学说的内涵比孔丘更为深刻。

世界在孔丘眼里是平面的，他那里没有上天，没有地狱，也没有自然，更没有人心的浪漫，只有"礼"满人间！他注视人间却带有角度，仰视天子侯王，下鄙中下民众。因此，在孔丘那里，没有对上天的想象，也没有对世界深邃的探索，只有"礼"的"美丽外衣"。即使有这件"美丽的外衣"，也是作茧自缚而乐在其中。

图 19　老聃与孔丘

2007 年 10 月，在山东省东平县一座东汉早期墓室中发现一组
罕见的色彩精美、保存完好的彩绘壁画，图中二者被认为是孔丘
拜会老聃

如果我们跳出中国及周边放眼世界的话，那么老聃学说对世界的影响远大于
孔丘，所以说老聃是世界的，孔丘是中国的。

激荡春秋
——东周之历史、文化与思想

5

破周前行

5.1　兼爱非攻，反周礼尚夏禹——墨翟与墨学

墨翟（今通称墨子，约公元前490～前403年），春秋末战国初人，墨家学派创始人。有关墨翟的史书记载少之又少，就连为诸子百家连篇累牍作传的《太史公书》也仅仅在《孟子荀卿列传》中以二十四个字附带了一下墨翟事迹："盖墨翟，宋之大夫，善守御，为节用，或曰并孔子时，或曰在其后。"但我们从其他典籍中，可以发现墨学的影响力。如孟轲（今通称孟子，字子舆，约公元前372～前289年）在《滕文公（上）》一文中说："杨朱、墨翟之言盈天下。天下之言，不归杨则归墨。"可见当时墨学在战国前期具有非常广泛的社会影响。韩非也在《韩非子·显学》里说："世之显学，儒、墨也。儒之所至，孔丘也；墨之所至，墨翟也。"把墨学与儒学并列为显学，并把墨翟与孔丘放在同等地位。就学说命名而言，以姓氏为学说之名的恐怕只有墨学一家。这就说明了墨学是由墨翟原创的，同时也说明了墨学的广泛性。在先秦典籍《吕览》的《尊师》篇里提及墨翟的弟子时说："孔、墨徒属弥众，弟子弥丰，充满天下。"而在《当染》篇里则更进一步说明其弟子的众多："孔、墨之后学，显荣于天下者众矣，不可胜数。"由此可见，墨家学说在战国时期是极具社会影响力的，甚至在某一个历史阶段，完全压制了儒家学说。

关于墨翟的祖籍，司马迁认为是在宋国（今河南商丘），还有的认为在鲁国（今山东滕州）。后者的理由之一是墨翟具有丰富的儒学知识，但这缺乏逻辑的严密性，或许墨翟曾一度在鲁国学习、居住。通观墨翟的学说与思想，笔者倾向于墨翟是宋人，也就是殷商后裔，因为墨翟的思想在很大程度上继承了殷商文化，甚至可以远溯自夏禹的文化。

墨翟曾学习孔丘的儒学知识，随着对儒学了解的深入以及当时社会的发展趋势，他认识到儒学正是守旧的代表，遂放弃儒学，基于自身思考和平民身份创立了具有鲜明平民主义思想色彩的学说——墨学——一个公开反对孔丘儒家的学派。《淮南子·要略》在论述墨翟时说："墨翟学儒者之业，受孔子之术。以为其礼烦扰而不说。厚葬靡财而贫民，久服伤生而害事，故背周道而用夏政。"墨

学反对孔丘儒家学派的实质是反对周王朝建立的以宗法血缘关系为纽带的"家天下"以及维持这一"家天下"的礼乐制度。

墨学的思想集中表现在《墨子》一书中，该书是墨翟及其弟子以及后期墨家著述的汇编，西汉刘向整理为71篇，但传世本仅存53篇，大部分为墨翟讲学的记录，内容涉及哲学、政治、逻辑、科技、军事等，堪称古代的一部百科全书。

墨翟出身卑贱，有时自称"贱人"，有时自比为"宾萌"(乡巴佬)，被后人称为"布衣之士"。当时的所谓贱人，与后世的良贱之分是不同的。凡士以下的庶民，皆为贱人，"贱人"也即"小人"。墨翟究其一生不曾入仕，他和他的弟子始终保持着庶民身份与生活状态："量腹而食，度身而衣"(《墨子·鲁问》)，"以裘褐为衣，以跂蹻①为服，日夜不休，以自苦为极"(《庄子·天下》)。墨翟的弟子有的是"短褐之衣、藜藿②之羹，朝得之，则夕弗得"(《孟子·尽心(上)》)。

墨翟早期的职业是工匠、木工。据说墨翟木工手艺之巧可争胜于当时的名匠鲁班(公输般)。惠施(今通称惠子，约公元前390~前317年，名家代表人物之一)曾称赞他："墨翟大巧，巧为輗③，拙为鸢(读yuān，一种鹰科鸟)。"(《韩非子·外储说》)墨翟是一位懂得工技的资深技师，会制造武器等手工品，他和他的弟子至少从事一些手工业劳动，并不完全脱离生产。

如果我们认为墨翟仅仅是一个能工巧匠那就大错特错了！墨翟不但是能工巧匠，还是科学家和技术专家。早在两千多年前墨家就对光学(对光沿直线前进，并讨论了平面镜、凹面镜、球面镜成像的一些情况，尤以说明光线通过针孔能形成倒像的理论)、形(几何)学(已科学地论述了圆的定义)、力学(提了力和重量的关系)等进行了科学探讨，可惜的是，这一科学成果也随着《墨子》一书在西汉被"埋葬"，墨家的销声匿迹，使这一在华夏民族文明史上诞生的"科学"之子消失在襁褓之中。

墨翟不但是一位庶民思想家，一个理想践行者，也是一位革命家。墨翟还是华夏文明中第一个具有科学观的思想家，也是一位民主的伟大先驱。

5.1.1 思想与主张

墨家的政治思想主要反映在《墨子》的《尚贤》《尚同》《非攻》《节用》《节葬》《非乐》等篇中；伦理思想主要反映在《兼爱》《亲士》《修身》等篇中；哲学思想主要反映在《非命》《贵义》《尚同》《天志》《明鬼》《墨经》诸篇中；科技思想与理论，主要反映在《经(上)》《经(下)》和《说》之中。

墨翟的思想源于对孔丘儒学的批判和摒弃，他的主张与儒家对立。以孔丘

---

① 跂蹻(qìjué)：古时一种有跟的草鞋。跂同"屐"，蹻同"屩"。

② 藜藿(líhuò)：指粗劣的饭菜。

③ 輗(ní)：古代大车车辕和横木衔接的活销。

为代表的儒家认为使社会秩序有序化、正常化的要务就是恢复周礼，要"克己复礼"。以墨翟为代表的墨家则提出了诸如"兼爱""非攻""非乐""薄葬"等主张来改造周礼，以图实现社会秩序正常化。

为此，我们在叙述墨学的同时，与儒学作一比较，这样可更好地理解墨学。

兼与别：兼爱

在墨翟的思想观念中，一个重要的概念是"兼"，"兼"是相对于"别"提出来的。墨翟总结了儒家的学说，其核心是强调了一个"别"字，也就是等级之别，这也是宗法制和礼制的根本所在。

因此，他在《兼爱（下）》篇里说：

> 仁人之事者，必务求兴天下之利，除天下之害。今吾本原兼之所生，天下之大利者也；吾本原别之所生，天下之大害者也。是故子墨子曰别非而兼是者，出乎若方也。

又详细解说道：

> 是故别士之言曰：'吾岂能为吾友之身，若为吾身？为吾友之亲，若为吾亲？'是故退睹其友，饥即不食，寒即不衣，疾病不侍养，死丧不葬埋。别士之言若此，行若此。兼士之言不然，行亦不然。曰：'吾闻为高士于天下者，必为其友之身，若为其身；为其友之亲，若为其亲。然后可以为高士于天下。'是故退睹其友，饥则食之，寒则衣之，疾病侍养之，死丧葬埋之。兼士之言若此，行若此。若之二士者，言相非而行相反与？当使若二士者，言必信，行必果，使言行之合，犹合符节也，无言而不行也。

在《墨子》中，有三篇都以兼爱为主旨。为什么墨翟会提倡"兼相爱"呢？墨翟给出了理由：

> 虽至大夫之相乱家、诸侯之相攻国者亦然。大夫各爱其家，不爱异家，故乱异家以利其家。诸侯各爱其国，不爱异国，故攻异国以利其国，天下之乱物，具此而已矣。察此何自起？皆起不相爱。（《墨子·兼爱（上）》）

我们知道墨翟处于一个战争连绵不断的混乱年代，墨翟的这一思想正是针对当时的社会现状提出的，也是源于对孔丘儒学"仁"——"别相爱"的批驳。如果把墨翟的思想从春秋战国的华夏扩展到全球，他的理由也是很有道理的。

接着他又进一步阐述：

> 若使天下兼相爱，爱人若爱其身，犹有不孝者乎？视父兄与君若其身，恶施不孝？犹有不慈者乎？视弟子与臣若其身，恶施不慈？故不孝不慈亡有。犹有盗贼乎？故视人之室若其室，谁窃？视人身若其身，谁贼？故盗贼亡有。犹有大夫之相乱家，诸侯之相攻国者乎？视人家若其家，谁乱？视人国若其国，谁攻？故大夫之相乱家，诸侯之相攻国者亡有。若使天下兼相爱，国与国不相攻，家与家不相乱，盗贼无有，君臣父子皆能孝慈，若此，

则天下治。(《墨子·兼爱(上)》)

墨翟进而提倡：

> 视人之国，若视其国。视人之家，若视其家。视人之身，若视其身。是故诸侯相爱，则不野战。家主相爱，则不相篡。人与人相爱，则不相贼。(《墨子·兼爱(中)》)

墨翟主张兼爱，一切平等，视人之父若己父。墨翟进而说：

> 今天下之君子之名仁也，虽禹、汤无以易之，兼仁与不仁，使天下之君子取焉，不能知也。故我曰："天下之君子不知仁者，非以其名也，亦以其取也。"(《墨子·贵义》)

在墨翟看来，今"天下之君子之名仁"不是兼爱，而是偏爱，因此不是真正的"仁"。

墨翟虽然以"兼爱"为普世之法，却未提及相爱是否为人之本能。

> 子墨子见染丝者而叹曰："染于苍则苍，染于黄则黄；所入者变，其色亦变；五入而已则为五色矣；故染不可不慎也！"(《墨子·所染》)

由此可见，墨翟以人性为素丝，其善恶则是后天"所染"。他提倡以"兼爱"之精神染人，使交相利而不交相害；然而现实中的普通人，并非容易受"兼爱"所染，使他们认识到兼爱之利与"交别"之害。因此，墨翟也注重制裁，以使人交相爱。

墨翟这一"兼爱"观带有宗教色彩，甚至超越了宗教，因此实施起来需要组织，更需要时间。墨翟还说："上尊天，中事鬼神，下爱人。"(《墨子·天志(上)》)

如果从宗教的观点看，要我把朋友看成如同自己一样，把朋友的父母看成如同自己的父母一样是值得提倡的。但如果对认为爱是有"区分"的人来说，这是荒谬的。墨翟在论述"兼爱"时，列举上述两种情况后问道：这两种原则，谁是谁非呢？

墨翟的"天"是有"志"的天，如同宗教的最高神。这与孔丘的思想也有巨大差别，孔丘是"敬鬼神而远之"(《论语·雍也》)及"不语怪、力、乱、神"(《论语·述而》)。

相比之下，孔丘的"仁"的观念有多方面的含义，"爱人"只是其中一个方面，而且是一种有差别的"爱"，是有等级亲疏远近之取舍的。从根本上讲，"仁"的观念仍然受"宗法制"和"礼制"的束缚，它不可能达到平等之爱、博爱。孔丘的"仁"既上升不到"天神"，更离不开人间的最高统治者的礼制和宗法制，其"仁"终究是要归结到为少数统治者服务的。在颜渊问仁时，他回答："克己复礼为仁，一日克己复礼，天下归仁焉。为仁由己，而由人乎哉？"(《论语·颜渊》)

墨翟进一步阐述了其"兼爱"的社会理想。他在《墨子·兼爱(下)》里说：

> 吾不识孝子之为亲度者，亦欲人爱利其亲与！意欲人之恶贼其亲与！以说观之，即欲人之爱利其亲。然即吾恶先从事即得此？若我先从事乎爱利人

之亲，然后人报我爱利吾亲乎！意我先从事乎恶人之亲，然后人报我以爱利吾亲乎！即必吾先从事乎爱利人之亲，然后人报我以爱利吾亲也。

又说：

今吾将正求与天下之利，而取之，以兼为正。是以聪耳明目，相与视听乎！是以股肱毕强，相为动宰乎！而有道肆相教诲。是以老而无妻子者，有所侍养，以终其寿。幼弱孤童之无父母者，有所放依，以长其身。

墨翟的这一思想，在汉代被新儒者所借鉴、继承和丰富：

大道之行也，天下为公，选贤与①能，讲信修睦。故人不独亲其亲，不独子其子，使老有所终，壮有所用，幼有所长，鳏、寡、孤、独、废疾者皆有所养，男有分，女有归。货恶其弃于地也，不必藏于己；力恶其不出于身也，不必为己。是故谋闭而不兴，盗窃乱贼而不作，故外户而不闭，是谓大同。（《礼记·礼运》）

在《墨子·兼爱（下）》篇里，墨翟在论证"仁人之事"时说：

必务求兴天下之利，除天下之害。然当今之时，天下之害孰为大？曰：若大国之攻小国也，大家之乱小家也，强之劫弱，众之暴寡，诈之谋愚，贵之傲贱，此天下之害也。

又说：

姑尝本原若众利之所自生。此胡自生？此自恶人贼人生与？即必曰："非然也。"必曰："从爱人利人生。"分名乎天下，爱人而利人者，别与？兼与？即必曰："兼也。"然即之交兼者，果生天下之大利者与？是故子墨子曰："兼是也。"且乡吾本言曰："仁人之事者，必务求兴天下之利，除天下之害。今吾本原兼之所生，天下之大利者也；吾本原别之所生，天下之大害者也。"

这也是墨翟论证"兼爱"与"仁爱"有别，"仁爱"事实上是有等级、有差别之爱。墨翟的宗旨是"利天下"，也是益天下，而不是"礼天下"。

子墨子言曰："以兼相爱，交相利之法易之。"《墨子·兼爱（下）》

因此墨翟认为，必须倡导用"兼爱"代替"仁"；不但要"兼相爱"，而且要"交相利"。只有"交相利"，"兼相爱"才有实际的内容。只有"兼相爱"，才能体现真正的博爱——天下之大"仁"。

与孔丘主张君子不言利不同，墨翟是一个务实主义者，他认为不但要讲义，也要讲利，并把"义"解释为"益"（这里使用了声训，义借为益）："义者，利也。"有益，就是今语所谓"好"。好事就是给人带来利益之事。不但于己有利，且于众人、社会有利，方为"大益"、大义也。

这可能涉及孔丘与墨翟的谋生手段不同。两人都是"贱民"出身，不同的

① 与（jǔ），通"举"。

是墨翟是一个木匠，后成为一名老师，创立自己的学派并成为领袖；而孔丘则从贵族的雇工到儒业从业者，后成为一名老师，再后则走向仕途，靠俸禄和舍禄为生。吃"官粮"当然不需要名义上的"交相利"，但本质上也是"交相利"。只有那些世袭的"君子"是不需要的，因为他们以"贡礼"和"食邑"为生。在周推翻商的初期，从订盟约到分封，周武王姬发与诸侯的"相交"本质上也是"交相利"。

这样，墨翟以务实主义的论辩证明"兼爱"的原则是完全正确的，仁人以利世除害为宗旨，就必须以"兼爱"作为处世为人的标准。如果天下人都能这样做，"以兼为正。是以聪耳明目相为视听乎，是以股肱毕强相为动宰乎，而有道肆相教诲。是以老而无妻子者，有所侍养以终其寿；幼弱孤童之无父母者，有所放依以长其身。今唯母以兼为正，即若其利也。"（《墨子·兼爱（下）》）

要消除这些"天下之害"，唯有通过实现墨翟的"兼爱"。这是墨翟的理想世界观：唯有实行兼爱，才能创造出这个理想世界。

这里还有一个基本问题：如何能劝说世人彼此相爱？如上所述，墨翟认为，实行兼爱是济世利人的唯一道路，人唯有实行兼爱才是一个仁人。但是，人们还会问："为什么我作为个人，要为世界的利益献身呢？为什么我要追求做一个仁人呢？"墨家会说，世界的利益就包括了其中每一个人的利益，为世界谋利益就是为自己谋利益。墨翟说过：

　　夫爱人者，人必从而爱之；利人者，人必从而利之。恶人者，人必从而恶之；害人者，人必从而害之。（《墨子·兼爱（中）》）

为使人们实行兼爱，墨翟除了上述的论辩以外，还采用一些宗教和政治的奖惩。在《墨子》书中有《天志》篇、《明鬼》篇，其中讲有神，神爱世人，神的心意就是要世人彼此相爱。神经常监察世人的言行，特别是君主的言行。他说："爱人利人者，天必福之。恶人贼人者，天必祸之。"（《墨子·法仪》）凡不遵行神意的人，就会受到神的降灾惩罚；凡遵行神意的人，神就报以好运。在神之下，还有无数神灵，也同样奖赏实行兼爱之人，惩罚实行交相别的人。

周王朝是建立在宗法与礼乐制度的"家天下"，以血缘关系为纽带，这种宗法制度与礼乐制度，被儒家继承、发展。但是随着春秋以来"礼崩乐坏"，社会剧烈嬗变，以血缘关系为纽带的社会关系逐渐削弱，其拥有的统治地位也土崩瓦解。那些脱离了原有的血缘、宗族正统的新兴阶层，以及挣脱了奴隶身份成为平民的阶层，需要在社会上有一个新的定位。当这些新兴阶层逐渐增加时，一种新的自我定位及新的社会组织思想就出现了，这可以说是墨翟提倡"兼爱"的社会基础，他们想摆脱原来陈旧的君臣父子那些条条框框和繁琐礼教。也可以说，墨家学说提倡的是反对帝王将相传承的"宗法制"社会，是先秦"兼爱平等"与"平民主义"理想。

激荡春秋
——东周之历史、文化与思想

非攻

非攻也是墨翟学说的重要思想之一，其出发点仍然源于其"兼爱"的思想：

墨翟非攻学说，主张非攻，着重在防守，但并非反对一切战争。墨翟以是否兼爱为准绳，把战争严格区分为"诛"和"攻"，即我们今天说的正义战争与非正义战争两类。他评价战争的原则是："将为其上中天之利，而中中鬼之利，而下中人之利，故誉之。"（《墨子·非攻（下）》）

除了他信奉的天志与明鬼之外，最重要也是最实际的着眼点就在于是否有利于天下百姓。他还定义了正义：

> 义正者何若？曰：大不攻小也，强不侮弱也，众不贼寡也，诈不欺愚也，贵不傲贱也，富不骄贫也，壮不夺老也。（《墨子·天志（下）》）

因此，墨翟所主张的非攻，是特指反对当时的"大则攻小也，强则侮弱也，众则贼寡也，诈则欺愚也，贵则傲贱也，富则骄贫也，壮则夺老也"的"兼恶天下之百姓"的战争与掠夺行为。

墨翟不但是理论的创立者，也是践行者。墨翟曾阻止鲁阳文君攻郑，据记载：鲁阳文君 [①] 将要攻打郑国，墨翟听到了就阻止他，对鲁阳文君说："现在让鲁阳四境之内的大都攻打小都，大家族攻打小家族，杀害百姓，掠取牛、马、狗、猪、布、帛、米、粟、货、财，那怎么办？"鲁阳文君说："鲁阳四境之内都是我的臣民。现在大都攻打小都，大家族攻打小家族，掠夺他们的货、财，那么我将重重惩罚攻打的人。"墨翟说："上天兼有天下，也就像您具有鲁阳四境之内一样。现在您发动军队攻打郑国，上天的诛伐难道就不会到来吗？"鲁阳文君说："先生为什么阻止我进攻郑国呢？我进攻郑国，是顺应了上天的意志。郑人数代残杀他们的君主，上天降给他们惩罚，使三年不顺利。我将要帮助上天加以诛伐。"墨翟说："郑人数代残杀他们的君主，上天已经给了惩罚，使它三年不顺利，上天的惩罚已经够了！现在您又举兵将要攻打郑国，说：'我进攻郑国，是顺应上天的意志。'好比这里有一个人，他的儿子凶暴、强横，不成器，所以他父亲鞭打他。邻居家的父亲，也举起木棒击打他，说：'我打他，是顺应了他父亲的意志。'这难道还不荒谬吗？"墨翟对鲁阳文君说："进攻邻国，杀害它的百姓，掠取它的牛、马、粟、米、货、财，把这些事写在竹、帛上，镂刻在金、石上，铭记在钟、鼎上，传给后世子孙，说：'战果没有人比我多！'现在下贱的人，也进攻他的邻家，杀害邻家的人口，掠取邻家的狗、猪、食、粮、衣服、被褥，也书写在竹、帛上，铭记在席子、食器上，传给后世子孙，说：'战果没有人比我多！'这样可以吗？"鲁阳文君说："对。我用您的言论观察，那么天下人所说的可以的事，就不一定正确了。"墨翟对鲁阳文君说："世俗的君子，知道小

---

① 鲁阳文君，即公孙宽。战国时楚人，楚惠王授予他鲁阳之地，故又称鲁阳文子。楚平王之孙。

事却不知道大事。现在这里有一个人，假如偷了人家的一只狗一头猪，就被称作不仁；如果窃取了一个国家一个都城，就被称作义。这就如同看一小点白说是白，看一大片白则说是黑。因此，世俗的君子只知树木却不知森林，正如同这句话所讲的。"鲁阳文君告诉墨翟说："楚国的南面有一个吃人的国家，名叫'桥'，在这个国家，长子出生了，就被杀死吃掉，叫作'宜弟'。味美就献给国君，国君喜欢了就奖赏他的父亲。这难道不是恶俗吗？"墨翟说："即使中原的风俗也像这样，父亲因攻战而死，就奖赏他的儿子，这与吃儿子奖赏他的父亲有何不同呢？如果不实行仁义，凭什么去指责夷人吃他们的儿子呢？"[1]

这个故事可以清楚地说明墨翟对待战争的观点。同时，也可发现墨翟清晰的辩论逻辑。

墨家不但主张"非攻"，而且帮助受到进攻的国家守城。《墨子·公输》记载："公输般为楚造云梯之械，成，将以攻宋。子墨子闻之，起于齐，十日十夜，而至于郢。"墨翟到楚国都城郢后，对楚王说："臣之弟子禽滑厘等三百人，已持臣守圉之器，在宋城上而待楚寇矣。"最终使楚王放弃了攻打宋国的计划。

节用、薄葬、非乐

当时儒家对丧礼的规定：父母、妻子、长子死了，要服丧三年；伯父、叔父、兄弟死了，要服丧一年；族人死了，要服丧五个月；姑、姊、舅、甥死了，都有几个月的丧期。久丧，用漫长的丧礼来约束、限制人的思想和意识。

前文"复礼与正名"一节叙述了孔丘关于葬礼的主张。除此之外，如"丧尽其

① 《墨子·鲁问》：鲁阳文君将攻郑，子墨子闻而止之，……，子墨子曰："夫天之兼有天下也，亦犹君之有四境之内也。今举兵将以攻郑，天诛其不至乎？"鲁阳文君曰："先生何止我攻郑也？我攻郑，顺于天之志。郑人三世杀其父，天加诛焉，使三年不全。我将助天诛也。"子墨子曰："郑人三世杀其父，而天加诛焉，使三年不全，天诛足矣，今又举兵将以攻郑，曰'吾攻郑也，顺于天之志'。譬有人于此，其子强梁不材，故其父笞之，其邻家之父举木而击之，曰'吾击之也，顺于其父之志'，则岂不悖哉？"

子墨子谓鲁阳文君："攻其邻国，杀其民人，取其牛马粟米货财，则书之于竹帛，镂之于金石，以为铭于钟鼎，传遗后世子孙，曰：'莫若我多！'今贱人也，亦攻其邻家，杀其人民，取其狗豕食粮衣裘，亦书之竹帛，以为铭于席豆，以遗后世子孙，曰：'莫若我多！'其可乎？"鲁阳文君曰："然。吾以子之言观之，则天下之所谓可者，未必然也。"

子墨子为鲁阳文君曰："世俗之君子，皆知小物而不知大物。今有人于此，窃一犬一彘，则谓之不仁，窃一国一都，则以为义。譬犹小视白谓之白，大视白则谓之黑。是故世俗之君子，知小物而不知大物者，此若言之谓也。"

鲁阳文君语子墨子曰："楚之南，有啖人之国者桥，其国之长子生，则鲜而食之，谓之宜弟。美则以遗其君，君喜则赏其父。岂不恶俗哉？"子墨子曰："虽中国之俗，亦犹是也。杀其父而赏其子，何以异食其子而赏其父者哉？苟不用仁义，何以非夷人食其子也？"

激荡春秋
——东周之历史、文化与思想

图20　马王堆一号汉墓棺椁

现收藏于湖南省博物馆（笔者摄于湖南省博物馆）

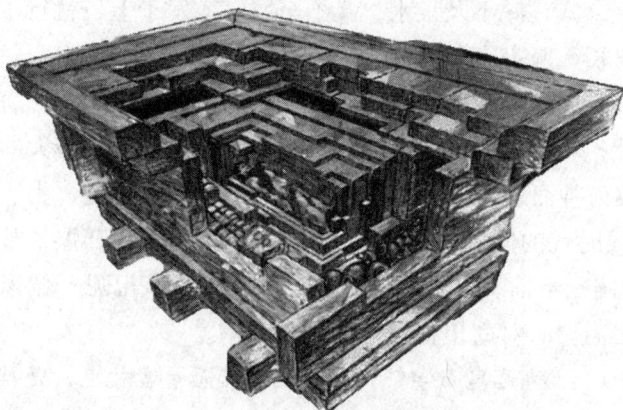

图21　马王堆一号汉墓棺椁解剖示意图

马王堆一号墓内的椁室，椁由外、中、内三椁和垫木组成，内棺中放，为汉初长沙国丞相轪侯利苍之妻。1972年出土，女尸保存完好。

哀"等，包括后来的"丁忧"制度①的形成，都是中国"厚葬"文化的主要内容。

墨翟对于儒家提倡的厚葬持强烈的反对态度，他在《公孟》篇说：儒家实行厚葬，居丧时间长，做几层的套棺，做很多衣服、被褥，送殡像搬家一样；三年服丧期内哭哭啼啼，别人扶着才能站起来，拄了拐杖才能行走，耳朵听不见声音，眼睛看不见东西，这足以丧亡天下。

在《墨子·公孟》篇中记述了墨翟与公孟氏关于守丧的对话：关于丧期三年，公孟氏给出的理由延续了孔丘的理念，丧期三年源于是小孩子依恋父母三年之后

---

① 丁忧制度简而言之就是朝廷官员的父母亲如若死去，无论此人任何官何职，从得知丧事的那一天起，必须回家守制二十七个月。

才能离身。而墨翟则反驳说："婴儿的智力，只知道依恋自己的父母而已，父母找不到了，就大哭不止。这是什么缘故呢？这是愚笨到了极点。那么儒者的智慧，难道有胜过小孩子的地方吗？"[①]

古代的丧礼，贵贱有严格的规矩，上下有别。据《庄子·天下》记载："古之丧礼，贵贱有仪，上下有等。天子棺椁七重，诸侯五重，大夫三重，士再重。"即天子死后享有内棺和外椁共七层棺椁，诸侯享有的是五层，大夫享有的是三层，士享有的是两层。除此之外，当时的厚葬表现在许多方面，如死者的穿衣及随葬品。

墨翟对这些厚葬进行了简化，制定了节葬之法：

> 衣三领，足以朽肉，棺三寸，足以朽骸，堀穴深不通于泉，流不发泄则止。死者既葬，生者毋久丧用哀。（《墨子·节葬（中）》）

墨翟认为，衣三件，足够死者骸骨朽烂在里面；棺木三寸厚，足够死者肉体朽烂在里面；掘墓穴，深不及泉水，又不至腐气散发于上，就行了。死者既已埋葬，生者就不要长久服丧哀悼。

在墨翟看来，繁琐的礼法不仅是人类生活的枷锁，更是一种奢侈。儒家主张厚葬及大祭之礼，剥夺了活人的生活资料来供奉死人，这是最大的奢侈！

孔丘是"敬鬼神而远之"（《论语·雍也》），因此有"子不语怪、力、乱、神"（《论语·述而》）。与墨翟同时代的儒家代表之一公孟认为无鬼神，又说："君子必学祭祀。"（《墨子·公孟》）既然儒家不信有鬼神，那么为什么又注重祭祀呢？儒家的回答可能是为了满足情感之需要。对此墨翟进行了批驳：

> 子墨子曰："执无鬼而学祭祀，是犹无客而学客礼也，是犹无鱼而为鱼罟也。"（《墨子·公孟》）

按照墨翟的观点，儒家既然不信鬼神，你主张祭祀也是没有什么意义的。墨翟还在《墨子·修身》中说："丧虽有礼，而哀为本焉。"人们表达哀思有多种形式，也因人而异，那为什么偏要"隆礼"呢？显然不是为了表达内心的哀思，而是做给其他人看。这就是儒家的形式主义。但这种"隆礼"观一旦形成了文化，绑架了社会，作为社会的人也会被逼无奈地进行"隆礼"的。还有另外一个原因，儒者原来是操办婚丧嫁娶仪式的，如果婚丧嫁娶仪式过于简单，岂不断了儒者的生路？

---

① 公孟子谓子墨子曰："子以三年之丧为非，子之三日之丧亦非也。"子墨子曰："子以三年之丧非三日之丧，是犹倮谓撅者不恭也。"公孟轲曰："知有贤于人，则可谓知乎？"子墨子曰："愚之知有以贤于人，而愚岂可谓知矣哉？"公孟轲曰："三年之丧，学吾之慕父母。"子墨子曰："夫婴儿子之知，独慕父母而已。父母不可得也，然号而不止。此其故何也？即愚之至也。然则儒者之知，岂有以贤于婴儿子哉？"

无论儒者如何辩护，视人类社会的发展历程，可知时间是站在了墨家一边的。

除了"礼"之外，"乐"也是儒家提倡的治国方略。墨翟针对此过度为"乐"，提出了"节乐"之政治主张。

关于"节乐"，在墨翟之前就有人意识到这一问题，虽然没有上升为政治主张。据《国语·周语（下）》记载，周景王姬贵（公元前545～前520年在位）时就不顾财力匮乏而耗巨资来铸造乐器"无射（yi）大钟"。乐官伶州鸠说："如果匮乏财用，疲惫民力，以快天子一人淫逸之心，这样的音乐听起来不和谐，比照起来也不合先王法度，无益于教化，离散民心，导致神灵怨怒，这不是我所听到过的。"周景王不听劝告，还是铸造了"大钟"。乐官伶州鸠又说："凡是民众喜欢的，没有不成功的；凡是民众讨厌的东西，没有不被废弃的。"周景王不但不听，还说乐官伶州鸠是老糊涂。结果在周景王去世后，这些耗费巨资铸造的乐器就废弃了。①

这个故事反映了周王室及统治集团的世风，这也是墨翟非乐的现实所在。

在《墨子·公孟》篇中记述了墨翟与儒者公明高（曾子弟子，又名公孟子高）的对话。墨翟问："为什么要从事音乐？"公明高回答说："乐以为乐也。"墨翟接着说："你没有回答我的问题。我现在问：'为什么盖房子？'你回答说：'冬天可以避寒，夏天可以避暑，居室也可以把男女分隔开来。'这算是告诉了我盖房子的理由。现在我问的是'为什么要乐'，你却回答说'乐以为乐也'。这就好像回答'为什么盖房子'的问题说'把房子当房子'。"②

可见，作为儒家弟子的公明高也没有说出"乐"的社会作用是什么，或许是公明高学业不精吧！

墨翟问公明高这个问题，与他主张的"非乐"有关。墨翟主张"非乐"除了与他的学说有关之外，也不可否认他代表了平民阶层对当时"乐"的看法。这倒不是说"乐"本身有什么坏处，而是怎么来"乐"，"乐"到什么程度！在古代生产力非常低下的情况下，表现"乐"不会像现在这么容易，当然也不会这么丰富多彩。要实现"乐"，尤其是"官乐"是要花费巨大的财力、物力与人力的。

① 《国语·周语（下）》："夫有和平之声，则有蕃殖之财。于是乎道之以中德，咏之以中音，德音不愆以合神人，神是以宁，民是以听。若夫匮财用、罢民力以逞淫心，听之不和，比之不度，无益于教而离民怒神，非臣之所闻也。"王不听，卒铸大钟。二十四年，钟成，伶人告和。王谓伶州鸠曰："钟果和矣。"对曰："未可知也。"王曰："何故？"对曰："上作器，民备乐之，则为和。今财亡民罢，莫不怨恨，臣不知其和也。且民所曹好，鲜其不济也。其所曹恶，鲜其不废也。故谚曰：'众心成城，众口铄金。'三年之中而害金再兴焉，惧一之废也。"王曰："尔老耄矣，何知？"二十五年，王崩，钟不和。

② 《墨子·公孟》：子墨子问于儒者："何故为乐？"曰："乐以为乐也"。子墨子曰："'子来找应也'。今我问曰'何故为室？'曰：'冬避寒焉，夏避暑焉，室以为男女之别也。'则子告我为室之故矣。今我问曰：'何故为乐？'曰：'乐以为乐也。'是犹曰：'何故为室？'曰：'室以为室也。'"

这些"乐"也往往彰显王侯的地位，也只能由王侯贵族享乐之用，具体到一般平民或者奴隶是没有那个权力的；即使允许，也不会有财力与精力来享用这些"乐"的。

儒家弟子程繁曾与墨翟辩论"乐"，他说："先生曾经说过：'圣王不为乐。'以前的诸侯听政治国太劳累了，就以听钟鼓之乐的方式进行休息；士大夫听政治世太累了，就以听竽瑟之乐的方式进行休息；农夫春天耕种、夏天除草、秋天收获、冬天贮藏，也要借听瓦盆土缶之乐的方式休息，现在先生说：'圣王不为乐。'这好比马套上车后就不再卸下，弓拉开后不再放松，这恐怕不是有血气的人所能做到的吧！"

墨翟在回顾了先王们的政绩与乐之间的关系后，说："周成王之治天下也，不若武王；武王之治天下也，不若成汤；成汤之治天下也，不若尧舜。故其乐逾繁者，其治逾寡。自此观之，乐非所以治天下也。"《墨子·三辩》

墨翟分析了历史走向，也就是"乐"越来越繁杂，但国家的治理绩效却越来越差，由此得出结论："乐"不是用来治理天下的。也可以理解为"乐"不是有效治理国家的好手段。

程繁接着说："先生说：'圣王没有乐。'但这些就是乐，怎么能说圣王没有乐呢？"

墨翟回答说："作为圣王之令，凡是太盛的东西就应该减损它。我们都知道饮食于人是有益的，但若因知道饥而吃的就算是智慧，也就无所谓智慧了。现在圣王虽然有乐，但却很少，这也等于没有乐。"[①]

这里墨翟回答的意思是一个"度"和"知"的问题，虽然在逻辑上"有乐而少，此亦无也"是存在问题的，也缺少辩证的表述。

关于"乐"，老聃在《老子》中是这样表述的："五音令人耳聋。"这是一种辩证思维的表述，而孔丘则感叹"礼崩乐坏"，墨翟则干脆提出了"非乐"来反击当时存在过度"娱乐"的世况。

尚贤、尚同

墨翟主张尚贤，他说：

> 是故古者圣王之为政也，言曰：不义不富，不义不贵，不义不亲，不义不近。……故古者圣王之为政，列德而尚贤，虽在农与工肆之人，有能则举之，高予之爵，重予之禄，任之以事，断予之令。……故当是时，以德就列，以官服事，以劳殿（定）赏，量功而分禄。故官无常贵，而民无终贱，有能则举之，无能则下之。……故古者尧举舜于服泽之阳，授之政，天下平；禹举

---

① 《墨子·三辩》：圣王之命也，多、寡之。食之利也，以知饥而食之者，智也，因为无智矣。今圣有乐而少，此亦无也。

益于阴方之中，授之政，九州成；汤举伊尹于庖厨之中，授之政，其谋得；文王举闳天、泰颠于罝罔①之中，授之政，西土服。……夫尚贤者，政之本也。(《墨子·尚贤（上）》)

墨翟认为执政之本是"尚贤"。墨翟的"贤"，不是那些"贤达贵人"，而是德才兼备的人。在他列举的古代贤人中，许多是社会地位低微的人，如做了汤王相国的伊尹原来是厨师出身。墨翟还提出了能上能下，"官无常贵""民无终贱"，这样的思想是划时代的，是彻底反对宗法制的。墨翟认为，只有贤人才能给众人带来利益，所以他主张推举贤人执政。

墨翟的"贤"是如何产生的呢？

明乎民之无正长以一同天下之教，而天下乱也；是故选择天下贤良圣知辩慧之人，立以为天子，使从事一同天下之义。(《墨子·尚同（中）》)

墨翟所称"尚贤"具有民主"选贤"之意。但谁选，这里没有主语。是神选还是民选，这里没有明确。大多历史文献记述，墨翟所崇尚的大禹并不是被"禅让"接班，而是被诸部落首领拥立为王的，"禹合诸侯于涂山，执玉帛者万国"(《左氏春秋·（鲁）哀公七年》)。这可能源于大禹在治水过程中所建立的丰功伟绩。这也极可能是墨翟"选择贤者立为天子"的历史缘由。

墨翟在《墨子·尚同（中）》又说：

古者上帝鬼神之建设国都、立正长也，非高其爵，厚其禄，富贵佚而错之也，将以为万民兴利除害，富贫众寡，安危治乱也。

这就是说，最初的国家和国君是由上帝鬼神设立的，或者说是按照上帝鬼神的意志设立的。

在《墨子·尚贤（中）》又说：

古者舜耕历山，陶河濒，渔雷泽，尧得之服泽之阳，举以为天子，与接天下之政，治天下之民。

这就是说尧舜时代，最高领袖是推举的，这里多了人为，少了"天志"。

《墨子·尚同（上）》又说：

古者民始生，未有刑政之时，盖其语，人异义。是以一人则一义，二人则二义，十人则十义，其人兹众，其所谓义者亦兹众。是以人是其义，以非人之义，故交相非也。……天下之乱，至若禽兽然。夫明乎天下之所以乱者，生于无政长。

这里的意思是因人类社会发展的"需要"而产生"领袖"，为了使社会从"一人一义"的混乱状态走向有序，就必须选一个"贤者"作为最高执政长官。国君最初是顺应民众的意愿而产生的，其目的是结束民众所处的无政府状态。

---

① 罝罔（gǔ wǎng），指渔猎的网具。

墨翟所处的时代"明乎民之无正长以一同天下之教，而天下乱也"，也就是我们现在说的天下处于无政府状态。鉴古观今，如何结束这天下纷争、政府混乱的状况，墨家给出了解决方案：

是故选天下之贤可者，立以为天子。……又选择天下之贤可者，置立之，以为三公。……又选择其国之贤可者，置立之，以为正长。(《墨子·尚同(上)》)

是故选择天下贤良圣知辩慧之人，立以为天子，使从事一同天下之义。(《墨子·尚同(中)》)

是故天之欲一同天下之义也，是故选择贤者立为天子。(《墨子·尚同(下)》)

这几句表达了两个含义，一是"选择天子"而不是宗法继承；二是"使从事一同天下之义"，这就是说天下应该一统，要置于一"主义"领导之下。

然而，谁来选择天子呢？这里并没有明确指出。这似乎与上面"古者上帝鬼神之建设国都、立正长也"产生了矛盾：到底是"立"还是"选"呢？

墨翟是有神论者，他一方面认为国家的权威来源于上帝鬼神——天志，另一方面又认为其来自民众。这一理论看似矛盾，实际上，墨家实施的方针政策是最高执政长官来源于民意，而其执政又受"天志"的监管与约束。这有点像政教合一的政治体系。

墨翟不但有理论，而且有实践，墨家就是一个纪律严明的组织。我们参考其组织的最高领导人的产生，那么我们就会确认是民选的。《庄子·天下》记述了墨家组织因为几家分歧而使其最高领导人难产："以巨子为圣人，皆愿为之尸，冀得为其后世(希望传业到将来)，至今不决。"

所谓巨子，又记作钜子，是墨家组织之领袖。巨子的产生不是靠血缘关系继承的，也不是独裁指定的，而是推选的或者说选举的，尽管我们尚不清楚推选巨子的具体办法。在这个记述的最后一句"至今不决"，表明墨者意见不统一而至今无法决定其最高领导人。但这也不能说明在墨翟的理论中，天子是由全民选举的。

应该指出，墨翟的推选或选举理论也是有缺陷的，这导致了最高领导人的确立久拖不决。在墨翟之后，墨家分裂成几派也是与其推选或选举方案不完善有关的。

尽管如此，墨翟提出的民主选天子也是革命性的。在墨翟的理论中，最高统治者之下的官吏，则是由最高执政者"选贤任贤"，当然也就没有地方选举了。被选出的最高统治者拥有不二的任用"贤人"的权力。具体"选贤任贤"为：

尊尚贤，而任使能，不党父兄，不偏贵富，不嬖颜色。(《墨子·尚贤(中)》)

这种选"贤"打破了周王朝的宗法制及等级身份制度的礼制，而这"礼制"正是儒家提倡和努力恢复的。这就承认了一切人在身份上的平等，这就是所谓"尚同"。

激荡春秋
——东周之历史、文化与思想

墨翟所设想建立的制度是树状形的，天子处于最顶端，也就是相当于最高元首。天子之下是"三公"，直接服务于天子。认为天下地域广大，他们对于远方异邦的百姓以及是非利害的辨别，还不能一一了解，所以又把天下划分为"万国"，然后设立诸侯国君。各诸侯国又有最高行政长官。形式上看是和周王朝一样的，实质上是截然不同的，它不是分封世袭制，是"设立"的，也许是天子任命制或者委派的。由于诸侯国君"以其力为未足，又选择其国之贤可者，置立之以为正长"。这里提出了一个实质上不同于周制但又有一定周制影子的体制，可以说是后来秦始皇统一中国后所采取的体制，即秦制也包含有墨翟所设计的体制因素。它与秦制最大的区别是墨翟提出的体制仍然有诸侯国，但这些诸侯国也是归天子直接监督与领导的，这方面又像英联邦的体制。当然，如果把"诸侯国"看作后来"郡县制"的行政体系也不是不可的。

对任用的"贤人"则奖废分明：

> 贤者举而上之，富而贵之，以为官长；不肖者抑而废之，贫而贱之，以为徒役。（《墨子·尚贤（中）》）

等行政长官确定后，天子就发布施政令，由行政长官执行：

> 闻善而（与）不善，皆以告其上；上之所是，必皆是之；所非，必皆非之；上有过则规谏之，下有善则傍（访）荐之；上同而不下比者，此上之所赏，而下之所誉也。意若闻善而（与）不善，不以告其上；上之所是，弗能是；上之所非，弗能非；上有过弗规谏，下有善弗傍荐；下比不能上同者，此上之所罚，而百姓所毁也。上以此为赏罚，甚明察以审信。（《墨子·尚同（上）》）

一旦选举出贤者立为天子，下一步就要一级级看齐，"上之所是，必皆是之，所非，必皆非之"；否则，"上之所是弗能是，上之所非弗能非"，则要予以处罚。墨翟似乎也看出这种制度的不妥，又提出"上有过则规谏之"以弥补，强调下级对上级，直至君主的错误要勇于指出，帮助上级改正。这看起来似乎犯了逻辑性错误：既然"上之所是，必皆是之，所非，必皆非之"，又如何能发现"上有过"呢？但凡以为"上有过"者，必然是"上之所是弗能是，上之所非弗能非"的，按照制度规定，居上位者可以对之予以处罚的。所以，看起来很美的弥补性措施，具体实施起来则不大可能，因此墨翟所构建的制度是存在缺陷的。

这种设置可能借鉴了齐桓公、管仲当时对齐国实行变革后的做法。即行政划分为里、乡，这些里乡长官也都是各行政区域的"仁人"。里集中统一里内的意见到里长，乡集中统一乡内的意见到乡长，侯邦集中统一邦内的意见到君主，最后是集中到天子。这样意见集中统一，就可以：

> 唯能一同天下之义，是以天下治也。天下之百姓，皆上同于天子，而不上同于天，则（天）灾犹未去也。（《墨子·尚同（上）》）

把天下人民的主张统一起来，就是治国的根本之道。这样天下的老百姓都知道与天子一致，而不知道与上天一致，那么灾祸还不能彻底去除的。这或许是墨翟提出"天志"以约束最高统治者的缘由所在。这里透露出，墨翟仍然相信人间的灾祸是天意对人间的惩罚。

从文字及内容上看，它的体制是混合制的，既有"设立"又有"选择"。对于执政者主张层层选择的制度，由下对上进行监督，这样就组建了墨家的理想社会。

《墨子》有《兼爱》与《非攻》篇，有人认为这是与《尚同》相矛盾的，理由是国与国不相攻伐，则必然是国与国处于并列状态，因此天下不能统一，也可能阻碍《兼爱》施与天下。其实，这是没有系统理解墨家学说所致。难道不统一就不能实施兼爱吗？难道不进攻就不能实现统一吗？不仅仅是墨家，后期的儒家也提出了用"仁"来谋求统一天下的理念。如果我们了解到墨翟与大禹的做法很有类似之处，也就是说墨翟是以大禹为榜样的，就不难理解墨家的统一观，那就是"选择"或"推举"天子，也就是和平统一。

由此我们可以了解到，墨翟的"尚同"是与儒家提倡的"大同"即大一统，或者是后来建立的中央集权制是有本质区别的。但也应该认识到后来的中央集权制是在墨家设计的制度上去掉民选基础演变而来的。可以说墨家思想开启了一个新时代。

在墨家的国家政治理论中，天子是国家的最高统治者，那么对天子有没有约束呢？有，是来自上天。

需要指出的是，墨翟的"天子"与周王朝的"天子"是字同而内涵不同。在周王朝，周天子没有上天约束这一制度与思想。西周时期，周天子是受统治集团氏族长老们约束的。西东周交替之际，开启了统治者集团内部父兄、兄弟间为争夺王位而进行的残酷斗争，甚至杀戮，非但"礼崩乐坏"，宗法制也遭到严重削弱。

仰天志、明鬼神

在墨翟的思想中既有"天"，也有鬼神。他在《天志（中）》篇里说：

> 天之意也，上将以度天下之王公大人为刑政也，下将以量天下之万民为文学出言谈也。观其行，顺天之意，谓之善意行；反天之意，谓之不善意行。

这里所谓的"度"和"量"，都是拿天的意志来作标准的一种讲法。规劝人们无论是王公还是百姓，都应该"顺天之意"。

墨翟主张"天志"，天志就是天之意志，天择也是天志的一个方面。进而提出了"法天"的思想：

> 然则奚以为治法而可？故曰：莫若法天。天之行广而无私，其施厚而不德，其明久而不衰，故圣王法之。既以天为法，动作有为，必度于天。天之

所欲则为之，天所不欲则止。然而天何欲何恶者也？天必欲人之相爱相利，而不欲人之相恶相贼也。（《墨子·法仪》）

墨翟不但相信有鬼神，而且相信鬼神也有意志：

有天鬼，亦有山水鬼神者，亦有人死而为鬼者。

执无鬼者，疑天下之众，是以天下乱。

今若使天下之人偕若信鬼神之能赏贤而罚暴也，则夫天下岂乱哉？（《墨子·明鬼（下）》）

墨翟主张除了用刑法惩罚不良外，还用"天志"和"鬼神"约束人们的邪念与行为，当然包括王公。在这个意义上，墨翟的思想有较强的宗教色彩。由此也可以推断墨翟出身于信鬼神的商代后裔宋国，或者与宋国有密切联系。

墨学的"天志"和"鬼神"惩罚论在我国漫长的封建社会里没有得到统治者应有的认可，但在民间这种信仰却源远流长，不过它始终是难登大雅之堂的溪流文化。这也是我国为什么能成为无神论国度，或者说无本土宗教占主导地位的重要原因吧！

天命与天志

如前所述，孔丘持有"天命论"，反对孔丘儒学的墨翟则以"天志论"替代"天命论"。墨翟说：

在于桀纣，则天下乱；在于汤武，则天下治；岂可谓有命哉！（《墨子·非命（上）》）

执有命者之言曰："上之所赏，命固且赏，非贤故赏也；上之所罚，命固且罚，不暴故罚也。"（同上）

这就是说，你们如果主张有"命"，那么你们的赏、罚也就不需要了。不肖之君统治时天下大乱，贤王在位时则天下治，这就可以证明"命"是没有的！

墨翟又说：

执有命者之言曰："命富则富，命贫则贫；命众则众，命寡则寡；命治则治，命乱则乱；命寿则寿，命夭则夭；命虽强劲，何益哉？"以上说王公大人，下以驵（同"阻"）百姓之从事，故执有命者不仁。故当执有命者之言，不可不明辨。（同上）

墨翟指出，用此"有命"对上游说王公大人，对下阻碍百姓生产，所以主张"有命"的人是不仁义的，对主张"有命"的人的话，不能不明加辨析。

他又说：

昔上世之穷民，贪于饮食，惰于从事，是以衣食之财不足，而饥寒冻馁之忧至，不知曰："我罢不肖，从事不疾。"必曰："我命固且贫。"（同上）

这就是说：你们如果相信有"命"，不好好从事生产，就要受到饥寒的痛苦，这是你们自作自受，并不是什么"天命"。

墨翟的"天志论"，以天为有意志之天，以鬼神为赏善罚恶者的思想，实际上是墨翟用他的学说来改造当时的政治意识形态。在商末，周宣扬"天命无常"，但在建立周王朝之后，"无"天命却成为周天子的天下不可动摇的王位却一直是姬姓，维护这一体制的正是礼制和宗法制。礼制是等级分明的社会制度，也是灌输给人们的意识形态。墨翟的天志论，犹如商末周所提出的"天命无常"论一样，突破了统治者的意识形态，为社会的变革解除了思想意识形态的禁锢。

可以说，较之于孔丘保守的"天命论"，墨翟的"天志论"则是变革图新的。

哲学（逻辑学）

在哲学上，墨翟是辩者（逻辑学）的先驱，他的思维方式清晰而有逻辑性，虽然有时候会陷入悖论或误区。毛泽东称墨翟是中国的赫拉克利特[1]，是"古代辩证唯物论大家"（《毛泽东文集》第二卷，人民出版社1993年版，第156页～165页）。

墨翟是中国古代逻辑思想体系的先驱，也是世界古代逻辑思想体系的重要开拓者之一。他比较自觉地、大量地运用了逻辑推论的方法，以建立或论证自己的政治、伦理思想和认知论。他是中国学术史上最早研究形式逻辑的人。他提出了被称作"三表法"的三段论推理形式：

> 何为三表？子墨子言曰：有本之者，有原之者，有用之者。于何本之？上本之于古者圣王之事；于何原之？下原察百姓耳目之实；于何用之？废（发）以为刑政，观其中国家、百姓、人民之利，此所谓言有三表也。（《墨子·非命（上）》）

这段的意思是说，一个政策或理论是否正确，需要从三个方面来判定，第一要参照过去成功的间接经验，第二要看老百姓的反应，第三是不是有效用、对国家和人民是不是有利。此"三表"中，最重要者是第三项："观其中国家、百姓、人民之利"，也就是结果，这是评价事物的最终标准。这体现了墨翟以民为本的思想。

墨翟还在中国逻辑史上第一次提出了辩、类、故等逻辑概念，并要求将"辩"作为一种专门知识来学习。墨翟的"辩"虽然统指辩论术，但却是建立在知类（事物之类）明故（根据、理由）基础上的，因而属于逻辑类推或论证的范畴。墨翟还善于运用类推的方法揭露辩论对手的自相矛盾。由于墨翟的倡导和启蒙，墨家养成了重逻辑的传统，并由后期墨家建立了中国古代第一个颇有些近似西方哲学之逻辑学的思辨体系，即我们所称的"墨辩"。

---

[1] 赫拉克利特（Herakleitus，约公元前544～前483年），古希腊哲学家。他是第一个提出认识论的哲学家，他的"逻各斯学说"认为，万物是永远变动的，而这种变动是按照一定的尺度和规律进行的。赫拉克利特被称为辩证法的奠基人之一，著有《论自然》一书。

在《墨子·公孟》篇里有一个颇能说明墨翟思维的故事：

> 子墨子有疾，跌鼻进而问曰："先生以鬼神为明，能为祸福，为善者赏之，为不善者罚之。今先生圣人也，何故有疾？意者，先生之言有不善乎？鬼神不明知乎？"子墨子曰："虽使我有病，何遽不明？人之所得于病者多方，有得之寒暑，有得之劳苦，百门而闭一门焉，则盗何遽无从入哉？"

如果把墨翟的话翻译成现代逻辑学的语言，则是：人之所以得病，神灵惩罚是一个充分原因，但不是一个必然原因。也就是神灵惩罚人可使其得病，但人得病并不一定是来自神灵的惩罚。

与墨翟几乎同时代的古希腊百科全科式的思想家亚里士多德(Aristotle, 约公元前384~前322年)在逻辑学上有著名的"三段论"，即大前提、小前提和结论的论证。譬如说，凡人都有死(大前提)，苏格拉底是人(小前提)，所以苏格拉底也有死(结论)。这与墨翟的三表论有异曲同工之美，尽管墨翟的三表论不如亚里士多德的三段论明确、精细、纯粹，但也不失为逻辑思维的典范。

墨翟主张以实践(行)来检验理论：

> 子墨子曰："言足以复行者常之，不足以举行者勿常，不足以举行而常之，是荡口也。"(《墨子·耕柱》)

墨翟在实践中，也以非常强的逻辑理性为指引。例如，墨翟往北到齐国去，遇到一个日者(古时以天象等占卜为业的人。有出土的先秦文献《日志》应为其实用手册，也就是占卜者的言论)。日者说："历史上的今天，上帝在北方杀死了黑龙，你的脸色黑，不能向北去。"墨翟不听，继续向北走，到淄水边，没有渡河返了回来。日者说："我对你说过不能向北走。"墨翟说："淄水之南的人不能渡淄水北去，淄水之北的人也不能渡淄水南行，他们的脸色有黑的有白的，为什么都不能渡呢？"[1]这里墨翟用事实与思辨反驳了日者。

在战国时代，因礼崩乐坏使百家兴起，各家辩论其理论的优劣就成了常态，相应的关于辩论的学问也随之兴起，辩者(名家)甚至成为一种职业。先秦诸子百家中，只有墨翟、名家、荀况有较多的逻辑思想。但名家注重的是语言中的逻辑问题，易于滑入诡辩之坑。墨家首先发展了其光芒四射的"墨辩"，这一理论集中体现在《墨子》中的《大取》与《小取》篇中。

要辩论就得用到语言，尤其是在没有文字可以便利而广泛传播的战国时代。

---

[1]《墨子·贵义》：子墨子北之齐，遇日者，日者曰："帝以今日杀黑龙于北方，而先生之色黑，不可以北。"子墨子不听，遂北，至淄水，不遂而反焉。日者曰："我谓先生不可以北。"子墨子曰："南之人不得北，北之人不得南，其色有黑者，有白者，何故皆不遂也？且帝以甲乙杀青龙于东方，以丙丁杀赤龙于南方，以庚辛杀白龙于西方，以壬癸杀黑龙于北方；若用子之言，则是禁天下之行者也，是围(违)心而虚天下也，子之言不可用也！"

墨翟在《修身》篇中对"言"进行了论述，提出了自己的见解与主张："言无务为多而务为智，无务为文而务为察。"(《墨子·修身》)这句话的意思是：说话不求多而求有智慧，不求文采绚丽而求意思明确。也就是言须精坚如石，即所谓的"言犹石致"。墨翟这一主张还表现在其对"日者"的回答："以其言非吾言者，是犹以卵投石也。"(《墨子·贵义》)

墨家关于"言"还有其独特的理论：

> 言，出举也。……言，口之利也。……执所言而意得见(现)，心之辩也。(《墨子·经(上)》)

> 故言也者，诸口能之，出名(原作民)者也。名(原亦作民)，若画虎(虎)也。言也，谓言犹石致也。(《墨子·经说(上)》)

要达到墨翟的"言犹石致"之目的，就必须遵守一定的法则，即《小取》篇所说"辩"之规则。以《经》及《经说》所说的"辩"是与"说"不同的。

> 说，所以明也。…攸不可两不可也。…辩，争彼也。辩，胜当也。(《墨子·经(上)》)

> 彼，凡牛枢非牛，两也，无以非也。辩，或谓之牛，或谓之非牛，是争彼也。是不俱当。不俱当，或不当，不当若犬。(《墨子·经说(上)》)

这就是说那些凡是称牛枢不是牛的，这两者无足以辨是非。辩时，有的说是牛，有的说不是牛，这是相争彼此，是不能都对；不能都对，必有不对的。这不像辨狗犬是否一样。这一解说实际上是使用了逻辑学中的排中律，即在同一思维过程中，两个相互矛盾的思想不能同假，必有一真。违反排中律，表现为对两个相互矛盾的思想不明确表态，或者两者都肯定，或者两者都否定。这两种错误的态度，前者称为"模棱两可"，后者称为"两不可"。

关于"辩者"，《经(下)说》说：

> 辩也者，或谓之是，或谓之非；当者胜也。

在《小取》中，墨家又给"辩者"一个广泛的定义：

> 夫辩者，将以明是非之分，审治乱之纪，明同异之处，察名实之理，处利害，决嫌疑。焉摹略万物之然，论求群言之比。以名举实，以辞抒意，以说出故。以类取，以类予。有诸己不非诸人，无诸己不求诸人。(《墨子·小取》)

这里对辩者的思维基本方式进行了概括，即"摹略万物之然，论求群言之比。以名举实，以辞抒意，以说出故。以类取，以类予"。也就是说，思维的目的是要探求客观事物间的必然联系，以及探求反映这种必然联系的形式，并用"名"(概念)定义，概括"实""辞"(命题)，最后"说"(推理)出来。

关于"故"，《墨经》中有：

> 故：所得而后成也。(《墨子·经(上)》)

> 故：小故有之不必然，无之必不然；体也，若有端；大故有之必然，无

激荡春秋
——东周之历史、文化与思想

之必不然，若见之成见也。（《墨子·经说（上）》）

此处所谓"小故"，相当于现代逻辑学中称为必要原因；所谓"大故"，相当于现代逻辑学中称为充足及必要原因。"故"为一事之原因，"以说出故"，即以言语说出一事之原因，亦即以言语说明人们所持"辞"（立论）的理由，也就有"说，所以明"了。

在《经（上）》中还对"端"进行了定义："端，体之无厚而最前者也。"对于"体"而言，有"端"未必即能成"体"，当然无"端"也就必成不了"体"，也即"有之不必然，无之必不然也"。在《墨经》中未言及"有充足原因"，即有之必然，无之不必不然之"故"，这是墨辩中的一个遗憾。

墨辩中有"以类取，以类予"，相当于现代逻辑学的类比，是一种重要的推理方法。

前述的"三表"是指政治上、社会上的理论，在科技方面，墨家也有类似的论述。

在《墨子·小取》中有对"效"的解释："效也者，为之法也。"这里的法不是社会领域的法，而是法则、规则之意。

法，所若而然也。（《墨子·经（上）》）

法，意、规、圆，三也，俱可以为法。（《墨子·经说（上）》）

一法者之相与也尽类，若方之相合也，说在方。（《墨子·经（下）》）

一方尽类，俱有法而异，或木或石，不害其方之相合也。尽类犹方也。

物俱然。（《墨子·经说（下）》）

这里的"法"为创造之过程，含有设计与规划。当然《墨经》中也对"圆"之概念进行了定义，如："圜（圆），一中同长也。"（《墨子·经（上）》）对于一类事物之公认的具有相同特征、特性之律式，可适用于此一类之任何个体。如方形类之物，有方木、方石。木与石虽不同，但其材质不影响其成为方，其他物类也是一样的。再进一步而言，凡仿效一事物而能成此类之事物。仿制依据的是方法（"法"），而仿制所成之物为"效"，也就是我们所说的仿制品或复制品。譬如作圆，或已在意向中形成的圆，或参照现有的圆，再依据成为圆的律规，使用作圆之工具——规（圆规），最后作成圆。效法此方法都可以制作圆形。"故中效"之故，即上文的"以说出故"之"故"，"故"就是成事之原因，立论之理由。要想知道所出之"故"是否为真故，是否为"有之必然，无之必不然"之故，既可用此"故"实施"法"，看看其最后结果是不是"中效"。如果"中效"，那么就能证明其为"所若而然"之法，进而也可知其为"所得而后成"之故。所以说"故，中效则是也，不中效则非也"。这与现代科学的实验验证的理论是很相似的，也可以说真理是否为真需要用实践来检验。

此外，墨翟还总结出了假言、直言、选言、演绎、归纳等多种推理方法，从而使墨翟的辩学成为一个有条不紊、相对完备、系统的"逻辑"体系。

认知论

认识论是墨翟学说的重要组成部分，墨翟的认识论不仅注重认识问题，也注重认识中的逻辑问题。孔丘已开始注意语言和语义的问题，但对逻辑问题则缺乏反思。孔丘的言论，述而不作，多是宣谕式的直言命题，很少证明与推论。墨翟在认知论方面独树一帜，完全有别于孔丘缺乏逻辑性的、模糊不清的表述方式。

《墨经》中有墨家的认知论，描述了知识之性质及其起源。

> 知，材也。（《墨子·经（上）》）

> 知材知也者，所以知也，而不必知，若明。（《墨子·经说（上）》）

人们具备所以知的认知功能，因此能够产生认知，就像人有眼睛能够看见物体一样。虽有此才能，但并不一定就有知识。如眼能视物，是由于眼具有"明"之功能，但眼有此功能，并不一定就必有见。具有能见之功能的眼还必须有所见之对象，这样才能有见；具有可知能力必须还有所知，这样才能可知（知识）。

> 虑，求也。（《墨子·经（上）》）

> 虑也者，以其知有求也，而不必得之，若睨。（《墨子·经说（上）》）

这里所说的是有目的的求知。人们求知而有知，再运用知识以达到一目的。这里论述日常的感知行为与没有为目的刻意获取知识的区别，这一刻意获取知识的求知活动也就是这里所说的"虑"。譬如平常张开眼睛看周围是一种自然而然的行为，并不设定一定目的。但"睨"则不同，睨为目之斜视。这种特殊的行为往往是有特定目的的，是人的认知功能求知的状态"虑"。但此等知（睨）未必即得其所求，也就是所谓的"而不必得之"。

> 知，接也。（《墨子·经（上）》）

> 知，知也者，以其知遇物而能貌之，若见。（《墨子·经说（上）》）

这是解释"知"的另一种方式，具有认知能力的人在接触到外界事物时，能够认知其样貌。如具有视觉功能的"眼"，见到所见之物，即可得到"见识"，即因"见"而得到被接触事物的外貌，同时也得到相应的认知（知识）。

> 恕（今又作㤟），明也。（《墨子·经（上）》）

> 恕也者，以其知论物而其知之也著，若明。（《墨子·经说（上）》）

这句在上一句的基础上，又对认知进了一步。如见一树，不但感觉其态貌，且知其为树。知其为树，即将此个体的物列于人们经验之中的树类。如此认知之后，凡是树即使没有见到，也可推断其特性，即树的特性。这犹如认识的演绎法。

以上所说的过程是墨家所说的"亲知"的三个步骤，即"虑""接""明"。"虑"是人的认识能力求知的状态：有所求索。但仅仅思虑却未必能得到知识，譬如张眼睨视外物，未必能认识外物的真相。因而要"接"知，让眼、耳、鼻、舌、身等感觉器官去与外物相接触，以感知外物的外部特质和形状。而"接"知得到的仍然是很不完全的知识，它所得到的只能是事物的表观知识，且有些事物，如时间，是感官所不能感受到的。因此，人由感官得到的知识还是初步的、不完全的，还必须把得到的知识加以"思考"，即综合、整理、分析和推论，方能达到"明"知的境界。总之，墨家把认知的三个方面有机地联系在一起。

以上是人们凭感觉而致的认识（知识），但人的认识是可以超越五官感知的。

知而不以五路，说在久。（《墨子·经（下）》）

知，以目见，而目以火见，而火不见，唯以五路知。久，不当以目见，若以火见。（《墨子·经说（下）》）

这里的"五路"是指通过五官感觉所经由之路。人认知外界，多用五官得到知识。例如由火形成"见"必须有目，若没有目则不能在人们的意识中形成"见"，这就是所谓的"唯以五路知"。然而也有不以五路感知而得到的认知，如对于"久（时间）"之认知。

久，弥异时也。（《墨子·经（上）》）

久，合古今旦莫。（《墨子·经说（上）》）

宇，弥异所也。（《墨子·经（上）》）

宇，东西南北。（《墨子·经说（上）》）

这里的久即时间，宇即空间。人们对于时间的认识与知识，并非要通过五官获得。

《墨经》对于知识的传播途径及来源也有论述，这涉及逻辑学相关理论。

知，闻，说，亲，名，实，合，为。（《墨子·经（上）》）

知，传受之，闻也。方不障，说也。身观焉，亲也。所以谓，名也。所谓，实也。名实耦，合也志行，为也。（《墨子·经说（上）》）

这里的"闻、说、亲"是人们获取知识的途径，"闻、说"是间接得到，"亲"是直接获得。"名、实、合、为"则是对当时知识类别的划分。

"闻"就是我们常说的"听"，包括学生上课时或由前辈口授而"接受"的知识。"说"则是"传授"知识，"闻"和"说"是知识传播的两个方面，它们相互依存。历史方面的知识多依靠这种方式传播。

闻所不知若所知，则两知之。（《墨子·经（下）》）

闻在外者所不知也。或曰："在室者之色，若是其色。"是所不知若所知也。犹白若黑也，谁胜？是若其色也，若白者必白。今也知其色之若白也，故知其白也。夫名以所明正所不知，不以所不知疑（同"拟"）所明。若以尺度所不知长。外，亲知也；室中，说知也。（《墨子·经说（下）》）

如果一个人只是见到室外之物是白色的，而不知室内之物是什么颜色的，如果告知他室内之物与室外之物同色，那么这个人就可推知室内之物之色为白色而非黑色。这是一个逻辑推知问题。对室外而言，这个人是"亲知"，即具有知之才能的人由其所相接的事物而得到的知识；而对室内之物，这个人是"说知"，也就是间接获知的。这里所说的"说知"，包含推论、考察的意思，指由推论而得到的知识。

天下有无数白物，我们说"白"是指事物的一般特性，是一般概念。如果已知某物可名曰白物，则不必见到此物，我们只知道其名就可知道其大概的颜色。人们可以从公知的事物名推知其事物，可以使人们由已知推索未知，这就是所谓的"名以所明正所不知，不以所不知疑所明"。

墨家认为，人的知识来源可分为三个方面，即闻知、说知和亲知。闻知又分为传闻和亲闻二种，但不管是传闻还是亲闻，在墨家看来都不应当是简单地接受，而必须消化并融会贯通，使之成为自己的知识。因此，他强调要"循所闻而得其义"，即在听闻、承受之后，加以思索、考察，以别人的知识作为基础，进而继承和发扬。墨家特别强调"闻所不知若已知，则两知之"，即由已知的知识去推知未知的知识。如已知火是热的，推知所有的火都是热的；圆可用圆规画出，推知所有的圆都可用圆规度量。由此可见，墨家的闻知和说知不是消极简单地承受，而是蕴含着积极的进取精神。

除了上述对认知及知识的精细认识和理论之外，墨家还是我国历史上率先提出概念之精确、抽象和严密定义的。如：

  义：志以天下为芬，而能能利之，不必用。

  礼：贵者公，贱者名，而俱有敬僈焉。等，异论也。

  信：不以其言之当也，使人视城得金。

  久：古今旦莫。

  宇：东西家南北。

  利：得是而喜，则是利也。其害也，非是也。

  方：矩见支也。

  倍：二尺与尺，但去一。

  圜：一中同长也。

  端：是无同也。（《墨子·经说（上）》）

科技之光

西方学者李约瑟[①]在其《中国科学技术史》中说："完全信赖人类理性的墨家明确地奠定了亚洲自然科学最为重要的基本观念。"这是对墨家很中肯的评价，

---

① 李约瑟（Joseph Terence Montgomery Needham，1900～1995年），英国近代生物化学家、科学技术史专家，其所著《中国的科学与文明》（即《中国科学技术史》）对现代中西文化交流影响深远。

我们也可称墨翟是中国科学之父。墨翟的科学思想最集中地体现在《经（上）》《经说（上）》《经（下）》《经说（下）》《大取》《小取》之中，里面既有科学概念的定义，也有方法论的探讨。

一、形学（几何学）

墨翟是中国历史上第一个从理性高度对待数学的科学家。在《墨子》一书中给出了一系列数学概念、命题和定义，这些命题和定义都具有高度的抽象性和严密性，但主要集中在形学，也就是几何学上。墨家所给出的几何学概念与定义主要有：

关于"倍"的定义："倍，为二也。"《墨子·经（上）》亦即原来基础为一，再加一就是"倍"了，如二尺为一尺的"倍"。

关于"平"的定义："平，同高也。"《墨子·经（上）》也就是同样的高度称为"平"。这与欧几里得 [1] 几何学定理"平行线间的公垂线相等"意思相同。

关于"同长"的定义："同长，以正相尽也。"《墨子·经（上）》也就是说两个物体的长度相互比较，正好一一对应，完全相等，称为"同长"。

关于"中"的定义："中，同长也。"《墨子·经（上）》这里的"中"指物体的对称中心，也就是物体的中心为与物体表面距离都相等的点。在《说》中进一步解释"中心"："中心，自是往相若也。"

关于"圜"（圆）的定义："圜，一中同长也。"《墨子·经（上）》墨家指出圆可用圆规画出，也可用圆规进行检验。圆规在墨翟之前早已得到广泛应用，但给予圆以精确的定义，则是战国时期墨家的贡献。《墨经》关于圆的定义与欧几里得几何学中圆的定义完全一致。

关于正方形的定义："方，柱隅四灌也。"《墨子·经（上）》而在《经说（上）》中解释说："方矩见交也。"即所定义的四边形四个角都为直角，可用"方矩"来画图和检验。这与欧几里得几何学中的正方形定义也是一致的。

由此可见，《墨经》中的这些定义与我们现代所用的以欧几里得几何学为基础的几何学几乎是一致的。

墨家与欧几里得不同之处是不但注重抽象，还注重实际应用。欧几里得并不重视几何学的实际应用，甚至鄙视其实用价值。据说有一个学生听了一段证明之后便问，学几何学能够有什么好处，于是欧几里得就叫进来一个奴隶说："去拿三分钱给这个青年，因为他一定要从他所学的东西里得到好处。"欧几里得几何学在古罗马时代也没有得到欣赏和重视，倒是阿拉伯人对其非常重视。欧几里得几何学是从阿拉伯人那里传回欧洲的，这时已经是12世纪了。但直到文艺复兴，

---

① 欧几里得（英文Euclid；希腊文Ευκλειδης，约公元前330～前275年），古希腊数学家。

欧几里得几何学才得到重视与应用。当然，欧几里得几何学起初在古希腊时代也未得到高度应用重视，也没有人会想象到圆锥曲线是有任何用处的。到了17世纪伽利略才发现抛射体是沿着抛物线运动的，而开普勒则发现行星是以椭圆形轨迹运动的。希腊人这些纯粹爱好理论所做的工作一下子变成了解决实际问题（如战术学和天文学）的一把钥匙。

我国现存的上古数学著作以《九章算术》为代表，它汇集了从先秦到西汉实用算法式数学的主要成就。据研究，《九章算术》的绝大部分方法是先秦时期就已经存在的，其中有各种面积、体积公式、勾股定理及各种测量方法等几何成果。不过，《九章算术》只记录有方法而没有记录推导。由于很多方法非常复杂，很难想象单凭经验或猜测能获得正确的结论。但是，如果我们联系先秦时期《墨子》中所述的几何学知识，或许能让我们找到答案。墨家不仅有很多几何概念和命题，而且用到出入相补原理，并有进行出入相补的操作方式。

二、物理学

墨家不仅在几何学上有重要贡献，在物理学上也有重要贡献。首先是力学，《墨经（上）》是这样定义力的："力，形之所以奋也。"就是说力是人和物体运动的原因。在《经说（上）》进一步解释说："力，重之谓。下举重，奋也。"这里涉及重力，用力可以改变物体从下到上的位置，也即物体的状态。墨家对力进行了抽象化，使其成为"力学"，也在实践中进行了推广与应用。如关于"梯"的解释。

在《经（下）》里说："倚者不可正，说在剃。"那么"说在剃"是什么呢？在《墨经》中是这样解释的：端车是两个轮子高，两个轮子低而成梯形状的车。前面轮子低，高层与前，成弦形而直。低层与前，再使其前成弦形而直。并垂胡，使胡成弧形而曲。而在车前轹上系上绳子。梯车，后面有人推动，前面有力牵引，才能运行。凡物不能上提，或不能下收，或不往旁推，那么必往下直落。倘若受到妨碍，则移动而不直落，四轮车梯是很平稳的。好比扔石头落地，石头必重下，不致倾斜。用绳牵引端车，就好比用缆绳引舟的道理。[①]

墨学中的光学

物理学中除了力学（机械学）之外，墨家还对光学有很大建树。《墨经》中就有对光成像原理的描述：

① 《墨子·经说（下）》：两轮高，两轮为辅车，梯也。重其前，弦其前，载弦其前，载弦其轹，而县重于其前是梯；挈且挈则行。凡重，上弗挈，下弗收，旁弗劫，则下直。衹，或害之也。流梯者不能平直也。今也废置也。石于平地，重不下，无踏也。若夫绳之引轹也。是犹自舟中引横也。

激荡春秋
东周之历史、文化与思想

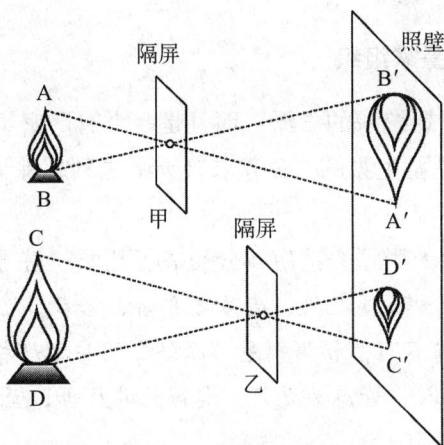

图22 光成像原理示意图

景不从，说在改为。(《经(下)》)

景：光至景亡，若在，尽古息(光线照到的，影子就不存在，如果光线存在，永远不会产生影子)。(《经说(下)》)

景到(同"倒")，在午(即几何中所说的交点)、有端(即点，指小孔)、与景长(关系光线长短)。说在端(这一条主要说的就是小孔成像的原理)。(《经(下)》)

景：光之人煦若射。下者之人也高，高者之人也下。足蔽下光，故成景于上。首蔽上光，故成景于下。在远近有端，与于光，故景库内也(光线照人，如果反射，其直若矢。射到下面就反射到高处，射到高处就反射到下面，因成倒影。足遮住下面的光，反射出来成影在上；头遮住上面的光，反射出来成影在下。在物的远处或近处有一小孔，物体为光的直线所射，反映于壁上，故影倒立于屏内)。(《经说(下)》)

景迎日，说在博。(《经(下)》)

景：日之光反烛人，则景在日与人之间(日光反射照人，那么影在日与人的中间)。(《经说(下)》)

景之小大，说在地正、远近。(《经(下)》)

景：木杝，景短大。木正，景长小。大小于木，则景大于木，非独小也，远近(木杆斜，影短而大。木杆正，影长而小。光体小于木杆，那么影大于木杆。不仅因此而影子大小，光体的远近也会形成这样的情况)。(《经说(下)》)

上述《墨经》关于光成像的描述与现在的光学没有什么区别。

第一个公开反对儒家、在战国时期曾经光耀华夏的墨家，随着中央集权的建立和儒家登上意识形态顶峰，墨家墨学作为学派在秦汉以后被"雪藏"，只有其由"天子"一统天下的治国理念被部分继承下来。虽然墨家思想闪耀着科学的光芒，但由于在历史的长河中被"雪藏"，使华夏不但封建社会漫长，同时遮蔽了华夏文明科学技术的萌发，给近代中国带来了深重的灾难。

5.1.2 兼爱与侠义——墨家组织

墨家不仅是一个思想统一的学派，而且是一个有严密组织的社会团体，其每个成员都能为了实现墨翟主张的"必务求兴天下之利，除天下之害"而"赴火蹈刃，死不旋踵"。

墨家组织在其创始人墨翟去世后，分裂成了几派。《庄子·天下》篇中有记述：

> 相里勤之弟子，五侯之徒，南方之墨者，苦获，已齿，邓陵子之属，俱诵《墨经》，而倍谲不同，相谓别墨。以坚白同异之辩相訾，以觭偶不仵之辞相应。以巨子为圣人，皆愿为之尸，冀得为其后世，至今不决。

《韩非子·显学》篇则记为：

> 自墨子之死也，有相里氏之墨，有相夫氏之墨，有邓陵氏之墨。

首先，墨家组织是一个以"巨子"为最高领导人、具有严明内部规章和纪律的组织。《吕览》中记载：

> 墨者有巨子腹䵍(tūn)，居秦。其子杀人，秦惠王(公元前337~前311年在位)曰："先生之年长矣，非有他子也；寡人已令吏弗诛矣，先生之以此听寡人也。"腹䵍对曰："墨者之法曰：'杀人者死，伤人者刑。'此所以禁杀伤人也。夫禁杀伤人者，天下之大义也。王虽为之赐，而令吏弗诛，腹䵍不可不行墨者之法。"不许惠王，而遂杀之。子，人之所私也。忍所私以行大义，巨子可谓公矣。(《吕览·去私》)

由此可见，墨家是一个纪律严明的组织，其最高领导人"巨子"是有生杀之权的。《吕览》记载的故事，不但表明墨家组织严明，而且也极为公正无私："儿子，是人们所偏爱的，狠心处死自己所偏爱的儿子而推行大义，(巨子)腹䵍可称得上公正无私了。"

其次，墨家组织具有兼爱与侠义精神。这些精神，可以从墨翟与弟子的互动中见到：

墨翟推荐弟子耕柱子到楚国做官，有几个弟子去探访他，耕柱子请他们吃饭，每餐仅供食三升，招待他们并不优厚。这几个人回来告诉墨翟说："耕柱子在楚国没有什么收益！我们几个去探访他，每餐只供给我们三升米，招待我们也不优厚。"墨翟答道："这还未可知。"没有多久，耕柱子送给墨翟十镒黄金，说："弟子不敢贪图财利违章犯法以送死，这十镒黄金，请老师使用。"墨翟说："果然是未可知啊！"[1]

由此可见，墨翟所领导的团体，不但有严明的纪律，也有现在朴素的"共

---

[1]《墨子·耕柱》：子墨子游荆耕柱子于楚。二三子过之，食之三升，客之不厚。二三子复于子墨子曰："耕柱子处楚无益矣。二三子过之，食之三升，客之不厚。"子墨子曰："未可知也。"毋几何，而遗十金于子墨子："后生不敢死，有十金，于此愿夫子之用也。"子墨子曰："果未可知也。"

产"之元素，财产共享。

在《墨子·鲁问》篇里还记述了墨翟对弟子曹公子说："今子处高爵禄，而不以让贤，一不祥也。多财而不以分贫，二不祥也。"这也是墨家组织所讲所行的道义——让贤与以富济贫。"让贤"不但废黜了宗法制，也废黜了终身制。但如何才能让贤，墨翟并没有系统的理论与说明。

墨家巨子孟胜，受人之托守城，结果不但他殉城，墨家弟子八十余人也慷慨赴死[①]。且不论墨家所服务的对象如何，就其"服务"精神而言，彰显了"侠"之精神。正如司马迁在《太史公书·游侠列传》所说："今游侠，其行虽不轨于正义，然其言必信，其行必果，已诺必诚，不爱其躯，赴士之困厄。"可以说，华夏的"侠义"精神源于墨家。当墨学及墨家在西汉"灭绝"后，与欧洲及日本的历史相比，中国的历史进程中缺少了欧洲骑士和日本武士的时代。

最后，墨家组织具有军事功能。

墨家组织功能主要是践行墨家的"非攻"理念，在《墨子·公输》篇里有："公输般为楚造云梯之械，成，将以攻宋。子墨子闻之，起于鲁，十日十夜，而至于郢。"他到楚国都城郢后，对楚王说："臣之弟子禽滑厘等三百人，已持臣守圉之器，在宋城上而待楚寇矣。"墨翟曾率其弟子帮助要受到进攻的国家守城，也是其"非攻"思想的体现，军事方面的考量是其重点。在《淮南子》中对墨家组织进行了描述："墨子服役者百八十人，皆可使赴火蹈刃，死不还踵，化之所教也。"(《淮南子·泰族训》)可见墨翟所领导的组织不但组织性强，也是非常善战的。墨家不但善战，其守城也是经过周全计划和推演的。墨家还有一个最大特点，就是他们同时也是防御器械专家，这与墨家又是科学与技术专家密不可分的。可以说，墨家又是最早制造军械装备的专业组织。

5.1.3 墨家与杨朱

墨家除了批驳孔丘儒学之外，当时还有一个对手，那就是杨朱。

孟轲曾说："杨朱、墨翟之言盈天下。天下之言，不归杨则归墨。"(《孟子·滕文

[①]《吕览·上德》：孟胜为墨者巨子，善荆之阳城君。阳城君令守于国，毁璜以为符，约曰符合听之。荆王薨。群臣攻吴起兵于丧所。阳城君与焉。荆罪之。阳城君走。荆收其国。孟胜曰："受人之国，与之有符。今不见符，而力不能禁，不能死。不可。"其弟子徐弱谏孟胜曰："死而有益阳城君。死之可矣，无益也，而绝墨者于世。不可。"孟胜曰："不然。吾于阳城君也，非师则友也，非友则臣也。不死，自今以来，求严师必不于墨者矣，求贤友必不于墨者矣，求良臣必不于墨者矣。死之所以行墨者之义，而继其业者也。我将属巨子于宋之田襄子。田襄子，贤者也，何患墨者之绝世也。"徐弱曰："若夫子之言，弱请先死以除路。还殁（mò）头前于孟胜。"因使二人传巨子于田襄子。孟胜死，其弟子死之者八十三人。二人以致令田襄子，欲反死孟胜于荆。田襄子止之曰："孟胜已传巨子于我矣。"不听，遂反死之。

公》可见杨朱是战国前期名扬天下的人。令人惋惜的是当时"盈天下"的杨朱的著作并没有流传下来，我们现在只知道其"只言片语"，而这"只言片语"也存在着巨大分歧。

在《列子》[①]中有一个墨家代表性人物禽滑厘与杨朱的辩论：

禽子[②]问杨朱曰："去子体之一毛，以济一世，汝为之乎？"杨子曰："世固非一毛之所济。"禽子曰："假济，为之乎？"杨子弗应。（《列子·杨朱》）

也就是说，禽滑厘问杨朱："拔去你身体上一根毫毛，以救济天下，你干不干？"杨朱回答："这个社会不是靠一根毫毛可以拯救的。"禽滑厘又说："如果可以的话，你干不干？"接下来杨朱没有回答。也许杨朱不愿意回答禽滑厘的假设，也许杨朱认为禽滑厘的问题不值得回答。没有得到杨朱的回答，禽滑厘就出来了。禽滑厘出来后与孟孙阳接着就这一论题进行了交流：

孟孙阳曰："子不达夫子之心，吾请言之：侵若肌肤获万金者，若为之乎？"曰："为之。"孟孙阳曰："有断若一节得一国，子为之乎？"禽子默然有闲。孟孙阳曰："一毛微于肌肤，肌肤微于一节省矣。然则积一毛以成肌肤，积肌肤以成一节；一毛固一体万分中之一物，奈何轻之乎。"禽子曰："吾不能所以答子，然以子之言问老聃、关尹，则子言当矣；以吾言问大禹、墨翟，则吾言当矣。"（《列子·杨朱》）

在这段对话里表明了孟孙阳与禽滑厘观点的分歧。禽滑厘最后说："我不能用什么话回答你，然而用你的言论去问老聃、关尹，那么你的话就是正确的；如果用我的说法去问大禹、墨翟，那么我的话就是正确的。"这突显了两个学术流派的观念对立。

在《列子·杨朱》篇中还记述了杨朱对"不以天下大利而易其胫一毛"的论述：

杨朱曰："伯成子高不以一毫利物，舍国而隐耕。大禹不以一身而自利，一体偏枯。古之人损一毫利天下，不与也。悉天下奉一身，不取也。人人不损一毫，人人不利天下，天下治矣。"

我们可通过分析上一段对话来捕捉杨朱的思想。在第一句中"伯成子高不以一毫利物"与"舍国而隐耕"并列。这突显了杨朱的思想。"一毫利"只是一个概念，如果作为财富来讲，在一般人看来比拥有国家显然要轻得不能再轻了。如果结合当时为争夺国君之位而引起的相互残杀，也许我们会理解杨朱的用意。从逻辑上讲，既然已经"舍国而隐耕"，就意味着不参与世事，自耕自作，自食其力，自然也就无需利人，也无所谓利人了。

---

① 杨朱的著作已经佚失，在《列子》中有《杨朱》篇。有学者认为《列子》为魏晋时期伪造，但无论如何我们可以从中发现杨朱思想的点点滴滴，即便不可能窥其全豹。

② 禽子，墨翟之弟子，墨家学派的第二号人物禽滑厘（qíngǔlí），也称禽滑釐（qíngǔxī）。

激荡春秋——东周之历史、文化与思想

再看下一句是"古之人损一毫利天下"，显然是对应"伯成子高不以一毫利物"的，但如果将两句等同起来，显然是不合适的。如果思维不缜密，很容易会陷入其推理"古之人损一毫利天下，不与也"，很显然这两句话没有直接的逻辑演绎关系。由此我们也可以发现杨朱是非常善辩的，这也可能是后来被庄周要钳杨朱之口的原因吧！

因此，杨朱以古人伯成子高"舍国而隐耕"，推论出"古之人损一毫而利天下，不与也"，这显然是不妥的。

通过禽滑厘和杨朱及孟孙阳之对话，我们可以清楚地知道，墨家学派与杨朱学派的思想冲突所在。

墨家提倡"以兼相爱交相利之法易之"及"夫爱人者，人必从而爱之；利人者，人必从而利之"（《墨子·兼爱（中）》）。这正是墨家"兼相爱，交相利"与杨朱"重己"思想的分歧。从为国、治国的理念来讲，墨翟与杨朱也存在着巨大冲突。墨翟主张"兴天下之利，除天下之害"（《墨子·节葬（下）》）而"摩顶放踵利天下，为之"（《孟子·尽心（上）》）；而杨朱则主张"古之人损一毫利天下，不与也；悉天下奉一身，不取也。人人不损一毫，人人不利天下，天下治矣"（《列子·杨朱》）。上述这些可能是墨家学派与杨朱学派争论的焦点与实质。这些争论在当时"盈满天下"，也反映了那个时代的特征。

关于"拔一毛"与"天下"的关系，在孟轲与韩非的著作中都有引用。孟轲在《孟子·尽心（上）》篇里说杨朱"杨子取为我，拔一毛以利天下，而不为也"；而韩非记述的则是"不以天下大利而易其胫一毛"（《韩非子·显学》）。虽然两种表述看起来很相似，但有两字"利""易"之差，使其差之毫厘，谬以千里。孟轲引用说的是杨朱不肯牺牲自己的一根毛发来让天下人得利，杨朱就是一个极端自私自利的人。而韩非所引杨朱的意思是：你拿天下这样的大利换我的一毛发，我也不换，我的身体和生命是最重要的，物质利益对我来说是无关紧要的，是"轻物重生"思想的体现。

总之，墨家方面是想积极地改变当时的社会现状，具有伸张正义之使命感，但也有些疾恶如仇之偏颇。墨家学派不仅仅停留在思想言论方面，也极其重视实践，可谓言行一致。以现在观点看，杨朱一方对社会之改造的方法是消极的，自然就与墨家学派对立。以杨朱之主张，世上各人只关心自己的事情，只要每个人把自己的事情管理好了，这个世界就会太平。言外之意，不主张以自己的主观意志去改造世界。如果按照自己的主观意志去改造社会，或许会给社会造成混乱。

我们再看看杨朱的其他论述。杨朱曰："原宪窭(jù)于鲁，子贡殖于卫。原宪之窭损生，子贡之殖累生。然则窭亦不可，殖亦不可。"（《列子·杨朱》）

"窭"指贫穷；"殖"是货殖，指经商。杨朱说：原宪在鲁国受穷，子贡在卫国经商。原宪贫穷有损于身体，子贡经商有累于身体，所以贫穷不可取，经商也不可取。原宪与子贡都是孔丘的弟子。原宪不仕不殖，清廉自守，隐耕因而贫穷，但他可能不是一般的贫穷，而是贫穷到伤及身体的程度。而子贡虽然经商脱贫，甚至致富，但其经商也许十分艰辛，也累及身体。杨朱接着说："其可焉在？曰：可在乐生，可在逸生。故善乐生者不娄，善逸生者不殖。"（同上）也就是说要怎样才行呢？要生活快乐才行，要身体安逸才好。所以，善于享乐者不贫穷，善于安逸者不经商。由此看出杨朱并不欣赏贫穷，但也不欣赏因经商而忙碌不停。作为道家代表人物的庄周，其生活处境与原宪相近，安贫而乐道，终生不仕。但庄周并没有以此为忧而积劳成疾，这或许是道家与儒家的根本思想不同吧！

杨朱既不经商，也不耕耘，也不入仕，那杨朱以何为生呢？《韩非子·说林（上）》给我们讲了一个杨朱的故事：

杨朱经过宋国东边的旅店，客店主人有两个妻妾，那长得丑陋的地位高，长得漂亮的地位低。杨朱问其中的原因，客店的主人回答说："那个长得漂亮的自己认为漂亮，我不觉得她漂亮；那个长得丑陋的自己觉得丑陋，我不觉得她丑陋"。杨朱对学生们说："做贤德的事而去掉自己认为贤德的想法，到哪里去会不受到赞美呢？"[①]

由此可知，杨朱与孔丘一样，很可能是以教育为生的。

从这些历史文献中的点点滴滴，我们可以窥视为什么墨翟与杨朱相怼，从杨朱的主张可以加深我们对墨家主张的理解。

关于杨朱有一个有趣的现象，不但作为孔丘学说继承人的孟轲痛批杨朱，在道家庄周学派的《庄子》一书也指责杨朱。

孟轲在《尽心（上）》中说杨朱"杨子取为我，拔一毛以利天下，而不为也"，又在《滕文公》中说"杨氏为我，是无君也""是禽兽也"。孟轲指责杨朱只为自己不为君主，因而是极端自私的，也就是孟轲所谓的"无君"之罪名。按照孟轲的忠君思想，应该时时刻刻把君主放在心上，放在首位，所作所为，不是为己而是为君主。尽管如此，通观孟轲一生，孟轲也是没有践行他这一忠君思想的。

在《庄子·胠箧》篇中是这样指责杨朱的：

削曾、史之行，钳杨（朱）、墨（翟）之口，攘弃仁义，而天下之德始玄同矣。

又在《骈拇》篇批杨朱：

骈[②]于辩者，累瓦结绳，窜句棰辞（棰辞二字据王叔岷说补），游心于坚白[③]同

---

① 《韩非子·说林上》：杨子过于宋东之逆旅，有妾二人，其恶者贵，美者贱。杨子问其故，逆旅之父答曰："美者自美，吾不知其美也；恶者自恶，吾不知名恶也。"杨子谓弟子曰："行贤而去自贤之心，焉往而不美？"

② 骈（pián）：过分之意。

③ 指公孙龙的坚白论。详见"公孙龙"一节。

异①之间，而敝跬誉无用之言非乎？而杨（朱）、墨（翟）是已。故此皆多骈旁枝之道，非天下之至正也。

杨朱的思想同时遭到儒家传人和道家传人同时批评，杨朱的学说又该归为哪一派？这是需要研究的问题。

另外，关于杨朱一派的学说，从一些历史文献中可知，也参与了当时"辩者"的论辩。《韩非子·六反》："杨朱、墨翟，天下之所察也……虽察而不可以为官职之令。"可惜的是，杨朱学派在这方面的见解和贡献已无法考知了，要了解杨朱学说的全貌也是非常困难的。

5.2 从卿士到侯君

5.2.1 三家分晋

在"卿专君权"一节叙述了鲁国的"三桓"。在历史上还有一个以"三"记述的世家，就是鲁国的邻国——晋国的"三晋"。公元前453年，晋国发生了比鲁国更激烈的卿大夫氏族大洗牌。赵氏、魏氏、韩氏三族联合消灭了最强大的上卿智伯家族，瓜分他的土地而形成了"三家分晋"的局面。

"三晋"赵、魏、韩的形成还需从晋献公（姬姓晋氏，名诡诸，公元前677~前651年在位）说起。公元前661年，晋献公为出兵攻打小国而整顿军队：

> 晋侯作二军，公将上军，大子申生将下军。赵夙御戎，毕万为右，以灭耿、灭霍、灭魏。还，为大子城曲沃。赐赵夙耿，赐毕万魏，以为大夫。（《左氏春秋·闵公元年（公元前661年）》）

晋建立两个军，晋献公亲率上军，太子申生率领下军。赵夙为晋献公驾御战车，毕万作为车右，出兵灭掉耿、霍和魏。凯旋后，晋献公为太子在曲沃（今山西闻喜）建造城墙，把耿地赐给赵夙，把魏地赐给毕万，任用他们做大夫。

《左氏春秋》记述了卜偃对魏地的评述。

卜偃说："毕万的后代必定昌大。万，是满数；魏，是巍巍高大的名称。开始赏赐就这样，上天已经启示了。天子统治兆民，所以称为'兆民'，诸侯统治万民，所以称为'万民'。现在名称的高大跟着满数，他就必然会得到群众。"②

这就是后来成为赵、魏的由来，而"三晋"的韩则是始于其祖先韩万（今多称韩武子）。韩万为姬姓后裔，来自曲沃，因其帮助曲沃武公灭晋哀侯有功，被封韩原

---

① 惠施（约公元前390~前317年）有"同异"之论述，详见"惠施"一节。

② 《左氏春秋·闵公元年（公元前661年）》：卜偃曰："毕万之后必大。万，盈数也；魏，大名也；以是始赏，天启之矣。天子曰兆民，诸侯曰万民。今名之大，以从盈数，其必有众。"

作为其采邑。

魏氏家族能够更上一层楼，则要追溯到魏犨（chōu）时期。魏犨曾追随公子重耳在外流亡19年，在重耳复国成功后，魏犨被封为卿大夫。

公元前633年，晋文公重耳组建三军，每军设将、佐各一名，依次为中军将、中军佐、上军将、上军佐、下军将、下军佐，其中中军将为正卿，执政晋国，六卿①出将入相，掌管晋国军政大事，是中国最早的内阁制度。晋国六卿主要由狐氏、先氏、郤氏、胥氏、栾氏、范氏、中行氏、智氏、韩氏、赵氏、魏氏11个家族所把持，他们按照"长逝次补"的原则，轮流执政。

在历史的演变过程中，有的家族衰落，有的崛起。到公元前6世纪时，形成了智氏、范氏、中行氏、赵氏、韩氏、魏氏六大贵族势力，其中智伯一族最为强大。他们之间展开了激烈争斗，都试图扩大自己的势力范围。先是智氏、赵氏、韩氏、魏氏四家联合灭了范氏、中行氏，从而形成了智、赵、韩、魏四家。公元前453年（晋出公二十二年），实力强大的智氏邀约韩氏、魏氏一起进攻赵氏。在战争进行到赵氏即将被灭的关键时刻，赵氏成功地离间了三家联盟，反而与韩、魏联手攻击智氏。自命不凡的智氏出乎意料地被其他三个弱势家族击败并杀掉。为了免除后患，韩、赵、魏三家又联手屠杀智氏家族两百余人，瓜分智氏封邑，智氏自此从历史舞台上消失。

在这场战争，因赵国最初是被攻击对象，被侵占的领地最多，受损也最为严重，因此，在三家瓜分智氏领地时，赵国分到的土地最多。赵国获得了如今山西中北部以及河北中部的土地，并向东越过太行山，占有邯郸、中牟；魏国获得（黄）河东地区（山西南部）以及河内地区（今河南省在黄河以北的部分，黄河和太行山南麓之间），核心地区是运城谷地，北部是吕梁山，南部是中条山，东部是王屋山，黄河的大拐角包住了魏氏的西部和南部；韩国获得了晋国南部的土地。三家之中，虽然赵国获得了最多的土地，但最丰厚的地区都归了魏国。尔后三家又交换了部分领土，使各自的领土连成一片。至此，形成了三家瓜分晋国的局面，史称"三晋"。

公元前405年（晋烈公十一年），与赵相邻的齐相田悼子去世，执掌齐国政权的田氏家族发生内乱，田会占据了介于齐和赵之间的原卫属的廪（lǐn）丘（今山东郓城县），请求赵收留并得到赵献子赵籍（赵后封为烈侯）的许诺。这引起了田悼子的接班人田和的强烈不满，命田布率军进攻赵，赵军难以抵挡，于是赵献子（赵籍）请求魏斯（后被追封为魏文侯）和韩虔（后被追封为韩景侯）出兵相助。公元前404年，赵、魏、韩联军大举进攻齐国，齐国国君齐康公被联军俘虏，田和被迫割地求和。被俘的齐康公与晋国卿大夫魏斯、赵籍和韩虔一起去朝见周天子，齐康公请求周天子封他们为

① 按照礼制只有周王室可以设六卿，诸侯为三卿。

诸侯。公元前403年（晋烈公十三年），周天子正式承认韩、赵、魏三家为诸侯，与晋侯并列。晋国长期以来是匡扶周王室的重要侯国，这一次封三卿为三侯也是周王室不得已而为之，这进一步突显了周王室的衰败及卿大夫的崛起。

宋代史学家司马光在《资治通鉴》中划分历史时代，战国就是从公元前403年开始的，其记载的第一件事便是"初命晋大夫魏斯、赵籍、韩虔为诸侯"。

5.2.2 姜齐田代

作为三晋的邻居，曾为"三晋"请侯的齐康公（姜姓吕氏，名贷，公元前404～前391年在位），正逐渐被卿大夫家族田氏赶下历史舞台。

田氏在齐国的先祖来自陈国，当时陈国内乱，公子完避乱投奔齐国，被齐桓公接纳并以之为工正。田氏本姓妫（guī），陈氏，后改成田氏。古代"陈""田"音相近，后遂以田为氏（或许因避祸之缘故）。

公元前545年，田完四世孙田桓子（田无宇）与鲍氏、栾氏、高氏合力消灭当国的庆氏。

田氏家族采取怀柔、亲民策略，善待齐国公族及贫苦百姓，在公族与齐人中颇受好评。正如齐国三朝名相晏婴所说："齐国恐怕要变为陈（田）氏的天下了。国君抛弃了他的百姓，使百姓归附陈（田）氏。齐国旧有四种量器：豆、区、釜、钟。四升为一豆（四豆为一区，四区为一釜）各量本身的四倍。陈（田）氏的三种量器都在齐旧量的基础加上一（五升为豆，五豆为区，五区为釜）。陈（田）氏用私家大量器借出粮食，却用齐公室的小量器收回。把山上的木材运到市上去卖，并不比山里的贵；鱼盐蜃蛤运到城里去卖，也不比海上贵。老百姓把他们自己劳动所得分成三份，其中两分要交给公室，而自己的衣食只占一分。公室搜刮来的财物都腐朽和被虫蛀，可连三老这样的乡官都受冻挨饿，都城的许多市集上，鞋子便宜，假脚昂贵。百姓有痛苦，陈（田）氏就去慰问关切他们，百姓爱陈（田）氏如同父母，归附他如同流水。想要陈氏不获得民众，将怎样免得了呢？"[①]

《左氏春秋》还记载了田（陈）氏家族善待公族的故事：陈（田）桓子召见子山，私下准备了帷幕、器物、从者的衣服鞋子，并把棘地还给了子山。对子商、子周也同样，归还了他们的封邑、土地。让子城、子公、公孙捷回国，并且都增加了

---

① 《左氏春秋·（鲁）昭公三年（公元前539年）》：叔向曰："齐其何如？"晏子曰："此季世也，吾弗知。齐其为陈氏矣！公弃其民，而归于陈氏。齐旧四量，豆、区、釜、钟。四升为豆，各自其四，以登于釜。釜十则钟。陈氏三量，皆登一焉，钟乃大矣。以家量贷，而以公量收之。山木如市，弗加于山。鱼盐蜃蛤，弗加于海。民参其力，二入于公，而衣食其一。公聚朽蠹，而三老冻馁。国之诸市，屦贱踊贵。民人痛疾，而或燠休之，其爱之如父母，而归之如流水，欲无获民，将焉辟之？"

他们的俸禄。凡是公子、公孙中没有俸禄的，私下把封邑分给他们。对国内贫困孤寡的人，私下给他们粮食。他说："《诗》云说：'把受到的赏赐摆出来赐给别人就创建了周朝。'这就是能够施舍的缘故。齐桓公吕小白因此而成为霸主。"①

公元前490年，齐景公去世，齐国统治集团再起巨变。齐景公临终前，把非嫡生的幼子吕荼立为太子，并托孤给国惠子（国夏）和高昭子（高张）两位重臣，结果引发卿大夫豪族的争斗。公元前489年，即位不到十个月的吕荼遭到陈（田）乞和姒姓鲍牧及诸大夫发动的围攻，高张与国夏驱车去救援，结果双方在大街上展开了遭遇战。由于陈（田）乞一族一向善待百姓，结果齐国百姓都倒向陈、鲍及诸大夫一边，高、国方寡不敌众，落败外逃。陈乞杀死即位仅十个月的吕荼，力主立公子吕阳生为君，也就是齐悼公。陈氏和鲍牧成为齐国的最高权贵。后鲍牧与齐悼公逐渐生嫌不和，矛盾激化。公元前484年，趁吴、鲁攻打齐国（即史称的"艾陵之战"）南方混乱之时，鲍牧杀死了齐悼公，尔后鲍牧逃离齐国。之后立齐悼公之子吕壬为国君（齐简公）。这时田（陈）常已经继承其父位，与监止任左右相，辅佐齐简公。

田成子（田常）成为宗主之后，继承田氏传统，一如既往地接济贫民，在齐很受老百姓拥护。齐国人唱歌颂扬他说："老太太采芑（qǐ）菜呀，送给田成子！"自然，田氏家族的实力越加雄厚。

虽然齐朝廷为左右相，但齐简公常常偏向阚止，造成田常与监止的不和。这时有卿大夫进谏齐简公要在两者之间选用一位，齐简公并没有采纳。后两大氏族矛盾逐渐升级、激化，到了你死我活的地步。在与监止的争斗中，田常占据了上风，打败了监止一族，并杀死了监止及其族人子我。平时偏向监止一族的齐简公也被迫外逃，后被田氏的部下抓获。田氏部下恐齐简公恢复君位后报复，就将他杀死。

齐简公死后，也就是自公元前481年始，田氏实际掌控齐国政权的局面，田常拥立齐简公弟弟吕骜继位，也就是齐平公。田常做了最高行政长官丞相。之后，归还了齐国侵占的鲁国、卫国土地，西边同晋国的韩氏、魏氏、赵氏订约，南方与吴国等互通使臣，行赏赐，亲百姓，使齐国恢复安定。

丞相田常对齐平公说："施行恩德是人们所希望的，由您来施行；惩罚是人们所厌恶的，请让臣去执行。"田常逐渐稳固了其在齐国的执政，进而扫平了鲍氏、晏氏、监止和公族等中较强盛的氏族，扩大自己的封地，甚至超过齐平公享

---

① 《左氏春秋·（鲁）昭公十年（公元前532年）》：桓子召子山，私具帷幕、器用、从者之衣屦，而反棘焉。子商亦如之，而反其邑。子周亦如之，而与之夫于。反子城、子公、公孙捷，而皆益其禄。凡公子、公孙之无禄者，私分之邑。国之贫约孤寡者，私与之粟。曰："《诗》云：'陈锡载周。'能施也，桓公是以霸。"

有的领地。^①

田常去世后（谥号成子），接替他丞相职位的是他的儿子田盘（谥号襄子）。

田襄子担任齐国丞相后，齐宣公三年（公元前453年），与齐国相邻的晋国卿大夫韩氏、赵氏、魏氏三族歼灭最强大的卿大夫知（也作智）伯一族并瓜分了他的领地。田襄子受晋国时局的影响，让他的兄弟和本族人到齐国的大小邑邦做士大夫，并与韩氏、赵氏、魏氏互通使臣，几乎完全掌控了齐国。

田盘去世后，他的儿子田白（谥号庄子）继承父位，继续辅佐齐宣公。齐宣公四十三年（公元前413年），齐国进攻晋国，攻毁黄城，围困阳狐。第二年，进攻鲁城、葛邑和安陵。次年，夺取鲁国一城。

公元前405年（齐宣公五十一年），齐宣公和齐相田悼子去世。

田白去世后，他的儿子田和（谥号太公）继承父位。田和辅佐齐宣公。宣公四十八年（公元前408），齐国夺取鲁国的郕（chéng）城。第二年，齐宣公与郑人在西城相会。齐国攻伐卫国，攻占了毌（guàn）丘。

齐宣公儿子吕贷即位（谥号康公，公元前404～前391年在位）。吕贷即位后沉溺于酒色，不理政事，终于在其即位十四年（公元前391年）时，被齐相田和废黜，给了他海滨的一处邑城做食邑，将其迁居此地。

又过了三年，齐相田和与魏文侯在浊泽相会，请求成为诸侯。魏文侯就派使臣报告周天子和各诸侯，请求立齐相田和为诸侯，周天子准许了这一请求。公元前386年，田和从名分上正式成为齐侯（史称齐太公），开始了齐国的新纪元。

三家分晋和田氏代齐是对周朝宗法制和分封制的严重冲击，也即卿大夫只要掌握大权，就可以夺取一个诸侯国的君主之位。对此，周王室只能默认接受，并且还要册封，给予他们正式诸侯的身份。不过，正是因为三家分晋和田氏代齐需要周王室的认可，说明周王室还是具有一定权威，至少是有册封权。

---

① 《太史公书·田敬仲完世家》：田常言于齐平公曰："德施人之所欲，君其行之；刑罚人之所恶，臣请行之。"行之五年，齐国之政皆归田常。田常于是尽诛鲍、晏、监止及公族之强者，而割齐自安平以东至琅邪，自为封邑。封邑大于平公之所食。

6

从侯君到国王——粉碎周制

随着时代的发展，到战国时代，兴起了"革命论"。其中有的认为，"周灭商"也是一场革命，虽然当时天命确实降到了周，但周之前的殷汤时代也曾受到天命的眷顾，此后由于王的德衰，天命才转向了周(命被"革"了)。殷商时期，象征王德已经衰退的人物是帝辛(商纣王)。一旦"革命论"成立，也就有理由说明殷商的建立也是经由革命实现的。这样一来就成就了殷商之前关于夏王朝的传说，大禹受天命，但是到了夏桀时，王德衰退了，最终夏被商汤灭掉了。于是就有"殷鉴不远"之说，即夏代的灭亡，就是殷代的前车之鉴。这种说法也是在"革命论"的背景下产生的。"革命论"之所以兴起，是为"革"周王室的"命"而积极作舆论及理论的准备。

对于"革"周王室的"命"，还要从"半夷"的楚国说起。

公元前606年，楚国国君熊旅曾经率领楚军北上，借伐陆浑之戎(今河南嵩县东北)之机，把楚国主力大军开至东周雒邑南郊，举行盛大的阅兵仪式。这便是使楚庄王名扬天下的"问鼎中原"之举。周定王派能说会道的王孙满与楚庄王交涉。

使臣王孙满在答复楚庄王问鼎之重时，其最后两句最值得注意。一是"周德虽衰，天命未改"。即周德已衰，但还不到绝命的时候；二是"鼎之轻重，未可问也"，这也是在告诫楚庄王，意思是说你问这个还不够格。楚庄王因此而名扬天下，同时也给我们留下了"问鼎中原"这个成语，但这里的对话要点不在"鼎之轻重"，其核心是周王室是否有资格继续统领"天下"。当然也可归结到"德"，因为那个时代，"德"是做天子的必要条件。这是楚国对周王室统领天下权威的直接挑战。

尽管在《左氏春秋》中多称楚国国君为楚子，但实际上这时的楚君已经称王。楚称王的目的就是为了"抗周"。

6.1 称王抗周

在周王朝初期，周天子是天下唯一的王，诸侯是被王封的，诸侯中没有

"王"这个称谓。周人入主中原后继承了商的汉字。汉字不仅是一种文字，而且是一种文化，甚至是一种政治特权。随着汉字逐步在各诸侯国的传播，周的文化也得到更为确切的传播。

距离中原比较远的楚、吴和越，自然是接受汉字比较晚的地区，它们对汉字或者说汉字表示的文化并不是非常重视。楚、吴、越之地的一国之君虽然一直都不认为自己臣服于周天子，但在汉字传入这些地方之前，他们并不太介意汉字的表记方式。然而在各国交往日频、汉字更为广泛普及之后，他们开始对最高统治者的称谓十分介意。长江中游的楚王、下游的吴王和越王以及楚与吴越之间的徐，其最高统治者都开始自称为王，以显示它们并不是臣服于周王的侯国。

楚国吸收了周王朝的政治文化，并利用它来反击周王朝。楚国是周王朝时期第一个称王的侯国。

早在春秋初期，楚就开始了与周王室的较量，也就是我们常说的"不服周"。楚一直被周王朝认为是半蛮夷之地。在西周初期的周成王时期，楚国国君为子爵，所以只能称楚子。但楚一直未能完全臣服周王室，到周夷王姬燮（公元前895～前880年在位）时期，楚国开始不断向外开疆拓土来壮大自己的实力。从楚国君主熊渠（芈姓熊氏，公元前886～前877年在位）开始，先后向濮人之地进军，灭权国，渡汉水伐随，灭申、息，灭弦、黄、英、夔，楚国势力已渗透至江淮腹地，窥视中原，具备了北上的强劲实力。

按照《太史公书》的记述，公元前706年楚国攻打汉水东岸的随国。随国与楚国交涉时说："我们又没得罪您，您为什么来攻打我们？"楚国人回答说："我们是蛮夷，现在各诸侯都违叛（周王室），互相侵略、拼杀。我们楚国现在实力强大，想参与到中原王朝的政务中来，想请周王室加封我爵位。"

不久，随侯通报楚国，说周天子拒绝了提高楚君名号的要求。楚君熊通（今通称楚武王，芈姓熊氏，公元前740～前690年在位）闻讯后大怒道："我的祖先鬻（yù）熊，是周文王姬昌的老师，为周取代殷商立下了不可磨灭的历史功勋。周成王薄待我的先公，只给他封了个子爵，划了很少的土地给他，让他居住在偏僻的楚地。现在，楚国已今非昔比，周围的蛮夷部族都顺服于楚国，而周王室仍不提升楚国的爵位。那我只好自封了！"于是，楚君熊通在其登上君位的第37年，也就是公元前704年自立为王。[①]楚君熊通也被《太史公书》认为是楚国历史上第一个称王的侯国国君。

---

① 《太史公书·楚世家》：三十五年，楚伐随。随曰："我无罪。"楚曰："我蛮夷也。今诸侯皆为叛相侵，或相杀。我有敝甲，欲以观中国之政，请王室尊吾号。"随人为之周，请尊楚，王室不听，还报楚。三十七年，楚熊通怒曰："吾先鬻熊，文王之师也，蚤终。成王举我先公，乃以子男田，令居楚，蛮夷皆率服，而王不加位，我自尊耳。"乃自立为武王，与随人盟而去。

值得注意的是，如果楚国国君自称为王，这是严重违反礼制的举动，也威胁到周王室的存在。但周王室对此听之任之，无动于衷，要么是周王室实力严重衰退、无能为力，要么是司马迁记述的不真实。

战国时期，秦楚争霸激烈，秦国做了一篇诅咒自成王至威王的历代楚王的文章，以祈求天神保佑秦国获胜，这篇文章后称《诅楚文》。原石已经遗失，只存拓本为原型的资料。诅楚文记述的是从秦穆公开始的，涵盖了从秦穆公至秦惠文王（公元前337～前311年在位）一共十八代秦君，诅咒的是从与秦穆公同一时期的楚成王熊恽（公元前671～前626年在位）开始的楚王，但没有提及比楚成王更早的楚武王（公元前740～前690年在位）和楚文王（芈姓熊氏，名赀，公元前689～前675年在位）。因此，我们有理由相信楚成王之前的王号楚武王、楚文王是追封的，所以秦国没有将其算在内，只诅咒楚成王及以后的楚王。也就是说楚成王是楚国历史上第一个实际称王的楚君。这也可从公元前639年举行的会盟大会上，宋襄公指责熊恽是自称为王，是"假王"来得到间接佐证。

对王的追封涉及谥号，追封什么是与谥号有密切关系的，也是非常讲究的。

谥号制度形成于西周中期的周恭王（公元前922～前900年在位）、周懿王（公元前900～前892年在位）时期。

夏商时代的王没有谥号，往往直呼其名。商代时，国君多用干支，例如太甲、孔甲、盘庚等称呼。谥法在刚兴起的时候，没有太严密的规定，只是后人对先人功绩的赞颂与怀念，没有恶谥。谥号的善恶，是在公元前840年产生的，当时正值周厉王时期。所谓谥号，就是用一两个字对一个人的一生作一个概括的评价，是盖棺贴标签，也是死后别尊卑，是礼教的一种表现。

用于谥号的字很多，如文、武、成、睿、康、景、庄、宣、懿等，这些都是带有褒扬之意的，而平则是些平凡的，厉、幽都含有否定之意。另外，哀、思则有同情的意味。谥号虽有专用字，但有的字解释也有几个意思，不过褒贬是不会逆转的。如隐有哀之意；景有武之意。施德为文，除恶为武，辟地为襄，服远为桓，刚克为僖，施而不成为宣，惠无内德为平，乱而不损为灵，由义而济为景，等等。

我们知道周王朝开国初期，三王是文王、武王和成王。西伯姬昌（周文王）是周克商之前去世的，肯定是追封的。周武王姬发是灭商的开国之王，但没两年就过世了。之后虽然经历了周公姬旦执政时期，但使周王朝稳定发展的是之后的周成王。因此，周初的三位奠基人文王、武王和成王就成了建国初始国君名号的范式。

楚为了抗衡周，不但称王，而且对已故国君进行追封，并且采用了与周类似的谥号字，以彰显其正统性或者与周并驾齐驱性。对于与周抗衡，彰显其正统性，还需要从楚的祖先鬻熊说起。鬻熊，本名熊蚤，又称鬻熊子、鬻子，是楚国开国君主熊绎之曾祖父，是商朝末年西伯姬昌的老师和火师，其后代被封于楚。《太史公书·楚世家》记载楚武王熊通曰："吾先鬻熊，文王之师也。而早丧。"西伯姬昌（周文王）作为楚王先祖的弟子，如果说西伯姬昌把从楚王先祖那里学得的东西用于治国，那么作为西伯姬昌老师后代的楚王当然也可以继承其先祖的衣钵，亦可以解释为西伯姬昌的衣钵。

楚也采纳了周王室追封及谥号的"范式"，追封熊通为楚武王、熊赀为楚文王，其目的就是为了对抗周王朝。楚武王的在位时间（公元前740~前690年）与东周第一位君主周平王在位期间（公元前770~前720年）重叠，早于《春秋》记述的始年——公元前722年。周平王定都雒邑初期并未得到大多数诸侯尤其是姬姓诸侯的认同。如前所述，周平王是在歼灭其父王周幽王后，与周携王争斗一二十年后才在王位上坐稳的。而一向以"周礼尽在鲁"的鲁国国君在周平王在位的50年间，从未觐见过周平王。由此可见，周平王在诸侯国中的权威性和正统性。而且作为儒学经典的《春秋》，其记述时间直接跳过了周平王在位时期，是从公元前722年开始的。而楚武王在位时期倒是与《春秋》始记时期是一致的。依循这样的论述"范式"，做进一步推演的话，便可以得出这样的结论，即楚继承了西伯姬昌的权威，这就直接挑战了周平王继承的正统性。我们也有理由相信楚国是以此"范式"表明他们才是继承了姬昌之德。楚国只承认西伯姬昌的个人权威，这可能与楚国的祖先曾经是西伯姬昌的老师有关。从文化传承上讲，楚国并不认为其文明程度比周王室差。如果说楚国继承了西伯姬昌的德及权威，那也是自然的。

实际上，楚并没有全盘否定周（或者说商王朝时代的周），只不过楚人只对楚人先祖鬻熊的学生西伯姬昌给予了很高的评价。因为推翻商人统治的是周武王姬发，所以只要对周武王姬发及其以后的历代周王不予评价，便不会构成对武王克商这段历史的肯定。而这种不评价实际上就是否定，否定了周武王姬发通过武力推翻商王朝的正统性，当然也就从根本上否定了东周王室。

值得一提的是楚武王在位时，首先创立了县制，突破了商周以来分封制的成规，开启了以后郡县制的先河。楚君对县公、县尹有任命与调遣的权力，而这些县公、县尹并不具有世袭性。

尽管楚国非常努力地使自己正统化，但在《左氏春秋》中介绍楚王事迹时，经常交叉使用"楚子"与"楚王"的称谓。例如在楚庄王向周"问鼎之大小轻重焉"（《左氏春秋·（鲁）宣公三年（公元前605年）》）时，一次都没有出现过"楚王"的表述。并且，既然是将权威作为问题来讨论，其话题本来应该是德才对，但是没想到"楚子"居然只问了个没有实质意义的问题，即问一个鼎的大小轻重如何。也许作者是在费尽苦心想让大家知道所谓的"楚王"就是"楚子"。相应的，《左氏春秋》中对于楚王之子也不称其为"王子"，而是一律称"公子"。这点与其称周王之子为"王子"的表述方法形成了鲜明的对比。

因此，可以说《左氏春秋》的观点带有周王朝正统观点，也是儒家的观点。《左氏春秋》在反驳某种正统论时所用的方法就是叙述一些对那种正统理论不利的"事实"，对楚王的记述是带有偏见的。如果我们对这些"事实"进一步深入研究的话，就会得出相反的结论，因此我们需要对所记述事情的原委进行深入思考。

楚成王在楚国历史上是一位著名的君主，其显赫的战功是在泓水击败欲称霸的宋襄公。从"成王"之称号，既可以看出其在文化上受周王室的影响，也可看出其不服周王室。楚成王登位后，尽力结好中原诸侯，以"布德施惠，结旧好于诸侯。使人献天子，天子赐胙，曰：'镇尔南方夷越之乱，无侵中国。'於是楚地千里"（《太史公书·楚世家》），其目的无非是与周王室抗衡。

楚国尽管最早称王，当时的周王室还是得到多数中原周围诸侯国的认可，"革"周王室的"命"尚不现实。楚君称王的目的是与周王室分庭抗礼。楚国虽不断扩张，但并没有呈现出灭周王室而一统天下的雄心与战略意图。可以说在争霸天下的过程中，楚国走了一条与中原文化所驱使的诸侯国不同的道路。

如果说楚国最早称王对抗周王室的话，那么最先公开颠覆周王室的则是魏国的"复夏"之举。

6.2　大禹之迹——夏

西周及春秋时期的周王朝主要讲三代：夏、商、周。尽管偶尔也提及比大禹更早的传说中的尧和舜，但对尧和舜的评述多聚焦在道德及政治行为层面，不同的历史文献的记述褒贬不一。

在《书》中就不曾记载尧、舜言论，但到孔丘时，开始言及尧舜。孔丘在评价尧舜时就说："何事于仁，必也圣乎！尧舜其犹病诸！夫仁者，己欲立而立人，己欲达而达人。能近取得，可谓仁之方也已。"（《论语·雍也》）又有"巍巍乎！舜、禹之有天下也，而不与焉"（《论语·泰伯》）。在评价尧时，孔丘说："大我尧之为君也！巍巍乎！唯天为大，唯尧则之。荡荡乎，民无能名焉。巍巍乎，其有成功也，焕乎其有文章。"（《论语·泰伯》）在评价舜时，孔丘又说："无为而治者，其舜也与？夫何为哉？恭己正南面而已矣。"（《论语·卫灵公》）也就是说舜的治国只是庄严端正地坐在朝廷的王位上罢了，他什么也不做。但在其他历史文献中则有不同的记述。如在古本《竹书纪年》中是这样记述的：

> 昔尧德衰，为舜所囚也。舜囚尧于平阳，取之帝位。舜放尧于平阳。舜囚尧，复偃塞丹朱，使不与父相见也。

荀况在《正论》篇里说"夫曰尧舜禅让，是虚言也，是浅者之传，陋者之说也"(《荀子·正论》)，也即世俗所谓的禅让，是虚言；更有韩非的"舜逼尧，禹逼舜，汤武放桀，武王伐纣。此四人者，人臣弑君也，而天下誉之"(《韩非子·说疑》)。

司马迁在《太史公书》中延续了孔丘的观点，但更为圣化，也是我们现在家喻户晓的观点：

> 尧立七十年得舜，二十年而老，令舜摄行天子之政，荐之于天。尧辟位凡二十八年而崩。百姓悲哀，如丧父母。三年，四方莫举乐，以思尧。(《太史公书·五帝本纪》)

在《太史公书》中，舜是一个大孝子，"舜年二十以孝闻"，尧正是基于此，在咨询部下的意见后，才有意选择舜作为未来的接班人："(舜年)三十而帝尧问可用者，四岳咸荐虞舜，曰可。"当然，舜也经历了包括尧的女儿在内的各种考验，后来舜一直辅佐尧治国，尧在晚年把所有的治国事务交给了舜，最后舜登上帝位，这就是司马迁笔下的圣君和所谓的"禅让"[1]。

大禹是继舜之后另一位杰出君王。在我国历史上，大禹这个人是确实存在的。传说中的大禹在水利治理和疏通河流方面作出了巨大贡献。他以忘我的精神治水，历尽艰辛，三次路过家门而不入，经过十三年治理，终于取得成功，消除了水害。大禹走遍"九州"治水这一古老传说至今仍然家喻户晓。

《诗·商颂·长发》有"洪水芒芒，禹敷下土方"；《书·周书·吕刑》则有"禹平水土，主名山川；稷降播种，家殖嘉谷"，也就是说约公元前1000年的周穆王赞扬大禹和稷的巨大贡献是平治水土，教民播种，富足了百姓。

关于大禹治理天下的传说，就历史文献而言最早的可能是《书·洪范》，其中记述了天帝赐给禹的九类大法：

> 天乃锡禹洪范《九畴》，彝伦攸叙。初一曰五行，次二曰敬用五事，次三曰农用八政，次四曰协用五纪，次五曰建用皇极，次六曰乂(yì)用三德，次七曰明用稽疑，次八曰念用庶徵，次九曰向用五福，威用六极。(《书·周书·洪范》)

由此可见，无论商还是周，对大禹都有极高的评价。

如今我们多知大禹是治水的大功臣，其实大禹的功绩不止治水。在《书·禹贡》的开头是"禹敷土，随山刊木，奠高山大川"。这句话是说，在天地创造以后，在大地上铺上泥土，修建道路和河堤，在山上伐木开道，因此高山大川之间终于可以相互往来了。《禹贡》就是在这个基础上，用大量的篇幅记录了大禹利用这些修好的道路和河流往返于各地之间。正因为如此，其后华夏民族有祭祀山川的文化传承，也有了其后的修建河川、发展道路交通之伟业壮举。可以说，这是一种大禹精神的传承。

---

[1] 《太史公书·五帝本纪》：舜年二十以孝闻，年三十尧举之，年五十摄行天子事，年五十八尧崩，年六十一代尧践帝位。

《左氏春秋·（鲁）哀公七年》载"禹合诸侯于涂山，执玉帛者万国"，也就是说大禹并不是被"禅让"接班舜帝，而是由于禹在治水过程中所建立的丰功伟绩被诸部落首领拥立为王的。

作为儒家学说奠基人的孔丘也高度评价大禹，他说："对于禹，我没有什么可以挑剔的了；他的饮食很简单而尽力去孝敬鬼神；他平时穿的衣服很简朴，而祭祀时尽量穿得华美，他自己住的宫室很低矮，而致力于修治水利事宜。对于禹，我确实没有什么挑剔的了。"[①]

在先秦时，大禹还被奉为神灵，尤其是与交通出行有关。道家代表人物庄周在《齐物论》中说："未成乎心而有是非，是今日适越昔至也，是以无有为有；无有为有，虽有神禹，且不能知，吾独且奈何哉？"（《庄子·齐物论》）庄周在这里提及神禹是与出行及速度有关的。可见大禹在这方面的广泛影响。大禹曾作为保佑出行安全的行神被敬奉起来，这一点在湖北省云梦睡虎地出土的秦简[②]《日书》里有：

> 行到邦门困（阃），禹步三，勉一步。呼："皋，敢告曰：某行毋咎，先为禹除道。"

意思是按照"禹步"走三步，然后用力并足再迈一步，同时高呼："皋，正告此地神鬼，某为大禹开道，出行无凶险。"以祈祷外出时畅顺、不会遇到灾祸。

大禹的行为也是选择吉日的重要参考，譬如，关于如何选择嫁娶吉日。在《日书》中有："戊申、己酉，牵牛以娶织女，不果，三弃。"与此相应的记述有："癸丑、戊午、己未，禹以娶桵（涂）山之女日也，不弃，必以子死。"

即使被周王室及其文化称为"半蛮夷"的楚国，在《楚辞·天问》中也有"禹之力献功降省下土四方"，对大禹也是认可的。

除了经典典藏之外，出土的文物中也证明了大禹的影响，如西周中期青铜器遂公盨（xù）[又称燹（xiǎn）公盨]：

> 天命禹敷土，随山浚川，乃差地设征，降民监德，乃自作配乡（享）民，成父母。生我王，作臣久，畎（kuàng）唯德，民好明德，寡顾在天下。用厥邵绍好，益干懿德，康亡不懋。孝友，訏明经齐，好祀无（废）。心好德，婚媾亦唯协。天厘用考，神复用祓禄，永御于宁。遂公曰：民唯克用兹德，亡诲（侮）。
>
> 天命禹敷土，掘山浚川。乃奉方执征，降民监德；乃自作配飨（xiǎng），民成父母。生我王，作臣久，畎唯德，民好明德。寡在天下，用久侣好，益养

① 《论语·泰伯》：子曰："禹，吾无间然矣。菲饮食而致孝乎鬼神，恶衣服而致美乎黻冕（音fú miǎn，指祭祀时穿的礼服、戴的帽子），卑宫室而尽力乎沟洫。禹，吾无间然矣。"

② 睡虎地秦墓竹简，又称睡虎地秦简、云梦秦简，1975年12月在湖北省孝感市云梦县睡虎地秦墓中出土。竹简写于战国晚期及秦始皇时期，其内容主要是秦朝时的法律制度、行政文书、医学著作以及关于吉凶时日的占书。

懿德，康亡不懋(mào)。老友盟，明经齐，好祀舞眖(xiàn)；心好德声，遘亦唯协。天妥用老，神复用承禄，永御于宁。燹(xiǎn)公曰：民唯克用兹德，亡诲。

大禹除了治水的丰功伟业被传颂下来外，其他的则随着时代的变化而被掩盖，逐渐消失。

由此可见，在先秦时无论儒家还是道家，无论中原地带还

图23　遂公盨

是被贬称为蛮夷、半蛮夷的地区，无论官方还是民间，大禹都有崇高的威望，被尊称为"大禹"，也就是"伟大的禹"。大禹是传说中近乎无可挑剔的完美人物。

基于各国对大禹的认可，为了彰显自己的正统性，夏王朝所在区域及其周围的各国都在叙述自己与大禹之迹的关系。

商人歌颂其先公之德时，也称颂大禹战胜洪水布土下方以奠定疆域。

　　天命多辟(方)，设都于禹之绩(通"迹")，岁事来辟，勿予祸适，稼穑匪解。

《诗·商颂·殷武》

这里是追叙成汤征服四方以后，对四方诸侯宣告：天命众多诸侯(多辟)，设都于禹绩，你们要按岁来朝觐(来辟)，不要以为勤民稼穑就可以解脱不来朝觐的惩罚。可见商人是承认其祖先起源与统治区域是与禹绩有关的。

周人在建立周朝以前，也认定周所处的西土是"禹绩"。《诗·大雅·文王有声》说文王作丰邑，"丰水东注，维禹之绩"《大雅·韩奕》《小雅·信南山》，也歌颂梁山、南山都是"维禹甸之"。周初，周公姬旦在告诫周文王姬昌子孙如何立政时说："其克诘尔戎兵，以陟禹之迹。方行海表，罔有不服。"（《书·周书·立政》）《逸周书·商誓》中也有追叙："昔在后稷，唯上帝之言，克播百谷，登禹之绩。"

就连并不被周朝中原文化完全接纳的"异类"——秦和南部的曾(随)国也对大禹继承性有较高评价，也在极力寻找和制造自己所在地与禹迹之相关性与继承性。

关于禹与秦的关系，可从1919年出土的秦公簋的铭文看到：

　　□[1] 秦公曰：不(丕)显(朕)皇且(祖)，受天命，鼏(幂)宅禹责(绩或迹)，十又二公，才(在)帝之坏(坯)，□□(严恭)夤天命，保□□(业厥秦)，虩(xī)事□(蛮)夏，余虽小子，穆穆帅秉明德，剌剌□□(烈烈桓桓)，迈(万)民是敕，器铸铭：

---

① □表示未识字或脱字。

咸畜胤士，□□(蔼蔼)文武，□静(镇靖)不廷，虔敬□(朕)祀，乍(作)喝宗彝，□邵(以昭)皇且(祖)，□□□(其严□)各，□(以)受屯(纯)鲁多厘，□□(眉寿)无疆，畯疐才(在)天，高引又(有)庆，灶圉□(造有四)方。

图24　秦公簋铭文

一般认为此秦公簋制作于秦景公(公元前576～前537年在位)时期。

在一个本体失踪的"秦昭和钟"的铭文中有：

　　秦公曰：丕显朕皇祖，受天命宠，有下国，十又二公，不坠在上，严龚^①夤(yín)天命，保娶(yì)厥秦，虩(yán)事蛮夏。^②

铭文中有"蛮夏"两字，也说明秦对待夏的态度，尽管这里用的是"蛮夏"。

1978年，在陕西省宝鸡市宝鸡县(今陈仓区)太公庙出土了秦公钟(又称秦公镈)，其铭文与上述秦公簋既有关联又不尽相同。其铭文如下：

　　□(秦)公曰："我先且(祖)受天命，□(赏)宅受或(国)，刺刺卲(烈烈昭)文公、静公、宪公，不□(坠)于上，卲合(昭答)皇天，□(以)虩事□(蛮)方。"公及王姬曰："余小子，余□(夙)夕虔敬□(朕)祀，□(以)受多福，克明又(厥)心，鋚龢(庚和)胤士，咸□(畜、蓄)左右，□□(蔼蔼)允义，□(翼)受明德，□(以)康□□□或(奠协朕国)，□(盗)百□(蛮)具(俱)即其。"

进行补缺并把有的字转换为现代用字后为：

　　秦公曰：我先祖受天命，赏宅受国。烈烈昭文公、静公、宪公，不坠于上，昭合皇天，(以)就虩事(蛮)方(以上为三位君主的实际功绩)。(秦)公及王姬曰：余小子，余夙夕虔敬，朕祀，以受多福，克明厥心，整龢胤士，咸畜左右趫趫，允义翼受明德(秦公目前为止的实际功绩)。以康奠协朕国。盗百蛮，俱即其服(对于得到

──────────

① 夤(yín)，恭敬、敬畏之意。

② 中国社会科学院考古研究所编辑《殷周金文集成释文》第一卷，香港中文大学中国文化研究所，2001年，第238页，编号270。

激荡春秋
——东周之历史、文化与思想

保证将为自己统治地区的祈愿）。作厥酥钟，灵音铣铣雕雕，以宴皇公，以受大福，纯鲁多厘，大寿万年。秦公其畯龄在位，膺受大命，眉寿无疆，匍有四方（祈愿能成功），其康宝。①

其中一个差别是"鼎（幂）宅禹责（迹）"和"囗（赏）宅受或（国）"两句之中，后一句中没有"禹"。我们知道相传禹是夏王朝的始祖，夏墟在春秋时期是晋国一带，当然也可能与秦交叉；战国时期则在魏、韩、赵之地，也不能排除秦。这两句反映了一个时代的变化。

另一个值得注意的是，在"秦公簋"中的"秦公曰：不（丕）显（朕）皇且（祖），受天命，鼎宅禹责（绩），十又二公，才（在）帝之坏（坯），严恭夤天命，保囗乓囗（业厥秦），虢（虩）事囗蛮夏……"而在"秦昭和钟"则是："秦公曰：丕显朕皇祖，受天命宠，有下国，十又二公，不坠在下，严龚夤天命，保嫛厥秦，虩事蛮夏。"两者的文辞相同，只是一个称"禹绩"，另一个称"下国"，因此可以说禹绩与下国所指是一样的。

这里所谓的"下国"是指秦国受天命而统治的地区。这段铭文讲了秦国统治"下国"是受之于天命，使"蛮夏"之地臣服于自己的权力。从铭文的字句间我们可以看出"下国"是秦国与西周当年统治的地域，也就是"蛮夏"相重合。秦在西周末期从西部东进，平定混乱的西周之地后将其置于自己的统治之下。之后秦国还想继续东进，将其设定为"下国"。"下国"之中被称为"蛮夏"的地方在《左氏春秋》中是"夏""东夏"之地，也就是在西周时期被封的晋及其周围侯国，而这些曾经受周的统治或者政治影响的地域都应该由自己来统治。在《山海经·海内经》有"帝俊赐羿彤弓素矰，以扶下国。羿是始去恤下地之百艰"的记述，而羿则是"因夏民以代夏政"的人，而其所扶所恤者即为"下国""下地"。

从文字上来，在太公庙出土的秦公钟上是"（蛮）方"，而其他的是"蛮夏"。"方"这个字是商王朝对其周边附属国的用词，在周王朝初期仍然这么用。后来周王朝的习惯改称"侯"，也就是我们常说的"诸侯国"。秦用这个字，一是表示其年代可能更靠前，另一个就是秦根本就不愿接受周王朝所谓的"侯"文化，仍然保持着自己的独立性。

关于太公庙出土的秦公钟的制作时间，由于铭文中出现了邵文公、静公、宪公，此三公分别对应于《太史公书·秦本纪》中的文公、竫公（《始皇帝本纪》为静公）、宁公（《始皇帝本纪》为宪公），因此该青铜器成于秦宁公之后。认为是春秋末年秦景公（公元前576～前537年在位）时期的占主流，但也有的认为是战国中期的。

从上述秦公簋中提到的秦祖先在大禹居住过的地方建了家宅，这大概是将

---

① 中国社会科学院考古研究所编辑《殷周金文集成释文》第一卷，香港中文大学中国文化研究所，2001年，第237面，编号269。

夏王朝的遗址设定到秦国领土的东面，然后通过祖先传承将其对该地区的统治正当化。

1978年6月，在战国早期的曾侯乙宝夫人之墓（第169号墓），也就是芈加之墓中，还出土了一套战国早期的编钟，其中的铭文有："唯王正月初吉乙亥，曰：（伯）括受命，帅禹之绪，有此南洍。"这里的"帅禹之绪"指遵循大禹的功业，彰显了对大禹的认同。

战国初期墨翟推崇大禹，且以大禹为榜样，身体力行。在墨翟弟子禽滑厘与人辩论时曾说："吾不能所以答子，然以子之言问老聃、关尹，则子言当矣；以吾言问大禹、墨翟，则吾言当矣。"（《列子·杨朱》）它告诉我们墨翟是以大禹为榜样的。墨翟也要求弟子们遵守同样的理念："不能如此，非禹之道也，不足谓墨。"（《庄子·天下》）他的学说广为流传，誉满天下。正是由于大禹在各诸侯国享有崇高地位，已成为各国的共识，复夏有九州成为"新天下"的重要选项。

不但在西方的秦有关于"夏"的铭文，在东方的齐也有类似的铭文，那就是叔夷镈（也称叔尸镈，旧称齐侯镈）。该镈于1123年在山东临淄（今山东淄博）出土，今不知所踪，现其文是宋代摹本。其铭文有：

> 及其高祖，虩虩（赫赫）成汤，有严在帝所，溥受天命，翦伐夏司（后），败厥灵师，伊小臣唯辅，咸有九州，处禹之堵。

堵，读为土，言汤革夏命，处禹之土。这段铭文颂扬其高祖——赫赫成汤恭敬地在"帝"（上帝）身边，独受天命，征伐夏王，击败灵军。……领有九州，定居初代夏王禹之故土。

制作该镈的主人有两种说法，一是叫"叔夷"的齐国重臣，因战功得到封赏，故造此铸钟以示纪念；另一种说法是齐侯，就其标榜的祖先而言，很有可能是田氏家族。该铸钟一般被认为是春秋末期的，也有的认为是战国中期的。无论铸钟的是谁，其年代也不外乎春秋末年至战国中叶。

从铭文上看，除了对其祖先的赞美之外，一个非常值得注意的是"定居所于初代夏王禹的遗迹之处"，这实际上把其祖先与夏王禹遗迹相关联，进一步展示了春秋末年到战国中期，夏及禹对各国的影响力，各国也在广泛利用地理位置及祖先传承来营造自己为复兴夏王朝的正统性。

除了出土文物，在一些典藏文献中也有记述。如《国语·周语（下）》记太子晋谏周灵王之语云："帅象禹之功，度之于轨仪，莫非嘉绩，克厌帝心。皇天嘉之，祚以天下，赐姓曰姒，氏曰有夏。"《诗·鲁颂·閟宫》则有："奄有下土，缵禹之绪。"

春秋时期，齐桓公为抗击夷狄需要团结诸侯，为此打出了"尊王攘夷"旗号，划定了一个团结的范围，那就是"诸夏"，而"诸夏"是基于对"夏"的共同认同。既然是"诸夏"，那么夏王朝必将再次走入主流视野。但"诸夏"保卫周王室似乎不合逻辑，毕竟周不是夏。但在诸姬几乎消失殆尽时，只有诸夏才是比较可靠的力量。诸夏既是延长周王室存续的力量，也是摒弃周的开始。既然能够以"诸夏"团结部分诸侯，则表明中原及周围诸侯国对夏及其缔造者大禹的认同。

众所周知，大禹开创了中国历史上第一个王朝——夏。大禹不但与夏王朝有关，而且也与区域概念九州有关。无论"夏"还是九州，在战国时期周王朝彻底衰败之际，复兴"夏"和"九州"之说兴起，这不但是人们对历史文化和地理认识的延伸和扩大，而且是政治上对周王朝否定的需要。这一变化的开端，"背周道而用夏政"的墨翟无疑起到了巨大而不可替代的历史作用。墨翟创立的墨学也深刻影响了战国时代一些国家的政治走向。墨学对"天下"的影响，正如孟轲所描述的"杨朱、墨翟之言盈天下。天下之言，不归杨则归墨"（《孟子·滕文公》）。

6.3　从诸夏到复夏

进入战国之后，"革"周王室之"命"的时机逐渐成熟。那么从何着手来"革"周王室的"命"或者说替代周呢？春秋时期，中原周围的诸侯国就称为"诸夏"，"夏"也得到其他侯国的认同。如上所述，"夏"是一个可以覆盖中原周围诸侯国并得到普遍认同的先祖之国。在崇拜祖先的国度里，复兴"夏"是一个能被多数人所接收的选择。战国时期的梁惠王魏䓖(yīng)试图以复兴夏来取代周，他的举措就是称夏王。他所采取的策略是与楚国完全不同的，它不但基于其地理位置，也基于广为认可的夏文化，其目的就是取代周王室，而在这一历史进程中，魏国可以称得上是急先锋。

魏国的崛起还是需要从它的立国者魏文侯魏斯(公元前445～前396年在位)说起。魏斯作为魏国的立国者，他奋发图强，广招人才，聘用治国能臣、春秋末年战国初年的变革先驱李悝(kuī)(又称李克)为相进行大刀阔斧的变革。李悝的变革突破了旧有宗法制的束缚，政治上实行"食有劳而禄有功，使有能而赏必行，罚必当"，经济上施行"尽地力之教"、抽"什一之税""平籴法"等，使魏成为战国初期的兴旺之国。魏文侯又起用著名将领吴起(公元前440～前381年)，使多年来对秦国西河地区的扩张取得胜利，建立并巩固了河东的战略屏障。公元前424年，魏斯自称为侯，并改元作为其元年。之后，起用乐羊为将，挥师北上，歼灭了日趋壮大的中山国，并得到了原智氏之地(现山西省北部)，扩大了魏的领域。又以西门豹为邺令，以北门可为酸枣令，以翟璜为上卿，兴修水利，发展农业，使魏国成为强国。

公元前403年，魏与赵、韩一起被名义尚存的周天子(周威烈王)正式封为侯，诸侯魏国正式确立。

据《竹书纪年》记载，魏文侯之次子魏击于公元前396年即位，公元前395年为武侯元年。魏击继承了其父的政策。在没有即位之前，魏击就是其父的得力助手。他随乐羊出征并灭中山国，尔后留任中山为中山君。即位后，魏击南征北战，扩大疆土。但由于魏国特殊的地理位置，东有强敌齐，南有劲旅楚，西有宿怨秦，加之三家分晋，领地交错，三晋之间也多有不和。

公元前389年，魏武侯与齐大夫田和、楚及卫的特使在浊泽举行高峰会晤；应齐国大夫田和的请求，魏武侯代向周王请求封爵并获准。这时魏虽为侯国，但足见其对周王室的影响力。魏国在魏武侯时期跃上一个新台阶，傲视周围诸侯国，但也因树敌过多，周围始终存在不小的隐患。

公元前376年，魏武侯与韩、赵联合罢黜晋静公晋俱酒，将其贬为平民，瓜分了其原有领土，晋国彻底灭亡。

公元前370年魏罃即位，公元前369年为其元年。公元前361年，魏罃即位后第九年，对国家部署作出了重大调整，迁都大梁（今河南开封）。

梁惠王九年四月甲寅，徙邦于大梁。（《竹书纪年》）

之前，魏文侯及魏武侯一度在邺城（今河北临漳县）及魏城（今河北魏县）的漳水之滨建都，这里东邻齐国，西北接赵国，北有原中山国。此举可能是为了进一步图谋中山国，向华北平原发展。

迁都至梁当年，梁惠王就"废逢忌之薮以赐民"，即放弃国家控制的逢忌泽，让百姓利用，以施惠于民。次年又兴修水利，"入河水于甫田，又为大沟而引甫水"（《水经·济水注》引《竹书纪年》），把黄河水引到甫田泽，再开挖一条灌溉渠（大沟），引甫田中水灌溉农田。这些措施使魏的农业生产得到了发展，国家进一步兴旺，以至于"梁惠王十四年（公元前356年），鲁恭侯、宋桓侯、卫成侯、郑[①]釐侯来朝"（古本《竹书纪年》），由此可见魏国当时在周边国家中的威望。

魏国迁都至梁，除了地理及土地战略关系之外，另一个值得重视的现象是将国名由"魏"改称为"梁"。此举不但使国家气象一新，更是企图呈现出新时代甚至新天下。相比之下，周王朝从周原出发，在克商之后并没有更换国名，仍然沿用"周"之国名。

值得一提的是，从秦始皇统一九州到现在，我们一直在沿用着"文书行政"管理体制，而最早实施"文书行政"的就是梁惠成王。在那个时代，随着铁器的普及，城市不断增加，疆土不断扩展，文字进一步普及，官吏阶层有了更广泛的基础，文书行政得以进一步发展。为加强中央对地方的统治，律令制度不断完善，中央集权型的官吏组织也发展得更为成熟。

在魏国对周围进行压制的过程中，有一个与成语"围魏救赵"相关的战

---

① 公元前375年韩灭郑国，后迁国都于郑都新郑，故韩也称为郑。

激荡春秋
——东周之历史、文化与思想

斗——史称"桂陵之战"(据《竹书纪年》当为(梁惠成王)十七年，公元前353年)。关于此战，《太史公书·魏世家》是这样记载的：

> (梁惠成王)十八年(公元前354年)，拔邯郸。赵请救于齐，齐使田忌、孙膑救赵，败魏桂陵。十九年，诸侯围我襄陵。筑长城，塞固阳。二十年，归(还)赵邯郸，与盟漳水上。

这段历史在《太史公书·赵世家》记载为：

> (赵成侯)二十一年，魏围我邯郸。二十二年，魏惠王拔我邯郸，齐亦败魏于桂陵。二十四年，魏归我邯郸，与魏盟漳水上。

由此可知，魏曾占领赵国都城两年之久，最后迫使赵国结盟。当然，这个盟约肯定不是平等友好条约。这就是成语"围魏救赵"的来历。

"桂陵之战"齐军在战术上小胜，生擒了魏国大将庞涓，但并未达到解邯郸之围的战略目的。齐军欲继续进攻魏国。公元前352年，齐、宋、卫联军包围了魏国南部重镇襄陵。经过半年的准备，魏国调用韩国军队组成联军，在襄陵击败齐、宋、卫联军，史称"襄陵之战"。战败的齐国请楚国调停。正当魏齐大战时，秦国则乘机偷袭魏国，魏国只好和齐国签署和约。关于"襄陵之战"，《水经·淮水注》引《竹书纪年》有如下记载：

> 梁惠成王十八年(公元前354年)，王以韩师败诸侯师于襄陵(今河南睢县一带)。齐侯(齐威王，公元前356～前320年在位)使楚景舍来求成。

随着魏国对外压制的胜利，在公元前343年(梁惠成王二十七年)发生了一个并不太被正史所关注、却有着划时代意义的历史事件——"逢泽之会"。梁惠成王向周王朝索要"文武之胙"，并通过这一仪式昭告天下"周文王、周武王以来的权威已经传给自己"。"逢泽之会"不但改变了魏国的走向，也开启了华夏统一——一个称王的新时代。这一事件招致了齐国联合他国对魏国进行征伐。这种联合他国组成联军，虽然在历史上不乏先例，但围攻要称天下之王的侯国却是首次，这一形式后来发展为"合纵连横"——纵横天下的战国战争常态。

"逢泽之会"在《战国策》中有几处描写。在《战国策·秦策四》中对"逢泽之会"是这样言及的：

> 魏伐邯郸，因退为逢泽之遇，乘夏车，称夏王，朝为天子，天下皆从。

这里最值得注意的是梁惠成王"乘夏车""称夏王"，他不但要称王，而且还要高调称夏王。《韩非子·说林(上)》篇所说的"魏惠王为臼里之盟，将复立天子"也是指相同的事情。

同样的故事在《战国策·齐策五》中也有记载，并与上文形成了相互补充。

> 苏秦说齐闵王(公元前301～前284年在位)曰："……昔者，魏王拥土千里，带甲三十六万，其强而拔邯郸，西围定阳，又从十二诸侯朝天子，以西谋秦。……卫鞅(商鞅)见魏王曰：'大王之功大矣，令行于天下矣。今大王之所

从十二诸侯，非宋、卫也，则邹、鲁、陈、蔡，此固大王之所以鞭箠使也，不足以王天下。大王不若北取燕，东伐齐，则赵必从矣；西取秦，南伐楚，则韩必从矣。大王有伐齐、楚心，而从天下之志，则王业见矣。大王不如先行王服，然后图齐、楚。'魏王说于卫鞅之言也，故身广公宫，制丹衣柱，建九斿，从七星之旗。此天子之位也，而魏王处之。"

这里值得注意的是"从七星之旗"而不是五星之旗。在汉代有"五星出东方利中国"之说，这说明在文化继承上存在差异。

《战国策·秦策五·谓秦王》中还有下面的记载：

> 梁君(魏王)伐楚胜齐，制赵、韩之兵，驱十二诸侯以朝天子于孟津，后子死，身布冠而拘于秦。

在当时的制度下，王是最高的等级称号，可如今由于魏"功大而令行于天下"(《齐策五》苏秦述卫鞅语)，居然自称为王了。这对于中原地区周围的诸侯国来讲，是破天荒的。因此之故，一直有魏国在战国初期"称霸"之说，其实魏国的行为不能以"霸"来论述，而应以称王论及。

那么，梁惠成王"乘夏车""称夏王"的背景是什么呢？

前文已经介绍，作为儒家创始人的孔丘给予大禹极高评价，作为墨家创始人的墨翟更是对大禹极为崇尚，而道家对大禹同样推崇，如《庄子·天下》对大禹作出了很高评价：

> 禹亲自操橐耜，顶风冒雨，不避寒暑，腓无胈，胫无毛，沐风雨，栉疾风，蜀万国。禹大圣也，而行劳天下也如此。

因此，无论是历史背景还是那个时代的舆论环境，加之有九州说，均促使战国时代诸国之王试图利用夏及其以前的历史，来解释自己支配"天下"的正当性。

梁惠成王的"逢泽之会"并没有使其成为"成王"，当然更不会是领有"九州"的夏王。究其原因是魏国国力还不够强大，环境及时代条件也不成熟。拥护或默认梁惠成王的十二诸侯，除泗上小国(鲁、卫、曹、宋、郑、陈、许等)国君之外，还有赵肃侯。那时秦为中等强国，正如商鞅对秦王所说：

> 夫魏氏其功大，而令行于天下，有十二诸侯而朝天子，其与必众，故以一秦而敌大魏，恐不如。王何不使臣见魏王，则臣请必北魏矣。(《战国策·齐策五》)

"逢泽之会"时，秦国只是派了公子少官参加，态度很是暧昧。韩国没有参加，强国齐和楚也未到场。

对于强国齐、楚的缺席，魏国无计可施，但韩国的缺席可能会使魏不悦。早在公元前354年，魏国就以兵临城下使韩屈服。这次韩国没有出席"逢泽之会"，导致魏国再次对韩国动武。据《竹书纪年》记载，"梁惠成王二十八年(公元前342年)，穰疵率师及郑孔夜战于梁、赫，郑(即韩)师败逋。"也就是"逢泽之会"的第二年，

激荡春秋
——东周之历史、文化与思想

魏国派遣穰疵攻打韩国汝南的梁、赫，韩国派将军孔夜应战，韩国战败，后求救于齐。

《战国策·齐策一·南梁之难》对此有较为详尽的描述：

> 南梁之难，韩氏请救于齐。田侯召大臣而谋曰："早救之，孰与晚救之便？"张丐对曰："晚救之，韩且折而入于魏，不如早救之。"田臣思曰："不可，夫韩、魏之兵未弊，而我救之，我代韩而受魏之兵，顾反听命于韩也。且夫魏有破韩之志，韩见且亡，必东诉于齐。我因阴结韩之亲，而晚承魏之弊，则国可重，利可得，名可尊矣。"田侯曰："善。"乃阴告韩使者而遣之。
>
> 韩自以专有齐国，五战五不胜，东诉于齐，齐因起兵击魏，大破之马陵。魏破韩弱，韩、魏之君皆朝田侯。

这就是史称的"马陵之战"。马陵之战以齐国击败魏国而告终，此战也粉碎了梁惠成王"称夏王"的企图。

那么，为什么说"逢泽之会"是具有划时代之历史意义的事件呢？

首先我们看看魏罃进行"逢泽之会"所选的地方："会于孟津"或"逢泽之遇"。逢泽是黄河流域的一个地名，孟(盟)津是黄河的渡口。周武王姬发举兵攻打商，曾从那里横渡黄河，是个非常具有象征意义的地点。魏罃之所以选这个地方举行仪式，就是想要逼迫周王让出王的权威。这也是为什么魏罃称"夏王"而非梁王或魏王的原因，夏王是九州之王，这是以复兴夏王朝为名来否定周王朝。正是这一原因，魏国的称王之举遭到了周围诸国的围攻。梁惠成王在条件不具备的情况下称夏王的失败，也成为后世称王者的前车之鉴。

魏国为了称王于天下，做了很多准备。

首先是编年史。

魏国的编年史为《竹书纪年》。该书从我们现在所说的东周开始，采用"晋纪年"，而不是"周纪年"，是从晋文侯开始的。接续晋纪的是魏纪。魏纪起始于魏武侯。武侯之前是文侯，文侯的时代仍然采用晋纪年记录。武侯之后是作为诸侯的魏侯时代，再后来就变成了作为王的惠成王时代。这是与西周开始时一样的。

其次是国君命名范式。

如前所述，楚国为与周王朝抗衡，国君名号采取了文王、武王、成王的范式。魏国也同样效仿。魏文侯魏斯是魏国的立国者，公元前445年即位，公元前424年称侯改元。公元前403年魏国被周王室策命为侯国。接下来即位的是魏武侯魏击(公元前395～前370年在位)，再接下来是梁(魏)惠成王魏罃(公元前369～前319年在位，公元前334年称王)。从顺序上看，采用了与周王朝从灭商到成为天下共主的周王顺序，即文王、武王、成王。魏国在称王过程中采用了一种"范式"，即在国君称谓上做文章，采取"文""武""成"的范式。这种文→武→成的君位继承代替周王的权威，意味着对周王朝的否定，这就需要"革命"。沿承周王朝取代商的"范式"与革周王朝的命并行。魏惠成王自称夏王——天下之王，是为追溯夏王朝被殷商王朝所灭，殷商王朝又被周王朝所灭的历史，表示自己要复兴夏王朝的"范式"。这一"范式"在魏国的史书《竹书纪年》中被采用，这实际上是否定了当时的周王朝，可以说是对周王朝的"软"革命。

再次是历史文献。

《书》中的《禹贡》是战国时期的作品。就其内容而言，魏国应该是其组织编纂者。在《禹贡》中是这样记述大禹治水的：

> 冀州：既载壶口，治梁及岐。既修太原，至于岳阳；覃怀厎绩，至于衡漳。

从上文来看，大禹治水最初是从冀州（从山西到河南）开始，从壶口开始了他的治水大业。这里的治梁位于今山西省离石区，岐指的是山西省介休市，而非有名的陕西岐山。这里的岳阳指的是太岳山之南，今山西省霍县之东；漳是指发源于今山西省南部、流经今河北省南部的漳河水系。古代因漳水横流入黄河，故有衡（横）漳之称。这些地区在战国时代均是魏国领土。接下来是：

> 恒、卫既从，大陆既作。岛夷皮服，夹右碣石入于（黄）河。

卫位于今河南省北部，与河北省相邻；大陆即大陆泽，位于河北平原西部太行山河流冲积扇与黄河故道的交接洼地，为漳北、泜南诸水所汇，属今河北省邢台市辖区。这些地区同为冀州，但已经延伸到战国时期赵国的领土上了。

《书·禹贡》的描述告诉我们，冀州可能就是夏王朝的始祖大禹巡视天下，进行治水伟业的起点。这种表述对于战国时期处于冀州的国家而言，无疑是一种复兴夏王朝、替代周王朝的政治主张。就地理位置而言，当时的魏国是首屈一指的。

《禹贡》已打破当时的诸侯国界，划分"天下"为"九州"。又根据各州民族远近与特点划分为"五服"，从而创立了根据各地土壤高下与物产不同来确定赋税等级，根据民族特点来确定管辖政策，使"声教讫于四海"这样一种华夷统一的地理学说与政治理想。

另外一个值得注意的是关于"九州"的文献，其中有一个"州"只出现在《周官·职方》中，那就是并州："正北曰并州，其山镇曰恒山，其泽薮曰昭余祁。"按《周官·职方》的描述，并州约在今河北保定和山西太原、大同一带。而这些地区在魏文侯时期，曾一度归入魏国地盘。发现《周官》的地区为今河北献县一带，距离魏国也是非常近的。因此，《周官》极有可能为魏国所编纂。这些都为魏国的进一步发展做了铺垫。

还有一个重要标志就是魏国开始使用新的历法，而这个历法是与夏王朝息息相关的。由于历法不仅仅涉及农桑，它关乎祭祀等宗法大事，所以每当改朝换代，历法总要推陈出新。齐国与韩国也采用了相同的历法。虽然国家不同，具体内容多少有些出入，这都是主张独立性的需要，但是大家都用了同一个说明方法，即所使用的历法都与夏王朝关系密切。由此可以推断这些侯国的政治取向与图谋。

梁惠成王自称夏王，也就是天下之王的尝试以失败告终，但它彻底抛弃了春秋时期称侯伯的政治理念，开启了称"天下之王"的新时代。

对于复兴夏之政治理念，我们可以从后来秦始皇统一六国的政策中窥见一斑。

1975年12月在湖北省孝感市云梦县睡虎地发掘的古墓，所出土竹简不但抄录了当时的秦律及行政文件，还有古墓主人喜的工作"日志"，其中记述道：

> 真臣邦君公有罪，至耐罪以上，令赎。可(何)谓真？臣邦父母产子及产他邦而是为真。可(何)谓夏子？臣邦父、秦母谓也。如果臣邦之人不安其主长而欲去夏者，勿许。可(何)谓夏？欲去秦属是谓夏。

"日志"告诉我们，根据秦律，即使是秦国女人与秦国之外的人（"喜"在"洞庭郡"，很可能是少数民族）通婚，所生之子为"夏子"。"夏子"相对于"真"，在秦统治地区显然有更高的社会地位。这不但体现了秦对夏的认可，也体现了其他地区对夏的认可，至少是不敌视或者不排挤。

6.4　从侯君到称王

在战国中后期，除了前期的"文""武""成"之外还有一个"宣"影响最大，因为他们在周王朝的特殊历史阶段起过特殊的作用。战国时期各国为了寻求"建元独立"，就效仿周成王的摘取"成"字，效仿周宣王的则摘取"宣"字。效仿"成王"的国家说"宣王"不是在正月元旦改称的元年，以此贬斥宣王；而效仿"宣王"的国家也诋毁"成王"。那个时代，尚不能称之为"革命"时代，各国或侯王贵族，只是借助周王室的历史，试图塑造一种温和的范式，实现改元换代的目的。

魏国的西邻、经过商鞅变法而渐渐崛起的秦国，趁魏国在"马陵之战"败北之际，欲夺回失去的河西地区。这一地区一直是晋秦、后来的魏秦争夺之地。对于秦国而言，这一地区是其东出的必经之地；而对晋或魏国来讲，是遏制秦东进威胁自身的前沿阵地。

齐经过桂陵、马陵两场战争，打破了魏国称王天下的企图。得胜的齐威王紧随梁惠王步伐，于公元前338年宣布称王，并依据逾年称元法改称元年。

感到东西压力剧增的魏国，为了抗击秦国，在惠施（今通称惠子，宋人，约公元前390～前317年）的谋划下，梁惠成王于公元前334年主动率领韩国等国的国君，前往徐(今山东滕州)拜会齐威宣王，双方互相承认对方的王位，史称"徐州相王"，并宣布改元称年。惠成王是"惠王"加"成王"，而威宣王则是"威王"加"宣王"。成王和宣王一个是成就周王朝之王，一个是中兴周王朝之王。魏、齐徐州相王是中原诸侯国中第一次称王及互相承认为王。在此之前只有不遵从周朝礼制的楚、吴、越这些国家才自称为王。已经称王的楚国可能认为自己的"王"势受到挑战，所以出兵攻打齐国，希望齐国取消王号，但是并没有成功。

尽管魏国与齐国议和，减缓了其东部压力，但来自西方秦的压力却日益增加。公元前332年，秦惠君(今通称秦惠文王)派军进攻魏上郡重地雕阴(今陕西甘泉南)，魏国也积极防御，两国激战两年，公元前330年秦军取得全面胜利。魏国失去了对河西地区的支配权。

公元前325年，秦惠君继齐、魏之后自称王。由于东西强国齐、秦相继称王，处于中间地带相对较弱的国家感到压力和威胁，这就为五国相王打下了基础。同年，梁惠成王为了抗拒东西方的压力，扩大自己的统一战线，拉拢三晋之一的韩国，尊韩威侯(亦称韩宣王、韩宣惠王、姬姓韩氏，名康，公元前332～前312年在位)为王。此后，梁惠成王、韩宣惠王带太子赴赵，与赵进一步结好。齐国对赵不满，派田朌率军攻赵，并获胜。在齐国的强势下，梁惠成王无奈，只好与齐威王和会。

公元前323年，在来自魏国的公孙衍的斡旋下，魏国、韩国、赵国、燕国和中山国五个诸侯国结成联盟，各国国君均称王，以对抗秦、齐、楚等大国。这就是史称的"五国相王"。至此，战国时期的主要强国已经全部称王。

值得一提的是，"五国相王"不仅是互相称王，也是"合纵"的开始。这五个国家，从南到北夹在齐、秦中间，南部接壤楚国，可以说是最早的"合纵"。

相比魏、齐、秦、韩、赵、燕等国的称王，楚、吴、越早在春秋时期就开始称王，但这些国家远离中原地区，在文化上也异于周文化，也就是《左氏春秋》所定义的非"诸夏"国家。虽然它们对周王朝冲击很大，但对周王室王位独尊没有造成根本性的影响。但"五国相王"的意义却与楚、吴、越称王完全不同，它们多是接受周王加封的诸侯(除中山国之外)。"五国相王"彻底否定了周天子的独尊共主地位，周天子不但在实力上，而且在名号上从此也就与原来的诸侯相一致了。这是完全不同于春秋时代"霸政"时期，那时周天子的大旗还被高高举起，但实际上"挟天子以令诸侯"。"五国相王"标志着周天子作为天下共主的地位彻底丧失，华夏暂时进入了多王时代，也为新的天下共主统一华夏开辟了道路。

虽然各国相继称王，但称天下之王的道路是漫长的，也是各不相同的。在各国称王的道路上，除了军事之外，制造舆论彰显各国的正统性也是不可或缺的。在各种举措中，给国君一个象征意义的称谓，也就是名号或谥号，是一个很能说明各国意图的措施。下面是几个国家典型的名号或谥号。

谥号	在位时间	谥号	在位时间	谥号	在位时间
周文王	前1078～1034年	周武王	前1034～1043年	周成王	约前1038～1021年
楚武王	前740～690年	楚文王	前689～677年	楚成王	前671～626年
魏文侯	前445～396年	魏武侯	前395～370年	梁惠成王	前369～319年
齐桓公	前374～357年	齐威王	前356～320年	齐宣王	前319～301年
赵武灵王	前325～298年	赵惠文王	前298～266年	赵孝成王	前265～245年

由此可以看出，在各国独立于周王朝的过程中，仍然借鉴和采用了周王朝克商后初为天下共主时的追封号及谥号，即按照文→武→成的君位顺序来继承。在东周初期，楚国不服周，就自立为王，其王的追封号及谥号顺序是武、文、成，是第一个挑战东周王室权威的。

在称王的过程中，各国的策略是不尽相同的。譬如实力较弱的燕国采取了一种特殊的称王范式。燕王哙(公元前320～前318年在位)为把自己正统化、仪式化为"天下之王"，精心准备营造一个"范式"，其大体过程是：首先让下臣之子作为丞相执掌大王的政务，君王暂且脱离王位政坛，之后再由丞相把政权转让给太子。而下臣之子自称为文侯，将自己作为周文侯(文公)即周公姬旦的转世，将来由可堪当成王的人物出任大王——天下之王。然而，围绕由谁来继承王位这个问题，王廷官员分成两派明争暗斗。曾为太子的王子平与燕文侯之子之间也展开了斗争。公元前314年，燕王哙与燕文侯之子被杀，赵国派遣王子职继承了王位，这就是燕王职(易王)。燕国这一举动招来了齐威宣王的强烈反对，齐国立刻发兵攻打燕国，继承王位不久的燕易王被杀。

另一个彰显正统的策略就是其具有更为久远且高贵的先祖。

6.5 从大禹到黄帝

如前所述，西周及春秋前期，经常谈论的是三代三王，三代即夏、商、周，其中最古老的先王就是大禹。

到春秋末年，随着周王室进一步衰败，套在诸侯国头上的"礼制"和"宗法制"的紧箍咒已经大为松动，诸侯国开始探索自己的祖先，其目的是进一步摆脱周的意识形态与文化束缚，寻找自己国家或氏族的由来，从而开始提及比三代更为古老的传说中的祖先。

值得注意的是，古本《竹书纪年》没有记述夏代之前的先王，其纪事起于夏代，终于公元前299年。由此也可以推断，在公元前290年代之前，作为五帝的传说并不十分流行，也没有占据社会舆论的主导地位，至少魏国的史官是这样认为的。现代考古也告诉我们，我们的文明应该始于夏。

如前所述，三晋及秦标榜自己居禹迹或靠近禹迹，其目的是以尊大禹作为通向王九州的正统之道。如前所述，公元前343年，梁惠成王自立为王并称"夏王"就是一个例证。梁惠成王虽然没有成功，但也开启了中原地区弃周天王而称王的新时代。

居禹迹的国家可以凭借大禹之美名而标榜自己为正统继承者，其他国家则积极追溯其比大禹更为古老祖先的传说，进而彰显自己才是古老的正统继承者。

在《左氏春秋·（鲁）昭公十七年（公元前525年）》中对其他侯国进行了追溯性描述：

> 若火作，其四国当之，在宋、卫、陈、郑乎。宋，大辰之虚也；陈，大皞之虚也；郑，祝融之虚也；皆火房也，星孛天汉。汉，水祥也；卫，颛顼（zhuān xū）之虚也，故为帝丘，其星为大水。

可见在春秋时代，就像鲁国以少峰为始祖一样，陈国以大皞、郑国以祝融、卫国以颛顼为先祖之神。作为渭河流域和黄河中游地区的华夏系神话的边缘部分，少峰在今河南省东部淮阳附近，大皞在今山东省西部。

我们知道，鲁国为周公姬旦的封国，卫国、郑国也是姬姓封国，但这时却出现了比大禹之迹更为古老之"虚"，显然是突破了周的禁忌。

诸侯不仅在陆地上进行划分，而且还上升到天象[1]：

宋为大辰之虚（虚，意为故地。这里指祭祀基准星宿之地的故地），陈为大皞之虚，郑为祝融之虚，卫为颛顼之虚。宋的大辰之虚在天空放到了一个特殊的绝对位置，然后把其他三国变成一个相对的概念。从天象上来论述某一个国家所处的重要位置，而不单单依赖于祖先。

先祖们依据其区域文化的不同，创造出了不同的传说和图腾，如龙和鸟。

> 秋，郑子来朝，公与之宴。昭子问焉，曰："少皞氏鸟名官，何故也？"郑子曰："吾祖也，我知之。昔者黄帝氏以云纪，故为云师而云名；炎帝氏以火纪，故为火师而火名；共工氏以水纪，故为水师而水名；大皞氏以龙纪，故为龙师而龙名。我高祖少皞挚之立也，凤鸟适至，故纪于鸟，为鸟师而鸟名。"（《左氏春秋·（鲁）昭公十七年（公元前525年）》）

至于传说中的颛顼、祝融，不仅是卫、郑的祖先，楚及秦也视其为祖先。

1976年在陕西雍城凤翔秦公陵园及秦公一号大墓（推断为秦景公之墓，秦景公公元前

---

[1] 古代把日月经过的天区（黄道）的恒星分为二十八个星座，叫二十八宿。《淮南子·天文》注："东方：角、亢、氐、房、心、尾、箕；北方：斗、牛、女虚、危、室壁；西方：奎、娄、胃、昴、毕、觜、参；南方：井、鬼、柳、星、张、翼、轸。"这是古代"天象"的基本组成。

576~537年在位）出土的石磬上的篆文有"天子郾（yǎn）喜，龚桓是嗣""高阳有灵，四方以鼏"。有人认为帝高阳就是比尧、舜还早的、传说中的五帝之一颛顼。

对于具有广阔疆域却并不处华夏中心的楚国，在发掘的战国时期楚简《容成氏》中是这样描绘九州之一荆州的：

> 埀（禹）乃週（通）三江五沽（湖），东盘（注）之淆（海），于是乎荆州、阳（扬）州始可尻（处）也。

这实际上是描述了楚国在春秋末年到战国时期的领域，即处于长江中游和下游的广阔领域。尽管楚国土地辽阔，称王最早，但较夏、商、周均以中原一带为中心的地理位置而言，楚国对夏、商故地没有直接统治过，显然不具有统领九州的正统地理优势。楚无论是地理位置还是氏族传统，都不居九州和夏之中心位置，欲王天下，就必须另辟蹊径找到对夏之故地和殷商故地的正当统治理由，找到自己将来对这片大地统治的正当性，将夏及殷商故地纳入自己的范围，而祖先和历史的传说是最为有力的工具。

在《国语·郑语》中记述了西周末期史伯为郑桓公（公元前806~前771年在位）谈到了楚国时就言及其祖先有芈姓："周王室太史说：'黎，是帝喾高辛氏设立的火正官，掌管民事，他光明正大，敦厚大度，天明地德，光照四海，所以起名叫祝融。他的功绩很大！有功盖天地大功的人，其子孙没有不得到彰显的，虞思、大禹、商契、周弃就是这样。他们的后裔都成为王公侯伯。祝融也能昭显天地的光明，以生长滋润五谷和林木。其后裔有己、董、彭、秃、妘、曹、斟、芈八个姓氏，在周朝没有做侯伯的。而在夏朝、商朝做官管理朝政的，如昆吾做了夏伯，大彭、豕韦做了商伯。在周朝时没有做侯伯的，祝融后代能振兴家族的是在芈姓吗？'"[1]

这里的祝融相传是帝喾（kù）时的火官，后尊为火神。其后代有芈姓，芈姓也就是所谓"祝融八姓"之一。楚王之姓正是芈姓，因此楚国国君的先祖就是祝融了。似乎历史正如周太史所说，但《国语》是公元前三四世纪成书的，除了历史传说之外，这里反映的应该是后世的思想观点。

在《左氏春秋·（鲁）僖公二十六年（公元前642年）》也有楚国祭祀祖先祝融与鬻熊的记载："夔子不祀祝融与鬻熊，楚人让之。"楚国指责与其同族的夔国不祭祀两国共同的祖先祝融与鬻熊。夔国仍然不祭祀，秋天就被楚国所灭。

在《山海经·海内经》中也有关于祝融与大禹的记述："洪水滔天，鲧（gǔn）窃

---

① 《国语·郑语》：史伯曰："夫黎，为高辛氏火正，以淳耀敦大，天明地德，光照四海，故命之曰祝融。其功大矣！夫成天地之大功者，其子孙未尝不彰，虞、夏、商、周是也。其后皆为王公侯伯。祝融亦能昭显天地之光明，以生柔嘉材者也。其后八姓，于周未有侯伯。佐制物于前代者，昆吾为夏伯矣，大彭、豕韦为商伯矣。当周未有，融之兴者，其在芈姓乎？"

帝之息壤以堙洪水，不待帝命。帝令祝融杀鲧于羽郊。鲧复生禹，帝乃命禹卒布土以定九州岛。"也就是说祝融还是大禹的先辈或者位高一级之人。这对于以大禹之夏而引以为自豪的中原诸国而言，楚的祖先无疑更为古老，楚的历史更为悠久。毫无疑问，这样不只有助于对抗周王朝，也使楚凌驾于北方诸侯国之上。

成书于战国中期、被公认为楚国诗集的《楚辞》，在《离骚》篇中以"帝高阳之苗裔兮，朕皇考曰伯庸(祝融)"开始。有人认为帝高阳就是比尧、舜还早的、传说中的五帝之一颛顼。这样，楚的祖先以祝融再往前推，从颛顼开始说起。

1987年出土于湖北省荆门市包山二号战国楚墓的《包山楚简》的卜筮祭祷简，是墓主临死前三年间(公元前318～前316年)的占卜记录，其中所祭祷的楚人先祖有"与祷楚先老僮、祝融、鬻酓(yǎn)各两羖"的记载。有学者考证，鬻酓就是鬻熊。

楚国提出了自己独有的祖先传说，比中原诸侯国所讲的祖先还要早，其目的是从祖先层面上反驳中原诸侯国立足夏王朝(大禹)和商王朝(商汤)的主张，用更早的祝融及颛顼的存在来否定夏王朝、商王朝的权威，进而否定以夏王朝、商王朝"继承者"自居的中原诸侯国的正当统治权。无论是其东北有夏之故地与商故地之称的中原一带，还是其西面有周故地之称的陕西，按照楚国的说法，都是比楚国所在的地域湖北、湖南略低一等的地域。这样，楚就享有了正当统治权的领土。

尽管强大的楚国持有这种观点，但中原周围的诸侯国并未束手就擒，中原诸侯国也进行了"反击"。《左氏春秋·(鲁)哀公六年(公元前488年)》有这样的记载：

(楚昭)王说："三代命祀，祭不越望。江、汉、雎、漳①，楚之望也。祸福之至，不是过也。不谷虽不德，(黄)河非所获罪也。"

紧接着让孔丘回答道"楚昭王知大道矣！其不失国也，宜哉"，然后引用《夏书》进一步作了若干修正，最后总结为"允出兹在兹"，只要不越轨，安守本分便可。这也是《左氏春秋》所要传达的意思，即楚国的地域只是长江、汉水、雎水、漳水流域的湖北一带而已。

另一个战国时期的强国齐也远离中原禹迹，要成为天下九州之正统，尊称祖先也是必不可少的。

战国中叶，陈氏(后称田氏)取代姜齐后成为强国(齐国)君主，虽然不像楚一样不服周，但面临着两项任务：首先要实现其他国家对其政权的认可，证明其正统性、合法性；其次是如何成为天下王者，也必须寻找可以证明自己历史传统更为悠久的"证据"，因为齐国也不居夏及殷商故地。齐国国君田(陈)氏就是陈国君

① 这里的漳是水名，在荆楚一带，流经今荆门。《山海经》记有：荆山，漳水出焉。与源出今山西省，流至河北省入卫河的漳水同名异河。

主一族的分支，为了证明田齐国君的历史更悠久，便主张在颛顼之前还有黄帝。而周代的陈国人是黄帝的子孙，这样田氏也就成了黄帝的子孙了。这一主张在陈侯因□敦①的铭文中有记述，徐中舒②对此考释的铭文如下：

> 唯正六月，癸未，陈侯因□曰：皇考孝武桓公恭哉，大墓克成。其唯因扬皇考，绍统高祖黄帝，俅嗣桓、文，朝问诸侯，答扬厥德。诸侯寅荐吉金，用作孝武桓公祭器，台台尝，保有齐邦，世万子孙，永为典尚。（《历史语言研究所集刊》第3册第4分，1933年）

依此释文，"其唯因扬皇考，绍统高祖黄帝，俅嗣桓、文"一句就应理解为齐侯田（陈）因齐（今通称齐威王，妫姓田氏，名因齐，公元前356～前320年在位）要发扬光大父亲（的事业），继承高祖黄帝，接续齐桓公、晋文公的功业，也就是宣示以黄帝为高祖。

该敦通常被认为是公元前356年，齐侯田（陈）因齐即位时制作，宣示以黄帝为高祖。齐侯田（陈）因齐于公元前334年称王，即齐威王。

郭沫若在1935年修订完成的《两周金文辞大系考释》中作了解读。他的释文在后来的《下黄老学派的批判》一文中写为：

> 唯正六月癸未，陈侯因聋曰：皇考孝武桓公（陈侯午）恭哉，大谟克成。其唯因聋，扬皇考昭统，高祖黄帝，迩嗣桓、文，朝问诸侯，合扬厥德。诸侯寅荐吉金，用作孝武桓公祭器敦，以蒸以尝，保有齐邦，世万子孙，永为典常。（《十批判书》，东方出版社，北京，1996年3月，p.142）

郭沫若此文也对将黄老与田齐政权结缘进行了研究。郭沫若认为："这里的'高祖黄帝，迩嗣桓、文'，是说远则祖述黄帝，近则继承齐桓、晋文之霸业。齐国统治者已经把黄帝的存在信史化了。齐威王要'高祖黄帝'，这应该就是黄老之术，是要托始于黄帝的主要原因。黄老之术，值得我们注意的，事实上是培植于齐，发育于齐，且昌盛于齐的。"郭沫若虽然把"高祖黄帝"解释为"远则祖述黄帝"，但认为齐威王在战国诸多学说中采用了黄老之术。也就是说黄老之术的创始、兴盛与发展是在齐国稷下学宫进行的，这都和齐威王祖述黄帝的思想有关。

因陈（田）氏的祖先在春秋中期齐桓公时由陈国避乱逃到齐国，而道家的老聃正是陈国人，所以陈（田）氏政权选择了来自南方陈国的老子学说，同时又抬出传说比尧、舜、禹更早的黄帝来极力推进以黄帝为始祖的黄老学说。这样一方面是以此压倒儒、墨等家，更重要的是把黄帝作为田氏的始祖，而传说姜氏是传说中

---

① 铭文原文：隹（唯）正六月癸未，□□（陈侯）因□曰：皇考孝武□（桓）公□□（恭戴），大慕（谟）克成，其□（唯）因□□（扬）皇考，□□（招、绍继）高且（祖）黄帝（帝），俅□□（嗣桓）文，□□者□（朝问诸侯），合□聟□（答扬厥德），者□□（诸侯寅）荐吉金，用乍（作）孝武□（桓）公祭器□（敦），台□台（以烝以）尝，保有齐邦，□（世）万子孙，永为典尚（常）。

② 徐中舒（1898～1991年），现代历史学家、古文字学家。

的炎帝的后裔，黄帝战胜炎帝而有天下的传说，使"田代姜齐"的合法性也找到了历史根据。

托古为自己立说的证据，是我国传统思维的重要方式，从孔丘的时代起，诸子都须依托古代的权威来支持自己的学说。孔丘喜欢援引的古代权威是西周的文王、周公；墨翟喜欢援引比周文王姬昌、周公姬旦更古老的夏禹；孟轲为凌驾于墨家之上，往往援引尧舜。在《淮南子·修务》中对这一传统文化进行了抨击：

> 世俗之人，多尊古而贱今，故为道者，必托之于神农、黄帝而后能入说。乱世暗主，高远其所从来，因而贵之；为学者蔽于论而尊其所闻，相与危坐而称之，正领而诵之，此见是非之分不明。

这就直接道出了假托黄帝的真实意图，而《淮南子》本身也有多处是托神农、黄帝以入说的。《太史公书》也言"百家言黄帝"。比如，在《孙子兵法》有"此黄帝之所以胜四帝也"一句，似亦有四帝、五帝之称（也有学者认为此"帝"字系"军"之讹）。

战国中晚期的法家也有托黄帝言法治之论。如《商君书·更法》所言："伏羲、神农教而不诛，黄帝、尧、舜诛而不怒。及至文、武，各当时而立法，因事而制礼。"意在托古变法。《商君书·画策》篇又有："神农既没，以强胜弱，以众暴寡。故黄帝作为君臣上下之仪，父子兄弟之礼，夫妇妃匹之合，内行刀锯，外用甲兵，故时变也。"意在为"以战去战，虽战可也；以杀去杀，虽杀可也；以刑去刑，虽重刑可也"的主张进行辩护。又如战国时期的《六韬·兵道》曰："武王问太公曰：'兵道如何？'太公曰：'凡兵之道莫过乎一。一者能独往独来。黄帝曰："一者，阶于道，几于神。"用之在于机，显之在于势，成之在于君。'"

这就是战国时期由于政治的需要，从西周到春秋所提的三代三王推向更古老的远古，华夏的祖先也由大禹追溯到远古的黄帝。

需要指出的是，《太史公书》之后得出的三代观不但与西周及春秋时代截然不同，即使与战国时代相比也是大相径庭的。譬如今本《竹书纪年》"五帝纪"的记述之中有"昔尧德衰，为舜所囚也。舜囚尧于平阳，取之帝位。舜放尧于平阳。舜囚尧，复偃塞丹朱，使不与父相见也"，完全不同于《太史公书》中的尧舜禅让传说。

对于国人家喻户晓的五帝，是在战国时代各领土国家在论述本国的优越性时逐渐累加的帝王形象。

其实，自春秋战国时记载神话和历史传说的书籍中，先后出现了很多古帝或宗神名号。在战国前期的史书里，早于大禹的先帝们不但提及得少，而且写得相对简单易懂。到战国中后期才逐渐聚焦在五帝上，不能否认是受邹衍五行学说的影响。

《管子》及《庄子》所称"三皇五帝"，也都未指实人名。《庄子·胠箧》列举了古帝十二名及全书中屡次提到其他古帝，《六韬》列举了古帝十五名，《逸周书》

所列古帝多达二十六名。《孟子》一书中只提到"三皇五帝"，虽然提及尧舜但并未言及五帝之说。《荀子》中有"五帝"一词排在"三王"前，但并无具体人名，只是在其《议兵》篇中称尧、舜、禹、汤为"四帝"。而在《吕览·十二纪》中提及的五帝则是太皞、炎帝、黄帝、少皞和颛顼："孟春之月……其帝太皞，其神句芒。……孟夏之月……其帝炎帝，其神祝融。……中央土……其帝黄帝，其神后土。……孟秋之月……其帝少皞，其神蓐收。……孟冬之月……其帝颛顼，其神玄冥。"在《吕览·十二纪》中又有五帝是主管四方、四时和五行之神。黄帝居中，具土德；大皞居东方，具木德，主春，亦称春帝；炎帝居南方，具火德，主夏，亦称炎帝；少皞居西方，具金德，主秋，亦称白帝；颛顼居北方，具水德，主冬，亦称黑帝。(《吕览·召类》)显然这是神话或者意识形态之说，与五帝并非同时代人。

至于神话中的天神，《山海经》中皆称帝，其后亦有"五帝"之称。《楚辞·惜诵》有"令五帝"句，与"指苍天""戒六神"并举，皆指神。又《晏子春秋》有"楚巫请致五帝以明君德"句，显然皆指天帝。

如今五帝的传说之所以广为流传，是与儒家的接受与传播分不开的。在西汉末年戴德编写的《大戴礼记·五帝德》中的五帝是与《国语·鲁语（上）》一致的。司马迁在《五帝本纪》中则说："学者多称五帝，尚矣。然《尚书》独载尧以来；而百家言黄帝，其文不雅驯，荐绅先生难言之。"可以看到，传说中的"五帝"并非固定，对"五帝"的评述也并不固定。

汉代将战国时期各国的议论统合起来，创造出了汉王朝是周王朝的直接继承者这一"范式"，其完成的过程就是将战国时期各国的论述混合为一体。如此一来，相互之间的不同点也就渐渐消失了，只剩下"天下"的论述作为一个共通的理论浮出水面，后世广为流传的就只有司马迁的《五帝本纪》了。司马迁在《五帝本纪》中列出了五帝的世系，理清了他们之间的传承关系，突出了血缘与德治，更主要的是把本来属于神话传说时代的人物的家世、个性、业绩等写得"清清楚楚"，使众多含混不清，甚至互相矛盾的远古传说"清晰"地呈现在后人面前。上古的野蛮史变成了一部文明史，美丽的神话传说转化成了可信的史实，神话英雄、部族祖先成了人间的高尚帝王。我们只能把《五帝本纪》中的五帝作为传说或者神话传说。尽管我们不应把它作为信史，但可以在后世各个地区的政治、经济活动的发展中加以借鉴。

7

变革周制，法家图强

西周以来，在以"德"为先的倡导下，结合氏族宗法制，逐渐制定和完善了礼制，形成了以"礼"制与宗法制相结合的治国体系。

西周的灭亡标志着以周王室为首的宗法制和礼制治国开始走向衰弱。随着周王室的衰败，其失去了统领天下的能力，天下进入了诸侯纷争、"礼崩乐坏"的时代。周王室依赖的礼制与宗法制相结合的治国体系不再适合时代的需要，各国开始摒弃这一传统的治国模式，转而探索各种新的治国方略。由于礼制的衰败，曾经作为最高统治者独有的"德"逐渐向更为广泛的意义演变，与之相伴的是适合于个人修养与治国相关联的"仁"观的逐渐形成。社会由外在"礼"的束缚向以内心修养的"仁"为自我约束的时代演变。孔丘作为这一方的代表人物，提出了"克己复礼为仁。一日克己复礼，天下归仁焉"的主张。"德"是自上而下的，"仁"则是普天下的。战国时期，儒家的代表人物孟轲在继承孔丘"仁"观的基础上，进一步把"仁"提高到国家治理层次，提出了"仁政"的治国理念。"仁政"打着为民的旗号，其实质仍然是统治者意志的体现，与其维护统治和功利目的密切相关。但也毋庸讳言，"仁政"思想在战国时期的特定历史条件下，还是起到了一定积极作用的。"仁政"的提出也是对"礼制"治国的一种间接否定。

随着"礼制"的衰弱和"礼念"对人桎梏的破裂，"法"的概念也破"礼"而出，用"法"来治国开始露出了萌芽。在汉语里，"法"的含义是规范或法律。"礼"也有类似的含义，但两者的本质是不同的。"礼"是有差别的"软"规范，而"法"是相对平等的"硬"规定。

把"法"用于治国的史料，在春秋时期可以追溯到子产执政时期。子产制刑律，曾铸《刑书》于鼎，史称"铸刑书"。子产是第一个将刑法公布于众的人（公元前536年）。据传邓析私著《竹刑》，对子产的《刑书》多有辩驳改进。在《吕览·离谓》篇中记有：

> 子产治郑，邓析务难之；与民之有狱者约："大狱一衣，小狱襦、裤。"
> 民之献衣、襦、裤而学讼者，不可胜数。

郑人惯于"乡校"（乡人聚会）议政，有用"悬书"（悬挂张贴）方式评论时政。子产虽

激荡春秋
——东周之历史、文化与思想

不同意禁"乡校"，但下令禁"悬书"；作为对立的在野方，邓析则改用"致书"
(投递)方式议政；子产又禁"致书"，邓析再用"倚书"(夹在他物中)方式议政。子产
的"令无穷，则邓析应之亦无穷"。由于邓析一直以在野的身份评议朝政，颇为
当朝者所忌。公元前502年，驷歂执政郑国，次年"杀邓析，而用其《竹刑》"。
子产和邓析同是法家的先驱，邓析又是诉讼辩护的鼻祖。虽然两者对"刑法"的
观点不一，但毕竟要比"礼制"进步。

　　受郑国影响，公元前513年，晋国的卿士赵简子(赵鞅)协同其他士卿也筹划
铸刑鼎，并将国家法律明文昭告于众，这在晋国历史上是首次。同时，他们还提
出了"治国制刑，不隐于亲""同罪异罚，非刑也"(《左氏春秋·(鲁)襄公六年》)等主张法
律平等、公正的执法原则，这也标志着晋国执政官权威受到法制的牵制，这些举
措的影响是非常深远的。国家法律明文昭告于众也宣告了"刑不上大夫，礼不下
庶人"时代成为历史。

　　法家思想流派经过一二百年的发展，逐渐被最高统治者接纳并成为执政者，
从子产、李悝到商鞅，他们不但具有法家思想，而且是行动派，把法家思想付诸
实践。这一学派由这些政治理论家和政治家创立与实践。法家不赞成儒家强调政
府要以"礼"和"仁"治国的理念，他们认为，一个好的政府必须建立在一部成
文法典的基础之上。法治思想于战国初期开始在"新兴"国家层面大力实施。

7.1　李悝变法

　　战国初期，最早进行变法的是魏国，而主导变革的是法家重要代表人物李悝
(又称李克，卫人，公元前455～前295年)。魏国是晋国被分解后形成的新国家，其初代国君
魏文侯在立国伊始就积极图谋发展，招贤纳士，重用人才。

　　李悝正是在这种背景下被魏文侯起用为相的。李悝是以法家思想进行变革的
先驱，其变革约始于公元前400年，主要分政治和经济两个方面。

　　李悝首先进行的是政治体制变革。魏文侯问李悝说："如何治理国家？"李悝
回答："论功行赏、赏罚得当。"魏文侯说："寡人赏罚得当，但是国人并不满意，
这是为什么呢？"李悝说："因为国家有不劳而获的贵族。我认为，应该把他们的
俸禄取消，用来招揽贤能之士。他们由于祖辈的功勋而继承待遇，生活上骄奢淫
逸，正是这些人打乱了国家的运行，所以应该取消他们的俸禄。"李悝主张废止
世袭贵族特权，提出"食有劳而禄有功，使有能而赏必行，罚必当"的主张，开
始废除由周王朝的分封(封建)制而形成的世禄制度，破除了贵族世袭特权，激励
了非特权乃至士庶阶层为国家建功的积极性。这一主张顺应了当时新兴地主阶级
的祈求，即反对贵族垄断经济和政治利益的世袭特权，要求土地私有和按功劳与

才干授予官职。李悝将无功而食禄者称为淫民，要"夺淫民之禄以来四方之士"。这是中国历史上第一次破除传统世袭制度。由于废除世袭制度，一批于国家无用且有害的特权阶层被赶下政治舞台，一些出身于一般地主阶层的人，可因战功或因才能而跻身政界。这样改革的结果，大大削弱了晋国遗传下来的魏国"世卿世禄"制度，以后的封臣在封地食邑内没有治民之权，只衣食租税；官吏制度得以重大变革。李悝还汇集当时各国法律编成了《法经》，这是一部比较完整的法典，可惜现已失传。

其次是经济上的变革。李悝主张实行"尽地力、平籴(dí)法"。平籴法，即政府的粮食储备制度，根据年成丰歉和灾情大小的不同，有针对性地进行粮食回收与放卖政策。这样"虽遇饥馑水旱，籴不贵而民不散"，只有"民不散"，政权才能巩固，这就是"平籴法"的目的。从经济学上讲，这是国家干预经济；从政治上讲，可以说是"备战备荒为国家"的最早版本。李悝认为"治田勤谨，则亩益三斗；不勤，则损也如之"，即粮食产量的丰歉除了客观的因素，还要看其能否充分发挥人的主观能动性，最大限度地发挥土地利用率，也即"尽地力之教"。他认为合理的粮食价格，对稳定农业生产、激励农民的生产积极性是有积极作用的；而不合理的粮价，常常是因为某些客观因素造成的。因此，政府调节粮食价格是必须的。司马迁在《太史公书·平准书》里评论说："魏用李克(悝)尽地力，为强君。"

李悝在魏国的变革，对当时的各国产生了很大震动，在中国历史上产生了深远的影响。后来著名的吴起变革、商鞅变法等无不受到李悝变革的影响。

7.2　吴起变法

吴起(卫人，公元前440～前381年)原为魏文侯重用李悝为相主持变革时的武将。司马迁在《太史公书·孙子吴起列传》中的记述是"魏文侯以为将，击秦，拔五城"。其主要战功是击败秦国占领河西地区并巩固了河东的战略屏障。吴起作为军事将领期间，除了赫赫战功之外，其爱兵如子也成为佳话。到魏武侯(魏氏，名击，公元前395～前370年在位)时期，吴起便去了楚国，此时的楚国国君为楚悼王(芈姓熊氏，名疑，公元前402～前381年在位)。楚悼王即位时，北邻的新晋国家魏、赵、韩已变得强大，国外形势发生了很大变化，楚国处于被压制的窘境。虽然我们不清楚吴起为什么离魏去楚，除了楚国国君具有变革意愿和急需改革人才之外，恐怕也是与魏武侯的施政方针分不开的。这可从吴起到楚后实施的变革措施反推而知。

吴起变革深受李悝变革的影响，主要是废除爵位的世袭制，实行均爵平禄，废除无用、无能的官吏，剥夺世袭贵族的特权，使他们不能徇私情，因私废公。

楚国与魏国不同，魏国是分晋之后新立的国家，而楚国在西周初期就被封国，立国已有600年之久，且楚国国君早已称王，所谓王不仅仅是徒有虚名，王是有封侯权的。因此，楚国的爵位制更加复杂。

关于楚国的爵位制没有详细的历史资料，但其政权官吏设置及官名与周王室及其主导的侯国是不同的。如果说吴起废除了楚国的爵位世袭制，那么就说明在这之前楚国的爵位是世袭的。

关于当时楚国的爵位可以从有关楚义帝（？～公元前205年，芈姓熊氏，名心）、项羽（公元前232～前202年，项氏，名籍，字羽）的记载中或多或少地捕捉到楚国爵位名称的影子。现在所知的楚国爵位有五大夫、七大夫、国大夫、列大夫、执帛、上闻、执圭（珪）卿等。虽然这些爵位的上下关系并不十分清楚，但目前可知上执圭应该是离最高等级较近的一个爵位。《战国策·齐策二》中昭阳答疑时提到了相当于丞相之职令尹之下的是上柱国，而战功卓越的将军封官为上柱国，爵位为上执圭。除了上执圭还有执圭一爵，《战国策·东周策》中记载了景翠位是执圭，官至柱国。

从当时的情况来讲，楚国是一个不断开疆拓土的国家，其版图以湖北为据点，直接统治领域扩展到湖南、河南一带。随着领土的不断扩大，也需要更多的官吏去治理。这又涉及爵位尊卑问题，也直接关系到官吏的切身利益。伴随着扩张，国家的统治方法也发生变化，由原来的"分封"向地方派遣官吏过渡。这就涉及中央与地方（县）的相互关系问题。另外，文字载体的轻量化促进了文字的普及，文字性律令的传播则成为重要统治手段。

吴起就是在这种背景下着手主持变革的。

吴起变革的最主要目标是变革爵位以及与爵位相关联的待遇。由于领土的扩张，需要阶位更多的爵位，在已有的爵位基础上增加新爵位用来对楚王之下的官吏进行尊卑排序。但这不是变革的核心，变革的核心是新的爵位与施政区域分离，有爵位之官吏不再有长期统治某个地方的继承性，新的方法是授予的爵位不再固定到某个具体地方，而是可以派遣其统治其他级别相当的地域，使官吏具有了流动性。被指派管理的地方（城市、县）可以变，但县级以上官吏身份以及与此匹配的待遇、特权不变。这样，楚国的重臣们虽然可以确保自己的身份地位，但剥夺了他们世袭的对某个地方（城市、县）的长久统治权。这一任用官吏的体制对后世产生了巨大而深远的影响。

吴起变革世袭爵位严重削弱了楚国旧臣贵族集团们享受世袭权力及俸禄的基础，自然遭到了旧臣贵族集团的强烈反对，且反对派众多。吴起在支持并重用他的楚悼王于公元前385年去世后，遭到反对变革势力的立即反扑。为了躲避追杀，吴起跑到楚悼王灵前并伏于楚悼王尸骸上。反扑势力不顾严重违反律法，疯狂地将吴起乱箭射死。同时，也射中了楚悼王的遗体。按照楚律，这些反扑势力全被处死。据说由于射杀吴起而殃及楚悼王遗体被诛灭宗族的有七十多家，客观上使得吴起变法的反对势力被大大地削弱，但吴起的变法及其措施是否得以延续并不清楚。

7.3 商鞅变法

公孙鞅（卫人，又称卫鞅，约公元前395～前338年）在秦孝公（嬴姓赵氏，名渠梁，公元前361～前338年在位）时期，在与魏国的河西之战中夺回了由吴起率兵占领的河西地区，因立功获封十五邑于商，故又称为商君、商鞅。秦国之所以重新获得河西地区，正因秦国实施了商鞅的变法而使国力强大。

商鞅的事迹在《太史公书·商君列传》中有记述；商鞅变法及其变法思想则记载在《商子》（又称《商君书》或《商君》）一书中。该书现存五卷，旧本题秦商鞅撰。《汉志》中称《商君》有二十九篇，其著作称《商子》则是从《隋志》开始的。

商鞅的变法思想，可以从《商子》第一篇《更法》中记载的商鞅在秦孝公面前与甘龙、杜挚两卿大夫就变法问题展开的辩论中得以体现：

甘龙曰："不然。臣闻之：'圣人不易民而教，知（智）者不变法而治。'因民而教者，不劳而功成；据法而治者，吏习而民安。今若变法，不循秦国之故，更礼以教民，臣恐天下之议君，愿孰察之。"

公孙鞅曰："子之所言，世俗之言也。夫常人安于故习，学者溺于所闻。此两者，所以居官而守法，非所与论于法之外也。三代不同礼而王，五霸不同法而霸。故知（智）者作法，而愚者制焉；贤者更礼，而不肖者拘焉。拘礼之人不足与言事，制法之人不足与论变。君无疑矣。"

杜挚曰："臣闻之：'利不百，不变法；功不十，不易器。'臣闻：'法古无过，循礼无邪。'君其图之！"

公孙鞅曰："前世不同教，何古之法？帝王不相复，何礼之循？伏羲、神农，教而不诛；黄帝、尧、舜，诛而不怒；及至（周）文（王）、（周）武（王），各当时而立法，因事而制礼。礼、法以时而定；制、令各顺其宜；兵甲器备，各便其用。臣故曰：治世不一道，便国不必法古。（商）汤、（周）武之王也，不循古而兴；殷、夏之灭也，不易礼而亡。然则反古者未必可非，循礼者未足多是也。君无疑矣。"（《商子·更法》）

商鞅针对卿大夫甘龙、杜挚等人反对变法的议论，提出了"治世不一道，便国不法古"的主张，用古代君王"不循古而兴""不易礼而亡"的事实，论述了治国不必法古，且必须实行变革才能强国利民的道理。

商鞅的强国思想，可简单地表述为"农、战"思想。他说："国之所以兴者，农、战也。""国待农、战而安，主待农、战而尊。"（《商君书·农战》）他还进一步分析二者的关系："利出于地，则民尽力；名出于战，则民致死。入使民尽力则不荒，出使民致死则胜敌。胜敌而草不荒，富强之功，可坐而致也。"（《商·算地》）

基于商鞅的农战思想，他认为儒学《诗》《书》礼乐教化是无用的：

《诗》《书》、礼、乐、善、修、仁、廉、辩、慧，国有十者，上无使守战。国以十者治，敌至必削，不至必贫。国去此十者，敌不敢至；虽至，必却；兴兵而伐，必取；按兵不伐，必富。

国以善民治奸民者，必乱至削；国以奸民治善民者，必治至强。国用《诗》《书》礼、乐、孝、悌、善修治者，敌至必削国，不至必贫国。（《商子·农战》）

商鞅变法思想吸收了其他法家的思想，如慎到（约公元前390～前315年）有关"势"的思想："凡知'道'者，势、数也。故先王不恃其强而恃其势，不恃其信而恃其数。"（《商子·君臣》）

商鞅变法分两次，第一次始于公元前359年（秦孝公三年），其主要内容是：

一、扩充爵位，奖励军功。商鞅将爵位扩至二十个等级，这可能参考了楚国的爵位制。增加爵位的等级与秦国疆土的扩大和军队规模增大有关。军功与变革后的爵位获得与晋升挂钩，将士斩敌首一级授爵一级，可为五十石之官；积功至十九等关内侯、二十等彻侯为贵族；宗室贵族无军功，不授爵；无功无爵，虽家资富厚，不得衣锦铺张。这些变革与吴起在楚国的变革类似，很可能是借鉴了的吴起变革。这也是商鞅变法的最重要内容之一。在《太史公书·商君列传》中记载有"有军功者，各以率受上爵……明尊卑爵秩等级，各以差次名田宅，臣妾衣服以家次"，而在《商君书·境内》则有"能得甲首一者，赏爵一级"。

二、重农抑商，奖励耕织。在《太史公书·商君列传》中记载有"戮力本业，耕织致粟帛多者，复其身"。在《商君书·境内》则有"能得甲首一者……益田一顷，益宅九亩"。田地虽是军功的奖励，但也表明商鞅重视发展农业。农业是其发展军力的基础，农业不发展，军力就不可能强大。

三、移风易俗，加强内部的治安管理。严惩私斗，凡私斗，据情节轻重处以刑罚；编定户口，定"连坐之法"，以五家为伍，两伍为什，各家互相纠察，"不告奸者腰斩，告奸者与斩敌同赏；匿奸者与降敌同罚"；实行小家庭制度，"民有二男不分异者，倍其赋"，两子以上成年分居，否则加倍征税。这是商鞅为奖励开垦而推行的"舍地而税人"之法。

众所周知，商鞅变法使秦国崛起，但在变法初期，变法的法令准备好后，如何才能顺利推行并落到实处呢？所谓落到实处就是要落实到老百姓中间，对此商鞅是有顾虑的。商鞅深知秦国前当政者的许多法令在老百姓中间已经失掉了信誉，老百姓是不会轻易相信他的新变革法令的。为此，商鞅想出了用奖赏搬木头的办法，即"徙木为信"来取信于民：

商鞅变法的条令已准备就绪尚未公布，担心百姓不相信自己，于是（命人）在都城南门前竖起一根高三丈的木头，并告示：有谁能把这根木头搬到集市北门，就给他十金。百姓看到后对此感到疑惑，没有人去搬木头。于是，商鞅又加码奖赏说："能搬木头的人赏五十金。"这时有个壮汉怀着疑惑、壮着胆子把木头搬到了集市北门。商鞅立刻命令兑现赏金，给了壮汉五十金，借以表明"诚信"。这件事情慢慢在老百姓中传播开来，而商鞅变法的新法也很快在秦国推行开来。[①]

这个故事记述了商鞅施政初期，为了唤起老百姓对秦国统治者的信任而采取的措施。但变法推行并非一帆风顺，变法令颁布仅一年，前往国都控诉新法使民不便的百姓数以千计。这时太子也触犯了法律，商鞅说："新法不能顺利施行，就在于上层人士带头违犯。太子是国君的继承人，不能施以刑罚，就将他的老师公子虔处刑，在另一位老师公孙贾脸上刺字，以示惩戒。"而后，秦国人听说此事，都遵从了法令。新法施行十年，秦国出现路不拾遗、山无盗贼的太平景象，百姓勇于为国作战，不敢再行私斗，乡野城镇都得到了治理。[②]

商鞅在其后的施政过程中，改变秦国老百姓对国家治理的信任，使秦国进一步崛起，为秦国统一华夏奠定了政治基础。

商鞅对民众的"徙木为信"除了彰显其施政策略之外，也体现了法家"令必行"的思想。在这一点上，也与儒家思想存在巨大差异。

在《论语》中记述了孔丘与其弟子子贡关于"信"的对话：

> 子贡问曰："何如斯可谓之士矣？"
>
> 子曰："行己有耻，使于四方，不辱君命，可谓上矣。"
>
> （子贡）曰："敢问其次。"
>
> （孔丘）曰："宗族称孝焉，乡党称弟焉。"
>
> （子贡）曰："敢问其次。"
>
> （孔丘）曰："言必信，行必果，硁硁（kēng）然小人哉！抑亦可以为次矣。"（《论语·子路》）

这里孔丘把信奉"言必信，行必果"之人称为"小人"。

孟轲也有类似的观点：

> "大人者，言不必信，行不必果，唯义所在。"（《孟子·离娄（下）》）

---

① 《太史公书·商君列传》：商鞅令既具，未布，恐民之不信己，乃立三丈之木于国都之市南门，募民有能徙置北门者予十金。民怪之，莫敢徙。复曰："能徙者予五十金。"有一人徙之，辄予五十金，以明不欺。卒下令。

② 《太史公书·商君列传》：令行期年，秦民之国都言新令之不便者以千数。于是太子犯法。卫鞅曰："法之不行，自上犯之。太子，君嗣也，不可施刑。刑其傅公子虔，黥其师公孙贾。"明日，秦人皆趋令。行之十年，秦国道不拾遗，山无盗贼，民勇于公战，怯于私斗，乡邑大治。秦民初言令不便者，有来言令便。卫鞅曰："此皆乱法之民也！"尽迁之于边。其后民莫敢议令。

老聃则抨击"礼者"："夫礼者，忠信之薄也，而乱之首也。"（《老子》第38章）老聃又指责统治者"信不足焉，有不信焉"。

由此可见，在统治者与民众之间的诚信问题之上，道家、法家和儒家的观点是大相径庭的。

商鞅第二次变法从公元前350年（秦孝公十二年）开始。这一年秦都从栎阳（今陕西省高陵县）迁于咸阳（今陕西省咸阳市东北），借迁都对城市和农村进行重新划分之际，再次下达变法令进行变革。

这次变革的主要内容为变革行政区域、行政管理，开阡陌、制辕田，实施初为赋。

对不断激增的耕作田地加强管理，完善正处于发展阶段领土国家的行政机构及官吏制度是当务之急，秦国也不例外。如何才能有效管理大片的耕地，如何才能增加更多的土地用于耕种，如何才能在战争状态下确保农耕人口，这些问题正是主张变革的人需要着手解决的难题。

这次乘迁都之际，将秦划分为41县（也有史料记载为31县），在全国推行以县为行政单位的治理体系。县设县令、县丞和县尉等地方行政长官，他们领取俸禄。县级以上官吏国君可以随时任免他们。这彻底改变了西周以来实行的世卿世禄制度，是中央集权性的行政机构和官吏制度。

与行政区域划分、行政变革相关的是对土地政策和农业技术进行相应的变革与革新。司马迁在《太史公书·商君列传》中记述这一变革为"为田开阡陌封疆而赋税平"。阡陌是指用来分隔农田的纵横交叉的田间小道。司马迁这里的"开阡陌封疆"具体是什么？从1980年四川省青川县郝家坪战国墓出土的木牍（通称青川木牍）记述的有关律法事情可以粗略了解。木牍正面记载了公元前309年（秦武王二年），秦武王命左丞相甘茂更修《田律》等事，背面为与该法律有关的记事。

> 二年十一月己酉朔朔日，王命丞相戊（茂）、内史匽，□□更修为田律：田广一步，袤八则为畛。亩二畛，一百（陌）道。百亩为顷，一千（阡）道，道广三步。封，高四尺，大称其高；埒（埒），高尺，下厚二尺。以秋八月，修封埒（埒），正疆畔，及发千（阡）百（陌）之大草。九月，大除道及除浍；十月为桥，修陂堤，利津□。鲜草，虽非除道之时，而有陷败不可行，相为之□□。

牍文属追叙记事性质，叙述了新律颁行的时间及过程，大体包括更修田律、律令内容、修改封疆、修道治浍、筑堤修桥、疏通河道等六大项。封疆也就是把地圈起来。因这一出土文物记述的时间点接近商鞅变革时代，可以认为是商鞅变革的延续。

在《汉书·地理志》中关于这一变革的记述是："孝公用商君，制辕田，开阡陌，东雄诸侯。"这里多了一个"制辕田"。在《太史公书》中描述商鞅变法时仅仅记述了"开阡陌"而不提"制辕田"，或许广义的"开阡陌"包含了"制辕田"。"辕田"作为动宾词组，当是指用类似车辕的东西以牵引的方式进行农田作业的田地；作为复合名词，则是指用牵引方式来耕作的田地，也即牛耕田地。"制辕田"就是通过改变划分农田的形状使农田适合牛耕作业。应该说"制辕田"是商鞅变革土地政策和农耕技术及作业方式的重要措施，是与"开阡陌"密切关联的。这一生产方式的变革，无疑是废黜了西周时期实施的基于以石器为农业生产工具的奴隶制土地政策——"井田制"。关于"井田制"，孟轲是这样描写的：

> 请野九一而助，国中什一使自赋。……方里而井，井九百亩，其中为公田。八家皆私百亩，同养公田。公事毕，然后敢治私事。(《孟子·滕文公(上)》)

依此叙述来看，井田制是以家庭为单位进行平均授田的。

公元前348年(秦孝公十四年)，也就是实施"为田开阡陌封疆"之后两年，秦国颁布了"初为赋"法令，即秦国开始向土地所有者征收兵赋。"赋"是指为武装力量征收的物质财富。"开阡陌""制辕田"是秦国强盛的重要经济变革举措，而"初为赋"则是其强军的重要财政支持。这几项改革的实施，是商鞅农战思想的具体体现，是秦"东雄诸侯"的基础和重要推动力。

有的学者认为商鞅的"制辕田"类似于晋国的"作爰田"。据《左氏春秋·鲁僖公十五年(公元前645年)》记载，晋惠公与秦交战中被俘，为取得晋国民众的支持而作爰田："众皆哭，晋于是乎作爰田。"关于爰田的内容和性质不详，一般认为爰田即易田。但把晋国的"作爰田"与商鞅的"制辕田"相提并论是不可取的。

土地所有制及赋税制，早在公元前594年(鲁宣公十五年)，鲁国就开始实行变革，由原来基于"井田制"的贡奉制改为按亩征税的田赋制度——"税亩制"，即"初税亩"。而后是"作丘甲""用田赋"，其目的是通过变革土地的贡制为税制，增强其军事实力。这其中最为重要的变化是土地关系的变动，为新兴的地主阶级的形成开辟了道路。

公元前338年，秦孝公去世，其子赵驷(今通称秦惠文王，公元前338～前311年在位)继位。秦孝公去世的同年，商鞅因被公子虔指为谋反，被逼逃至自己封地，战死于彤地，其尸身被带回咸阳，处以车裂后示众。虽然商鞅被黜而离世，但他制定的律法得以延续，而这正是秦国崛起的根本所在。

对于后商鞅时代秦国的变化，荀况曾在秦昭王执政(公元前306～前251年在位)、范雎(公元前266年)为相时期到过秦国。当时的秦国国君已是商鞅变法后的第四代。荀况目睹了当时的秦国状况，并在《强国》篇留下了记述与感想："秦民风淳朴无华；官吏谦恭节俭，爱岗敬业；士大夫阶层廉洁奉公，不拉帮结派；朝廷中枢处理政务从容而高效，可称得上古代的'无为而治'再现。"因此荀况感叹道："秦国四世(指秦孝公、秦惠王、秦武王和秦昭王四位国君)成就斐然，并非侥幸所至，而是有其必然的内在原因的。"因此，荀况对秦国的治国政绩高度赞赏，称其为"治之至也"。[1]

春秋战国时期，礼崩乐坏，井田制也面临崩解，无法维系。各国在土地制度领域先后进行了变革，鲁国"初税亩"、秦商鞅变法"制辕田"等。土地关系的变动，也带来户籍、赋役等其他制度领域的变化。初税亩的实施给了奴隶制致命的一击，为奴隶制的崩溃敲响了丧钟；而秦国的商鞅变法标志着井田制的彻底崩溃，"溥天之下，莫非王土"转向私有土地制度。

战国时期其他各国的改革虽远不如商鞅变法那么全面、深刻，但都在不同程度上废除了原有的奴隶制度、削弱了贵族特权，各国都通过改革完成了从奴隶社会向封建社会的转变。这一时期的变革主要表现在如下几个方面：

一是废除封建分封，逐渐推广郡县制度。春秋时期，楚、秦两国最早推行置县制度，其他各国效仿，而名称、制度各异。战国时期，郡县制代替分封已成不可逆转的潮流，各国设置不同，但在中央集权制下的地方行政管理已逐渐代替西周的宗法分封。各国中央也作了官吏制度的根本性改革，原有的世卿世禄制度受到了全面冲击，选贤用能的原则与奖励军功都得到了推行。

二是废除奴隶制度的礼制，实行封建法制。李悝编撰的《法经》再传至商鞅大显于秦，以后韩非集法家大成，虽被冤杀但其学说为秦始皇所奉行。

三是废除井田制，实行土地封建地主所有制，国家由榨取井田上以户为单位的耕种奴隶转变为收赋税。春秋时鲁国已施行"初税亩"，说明井田制已开始崩溃，到战国时封建地主阶级由贵族地主、官僚地主、商人地主组成，他们收取劳役与实物地租。也有相当数量的自耕农，他们是向国家交赋税的农民。多数农民从事男耕女织的小农经济，也出现了无地和少地的雇佣劳动者。封建社会初期的农民和农奴境遇相差无几，但较奴隶社会的奴隶有了更多自由与生产积极性。

战国时期的变革适应了当时现实政治的发展趋势，即社会由贵族政治向君主专制政治转型。法家对这一发展趋势进行了理论化，并以此为理论根据进行变革。法家人物依靠其才智并秉承法家理念，辅佐君主进行彻底的改革。但当时的既得利益贵族对此深恶痛绝，吴起之死及商鞅之死就是贵族之反动，韩非在《孤愤》一文中对此作了总结性论述：

> 智术之士，必远见而明察，不明察不能烛私。能法之士，必强毅而劲直，不劲直不能矫奸。……智术之士，明察听用，且烛重人之阴情。能法之

————————
①《荀子·强国》：入境，观其风俗，其百姓朴，其声乐不流污，其服不佻，甚畏有司而顺，古之民也。及都邑官府，其百吏肃然，莫不恭俭、敦敬、忠信而不楛，古之吏也。入其国，观其士大夫，出于其门，入于公门；出于公门，归于其家，无有私事也；不比周，不朋党，偶然莫不明通而公也，古之士大夫也。观其朝廷，其朝闲，听决百事不留，恬然如无治者，古之朝也。故四世有胜，非幸也，数也。是所见也。故曰：佚而治，约而详，不烦而功，治之至也，秦类之矣。

士，劲直听用，且矫重人之奸行。故智术能法之士用，则贵重之臣必在绳之外矣。是智法之士，与当涂之人，不可两存之仇也。……故资必不胜，而势不两存，法术之士，焉得不危？其可以罪过诬者，以公法而诛之。其不可被以罪过者，以私剑而穷之。是明法术而逆主上者，不僇于吏诛，必死于私剑矣。（《韩非子·孤愤》）

7.4　胡服骑射

与其他国家选贤任能进行变革不同，战国时期赵国国君武灵王赵雍（公元前325～前299年在位）主动变革，衣胡服、习胡术，这在当时是石破天惊的壮举。赵国的东面是东胡、西面是林胡、楼烦，史称"三胡"，其中东胡最强，号称"控弦之士二十万"。林胡和楼烦居住在燕国和赵国北部长城一线，对赵国形成了掎角之势。"三胡"都是游牧民族，善于骑射，经常袭击以农耕为主的燕赵。今天看来，骑兵肯定要骑马似乎并不是什么难事，但要在马上射箭，必须丢掉缰绳，让马自由奔腾。骑者要想在马背上做任何动作，没有足够长时间与马建立密切关系，实现骑射几乎是不可能的事情，更别说进行战斗。农耕为主的各国在战国以前的武备主要是适宜于平原的兵车和徒兵，且长期以来以列队排阵进行战争。对于长期深受儒教文化影响的民族而言，骑马并不是一件光彩的事情，骑马征战不仅受诸多束缚，比如衣服等，也是不合乎礼制的战法。

战国中期以来，赵国在与马疾箭精的"三胡"作战中经常处于被动局面，国家安全受到严重威胁。在这种严峻的情况下，赵武灵王于公元前307年（武灵王十九年）春天正月，在信宫举行盛大朝会，召见肥义等大臣讨论国家大事。朝会整整进行了五天。之后，赵武灵王又巡视赵国的边疆要塞，最后决定对军事实行重大变革，改穿胡人服装，学习骑射，即"胡服骑射"。胡服窄袖短袄，生活起居和狩猎作战都比较方便；胡人作战时用骑兵、弓箭，与当时中原诸夏的兵车、长矛相比，具有更大的灵活机动性。

赵武灵王的变革从一开始就遭到一批显赫贵族的强烈反对，他们为此展开了一场劝说与辩论。

赵武灵王的叔父公子成对此是持反对态度的，他说：

臣闻中国者，盖聪明徇智之所居也，万物财用之所聚也，贤圣之所教也，仁义之所施也，《诗》《书》《礼》《乐》之所用也，异敏技能之所试也，远方之所观赴也，蛮夷之所义行也。今王舍此而袭远方之服，变古之教，易古之道，逆人之心，畔学者，离中国，故臣愿王图之也。（《战国策·赵策（二）》）

这里的"中国"是指中原一带，并非我们今日之中国。自春秋中期的夷夏之

激荡春秋
——东周之历史、文化与思想

争以来，处于中原、深受礼教浸染的诸夏颇具文化优越感，视自己为礼仪之邦，歧视四周的其他各族，称他们为蛮、夷、戎、狄。改穿胡服，向戎狄学习，自然会被传统势力视为大逆不道，从而遭到强烈反对。

赵武灵王对公子成的说辞进行了反驳：

> 夫服者，所以便用也；礼者，所以便事也。圣人观乡而顺宜，因事而制礼，所以利其民而厚其国也。（《战国策·赵策（二）》）

贵族赵文也劝说赵武灵王放弃变革穿胡服，说道：

> 当世辅俗，古之道也；衣服有常，礼之制也；修法无愆，民之职也。三者先圣之所以教。今君释此，而袭远方之服，变古之教，易古之道，故臣愿王之图之。（同上）

赵武灵王则回答说：

> 子言世俗之间。常民溺于习俗，学者沉于所闻，此两者所以成官而顺政也，非所以观远而论始也。且夫三代不同服而王，五伯不如教而政。知者作教，而愚者制焉；贤者议俗，不肖者拘焉。夫制于服之民不足与论心，拘于俗之众不足与致意。故势与俗化而礼与变俱，圣人之道也承教而动，循法无私，民之职也。知学之人，能与闻迁；达于礼之变，能于与时化。故为己者不待人，制今者不法古，子其释之。（同上）

赵武灵王还指出：

> 先王不同俗，何古之法？帝王不相袭，何礼之循？虙戏（伏羲）、神农教而不诛，黄帝、尧、舜诛而不怒。及至三王，随时制法，因事制礼。法度制令各顺其宜，衣服器械各便其用。故礼也不必一道，而便国不必古。圣人之兴也，不相袭而王；夏、殷之衰也，不易礼而灭。然则反古未可非，而循礼未足多也。……是以圣人利身之谓服，便事之谓教，进退之（谓）节，衣服之制，所以齐常民，非所以论贤者也。故圣与俗流，贤与变俱。谚曰："以书为御者，不尽于马之情。以古制今者，不达于事之变。"故循法之功，不足以高世；法古之学，不足以制今。子其勿反也。（同上）

上述赵武灵王所言，其思想与商鞅是一致的，这一思想来源于道家而被法家付诸实施。作为儒家是非常讲究衣冠的，即使是儒家传人的荀况也批驳这种虚夸、僵硬的行为："正其衣冠，齐其颜色，嗛(qiàn)然而终日不言，是子夏氏之贱儒也。"（《荀子·非十二子》）赵武灵王作为一国之君，能突破礼教禁锢，主动变革，穿"奇装异服"是非常难能可贵的，是一位非凡的国君。

实行胡服的次年，赵军就击败侵扰赵国已久的中山国，一直打到宁葭（今河北石家庄市西北）。后又西攻胡地，兵临榆中（今内蒙古河套东北岸地区），"辟地千里"。而林胡王则主动向赵献良马以求和，赵武灵王让所占领的胡地向赵国提供骑兵。

公元前305年（赵武灵王二十一年），赵国兵分三路大举进攻中山国，夺取了中山国的丹丘、华阳、鸱之塞、鄗、石邑、封龙、东垣等地。中山王献割邑求和，赵军才停止攻击。到赵惠王三年（公元前296年），赵终于灭中山国，把中山王迁到肤施（今陕西绥德县东南）。赵国还向北方的匈奴侵略者出击，"攘地北至燕、代（今河北蔚县东北一带）"；向西边林胡、楼烦用兵，到达云中（今内蒙古托克托县）、九原（今内蒙古包头市），使赵国成为战国时代少数强国之一。

赵武灵王的"胡服骑射"变革，在军事领域开创了我国以骑兵为主战力的新纪元，这一战争形式一直延续了两千多年，直至战争进入机械化时代。"胡服骑射"变革的影响不仅仅局限于军事领域，还涉及政治与文化领域；其影响也不仅仅局限于赵国，也加强了中原和北方各族之间的融合，促进了华夏各民族共同文化的形成与发展。

尽管如此，在中国两千多年漫长的封建中央集权统治的社会，这种向外界"夷族"学习的精神长期是被压制的。以周礼为所谓正统文化的幽灵一直大张旗鼓、堂而皇之地游荡在华夏大地上，封建中央集权统治阶级浸淫在这种唯我独尊的文化里，致使其狂妄自大，终视外族为蛮夷。这种文化一直束缚中国直至清末，此时西方社会已摆脱中世纪的束缚，奔向科学时代，掀起了人类历史上由农业社会向工业社会过渡之潮，而华夏帝国还沉浸在昔日自我编造的梦乡之中，视外界为蛮夷，狂妄地杜绝新文明，蔑视这些新文明为蛮夷文化，最终祸害华夏苍生。

8

百花竞放，百家争鸣

进入战国时代后，社会发生了巨变，首先是礼制的削弱和周王室权威断崖式地锐减。

面对分崩离析的社会现实，各国都在谋求强盛和自保，也有的图谋消除混乱的局面恢复社会秩序。社会的新形态和新形势带来了新的问题，社会需要新思想、新学说、新方略、新办法来谋求解决面临的各种变化中的新问题。社会上有志之学士，也在积极思考，探索新学说、新方略、新办法，力图寻找出一条适合社会新形态的新的政治与文化之道。由于这些志士的原职业不同、知识结构、社会经历及思维方式等存在差异，所提出的理论也各不相同，形成了百花齐放的局面。这些志士也就是我们后来称之为的诸子百家。

在先秦并没有对如今我们所谓的"诸子"进行分类，百家只是个约数，是一个笼统的说法。当时对于各人的学说，其学说的学术流派名与其创立者的名字几乎没有任何关联，唯一例外的是墨翟创立的学说，以墨翟之姓命名，称为"墨学"。

历史文献最早概括诸子兴起原因并加以评述的可能是《庄子·天下》篇，其中论述道："天下大乱，贤王不显，道德分歧，天下人多各得一孔之见而自我欣赏。譬如耳目鼻口，它们各有其功能，却不能互相通用。犹如百家众技，各有所长，时有所用。虽然如此，但不完备和全面，都是孤陋寡闻的人。割裂天地的完美，离析万物之理，把古人完美的道德弄得支离破碎，很少能具备天地的完美，相称于神明之容。所以，内圣外王之道暗而不明，抑郁而不发挥，天下的人各尽所欲而自为方术。可悲啊！诸子各行其道而不回头，必定不能相和。后世的学者，不仅不能见到天地的纯真和古人的全貌，道术也将被天下所割裂！"①

---

① 《庄子·天下》：天下大乱，贤圣不明，道德不一。天下多得一察焉以自好。譬如耳目鼻口，皆有所明，不能相通。犹百家众技也，皆有所长，时有所用。虽然，不该不遍，一曲之士也。判天地之美，析万物之理，察古人之全，寡能备于天地之美，称神明之容。是故内圣外王之道，暗而不明，郁而不发，天下之人各为其所欲焉以自为方。悲夫！百家往而不反，必不合矣！后世之学者，不幸不见天地之纯，古人之大体，道术将为天下裂。

庄子在文中把诸子产生的原因归于"天下大乱"，这固然没错，但不确切、具体。接着，该文又列举了当时作者认为是主要的八家，即讲阴阳数度之学的阴阳家，《诗》《书》《礼》《乐》《易》及《春秋》之学的儒家，以墨翟、禽滑厘为代表的墨家，以惠施及其他辩者为代表的名家，其余四家——宋钘、尹文之学，彭蒙、田骈、慎到之学，关尹、老聃之学，庄周之学，皆属道家。

战国末年，荀况在其《解蔽》篇中列举了六个被批评的对象，即墨子（墨翟，墨家）、宋子（宋钘，又称宋轻或宋荣，道家）、慎子（慎到，黄老道家与法家）、申子（申不害，法家）、惠子（惠施，名家）和庄子（庄周，道家）。又在《非十二子》篇中对先秦各学派代表人物它嚣、魏牟 [①]、陈仲、史鳅（qiū，也写成鳝）[②]、墨翟、宋钘（jiān）、慎到、田骈（pián）、惠施、邓析、子思、孟轲等十二人进行了评论。

另一部列举诸子的先秦文献就是《吕览》（成书于公元前239年前后），在其《不二》篇中列举了十家杰出人士：

> 老耽（聃）贵柔，孔子（孔丘，儒家）贵仁，墨翟（墨子，墨家）贵廉，关尹（尹喜，道家）贵清，子列子（列御寇，道家）贵虚，陈骈（又称田骈，黄老学派）贵齐，阳生（杨朱，道家）贵己，孙膑（兵家）贵势，王廖（兵家）贵先，兒良（兵家）贵后。此十人者，皆天下之豪士也。

当历史进入西汉时期，在整理先秦诸子百家的文化遗产时，司马迁的父亲司马谈（卒于公元前110年）给我们留下了《论六家要旨》一文，附在司马迁的《太史公书》的最后。该文写于汉文帝、汉景帝时期，司马谈把在他之前几个世纪的学者分为六家：阴阳家、儒家、墨家、名家、法家和道家。司马迁对诸子百家的分类总结与《庄子·天下》篇是一致的，只是多了法家；与《吕览·不二》篇相比，则少了兵家。

从春秋时代到战国时代，对当时形成的诸子及思想流派而言是有区域性，这与他们所处的地区文化和政治有关，也与他们接触到的资料或者原有的职业有关。

《庄子·天下》篇在论述儒学经典及其传播时说：

> 其明而在数度者，旧法、世传之史尚多有之；其在于《诗》《书》《礼》《乐》者，邹鲁之士、缙绅先生多能明之。《诗》以道志，《书》以道事，《礼》

---

① 荀况对他们的评论是："纵情性，安恣睢，禽兽行，不足以合文通治；然而其持之有故，其言之成理，足以欺惑愚众，是它嚣、魏牟也。"（《荀子·非十二子》）

② 荀况对他们的评论是："忍情性，綦谿利跂，苟以分异人为高，不足以合大众、明大分；然而其持之有故，其言之成理，足以欺惑愚众，是陈仲史鳝也。"（《荀子·非十二子》）孔丘对他的评价是："直哉史鱼则！邦有道，如矢；邦无道，如矢。君子哉蘧伯玉！邦有道，则仕；邦无道，则可卷而怀之。"（《论语·卫灵公》）

以道行，《乐》以道和，《易》以道阴阳，《春秋》以道名分。其数散于天下而设于中国者，百家之学时或称而道之。

也就是说，这些儒学经典主要是传播于"中国"（即中原地带）。

诸子不仅具有区域性特征，而且各家在学术观点上是有分歧的。譬如，老聃与孔丘就"道不同"，以先官僚后民间的老聃为代表的道家，对当时的社会持强烈的批评态度，主张顺其自然（也称不入世）；而以从民间到官僚、再从官僚回到民间的孔丘为代表的儒家则主张"克己复礼"，代表着周王朝的传统，且具有强烈入世观（不可为而为之）。孔丘作为私学教师广收门徒，他的思想在有些受周王朝官方正统文化影响深厚的地方成为主流，而在另一些地方并没有流行，甚至遭到排斥。但毕竟是区域性的文化代表，其思想而后遭到墨翟的批驳，墨翟与杨朱的思想在一定时期具有"天下之言，不归杨则归墨"（《孟子·滕文公（上）》）的影响。

诸子出现最多的时期是战国中叶，是与社会环境有直接关系的。其中最重要的原因是周王室统治的衰败，依附于周王室并在中原一带占主导地位的儒学遭到墨家的批驳，束缚人们思想的"紧箍咒"崩裂，天下进入了"天下之言，不归杨则归墨"时期。而墨翟是推崇大禹的，当然各诸侯国也是认同大禹及其创立的夏王朝的，这一时期文化、政治的演变，催生了梁惠成王在公元前343年（梁惠成王二十七年）"乘夏车，称夏王，朝为天子，天下皆从"。虽然梁惠成王没有成功，但也说明原来的诸侯国已彻底抛弃周王室，开启了称王天下的新时代。而这之前的春秋时代，无论齐桓公还是晋文公，只是侯伯而已。试图以王之礼进行下葬的晋文公也遭到周天子的拒绝。这突显了时代的变迁，这一变迁为诸子百家诞生创造了必要条件。这一政治文化环境走向顶峰是以稷下学宫的繁荣为标志的。

战国时期，国家通过扩张及实行土地私有化，国家形态由邑邦制向领土国家转变。这是各国君王所面临非强即灭的迫切问题。因此，国君们需要的往往不是宏大而长远的方略，也不是嘴上空谈治国的伦理道德至上，而是能够立竿见影的实用策略。随着诸子逐渐增多，入仕或者愿意参加社会直接变革的人则成为"游士"，也就是"方术之士"。诸子的思想和解决办法虽然多数在某一方面具有鲜明的特色，但往往并不能直接用于国家治理，或者说与当局的执政目标相脱离，被采用的概率并不高。诸子中也有少数是懂得现实政治的，诸侯国君通常也愿意听取他们对时局及治国的看法。如果他们的建议被采纳并行之有效，国君就待他们如上宾，有的直接委以行政重任，有的则委以国师谋士。

诸子多数并不擅长或者愿意执掌行政，他们往往只为国君公侯出谋划策，采用他们提倡的理论或者方法就可以把他们的国家治理得井井有条，政权得以稳固、加强，国家得以强盛、扩张。最终是否获得国君的认可，就要看这些术士的理论与方法是否符合国君的想法及这个国家的实际情况。

在战国中后期，法家的思想和治国方略得到了秦国国君的认可。他们宣称君王无须是圣人或者超人，只要采纳法家的理论主张，实行法家提出的治国方略，就可以把国家治理得井井有条并使国家强盛。历史上法家也的确实现了他们的方略，使秦国逐渐强大并最终一统六国，实现天下大一统。

诸子的思想与主张有的被当政者采用，有的则主要在民间流行。但无论是否被统治者采用，他们都保持了自己思想和言论的独特性。其中一位"终生不仕"的代表性人物就是庄周。

8.1 逍遥道者——庄周

庄周（今通称庄子，字子休，蒙①人，约公元前369～前286年）是道家学派的重要代表人物，其思想集中记载于《庄子》一书。对他的生平所知很少，《太史公书·老子韩非列传》记载："庄子者，蒙人也，名周。周尝为蒙漆园吏，与梁惠王、齐宣王同时。其学无所不窥，然其要本归于老子之言。"我们由此只知道他是蒙地人，毕生过着隐居生活，是魏相惠施的好友，在《庄子·秋水》篇有"庄子钓于濮水"之记述。庄周的学说继承了老聃的道家学说，并在其基础上有了新的发展。

8.1.1 道与德

庄周的"道"与"德"与老聃的"道"与"德"并无二致。庄周在解释"道"与"德"方面，不像老聃运用箴言式的句子，高度抽象化、简约化。庄周在这方面展示了其"通俗"的一面。

东郭子向庄子请教说："人们所说的道，究竟存在于什么地方呢？"庄子说："大道无所不在。"东郭子曰："必定得指出具体存在的地方才行。"庄子说："在蝼蚁之中。"东郭子说："怎么处在这样低下卑微的地方？"庄子说："在稻田的稗草里。"东郭子说："怎么越发低下了呢？"庄子说："在瓦块砖头中。"东郭子说："怎么越来越低下呢？"庄子说："在大小便里。"东郭子听了后不再吭声。庄子说："先生的提问，本来就没有触及道的本质，一个名叫获的管理市场的官吏向屠夫询问猪的肥瘦，踩踏猪腿的部位越是往下就越能探知肥瘦的真实情况。你不要只是在某一事物里寻找道，万物没有什么东西可以逃离开它。'至道'是这样，最伟大的言论也是这样。万物、言论和大道遍及各个角落，它们名称各异而实质

---

① 蒙，今安徽蒙城，又有河南商丘或山东东明之说。

却相同，它们的意旨是归于同一的。"①

也即有物就有道，道无处不在。庄周在《庄子·大宗师》中是这样描述"道"的：

> 夫道，有情（疑应为"精"），有信，无为，无形；可传而不可受，可得而不可见；自本、自根，未有天地，自古以固存；神鬼、神帝，生天生地；在太极之上而不为高，在六极之下而不为深；先天地生而不为久；长于上古而不为老。

这与《老子》中关于"道"的描述是一致的，不过庄周在这里并没有确切、详细地解释"精""信"的具体含义。

8.1.2 变之哲学

庄周的哲学在"动"与"变"的方面继承了老聃的哲学，并在其基础上进行了扩展与细化。

庄周就有这方面的论述：

> 道无终始，物有死生，不恃其成。一虚一满，不位乎其形。年不可举，时不可止，消息盈虚，终则有始。是所以语大义之方，论万物之理也。物之生也，若骤若驰。无动而不变，无时而不移。（《庄子·秋水》）

与老聃一样，《庄子》认为"道"是宇宙万物产生的源泉，万物的生成都有一过程。老聃说"道生一，一生二，二生三，三生万物"（《老子》第42章），这里老聃并没有言明生成的过程。老聃还说"夫物芸芸，各复归其根"（《老子》第16章）；而庄周则说"万物云云，各复其根而不知，浑浑沌沌，终身不离；若彼知之，乃是离之"（《庄子·在宥》）。两者是一致的，强调了万物的演变与回归。庄周则更强调了万物的"变"与"动"，以及参入时间坐标的过程。他说"道无终始，物有死生"，万物的生成都是暂时的，不是一成不变的（"不恃其成""不位乎其形"）。时间在流逝，万物也都处在生长消亡、始而终、终而又始的变化过程之中。"若骤若驰"，没有一个不在变化，没有一时不在迁移，世界就是一个万物的变化之流。

庄周在这里提出了"理"（语大义之方，论万物之理也），在《庄子·天下》篇还记述了慎到"动静不离于理"之观点。"理"是探索万物运动、变化之根据、规律之概念。我们无从判断处于同一时期的庄周和慎到到底是谁首先提出了"理"的概念。但无论是谁首先提出的，道家首先提出"理"这一观念是确信无疑的。这一概念到宋代时被儒家借用并进一步发展成"理学"，但它是基于儒家思想来解释

---

① 《庄子·知北游》：东郭子问于庄子曰："所谓道，恶乎在？"庄子曰："无所不在。"东郭子曰："期而后可。"庄子曰："在蝼蚁。"曰："何其下邪？"曰："在稊稗。"曰："何其愈下邪？"曰："在瓦甓。"曰："何其愈甚邪？"曰："在屎溺。"东郭子不应。庄子曰："夫子之问也，固不及质。正获之问于监市履狶也，每下愈况。汝唯莫必，无乎逃物。至道若是，大言亦然。周、偏、咸三者，异名同实，其指一也。"

《礼记·大学》中的"致知在格物，物格而后知至"的。朱熹更是囿于儒家礼教信奉，把其归集到人为制定的礼教，这是非常令人遗憾的。如果按照道家的思想，是有可能发展成"科学"的。我们现在的物理学、理学院等的"理"都是基于道家的"理"。

关于"变"，在《庄子·天道》篇中有更为新颖的观点：

> 万物化作，萌区有状，盛衰之杀，变化之流也。

对于变化，庄周还认为，万物变化而生，萌生之初便存有各种各样的形状；盛与衰的次第，这是事物变化的流别。也即事物变化如流动，由于在不停地"变动"，原处（来）的"它"就不复存在了。古希腊哲学家赫拉克拉特也是这样认为的，他认为"人不能再次踏进同一条河流"，同样强调的是事物在不停地变化之中。依据这一观点，无论实物还是人类社会制度以及各种道德规范，也都是在不停地变动之中。

在论及"人"的变化时，庄周说：

> （人）一（旦）受其成形，不亡（亦作"忘"）以待尽，与物相刃相靡[1]，其行尽如驰而莫之能止，不亦悲乎！（《庄子·齐物论》）

当然，庄周也不是只讲运动而不言静止，在《庄子·天运》篇中就有对大地静止不动的传统说法的质疑："也就是说天是运动的吗？地是静止的吗？日月都在争夺着它们的处所吗？什么力量主宰着它们的张弛？什么力量维持着它们的运行？什么力量会无缘无故地推动着它们运动？莫非其中有什么机制使它们不得不如此？莫非它们运转起来以后就无法自己停止下来？"[2]

这些对天体运行的思索和疑问，屈原[3]在其《天问》中也提出了关于天地形成的疑问："遂古之初，谁传道之？上下未形，何由考之，冥昭瞢[4]暗，谁能极之？冯翼[5]唯象，何以识之？明明暗暗，唯时何为？阴阳三合[6]，何本何化？"屈原思考的是起源及自然现象，庄周思考的是运动规律。这一疑问直到17世纪末才由伟大的物理学家牛顿给予了科学的解释与描述。

8.1.3 齐物与平等

庄周认为世界万物包括人的品性和感情，看起来是千差万别，归根结底又是

---

[1] 相刃相靡：刃，逆；靡，顺；指互相交接冲突。

[2] 《庄子·天运》：天其运乎？地其处乎？日月其争于所乎？孰主张是？孰维纲是？孰居无事推而行是？意者其有机缄而不得已邪？意者其运转而不能自止邪？

[3] 屈原（约公元前340～前278年），战国时期楚国诗人、政治家。

[4] 瞢（méng）：晦暗无光貌之意。

[5] 冯：盛、大；翼：明，透明。冯翼即广大透明之空间。

[6] 《老子》第42章：万物负阴而抱阳，冲气以为和。

齐一的，这就是"齐物"，也可以说是小异大齐。庄周在《齐物论》中说道：

> 物无非彼，物无非是。自彼则不见，自知则知之。故曰：彼出于是，是亦因彼。彼是，方生之说也。虽然，方生方死，方死方生；方可方不可，方不可方可；因是因非，因非因是。是以圣人不由而照之于天，亦因是也。是亦彼也，彼亦是也。彼亦一是非，此亦一是非。果且有彼是乎哉？果且无彼是乎哉？彼是莫得其偶，谓之道枢。枢始得其环中，以应无穷。"是"亦一无穷，"非"亦一无穷也。故曰：莫若以明。（《庄子·齐物论》）

这里表述了庄周的几个观点：第一是"无此无彼"，这些都会归结为"一"；第二引入了"道枢"，这是万物变化的"枢纽"，万物的变化离不开"枢纽"——道；第三是变化的哲学思想，世上一切都在变化、都在转化。参照一下现代化学，其"枢纽"为原子（当然也包括其外层的电子），一切化学变化（反应）都必须归结到原子的变化组合。这或许会加深我们对庄周思想的理解。

庄周认为人们的各种看法和观点，看起来是千差万别的，论及起来也是各式各样的，但归根结底世间万物是齐一的，各种看法和观点归根结底也应是齐一的。由此推论，没有所谓是非和不同。对事物的认知，只要抓住变化的要害"枢纽"——道，用事物的本然来加以观察和认识才能获得真知。

庄周又说：

> 恶乎然？然于然。恶乎不然？不然于不然。恶乎可？可于可。恶乎不可？不可于不可。物固有所然，物固有所可；无物不然，无物不可。（《庄子·齐物论》）

以道的观点出发，视万物为平等齐一，无所谓贵贱好坏之分。

稷下学宫的学人彭蒙、田骈、慎到也持有与齐物思想类似的观点。

在人类社会中，尤其是在庄周及以前的时代，世人在政治上、社会上是有贵贱之分的，而"贵贱不在己"，即社会文化造成人的"贵贱之分"。如果超越有限，超越人类社会之人为的文化，以无限的视角来观物，即所谓的"以道观之"，那么，世上的万事万物无不齐一。人如果能与道合一，不作分别，就可达到"万物与我为一"的境界。为此，庄周说：

> 以道观之，物无贵贱。以物观之，自贵而相贱。以俗观之，贵贱不在己。以差观之，因其所大而大之，则万物莫不大；因其所小而小之，则万物莫不小；知天地之为稊米也，知豪末之为丘山也，则差数睹矣。以功观之，因其所有而有之，则万物莫不有；因其所无而无之，则万物莫不无；知东西之相反而不可以相无，则功分定矣。以趣观之，因其所然而然之，则万物莫不然；因其所非而非之，则万物莫不非；知尧、桀之自然而相非，则趣操睹矣。……以道观之，何贵何贱，是谓反衍；无拘而志，与道大蹇。何少何多，是谓谢施；无一而行，与道参差。严乎若国之有君，其无私德，繇繇乎若祭之有社，其无私福；泛泛乎其若四方之无穷，其无所畛域。兼怀万物，其孰

承翼？是谓无方。（《庄子·秋水》）

这里庄周的论述具有"相对观"的视野，也就是视角和层次的问题。视角、层次不同，视物也不同。若以道观万物，则"万物齐一"，即万物平等。庄周以道家之哲学观否定了儒家提倡的人类社会中人的差别观，即贵贱有别。

8.1.4 自由与逍遥

有了平等观，随之而来的是自由观。

在《庄子·秋水》篇中记述了庄周拒绝入仕的故事：庄子在濮水钓鱼，楚王派两位大夫前往表达心意（请他做官），（他们对庄子）说："希望能用全境（的政务）来劳烦您。"庄子拿着鱼竿不回头看（他们），说："我听说楚国有（一只）神龟，死的时候已经有三千岁了，国王用锦缎将它包好放在竹匣中，珍藏在宗庙的堂上。这只神龟，（它是）宁愿死去为了留下骨骸而显示尊贵呢？还是宁愿活在烂泥里拖着尾巴爬行呢？"两位大夫说："宁愿活在烂泥里拖着尾巴爬行。"庄子说："你们回去吧！我宁愿（像龟一样）在烂泥里拖着尾巴（活着）。"[1]

从以上记载的庄周不肯入仕的故事，反映了他崇尚自由的性格。这一故事在《太史公书》也有记述：楚威王听说庄周很有才干，便派使者送给他很多钱，并请他做国相。庄周笑着对楚国的使者说："千金之利太重了，国相之位太尊贵了。你难道没看见那祭祀时的牛么？饲养它好几年，还给它穿绣了花的衣服，等到将它拿到太庙来祭神的时候，那牛即便要想做个孤独的小猪，难道可能吗？你还是赶紧回去吧，不要污辱我。我宁愿在污浊的小沟渠中游玩而自寻快乐，也不愿被拥有国家的人所束缚。我愿终身不做官，以便畅快我的志向哩！"[2]

这里叙述了楚威王熊商（公元前340～前329年在位）以国相相许和重金为礼物邀请庄周入仕。庄周将出世入仕比作祭祀中被宰割的牛一样，连个野猪都不如，并认为楚威王召他去做官是对他的侮辱，因而拒绝了聘请。这个故事无论真伪，它道出了庄周酷爱自由而不愿意被"有国者所羁"的志趣。

对于崇尚自由，在《庄子·马蹄》篇（一般认为是庄周弟子所作）中反映了外界对自然而然（自由）的束缚：马，蹄可以用来践踏霜雪，毛可以用来抵御风寒，饿了吃草，渴了喝水，性起时扬起蹄脚奋力跳跃，这就是马的天性。即使有高台正殿，对马来

---

[1] 《庄子·秋水》：庄子钓于濮水，楚（威）王使大夫二人先往焉，曰："愿以境内累矣！"庄子持杆不顾，曰："吾闻楚有神龟，已死三千岁矣。王巾笥而藏之庙堂之上。此龟者，宁其死为留骨乎？宁其生而曳尾于涂中乎？"二大夫曰："宁生而曳尾涂中！"庄子曰："往矣！吾将曳尾于涂中。"

[2] 《太史公书·老子韩非列传》：楚威王闻庄周贤，使使厚币迎之，许以为相。庄周笑谓楚使曰："千金，重利；卿相，尊位也。子独不见郊祭之牺牛乎？养食之数岁，衣以文绣，以入大庙。当是之时，虽欲为孤豚，岂可得乎？子亟去，无污我。我宁游戏污渎之中快，无为有国者所羁，终身不士，以快吾志。"

激荡春秋
——东周之历史、文化与思想

说没有什么用处。等到世上出了伯乐，说："我善于管理马。"于是用烧红的铁器灼炙马毛，用剪刀修剔马鬃，凿削马蹄，烙制印记，用络头和绊绳来拴连它们，用马槽和马床来编排它们，这样一来马便死掉十分之二三了。饿了不给吃，渴了不给喝，让它们快速驱驰，让它们急骤奔跑，让它们步伐整齐，让它们行动划一，前有马口横木和马络装饰的限制，后有皮鞭和竹条的威逼，这样一来马就死数过半了。制陶工匠说："我最善于整治黏土，我用黏土制成的器皿，圆的合乎圆规，方的应于角尺。"木匠说："我最善于整治木材，我用木材制成的器皿，能使弯曲的合于钩弧的要求，笔直的跟墨线吻合。"黏土和木材的本性难道就是希望去迎合圆规、角尺、钩弧、墨线吗？然而还世世代代地称赞他们说，"伯乐善于管理马""陶匠、木匠善于整治黏土和木材"，这也就是治理天下的人的过错啊！

再说马，生活在陆地上，吃草饮水，高兴时颈交颈相互摩擦，生气时背对背相互踢撞，马的智巧就只是这样了。等到后来把车衡和颈轭加在它身上，把配着月牙形佩饰的辔头戴在它头上，那么马就会侧目怒视，僵着脖子抗拒轭木，暴戾不驯，或诡谲地吐出嘴里的勒口，或偷偷地脱掉头上的马辔。所以，马的智巧竟能做出与人对抗的态度，这完全是伯乐的罪过。[①]

对人类社会中的人也同样：被奉为圣人的制定了仁、义、乐、礼等制度和文化，这是对道与德的毁坏。人类原始的自然本性不被废弃，哪里用得着仁义！人类固有的天性和真情不被背离，哪里用得着礼乐！五色不被错乱，谁能够调出文彩！五声不被搭配，谁能够应和六律！分解原木做成各种器皿，这是木工的罪过；毁弃人的自然本性以推行所谓仁义，这就是圣人的罪过！[②]

---

① 《庄子·马蹄》：马，蹄可以践霜雪，毛可以御风寒，龁草饮水，翘足而陆，此马之真性也。虽有义台路寝，无所用之。及至伯乐，曰："我善治马。"烧之，剔之，刻之，雒之，连之以羁馽，编之以皁栈，马之死者十二三矣。饥之，渴之，驰之，骤之，整之，齐之，前有橛饰之患，而后有鞭筴之威，而马之死者已过半矣。陶者曰："我善治埴，圆者中规，方者中矩。"匠人曰："我善治木，曲者中钩，直者应绳。"夫埴木之性，岂欲中规矩钩绳哉？然且世称之曰"伯乐善治马"而"陶、匠善治埴木"，此亦治天下者之过也。

夫马，陆居则食草饮水，喜则交颈相靡，怒则分背相踶。马知已此矣。夫加之以衡扼，齐之以月题，而马知介倪、闉扼、鸷曼、诡衔、窃辔。故马之知而态至盗者，伯乐之罪也。夫赫胥氏之时，民居不知所为，行不知所之，含哺而熙，鼓腹而游，民能以此矣。及至圣人，屈折礼乐以匡天下之形，县跂仁义以慰天下之心，而民乃始踶跂好知，争归于利，不可止也。此亦圣人之过也。

② 《庄子·马蹄》：及至圣人，蹩躠（音bié sǎ，意为步履艰难、勉力行走的样子。这里指勉为其难地、尽力地）为仁，踶跂（音dì qí，意为用尽心力，勉力行之的样子）为义，而天下始疑矣；澶漫为乐，摘僻为礼，而天下始分矣。故纯朴不残，孰为牺尊！白玉不毁，孰为珪璋！道德不废，安取仁义！性情不离，安用礼乐！五色不乱，孰为文采！五声不乱，孰应六律！夫残朴以为器，工匠之罪也；毁道德以为仁义，圣人之过也！

这一观点直接继承了老聃的观点。老聃在《老子》第38章说："失道而后德，失德而后仁，失仁而后义，失义而后礼。"只不过这里的表述更加直接。需要指出的是，这里的"圣人"非老聃所定义的"圣人"，而是战国中后期儒家所推崇的"圣人"。可以说是同名不同谓。

在《庄子·天道》篇中又借老聃之口来表述其批驳儒家之观点。老聃对孔丘说：

夫子若欲使天下无失其牧乎？则天地固有常矣，日月固有明矣，星辰固有列矣，禽兽固有群矣，树木固有立矣。夫子亦放德而行，循道而趋已至矣。又何偈偈乎揭仁义，若击鼓而求亡子焉？噫！夫子乱人之性也！

"天地固有常"等是自然的、天然的；"放德而行，循道而趋"即顺合人及物之性（自然之性）。

除此之外，庄周还喜欢"逍遥"。一切事物顺应其性则可"逍遥"：

列子御风而行，然善也。有五日而后返。彼于致福者，未数数然也。此虽免乎行，犹有所待者也。（《庄子·逍遥游》）

当然庄周这里说的是列子列御寇，并非庄周自己。列御寇御风而行，无风则不得行，故其逍遥有待于风。世上，有的人因富贵而后快，有的人因名誉而后快，有的人因爱情而后快，他们的逍遥有赖于富贵、名誉或爱情。然而列子所"赖"的乃是自然之风，也是顺自然而逍遥吧！

除了"逍遥观"之外，庄周还有"心斋""坐忘"等观念，如果再达到"以死生为一条，可不可为一贯"（《庄子·德充符》），这样就可以实现无所依赖的逍遥，也即绝对自由之逍遥。

若夫乘天地之正，御六气之辨，以游无穷者，彼且恶乎待哉？故曰：至人无己，神人无功，圣人无名。（《庄子·逍遥游》）

"乘天地之正，御六气之辨，以游无穷者"，即与宇宙合一者，能达此境界者：无己，无功，无名，而尤因其无己。周庄又说：

忘年忘义，振于无竟，故寓诸无竟。（《庄子·齐物论》）

这里的"忘"，忘掉的并非无有，而是特忘之而已。

至人神矣。大泽焚而不能热；河汉冱而不能寒；疾雷破山，风振海，而不能惊。若然者，乘云气，骑日月，而游乎四海之外，死生无变于己，而况利害之端乎？（《庄子·齐物论》）

至人无竟不自得，逍遥至极致，这也许就是庄周人生的至高境界吧！庄周的"逍遥"思想赋予想象，超越现实，具有神仙观的倾向。

8.1.5 理想社会与治国

老聃的理想社会是"小国寡民"，庄周的理想社会则是去除并超越人为规范的社会："盛德的时代，不崇尚贤才，不任使能人；国君居于上位如同树巅高枝无心在上而自然居于高位，百姓却像无知无识的野鹿无所拘束；行为端正却不知道把它看作道义，相互友爱却不知道把它看作仁爱，敦厚老实却不知道把它看作忠诚，办事得当却不知道把它看作信义；无心地活动而又互相帮助却不把它看作赐予。所以他们的行为无迹可寻，他们的行事也没有被记载下来或广通行间。"①

至德社会在《庄子·马蹄》篇又有进一步描绘：

> 吾意善治天下者不然。彼民有常性，织而衣，耕而食，是谓同德；一而不党，命曰天放，故至德之世，其行填填，其视颠颠。当是时也，山无蹊隧，泽无舟梁，万物群生，连属其乡，禽兽成群，草木遂长。是故禽兽可系羁而游，鸟鹊之巢可攀援而窥。夫至德之世，同与禽兽居，族与万物并，恶乎知君子小人哉，同乎无知，其德不离；同乎无欲，是谓素朴。素朴而民性得矣。

这里的"素朴"也是继承了老聃之"朴"的概念与观点。

8.1.6 死与葬

庄周是先秦第一个对人之死进行论述的哲学家，这一思想可能继承了道家思想。在《庄子》一书中记述了老聃去世时他生前的朋友秦失去吊唁的情景：

老聃死了，秦失去吊丧，只哭几声就出来了。老聃的弟子问他："你不是我老师的朋友吗？"秦失说："是啊！"弟子又问："你这样来吊祭他，行吗？"秦失回答："这样就可以了。起初我还以为我非常了解你们的老师的，现在才知道并非如此。刚才我进去的时候，看到许多老人像哭自己孩子一样哭他，许多年轻人像哭自己母亲一样哭他。他们之所以聚在这里痛哭，一定有人本不想说什么却情不自禁地诉说了什么，本不想哭泣却情不自禁地痛哭起来。如此喜生恶死是违反常理、背弃真情的，他们都忘掉了人是秉承于自然、受命于天的道理，古时候人们把这种做法称为背离自然的过失。你们的老师应时而生，顺时而死，安于时运，顺从自然和变化，哀伤和欢乐便都不能进入心怀，古时候人们称这样为自然的解脱，就好像解除倒悬之苦。"②

对于吊唁，公元前3世纪，在古希腊流行的犬儒（希腊语：κυνισμός，英语：Cynicism）学派与道家颇有相似之处，他们认为对自己的家乡依依不舍或者悲悼

①《庄子·天地》：至德之世，不尚贤，不使能；上如标枝，民如野鹿，端正而不知以为义，相爱而不知以为仁，实而不知以为忠，当而不知以为信，蠢动而相使不以为赐。是故行而无迹，事而无传。

②《庄子·养生主》：老聃死，秦失吊之，三号而出。弟子曰"非夫子之友邪？"曰："然。""然则吊焉若此可乎？"曰："然。始也，吾以为其人也，而今非也。向吾入而吊焉，有老者哭之，如哭其子；少者哭之，如哭其母。彼其所以会之，必有不蕲言而言，不蕲哭而哭者。是遁穆天倍情，忘其所受，古者谓之遁天之刑。适来，夫子时也；适去，夫子顺也。安时而处顺，哀乐不能人也，古者谓是帝之县（同'悬'）解。"

自己的孩子或朋友的死亡又是何等之愚蠢。

与秦失吊祭老聃时所表述的道家生死观相比，庄周对此生死观表现得更为突出。庄周在其妻子离世后所表现出的行为集中体现了庄周对待"死"的思想：

庄周的好友惠施去吊唁庄周亡妻，他发现庄周正在那里箕踞鼓盆而歌，于是责备庄周："与人居，长子、老身，死不哭亦足矣，又鼓盆而歌，不亦甚乎！"

对此，庄周回应说：

> 不然。是其始死也，我独何能无慨然！察其始而本无生，非徒无生也，而本无形；非徒无形也，而本无气。杂乎芒芴（亦作"芒忽"，同"恍惚"）之间，变而有气，气变而有形，形变而有生，今又变而之死，是相与为春秋冬夏四时行也。人且偃然寝于巨室，而我嗷嗷然随而哭之，自以为不通乎命，故止也。（《庄子·至乐》）

这里有一个关键字"慨"，是有感之意，又有因悲痛而叹息之意。即惠施责备庄周"不哭亦足矣，又鼓盆而歌"，指责庄周这样做太过分（无情）了。不过庄周断然进行了否认："不然。"庄周在其妻死后，开始亦不能无慨然，这是人之情。而后"察其始"等等"是相与为春秋冬夏四时行也"，即以其自然理性化情，最后放弃了"嗷嗷然随而哭之"。就庄周的生死观而言，与秦失并无二致。

庄周的薄葬观不仅表现在自己的理念上、在对他人的观点上，而且他自己也是身体力行，一以贯之的。

公元前286年，庄周快要死的时候，弟子们打算厚葬他。庄周却说："我以天地为椁，以日月为连璧，以星辰为珠玑，以万物为殉物，我什么都有了，还需要什么呢？"弟子们又说："我们恐怕乌鸦老鹰就会叼食您的身体。"庄周说："在地上给乌鸦老鹰吃，埋在地下给蝼蚁吃，不是给这个吃，就是给那个吃。你们为什么只想给蝼蚁吃而不想给乌鸦老鹰吃，你们不是太偏心了吗？"[①]

世界上的事，要求别人并不难，难的是对自己及亲人一以贯之。

在《庄子·秋水》篇里有："道无终始，物有死生，不恃其成。"在《庄子·齐物论》篇则有："方生方死，方死方生；方可方不可，方不可方可；因是因非，因非因是。""人谓之不死，奚益！其形化，其心与之然，可不谓大哀乎？人之生也，固若是芒乎？其我独芒，而人亦有不芒者乎？"这是庄周对生死的看法。庄周在《齐物论》中论述凡物皆无好与不好，凡意见皆无对与不对，这也是《齐物论》的宗旨。以此推演，一切存在之形式，亦皆无不好。所谓死，不过是人的一种存在形式转化为另一种存在形式而已。我们以现在所存在的"生"之形式为可喜，则死后的"死"之新形式亦未尝不可喜。这是庄周对生与死的超然态度。

激荡春秋
——东周之历史、文化与思想

---

① 《庄子·列御寇》：庄子将死，弟子欲厚葬之。庄子曰："吾以天地为棺椁，以日月为连璧，星辰为珠玑，万物为送。吾葬具岂不备耶？何以加此？"弟子曰："吾恐乌鸢之食夫子也。"庄子曰："在上为乌鸢食，在下为蝼蚁食，夺彼与此，何其偏也。"

相比儒家的厚葬与墨家的薄葬，庄周及道家对待死亡显得更为超然。

8.1.7 认知与辩

庄周在《齐物论》中对辩者提出了质疑，究竟孰为是，孰为非？当时的"辩者"真能"明是非"吗？庄周列举了一些常识性知识来责问何为"正"：啮缺问王倪说："你知道万物有所共同肯定的道理吗？"王倪回答说："我怎么知道这些呢！"啮缺又问："你知道你所不知道的东西吗？"王倪说："我怎么知道呢！"啮缺再问："那么万物就没法知道了吗？"王倪说："我怎么知道这些呢！虽然如此，还是让我试试谈一谈这个问题。怎么知道我所说的知不是不知道呢？怎么知道我所说的不知并不是知呢？现在姑且让我问你：人在潮湿的地方睡觉就会腰痛而偏瘫，泥鳅是这样吗？人在树上居住就惊恐不安而发抖，猿猴也是这样吗？这三种动物究竟谁最了解真正舒适的处所呢？人吃牛羊猪狗，麋鹿吃蒿草，蜈蚣吃蚁虫，鹞鹰和乌鸦爱吃老鼠，这四种动物究竟谁知道真正好吃的美味呢？母猿猴与狗头猿相配为雌雄，麋鹿和鹿相交媾，泥鳅和鱼相追尾。毛嫱、丽姬是世人认为最美的人，然而鱼见到她们就潜入水底，鸟见到她们就飞向高空，麋鹿见到她们就疾速奔跑，这四种动物究竟是谁知道天下真正的美色呢？依我看来，仁与义的端倪，是和非的途径，杂乱无章，我怎么能知道它们之间的区别呢！"[①]

对于争辩双方，如何来裁判谁为"真"呢？庄周阐述了自己的观点：

> 既使我与若辩矣，若胜我，我不若胜，若果是也，我果非也邪？我胜若，若不吾胜，我果是也，而果非也邪？其或是也，其或非也邪？其俱是也，其俱非也邪？我与若不能相知也，则人固受黮闇[②]，吾谁使正之？使同乎若者正之，既与若同矣，恶能正之？使同乎我者正之，既同乎我矣，恶能正之？使异乎我与若者正之，既异乎我与若矣，恶能正之？使同乎我与若者正之，既同乎我与若矣，恶能正之！然则我与若与人俱不能相知也，而待彼也邪？（《庄子·齐物论》）

庄周这段论述极具思辨力，有悖论之思维特点。这段论述主要是争论双方如何判断谁为"真"，显然争论双方是不宜作为裁判的。如果是第三方，那么也是

---

① 《庄子·齐物论》：啮（niè）缺问乎王倪曰："于知物之所同是乎？"曰："吾恶乎知之！虽然，尝试言之。庸讵（jù）知吾所谓知之非不知邪？庸讵知吾所谓不知之非知邪？且吾尝试问乎女（rǔ）：民湿寝则腰疾偏死，鳅（qiū）然乎哉？木处则惴栗恂（xún）惧，猨（yuán）猴然乎哉？三者孰知正处？民食刍豢（huàn），麋鹿食荐，蝍（jí）蛆（qū）甘带，鸱（chī）鸦耆（shì）鼠，四者孰知正味？猿猵（biān）狙（jū）以为雌，麋与鹿交，鳅与鱼游。毛嫱、西施，人之所美也；鱼见之深入，鸟见之高飞，麋鹿见之决骤。四者孰知天下之正色哉？自我观之，仁义之端，是非之涂，樊然殽（音xiáo，同"淆"）乱，吾恶能知其辩！"

② 黮（dǎn）暗：指蒙昧、糊涂。

依赖于第三方的主观观点，无论第三方倾向于哪一方或者倾向于双方，或者反对双方，都无法做出正确的裁定。庄周进而论述道：

> 物无非彼，物无非是。自彼则不见，自知则知之。故曰：彼出于是，是亦因彼。彼是方生之说也。虽然，方生方死，方死方生；方可方不可，方不可方可；因是、因非，因非、因是。是以圣人不由而照之于天，亦因是也。是亦彼也，彼亦是也。彼亦一是非，此亦一是非，果且有彼是乎哉？果且无彼是乎哉？彼是莫得其偶，谓之道枢。枢始得其环中，以应无穷。是亦一无穷，非亦一无穷也。故曰：莫若以明。（《庄子·齐物论》）

如果"执一"为"是"，那么天下人的意见还能为"是"吗？正如上述的孰为正处、正味、正色，同一是不能决定的。若不"执一"为"是"，那么天下人的意见皆为"是"。既然皆为"是"，那么也就无须"辩"了。因此，"辩"是不能定是非的。

庄周虽然继承了老聃的思想，但与老聃的思想还是有差异的：庄周的思想中有神仙倾向，而老聃则没有；老聃的思想中有长生之思想，但庄周没有；庄周有生与死的思考与论述，而老聃没有。就治国而言，庄周思想具有近代西方自由主义色彩；老聃则有民主政治之因子。老聃言及用兵及取天下，庄周则没有言及这方面的思想。

8.2 辩者名家

名家在先秦并无此名，先秦时期多称"辩者"。"辩者"在战国时期鹊起也是百家争鸣的结果，它是先秦辉煌灿烂文化中一朵夺目的花朵。它的内容既有哲学方面的思辨，也有类似于西方逻辑学方面的内容。

把这一学派称为"名家"，始于西汉时期的司马谈（卒于公元前110年），其在《论六家要旨》中有："名家苛察激绕，使人不得其反意。"（《太史公书·太史公自序》）。之所以称为"名家"，是因为这一学派中有"名"与"实"之辩，也是广为人知的。但称之为"名家"较之历史上的实际"辩者"的学问而言，该"名家"所概括的范围要狭窄很多。也就是说尽管给这些学者冠以"名家"，但其学说中关于"名"与"实"的学问只是其中一部分，有的是很小一部分。用现代西方知识体系分类，这一学派的学说是与逻辑学相近的，因此才有我国第一代介绍西方现代知识，尤其是科学知识的严复（1854~1921年）曾把穆勒（John Stuart Mill，1806~1873年）的《逻辑体系》（A System of Logic）最初翻译成《名学》。虽然把逻辑学翻译成"名学"并不准确，但在西方哲学家中，无论是古代还是近代，也有与名学类似的思想。如亚里士多德在其《形而上学》中就有个体名和事物与"实体"的关系，以及类名与共相的关系的论述。英国哲学家托马斯·霍布斯（Hobbes，1588～1679年）更是一个十足的唯名论者。他主张除名目之外别无普遍的东西；离了词语，什么概念都不能设想。德国哲学家、数学家莱布尼茨（Gottfried Wilhelm Leibniz，1646～1716年）哲学中的"实体"概念是从"主语与谓语"这个逻辑范畴蜕化出来的。莱布尼茨是微积分的发明者之一，而先秦的辩者则有"一尺之棰，日取其半，万世不竭"（《庄子·天下》）之论述，也正是微积分中极限理论之思想。辩者这一思想也表明了物质是无限可分的。

图25　严复译著《穆勒名学》

有的学者把以"刑名之辩"著称的邓析（约公元前545～前501年）列为名家先驱，但就文献来看，邓析恐怕从事的是诉讼辩护律师一类的工作，他善于研究法律条文的词语、概念、名实关系等，有"刑名之辩"之称，但这基本上是为诉讼实用而研究，非纯粹理论研究，称为辩者是没有什么问题的，但要称其为名家，则有点牵强附会。

先秦最有名的辩者是惠施和公孙龙。

8.2.1　合同异——惠施

惠施（今通称惠子，宋①人，约公元前390～前317年）曾在魏惠王时期任相（约公元前334～前322年），与张仪、苏秦是同时代的政治家。惠施不仅从政为相，且知识广博。在《庄子·天下》篇中有这样的描述："惠施多方，其书五车，其道舛驳，其言也不中。"也就是说惠施懂得多种方术，著书五车，他的道驳杂，言辞也有不当，可惜他的著作没有流传下来。惠施是庄周的好友，在《庄子》一书中记述了他们两人的辩论，从中可以了解惠施的思想。在其他先秦著作如《荀子》《韩非子》《吕览》等中也有记述或引用惠施的言语与思想的。虽然这些引用并不足以反映惠施的全部思想，但我们也可通过这些引用触摸到惠施之学的脉搏。

关于惠施的政治主张，因其没有著作留下来，只能从其他先秦著作中略见一斑。在《吕览·爱类》篇中记有"公之学去尊"，即惠施学说主张废弃尊位，并有"利民岂一道哉"之主张；在《韩非子·内储说（上）》则有"张仪欲以秦、韩与魏之势伐齐、荆，而惠施欲以齐、荆偃兵，二人争之"；在《庄子·天下》篇里记述了惠施的主张："泛爱万物，天地一体也。"由此可以看出惠施的主张与墨家的兼爱非攻主张非常接近。在《庄子·天下》篇里还有："相里勤之弟子，五侯之徒，

---

① 宋：今河南商丘一带。

南方之墨者，苦获，已齿，邓陵子之属，俱诵《墨经》，而倍谲不同，相谓别墨。以坚白、同异之辩相訾（zǐ），以觭偶不忤之辞相应。"① 这里提到"同异"以惠施的"合同异"最为有名，也许惠施的思想源于墨家，也可以说是墨家的一个分支。虽然不能断言惠施属于墨家，但在"天下之言，不归杨则归墨"之后的时代，惠施无疑是受到了墨家思想影响的。

《庄子·天下》篇记录了庄周与惠施的有关辩论，主要有10个命题：

命题一：至大无外，谓之大一；至小无内，谓之小一

原来我们认为宇宙是无限大，数学上称无穷大，用惠施的语言来讲就是"至大无外"。这里的"至小无内"是不是包含有不可再分的意思，但在抽象上是成立的，如几何学上的"点"，可以说是"至小无内"。

命题二：无厚不可积也，其大千里

这里偏向于空间体积，如果没有"厚"，显然是不可能有体积的，但可以有"面积"，也可以"大千里"。这一观念类似于几何学上的"面"，是没有"厚"的，这是一种抽象。

命题三：天与地卑，山与泽平

这是一种观察视野，也是一种相对观思维。如果远离地球，在太空中观察到的山与泽可能会在一个平面之上，这既是视野大小问题，也是相对问题。古人有此视野，或者说想象、抽象力，是非常难能可贵的。

命题四：日方中方睨（ni），物方生方死

这一句话的意思是"太阳刚升到正中，同时就开始偏斜（睨）了；一件东西刚生下来，同时也走向死亡了"。这种看法在一定程度上认识了事物矛盾运动的辩证过程。但惠施利用类推法得出结论"物方生方死"，显然是偏颇的。如果就人而言，其少年、青年是诞生后向"生"的方向发展壮大；过了中年才会向"死"的方向衰弱。惠施所言事物的诞生，也意味着通向死亡的开始，从生死两极而论似乎并没有错误，但惠施忽略了其过程与本质，也就是事物从诞生到发展，从发展到鼎盛而开始衰弱，走向消亡。他无条件地承认"亦彼亦此"，只讲转化而不讲转化的过程与条件，这样就否定了事物的质的相对稳定性。

命题五：大同而与小同异，此之谓小同异；万物毕同毕异，此之谓大同异

这一句是论述万物的"同"与"异"。惠施认为万物中存在着"同"与"异"，而"同"和"异"又可分为"小同异"和"大同异"两种。认识到事物的同与异（不同），这是一般层次上的认知，所认知的同异为小同异；而万物既有其本质的同和

---

① 译文：北方墨者相里勤的弟子，伍侯的门徒，南方的墨者苦获、已齿、邓陵子一派，都诵读《墨经》，但却对《墨经》的阐述与理解不同，进而相互指责对方为非正统墨家。（他们）以坚白、同异的辩论相互指责，用奇偶不合来应对。

特性，或表象的异，这是大同异。譬如动物、植物都有生与死，这是完全相同的一面，但从生到死各有不同，此乃大同异。庄周则从更高的层次认为"万物齐一"，忽略了具体事物的差异。

如前所述，惠施说："至大无外，谓之大一；至小无内，谓之小一。""大一"是说整个空间大到无所不包，不再有外部；"小一"是说物质最小的单位，小到不可再分割，不再有内部。这和墨翟之后的墨家一样，认为物质世界是由微小的不可再分割的物质所构成。万物既然都由微小的物质构成，同样基于"小一"，所以说"万物毕同"；但是由"小一"构成的万物形态千变万化，在"大一"中所处的位置各不相同，因此又可以说"万物毕异"。在万物千变万化的形态中，有"毕同"和"毕异"的"大同异"，也有事物之间一般的同异，就是"小同异"。把事物的异同看作相对的，但又是统一在一起的，这里包含有辩证的因素。

命题六：南方无穷而有穷

战国中期以前，中原诸国对中原的东、北、西有比较清晰的认知，如东至东海。唯对南方，如百越等之南方尚未有清晰的认知，因此有南方似为无穷之悬念。至战国中期，领土的扩展与文化交流，人们方认识到南方亦有海。惠施这里以"无穷"和"有穷"相对比，说明无穷和有穷既对立、有差别，又包含着统一；同时也说明"无穷"与"有穷"这对概念是相对的，人们对于"南方"这个概念的认识也是发展变化的。

命题七：今日适越而昔来

这是惠施提出的一种时空观。这里有一个关键字"昔"，对"昔"不同解读会有不同的结果。昔，通常是"从前、过去"之意，与"今"相对。但也有"昨日"之意，如"昔者疾，今日愈，如之何不吊？"（《孟子·公孙丑（下）》）还有"傍晚"之意，在《春秋谷梁传·庄公七年》解释为"日入至于星出谓之昔"。另外，还通"夕"，作"夜晚"讲。这里的"来"是"归来"之意，是由远及近，是"适"（去）的相对。这句话的意思是"今天白天去越国，傍晚就回来了"。以当时惠施所在国（可能是魏国）与越国并不相邻，战国中期也没有如此快速的交通工具可以当天打个来回。因此，这实际上是不可能的，也就是说惠施所说的事情是不可能存在的。惠施的好友庄周对此不以为然，他在《齐物论》里说："未成乎心而有是非，是今日适越昔至也，是以无有为有；无有为有，虽有神禹，且不能知，吾独且奈何哉？"这句话的关键是没有严格界定时间标准，"昔"是以什么时间点为标准的。昨天相对于今天是"昔"，今天相对于明天也是"昔"。因此，就这一句而言，是概念（名）不精准、确定而导致其辩为诡。如果我们站在"今"这样变动的时间基点上，那么"归来"或"到达"某地时，必是"昔"，也就是相对于变动的"今"过去的都是"昔"。这表明时间在不可逆地驶向未来。从这个意义上讲，这句话体现了惠施对时间流逝与相对性的思考。当然，这里也是名学中的"名"与"实"的关系，"名"作为文字可不变，但其所指的"实"并非一成不变。当然，"名"也不是一成不变的，老聃在《老子》第1章就有"名，可名也，非恒名也"的论述。

命题八：连环可解也

这一句在《庄子·齐物论》有比较清晰的解释："其分也，成也；其成也，毁也。"又说："方生方死，方死方生。方可方不可，方不可方可。"作为连环也会方成方毁，现为连环，则必有非连环，因此说："连环可解也。"

命题九：我知天下之中央，燕之北，越之南是也

这句话初看是谬论。天下之中央如何既在燕之北，又在越之南呢？就战国时期的地理方位而言，以中原为天下中央，燕国在北，越国在南，齐国在东，秦国在西，天在上，地在下。但如果从"至大无外"的"大一"来看，四方上下无穷，天下没有真正的中央；燕越之距离是微不足道的，燕、越、齐、秦、天、地都是相连的。燕之北、越之南、齐之东、秦之西，这些又何尝不是中央呢？

命题十：泛爱万物，天地一体也

惠施的"泛爱万物"与墨翟的"兼爱"有所不同。"兼爱"主要是指人间之爱；而惠施将其扩展至万物，具有更广泛的意义。

惠施的十个命题，主要是对自然界的分析，其中有些含有辩证的因素。他在探索宇宙间万物时，对事物的认知独树一帜，极具抽象思维。

惠施有些命题是和墨翟之后的墨家有争论的。

墨翟之后的墨家运用数学和物理学的常识，对物体的外表形式及其测算方式作了分析、下了定义。在《墨子·经（上）》里有："厚，有所大。"认为有"厚"才能有体积，才能有物体的"大"；而惠施则认为："无厚，不可积也，其大千里。"认为物质（"小一"）不累积成厚度，就没有体积；但是物质所构成平面的面积，是可以无限大的。这里虽然两家都用了相同的汉字"大"，但他们各自的"大"是不同的概念，具有不同的内涵。墨翟之后的墨家曾经严格区分空间的"有穷"和"无穷"，《墨子·经说（下）》里有："或不容尺，有穷；莫不容尺，无穷也。"认为个别区域不容一线之地，这是"有穷"；与此相反，空间无边无际，这是"无穷"；而惠施则有"南方无穷而有穷"，就是说南方尽管是无穷的，但是最后还是有终极的地方。《墨子·经（上）》里有："中，同长也。"墨翟之后的墨家认为"中"（中心点）到相对两边的端点是"同长"的；而惠施则认为："我知天下之中央，燕（当时最北边的诸侯国）之北，越（当时最南边的诸侯国）之南是也。"因为空间无边无际，无限大，到处都可以成为中心。《墨子·经（上）》说："平，同高也。"墨翟之后的墨家认为同样高度叫作"平"；而惠施则认为："天与地卑（接近之意），山与泽平。"因为测量的人站的位置不同，所看到的高低就不一样。站在远处看，天和地几乎是接近的；站在极高、极远处看，山和泽是平的。

8.2.2 坚白石——公孙龙

公孙龙（赵[①]人，卒年不详，约公元前320～前250年），是惠施稍后的著名辩者，著有《公孙龙子》传世，以"白马非马"而广为人知，也因"白马非马"而招致异议。

公孙龙"所以为名者，乃以白马之论"：

> 白马非马。……马者，所以命，形也；白者，所以命，色也；命色者，非命形也，故曰：白马非马。……求马，黄、黑马皆可致；求白马，黄、黑马不可致。……故黄、黑马一也，而可以应有马，而不可以应有白马，是白马之非马，审矣。……马固有色，故有白马。使马无色，有马如已耳，安取白马？故白者，非马也。白马者，马与白也，马与白马也；故曰：白马非马也。……白者不定所白，忘之而可也。白马者，言白定所白也。定所白者，非白也。马者，无去取于色，故黄、黑皆所以应。白马者有去取于色，黄、黑马皆所以色去，故唯白马独可以应耳。无去者，非有去也。故曰：白马非马。（《公孙龙子·白马论》）

上文中，公孙龙通过三点来力求证明"白马非马"这一命题。

第一点是，"马者，所以命，形也；白者，所以命，色也。命色者，非命形也。故曰：白马非马。"若用西方逻辑学术语，我们可以说，这是强调"马""白""白马"三者的内涵不同。"马"的内涵是一种动物，"白"的内涵是一种颜色，"白马"的内涵是一种动物加一种颜色。三者内涵各不相同，所以白马非马。

第二点是，"求马，黄、黑马皆可致；求白马，黄、黑马不可致。……故黄、黑马一也，而可以应有马，而不可以应有白马，是白马之非马，审矣。""马者，无去取于色，故黄、黑皆所以应。白马者有去取于色，黄、黑马皆所以色去，故唯白马独可以应耳。无去者，非有去也。故曰：白马非马。"若用西方逻辑学术语，我们可以说，这是强调"马"和"白马"的外延不同。"马"的外延包括一切马，无颜色上的限定；"白马"的外延只包括白马，有颜色上的限定。由于"马"与"白马"外延不同，所以白马非马。

第三点是，"马固有色，故有白马。使马无色，有马如已耳，安取白马？故白者，非马也。白马者，马与白也，马与白马也；故曰：白马非马也。"这一点似乎是强调，"马"的共相（共相这一哲学名词，简单地说就是一般抽象）与"白马"的共相的不同。马的共相是一切马的本质属性。它不包含颜色，仅只是"马作为马"。这样的"马"的共性与"白马"的共性不同。也就是说，马作为马与白马作为白马不同，所以白马非马。

---

① 赵：今河北邯郸一带。

除了马作为马，又有白作为白，即白的共相。《白马论》中说："白者不定所白，忘之而可也。白马者，言白定所白也。定所白者，非白也。"定所白，就是具体的白色，见于各种实际的白色物体。见于各种实际白色物体的白色，是这些物体所定的，它是未定的白的共性。但是"白"的共相，则不是任何实际的白色物体所定。

庄周对公孙龙的"白马非马"论提出了非议，他说：

> 以指喻指之非指，不若以非指喻指之非指也；以马喻马之非马，不若以非马喻马之非马也。天地一指也，万物一马也。（《庄子·齐物论》）

这里庄周以齐物之哲学观，以"大道"之观点来进行论述，以大道观之，"万物一马也"。

古希腊哲学家亚里士多德在其《形而上学》中也表述了类似的理念。他认为许多人认为有红，那只是因为有许多红的东西。我的脸通常虽是红的，却也可以变成苍白而仍不失其为我的脸。以这种方式就引导出一种结论：一个形容词，其存在乃是有赖于一个专有名词所意味的东西，然而却不能反之亦然。红的性质没有某个主体就不能存在，但是它却可以没有这个或那个主体而存在；同样地，一个主体没有某种性质就不能存在，但是没有这样或那样的性质它却能够存在。

公孙龙除了"白马论"之外，还有一篇论述"白"与"坚"的文章，即《坚白论》。其论证的题目是"坚"与"白"是分离的，也称"离坚白"。其证明分两部分：

第一部分是，假设有坚而白的石。他设问说："坚、白、石：三，可乎？曰：不可。曰：二，可乎？曰：可。曰：何哉？曰：无坚得白，其举也二；无白得坚，其举也二。""视不得其所坚而得其所白者，无坚也。拊不得其所白而得其所坚，得其坚也，无白也。"这段问答式论述是从知识论方面证明坚、白是彼此分离的。有一坚白石，用眼看，则只"得其所白"，只得一白石；用手摸，则只"得其所坚"，只得一坚石。感觉"白"时不能感觉"坚"，感觉"坚"时不能感觉"白"。所以，从知识论方面说，只有"白石"或"坚石"，没有"坚白石"。这就是"无坚得白，其举也二；无白得坚，其举也二"的意思。当然这是由人类感官直接感受到的认知。除了直接感受之外，人类是有高度智商的，是可以经过大脑思考得出"坚白石"的。

第二部分是形上学之辩论。其基本思想是，坚、白二者作为共相，是不定所坚的坚，不定所白的白。坚、白作为共相表现在一切坚物、一切白物之中。当然，即使实际世界中完全没有坚物、白物，坚还是坚，白还是白。这样的坚与白作为共性，完全独立于坚白石以及一切坚白物的存在。坚、白是独立的共相，这是有事实表明的。这个事实是实际世界中有些物坚而不白，另有些物白而不坚，所以坚、白显然是彼此分离的。

一个普通名词，用名家术语说，就是"名"。严格地讲，名有抽象与具体之分，一般与个别之分。具体名词以某类具体事物为外延，以此类事物共有的属性为内涵；抽象名词则不然，只表示属性或共相。由于汉语是孤立语而非屈折语，所以一个具体名词和一个抽象名词在形式上没有区别。由于在汉语文字中，形式上没有这种区分，中国古代哲学家亦未对此进行文字上的区分。因此，指个体的"马"与指共相的"马"没有区别；同样，指个别白物的"白"也与指共相之"白"没有区别。即"马""白"兼指抽象的共相与具体的个体，兼有二种功用。

另外，汉语也没有冠词，所以一个"马"字，既表示一般的马，又表示个别的马；既表示某匹马，又表示这匹马。譬如在英语中可以用a horse和the horse来区分所指的"马"。这样"马"字基本上是指一般概念，即共相，而"某匹马""这匹马"则是这个一般概念的个别化应用。

《庄子·天下》篇提到"以坚白、同异之辩相訾，以觭偶不仵之辞相应。"这里的"坚白"以公孙龙的"离坚白"最为有名，也许公孙龙的思想源于墨家，也可以说是墨家的一个分支。这也足见公孙龙对后世"辩学"的影响。

公孙龙还有一篇《指物论》，这里的关键字是"指"。"指"字的名词之意是"手指"；动词的意义，就是"指明"或者"指向"。公孙龙以"物"表示具体的个别的物，而以"指"表示抽象的共相。公孙龙以"指"表示共相，正是兼用这两种意义。也有的学者认为，在公孙龙的理论中，"指"字与"旨"字相通，"旨"字有相当于"观念""概念"的意思。公孙龙讲到"指"的时候，它的意义实际上是"观念"或"概念"。不过从以上他的辩论来看，他所说的"观念"不是巴克莱（George Berkeley，英国人，1685～1753年）、休谟（David Hume，英国人，1711～1776年）哲学中所说的主观的观念，而是柏拉图（Plato，古希腊人，公元前427～前347年）哲学中所说的客观的观念。

公孙龙之所以被称为"名家"，除了"白马非马"论之外，还在于他对"名"与"实"进行了研究：

> 天地与其所产焉，物也。物以物其所物而不过焉，实也。实以实其所实而不旷焉，位也。出其所位，非位；位其所位焉，正也。……故彼彼止于彼，此此止于此，可。彼此而彼且此，此彼而此且彼，不可。夫名，实谓也。知此之非此也，知此之不在此也，则不谓也。知彼之非彼也，知彼之不在彼也，则不谓也。（《公孙龙子·名实论》）

这里公孙龙把天、地及由其所产生的万物通称为"物"。这里的"物"是一般性概念，我们常说"万物"是表述其繁多，这是汉语的特点。这里的"物以物其所物而不过焉，实也"可以解释为以事物的本质属性来规定所表示的事物，这就是"实"，是事物的内涵。"实以实其所实而不旷焉，位也"这句是指占有时间空间的位置，可以理解为个体。个体有其固有的"位"，这里仍然是限定个体，也可以说是个体的内涵。这样可以区分不同个体，如此马、彼马。如果把个体进行扩展，那这个扩展(外延)并非个体的内涵，所扩展的外延并非原本的个体。个体概念具备并限于其内涵就是正确的概念。"名"是事物的称谓。知道此物而非此物，知道此物已经变化而不是此物了，就不可再以此名来称呼此物；知道彼物而非彼物，知道彼物已经变化而不是彼物了，就不可再以彼名来称呼彼物。这两句话的意思是说事物在变化，而名则相对稳定不变。

8.2.3 名实之辩

惠施和公孙龙有名实之辩，他们是这方面的专家，但并不能说他们是名学的创始人。关于"名"的论述，由来已久，《老子》《论语》和《墨子》等著作或言论都涉及名学。

在《老子》第1章中有"名，可名也，非恒名也"的论述。顺便提一下，这里《老子》中有关"名"的论述，有的学者以此推断《老子》中关于"名"的概念来自"名家"，并据此进一步推断老聃在名家惠施、公孙龙之后。如果我们换一种思维方式，为什么"名家"不是借鉴了道家、儒家或墨家关于"名"的思想呢？我们知道名家代表性人物惠施是道家代表性人物庄周的好友，他们相互探讨学问、相互借鉴也是很自然的。惠施的思想与墨翟(墨家)也极为相似，因此，据上述关于"名"的论述来推断老聃在名家惠施、公孙龙之后显然是武断的。再有，《老子》与老子是不同的，将两者混为一谈是不可取的。

《论语·子路》记述了孔丘执政的首要任务是"正名"。子路曾问孔丘："卫国国君期待您去施政治国，您准备首先做什么？"孔丘回答说："必也正名乎！"孔丘这些论述仅仅是局限于社会领域的"名"，他对"名"并没有做深层次的思考与专门论述。但在孔丘时代，关于"名"的学问及其影响是显而易见的。因此我们可以说，在老聃、孔丘时代就有关于"名"的议论。

墨翟在名实关系上，针对当时儒家礼教惯于取虚名而不实的社会文化现象，提出了"故我曰天下之君子不知仁者，非以其名也，亦以其取也"(《墨子·贵义》)，即天下的君子不知道"仁"，不是因为他不能说仁的名，而是因为他无法择取"仁"的真正含义。墨翟主张以实正名，名副其实。这也是"名"与"实"的问题，只不过是名学在社会领域的应用。

墨家对"名与实"的论述集中在《墨经》中。《墨子·经说(上)》对"名"做了进一步的分层次[类似我们如今所讲的一般概念(名)与个别或专有概念(名)]与论述。"名：达、类、私"，将名分为三类，即达名、类名和私名。在《经说(上)》中又作了进一步解释：

> 名，物达也。有实必待之名也。命之马，类也。若实也者，必以是名也。命之臧，私也。是名也，止于是实也。声出口，俱有名，若姓字俪。

这是从外延上对名进行的划分。达名外延最大，为最高类，包括一切事

激荡春秋
——东周之历史、文化与思想

物。因此，一切事物，包括个体，必用此名："有实必待之名也。"类名外延较达名小，较私名大，相当于通名。如马是指一类事物之"类名"，凡此类的个体用此名："若实也者，止于是名也"。私名外延最小，限制在单一事物上，是专名。"臧"是一个人的名字，即所谓私名。该名仅一个体可用："是名也，止于是实也。"由于外延超出了单一事物，类名和达名所"谓"的对象并不是唯一的，公孙龙的"白马非马"说是与之相对的。由此可见，《墨经》中对名实关系的论述比公孙龙之学说更加成熟。

墨家还注重以恰当的名来称谓事物，在《墨子·经说（上）》中关于"名"与"实"是这样描述的："所以谓，名也。所谓，实也。名实耦，合也。"即"实"为名所指之事物，"合"则是名与实相耦合。对此，《墨经》中又将"类名"称谓用三种方式区分："谓，移、举、加"（《墨子·经说（上）》），接着《经说》解释说："命狗，犬移也；狗犬，举也；叱狗，加也。"狗为幼犬，是犬细分的一种，说狗是犬是对的。这里被墨家称之为"移"，即移犬之名而谓狗。这实质上是"犬"的内涵要大于"狗"的内涵，"犬"包含了"狗"在内。

如果比较一下莱布尼茨的"名学"，就会发现墨家更加精细。莱布尼茨认为词能当主语也能当谓语，例如我们可以说"天空呈蓝色"和"蓝色是一种颜色"。另外有些单词，如固有名称是其中最明显的实例，绝不能充作谓语，只能充作主语或一个关系的各个项之一。这种单词被认为指实体。实体不仅具有这个逻辑特性，而且只要它不被毁灭，恒常存在。一切真命题或者是一般命题，像"人皆有死"，在这种情况，它陈述一个谓语蕴含另一个谓语；或者是个别命题，像"苏格拉底有死"，在这种情况，谓语包含在主语里面，谓语所表示的性质是主语所表示的实体概念的一部分。发生在苏格拉底身上的任何一件事，都能用一个以"苏格拉底"作主语、以叙述这事情的词语作谓语的语句来断言。这些谓语总起来，构成苏格拉底这个"概念"。所有这些谓语按下述意义来讲必然地属于苏格拉底：对某一实体，如果这些谓语不能够真的断言，这实体就不是苏格拉底，而是其他某人。

墨家尽管对概念（名）进行了分类，但对概念（名）的内涵和外延、一般通用名词和个体特指名字还存在着界定不清之处，以至于造成"杀盗，非杀人也"的错误推理：

> 盗，人也；多盗，非多人也；无盗，非无人也。奚以明之？恶多盗，非恶多人也；欲无盗，非欲无人也。世相与共是之。若若是，则虽盗，人也；爱盗，非爱人也；不爱盗，非不爱人也；杀盗，非杀人也，无难矣。（《墨经·小取》）

作为儒家奠基人的孔丘，包括后来的孟轲，在论述"名"时，只是从伦理道德来进行"正名"，并不涉及逻辑方面的论述。同样，孟轲也犯了墨家类似的错误：

齐宣王问曰："汤放桀，武王伐纣，有诸？"孟子对曰："于传有之。"曰："臣弑其君，可乎？"曰："贼，仁者谓之贼；贼，义者谓之残。残贼之人，谓之一夫。闻诛一夫纣矣，未闻弑君也。"（《孟子·梁惠王（下）》）

孟轲把伦理道德低下者称为"一夫"，杀"一夫"（商纣王）就不是杀君。其实无论商王好与坏，其作为商王，也就是"君"是事实，因此，这也犯了逻辑错误。

儒家的思辨，即使在社会领域，也没有摆脱以"伦理正确"为证的论证思维模式。这一问题在孟轲身上尤其突出。他在论述问题时，往往极端伦理化，而不顾甚至颠倒事实。众所周知，周武王姬发是以武力在牧野之战中战胜商王子卒，而不是以德来教化的。但孟轲对这一历史的论述，采用了一种奇特的推理，他说：

尽信《书》，则不如无《书》。吾于《武成》，取二三策而已矣。仁者无敌于天下，以至仁伐不仁，而何其血之流杵也？（《孟子·尽心（下）》）

《武成》是《书》中的一篇，其中有对血腥战争的描写，而孟轲却不相信这些描述。他的理论是"仁者在天下是无敌的，凭借最仁慈的人（周武王姬发）去讨伐不仁的人（商纣王），怎么会血流漂杵呢"？显然，孟轲的认知不是基于事实，而是基于其仁道理论的推演。

无论《墨经》还是孟轲所言，之所以犯此显而易见的错误，究其原因是伦理极端化。这一事实也说明，我国的文化由于往往过度伦理化而使思维和评价标准扭曲，进而影响到科学，包括逻辑学的发展。

战国末年的儒家传人荀况对"正名"进行了专题论述，虽然涉及一些逻辑方面的方法，但终究摆脱不了儒家的伦理道德思想，显得缺少思辨与逻辑性。他在提及"正名"的起源与作用时说：

故王者之制名，名定而实辨，道行而志通，则慎率民而一焉。故析辞擅作名，以乱正名，使民疑惑，人多辨讼，则谓之大奸。（《荀子·正名》）

又说：

故知者为之分别制名以指实，上以明贵贱，下以辨同异。贵贱明，同异别，如是则志无不喻之患，事无困废之祸，此所为有名也。（《荀子·正名》）

显然，无论是与惠施、公孙龙相比，还是与墨家、庄周相比，其思辨性及逻辑性都是相形见绌的。尽管如此，荀况还在《解蔽》篇中抨击"墨子蔽于用而不知文""惠子蔽于辞而不知实"。

先秦诸子百家中，围绕"名"进行辩论，主要集中在墨家和名家之间，其辩论自觉不自觉地涉及逻辑问题，儒家荀况参与了辩论，主要是从伦理道德方面论述，涉及逻辑问题较少。墨翟所注重的则是认识中的逻辑问题，几乎构成了一套系统的逻辑学。名家注重的是语言中的逻辑问题，有时不免流于诡辩，但即便有诡辩也要强于僵化顺从而不辩。由于名家遭到不公平对待，其对后世中国文化的影响甚微。这对中国哲学思辨和逻辑学的进一步发展是一个致命打击。

8.3　稷下学人

稷下学宫是中国乃至世界历史上著名的古代学府之一。战国时期，诸国激烈竞争与百家争鸣的环境催生了稷下学宫，稷下学宫又促进了诸子百家的发展与文化的繁荣。稷下学宫在战国中期由齐国君主设立，是由官方举办、私家主持的特殊学术兼咨询机构。"稷"是齐国国都临淄城（今山东省淄博市）一处城门的名称。"稷下"即稷门附近，因学宫地处稷门附近而得名"稷下学宫"。齐威王时期，以"不飞则已，一飞冲天；不鸣则已，一鸣惊人"的精神，为革新政治，选贤任能，广开言路，进一步扩建了稷下学宫。

稷下学宫在中国学术、思想、教育史上，是一个千载难得一见、蔚为壮观的机构。它作为当时百家学术争鸣的中心园地，有力地促成了天下学术争鸣局面的形成。稷下学宫实行"不任职而论国事""不治而议论""无官守，无言责"的方针，学术氛围浓厚，思想自由，各个学派并存。当时，稷下学宫的学者，无论其学术派别、思想观点、政治倾向，以及国别、年龄、资历等如何，都可以自由发表自己的学术见解。他们互相争辩、诘难、吸收，从而使稷下学宫成为当时各学派荟萃的中心，成为真正体现战国"百家争鸣"的典范。

当时齐国统治者采用了十分优厚的政策，广招学术人才，不少著名学者"受上大夫之禄"，即享有与世传爵位和高官相当的俸禄，允许他们"不治而议论"（《太史公书·田敬仲完列传》）、"不任职而论国事"（《盐铁论·论儒》）。因此，稷下学宫具有学术和政治的双重性质，它既是一个官办的学术机构，又是一个官办的政治顾问团体。

齐宣王（妫姓、田氏，名辟疆，公元前320～前301年在位）时期，采取了更加开明的"趋士""贵士""好士"政策，四方游士、各国学者纷至沓来，鼎盛时期汇集天下学者多达千人。其中"邹衍、淳于髡、田骈、接子、慎到、环渊之徒七十六人，皆赐列第为上大夫，不治而议论"（《太史公书·田敬仲完世家》）。稷下学宫的规模和成就达到顶峰（当然出现滥竽充数现象也不足为奇）。

稷下学宫容纳了当时"诸子百家"中的几乎所有学派，其中主要流派有道、儒、法、名、兵、农、阴阳五行等。对此，司马光在《稷下赋》中评论说："致千里之奇士，总百家之伟说。"稷下学宫的存在并形成百家争鸣的局面，得益于当时良好的社会文化和政治环境，稷下学宫的存在也有力地促进了先秦时期学术与文化的繁荣。可以说，齐宣王对稷下学宫的繁荣与发展作出了巨大贡献。

战国时期的许多著名学者，如慎到（约公元前390～前315年）、申不害（公元前385～前337年）、孟轲（约公元前372～前289年）、淳于髡、彭蒙（约公元前370～前310年）与田骈、尹文（约公元前360～前280年）、接子、季真、环渊（一作娟环、便娟）、田巴、儿说、鲁仲连、邹（驺）衍（约公元前324～前250年）、驺（邹）奭、荀况（公元前313～前238年）等，都曾为稷下学宫的学士。在此期间，学术著作相继问世，如《宋子》《田子》《蜗子》《捷子》等，今已佚失。另《管子》《晏子春秋》《司马法》《周官》等书之编撰，亦有稷下学士参与。稷下学宫的学术成就以黄老之学最为著名。

稷下学宫还具有培养人才、传播文化知识的功能，其在教育史上的影响也是巨大的。作为教育功能，与后代学校相比，它既有一般学校的特点，又有历史的独特性。首先学宫具有规模宏大的校舍条件，"开第康庄之衢，高门大屋尊崇之"（《太史公书·孟子荀卿列传》），说明校舍建在交通要道，并且相当宏伟壮观。稷下学宫师生众多，兴盛时多达"数百千人"。如此众多师生济济一堂，定期举行教学活动，这在中国文明史上是绝无仅有的，即使是与现代的学府、研究机构相比，也毫不逊色。其次，稷下学宫有较严格的规章制度。根据郭沫若的考定，《管子·弟子职》篇是稷下学宫的学生守则，里面从饮食起居到衣着服饰，从课堂纪律到课后复习，从尊敬老师到品德修养，都规定得详细严格。由此可见，当年稷下学宫的规章制度也是健全、严格的。

令人遗憾的是，稷下学宫的学人著述无数，科成百家，但除了孟轲的《孟子》、荀况的《荀子》等儒学著作和一些不严格涉及政治的，如医药学等著作，其余个人著作几乎遗失殆尽。

8.3.1 法家先驱——慎到

慎到（赵人，约公元前390～前315年）在齐宣王时期，与田骈、接子、环渊等同为稷下学宫的学者。《太史公书》记载说他有"十二论"，《汉书·艺文志》在法家类著录了《慎子》四十二篇。现仅存有《慎子》中的《威德》《因循》《民杂》《德立》《君人》五篇，《群书治要》里有《知忠》《君臣》两篇。慎到是源于道家的法家创始人之一，《太史公书》称他专攻"黄老之术"。

在《慎子》（不能确定此书是不是后世伪作）一书中也记载了慎到类似道家的思想：

> 鸟飞于空，鱼游于渊，非术也（自然而然也①）。故为鸟为鱼者，亦不自知其能飞能游。苟知之，立心以为之，则必坠必溺。犹人之足驰手捉，耳听目视，当其驰捉听视之际，应机自至，又不待思而施之也。苟须思之而后可施之，则疲矣。是以任自然者久，得其常者济。（《慎子》，"守山阁丛书"本，第13页）

由此可以了解到慎到的道家思想。这里对"术"和自然属性进行了规定，"鸟飞于空，鱼游于渊，非术也。"鸟能在空中飞翔，鱼能在水中游荡，这些都不是"术"，而是其固有的自然功能与属性。如把此道理用于人生处理事务，因其自

---

① 《无能子》第14页，王明校注，中华书局，1981。

然，则任其自然而然。

在《庄子·天下》篇里记述了慎到的有关思想：

慎到弃知去己而缘不得已，泠汰万物以为道理。曰："知不知，将薄知而后邻伤之者也。"謑髁①无任，而笑天下之尚贤也！纵脱无行，而非天下之大圣，椎拍輐②断，与物宛转，舍是与非，苟可以免，不师知虑，不知前后，魏然而已矣。推而后行，曳而后往，若飘风之还，若羽之旋，若磨石之隧。全而无非，动静无过，未尝有罪。是何故？夫无知之物，无建己之患，无用知之累，动静不离于理，是以终身无誉。故曰："至于若无知之物而已。无用贤圣，夫块不失道。"

这是慎到关于认知方面的观点，即弃置智巧，去除自我，顺应事物的必然。"知不知，将薄知而后邻伤之者也。"这里有学者建议"邻"宜读为"怜"。关于"知不知"，在《老子》第71章里有"知'不知'，上；不知'不知'，病"的表述。

世间有知之人，也实为可薄且可怜伤。然而，此等有知识之人，也正是世俗所谓的圣贤。世俗认为人之所知愈大，则认为其为圣贤也愈大。如果达到"知'不知'"之境界，则"謑髁无任，而笑天下之尚贤"，这与老聃的"不尚贤"有衔接之处。"纵脱无行，而非天下之大圣"，老聃则说"夫唯病病，是以不病。圣人不病，以其病病"（《老子》第71章）。

慎到言及"无知之物"，如何才会成为无知之物呢？通过"无建己之患，无用知之累"达成。"无知之物"之行动，"不师知虑，不知前后，魏然而已矣。推而后行，曳而后往，若飘风之还，若羽之旋，若磨石之隧"。完全"缘不得已"而"与物俱往"。这样的"无知之物"用"块"代替，"块"为真正无知之物，这样的"块""不失道"。

老聃常言及婴儿作比喻，婴儿虽然无智识的知识（Intellectual knowledge），但婴儿绝非"无知之物"。老聃的"知"是要"知其雄，守其雌；知其白，守其黑；知其荣，守其辱"（《老子》第18章）。因此，慎到的"无知之物"与老聃、庄周之学还是有区别的，而老聃、庄周的理想人格自然也不是慎到的"块"。

慎到在论及"静"时说"动静不离于理"的"理"，在《庄子·秋水》篇里有："万物一齐，孰短孰长？……是所以语大义之方，论万物之理也。"这里的"理"应该是自然规律、属性之意。《管子·四时》篇有："是故阴阳者，天地之大理也。"这些都是宋代理学的先驱，但宋代之理学的归结不是自然规律或属性，而是人为伦理教条。

慎到有关君主统治（领导）的思想被战国末期的法家集大成者韩非所吸收，作

① 謑髁（xǐ kē）：不正直的样子。

② 輐（wàn）：圆；指无棱角的样子。

为帝王统治术之一而受到重视。

> 慎到曰："贤人面于不肖者，则权轻位卑也。不肖而能服于贤者，则权重位尊也。尧为匹夫，不能治三人。而桀为天子，能乱天下。吾以此知势位之足恃，而贤智之不足慕也。夫弩弱而高者，激于风也。身不肖而令行者，得助于众也。尧教于隶属，而民不听；至于南面而王天下，令则行，禁则止。由此观之，贤智未足以服众，而势位足以诎贤者也。"（《韩非子·难势》）

对于统治，慎到非常重视"势"的作用。他认为即使作为大贤人的尧，如果没有"势"，连三个人都统治不了。在解释这一主张时，慎到同样采取了道家所惯用的利用自然规律（现象）——夫弩弱而高者，激于风也——进行说明。

慎到重"势"的思想在荀况的思想中也占有一定地位，荀况在《荀子·王霸》篇中说：

> 国者，天下之制利用也；人主者，天下之利势也。得道以持之，则大安也，大荣也，积美之源也；不得道以持之，则大危也，大累也，有之不如无之，及其綦也，索为匹夫不可得也，齐湣(mǐn)[①]、宋献[②]是也。故人主，天下之利势也，然而不能自安也，安之者必将道也。

韩非作为荀况的学生，当然也有重"势"之思想。

关于"势"这一观念，在《慎子》一书中还用到宇宙观上，其中有："天形如弹丸，半覆地上，半隐地下，其势斜倚。"

这里用弹丸比喻天，明确地表达出作者认为天体是球形的；"半覆地上，半隐地下"，就是讲天大地小，天覆盖、包围着地。也就是我们今天所说的"盖天说"。

这里值得注意的是"其势斜倚"，参考地球自转与地球轨道（黄道）图就会发现，地球的自转是有倾斜角的。这里的"势"可以理解成"态势"，也可理解为"势力"。如果作为"势力"理解的话，那么这就有了某种力造成了地球的"倾斜"。当然，我们不能把这一"势力"理解为牛顿的万有引力，但的确包含有力的因素。

8.3.2 原动之辩——接子与季真

接子与季真大约与慎到同时，同为稷下学者，但其著作没有流传下来，相关记载也没有。从现有的文献来看，接子为曹姓接氏，真名失考。关于季真的记载也不详，在《荀子·成相》篇有"慎、墨、季、惠，百家之说，诚不祥"的记述，此处的"季"应该是指季真。

作为稷下学者，接子并不赫赫有名，但其一理论却是开创性的，那就是"接

---

① 齐湣：即齐闵王田地，公元前301～前284年在位。
② 宋献：即宋康王，又称宋王偃，名偃，公元前329～前286年在位。

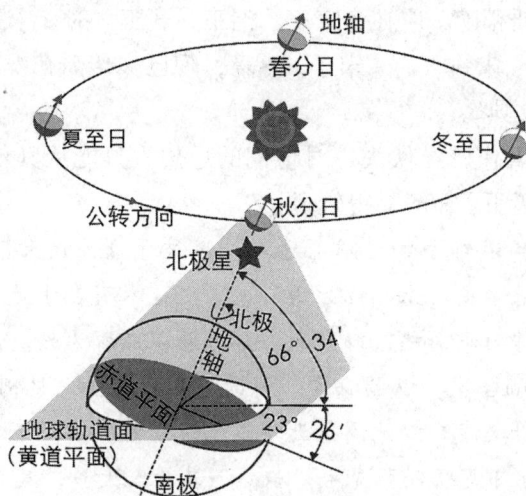

图26 地球自转与地球轨道(黄道)图

子之或使"(《庄子·则阳》)。接子认为"万物之动或有某种力量使之然"，这是对宇宙万物原动力的思考，也可以说是历史上第一人。

与接子"或使"观点相对立的是季真，他的主张是"莫为"。关于这一学说，《庄子·则阳》篇有评论：少知问大公调：季真的"莫为"(宇宙没有推动者)和接子的"或使"(宇宙有主使者)，哪一种说法正确？大公调回答说：说宇宙有主使者和说宇宙没有推动者都未免陷于物质化，终究是有偏差的。说有主使者，就陷于实际；说没有推动者，就陷于虚无。两种说法都足以扩大人们的疑惑。大公调认为，"或使"说与"莫为"说一样，各执一偏，都没有脱俗于物，对道来说都是不妥当的、错误的，都不符合老聃的"大道"。

之所以说接子与季真之学说是破天荒的，是因为这一问题一直困扰着人类。当伟大的物理学家牛顿发现了万有引力定律后，人类开始探索宇宙之始动问题。当然牛顿并没有解决这一问题，最后他把这一问题交给了上帝。

8.3.3 道心墨行——宋钘与尹文

宋钘(jiān)(又称宋轻或宋荣，约公元前370~前291年)和尹文(齐人，约公元前360~前280年)均游学稷下学宫，属道家学派学者。孟轲很尊敬宋钘，称之为"先生"；《庄子·天下》篇里也称他为"先生"。可知宋钘当时是非常受人尊敬的学者。《吕览》中的"正名"一节中记载有尹文与齐湣王的对话。燕伐齐之战，齐湣王死，尹文出逃，经谷(齐邑，今山东东阿)到了卫国(今河南濮阳一带)。很可能在齐襄王复国时[1]，他又回到稷

---

[1] 齐襄王复国，指公元前279年，齐将田单攻破燕军，从莒城迎接齐襄王回都城临淄(今山东淄博)。

下学宫。尹文比宋钘稍晚，应在齐宣王、湣王、襄王之时。宋钘、尹文在稷下学宫居住的时间较长。宋钘著有《宋子》18篇，现已失传。荀况在其《政论》篇说宋钘"立师说，成文典"。

由于宋、尹的著作已经佚失，对他们的思想，只能从其他先秦著作中了解到。其中，《庄子·天下》篇解释得较多：

> 不累于俗，不饰于物，不苟于人，不忮于众，愿天下之安宁，以活民命；人我之养，毕足而止，以此白心。古之道术有在于是者，宋钘、尹文闻其风而悦之。作为华山之冠以自表，接万物以别宥为始。语心之容，命之曰"心之行"。以聏合欢，以调海内。请欲置之以为主。见侮不辱，救民之斗，禁攻寝兵，救世之战。以此周行天下，上说下教。虽天下不取，强聒而不舍者也。故曰：上下见厌而强见也。虽然，其为人太多，其自为太少，曰："请欲固置五升之饭足矣。"先生恐不得饱，弟子虽饥，不忘天下，日夜不休。曰："我必得活哉！"图傲乎救世之士哉！曰："君子不为苛察，不以身假物。"以为无益于天下者，明之不如己也。以禁攻寝兵为外，以情欲寡浅为内。其小大精粗，其行适至是而止。

宋钘、尹文要"周行天下，上说下教"，其目的为"愿天下之安宁，以活民命"，且"不忘天下，日夜不休"。天下之所以不得安宁，是因为有"民之斗"与"世之战"。

"民之斗"是个人与个人间之冲突。为此，宋钘、尹文提出了"见侮不辱，救民之斗"。荀况在其书中也有所记述：

> 子宋子曰："明见侮之不辱，使人不斗。人皆以见侮为辱，故斗也。知见之为不辱，则不斗也。"（《荀子·正论》）

宋钘认为了解了受欺侮并不是耻辱的道理，人们就不会有杀斗了。

尹文、宋钘又有"语心之容，命之曰'心之行'"之观点。《荀子·正论》中也记述了这一观点：

> 今子宋子则不然，独诎容为己，虑一朝而改之，说必不行矣。譬之，是犹以砖涂塞江海也，以焦侥而戴太山也，蹎跌碎折，不待顷矣。

尹文、宋钘认为争强好胜并非人心的自然趋向，而是"语心之容"，也即"心之行"。韩非的解读为"宋荣之宽"（《韩非子·显学》）。接下来就可以推论，人若能够认识到这些，则不会相互敌视恶见，人与人之间也就不会争斗，国与国之间也就不会发生战争。尹文、宋钘这方面的心理学也许是明代王阳明"心学"的先驱。

宋钘、尹文对于战争主张"禁攻寝兵"，同时躬身力行"救世之战"：

> 宋钘将之楚，孟子遇于石丘，（孟子）曰："先生将何之？"（宋钘）曰："吾闻秦楚构兵，我将见楚王说而罢之。楚王不悦，我将见秦王说而罢之。二王我将

激荡春秋
——东周之历史、文化与思想

有所遇焉。"（孟子）曰："轲也请无问其详，愿闻其指。说之将何如？"（宋钘）曰："我将言其不利也。"（《孟子·告子（下）》）

从宋钘、尹文的"不忘天下，日夜不休"到"禁攻寝兵"，且躬身力行"救世之战"，可以看出他们深受墨家的影响，也可以说他们是融入墨家思想的道家。

宋钘、尹文学派的"不累于俗，不饰于物，不苟于人，不忮于众，愿天下之安宁以活民命；人我之养，毕足而止，以此白心"观点与杨朱观点颇为近似，其"不饰于物"却与儒家形成了鲜明对比。儒家总是喜欢文饰过市，彰显与他人的区别。

宋钘、尹文学派在认识论方面主张"接万物以别宥为始"（《庄子·天下》），意思是说，人们接触事物以前，思想上不要带主观的"框框"，不能对事物先验地作出判断；否则，带着"框框"去看问题，往往会把事情搞错。就认识论而言，这无疑是正确的，也是认识新思维的正确方法。

宋钘有"情欲寡"的观点：

> 子宋子曰："人之情欲寡，而皆以己之情欲为多，是过也。"故率其群徒，辨其谈说，明其譬称，将使人知情欲之寡也。（《荀子·正论》）

宋钘认为人的本来欲望很少，因此他也四处宣传其主张，力劝人少欲。人在出生之时、孩童时期，欲望是很少的；等到成长起来后，欲望的多寡则是取决于当时的文化氛围与熏陶。一个充满欲望的时代，其民众也多欲；一个清心和谐的年代，其民众也少欲。

8.3.4 仁政王道——孟轲

关于孟轲（今通称孟子，邹①人，字子舆，约公元前372～前289年）生平，司马迁是这样介绍的：

> 孟轲，邹人也。受业子思之门人。道既通，游事齐宣王，宣王不能用。适梁，梁（魏）惠王不果所言，则见以为迂远而阔于事情。当是之时，秦用商君，富国强兵。楚魏用吴起，战胜弱敌。齐威王、宣王用孙子、田忌之徒，而诸侯东面朝齐。天下方务于合纵连衡，以攻伐为贤。而孟轲乃述唐（尧）、虞（舜）、三代（夏商周）之德。是以所如者不合。退而与万章之徒，序《诗》《书》，述仲尼之意，作《孟子》七篇。（《太史公书·孟子荀卿列传》）

孟轲是齐宣王、梁惠王时代的人，与孔丘一样，想在二王之下谋职，均未得到重用，最后返回母国，专注儒术。

孟轲在政治上提出了"王道"和"仁政"，其性善论学说对后世有较大影响，也是其学说的最突出特点。孟轲在宋代之前并无显赫名声，直到南宋时朱熹（公元1130～1200年）将《孟子》与《论语》《大学》《中庸》合在一起称"四书"，孟轲才登上

---

① 邹：今山东邹城东南。

"亚圣"之位，其学说与孔丘儒术合称"孔孟之道"。自此直至清末废除科举制度，"四书"一直是科举必考内容。

四心与四端

孟轲的"人皆有不忍人之心"广为人知，他说：

> 人皆有不忍人之心。先王有不忍人之心，斯有不忍人之政矣。以不忍人之心，行不忍人之政，治天下可运之掌上。（《孟子·公孙丑（上）》）

这里孟轲提出了"人皆有不忍人之心"，进而提到"先王有不忍人之心"。显然在这里孟轲犯了逻辑错误。从"人皆有不忍人之心"可推断出商王子卒也有"不忍人之心"。当然，有一个时王——齐宣王——孟轲是当面称道过其有"不忍人之心"的。

对"不忍之心"，孟轲又进一步解释为"恻隐之心"：

> 今人乍见孺子将入于井，皆有怵惕恻隐之心。非所以内交于孺子之父母也，非所以要誉于乡党朋友也，非恶其声而然也。由是观之，无恻隐之心，非人也。（同上）

除了"恻隐之心"，孟轲还提出了其他三心，即"羞恶之心""辞让之心"和"是非之心"。关于三心，孟轲说：

> 无羞恶之心，非人也；无辞让之心，非人也；无是非之心，非人也。（同上）

这"四心"是人的四种心理状态，也是孟轲认为的"人心"。"四心"进而又被孟轲定义为"仁、义、礼、智"之端，他说：

> 恻隐之心，仁之端也；羞恶之心，义之端也；辞让之心，礼之端也；是非之心，智之端也。（同上）

孟轲的"四端"作为判断人的四个标准，犹如人的四肢。

> 人之有是四端，犹其有四体也；有是四端，而自谓不能者，自贼者也；谓其君不能者，贼其君者也。凡有四端于我者，知皆扩而充之矣。若火之始然，泉之始达。苟能充之，足以保四海；苟不充之，不足以事父母。（同上）

孟轲对"仁、义、智、礼、乐"之实进行了解释：

> 仁之实，事亲是也；义之实，从兄是也；智之实，知斯二者弗去是也；礼之实，节文斯二者是也；乐之实，乐斯二者。（《孟子·离娄（上）》）

在这一系列伦理理论基础上，孟轲提出了其最高伦理之人——圣人：

> 圣人，人伦之至也。（同上）

人是一种高级智能动物，以伦理道德而论，无论其心是否有孟轲的"四心"，无论是好人还是坏人，他们终究是人。也可以说，孟轲论述的是"伦理人"，而非自然动物之人。若以伦理道德作为判断是否为人的依据，则人在一个时代可能是人，在另一个时代可能就不是人，因为伦理道德是随着时代变迁而变化的。各民族、各地区，即使是同一时代，其伦理道德也是不同的。这就带来如下问题：

激荡春秋
——东周之历史、文化与思想

远古蛮荒时代的人类是不是人？与孟轲同时代的欧洲人是不是人？今日之国人、欧洲人、美洲人是不是人？

孟轲只讲有无"恻隐之心"，并没有言及行动，如对落入井中的儿童是救还是不救？依照孟轲的说法，如果一个人有"恻隐之心"或者标榜其怀有强烈的"恻隐之心"，但对落难陷入危险即使袖手旁观，那他也是孟轲称赞的人。也许在孟轲眼里，施救这个行动本身不重要，重要的是要有"恻隐之心"。也就是说，判断是不是人的依据是心理状态而非行动。遇到危险时，同类禽兽是否具有孟轲所说的"恻隐之心"我们不得而知，但它们常常会施救。不但同类，甚至异类之间有时也会施救。我们之所以不能称这些禽兽为人，或许是它们没有孟轲所谓的"恻隐之心"吧！

以孟轲定义及理论类推，只要是口头上表述自己多么有"四心"，就是大写的人，一个道德高尚的人。如此成为社会风范，那么无疑会造成人言虚伪，只注重言谈，不注重实效。

关于人之所以为人，孟轲又进一步分析说：

> 人之所以异于禽兽者几希，庶民去之，君子存之。舜明于庶物，察于人伦，由仁义行，非行仁义也。（《孟子·离娄（下）》）

人区别于禽兽的地方只有很少一点点，普通老百姓丢弃了它，君子保留了它。舜知晓俗世庶物，明察人伦关系，因此能依仁义之心行事，而不是施行仁义之事。就舜而言，是不是心存孟轲所说的仁义之心不得而知，但普通老百姓肯定是人，即便是小人。

性善

孟轲的学说以"人性善"而著称，也是其论人的出发点。孟轲的弟子告子对其"人性善"学说提出了异议：

> 告子曰："生之谓性。"孟子曰："生之谓性也，犹白之谓白欤？"（告子）曰："然。"（孟子）曰："羽之白也，犹白雪之白？白雪之白，犹白玉之白欤？"（告子）曰："然。"（孟子）曰："然则犬之性犹牛之性，牛之性犹人之性欤？"（《孟子·告子（上）》）

人性或者兽性是人或兽之本质特性之一，而白则是事物的表象特性之一，两者不可同类而论。关于"白"，公孙龙有著名的离坚白论，对这个概念作了详细分析。牛因为不与人同类，故其性亦与人相异。牛与狗虽属兽类，但它们也不尽相同。按照孟轲的观点，如果人失其性，则与禽兽相同。但反过来，如果禽兽失去其性是不是会变成与人相同呢？显然不会。人与禽兽最根本的区别是人有高级智慧和自身文明的进化，而禽兽则鲜有。

告子还进一步论述其人性观：

> 告子曰："性犹杞柳也，义犹桮棬也，以人性为仁义，犹以杞柳为桮棬。"
>
> 告子曰："性犹湍水也，决诸东方则东流，决诸西方则西流。人性之无分

于善不善也，犹水之无分于东西也。"

告子曰："性无善无恶也。"（《孟子·告子（上）》）

告子的观点是"性无善无恶"，孔丘在论述"性"时，只是说"性相近也，习相远也"（《论语·阳货》），并未表明"性"之善与恶。战国末年的儒学大家荀况则提出了与孟轲截然相反的"性恶论"。由于孟轲自宋代之后在儒家中享有"亚圣"之地位，也就有了对幼儿进行"启蒙"教育的《三字经》的首句："人之初，性本善；性相近，习相远。"

政经观与王论

在论及春秋战国时期的政治时，对先王的态度是一个绕不开的问题。对孟轲而言，也不例外。他说：

离娄①之明，公输子②之巧，不以规矩，不能成方圆。师旷③之聪，不以六律，不能正五音。尧、舜之道，不以仁政，不能平治天下。今有仁心仁闻，而民不被其泽，不可法于后世者，不行先王之道也。故曰：徒④善不足以为政，徒法不能以自行。《诗》云："不愆⑤不忘，率由旧章⑥。"遵先王之法而过者，未之有也。（《孟子·离娄（上）》）

这一段论述有两个要点，一是论述"仁政"的重要性，犹如成方圆所用的"规矩"，是圣王实现治天下必需的用具。二是其归属点，即"遵循前代先王的法度而犯错误的，是从来没有过的"，也就是说提倡"法先王"。那么，先王是谁呢？这里孟轲提及了尧和舜。孔丘弟子子贡问孔丘："如有博施于民而能济众，何如？可谓仁乎？"孔丘回答说："何事于仁，必也圣乎！尧舜其犹病诸！"（《论语·雍也》）也就是说："如果有人普遍照顾百姓，又能确实济助众人，这样如何呢，可以算是仁人吗？"孔丘回答说："这样何止是仁人，一定要说的话，已经是圣人了，连尧、舜都会觉得难以做到了！"孔丘的言外之意是尧、舜尚未达到圣人的标准。尧、舜在孔丘心目中尽管非常伟大，但也只是孔丘心目中的准圣人。对于舜的治国，孔丘是这样说的："无为而治者，其舜也与？夫何为哉？恭己正南面而已矣。"（《论语·卫灵公》）也就是说舜的治国方略是"无为而治"，他只是庄严端正地坐在朝廷的王位上罢了，什么也不做。

但到了孟轲这里，就成了"尧舜之道，不以仁政，不能平治天下"，也就是

---

① 离娄：传说是黄帝时候的人，可以于百步之外见秋毫之末。

② 公输子：即鲁班，手艺很好，春秋末年的能工巧匠。

③ 师旷：春秋时的著名乐师。

④ 徒：仅有。

⑤ 愆（qiān）：过失之意。

⑥ 此句出自《诗·大雅·假乐》。

说他们之所以能够"平治天下"是因为他们采取了孟轲提倡的"仁政"治国理念。这些先王具体是如何治国、平治天下的，我们不得而知。孟轲并没有列举先王做过什么，也没有列举先王之言，只是将他自己的"仁政"治国理念与道德标准粘贴到尧舜名上进行论证。可以说，有些人为宣扬自己的理念，利用国人崇尚祖先的情怀，把自己的观点嫁接到他们身上，这些先祖的品德和功绩随着时代的变化而变化，是后人站在自己的立场上，依据自己的观点与需要添加的。

需要进一步指出的是，如前所述，"仁"之观念直到春秋中晚期才变得比较突出。"仁"不见于西周之前，何况是传说中的尧舜时代呢！

对先王之评述，孟轲又说：

> 尧、舜，性之也；汤、武，身之也；五霸，假之也。久假而不归，恶知其非有也。（《孟子·尽心（上）》）

夏代之前先王们的事迹，多为传说，真实的历史并不清楚。即使是"三王"，如商汤和周武王姬发，在先秦文献中所记述的也与孟轲的描述相差甚远。按照孟轲的说法，尧、舜之所以成为圣王是因为实行了仁政，孟轲所要论证的无非是平治天下就必须实行他所提倡的仁政。这里孟轲指责"五霸，假之也"，那孟轲又何尝不是"假之"呢？对此，荀况曾尖锐地抨击孟轲是"略法先王而不知其统，然而犹材剧志大闻见杂博"（《荀子·非十二子》）。

孟轲是如何向君主推荐其仁政治国理念的呢？可以从《孟子·梁惠王（上）》记述的他与齐宣王的对话中找到答案。

> （齐宣王田辟疆问孟轲）曰："德何如则可以王矣？"（孟轲）曰："保民而王，莫之能御也。"（齐宣王）曰："若寡人者，可以保民乎哉？"（孟轲）曰："可。"（齐宣王）曰："何由知吾可也？"（孟轲）曰："臣闻之胡龁曰：王坐于堂上，有牵牛而过堂下者，王见之，曰：'牛何之？'对曰：'将以衅钟。'王曰：'舍之！吾不忍其觳觫，若无罪而就死地。'对曰：'然则废衅钟与？'曰：'何可废也，以羊易之。'不识有诸？"（齐宣王）曰："有之。"（孟轲）曰："是心足以王矣。百姓皆以王为爱也，臣固知王之不忍也。"

齐宣王问孟轲有什么样的"德"才能成为（天下之）王呢？孟轲回答说："只要你能保护老百姓，没有什么可以阻止成为（天下之）王的。"齐宣王又问："如果是我，可以保护民众吗？"这时孟轲举了一个齐宣王不忍心看老百姓拿牛祭祀的故事：大王看到被用于祭祀的牛那恐惧发抖的样子时，便不忍心用它去祭祀，于是让人用羊替换了牛去祭祀。老百姓在评价此事时说齐宣王太吝啬了，而孟轲却是这样解释的："这样的心就足以行王道以统一天下了。老百姓都以为大王是吝啬，我确实知道您是出于一种不忍之心。"也就是孟轲提倡的"不忍之心"。

后来孟轲又说："无伤也，是乃仁术也，见牛未见羊也。君子之于禽兽也：见其生，不忍见其死；闻其声，不忍食其肉。是以君子远庖厨也。"意思是说：

"不要紧，您这样做正体现了仁心，（原因在于您）看到了牛而没看到羊。君子对于飞禽走兽：看见它们活着，便不忍心看它死；听到它们叫声，便不忍心吃它们的肉。所以君子要离厨房远远的。"然而，君子仅仅远离厨房是远远不够的，关键要看他是否杀生与食肉。

从孟轲与齐宣王的对话中我们可以看出，齐宣王脑海中的"德"是成为天下之王的条件，也就是传统观念中称王必须具备"德"，即"德"观。而孟轲则通过齐宣王不忍心看老百姓拿牛去祭祀的故事得出了齐宣王很有"仁心"，怀"仁心"行"仁术"便可成为"天下之王"。孟轲成功地调换了概念，把齐宣王的问题"德"调换成了"仁"。"德"在春秋之时，基本上为王者专用。无奈春秋之后，作为王者的周天子威望（德望）几乎丧失殆尽，取而代之的是周王朝的德。正如公元前606年，当楚庄王问九鼎之轻重时，周王室官员则宣称要取天下"在德不在鼎"，而且不忘宣称"周德虽衰，天命未改"。

孟轲提出的实现王天下的方略是怀仁心（不忍之心），施仁术。如果按照他的方略治国，得天下则易如反掌：

> （孟轲）曰："管仲，曾西之所不为也，而子为我愿之乎？"（公孙丑）曰："管仲以其君霸，晏子以其君显。管仲、晏子犹不足为与？"（孟轲）曰："以齐王，由反手也。"（《孟子·公孙丑（上）》）

只可惜齐宣王并没有易如反掌地成为"天下之王"，这可能是齐宣王的"仁心"不足、"仁术"不精吧！

孟轲的"仁"不仅舍弃了传统观念，也抛弃了孔丘"克己复礼"的主张，抛弃或者拓展了"克己复礼为仁"的仁观和孔丘"为政以德"的执政观，首提"仁政"之治国理念。

孟轲的治国理念更强调的是"仁政"，孔丘论述的"仁"主要是个人修养和人伦关系方面，还没有上升为治国理念，他的治国理念除了复周礼之外，就是"为政以德"。齐宣王要咨询孟轲的也是以何德来为政，进而可王天下。孟轲的治国理念与孔丘的治国理念是存在巨大差别的。这也说明时代的变迁与儒家思想之变迁，同时也应验了老聃说的那句话："失德而后仁。"

应该指出的是，在孟轲时代，周天子作为"天下之王"仍然存在，虽然只是名义的"天下之王"。但从孟轲与齐宣王的对话来看，他已经抛弃了当时仍被保守势力认为是正统的周天子，转而拥抱有可能取得天下之王的新王。可以说，拥抱可能成为新的天下之王者也是孟轲与时俱进的表现。

另外，孟轲也有言行不一致的地方。譬如在《孟子·滕文公（下）》有对杨朱和墨翟学说的猛烈抨击："杨朱、墨翟之言盈天下。天下之言，不归杨则归墨。杨氏为我，是无君也；墨氏兼爱，是无父也。无父无君，是禽兽也。"孟轲所处的时代为战国中期，当时周天子尚存；孟轲又是邹人，邹国也尚存。那么，孟轲到齐国、滕国、魏国、宋国求职，为这些国君出谋划策而不为周天子出谋划策，是否"无君"呢？当然，孟轲可以说为其他侯国国君也是为君。尽管如此，作为儒家"亚圣"的孟轲指骂人家是禽兽，其言论也是与我们常说的"儒雅"相差甚远的。

对于废黜君王，孟轲在齐宣王之问时表明了其观点。在孟轲看来，"贼仁者，谓之贼；贼义者，谓之残。残贼之人，谓之一夫。闻诛一夫纣矣，未闻弑君也。"《孟子·梁惠王（下）》也就是说，如果君不"仁"不"义"，则可杀。杀这样的君主不是"弑君"，是合乎伦理道德的。这或许是孟轲道德至上极端化的另一种表现，但无论其出发点如何，其结果是突破了旧有的宗法嫡传制的禁锢，这是孟轲思想上积极的一面。《公羊春秋》认为"以下克上"并不是什么大逆不道，只要克之有理即可。在这一点上，孟轲的观点是与《公羊春秋》相近的。但这一说法无疑也是为了迎合田氏齐国国君的，因为田氏就是废黜了姜姓才成为齐国国君的。但不容置疑的是，这也反映了孟轲所处时代的思想变迁，尽管周天子还没有被公然废黜。

不可否认，孟轲提倡的"仁政"是对"仁"的理解与发展，使"仁"的含义更加伦理化、政治化。在孔丘那里，"仁"有着更为广泛的意义，其含义也是不很确定的。在孟轲这里，仁则是逐渐明确地收缩到"爱"，尤其是带有家族血缘关系的"爱"上的。也就是说这"仁"之为"爱"，主要强调的是血缘相亲之爱："亲亲，仁也"《孟子·尽心（上）》和"仁之实，事亲是也"《孟子·离娄（上）》。在血缘相亲之爱基础上，再进一步扩展才可能爱及他人，即所谓的"亲亲而仁民，仁民而爱物"《孟子·尽心（上）》。

在孟轲时代，周王朝已经非常羸弱，各国都在争当"天下之王"。那么孟轲对此是持什么观点呢？

> 万章（问）曰："尧以天下与舜，有诸？"孟子（答）曰："否。天子不能以天下与人。""然则舜有天下也，孰与之？""天与之。""天与之者，谆谆然命之乎？"曰："否。天不言，以行与事示之而已矣。"曰："以行与事示之者如之何？"曰："天子能荐人于天，不能使天与之天下；诸侯能荐人于天子，不能使天子与之诸侯；大夫能荐人于诸侯，不能使诸侯与之大夫。昔者，尧荐舜于天，而天受之；暴之于民，而民受之。故曰：天不言，以行与事示之而已矣。"《孟子·万章（上）》

孟轲认为，天子可以向天推荐继承人，但却无法让天一定把天下交给这个人。这一观点与孔丘类似："子曰：'巍巍乎！舜、禹之有天下也，而不与焉。'"《论语·泰伯》这里孟轲虽然表达了君权的继承性不是天子所授，形成了对嫡传制的挑战，但君权的最终决定权仍归于"天"，"尧荐舜于天，而天受之"，是一种变相的"君权天神授"。"天"不授君权，但可以"以行与事示之"。孟轲这一"以行与事示之"的思想，可以说是汉代谶纬学的思想来源之一。

在此基础上，孟轲进而提出了"民为贵，社稷次之，君为轻"的思想，对"王"则有新的见解：

> 孟子曰："民为贵，社稷次之，君为轻。是故得乎丘民而为天子，得乎天子为诸侯，得乎诸侯为大夫。诸侯危社稷，则变置。"（《孟子·尽心（下）》）

孟轲对这些统治者存在的理由，则需"得乎丘（众之意）民"，也把民列到了"贵"之等级，提出了"民为贵"的思想，这是其思想进步的一面。对于周王朝的爵禄体制，虽然"其详不可得闻也"，但"诸侯恶其害己也，而皆去其籍"。这说明当时多数诸侯对周的爵禄制是持否定态度的。

关于天下是有道还是无道，孟轲的判定观点是：

> 天下有道，小德役大德，小贤役大贤。天下无道，小役大，弱役强。斯二者，天也。顺天者存，逆天者亡。（《孟子·离娄（上）》）

这一段如果直读，其意义与孟轲的一贯主张有悖。如改为"天下有道，小德役于大德，小贤役于大贤。天下无道，小役于大，弱役于强"，则可能符合孟轲的一贯主张。孔丘也有天下有道与无道之说，他说："天下有道，则礼乐征伐自天子出；天下无道，则礼乐征伐自诸侯出。"（《论语·季氏》）

孟轲不但持有圣王论观点，而且还认为出现"圣王"是有固定时间间隔的：

> 由尧、舜，至于汤，五百有余岁。若禹、皋陶，见而知之，若汤则闻而知之。由汤至于文王，五百有余岁。若伊尹、莱朱，则见而知之，若文王则闻而知之。由文王至于孔子，五百有余岁。（《孟子·尽心（下）》）

这里推行的五百年出一"圣王"，是在年数上的更迭。历史上中国文化中对"五"这一数字情有独钟，孟轲这一"五百年出一圣王"之说或许是为了符合传统文化，或许是受五行说的影响。邹衍的五行说涉及的仅仅是朝代转化，也就是冠以金木水火土的五态之转化，并未涉及时间问题。

孟轲提倡"仁政"以实现天下新王与孔丘提倡的以恢复礼制来恢复周王朝的政治主张是不同的。孔丘复周礼是为周天子之统治，孟轲为新王所提倡的统治手段不是礼乐制而是"仁政王道"。孟轲的"仁政"也是建立在其提倡的经济基础之上的：

> 夫仁政必自经界始。经界不正，井地不均，谷禄不平。……经界既正，分田制禄，可坐而定也。（《孟子·滕文公（上）》）

进而孟轲又针对小国滕提出了"分田制禄"的具体政治经济政策：

> 夫滕，壤地褊小，将为君子焉，将为野人焉。无君子莫治野人，无野人莫养君子。请野九一而助，国中什一使自赋。卿以下，必有圭田，圭田五十亩。余夫二十五亩。死徙无出乡，乡田同井。出入相友，守望相助，疾病相扶持，则百姓亲睦。方里而井，井九百亩，其中为公田。八家皆私百亩，同

养公田。公事毕，然后敢治私事，所以别野人也。此其大略也。若夫润泽之，则在君与子矣。（《孟子·滕文公（上）》）

由此可知，孟轲的政治经济思想仍坚持自西周，至少是在春秋前期仍然实行的"井田制"。就鲁国的土地政策而言，早在公元前594年（鲁宣公十五年），鲁国开始实行按亩征税的田赋制度——"税亩制"。这一税收制度的变革，动摇了井田制的基础。

孟轲在回答北宫之问"周室班爵禄也，如之何"时说：

其详不可得闻也。诸侯恶其害己也，而皆去其籍。然而轲也，尝闻其略也。天子一位，公一位，侯一位，伯一位，子、男同一位，凡五等也。君一位，卿一位，大夫一位，上士一位，中士一位，下士一位，凡六等。天子之制，地方千里，公侯皆方百里，伯七十里，子、男五十里，凡四等。不能五十里，不达于天子，附于诸侯，曰附庸。天子之卿受地视侯，大夫受地视伯，元士受地视子、男。大国地方百里，君十卿禄，卿禄四大夫，大夫倍上士，上士倍中士，中士倍下士，下士与庶人在官者同禄，禄足以代其耕也。次国地方七十里，君十卿禄，卿禄三大夫，大夫倍上士，上士倍中士，中士倍下士，下士与庶人在官者同禄，禄足以代其耕也。小国地方五十里，君十卿禄，卿禄二大夫，大夫倍上士，上士倍中士，中士倍下士，下士与庶人在官者同禄，禄足以代其耕也。耕者之所获，一夫百亩。百亩之粪，上农夫食九人，上次食八人，中食七人，中次食六人，下食五人。庶人在官者，其禄以是为差。（《孟子·万章（下）》）

由此可见，孟轲的政治思想总体而言是拥护周制的，即由天子、诸侯、大夫统治的国家，但当时的周天子并不是他要辅佐的对象，他要辅佐的是未来的新天子。

对社会的分工，孟轲的观点不同于齐桓公和管仲以职业进行分工，他是以在社会中的地位及伦理标准进行分类的。孟轲认为社会中有君子与野人（远离城邑的乡下人）、治人者及治于人者之区分：

无君子莫治野人，无野人莫养君子。（《孟子·滕文公（上）》）

又说：

然则治天下，独可耕且为与？有大人之事，有小人之事。且一人之身，而百工之所为备，如必自为而后用之，是率天下而路也。故曰：或劳心，或劳力。劳心者治人，劳力者治于人。治于人者食人，治人者食于人，天下之通义也。（《孟子·滕文公（上）》）

在社会中，个人之生活用品，需多种技艺、工艺生产，即"一人之身，而百工之所为备"。"必自为而后用之"是不可能之事，因此人们必分工、交易而互惠，这本是社会的实际需要，也是社会实情。但孟轲的分工原则强调的是伦理标准和等级差别，而非社会上大多数生产者的职业分类。

孟轲对于治国与用人的观点，可由孟轲与齐宣王的对话略见一斑：

> 为巨室则必使工师求大木。工师得大木，则王喜，以为能胜其任矣。匠人斫（zhuó）而小之，则王怒，以为不胜其任矣。夫人幼而学之，壮而欲行之。王曰"姑舍女所学而从我"，则何如？今有璞玉于此，虽万镒，必使玉人雕琢之。至于治国家，则曰"姑舍女所学而从我"，则何异于教玉人雕琢玉哉？

（《孟子·梁惠王（下）》）

孟轲以建造大房子为例，指出齐宣王对参与建造人的偏爱。齐宣王认为找到大木材的人称职胜任；而木匠把木材砍小，齐宣王就会不悦，认为他不能胜任。这里没有讲述细节，就是木匠把什么样的木材砍小了呢？如果是把为数不多的"栋梁之材"砍小了，那齐宣王的观点显然是正确的；如果是把辅助性木材砍小了，用在辅助方面，那齐宣王的观点就是错误的。当然，作为一国之君，只注意大的方面而忽略小的方面也是可以理解的。

在"夫人幼而学之，壮而欲行之"一句中，这个"之"是不确定的。如果是工匠，显然是需要实践的。如果是治国或军事方略，是可以"纸上谈兵"的。他奉劝齐宣王还是不要让玉匠按照他的方法来雕刻玉。作为雕刻玉的具体手艺，齐宣王当然是不宜指手画脚的。但对于治国，显然齐宣王是有发言权，也可以要求臣子们按照自己的设想来治国。孟轲这一类比，从社会分工上说，是正确的；但从治国理念上讲，显然是不对的。因此，孟轲举玉匠雕琢玉之例来类比治国显然是不妥的，也就是荀况所说的"不通类"。齐宣王时期，正是稷下学宫兴旺之时，诸子百家各有各的治国方略。作为国君，显然需要在博采百家所长的基础上形成自己的治国理念，而不是仅仅偏于采纳某一个人只有理论而无实践检验的治国理念。

孟轲在论及他的圣王理论时，还评述了春秋时期比周天子更有实力并统领诸侯的侯伯，也即孟轲所说的"霸"。

霸与王

春秋时期，除了一些"蛮夷"之国国君称王之外，天下只有一个被认为是正统之王——周王。尽管周王被公认为是天下之王，但由于周王室的衰败，实际统领诸侯的却是交替崛起的大国，它们承担了统领小诸侯国的领袖国角色。在《墨子》中称"君"，在《公羊春秋》和《左氏春秋》中，只是冠以"方伯"或"侯伯"名称，颇似商末周国国君姬昌被商纣王委以西伯的称呼，具有诸侯之长之意。起初是会诸侯、朝天子，而后实际上是胁迫诸侯、扩张自己势力范围。如今耳熟能详的春秋"五霸"之称谓源自战国中期的孟轲：

> 五霸者，三王之罪人也；今之诸侯，五霸之罪人也；今之大夫，今之诸侯之罪人也。……五霸者，搂诸侯以伐诸侯者也，故曰：五霸者，三王之罪

激荡春秋
——东周之历史、文化与思想

人也。五霸，(齐)桓公为盛。(《孟子·告子(下)》)

之所以这一"五霸"说广为流传，是与汉代以后儒家登上主导地位、孟轲在后来的儒家文化中又荣登亚圣之位分不开的。

关于"春秋五霸"，首先对他们进行评价的是孟轲的先辈孔丘。孔丘在谈及春秋第一位侯伯齐桓公以及其辅佐管仲时说："桓公九合诸侯，不以兵车，管仲之力也。如其仁！如其仁！"(《论语·宪问》)又说："管仲相桓公，霸诸侯，一匡天下，民到于今受其赐。微管仲，吾其被发左衽矣。"(《论语·宪问》)

如前所述，齐桓公在管仲的辅助下，力挽周王室所处的危局。孔丘站在维护周王室的统治立场上，认为齐桓公和管仲当然是功不可没的。

但最早提及诸侯中的五位领袖的历史文献恐怕是《墨子·所染》，墨翟站在励志及用人立场上来评价这些领袖：

> 齐桓染于管仲、鲍叔，晋文染于舅犯、高偃，楚庄染于孙叔、沈尹，吴阖闾染于伍员、文义，越勾践染于范蠡、大夫种。此五君者，所染当，故霸诸侯，功名传入后世。

又说：

> 昔者(晋)文公出走而正天下，(齐)桓公去国而霸诸侯，越王勾践遇吴王之丑(侮辱之意)，而尚摄(同慑)中国(指中原一带)之贤君。三子之能达名成功于天下也，皆于其国抑而大丑也。太上无败，其次败而有以成，此之谓用民。(《墨子·亲士》)

墨翟对"五君"伯主成功的原因归纳为：一是有染于能人，二是善于用民，总体是积极正面的评价。

孔丘和墨翟在论及这些盟主(侯伯)时，用的是"霸诸侯"，这个"霸"字是统领的意思，当然在这些盟主之上还有周天子，因此也就选择了此字。

这里墨翟称这五伯为"五君"，但到孟轲时代，孟轲因为宣传其"王道"思想而把春秋时期的"伯"更名为"霸"，侯伯变成了"霸主"。"霸主"不是中性词，也不是褒义词，而是带有贬义的词，也隐含着霸主不是王的含义。

《孟子》直接点名贬斥"五霸，(齐)桓公为盛"，但没有言明其他"霸主"。《太史公书》也并没有明确表明"五霸"是哪几位。"五霸"到底是哪些人，多为后人推测，赵岐[①]在《孟子章句》注中说："五霸者，大国秉直道以率诸侯，齐桓、晋文、秦穆、宋襄、楚庄是也。"这一说法在唐代司马贞所著的《史记索隐》中再次得到认同。由于《太史公书》(当然包括给《太史公书》作注的著作)流传甚广，宋襄公位列"五霸"也就广为人知了。虽然宋襄公也是春秋时代名噪一时的君主，但与其他"霸主"相比，既没有赫赫战功，也没有众星捧月地把他奉为盟主，历史上的宋襄公的确不宜称作"霸主"。

---

① 赵岐(约公元108～201年)，字邠卿，京兆长陵(今陕西咸阳)人，著有《孟子章句》。

在孟轲周游的国家当中，比较强盛的是齐和梁（魏），而对国君评价比较高的则是宋。孟轲曾两度到宋，在第二次到宋时，宋君偃已自立为王。孟轲的弟子万章问孟轲："宋，小国也。今将行王政，齐楚恶而伐之，则如之何？"孟轲回答说，汤、武行王政，他们的征伐，是从水火中拯救百姓，诛杀残暴的君主，得到天下人的拥护，"而无敌于天下"。"苟行王政，四海之内皆举首而望之，欲以为君。齐楚虽大，何畏焉？"（《孟子·滕文公（下）》）孟轲对宋偃王评价很高，并且尊称其为"宋王"。宋襄公是宋偃王的祖先，如果把宋襄公列入孟轲贬低的"五霸"之中，似乎不合情理。再说，宋襄公虽然是春秋名噪一时的国君，在宋也有很高的威望，但就其实力而言，与其他霸主相比还有很大差距，这也不符合孟轲的以"力"而"霸"的立论。因此，笔者认为，在孟轲贬低的"五霸"之中，不可能包括宋襄公。

其实，被孟轲称之为"霸"的伯制由来已久，不仅是周王朝，甚至还可以追溯到夏商。在《国语·郑语》的"史伯为郑桓公（公元前806～前771年在位）论兴衰"一文中就有"其后皆为王公侯伯。祝融亦能昭显天地之光明，以生柔嘉材者也，其后八姓于周未有侯伯。佐制物于前代者，昆吾为夏伯矣，大彭、豕韦为商伯矣。当周未有"的记述，在《庄子·大宗师》也有"彭祖得之，上及有虞，下及五伯"的言论。

那么这被称为"伯"的作用是什么呢？公元前589年，齐国在齐晋鞌①（音ān）之战中收到败绩，齐国佐奉齐顷公之命出使求和。在议和中齐国佐说："五伯之霸也，勤而抚之，以役王命。"（《左氏春秋·（鲁）成公二年》）

因此，可以说三代均有，可能是在王室无力统领诸侯时由"伯"代替。

"五伯"的另一个比较有名的说法是：齐桓公、晋文公、楚庄王、吴王阖闾、越王勾践。这一说法来自荀况：

> 故齐桓、晋文、楚庄、吴阖闾、越勾践，是皆僻陋之国也，威动天下，强殆中国，无他故焉，略信也。

> 卑者五伯，齐桓公闺门之内，县乐、奢泰、游抏之修，于天下不见谓修，然九合诸侯，一匡天下，为五伯长，是亦无他故焉，知一政于管仲也，是君人者之要守也。（《荀子·王霸》）

比较上述两种说法，其差别在于"秦穆、宋襄"与"吴阖闾、越勾践"。对春秋这些诸侯领袖的称谓，《吕览·当务》所称的也是"五伯"。无论是哪几个人，称"侯伯"或者"春秋五侯伯""春秋五伯"都是比较符合历史的。

从齐桓公时代开始，周天子已无力礼乐征伐，已进入"天下无道"时代。孟轲说"天子讨而不伐"，实际上是天子无力而伐。侯伯于是拉拢一部分诸侯去征

---

① 鞌：地名，今济南长清。

伐另一部分诸侯，这里还有"夷夏"之争。但如果没有齐桓公和晋文公争当"盟主"统领诸侯，周王室是不是就更加兴旺发达呢？未必！可能会是周王室连苟延残喘的时间都没有了。如果楚成王在"城濮之战"中彻底击败晋文公，那么周王室就会迅速土崩瓦解。如果是这样，那么中国的历史走向就会发生重大转向，儒家可能会处于卑微地位，孟轲也可能不会成为孟子，更不会成为亚圣。因此，即使从儒家的观点讲，孟轲的言论不但空洞，也是谬误的。

孟轲是极力推崇孔丘的，但其对春秋侯伯的观点与孔丘不同。这也是为什么在齐宣王田辟疆问他"齐桓、晋文之事，可得闻乎"时，他回答说："仲尼之徒，无道桓、文之事者，是以后世无传焉，臣未之闻也。"（《孟子·梁惠王（上）》）孟轲如此作答的用意显然是在刻意回避话题，谎称对齐桓公及晋文公不了解，是因为他对齐桓公的行为持否定态度。

孟轲贬批"五霸"，除了与他所持的独特的伦理立场有关之外，也与他当时所居留的国家脱不了干系，毕竟孟轲在评论"五霸"时是依靠所在国家的俸禄生活的。

孟轲敢骂杨朱和墨翟是禽兽，但他绝对不会、也不敢骂齐宣王的先人、杀死齐简公的田常和废黜齐康公自立为国君的田和（齐太公/田太公）为禽兽，因为孟轲在田和的后代齐宣王的朝廷享有不菲的俸禄。他在《孟子·滕文公（下）》一文中说"孔子成《春秋》而乱臣贼子惧"。如果依据儒家崇尚的宗法制及礼制，那么田常、田和是不是惧《春秋》呢？"甲午，齐陈恒（田常）弑其君壬于舒州。孔子三日斋，而请伐齐三。"（《左氏春秋·（鲁）哀公十四年》）显然不是！

那么，孟轲批霸立王的理由是什么呢？

在孟轲所处的战国中期，时代已经进入了称王时代，孟轲的王道论也可以说是与时俱进的。但在称王这一问题上，必须找到一个立足点，那就是贬低被孟轲称之为"霸主"的春秋侯伯们，孟轲还把他们的所作所为称为"霸道"。孟轲之所以贬"霸主"、批"霸道"，就是要为其新天下之王（非周天王）和"王道"开辟道路，推行他的"王道"理论，塑造、拥立新王从而建立"王道"国家。孟轲认为王道的力量来自道德教化，而霸道的力量则来自武力，是以强制手段来推行的。他在《孟子·公孙丑（上）》中说：

> 以力假仁者霸，霸必有大国。以德行仁者王，王不待大。汤以七十里，文王以百里。以力服人者，非心服也，力不赡也。以德服人者，中心悦而诚服也，如七十子之服孔子也。

又说：

> 尧、舜，性之也；汤、武，身之也；五霸，假之也。久假而不归，恶知其非有也。（《孟子·尽心（上）》）

孟轲认为依靠武力并假借仁义之道的诸侯可以成为霸主，这样的霸主必定产生于大国。这些霸者的"力"是怎么来的呢？是从哪里来的呢？显然孟轲忽视了这个根本性的问题。又，他们"假借"仁义之道，这说明他们并不是完全无仁义之道。只是孟轲认为这些"霸主"标榜的"仁义"不是真仁义，当然也不是孟轲认定的仁义。孟轲认为这些都是与他的"王道"背道而驰的。

孟轲贬霸就是不主张诸侯强国再度成为霸主，而是要成为他主张的天下之王。在"五霸"之中至少齐桓公和晋文公是维护周王室地位的，而在孟轲时代，对周王室的威胁不是来自四夷，而是来自崛起的诸侯国。孟轲这一贬霸拥王思想实际上摒弃了极度衰弱的周天子，转而拥立符合其治国之道——"王道"的天下之王。当然孟轲的思想也称不上什么革命思想，毕竟他只是要革周天子的命而非周王朝制度的命。

战国末年，另一位儒学代表性人物荀况（公元前313～前238年）"春秋五伯"所持的观点是与孟轲的观点完全对立的。他说：

> 德虽未至也，义虽未济也，然而天下之理略奏①矣，刑赏已诺信乎天下矣，臣下晓然皆知其可要也。政令已陈，虽睹利败，不欺其民；约结已定，虽睹利败，不欺其与。如是，则兵劲城固，敌国畏之；国一綦明，与国信之；虽在僻陋之国，威动天下，五伯是也。非本政教也，非致隆高也，非綦文理也，非服人之心也，乡方略，审劳佚，谨畜积，修战备，齺（zōu）然②上下相信，而天下莫之敢当。故齐桓、晋文、楚庄、吴阖闾、越勾践，是皆僻陋之国也，威动天下，强殆中国，无他故焉，略信也。是所谓信立而霸也。

（《荀子·王霸》）

又说：

> 卑者五伯，齐桓公闺门之内，县乐、奢泰、游抏之修，于天下不见谓修，然九合诸侯，一匡天下，为五伯长，是亦无他故焉，知一政于管仲也，是君人者之要守也。（同上）

荀况认为"信立而霸"，也就是说荀况认为这五伯是讲诚信之人。成书于战国末年的《吕览》是这样评述春秋五伯的：

> 五伯欲继三王而不成，既足以为诸侯长矣。（《吕览·论大》）
> 上称三皇五帝之业以愉其意，下称五伯名士之谋以信其事。（《吕览·禁塞》）

由此可以看出，无论是儒家奠基者孔丘，还是以孔丘为宗的孟轲和荀况，他们对春秋五伯的评价相差甚远，甚至对立。那么，是他们的儒家基本信义不同吗？显然不是，他们的儒家基本信义还是一致的。那么为什么会出现这种情况呢？这就要归结为他们的基本信义是为统治者服务的。孔丘站在维护周王室的

---

① 奏：通"凑"，聚。
② 齺然：形容牙齿上下相对，这里是配合得很好的意思。

统治立场上，齐桓公把周王室从极其危险的处境中解脱出来，当然是"如其仁、如其仁"了。

当时的孟轲是享有齐的俸禄，而荀况则服务于楚。他们的观点无疑包含着当时所服务国家的最高统治者的立场，这也是儒家的一个最基本的要素。由此我们可以略见儒家塑造历史人物的过程。儒家对历史人物的评价不是建立在该人物对于历史的贡献，尤其是对民众的贡献之上的，而是建立在他们宣称的伦理道德之上，建立在当时统治者的立场之上。他们不但依附于当时统治者的利益与需求来评价历史人物，而且还编造历史人物来为他们服务。

由于《孟子》在宋代之后被列为科举标准科目，孟轲的"霸"与"王"的两元论在宋之后的政治文化中具有广泛的影响，因此其王道思想也被近代的封建王朝所借用。甚至在20世纪30年代，伪满洲国就打出了"王道乐土"的招牌来麻痹国人。从另一个视角来讲，也可发现"王道"思想对中国影响之久远。

8.3.5 齐万物，公而不党——彭蒙与田骈

彭蒙（齐人，约公元前370～前310年）曾游学稷下，是田骈（pián）的老师，也是黄老道家学派的著名人物。

在《庄子·天下》中是这样介绍彭蒙、田骈之学的：

> 公而不党，易而无私，决然无主，趣物而不两，不顾于虑，不谋于知，于物无择，与之俱往。古之道术有在于是者，彭蒙、田骈、慎到闻其风而悦之。齐万物以为首，曰："天能覆之而不能载之，地能载之而不能覆之，大道能包之而不能辩之。"知万物皆有所可，有所不可。故曰："选则不遍，教则不至，道则无遗者矣。"……田骈亦然，学于彭蒙，得不教焉。彭蒙之师曰："古之道人，至于莫之是、莫之非而已矣。其风窢然，恶可而言。"常反人，不见观，而不免于魭断。其所谓道非道，而所言之韪不免于非。彭蒙、田骈、慎到不知道。虽然，概乎皆尝有闻者也。

他们以"齐万物"为其学说第一要义，"万物皆有所可，有所不可"。虽然物有千差万别，但以"大道"观点观察万物，则它们都是平等齐一的，无所谓贵贱好坏之分。"辩"即对事物加以种种区别，以"大道"观点视万物，则"大道能包之而不能辩之"。大道"包"之而不"辩"之，故曰"道则无遗者矣"。这一点与庄周的观点是一致的。

若对事物加以区别，有所选择取舍于其间，则必顾此失彼，得一端而遗全体。所谓"选则不遍，教则不至"。如有所选，则必有所不选；有所教，则必有所不教。既然事物一律平等，也就无所谓贵贱好坏之别，我们对待万物，当然也就不用选择，即所谓的"于物无择"。既然"于物无择"，那么也就"与之俱往而已"，当然也就可以推理出"公而不党，易而无私，决然无主"。

8.3.6 五行阴阳——邹衍

邹衍（齐人，约公元前324~前250年）是战国时期五行学说大家，也是先秦诸子中一位记载很少的神秘人物，在战国时期的诸子著作中，也没有述及邹衍及其学术思想。就连《太史公书》也不曾单独为其立传，仅在《孟荀列传》中附及之。司马迁在《太史公书》中是这样介绍邹衍的：

> 齐有三邹子。其前邹忌，以鼓琴干威王，因及国政，封为成侯而受相印，先孟子。其次邹衍，后孟子。邹衍睹有国者益淫侈，不能尚德，若大雅整之于身，施及黎庶矣。乃深观阴阳消息而作怪迂之变，《终始》《大圣》之篇十余万言。其语闳大不经，必先验小物，推而大之，至于无垠。先序今以上至黄帝，学者所共术，大并世盛衰，因载其祥度制，推而远之，至天地未生，窈冥不可考而原也。（《太史公书·孟子荀卿列传》）

邹衍周游于齐、梁（魏）、赵、燕之间，深受欢迎：

> 是以邹子重于齐。适梁，惠王郊迎，执宾主之礼。适赵，平原君侧行撇席。如燕，昭王拥彗先驱，请列弟子之座而受业，筑碣石宫，身亲往师之。作《主运》。其游诸侯见尊礼如此，岂与仲尼菜色陈、蔡，孟轲困于齐、梁同乎哉！（《太史公书·孟子荀卿列传》）

司马迁对邹衍游说诸侯时受到的欢迎程度而感叹道：邹衍游说诸国，得到如此礼遇尊敬，孔丘在陈国、蔡国忍饥挨饿，孟轲在齐国、梁国受困厄，不能与他同日而语呀！

> 自齐威、宣之时，邹子之徒论著终始五德之运，及秦帝而齐人奏之，故始皇采用之。……邹衍以阴阳主运显于诸侯，而燕、齐海上之方士传其术不能通，然则怪迂阿谀苟合之徒自此兴，不可胜数也。（《太史公书·封禅书》）

上面虽然提及齐三邹之一的邹忌，但并未提及其学说或主张。

由此可以推断，在孟轲时代或者其游学于稷下学宫之时，五行学说就已经比较流行。也可以说在齐推行五行学说的邹衍不是首位，他可能在既往的五行知识之上，进行系统化、理论化并以学者身份推行，使其广为流传，广为认知。

《太史公书·孟子荀卿列传》中还记载了另一位邹子——邹奭：

> 邹奭者，齐诸邹子，亦颇采邹衍之术以纪文。于是齐王嘉之，自如淳于髡以下，皆命曰列大夫，为开第康庄之衢，高门大屋，尊宠之。览天下诸侯宾客，言齐能致天下贤士也。

由此可以推断，在邹衍之后，其学说或者五行说继续受到广泛欢迎并发扬光大。

关于"五行"的可靠记载，见于《书·洪范》篇。按传统的说法，公元前12世纪末，周克商后，商朝贵族箕子对周武王姬发陈述来自夏朝大禹的治国法宝，

这是《洪范》篇的来历。在《书·洪范》中是这样记述的:

> 鲧陻洪水,汩陈其五行;帝乃震怒,不畀洪范九畴……鲧则殛死,禹乃嗣兴,天乃锡禹洪范《九畴》,彝伦攸叙。初一曰五行,次二曰敬用五事,次三曰农用八政,次四曰协用五纪,次五曰建用皇极,次六曰乂用三德,次七曰明用稽疑,次八曰念用庶征,次九曰向用五福,威用六极。

在《洪范》中又进一步列举了其详细内容:

> 五行:一曰水,二曰火,三曰木,四曰金,五曰土。水曰润下,火曰炎上,木曰曲直,金曰从革,土爰稼穑。

> 五事:一曰貌,二曰言,三曰视,四曰听,五曰思。貌曰恭,言曰从,视曰明,听曰聪,思曰睿。恭作肃,从作乂,明作哲,聪作谋,睿作圣。

时至今日,在商甲骨卜辞、周金文中尚未发现"五行"一词,但甲骨卜辞中殷人的方位观念已经蕴含了后世"五行"观念的种子。关于写作《洪范》篇的真实年代,据现代学者考订,约在公元前4世纪至前3世纪。尽管如此,也不能以写作或成书年代来判定所述思想的源头。就文化渊源而言,五行应该是殷民族的。

在《国语》中记述公元前774年史伯为郑桓公论兴衰中就提及:

> 先王以土与金、木、水、火杂,以成百物。(《国语·郑语》)

"土、金、木、水、火"这五种基本元素,也可以称为"五物",这些元素混杂在一起就构成了万物。这里的"金"不应该是黄金,而应该指金属。如前所述,在《管子》中就把铁称为"黑金"。

早期的"五行"与战国中后期的"五行"是名同谓不同。

在《左氏春秋》中也有相关记述:

> 故有五行之官,是谓五官。实列受氏姓,封为上公,祀为贵神。社稷五祀,是尊是奉。木正曰句芒,火正曰祝融,金正曰蓐收,水正曰玄冥,土正曰后土。(《左氏春秋·(鲁)昭公二十九年(公元前513年)》)

> 十二月,辛亥,朔,日有食之。是夜也,赵简子梦童子臝而转以歌。旦占诸史墨,曰:"吾梦如是,今而日食,何也?"对曰:"六年及此月也,吴其入郢乎!终亦弗克。入郢,必以庚辰,日月在辰尾。庚午之日,日始有谪。火胜金,故弗克。"(《左氏春秋·(鲁)昭公三十一年(公元前511年)》)

这时的五行说已经具有了五行相胜(相克)的思想。这一观念来源于对自然现象的观察和经验,可以说是朴素的"粗科学"理论。因为这些相克之关系,是可以得到验证的,这一理论当然是认识自然变化的结果。这一理论的要点是:水胜火,土胜水,木胜土,金胜木,火胜金,可简称五行"相胜(相克)"论。

> 晋赵鞅卜救郑,遇水适火,占诸史赵、史墨、史龟。史龟曰:"是谓沈阳,可以兴兵。利以伐姜,不利子商。伐齐则可,敌宋不吉。"史墨曰:"盈,水名也。子,水位也。名位敌,不可干也。炎帝为火师,姜姓其后也。水胜

火，伐姜则可。"（《左氏春秋·（鲁）哀公十一年（公元前486年）》）

这表明这时的"五行"之说，已较之前的含义发生了变化，但还没有形成系统理论。尽管如此，其功用却得到重视，在预测未来可行性、辅佐决策等方面可与《周易》享有同等重要的地位。

这时已经将金、木、水、火、土视为组成一切物质的最基本要素，并发展成"相生相克"说，即五行之间相互促进，木生火，火生土，土生金，金生水，水生木，如此循环叫作"相生"；尔后有"相胜（相克）说"，即五行之间相互排斥、依次相克，水胜火，火胜金，金胜木，木胜土，土胜水。不论"相生"还是"相克"，五行间的顺序关系是固定的。这一"相生相克"说已经在"五物"说的基础上进行了提升和抽象，"五行"不再单指"五物"，已经发展为以金、木、水、火、土为名的五种特性和功能的事物。具有这些特性、功能的事情之间的相互关系就是"相生相克"。

到战国中期，邹衍对"五行"进行了改造、提升和创新，形成了系统理论。除了《太史公书》记载的邹衍有著作《终始》《大圣》等十万余言之外，《汉书》中记有《邹子》49篇，又说有《邹子终始》56篇，但这些著作均未传世。因此，尽管现在可以从其他古代典籍中了解邹衍的五行学说，但要全面准确地了解邹衍的五行学说思想也是很有局限性的。

从战国末年成书的《吕览·应同》可以看到五行学说的思想：

> 凡帝王者之将兴也，天必先见祥乎下民。黄帝之时，天先见大螾大螻。黄帝曰："土气胜。"土气胜，故其色尚黄，其事则土。乃禹之时，天先见草木秋冬不杀。禹曰："木气胜。"木气胜，故其色尚青，其事则木。及汤之时，天先见金刃生于水。汤曰："金气胜。"金气胜，故其色尚白，其事则金。及文王之时，天先见火赤乌衔丹书集于周社。文王曰："火气胜。"火气胜，故其色尚赤，其事则火。

这是先秦少有的关于五行学说比较确切的记述。引文虽然不能断定是邹衍的佚文，但至少体现了邹衍的学说思想。

这里把古代的帝王与五行"金木水火土"相连，并有"代火者必将水"。这已经把"水胜火，土胜水，木胜土，金胜木，火胜金"的五行"相胜（相克）"论从自然界扩展到人类社会，具有神秘意味，且赋予了色彩。值得注意的是，这里没有"德"的概念，是用"气"字。

对于五行学说，儒家学者荀况是持反对态度的。司马迁在《太史公书·孟子荀卿列传》中说："荀卿嫉浊世之政，亡君乱国相属，不遂大道而营于巫祝，信禨祥。"这里的"巫祝、禨祥"很可能是指邹衍五行学说之行为。荀况也在其《非十二子》篇中批驳孟轲时说："略法先王而不知其统，然而犹材剧志大闻见杂博，案往旧造说，谓之五行。"虽然在今《孟子》一书中没有多少五行学说的影子，但孟轲要立新王，除了他的仁政和仁心学说之外，恐怕也是不会反对五行转移说的。

尽管荀况反对把五行学说引入儒学，但到西汉武帝时期，提倡"罢黜百家，独尊儒术"的大儒董仲舒（公元前179~前104年）却把五行说与儒家思想相结合，形成了新儒学：

> 天有五行：一曰木，二曰火，三曰土，四曰金，五曰水。木，五行之始也；水，五行之终也；土，五行之中也。此其天次之序也。木生火，火生土，土生金，金生水，水生木，此其父子也。木居左，金居右，火居前，水居后，土居中央，此其父子之序，相受而布。是故木受水而火受木，土受火，金受土，水受金也。诸授之者，皆其父也；受之者，皆其子也；常因其父，以使其子，天之道也。是故木已生而火养之，金已死而水藏之，火乐木而养以阳，水克金而丧以阴，土之事火竭其忠。故五行者，乃孝子忠臣之行也。五行之为言也，犹五行欤？是故以得辞也。圣人知之，故多其爱而少严，厚养生而谨送终，就天之制也。以子而迎成养，如火之乐木也；丧父，如水之克金也；事君，若土之敬天也；可谓有行人矣。五行之随，各如其序；五行之官，各致其能。是故木居东方而主春气，火居南方而主夏气，金居西方而主秋气，水居北方而主冬气；是故木主生而金主杀，火主暑而水主寒，使人必以其序，官人必以其能，天之数也。土居中央，为之天润，土者，天之股肱也，其德茂美，不可名以一时之事，故五行而四时者，土兼之也，金木水火虽各职，不因土，方不立，若酸咸辛苦之不因甘肥不能成味也。甘者，五味之本也，土者，五行之主也，五行之主土气也，犹五味之有甘肥也，不得不成。是故圣人之行，莫贵于忠，土德之谓也。人官之大者，不名所职，相其是矣；天官之大者，不名所生，土是矣。（《春秋繁露·五行之义》）

毫无疑问，董仲舒把邹衍五行说融入儒家学说，作为其理论支撑。但这里很难界定哪些是邹衍的思想，哪些是董仲舒的思想。

关于邹衍的"五德说"，没有先秦的资料作支持。"五德说"在汉代初期就得到重视，与汉高祖刘邦同时代、曾任丞相的张苍就上言陈述"五德说"，并"推五德之运，以为汉当水德之时，尚黑如故"（《太史公书·张丞相列传》）。后"鲁人公孙臣上书言汉土德时，其符有黄龙当见"，而张苍反对，被罢黜丞相一职。由此可见，"五德说"对当时最高统治者的重要意义。

司马迁在《太史公书》对"五德说"有明确而肯定的表述：

> 自齐威、宣之时，邹子之徒，记著终始五德之运。（《太史公书·封禅书》）

> 始皇推终始五德之传，以为周得火德，秦代周，德从所不胜。方今水德之始，改年始，朝贺皆自十月朔。衣服旄旌节旗皆上黑。数以六为纪，符、法冠皆六寸，而舆六尺，六尺为步，乘六马。更名河曰德水，以为水德之

始。刚毅戾深，事皆决于法，刻削毋仁恩和义，然后合五德之数。于是急法，久者不赦。（《太史公书·始皇帝本纪》）

始皇帝既并天下而帝，或曰："黄帝得土德，黄龙地螾见。夏得木德，青龙止于郊，草木畅茂。殷得金德，银自山溢。周得火德，有赤乌之符。今秦变周，水德之时。昔秦文公出猎，获黑龙，此其水德之瑞。"于是秦更命河曰"德水"，以冬十月为年首，色上黑，度以六为名，音上大吕，事统上法。（《太史公书·封禅书》）

而《太史公书·封禅书》的第一句是：

自古受命帝王，曷尝不封禅？盖有无其应而用事者矣，未有睹符瑞见而不臻乎泰山者也。

在司马迁的这段文字中，不但有"五德说"，而且增加了"符瑞说"。作为支持"符瑞说"的证据就是"青龙""赤乌""黑龙"的出现。这就不得不令人怀疑，"符瑞说"到底是邹衍之说，还是附加在邹衍五行说之上的汉人之说？

正因为如此，司马迁概述邹衍学说时说"称引天地剖判以来，五德转移，治各有宜，而符应若兹"（《太史公书·孟子荀卿列传》），这也是后人在论述邹衍学说时常常引用的。这里的"五德转移，治各有宜"是对五行学说在历史层面的描述，也就是"五德说"。

"五德说"的内容多为汉代及以后记述或作为注疏引用，如在作注《淮南子·齐俗训》篇时，东汉高诱注引《邹子》里有邹衍说："五德之次，从所不胜，故虞土、夏木。"唐李善（公元630~689年）注引西汉刘歆《七略》时说："邹子有终始五德，从所不胜，木德继之，金德次之，火德次之，水德次之。"但这并不能确定是邹衍的学说还是在邹衍五行学说基础上的进一步演绎。

五德说把金木水火土与德结合，形成五德转移学说，用于解说社会的历史变迁。五德即为五种天然的势力。每种德，都有兴盛与衰落，而且是按照一定的规律，即金木水火土顺序演变。当某种德兴盛时，天道人事，皆受其支配。当其运尽而衰时，则被其他德所克，继之新的德兴盛而当运。木德能胜土德，金德能胜木德，火德能胜金德，水德能胜火德，土德能胜水德，如是循环往复，永无休止。这一历史观，在先秦并没有太大影响，倒是到汉代，尤其是汉武帝之后，才成为主流历史观。

五德说不但涉及五行说，也涉及以德治国的古老观念。因此，要正确理解五德转移学说，不但要理解五行说，还要理解"德"在政治上的作用及古老帝王的治国理念。

作为传统文化，君王必备的条件之一就是"德"。夏末商初，商汤对夏王桀的指责与后来汤王为民求雨成功、救百姓于火热之中的传说说明商代的君王仍然相信其具有一种与天帝鬼神沟通的神奇咒力（灵力），这也使他们相信"天降其命"。在《易·系辞(下)》描述伏羲氏始作八卦"以通神明之德",这或许是对"德"之演变的很好解释。君王因为具有与天帝鬼神沟通的"灵力",可以庇佑天下众生,这也是王的义务和责任。当然,"王"也是天授神圣之权——王权。随着原始宗教的渐渐衰弱,王具有的这种庇佑天下众生的"神奇灵力",就逐渐变成一种超凡能力、一种可以恩惠民众的"德",这就是后来的"德"。夏王桀显然是在老百姓遇到天灾时,没有尽到自己的责任,不管百姓的死活,使老百姓怨声载道。这显然是一种罪过,也是一种非德行为。

"德"作为王天下的最基本也是必需的条件之一,在历史文献中多有提及,商汤在其讨伐夏的誓词《商书·汤誓》中有"夏德若兹,今朕必往"。到商王盘庚时期,他对大臣们提出了要求:"汝克黜乃心,施实德于民。"(《书·商书·盘庚(上)》)也就是要求其臣子克服私心,施德于民——体现了以德治民的德治思想。《书·商书》中的"德"已含有恩惠、好处的意思,已经有把给老百姓以实惠作为统治者的施政纲领的萌芽。周初对殷商的"天降其命"进行了重大改造,提出了"天命无常"论,将"天降其命"改造成了"天命无常""唯德是辅"。周宣称西伯姬昌因受天命,把这种君王具有的神奇咒力(灵力)转化成有"德"才能获得上天承认,才能获"天命"而做天子。继位的姬发(周武王),不但继承了西伯姬昌的大位,且依然得天命,同时也继承了其父姬昌的"德"。周武王顺应天命,革了"天下共主"商王的命,并平定了殷商的"四方",成就了周王朝世世代代彰显的丰功伟绩,同时也昭示其顺应天意的合理性。"德"被统治者用于宣传,称其"德"代代相传,从而得以永保他们的天命神权,也就是其统治的合理性、权威性。

"有德"就成为一个君主取得至高无上地位的必要条件,也是其合法性的必备条件。这样王权的合法性信仰也是以德为本、以德为核心的,以此告诫后代要以德治国才能代代相传。以德治国在战国中期对王者仍然有重要的影响,因此才有雄心勃勃的齐宣王问孟轲:"德何如,则可以王矣?"(《孟子·梁惠王(上)》)这也突出了"德"的重要性。

综上所述,要实现王天下,创造必要的替代周的理论就显得必不可少,正如周在取代商之际创立"天命无常"论一样。这或许正是邹衍依据传统的五行文化创立"五德终始"学说并受到齐、燕等国重视的内在原因。

另外,五行说的五行已从单纯的五种元素上升为五种能动的、相互作用的力量,即这里的"行"就是"运行""行动"或"作为",因此,五德可以作为推动社会变迁或转化的神奇动力。具体到历史上的朝代,五行学说认为夏是木德,殷是金德,周是火德。如果用五行相生的原理推测,殷取代夏是金克木,周取代殷商为火克金,而要取代周王朝则是水德。

邹衍集成并完善了五行理论,试图说明事物运动变化的普遍规律。他的相生相克论试图说明事物之间有着对立与转化的关系。这是具有朴素唯物主义和辩证法的思想因素。他把人类社会的历史看成常变的，其变化规律同自然界一样，也是遵循着土、木、金、火、水五种"世态"变化的，王朝是没有万世长存的，这是它积极的一面，也适应了战国时期社会剧烈变化和改朝换代的社会需求。但他固定了一个循环变化模式，只是给各个朝代贴了一个标签，具体到每个朝代的制度及组织结构没有言及；同时，他也没有言及变化过程的推动力，忽视了历史变革的社会和经济原因，将其归结为神秘的天意，而且是循环论，这就陷入了玄学和迷信的泥潭。

邹衍还有一个在战国时代惊世骇俗的"大九州"说。从《吕览·有始》的论述我们或许能够窥视邹衍的"大九州"说：

> 天有九野，地有九州，土有九山，山有九塞，泽有九薮，风有八等，水有六川。
>
> 凡四极之内，东西五亿有九万七千里，南北亦五亿有九万七千里。极星与天俱游，而天枢不移。冬至日行远道，周行四极，命曰玄明。夏至日行近道，乃参于上。当枢之下无昼夜。白民之南，建木之下，日中无影，呼而无响，盖天地之中也。天地万物，一人之身也，此之谓大同。众耳目鼻口也，众五谷寒暑也，此之谓众异，则万物备也。天斟万物，圣人览焉，以观其类。解在乎天地之所以形，雷电之所以生，阴阳材物之精，百姓禽兽之所安平。

邹衍的"大九州"推测，固然来源于自然，即齐国滨海的自然环境。居住在这里的人们对东部大海有天然的认知和感知，也许齐地海市蜃楼的奇妙景象以及渔民商贾对异域风情的传闻和描述给了邹衍丰富的想象力。这虽然是物质基础，但如果邹衍被牢牢束缚在礼教里，他是无论如何也不会产生这些想象的。邹衍依据当时已有的知识，用先验小物，推而大之，至于无边的方法，阐述中国九州的名山、大川、道路、禽兽、物产、奇珍，称为"赤县神州"，体现了天外有天、海外有海的推想。想象有时是荒唐的，有时也是科学的先锋和获得新科学知识的翅膀，就像我们现在的科学幻想一样。

从另一方面讲，这一学说也超越了大禹的九州。大禹的九州说，无论是夏，还是商或者周，"中原"基本上处于"中心"位置。按照大禹九州说，齐国是偏居一角的"青州"，远离"中心"。在天下中心论的华夏，齐国的地理位置无论如何使它处于称王天下的不利地理位置。大九州学说无疑可使齐国摆脱地理位置不利的局面。因此，大九州说在齐国得到发展和重视，也是有其社会和政治基础的。

邹衍的思想对后世哲学、政治、医学、历法、建筑等领域有着深刻而久远的影响，尤其是在汉代被董仲舒的新儒学所吸收，成为支持"天人相应"学说的理论框架。从某种意义上说，邹衍为我国独特的传统文化留下了浓墨重彩的一笔。

出自隋朝萧吉的《五行大义》一书对隋以前的传统五行理论进行了归纳陈述：

行言五者，明万物虽多，数不过五。故在天为五星，其神为五帝。孔子曰："昔丘闻诸老聃云：'天有五行，木金水火土，其神谓之五帝；在地为五方，其镇为五岳。'"《物理论》[①]云："镇之以五岳。在人为五藏，其候五官。"《黄帝素问》云："五藏候在五官，眼耳口鼻舌也。五行递相负载，休王相生，生成万物，运用不休，故云行也。"《春秋繁露》云："天地之气，列为五行，夫五行者，行也。"《易上系》曰："天数五，地数五，五位相得，而各有合。"

成书于战国时期的医学巨著《黄帝内经》也引用了五行学说：

肝属木，在音为角，在志为怒；心属火，在音为徵，在志为喜；脾属土，在音为宫，在志为思；肺属金，在音为商，在志为忧；肾属水，在音为羽，在志为恐。

由此我们可以了解到五行学说对后世的巨大影响。

阴阳说

关于阴阳学说，虽然这一学派在历史上没有留下什么著名的人物，但这个学说由来已久。成书于公元前4世纪至前3世纪之间的《国语》对其就有记述。

约公元前790年，虢文公用阳气上升对抗来解释土地润泽萌动复苏等自然现象：

先时九日，太史告稷曰："自今至于初吉，阳气俱蒸，土膏其动。弗震弗渝，脉其满眚，谷乃不殖。"（《国语·周语（上）》）

又，公元前780年（周幽王二年），西周地震，山川壅塞，当时博学的史官伯阳父就以阴阳互动说来解释地震：

阳伏而不能出，阴迫而不能蒸，于是有地震。（《国语·周语（上）》）

如果这些记述是真实的话，那么有关阴阳的概念在公元前8世纪就已经产生。在其后的文献中也可见到有关阴阳的记述。

二十八年春，无冰。梓慎曰："今兹宋、郑其饥乎？岁在星纪，而淫于玄枵，以有时灾，阴不堪阳。蛇乘龙。龙，宋、郑之星也，宋、郑必饥。玄枵，虚中也。枵，耗名也。土虚而民耗，不饥何为？"（《左氏春秋·（鲁）襄公二十八年（公元前544年）》）

秋七月壬午朔，日有食之。公问于梓慎曰："是何物也，祸福何为？"对曰："二至、二分，日有食之，不为灾。日月之行也，分，同道也；至，相过也。其他月则为灾，阳不克也，故常为水。"（《左氏春秋·（鲁）召公二十一年（公元前521年）》）

"阳"这个字的本义是阳光，或任何与阳光相连的事物。"阴"的本义则是指没有阳光的阴影和黑暗。后来，它们的含义逐渐发展成为宇宙中的两种相反相成的力量，阳代表男性、主动、热、光明、干燥、坚硬等；阴则代表女性、被动、

---

① 魏晋时期杨泉著。

冷、阴暗、柔软等。宇宙一切现象都是由阴阳两种力量相互作用的结果。这一学派的宇宙论把宇宙的原理归结为阴阳两个主要要素，阴阳两者相生相克，相反相成，因此被称为阴阳家。这种宇宙观，深深地植入了华夏文化之中，对后世直至今天都产生了深远而广泛的影响。

即便如此，阴阳家也没有出现大家且没有受到官方的鼎力推崇，这恐怕与其理论基础有很大的关系，可以说它是适合解释任何事物的一种"万金油"理论。因此，虽然影响广泛而持久，但从未占有主导地位。

最早把阴阳说纳入自己体系的恐怕是道家，《老子》第8章中有：

> 道生一，一生二，二生三，三生万物。万物负阴而抱阳，冲气以为和。

对于"阴阳观"，在《管子·四时》中有较多的描述：

> 是故阴阳者，天地之大理也。四时者，阴阳之大经也。刑德者，四时之合也。刑德合于时则生福，诡则生祸。然则春夏秋冬将何行？东方曰星，其时曰春，其气曰风，风生木与骨。其德喜嬴，而发出节时。其事号令，修除神位，谨祷弊梗，宗正阳，治堤防，耕耘树艺，正津梁，修沟渎，甃屋行水，解怨赦罪，通四方。然则柔风甘雨乃至，百姓乃寿，百虫乃蕃，此谓星德。……南方曰日，其时曰夏，其气曰阳。阳生火与气。其德施舍修乐。……此谓日德。……中央曰土，土德实辅四时入出，以风雨节土益力。土生皮肌肤，其德和平用均。中正无私辅四时。春嬴育，夏养长，秋聚收，冬闭藏。……此谓岁德。……西方曰辰，其时曰秋，其气曰阴，阴生金与甲，其德忧哀，静正严顺，居不敢淫佚。……此谓辰德。……北方月，其时曰冬，气曰寒，寒生水与血。其德淳越温怒周密。……此谓月德。……是故春凋，秋荣，冬雷，夏有霜雪；此皆气之贼也。刑德易节失次，则贼气速至。贼气速至，则国多灾殃。是故圣王务时而寄政焉，作教而寄武焉，作祀而寄德焉。此三者，圣王所以合于天地之行也。

司马谈在评价阴阳家时说：

> "夫阴阳、四时、八位、十二度、二十四节，各有教令，顺之者昌，逆之者不死则亡，未必然也。故曰使人拘而多畏。夫春生夏长，秋收冬藏，此天道之大经也，弗顺则无以为天下纲纪。故曰，四时之大顺，不可失也。"

（《太史公书·太史公自述·论六家要旨》）

这就是说，阴阳家讲的天地之规律，人（包括统治者）应该遵循它。这一切似乎都是事先定好的，人好像在它面前无能可为，只能诚惶诚恐，被动甚至消极顺从。这是农耕社会长期观察总结的结果，具有实用性、指导性和一定的科学性。

8.3.7 礼法之道——荀况

荀况（约公元前313～前238年）是战国末年赵人，曾游学稷下学宫。他是先秦儒家学说系统化和理论化的集大成者。司马迁是这样记述荀况的：

> 荀卿，赵人。年五十始来游学于齐。……齐襄王时，而荀卿最为老师。齐尚修列大夫之缺，而荀卿三为祭酒焉。齐人或谗荀卿，荀卿乃适楚，而春申君以为兰陵令。春申君死而荀卿废，因家兰陵。李斯尝为弟子，已而相秦。荀卿嫉浊世之政，亡国乱君相属，不遂大道而营于巫祝，信禨[1]祥，鄙儒小拘，如庄周等又猾稽乱俗。于是推儒、墨、道德之行事兴坏，序列著数万言而卒。因葬兰陵。（《太史公书·孟子荀卿列传》）

荀况和孟轲一样，以孔丘为宗师。荀况在《解蔽》一文中高度评价孔丘：

> 孔子仁知且不蔽，故学乱术，足以为先王者也。一家得周道，举而用之，不蔽于成积也。故德与周公齐，名与三王并，此不蔽之福也。（《荀子·解蔽》）

荀况认为，孔子仁爱智慧而且无所蔽，所以他的学术和治理天下之道，足以与先王媲美。孔子得到了道的全体，按照它去做，就不会蔽于平时所积累的成见。所以，孔子的德与周公（姬旦）齐名，名望与三王共存，这就是不蔽的福气了。值得一提的是，在儒家经典中经常出现"三王"，前两位可知是大禹与商汤，后一位是周文王姬昌还是周武王姬发呢？他们常常语焉不详。

荀况在对待孔学儒术上与孟轲有较大分歧。孟轲虽然十分敬重孔丘，但在学说上除了继承和发展"仁"观而推及"仁政"之外，在其学说中多引用《诗》与《书》（或许这时《论语》还没有成书），而这些都是先王或者西周王朝时期的言论。荀况则不同，虽然他也重视儒学经典著作，但更注重"礼"在治国方面的作用，进而发展成"礼法"治国思想。

人性论

荀况认为人性恶，其善是伪装的。这是与孟轲的"人性善"相对立的。荀况说：

> 人之性恶，其善者伪也。（《荀子·性恶》）

也就是说把人之性说成"善"是人为的，也可以说是伪作的。

荀况在《性恶》篇接着说：

> 今人之性，生而有好利焉，顺是，故争夺生而辞让亡焉；生而有疾恶焉，顺是，故残贼生而忠信亡焉；生而有耳目之欲，有好声色焉，顺是，故淫乱生而礼义文理亡焉。然则从人之性，顺人之情，必出于争夺，合于犯分乱理，而归于暴。故必将有师法之化，礼义之道，然后出于辞让，合于文理，而归于治。用此观之，人之性恶明矣，其善者伪也。

这段论述首先言及的是"今人之性"，当然是荀况所处的时代。就此而言，这只是对当时社会现实情况下"人"的论述。如果是一般性论述，似乎缺少论据

---

① 禨（jī）：迷信鬼神，向鬼神求福。

的普遍性与深刻性。

但"善"，荀况认为，是人人可以为的。

> 性也者，吾所不能为也，然而可化也。积也者，非吾所有也，然而可为
> 也。（《荀子·儒效》）

> 涂之人可以为禹，曷谓也？曰：凡禹之所以为禹者，以其为仁义法正
> 也。然则仁义法正，有可知可能之理。然而涂之人也，皆有可以知仁义法正
> 之质，皆有可以能仁义法正之具，然则其可以为禹明矣。……今使涂之人，
> 伏术为学，专心一志，思索孰察，加日县久，积善而不息，则通于神明，参
> 于天地矣。故圣人者，人之所积而致矣。（《荀子·性恶》）

荀况又说：

> 人积耨耕而为农夫，积斫削而为工匠，积反货而为商贾，积礼义而为君
> 子。（《荀子·儒效》）

人之所以变为农夫、工匠、君子，是人类拥有聪明才智。这种见解与孟轲的
人有是非之心等善端是不同的。有一点值得注意的是，孟轲在论述人性时，说人
人可以为尧舜；而荀况则是以大禹为例，也显出他们对祖先的不同考量。

对于一般意义的"性"，荀况论述道：

> 性者，本始材朴也；伪者，文礼隆盛也。无性则伪之无所加；无伪则性
> 不能自美。（《荀子·礼论》）

> 不可学，不可事，而在人者谓之性。可学而能，可事而成之在人者，谓
> 之伪。是性伪之分也。（《荀子·性恶》）

这里在谈论一般"性"时并未言及"恶"与"善"，只说"不可学，不可事，
而在人者谓之性"及"本始材朴也"。荀况又把"性"定义为"生之所以然者谓之
性，不事而自然谓之性"（《荀子·正名》），性属于自然、天然。天（自然）自有其"常"（规
律），其中无理想、无伦理道德之规则，即"性"之中无伦理道德可言。伦理道德
乃人为之物，也即所谓伪也。荀况这些思想是与道家相近的。道家尚"朴"，论
述的是万物之本源性。虽然两者论述的层次不同，但思想基础是一致的。

对于人性之善恶，老聃在《老子》中并没有专门论述，但其尚善是无疑的。在
《老子》第8章里就有"上善如水"的表述。尽管如此，老聃对"善"与"恶"也是
持相对态度的，他说："皆知善，此其不善矣。"（《老子》第2章）对"不善"也采取了较
为宽容的态度："善人者，不善人之师；不善人者，善人之资。"（《老子》第27章）又有
"善者，吾善之；不善者，吾亦善之"（《老子》第49章）的主张。墨翟主要是提倡"兼
爱"，对人性的善恶没有太多论述。但墨家对"恶人"，包括国君和盗贼是爱憎分
明的。如前所述，墨家有"杀盗贼不是杀人"的论述，虽然在逻辑上是错误的，
但也彰显了他们的主张。

杀①《诗》《书》，隆礼义

荀况主张"隆礼"，对"礼"在社会治理方面的作用进行了高度评价。他认为"礼"是治国的根本，是"人道之极"，"天下从之者治，不从者乱，从之者安，不从者危，从之者存，不从者亡"（《荀子·礼论》），"人之命在天，国之命在礼"（《荀子·强国》），"礼者，法之大分，类之纲纪也"（《荀子·劝学》），"人无礼不生，事无礼不成，国家无礼不宁"（《荀子·大略》）。他把"礼"视为人的根本，"礼"的存在与否关系到国家的生死存亡。尽管如此，他还提出了"明礼义以化之，起法正以治之，重刑罚以禁之"（《荀子·性恶》）的法治思想。

荀况还重视在教育中教授"礼"的知识，他说：

> 学乎始？恶乎终？曰：其数则始乎诵经，终乎读礼。（《荀子·劝学》）

又说：

> 礼者，所以正身也；师者，所以正礼也。无礼何以正身？无师吾安知礼之为是也？礼然而然，则是情安礼也；师云而云，则是知若师也。情安礼，知若师，则是圣人也。故非礼，是无法也；非师，是无师也。不是师法，而好自用，譬之是犹以盲辨色，以聋辨声也，舍乱妄无为也。故学也者，礼法也。夫师，以身为正仪，而贵自安者也。诗云："不识不知，顺帝之则。"此之谓也。（《荀子·修身》）

荀况以对待《诗》《书》和"礼"之态度，把人分为大儒、雅儒、俗儒、俗人四类。大儒即圣人，如孔丘；雅儒相当于士君子；俗儒相当于役夫，又称为奸人，乃指反儒术之百家言；俗人即小人，乃为无知无识之平民。他说：

不学习请教，不讲求正义，把求取财富实利当作自己的最高目标，这是庸俗的人。穿着宽大的衣服，束着宽阔的腰带，戴着中间高起的帽子，粗略地效法古代圣明的帝王而只够用来扰乱当代的政治措施；荒谬地学一些东西，杂乱地做一些事，不懂得效法后代的帝王、统一制度，不懂得以推崇礼义来压制《诗》《书》他的穿戴行为已经与社会上的流俗相同了，但还不知道厌恶这一套；他的言谈议论已经和墨子没有什么两样了，但是他的智慧却不能分辨；他称道古代圣王来欺骗愚昧的人而向他们求取衣食，得到别人的一点积蓄用来糊口，就得意扬扬了；跟随君主的太子，侍奉君主的宠信小臣，吹捧君主的贵客，提心吊胆好像是终身投入官府的奴隶而不敢有其他的志愿：这是庸俗的儒者。效法后代的帝王，统一制度，推崇礼义而把《诗》《书》降到次要地位；他的言论和行为已经符合基本的法规了，但是他的智慧却不能补足法制教令没有涉及的地方和自己没有听见看见的地方，就是他的智慧还不能触类旁通；懂就说懂，不懂就说不懂，对内不自欺，对外不欺人，根据这种观念而尊重贤人、畏惧法令、不敢懈怠傲慢：这是

---

① 杀：本意指杀戮。这里通常解释为消减、抑制之意。

雅正的儒者。效法古代的圣明帝王，以礼义为纲领，统一制度，根据不多的见闻把握很多的知识，根据古代的情况把握现在的情况，根据一件事物把握上万件事物；如果是合乎仁义的事情，即使存在于鸟兽之中，也能像辨别黑白一样把它辨认出来；奇特的事物、怪异的变化，虽然从来没有听见过，从来没有看到过，突然在某一地方发生，也能应之以道而无所迟疑和不安，衡之以法而如同符节之相合：这是伟大的儒者。[①]

关于"大儒"，荀况又说：

> 志安公，行安修，知通统类，如是则可谓大儒矣。大儒者，天子、三公也。（《荀子·儒效》）

这就是说思想上安于公正，行动上安于修养，拥有智慧，通晓各类事务的法则，这样就可以称为大儒了。天子及其身边的三公可称为大儒。

接着荀况又论述了君主任用不同儒者的结果。

君主如果任用庸俗的人，那么拥有万辆兵车的大国也会灭亡。如果任用庸俗的儒者，那么拥有万辆兵车的大国仅能保存。如果任用雅正的儒者，那么就是拥有千辆兵车的小国也能安定。如果任用了伟大的儒者，那么即使只有百里见方的国土也能长久，三年之后，天下就能够统一，诸侯就会成为臣属；如果是治理拥有万辆兵车的大国，那么一采取措施就能平定天下，一个早晨就能名扬天下。[②]

由于荀况的儒学观点与孟轲不同，他在《非十二子》一文中对孟轲进行了尖锐批评：

> 略法先王而不知其统，然而犹材剧志大，闻见杂博。案往旧造说，谓之五行，甚僻违而无类，幽隐而无说，闭约而无解。案饰其词而祗敬之曰："此真先君子之言也。"子思唱之，孟轲和之。世俗之沟犹瞀（mào）儒，嚾嚾（huān）然不知其非也，遂受而传之，以为仲尼、子游为兹厚于后世，是则子思、孟轲之罪也。（《荀子·非十二子》）

荀况认为子思和孟轲"略法先王而不知其统，然而犹材剧志大，闻见杂博"，使社会上的儒士吵吵嚷嚷，不知子思、孟轲所讲的东西是不对的，以为这是孔

---

① 《荀子·儒效》：不学问，无正义，以富利为隆，是俗人者也。……略法先王而足乱世术，缪学杂举，不知法后王而一制度，不知隆礼义而杀《诗》《书》，……呼先王以欺愚者，是俗儒者也。法后王，一制度，隆礼义而杀《诗》《书》，其言行已有大法矣。然而明不能齐法教之所不及，闻见之所未至，则知不能类也。尊贤畏法而不敢怠傲，是雅儒者也。法先王，统礼义，一制度，以浅持博，以古持今，以一持万举统类而应之，无所拟作，张法而度之，则晻然若合符节，是大儒者也。

② 《荀子·儒效》：故人主用俗人，则万乘之国亡。用俗儒，则万乘之国存。用雅儒，则千乘之国安。用大儒，则百里之地久，而后三年，天下为一，诸侯为臣；用万乘之国，则举错而定，一朝而伯。

激荡春秋
——东周之历史、文化与思想

丘、子游的本意，反而受到后世的推崇，这就是子思、孟轲的罪过。这与孟轲评论五霸为三王之罪人一样，荀况认为孟轲为孔丘之罪人，直接指责子思、孟轲偏离了孔丘的正统儒道。

值得注意的是，这里提到了子游，并与孔丘并列。可以推知子游也是儒学大家，但不知为何其生平及学术思想被埋没。依荀况的博学，定不会捕风捉影地列举子游。

的确，孟轲精通《诗》《书》。在《太史公书》就有："孟子序《诗》《书》，述仲尼之意。"在《孟子》一书中引用《诗》的内容达30次，论述《诗》中有关内容有4次；引用《书》的内容有18次，论述《书》中有关内容有1次。孟轲讲《诗》《书》，尤其注重引申义。我们知道《诗》《书》不是孔丘的作品，也不是孔丘的言论，孔丘毕生致力于"克己复礼"。因此，荀况指责孟轲偏离了孔丘的正统儒术也是有根据的。

荀况在强调"隆礼"的同时，也强调了"重法"，这一主张可以说是构建于其"人性恶"观点之上的。荀况把一些"法"的观念糅入"礼"之中，强调了法律的约束和制裁作用，可以说荀况是重"礼法"。他提出"明礼义以化之，起法正以治之，重刑罚以禁之"（《荀子·性恶》）的法治思想是其思想的重要贡献之一。他的两个学生韩非和李斯，一个作为先秦法家集大成者和代表人物，另一个作为秦始皇时期的丞相，他们的作用对我国的历史走向产生了重要影响。

礼与乐

孔丘虽然非常崇礼、好礼、习礼并受礼，但他并没有就"礼"的起源、对社会及人的作用做理论性、系统性探讨与总结，这一工作是由荀况完成的。荀况不但主张"隆礼"，而且针对"礼"也有系统理论，这对儒家尤其西汉时期的儒者具有较大影响。

关于"礼"的起源，荀况说：

> 礼起于何也？曰：人生而有欲，欲而不得，则不能无求；求而无度量分界，则不能不争。争则乱，乱则穷。先王恶其乱也，故制礼义以分之，以养人之欲，给人之求。使欲必不穷乎物，物必不屈于欲，两者相持而长，是礼之所起也。（《荀子·礼论》）

也就是说，人是有欲望的，为了满足自己的私欲，就会对外有所索求，如果不能控制人的私欲的索求，就会引起相互争斗，其结果是造成混乱。先王非常讨厌这种混乱，就开始制定"礼"来规制人们。当然，这是尚礼的儒家的说法，其实"礼"的发端并非如荀况所讲，它是从人类初期的崇拜和祭祀天地鬼神发展而来的。荀况把"礼"定位为节制人的欲望，从外部规范人的行为。这一主张也符合其关于人性恶的学说，所以荀况比较注重礼。

对于"礼"的作用，荀况说：

凡用血气、志意、知虑，由礼则治通，不由礼则勃乱提僈；食饮、衣服、居处、动静，由礼则和节，不由礼则触陷生疾；容貌、态度、进退、趋行，由礼则雅，不由礼则夷固、僻违、庸众而野。故人无礼则不生，事无礼则不成，国家无礼则不宁。诗曰："礼仪卒度，笑语卒获。"此之谓也。(《荀子·修身》)

这里论述"礼"对人类行为的规范，既有对人自然属性的规范，也有人为礼制的礼规。这些"血气、志意、知虑"及"食饮、衣服、居处、动静"本是属于包括心理学在内的科学范畴，把它们纳入礼规，虽然不妥，但也赋予了礼新的含义。

荀况在论述丧礼时说：

礼者，谨于治生死者也。生，人之始也；死，人之终也；终始俱善，人道毕矣。故君子敬始而慎终，终始如一，是君子之道，礼义之文也。夫厚其生而薄其死，是敬其有知而慢其无知也，是奸人之道而倍叛之心也。

……

君子以倍叛之心接臧谷，犹且羞之，而况以事其所隆亲乎！故死之为道也，一而不可得再复也，臣之所以致重其君，子之所以致重其亲，于是尽矣。故事生不忠厚，不敬文，谓之野；送死不忠厚，不敬文，谓之瘠。(《荀子·礼论》)

进而荀况引出了：

君子贱野而羞瘠，故天子棺椁七重，诸侯五重，大夫三重，士再重。……丧礼者，以生者饰死者也，大象其生以送其死也，故事死如生，事亡如存，终始一也。……具器以适墓，象徒之道也。略而不尽，貌而不功。……故生器文而不功，明器貌而不用。(《荀子·礼论》)

荀况又说：

故丧礼者，无它焉，明死生之义，送以哀敬而终周藏也。……事生，饰始也；送死，饰终也。终始具而孝子之事毕，圣人之道备矣。刻死而附生谓之墨，刻生而附死谓之惑，杀生而送死谓之贼。(《荀子·礼论》)

最后得出结论说：

大象其生，以送其死，使死生终始，莫不称宜而好善，是礼义之法式也，儒者是矣。(《荀子·礼论》)

这里不仅体现了生时有别，而且提倡死时也有别。这就是儒者的主张，也可以说是荀况的主张。

荀况的丧礼观是与墨家完全对立的，也是与道家相悖的。

礼法与正名

对于成文法的制定与公布，从以下几段记述可以看到荀况的态度：

（圣王）起礼义，制法度。（《荀子·性恶》）

纂论公察则民不疑论。（《荀子·君道》）

君法明，论有常，表仪既设民知方。进退有律，莫得贵贱，孰私王？

（《荀子·成相》）

政令已陈，虽睹利败，不欺其民。（《荀子·王霸》）

百吏畏法循绳，然后国常不乱。（《荀子·王霸》）

刑称陈，守其银（垠），下不得用轻私门。罪祸有律，莫得轻重威不分。

（《荀子·成相》）

以上词句表明荀况基本赞同成文法的制定与公布。他还主张为了抑制与禁止司法上的恣意擅断，通过客观的法律统治，防止出现由于主观的人治而产生的擅断等弊端。

荀况之法，正如其所说的"礼者，法之大分"（《荀子·劝学》）、"生礼义而起法度"（《荀子·性恶》），是从礼的精神出发而制定的。法的理念具有礼的价值，法的目的是实现礼的秩序，法是实现礼的价值的工具。

荀况主张"不教而诛，则刑繁而邪不胜。教而不诛，则奸民不惩"（《荀子·富国》），即主张礼的教化优先于刑罚，应当先进行礼的教化，之后再行刑罚。这一点与传统儒家思想是一致的。荀况认为依靠礼的教化预防犯罪比处以刑罚更为有效。在这一点上，荀况的主张是与商鞅不同的。

关于正名，与孔丘一样，荀况也非常注重正名治国。孔丘对"名"缺少具体、深入的探讨，而荀况是在战国名家兴盛之后，对名做了深入思考，但他关于"名"的见解与墨家、名家是不同的。

荀况在《正名》篇里说："制名以指实，上以明贵贱，下以辨同异。"这里说"名"是给实际存在命的名。其作用：一是指社会上人与人各种关系之名，在那个等级森严的社会里区分或辨明身份的高低、贵贱，是维护等级社会的需要；二是指事物，分辨"真实"的相同与不同，是逻辑思辨的需要。

荀况认为"王者之制名，名定而实辨，道行而志通，则慎率民而一焉"，谨守王者之制名是国家长治久安的重要措施，当然这也是守"王规"之意。荀况还认为："若有王者起，必将有循于旧名，有作于新名。然则所为有名，与所缘以同异，与制名之枢要，不可不察也。"也就是说每一个新王朝的兴起都"必将有循于旧名，有作于新名"，但必须注意到制名的依据是不同的。可以说在这方面孔丘是比荀况守旧的。

在荀况之前，作为儒家的前辈，孔丘和孟轲对于正名的着眼点主要在政治、伦理方面，荀况的正名则在关注政治、伦理意义的同时，也注意到了逻辑思辨问题。荀况关于"名"的逻辑思辨源于墨家、名家，甚至道家，因为他要批驳他们的论点。荀况对逻辑学的贡献是逻辑分类，即共名和别名。但荀况终究摆脱不了儒家过度伦理化的束缚，并没有进一步将逻辑学提升到一个新高度。

宇宙观

荀况的宇宙观既不同于孔丘的天为主宰之天，也不同于孟轲的主宰、运命、义理之"混合"天。荀况之宇宙观受老聃及庄周的影响，为自然之天，属于自然主义，也是唯物主义的。

荀况对于宇宙——"天"是这样描述的：

> 天行有常，不为尧存，不为桀亡。应之以治则吉，应之以乱则凶。……故明于天人之分，则可谓至人矣。不为而成，不求而得，夫是之谓天职。如是者，虽深，其人不加虑焉；虽大，不加能焉；虽精，不加察焉。夫是之谓不与天争职。天有其时，地有其财，人有其治，夫是之谓能参。舍其所以参，而愿其所参，则惑矣。列星随旋，日月递炤，四时代御，阴阳大化，风雨博施。万物各得其和以生，各得其养以成。不见其事，而见其功，夫是之谓神。皆知其所以成，莫知其无形，夫是之谓天。唯圣人为不求知天。（《荀子·天论》）

"天行有常"的"常"是规律的意思，"列星随旋，日月递炤"为自然的运行；至于其为何运动，圣人是"不求知天"的。"天行有常，不为尧存，不为桀亡"，其意思为大自然的运行有其自身规律，这个规律不会因为尧的圣明或者夏桀的暴虐而改变。尽管荀况认识到宇宙自有它的运动规律，但他不主张探索，这与道家的探求宇宙之运动规律是不同的。

认知论与方法论

荀况是非常讲究认知的，他对认知也有深入的探讨。他的主要观点集中在人们对认知的片面和谬误上，当然其评判基准也是基于其礼法思想。在认知方法论上，荀况继承了道家思想。他在《解蔽》篇写道：

> 人何以知道？曰：心。心何以知？曰：虚壹而静。心未尝不臧也，然而有所谓虚；心未尝不两也，然而有所谓一；心未尝不动也，然而有所谓静。人生而有知，知而有志。志也者，臧也；然而有所谓虚，不以所已臧害所将受谓之虚。心生而有知，知而有异；异也者，同时兼知之。同时兼知之，两也；然而有所谓一，不以夫一害此一谓之壹。心卧则梦，偷则自行，使之则谋。故心未尝不动也，然而有所谓静，不以梦剧乱知谓之静。未得道而求道者，谓之虚壹而静。作之，则将须道者虚则入，将事道者之壹则尽，将思道者静则察。知道察，知道行，体道者也。虚壹而静，谓之大清明。

也就是说正确的认知方法就是通过心去认知"道"，心要了解"道"，就要做到"虚壹而静"，即虚心、专一、宁静，只有这样才能进入大清明的境界，才能全面正确地认知"道"。这一认知方法与老聃提倡的认知方法是一致的。可以说，荀况的认知方法来源于老聃，来源于道家或者说受道家的影响。

荀况进而说道：

万物莫形而不见，莫见而不论，莫论而失位。坐于室而见四海，处于今而论久远。疏观万物而知其情，参稽治乱而通其度，经纬天地而材官万物，制割大理，而宇宙理矣。恢恢广广，孰知其极？睪睪广广，孰知其德？涫涫纷纷，孰知其形？明参日月，大满八极，夫是之谓大人。（《荀子·解蔽》）

这与《老子》第47章中说的"不出户，以知天下；不窥牖，以知天道"具有极其相似的意义。当然，荀况把这一能广而正确认知宇宙之真理的人称为"大人"。这里纯属是对认知的评价，而非社会地位高低的评价。

值得一提的是，自庄周、慎到之后，荀况也言及"理"，这说明"理"的概念已渐渐进入人们的脑海。

崇孔丘、批百家

荀况博学多才，也非常善于批判，他是先秦诸子中最善于批评他家学说的。荀况在《天论》篇中评述非儒家的学者时说：

老子有见于诎（屈），无见于信（伸）；墨子有见于齐（共性），无见于畸（个性）；宋子（宋钘）有见于少（欲望不多的少数人），无见于多（欲望多的多数人）。有后而无先，则群众无门。有诎而无信，则贵贱不分。有齐而无畸，则政令不施；有少而无多，则群众不化。

在《荀子·解蔽》篇中，荀况列举了六个批评的对象：

昔宾孟之蔽者，乱家是也。墨子（墨翟）蔽于用而不知文，宋子（宋钘）蔽于欲而不知得，慎子（慎到）蔽于法而不知贤，申子（申不害）蔽于势而不知知，惠子（惠施）蔽于辞而不知实，庄子（庄周）蔽于天而不知人。故由用谓之道，尽利矣；由俗谓之道，尽嗛矣；由法谓之道，尽数矣；由势谓之道，尽便矣；由辞谓之道，尽论矣；由天谓之道，尽因矣。此数具者，皆道之一隅也。夫道者，体常而尽变，一隅不足以举之。曲知之人，观于道之一隅而未之能识也，故以为足而饰之，内以自乱，外以惑人，上以蔽下，下以蔽上，此蔽塞之祸也。

荀况认为，老子（老聃）只知道事物"屈"的一面，而不知道"伸"的一面；宋子（宋钘）只看到人寡欲的一面，而不知道人的贪得之心；慎子（慎到）只看到法的作用，而不明白任用贤良的重要；申子（申不害）只知道运用权势，而不知道任用智慧之人的重要；惠子（惠施）只知道玩弄概念，而不知道事物的实际；庄子（庄周）只知道顺应自然，而看不到人的力量。

荀况批判墨翟，几乎涉及墨翟政治学说的全部内容。下面以《荀子》中批墨文章的先后次序为序，分别予以简介。

《天论》："墨子有见于齐，无见于畸，有齐而无畸，则政令不施。"荀况站在尊礼的立场上指责墨翟的兼爱、取消等级秩序，认为这将阻碍政令的实施、推行。从另一方面说，荀况认为等级秩序是实施政令所必需的。虽然荀况有一些法治观念，但毕竟是礼法观念，这与法家的观点还是大不相同的。

《解蔽》："墨子蔽于用而不知文，……由用谓之道，尽利矣。……曲知之人，观于道之一隅而未之能识也，故以为足而饰之，内以自乱，外以惑人，上以蔽下，下以蔽上，此蔽塞之祸也。"荀况在这里批判墨翟只强调实用，不懂礼乐制度，仅得"道"的一个方面，其结果是乱己惑人。

《非十二子》："不知壹天下、建国家之权称，上功用、大俭约而僈差等，曾不足以容辨异、县君臣；然而其持之有故，其言之成理，足以欺惑愚众。是墨翟、宋钘也。"荀况在这里虽然承认墨翟"节用""兼爱"等主张有理论上的合理性，但还是基于儒家的礼观批判墨翟的节俭、兼爱、重功用违反了礼制规定，危害社会现存的等级秩序，扰乱和欺骗人们的思想意识。

《富国》："墨子之言昭昭然为天下忧不足。夫不足，非天下之公患也，特墨子之私忧过计也。""天下之公患，乱伤之也。胡不尝试相与求乱之者谁也？我以墨子之'非乐'也，则使天下乱；墨子之'节用'也，则使天下贫。""墨术诚行，则天下尚俭而弥贫，非斗而日争，劳苦顿萃，而愈无功，愀然忧戚非乐，而日不和。"荀况在这里批评墨翟担心财用不足是私忧过虑，因为天地所生万物"足以食人"，麻葛、茧丝等等"足以衣人"。相反，荀况认为天下公患由混乱造成，而墨翟"非乐""节用"正是祸乱之根源。如果用非乐、节用原则治理天下、国家，则民众贫困，人主不威，赏罚不当，争斗不断，丧失天时、地利、人和。

《王霸》："大有天下，小有一国，必自为之然后可，则劳苦耗顇莫甚焉；如是，则虽臧获不肯与天子易势业。以是悬天下，一四海，何故必自为之？为之者，役夫之道也，墨子之说也。"这里，荀况把墨翟"节用"思想和"役夫之道"相提并论，认为墨翟为节用而要求统治者减少左右仆从，减少官职，事事躬亲，只会使统治者劳苦憔悴，如同奴婢。

《礼论》："人一之于礼义，则两得之矣；一之于情性，则两丧之矣。故儒者将使人两得之者也，墨者将使人两丧之者也，是儒墨之分也。"荀况在这里比较儒、墨的不同，认为儒家注重礼义，用礼义划分等级，调节人们欲望，满足人们要求，因而人们礼义和情性同得；墨家重实际功用，反礼乐仪式，用情性统率人们言行，导致人们礼义和情性同失。

《乐论》是荀况阐述音乐理论及其社会功用的文章，也是批判墨翟"非乐"的论文。荀况认为音乐可以调整君臣上下、父子兄弟、长幼之间的关系，可以引导人们遵守礼义道德，具有"入人也深""化人也速""移风易俗易"等作用，认为墨翟否定音乐的道德教化功能是错误的。

《成相》："仁人糟糠，礼乐灭息，圣人隐伏，墨术行。"这里，荀况指责墨翟学说只能畅行于礼乐灭息、圣人隐伏的乱世。

荀况在评判惠施、邓析时说：

不法先王，不是礼义，而好治怪说，玩琦辞，甚察而不惠，辩而无用，多事而寡功，不可以为治纲纪；然而其持之有故，其言之成理，足以欺惑愚众；是惠施、邓析也。（《荀子·非十二子》）

荀况在其《礼论》篇里批驳公孙龙的"离坚白"和惠施的"合同异"时说："礼的道理真深啊！那些'坚白''同异'等所谓明察的辩论一进入礼的道理之中就被淹没了；礼的道理真大啊！那些擅自编造典章制度、邪僻浅陋的学说一进入礼的道理之中就没命了；礼的道理真高啊！那些把粗暴傲慢、恣肆放荡、轻视习俗作为高尚的人一进入礼的道理之中就垮台了。"①

对于道家，荀况在《非相》篇中虽然没有点名批评，但他的表述表明是在批评道家和法家的。他说："有些无知妄为的人说'古今情况不同，所用来治理天下的道也是不同的。'众人被这种话迷惑而相信了它。"②荀况接着又说："凡是说的话不符合古代圣王的道德原则、不遵循礼义的，就叫作邪说，即使说得动听有理，君子也不听。"③荀况认为，使用"先王"遗留下来的"礼"就可以完全治理当今天下了。

由此可见，荀况基本上对其他学派采取了全盘否定的态度，而他所否定的正是其他学派学说的精要之处。荀况无疑在一定意义上抓住了其他学派的思想核心，具有其正确的一面，但总的来说，其结论是不正确的、片面的。他是带着礼教的既定思维和标准来审视其他诸子的。这些先秦诸子，基于现在人类的认知，有的开了法治思想的先河，有的开启了逻辑学的萌辩，有的孕育了科学的萌芽。如墨翟不但是思想家和哲人，同时也是科学与技术专家。荀况所批的墨翟的"实用"，大概就是指的可以实用的科学与技术吧！再如惠施和公孙龙所研究的"名学"，虽然不等同于现在的逻辑学，但它是我国古代学术中最接近逻辑学的学说。显然荀况是以其"礼"的伦理道德论来压制惠施和公孙龙的思辨，而不是以辩学进行辩论。如果说儒家不懂逻辑可能有些过之，但其不善思辨则是毫无疑问的。儒家在辩论时，往往以礼（儒家提倡的伦理道德）压人而非以理服人。

荀况不但批判非儒家诸子，也直言不讳地抨击儒家的其他流派：

弟佗其冠，神禫其辞，禹行而舜趋，是子张氏④之贱儒也；正其衣冠，齐其颜色，嗛然而终日不言，是子夏氏⑤之贱儒也；偷儒惮事，无廉耻而耆

---

① 《荀子·礼论》：礼之理诚深矣，"坚白""同异"之察入焉而溺；其理诚大矣，擅作典制辟陋之说入焉而丧；其理诚高矣，暴慢恣睢轻俗以为高之属入焉而队。

② 《荀子·非相》：夫妄人曰："古今异情，其所以治乱者异道。"而众人惑焉。

③ 《荀子·非相》：凡言不合先王不顺礼义谓之奸言，虽辩，君子不听。

④ 子张氏：复姓颛孙，名师，字子张，春秋战国时期陈国人，孔丘之弟子。

⑤ 子夏氏：姒姓，卜（bǔ）氏，名商，字子夏，春秋末卫国人，一说晋国温人，孔丘之弟子。

饮食，必曰：君子固不用力，是子游氏^①之贱儒也。彼君子则不然：佚而不惰，劳而不僈，宗原应变，曲得其宜，如是然后圣人也。（《荀子·非十二子》）

如果仔细读读儒家奠基人孔丘的言行集《论语》、孟轲的《孟子》和荀况的《荀子》就会发现其实自蔽的恰恰是儒家。儒家学说多限于政治学和伦理学，上不识天文，下不视农工，中不理思辨。

如果从现在人类社会的学术成就看，恰恰是荀况推崇的儒术自蔽，不但蔽他家，也蔽自家。

8.4 君主统治学创立者——韩非

如前所述，法家不赞成儒家强调政府要以"礼"治国的政治理念，他们认为，一个好的政府必须建立在覆盖所有人的法典基础之上。法家思想是顺应时代的发展而产生的，从它诞生时起，就与社会的发展紧密相连。从子产、李悝、吴起到商鞅，他们不但具有法家思想，而且是行动派，把法家思想付诸实践。法家不但是思想者、理论创立者，更是把其思想付诸实践的行动者。他们在历史的各个时期对历史进程产生了非凡的影响。韩非（韩人，约公元前280～前233年）认为他们的思想还不够全面，为适应当时社会的发展需要，遂以先前的法家思想为基础，形成了自己独特而系统的统治学理论。

司马迁在《太史公书》中是这样介绍韩非的：

韩非者，韩之诸公子也。喜刑名法术之学，而其归本于黄老。非为人口吃，不能道说，而善著书。与李斯俱事荀卿，斯自以为不如非。非见韩之削弱，数以书谏韩王，韩王不能用。于是韩非疾治国不务修明其法制，执势以御其臣下，富国强兵而以求人任贤，反举浮淫之蠹而加之于功实之上。……观往者得失之变，故作《孤愤》《五蠹》《内外储》《说林》《说难》，十余万言。

《太史公书·老庄申韩列传》

司马迁之所以把韩非的学说"归本于黄老"并和老庄列入同一个列传，可能源于韩非著有《解老》和《喻老》两篇来解读《老子》。韩非在其《主道》中明确指出：

道者，万物之始、是非之纪也。是以明君守始以知万物之源，治纪以知善败之端。故虚静以待令，令名自命也，令事自定也。虚则知实之情，静则知动者正。

韩非的政治哲学源于道家哲学思想。他说，道是万物的本原，是非的准则，

---

① 子游氏：言姓，名偃，字子游，春秋末吴国人，孔丘之弟子。

激荡春秋
——东周之历史、文化与思想

因此英明的君主把握本原来了解万物的起源，研究准则来了解成败的起因。所以虚无冷静地对待一切，让名称自然命定，让事情自然确定。虚心，才知道实在的真相；冷静，才知道行动的准则。

在韩非之前，基于法家思想的有关君主统治学流派主要分三个：申不害言"术"，公孙鞅（今多称商鞅）为"法"，而慎到言"势"。韩非认为他们各有不足。他在论述申不害、公孙鞅时说：

> 问者曰："申不害、公孙鞅，此二家之言，孰急于国？"应之曰："是不可程也。人不食，十日则死。大寒之隆，不衣亦死。谓之衣食孰急于人，则是不可一无也，皆养生之具也。今申不害言术，而公孙鞅为法。"（《韩非子·定法》）

也就是说治国不可偏执，术和法都是需要的。

韩非进而分析了申不害变法最终失败的原因：

> 申不害，韩昭侯之佐也。韩者，晋之别国也。晋之故法未息，而韩之新法又生；先君之令未收，而后君之令又下。申不害不擅其法，不一其宪令，则奸多。故利在故法前令则道之，利在新法后令则道之，利在故新相反，前后相勃，则申不害虽十使昭侯用术，而奸臣犹又所谲其辞矣。故托万乘之劲韩，七十年而不至于霸王者，虽用术于上，法不勤饰于官之患也。（《韩非子·定法》）

韩非认为只注意用"术"而无统一稳定的法制作为基础，仍然无法改变政治上的混乱状态。申不害仅以"术"辅佐韩昭侯（韩氏，名武，公元前363～前333年在位），虽然使得韩国在此期间强盛15年，但由于他未对法令加以清理编订，以至于在他辅佐韩昭侯期间时常发生法令前后矛盾、相互抵牾的情形。趋利避害的臣民则都只引用对自己有利的法令，而故意规避对自己不利的法令。在这种情况下实施权术将使法制更加紊乱，最终导致韩国在申不害和韩昭侯相继去世后陷入"重人"之影响，面临岌岌可危的亡国局面。

韩非认为：

> 术者，因任而授官，循名而责实，操杀生之柄，课群臣之能者也。此人主之所执也。（《韩非子·定法》）

> 术者，藏之于胸中，以偶众端，而潜御群臣者也。故法莫如显，而术不欲见。（《韩非子·难三》）

"术"可以理解为方法、策略或手段。在韩非的政治思想中，"术"是有关统御群臣的方法。韩非认为，在名义上，老百姓是君主的统治对象，但君主不能直接面对老百姓，而必须借由官吏进行政治统治。因此，治吏就比治民更为重要，而"术"的作用便是帮助君主有效地治吏。

对于君主统治，他说：

> 君无术则弊于上，臣无法则乱于下，此不可一无，皆帝王之具也。（《韩非子·定法》）

且君上者，臣下之所为饰也。好恶在所见，臣下之饰奸物以愚其君，必也。明不能烛远奸，见隐微，而待之以观饰行，定赏罚，不亦弊乎？（《韩非子·难三》）

人主必须"去好去恶"，使臣下无从以己之好恶行事。如此一来，臣下便无可乘之机，更无法自我矫饰而蒙蔽人主，人主自能洞察群臣的真实心理和意图，也就能正确判断臣下的忠心了。

韩非论述了国家实行"法治"才能强大，他是这样表述的：

国无常强，无常弱。奉法者强，则国强；奉法者弱，则国弱。……故以法治国，举措而已矣。法不阿贵，绳不挠曲。法之所加，智者弗能辞，勇者弗敢争。刑过不避大臣，赏善不遗匹夫。（《韩非子·有度》）

也就是说："国家没有一贯保持强大的，也没有一直处于虚弱的。执法的人坚决依法办事，那么国家就强大；执法的人不能坚定依法办事，那么国家就变弱。"韩非在列举齐国齐桓公和楚国楚庄王之后，他们的侯国由强盛变羸弱，甚至灭亡的历史事实之后，接着又说："现在这些国家都衰亡了，是因为这些国家的官吏都努力干乱国的坏事，而不努力推行治国的措施。这些国家已经混乱衰弱了，又都丢掉国家的法度，在法度之外追求私利，这就像背着干柴救火一样，国家只会混乱衰弱得更加厉害！"他的最后结论是："所以用法令来治国，就是用法令作为标准衡量事物罢了。法令不偏袒权贵，绳墨不迁就曲木。法令该制裁的，智者不能逃避，勇者不敢争辩。惩罚罪过不避开大臣，奖赏善行不漏掉平民。"

对于"法"，韩非认为："法者，宪令著于官府刑罚必于民心，赏存乎慎法，而罚加奸令者也。此臣之所师也。"（《韩非子·定法》）又说："法者，编著之图籍，设之于官府，而布之于百姓者也。"（《韩非子·难三》）主张成文法的制定、编纂与公布。又说"奉公法，废私术"（《韩非子·有度》），"夫立法令者以废私也，法令行而私道废矣。私者所以乱法也"（《韩非子·诡使》），极力排斥恣意的擅断，呼吁确立规范成文的公法以废止私行。

对于人主的"使人"，也必须以"法"行事。韩非说：

人主虽使人，必度量准之，以刑名参之；以事遇于法则行，不遇于法则止；功当其言则赏，不当则诛。以刑名收臣，以度量准下，此不可释也，君人者焉佚哉？（《韩非子·难二》）

韩非分析了商鞅之法："行刑重其轻者，轻者不至，重者不来，是谓以刑去刑。"（《韩非子·内储说上》）也即对轻罪给予重罚。重罪，是人们很难犯的，而小过失是人们容易去掉的。让人们去掉那容易犯的小过失，不触犯难犯的重罪，这是治好国家的原则。小过失不发生，大罪恶不出现，这样人们就无罪而祸乱不生了。韩非也认可商鞅的做法，可以说韩非思想中还存在着以重刑主义预防犯罪的逻辑。

韩非认为："人主之大物，非法则术也。"（《韩非子·难三》）"法"和"术"皆属人主治国不可或缺之工具，但两者之间仍有所区别。"法"强调公开性，而"术"则以潜藏执用为要旨。"法"由上下所共守，因此必须明定成文于天下，而"术"则为人主所独用，必须神秘难测方可保持威慑和效果。"法"和"术"一明一暗，交替使用，相辅相成，共同确保人主对臣民之威势。

关于韩非期望的最高统治者，即"明主"应该如何统治？他说：

> 明主，其务在周密。是以喜见则德偿，怒见则威分。故明主之言隔塞而不通，周密而不见。（《韩非子·八经》）

> 故明主使其群臣，不游意于法之外，不为惠于法之内，动无非法。（《韩非子·有度》）

这道出了韩非的统治术和明主观。

关于"明主"，在稷下学者们所编撰的《管子》中也有精辟论述：

> 明主者，一度量，立表仪，而坚守之，故令下而民从。法者，天下之程式也，万事之仪表也。吏者，民之所悬命也，故明主之治也，当于法者诛之。故以法诛罪，则民就死而不怨。以法量功，则民受赏而无德也。此以法举错之功也。故《明法》曰："以法治国，则举错而已。"明主者，有法度之制；故群臣皆出于方正之治，而不敢为奸。百姓知主之从事于法也，故吏所使者有法，则民从之，无法则止。民以法与吏相距，下以法与上从事。故诈伪之人不得欺其主，嫉妒之人不得用其贼心，谗谀之人不得施其巧，千里之外，不敢擅为非。故《明法》曰："有法度之制者，不可巧以诈伪。"（《管子·明法解》）

又有：

> 国法不一，则有国者不祥。……故曰，法者，不可恒也。存亡治乱之所从出，圣君所以为天下大仪也。……万物百事，非在法之中者不能动也。故法者，天下之至道也，圣君之实用也。……有生法，有守法，有法于法。夫生法者，君也。守法者，臣也。法于法者，民也。君臣上下贵贱皆从法，此谓为大治。（《管子·任法》）

即"明主"制法以治国。法成则公布之，使一国之人皆遵守。法既立，则一国之君臣上下，皆须遵守，而不能以私意变更。无论是明主，还是臣下百姓，均以法为规矩准绳。这些规矩准绳，如能确实奉行，则足以为治。

由此可见，韩非的思想与《管子·明法解》在法治方面是一致的，所不同的是《管子·明法解》仍然带有一定的礼制思想，而韩非则彻底抛弃了礼教治国思想。

韩非在历史进化论上的观点延续了商鞅"不法古，不循今"的主张，他认为"圣人不期修古，不法常可"，"世异则事异，事异则备变"（《韩非子·五蠹》），"治民无常，唯治为法，法与时转则治，治与世宜则有功，时移而治不易者乱"（《韩非子·有度》）。这就是说，社会的政治、经济及文化教育都是因时而异，没有永恒不变的。如"欲以先王之教，治当时之民，皆守株之类也"（《韩非子·五蠹》）。他把守旧的儒家讽刺为守株待兔的愚蠢之人。新情况产生新问题，只能用新方法去解决，只有愚蠢的人才看不到事物的变化。

韩非认为要实现"法治"，就必须"以法为教"，这是同他以法治国的政治思想一脉相承的。因为只有实行"以法为教"，才能培养以法治国的人才，才能使百姓知法和守法，才能使封建制度得以巩固和发展。这里需要指出的是，韩非虽然主张"以法为教"，但不意味着取消道德教育。他从维护封建国家的所谓公利出发，明确提出了"明于公私之分"的伦理道德观。

韩非主张"废先王之教"，要因时制宜地改革旧教育。要改革旧教育，就要先废"私学"。他说："凡乱上反世者，常士有二心私学者也。"《《韩非子·诡使》》所谓"乱上"，就是"勉智诈与诽谤法令"；所谓"反世"，就是追求寻找与当世相反的言论，竭力唱反调。他认为儒家私学是同实行法治相背离的。

此外，韩非还提出了"以吏为师"的问题。应该说，这个问题由来已久。早在殷、周时，教师就由官吏担任，"师氏亦中大夫也"《《诗·十月交》》。不过，奴隶社会的教师不仅以文化知识和道德教人，也是文化教育的掌管者。所以，"以吏为师"历来都不是不要教师，而是以谁为师，由谁掌管教育的问题。韩非提出的"以吏为师"，其目的是反对"以儒为师"。

韩非主张"以法为教""以吏为师"是符合当时历史发展潮流的，是当时政治、经济变革在教育上的反映。但是，这一主张也有很大的片面性，它忽视了对历史文化知识的继承，否认了学校教育的重要作用。

他批评儒、墨两家："博习辩智如孔、墨，孔、墨不耕耨，则国何得焉？修孝寡欲如曾史，曾史不战功，则国何利焉？"《《韩非子·八说》》抨击孔、墨一味宣扬其主张，不仅自己不耕不战，而且还教人不耕不战，其言行是同富国强兵背道而驰的；曾、史只讲孝道、寡欲，而不求战功，对国家没有什么益处。韩非进而对儒家、墨家进行了猛烈抨击：

> 儒以文乱法，侠以武犯禁。……今修文学习言谈，则无耕之劳而有富之实，无战之危而有贵之尊，则人孰不为也？《《韩非子·五蠹》》

这里的"侠"应该是指墨家组织。

韩非对墨家组织的指责是否得到秦执政者的认同并被采用不得而知。如果考虑到自商鞅以来秦所施行的发展农耕与强兵政策而言，墨家组织不受重视或者被边缘化也是合乎逻辑的。

韩非对待儒家所持的观点与商鞅是一致的，商鞅曾说：

> 《诗》《书》礼、乐、善、修、仁、廉、辩、慧，国有十者，上无使守战。国以十者治，敌至必削，不至必贫。国去此十者，敌不敢至；虽至，必却；兴兵而伐，必取；按兵不伐，必富。《《商子·农战》》

韩非在《韩非子·外储说左（下）》篇中，讲述了齐宣王和名儒匡倩的故事。

通过他们之间的对话可能让我们更容易理解当时儒家的"礼念"或者说韩非对儒家的观点：

齐宣王问名儒匡倩说："儒家弟子下棋吗？"匡倩说："不玩。"齐宣王说："为什么不玩？"匡倩回答说："下棋的双方都以枭形的棋子为尊贵，胜利的一方必然要杀死对方的枭。杀枭，就是杀尊贵者。儒者认为这伤害道义，所以不玩下棋游戏。"齐宣王又问："儒者射鸟吗？"匡倩说："不射。射鸟，是在下面的伤害在上面的，如同臣下伤害君上。儒家以为这损害道义，所以不射。"齐宣王又问："儒者弹瑟吗？"匡倩说："不弹。瑟的小弦弹出来的声音大，大弦弹出来的声音反而小，这是颠倒了大小的次序，交换了贵贱的位置。儒家以为这损害道义，所以不弹瑟。"齐宣王说："好。"①

韩非在借鉴和总结商鞅的"法"、申不害的"术"和慎到的"势"的基础上，构建了其融法、势、术三者为一体的君主统治理论。韩非统治理论的三要素为：法，健全法制并实行法治；势，君主的权势，要独掌军政大权；术，驾驭群臣、掌握政权、推行法令的策略和手段，主要是察觉、防止犯上作乱，维护君主地位。

因此，与其说韩非是法家思想集大成者，倒不如说他是基于法家思想的君主统治学创立者。他这一君主统治学较之意大利政治家、思想家尼可罗·马基亚维利（Niccolò Machiavelli，公元1469～1527年）的《君主论》(*The Prince*) 提前了1500多年。马基亚维利的《君主论》直言不讳地否定一般公认的道德，但却对平民政治怀有好感和喜爱。

8.5 《易》之羽翼——《十翼》

随时代演变和发展，诸多学说相继诞生，如在军事领域就有军事科学——《孙子兵法》和《孙膑兵法》，原来用于占卜的《周易》在决策中的地位下降。相比之下，古老的《周易》不仅显得艰涩难懂，内容也枯燥狭隘，满足不了当时信奉《周易》的人们的需要，于是逐渐对《周易》展开了补充和解释，这就是如今我们见到的《十翼》，又称《易传》。

如今我们说起《周易》或《易经》多半是指广义的《周易》，包括《周易》的

① 《韩非子·外储说左（下）》：齐宣王问匡倩曰："儒者博乎？"曰："不也。"王曰："何也？"匡倩对曰："博者贵枭，胜者必杀枭。杀枭者，是杀所贵也。儒者以为害义，故不博也。"又问曰："儒者弋乎？"曰："不也。弋者从下害于上者也，是从下伤君也。儒者以为害义，故不弋。"又问："儒者鼓瑟乎？"曰："不也。夫瑟以小弦为大声，以大弦为小声，是大小易序，贵贱易位。儒者以为害义，故不鼓也。"宣王曰："善。"

经文部分（原典）和为经文作进一步解释的《十翼》，也称《易传》。但《周易》的经文与《十翼》成文相隔几百年，是不同时期的产物。《十翼》是在战国后期，甚至最后到汉代才完全形成的。后人将《十翼》编入《周易》，就是我们现在常常看到的《周易》或《易经》。为了避免混乱，我们应当区分《周易》的经部与《十翼》。

虽然《周易》后来被作为儒学经典，但在战国中叶之前，并不多见儒家学者言及，《论语》中也几乎没有提及《周易》。众所周知，《论语》由孔丘弟子或再传弟子们编撰，其思想既有反映春秋末年的，也有反映战国时代风貌的。作为儒家传承大家的孟轲，在其书中多提及《书》和《诗》，却未提及《周易》。这也许是孟轲个人爱好及价值取向所限，更可能是当时《周易》在儒学中并不受到重视。

在《庄子·天下》中提及孔孟之乡的文化时说"其在于《诗》《书》《礼》《乐》者，邹、鲁之士缙绅先生多能明之"，也没有提及《周易》。可以说那时《周易》并不在邹、鲁之士缙绅先生中间流行。

战国末年的荀况在对儒学经典的内容功用作概括性介绍时说：

> 故《书》者，政事之纪也；《诗》者，中声之所止也；礼者，法之大分，类之纲纪也。……礼之敬文也，乐之中和也，《诗》《书》之博也，《春秋》之微也，在天地之间者毕矣。（《荀子·劝学》）

这里也未提及《易》。但在其他篇章中，引用过《易》的内容，如《荀子·大略》："《易》曰：'复自道，何其咎。'《春秋》贤穆公，为能变也。"此处的"复自道，何其咎"，引自《易》六十四卦之一的小畜卦之初九爻辞。又有："《易》不同。之《咸》见夫妇，夫妇之道，不可不正也，君臣父子之本也。咸，感也。以高下下，以男下女，柔上而刚下。"这是一卦之义的引申，与《十翼》中的《象传》意同而文不同。

对于《十翼》的作者，司马迁在《太史公书·孔子世家》一文中有："孔子晚而喜《易》，序《彖》《象》《说卦》《文言》。"《太史公书·仲尼弟子列传》则进一步说："孔子传《易》于瞿。"

从上述思想历史经纬看，《十翼》的作者不可能是孔丘。有的学者认为：孔丘不但不是《十翼》的作者之一，甚至未曾读过《易》。理由是《论语》中关于孔丘"五十以学易"的话，鲁语"易"字也作"亦"。鉴于作为儒家代表人物的荀况，在其著作中明确引用《易》，因此有学者认为《十翼》是其弟子们所作[①]，至少部分是这样的，而在《十翼》中多次出现的"子曰"非孔丘而是荀况。这也可能促进了《易》的进一步发展，成为儒家学习的经典科目之一。虽然这种观点并

[①] 郭沫若认为"两者（指《荀子·大略》与《象下传》）之相类似是很明显的。……《易传》显明地是把荀子的话更展开了。"《系辞传》至少其中的一部分也明明受了荀子的影响，从思想系统上可以见到它们的关系。"（《青铜时代·周易之制作时代》，群益出版社，1946年，第78页）

不十分可信，但细读《论语》与《易》，的确感觉不到两者有什么关联之处。

据《汉书·儒林传》所载："及秦禁学，《易》为卜筮之书，独不禁，故传授者不绝也。汉兴，田何以齐田徙杜陵，号杜田生，授东武王同子中；洛阳周王孙、丁宽，齐服生，皆著《易传》数篇。"

这里的王同、周王孙、丁宽、服生等所著《易传》是不是归于现在的《十翼》之中也没有定论，但现在的《十翼》与王同等所作《易传》类似是没有什么疑问的。

《十翼》是对《易》的解释和演绎，这些解释演绎直到战国末期甚至汉朝才以"附录"形式编入《易》本经的后面，形成了我们如今所见到的由《易经》和《十翼》两部分内容组成的《周易》，共有两万四千多字。

《十翼》的七种十篇是《彖传》上下篇、《象传》上下篇（或《大象传》《小象传》）、《文言传》《系辞传》上下篇、《说卦传》《序卦传》和《杂卦传》。自汉代起，这十篇又被称为《十翼》，意思是说"传"是附属于"经"的羽翼，即用来解说"经"的内容。

《彖传》是专门对《易》的卦名和卦辞的注释；《象传》又分为《大象传》和《小象传》，《大象传》解释卦辞，《小象传》解释爻辞，说明爻象或爻辞的意义；《文言传》对乾、坤二卦作了进一步的解释；《系辞传》对《易》的产生、原理、意义及易卦占法等进行了比较全面、系统的发展阐述。它不是简单地注解经文，而是进行了发挥。当然也可以认为这只是根据当时的学术思想，对《易》进行了再创作。毋庸置疑的是，《十翼》的作者主要是借鉴经文来发挥自己的思想观点，也是一种发展吧。但它是不是正确解释了经文的原意，那就仁者见仁、智者见智了。

《十翼》也随着各种学派的发展以及时代的变迁，补充了一些后儒家时代提倡的有关伦理方面的箴言，同时弥补其飘忽不定且解释多义的缺陷，吸收了其他学派的理论，也有些是哲学层面的以及对宇宙的看法。

易学的阴阳观

首先应该指出的是，在《易》的经部是不包含阴阳观的。阴阳概念本是阴阳家的，后来被《易》研究者借鉴并吸收，编入《十翼》之中。这大概是在战国后期甚至汉代初期了。

《易》有太极，是生两仪。两仪生四象，四象生八卦。（《易传·系辞》）

又有：

一阴一阳之谓道；继之者善也，成之者性也。（同上）

《礼记》也有"礼必本于太一，分而为天地，转而为阴阳"（《礼记·礼运》）的记述。

《吕览·大乐》亦有相关内容的表述：

太一生两仪，两仪生阴阳。

当然，儒家与道家关于阴阳的解释和应用也是不尽相同的。

《十翼》试图在采纳其他学派的思想基础上创建其宇宙观。由于受儒家思想专注人间政治和人伦倾向的束缚，其宇宙观显得有些牵强。《十翼》是从人的新生命诞生为出发点，来类推万物之化生，即"男女构精，万物化生"，进而类推到更广泛的天地之间，即"天地纲缊，万物化醇"（《易传·系辞（下）》）。这里的纲缊是烟气弥漫的样子。按照儒家的观点，天是阳、是乾，地是阴、是坤。这样阴阳生成万物犹如男女交合而生育后代一样。进而又说"继之者善也，成之者性也"。这是仿照老聃所说的道与德之关系，但这里显然是人伦化了。老聃的说法很明确，即"生而不有，为而不恃，长而不宰"（《老子》第51章）；老聃又说："天地不仁，以万物为刍狗。"（《老子》第5章）这显然与儒家的道德观、善恶论是不同的。对于儒家的"道"，《系辞（下）》则说"百姓日用而不知"，即日常生活中每天都在运用此"道"却茫然不知，紧跟着这句话的是"故君子之道鲜矣"，而且是"仁者见之谓之仁，智者见之谓之智"。显然对道的认识带有主观性，可以说是唯心主义的。

"成之者性也"这句则是沿用了荀况或孟轲及其弟子关于"性"的概念。其对应的是道家的"德"，关于"德"在前面已经讨论论过，这里就不再赘述了。

由此可见，《十翼》采纳了《老子》关于道的观念，同时又合阴阳之说，再配以乾坤，使之为道或太极所生的"二"的宇宙论。关于此"二"的宇宙论原理之性质，在《十翼》中也有进一步表述：

大哉乾元，万物资始，乃统天。……乾道变化，各正性命。（《易传·乾象》）

至哉坤元，万物资生，乃顺承天。（《易传·坤象》）

乾道成男，坤道成女。乾知大始，坤作成物。乾以易知，坤以简能。（《易传·系辞（上）》）

夫乾，其静也专，其动也直，是以大生焉。夫坤，其静也翕，其动也辟，是以广生焉。（《易传·系辞（上）》）

乾，阳物也；坤，阴物也；阴阳合德，而刚柔有体，以体天地之撰。（《易传·系辞（下）》）

也就是此"二"原理为：一刚一柔，一施一受，一为万物之所"资始"，一为万物之所"资生"。"夫乾，其静也专，其动也直""夫坤，其静也翕，其动也辟""阖户谓之坤，辟户谓之乾"。这些皆与男女两性的生殖活动相关。这与老聃的"大国者下流，天下之牝。天下之交，牝恒以静胜牡，以静为下"（《老子》第61章）有相似之处。

对乾与坤之关系，《十翼》还以当时男女在社会上之地位与关系为根据，类推乾与坤之关系。

家人，女正位乎内，男正位乎外；男女正，天地之大义也。家人有严君焉，父母之谓也。父父，子子，兄兄，弟弟，夫夫，妇妇，而家道正；正家而天下定矣。（《易传·家人象》）

这其实是把孔丘的治国理念"君君、臣臣、父父、子子"下降、延伸到家庭层面。毫无疑问，这是在推行儒家的等级观念。

坤至柔而动也刚，至静而德方。后得主而有常，含万物而化光。坤道其顺乎？承天而时行。……阴虽有美，含之以从王事，弗敢成也。地道也，妻道也，臣道也；地道无成而代有终也。（《易传·文言》）

乾阳为主，坤阴为辅。坤阴（女）自为先，则"迷而失道"；从乾阳（男）后，则"得主而有常"（即坤阴顺从乾阳，以乾阳为主而遵守常道）。所谓"往之女家，必敬必戒，无违夫子！以顺为正者，妾妇之道也"（《孟子·滕文公（下）》）。

这些思想以某一个时代之男女地位之关系上升至形而上层面，反过来又以形而上层面来教化人们，这实际上是拿过去的脚印套现在的脚，并不是建立在客观规律之上的，是缺乏哲理的礼教。毕竟社会在发展，男女关系及其社会地位也在变化。这样类推出来的"公理"其实是"礼教"，既不符合人性，也不符合时宜。

卦

八卦是《周易》之基础，八卦后又演绎成六十四卦。卦本身可能来源于对龟兆的简化。八卦如同五行，各代表其事物，如：

乾，天也，故称乎父。坤，地也，故称乎母。震一索而得男，故谓之长男。巽一索而得女，故谓之长女。坎再索而得男，故谓之中男。离再索而得女，故谓之中女。艮三索而得男，故谓之少男。兑三索而得女，故谓之少女。乾为天，为圆，为君，为父……坤为地，为母……震为雷……巽为木，为风……坎为水……为月……离为火，为日……艮为山。兑为泽……"（《易传·说卦》）

这些《十翼》所进一步解释、演绎的经部，在《左氏春秋》《国语》都有记述春秋时代的蓍筮引用：

周史有以《周易》见陈侯者，陈侯使筮之，遇《观》之《否》。曰："是谓'观国之光，利用宾于王。'此其代陈有国乎。不在此，其在异国；非此其身，在其子孙。光，远而自他有耀者也。《坤》，土也。《巽》，风也。《乾》，天也。"
（《左氏春秋·（鲁）庄公二十二年（公元前672年）》）

震，车也。坎，水也。坤，土也。屯，厚也。豫，乐也。（《国语·晋语（四）》）

震，雷也，车也。坎，劳也，水也，众也。（同上）

坤，母也。震，长男也。（同上）

可以说《说卦》中所言是对前人所言进行了排比整理。

按照儒家理论，天下的物品，即"器"是如何发明、制造出来的呢？当然需要圣人先行，圣人见"天下之赜(zé)"，也就是发现其奥秘，而后"拟其形、容，象其物、宜"，以得其"象"；又摹拟此象，造为"器"，制为"法"，这里的法相当于现在说的规律。这句话中的"象"是一个核心词汇，在《易经·系辞(下)》有"八卦成列，象在其中矣"。如果通俗地讲，就是发现事物之关联规律，在脑海里形成一个"象"并通过已经发现的奥秘去实现这个"象"，也就是制成"器"。这一观念用到政治和意识形态上，就是《系辞》所说的用八卦进行造器的理论。

《易传·系辞(上)》是这样定义圣人的：

> 《易》有圣人之道四焉：以言者尚其辞，以动者尚其变，以制器者尚其象，以卜筮者尚其占。

《周易》本来就是为蓍筮用的，因此说"以卜筮者尚其占"。引申《易》卦辞爻辞之义，以为自己立言之即所谓"以言者尚其辞也"。取法易象，应用于人们的行为，即所谓的"以动者尚其变""以制器者尚其象"。

《系辞(下)》还对此进行了具体说明：

> 古者包羲氏之王天下也，仰则观象于天，俯则观法于地，观鸟兽之文与地之宜，近取诸身，远取诸物，于是始作八卦，以通神明之德，以类万物之情。……包羲氏殁，神农氏作，斫木为耜(si)，揉木为耒(lěi)；耒耨(nòu)之利，以教天下，盖取诸《益》。

这段说的是包羲氏，也就是伏羲氏是如何发明"八卦"的，基本观点是他观察大自然，无论是天空之象，还是大地之运行规律，以及鸟兽等生物与周围环境之相关性而创作了"八卦"。如果用今日之观点，伏羲氏还是真有观察自然、发现规律且具有创造能力之先人。如果考虑到远古时代，伏羲氏肯定是华夏文明的启蒙者，但这只是历史的传说。

《易经》第四十二卦益卦，其经词是这样的："利有攸往。利涉大川。"又有"巽上震下"的解释。而"巽"进一步解释为风，为木；"震"进一步解释为雷，为动。这样"上有木而下动"，故神农即因其象而发明耒耜。这种演绎解释只能说是"神"解释。石器时代，以坚硬的石材制作成工具进行土地开发与耕作等工作，以木头作为材料的耜(si)、作为耕地的犁并不是一个合理的传说，因为木质比较软，作为犁的话或许只能用在水田。而这与我们的农耕最早为旱田是不符合的，估计《系辞》作者并没有亲自试验一下，只是在评价自己的想象而已。

对以木为器，《系辞(下)》又说：

> 刳木为舟，剡木为楫；舟楫之利，以济不通，致远以利天下。盖取诸《涣》。

> 服牛乘马，引重致远，以利天下，盖取诸《随》。

当然，参照前边，也可用《涣》《随》再进一步解释演绎。当然，这是《周易》的说法，我们现在所使用的舟船、汽车乃至飞机的发明依赖的是科学定律而不是八卦。

需要指出的是，五行说与八卦说在先秦是两个独立的体系，互不交叉，互不干涉。讲五行说的不讲八卦；同样，讲八卦的不讲五行说。它们对世界的解释方法是完全独立的，也是完全不同的。五行说与八卦说在相同的层次上，如果说一个为正确，那么另一个必然为谬误，两者不可能同为正确。

变与循环

除了运用阴阳观及八卦之外，《十翼》的另一大特点是强调"变"与变的循环。因此有人在解释书名中"易"这个字时，强调的是变易之意。这虽不无道理，但也未必符合原来作为"经"的含义。另一种关于书名的解释是因为原来商朝的占卜书(或者称文字)过于繁琐而对其记述方式及内容进行了简易化，使用起来更加便利。这种说法笔者认为是比较合乎历史进程的。因为周取代商之后，并没有全部继承商的祭祀文化，包括占卜文化，而是把重点放在了礼乐制的建设与完善之上。这样，使占卜书及占卜方式简易化也是顺理成章的。

按照《十翼》之观念，事物都在发展变化中。

> 天地革而四时成。(《易传·革·象》)

> 显诸仁，藏诸用。鼓万物而不与圣人同忧，盛德大业，至矣哉！富有之谓大业，日新之谓盛德。(《易传·系辞（上）》)

> 阖户谓之坤，辟户谓之乾，一阖一辟谓之变，往来不穷谓之通。(同上)

宇宙间的诸事物不但在变化之中，而且皆依据一定的秩序。

> 天地以，故日月不过，而四时不忒。(《易传·豫·象》)

> 天地节而四时成。(《易传·革·象》)

> 天地之道，恒久而不已也。利有往，终则有始也。日月得天而能久照，四时变化而能久成。……观其所恒，而天地万物之情可见矣。(《易传·恒·象》)

> 吉凶者，贞胜者也。天地之道，贞观者也。日月之道，贞明者也。天下之动，贞夫一者也。(《易传·系辞（下）》)

《十翼》的作者们虽然强调世界在不断变化之中，这是正确的一面，但其不足之处是融入了主观因素和主观道德因素，多了主观少了客观。对客观世界的变化，归于"一"，但这"一"如果不是客观规律之一，而是主观之一，或者主观伦理道德之一，就会使诸多努力归零。宋朝朱熹之理学就存在这一致命问题。

另一方面，关于日月星辰之运动，一年四季之变化，在《吕览》中被广泛采用，虽然是显而易见的规律，但缺乏深度认知。

对现实世界之认识，应该说《十翼》的作者们已经抛弃了许多儒教之观念，也就是人为的礼教之观念。但初始对现实世界不断变化之认识并非始于《十翼》的作者们，而是道家。如前所述，庄周就在其《齐物论》及《秋水》篇中有这方面的论述。

《十翼》还有一个显著特点是"变化循环论"：

无往不复，天地际也。（《易传·泰·象》）

终则有始，天行也。（《易传·蛊·象》）

反复其道，七日来复。……复，其见天地之心乎！（《易传·复·象》）

日中则昃，月盈则食；天地盈虚，与时消息。（《易传·丰·象》）

日往则月来，月往则日来，日月相推，而明生焉。寒往则暑来，暑往则寒来，寒暑相推，而岁成焉。往者，屈也；来者，信也；屈信相感而利生焉。（《易传·系辞（下）》）

这里的"反复其道""无往不复"都是在叙述宇宙间事物变化的循环性。这一思想最初源于老聃，《老子》第40章说"反（返）者，道之动"，也就是我们常说的"物极必反"之思想源头。

这里值得注意的是"七日来复"，在《日书》中也有以七日为周期的"星期制"。这个"七日"与现代的一周时间正好吻合，是巧合还是有历史渊源，不得而知。商朝的一周为十天（旬），而传承下来的文化，比如常使用的"五""九"等，是没有传承关系的，也许是一种消失的文化传统，或者是受外来文化影响。以现在得知的古代文明而言，以七天为一周起源于古巴比伦（约公元前1894年~约前1595年）。

一周定为七天可能与月亮循环周期有关。月亮绕地球旋转的周期为二十八天多一点。对古人来说，月相是计算时间最明显、最便捷的方法。因此，与月亮圆缺变化相合的历法显然是较为简单易行的历法。另一个原因可能是，周代与古巴比伦一样，认为天上的变化与地球上的变化存在系统性关联。因此，常观察星空的行星运转状况来预测事物发展走向与吉凶。在天空中有七个游走的"发光物"——太阳、月亮、水星、火星、金星、木星和土星，每一个代表一天，七个就是七天。每一个发光物以复杂方式绕固定的星星运动，因为其运动方式不规则，造成不同的天象，因此古人可能认为这些游走的发光物肯定拥有特殊的力量，会昭示、影响地上的变化。现在的日本依然用太阳、月亮、水星、火星、金星、木星和土星来命名一周的各天，分别是日曜日、月曜日、水曜日、火曜日、金曜日、木曜日和土曜日。

术数

"易"的重要概念除了"象"和"阴阳"之外就是"数"了。

由于占卜逐渐由龟卜过渡到蓍草筮，也就是筮法。筮法是与"数"有密切关系的，用蓍草占卜离不开数目的变化。《左氏春秋·（鲁）僖公十五年（公元前645年）》中记载："龟，象也；筮，数也。物生而后有象，象而后有滋，滋而后有数。先君之败德，乃可数乎？"《礼记·曲礼（上）》曰："龟为卜，策为筮"。揲（pěng）策定数，执持蓍草确定其数目以定吉凶。揲就是执持；而策则是蓍占用的蓍草。在筮

激荡春秋
——东周之历史、文化与思想

法逐渐流行的情况下，"数"的理论也得到逐渐加强，可以说《周易》是先"象"后"数"。这样"术数"就逐渐融入并丰富了《易》的内容。譬如把"阳"看作单数，把"阴"看作偶数。《易传·系辞（上）》也有"天一地二，天三地四，天五地六，天七地八，天九地十。天数五，地数五，五位相得而各有合。天数二十有五，地数三十，凡天地之数，五十有五，此所以成变化而行鬼神也"的说法。

"数"这一概念在中国文化中源远流长，最为突出的要数"五"这个数了，从殷商民族的"五行说"，到五帝、五福，再到《老子》的"五色令人目盲，五音令人耳聋，五味令人口爽"（《老子》第12章）。尽管这些与《易经》不是一个体系，但它作为"数"或者说"术数"深深影响着国人的思维，也不能排除《易经》的"数"的内容受此影响。

占卜作为一门古老的学问，是古人试图探求未来发展变化规律，掌握自己命运的尝试。试图以"数"的变化组合来解释宇宙的奥秘，也是占卜的重要内容和方法。

那么，数是不是自然界的独立特性呢？

有的植物具有这些特性。如植物的花瓣、萼片、果实的数目以及其他方面的特征，都非常吻合于一个奇特的数列——著名的斐波那契数列：1、2、3、5、8、13、21、34、55、89……其中，从3开始，每一个数字都是前两项之和。但我们不能说"数"的规律支配着宇宙，尽管宇宙间的事物的确具有"数"的规律。

这一概念与"阴阳"概念一样，融入《周易》中发展成熟较晚，是伴随着"筮法"的普及成长而发展起来的。

用现在的科学观点看，术数或法术基本上是迷信的。但它们也是以积极态度解释自然现象，从而服从自然规律，使人得以顺应自然。因此可以说方术也是古代科学的萌芽。当方术对超自然力量不再迷信时，它便开始了向科学的靠拢、转变。

总之，无论是《易经》还是《十翼》，其确切的著作者已无从考证，应该是出于那时掌管卜筮的筮官们之手。在论述《周易》的思想内容时，有观点认为其既非文又非史，也非哲的一类杂著，《十翼》（"易传"）有一点哲理，可算哲学类。

8.6　道儒墨之别

慈爱、仁爱与兼爱

"爱"，在道儒墨三家中都有这个概念，但又各不相同。

道家的"爱"是与"慈"相连的，儒家的"爱"是与"仁"相关的，而墨翟的"爱"则是与"兼"相关的。

"仁"在春秋后期是一个时兴词，也是正统的道德评价概念。老聃却摒弃了这一当时社会主流的、也是儒家提倡的"仁"的概念，用"慈"这个字来表示他心目中的"爱"，可以说是别有深意的，也反映了老聃与孔丘以及道家和儒家的深刻分歧。

在《老子》中老聃说他有三宝（慈、俭、不敢为天下先），其中"慈"列首位。"慈"的基本含义是"爱"，简单地说就是我们现在说的"慈爱"。成书于战国中期的《管子》在《形势》篇里解释说"慈者，父母之高行也"，主要指长对幼的"爱"，母爱是典型的慈爱，这种爱更体现了自发、无私与宽容的特点。老聃还有"慈故能勇"（《老子》第67章）之述。母性在保护下一代时，往往能显示出惊人的勇敢。这在人与动物的母性身上有最生动、最充分的体现。老聃的"爱"或者基于"爱"的思考，多处于"慈爱"方面。譬如，在叙述圣人对待老百姓时说"圣人皆孩之"（《老子》第47章），这是说圣人像父母对待自己的孩子一样对待老百姓。

关于"仁"的爱之意，老聃使用了"天地不仁""圣人不仁"（《老子》第5章）和"天道无亲"（《老子》第79章）的表述，这进一步说明儒家的"仁"是带有差别的，是有人为伦理观融入其中的"爱"。这里所谓的"不仁"与"无亲"，也就是没有"偏爱"，也没有因为氏族血缘关系的"亲爱"。用庄周的话来说，那就是"大仁不仁"（《庄子·齐物论》)、"至仁无亲"（《庄子·庚桑楚》)，这种不仁之仁、无亲之亲，是对世俗仁爱价值的超越，其所欲成就的是更高层次的慈爱。理解了"仁"是有差别的爱，也就拿到了正确理解老聃"慈"的钥匙。

孔丘也说"孝慈"，《论语·为政》记载了孔丘答季孙肥问为政治民时说："临之以庄则敬，孝慈则忠，举善教不能则劝"，在这里"孝""慈"并举，虽然强调的是父慈子孝的伦理价值，但其终极目的还在于政教功能，也就是归结到"忠"之上，效忠君主及其他统治者。"慈"原本并非儒家所尊奉的主要价值观念，而且较之老聃所说的"慈"，其内涵也狭窄得多。

那么孔丘儒学所提倡的"仁"具有怎样的"爱"的含义呢？

孔丘儒学的"爱"是离不开"仁"的，它是仁的一个属性或者说一方面的含义。"仁"是表述人与人之间的伦理关系的，但"仁"表述的人与人之间的关系不但具有亲缘性，也有社会地位的差别性。孔丘在回答他的学生樊迟问"仁"是什么时说："爱人。"（《论语·颜渊》）当然这只是孔丘对"仁"的多种含义的一种解释。

针对孔丘儒学这种有差别的"仁爱"，墨翟则提出了"兼爱"来反驳：

今天下之君子之名仁也，虽禹汤无以易之，兼仁与不仁，使天下之君子取焉，不能知也。故我曰：天下之君子不知仁者，非以其名也，亦以其取也。（《墨子·贵义》）

墨翟认为，当时的"仁"兼有"仁"与"不仁"，不是真正的"仁"，当然所谓的以仁自居、标榜的君子其实是不懂得什么是真正的"仁"的，他们是各有所取罢了。儒家的"仁",仅仅是从爱己出发的,为爱自己,延伸一步,就爱自己的父亲、兄弟、子女,这便是所谓"亲亲";再推广一步,才爱到其他人。所谓的"亲亲而仁民,仁民而爱物",只不过是华丽辞藻而已。实际执行起来,还是"亲亲",儒家的"仁"就很难越出宗法血缘的范围,达到"兼爱"之境界。儒家的"仁"不是兼爱,而是差别之爱。

因此墨翟认为,必须倡导用"兼爱"代替"仁"。墨翟的"兼爱"简单地讲就是"博爱",是消除了差别的大爱。我们知道以前教会医院多用"博爱"这个词,孙中山也使用"博爱"这个词。只有兼相爱,才能体现真正的均爱于天下,博爱一切人。爱其他人的父母要像爱自己的父母一样,这一观点虽然过于理想,也有点宗教色彩,但在两千四百多年前能提出如此观点的人是何等的伟大!

墨翟的"兼爱"侧重于爱的广泛性和平等性;而老聃的"慈爱"则侧重于爱的本质,但两者都是与孔丘所提倡的"仁爱"有本质区别的。

孔丘主张复活周礼,恢复尊卑有秩的等级阶级制度。墨翟则主张打破等级身份的界限,实行阶级身份平等(尚同),主张破除私爱(孝、悌)和差爱(仁)而实行博爱(兼爱)。

为此,墨翟在《墨子·兼爱(下)》里说:

> 以兼为正。是以聪耳明目相为视听乎,是以股肱毕强相为动宰乎,而有道肆相教诲。是以老而无妻子者,有所侍养以终其寿;幼弱孤童之无父母者,有所放依以长其身。今唯母以兼为正,即若其利也。

墨翟认为,必须以"兼爱"作为处世为人的标准。如果天下人都能这样做,社会才会和谐美好;唯有实行兼爱,才能创造出理想世界。墨家提出兼爱之主张,也将此道德理论化,并欲使其在社会上普遍化。

无为与有为

在"老聃"一节叙述了老聃思想的一个重要观点,即"无为"。孔丘的观点与老聃的观点是截然相反的。孔丘主张"不可为之而为之"。如前所述:孔丘的学生子路,晚上住在石门。早上起来,看大门的人问:"你从哪里来呀?"子路回答说:"从孔丘那里来"。看门的人于是说:"是知其不可而为之者与?"[1]

这一思想被儒家所继承。明末清初的学者张岱(1597~1679年)就有进一步的表述:"不知不可为而为之,愚人也;知其不可为而不为,贤人也;知其不可为而为之,圣人也。"(《四书遇》),显然是在赞扬孔丘的。

墨家与道家的"无为"和儒家的"不可为而为之"不同,他们不但有信念、有理想,也有行动,可谓是"尽力而为"。

---

[1]《论语·宪问》:子路宿于石门。晨门曰:"奚自?"子路曰:"自孔氏。"曰:"是知其不可而为之者与?"

战争与和平

战争是老聃、孔丘和墨翟那个时代的常态，战争与和平也是那个时代不可回避的议题。

如前所述，老聃是反对战争的，但并不是反对所有战争。他也有"不得已而为之"的战争。在《老子》一书中还有论述战争的，但只是论述战术及战争的危害，并没有提及战争的伦理性，也就是我们常说的"正义战争"与"非正义战争"，只是说"夫慈，以战则胜，以守则固。天将救之，以慈卫之"《老子》第67章）。也就是说以"慈"来对待战争是合乎"道"的。老聃还告诫那些辅助国君的人"以道佐人主者，不以兵强天下"，也就是说以道去辅佐君王的人，不要靠军队逞强于天下。

老聃对战争造成的祸害有深刻的认识，他说："天下无道，戎马生于郊。"《老子》第46章）"师之所处，荆棘生焉。大军之后，必有凶年。"《老子》第30章）这是对当时战事频繁的强烈谴责。尽管老聃反对战争，但战争并不会因为老聃的反对而不发生。对外扩张兼并是那个时代的主旋律，或者说是各诸侯国不得不为之的选项。在那个激烈动荡的时代不进则退，若不进行扩张，则必然沦为弱国、小国，并极有可能随着时代的变迁而被吞噬。因此，频繁爆发战争也是那个时代的特点。

孔丘在论及战争时则赞同为"礼乐"而战："天下有道，则礼乐征伐自天子出；天下无道，则礼乐征伐自诸侯出。"《论语·季氏》）孔丘给战争贴上了伦理标签。虽然我们不能说孔丘是一个主张战争的人，但他不是一个反对战争的人，只要战争合"礼"就行。我们知道，春秋时期的齐桓公是靠武力称霸诸侯，而不是靠"礼"征服诸侯的。当然，齐桓公的武力征伐是在"尊王攘夷"旗号下进行的，是合"礼"的，因此在160多年之后，他还得到孔丘的称颂："管仲相桓公，霸诸侯，一匡天下，民到于今受其赐。"《论语·宪问》）孔丘还把能"九合诸侯"之事归于"仁"，他说："(齐)桓公九合诸侯，不以兵车，管仲之力也。如其仁，如其仁。"《论语·宪问》）孔丘这里所说的"不以兵车"是不符合历史事实的，当然这话也是难以置信的。

墨翟是反对战争的，他有著名的"非攻"论。墨翟不仅从他的理论基石——兼爱出发，也从当时的社会现实出发，充满愤怒地论述了攻国之不义，并以层层深入的比喻来论证"窃钩者诛，窃国者侯"的荒谬。

墨翟主张非攻，是特指反对当时的"大则攻小也，强则侮弱也，众则贼寡也，诈则欺愚也，贵则傲贱也，富则骄贫也"《墨子·天志》）的掠夺性战争。墨翟以是否兼爱为准绳，把战争严格区分为"诛"(诛无道)和"攻"(攻无罪)，即正义与非正义两类。"将为其上中(符合)天之利，而中中(符合)鬼之利，而下中(符合)人之利"《墨子·非攻》），是正义战争，"故誉之"。他反对当时诸侯之间的战争："今天下之诸侯，将犹多皆免攻伐并兼，则是有誉义之名，而不察其实也。"《墨子·非攻》）

总之，"兼爱天下之百姓"的战争，是正义战争；"兼恶天下之百姓"的战争，是非正义的。

墨翟并非迂腐的说教者，他对春秋战国时期的现实有着清醒的认识，他知道只凭借道德上的良好愿望与自律幻想是不可能阻止战争的。所以，墨家不但主张"非攻"，而且帮助受到进攻的国家守城，墨翟把自己的理论主张付诸行动，积极处理诸侯国（国际）间的纷争，进行调停。当楚国准备进攻宋国时，他专程前去调解，劝两个国家不要打仗。他依靠的不是战国时期纵横家的不烂之舌，而是依仗强有力的防御措施与战术，达到不战而拒进攻之兵的效果。

认知与思辨

先秦诸子百家中，以老聃为代表的道家善于哲学思考、辩证思维与冥想；以孔丘为代表的儒家，其求知多在传统政治文化和伦理学领域，其传承也往往是伦理宣谕式的；以墨翟为代表的墨家注重认识中的逻辑问题，思维方式接近现代意义上的逻辑思维模式。在三家当中，墨家更注重实践，认为其理论是否为真知灼见，需得到实践的检验。比较而言，孔丘的"述而不作"也限制了其对事物深层次的思考。

老聃作为周王室守藏室史官，熟知古籍典章、铭文等历史文献、文物资料，也可从《老子》一书中推知，老聃不但思想深邃，而且是全科型学问家。如果说老聃的思想继承了先人的某些思想，也是毋庸置疑的。但他的思想是基于对前人的思想和对自然，包括天体（即日月星辰）运动、动植物生长等的观察与深入思考，具有独特的抽象性、辩证性和创造性。

老聃的"大曰逝，逝曰远，远曰反（返）"《老子》第25章）就是借助天体的运行规律来描述其"道"的具体范例；而"草木之生也柔脆，其死也枯槁"《老子》第76章）则是其观察植物生长特性的结果，并以此来阐述"物壮则老，是谓不道，不道早已"《老子》第30章）。除了自然界的天体与大地以外，老聃对人体本身也有细致入微的观察，如"骨弱筋柔而握固；未知牝牡之合而全作，精之至也"《老子》第55章），说婴儿的筋骨虽很柔弱，但握起小拳头来却是很紧的；婴儿也并不知男女交合之事，但其小生殖器却常常勃起，这是因为其"精"充足所致呀！

因此，老聃主张从根本上克服这些混乱，延缓衰老，延长生命力与生命，就必须使主观意识和文化已经严重脱离了"道"的人类和社会重新靠近"道"，返归"道"。这也正是老聃所说的"能知古始，是谓道纪"和"万物并作，吾以观复"。这在思维方式上可以称为追溯性思维，也就是我们常说的追根溯源。

老聃的认知方法："恒无欲，以观其妙；恒有欲，以观其徼"《老子》第1章）、"致虚极，守静笃。万物并作，吾以观复"《老子》第16章）达到"不出户，以知天下；不窥牖，以知天道"《老子》第47章）。

老聃认识与思维的一个重要特点就是追溯性与回归性。在探讨问题时，老聃要追根溯源，刨根问底，包括天地、万物的产生与生长问题，人类历史的发展问题。他通过对自然界、生物界和人类社会的观察，把思想的光芒深入世界的本原，进入一个精微的"道"——万物与天地的本原。

《太史公书》上记载孔丘向老聃请教过"礼"，这本身就说明老聃对"礼"是非常精通的。孔丘向老聃请教的也不仅仅是关于礼的学问。

正如老聃对孔丘之问"丘治《诗》《书》《礼》《乐》《易》《春秋》六经，自以为久矣，孰知其故矣，以奸者七十二君，论先王之道而明周（公）、召（公）之迹，一君无所钩用。甚矣！夫人之难说也？道之难明邪？"的回答：

> 幸矣，子之不遇治世之君！夫六经，先王之陈迹也，岂其所以迹哉！今子之所言，犹迹也。夫迹，履之所出，而迹岂履哉！（《庄子·外篇·天运》）

老聃认为孔丘谈论的东西就好像是足迹，但脚踩出来的足迹却不是脚。

孔丘的认知来源在《论语》中也有记述：

> 卫公孙朝问于子贡曰："仲尼焉学？"子贡曰："文、武之道，未堕于地，在人。贤者识其大者，不贤者识其小者，莫不有文、武之道焉。夫子焉不学？而亦何常师之有？"（《论语·子张》）

子贡在回答关于孔丘的学问是从哪里学的提问时说，周文王、武王之大道并没有坠落到地上，仍散在人间。我的老师何处不学，又为什么要有固定的老师（专门传授）呢？这就告诉我们，孔丘从民间自学周文王、周武王之道，是自学成才。进一步思考，孔丘关于周文王、周武王的认知来自民间传说，那么民间的传说是否真实呢？这是一个问题，也与老聃对孔丘的批评是一致的。

孔丘的学生子路询问有关鬼神之事，他回答说："未能事人，焉能事鬼？"子路又"问死"，孔丘说："未知生，焉知死？"（《论语·先进》）孔丘的这一思想，源于对当时著名政治家子产的认同。虽然孔丘没有与子产见过面，却十分称赞子产的为人。子产曾有一句有关"天道"问题的名言"天道远，人道迩，非所及也，何以知之"（《左氏春秋·昭公十八年》），以此驳斥晋国占星术者所说的关于郑国将要发生大火的预言。孔丘不探究"天道"，而是将全部精力用于研究"人间之道"。

由前所述，从孔丘的经历及记述其言行的《论语》，可以推测他的学问主要集中在人世间（即伦理学）、政治学和民俗方面，对天文、历法、农工等存在着巨大的知识欠缺，而政治学则多是拾先王们的牙慧。

用与利

老聃可能是历史上首先提及"无"之用的哲学家，这一认知有悖于我们的日常常识。他举例说：

> 三十辐，共一毂，当其无，有车之用。埏埴以为器，当其无，有器之用。凿户牖以为室，当其无，有室之用。故有之以为利，无之以为用。（《老子》第11章）

一个车轮有许多辐条汇集到中空的轮毂之上，正因为有了中空的轮毂，才有了车之用处，否则车轮就不能旋转滚动，当然车也就无法移动，车也就不成车了。老聃把诸如轮毂与轴之间的空隙提升到哲学意义上的"无"，无疑是哲学上的重要概念。老聃是第一个发现了"无"的功能与价值的人，他把"无"之用提高到更深层次的哲学思考，这是老聃对人类的贡献。

墨翟是讲究"用"的，而且还讲究"节用"。相对而言，孔丘之学更讲究形式（仪式），用现代的话来讲，就是形式主义。

关于"利"，墨翟解释说：

> 古者圣人为猛禽狡兽，暴人害民，于是教民以兵行。日带剑，为刺则入，则断，旁击而不折，此剑之利也。甲为衣则轻且利，动则兵且从，此甲之利也。车为服重致远，乘之则安，引之则利；安以不伤人，利以速至，此车之利也。（《墨子·节用（中）》）

这里墨翟列举了古代圣王发明的剑、铠甲和车的益处。古代禽兽多，易伤人，有了剑就可以很好地防身，这是剑的益处；铠甲可以防身，轻便的铠甲也有利于人们行动，这是铠甲的益处；车可以载重远行，乘坐它也很安全，这样可以便利且迅速到达目的地，这是车的益处。

墨翟这里并没有更进一步地分"用"与"利"，只是笼统地讲了"利"。"利"本质上并非坏事，而是有益的。老聃在论述有与无和利与用时说："有之，以为利；无之，以为用。"（《老子》第11章）老聃还说："水善，利万物而不争。"（《老子》第8章）"仁"在某种意义上也是有"利"这方面的含义。晋献公[①]之后骊姬曾说："为仁与为国不同，为仁者，爱亲之谓仁；为国者，利国之谓仁。"（《国语·晋语一》）这里说明了"仁"的两个方面：家和国。孔丘对"仁"有不同解释，"爱亲之谓仁"是有的，但没有"利国之谓仁"。当然秉承"仁"观的儒家是激烈批评墨翟的"利"的。儒家批"利"是纯粹伦理上的，似乎儒家是生活在与"利"毫无关联的世间。其实不然，儒家一个基本特征是要入仕或者"官养"，既然是官养，那么只要吃俸禄就行，似乎没有什么利。但统治者不会无缘无故地给予俸禄的。统治者给侍奉者以俸禄，从而得到侍奉者的侍奉，其实质上也是一种互利交换。即使儒者作为文化传承者的教师，他们也是要得到"利"——报酬的，无"利"何以为生？这也是墨翟所说的"交相利"。

墨翟的"利"对于君主而言，是为天下，是为天下苍生的利。其落脚点是"国家百姓人民之利"，不是我们现在常说的个人私利或统治集团之利。他说：

> 观其中国家百姓人民之利，此所人可谓言有三表也。（《墨子·非命（上）》）

这是《墨子》中"三表"最终的判断标准，也就是说无论什么统治者、什么法规政策，其好坏最终判断标准是看是否对人民有利。他又说：

---

① 姬姓晋氏，名诡诸，晋国曲沃（今山西省闻喜县）人，公元前677~前651年在位。

古者明王圣人所以王天下、正诸侯者，彼其爱民谨忠，利民谨厚，忠信相连，又示之以利，是以终身不餍，殁世而不卷①。古者明王圣人其所以王天下、正诸侯者，此也。（《墨子·节用（中）》）

也就是说古代明王圣人爱护百姓确实尽心，利于百姓确实丰厚，忠信结合，又把利益展示给百姓，他们终身对此都不满足，直到死也不厌倦。这就是为什么古代明王圣人能称王天下、凌驾并引领诸侯的原因。

从墨翟的一生看，他不只是崇尚古代明王圣人，如大禹，也是身体力行去践行他的信仰的。儒家批评墨家重"利"不讲"仁义"，墨家认为儒家讲"仁义"只是徒有其名、是空谈，并不为民付诸行动。

尚贤与否

老聃不尚贤，但墨翟尚贤，但他们"贤"的标准并不一样。

贤的繁体是"賢"，从贝，贝在古代曾经作为货币使用，其本义是多财，后来才由"多财"转化成"多才"，并进一步转化为"有德行，多才能"的意思。这一演化过程可能得益于儒家文化，诚如"君子"一样。"君子"分为"君"与"子"，在商代是商王室高官的称呼，后变为双字词，是对高官或对男子的尊称。但后来被伦理化，"君子"变成了具有高尚道德的人。相对的"小人"本来是指地位低下的人，被伦理化后就变成了道德低下的人。

战国中期的道家代表人物庄周在其《徐无鬼》一文中对"贤"的解释是"以财分人之谓贤"，也就是说有钱的人将钱财分给众人称为"贤"。《老子》中的不尚贤的"贤"是与其本义有密切相关的，也许那个时代的"贤"是财、才、名和社会地位的混合体，"贤人"还必须得到当时社会正统价值观的高度认可。

老聃有"不尚贤，使民不争"之表述，也是老聃的一个主张。

从老聃所处的春秋时代往前看，谁是贤人呢？又有哪些时期推崇"贤人"呢？从现存的历史文献看，在西周时期也很少提及"尚贤"。在周公姬旦的《立政》一文中，告诉新任的年轻国君，在任人方面，要任用有德有能之人，也就是我们现在说的德才兼备之人。尽管现在的"贤"与"德才兼备"意义相近，但那时"贤"这个字根本就没有出现过。

如果是贤达的意思，那么到底哪个时代或者说一般意义上的贤达是什么呢？如果是圣贤的贤也是完全可以理解的，也是正确的。这个崇尚"贤人"的文化，可以说是从春秋战国时代开始的。在儒学经典中，记载着不少的历史贤人，如伊尹辅佐商汤开创了商王朝，从道德价值观上给人们树立一个贤人的榜样！从这个意义上讲，这个"贤"是儒家（当然不是从孔丘开始的）推崇的。而在老子看来，要实现这些主张，从社会基层老百姓那里做起："不尚贤，使民不争；不贵难得之

---

① 餍（yàn）通"厌"。卷，为"倦"。

激荡春秋
——东周之历史、文化与思想

货，使民不为盗；不见可欲，使民心不乱。"（《老子》第3章）老聃提倡社会不崇尚财富或者富有名贤，这样百姓就不会起争心，其目的还是要安抚民心，使民众心绪安宁。

墨翟提倡"尚贤"，他在《尚同（上）》说："是故选天下之贤可者，立以为天子……又选择天下之贤可者，置立之，以为三公……又选择其国之贤可者，置立之，以为正长。"由此我们可以看出，墨翟崇尚的是民选出的"贤"。他的选"贤"不是仅仅选大臣及其以下级别的官员，连最高统治者天子也要选出。我们知道，墨翟是第一个公开反对儒家学说的，因此我们有理由相信墨翟的选贤标准也是与儒家有差异的。墨翟指责儒家说："儒者曰：亲亲有术（杀），尊贤有等，言亲疏尊卑之异也。"（《墨子·非儒（下）》）所以墨家反对这种思想，归根结底，是反对儒家以等级身份制（礼制）为核心的贵族宗法思想。如果按照墨翟的选贤思想与标准，孔丘的七十二个高徒肯定不会选为七十二贤人。墨家的"贤"与道家的"贤"也是不尽相同的。

在春秋时期，"尚贤"与"不尚贤"的思想在诸子之间是有争论的。真正在历史上被广泛接受"尚贤"这一观点的，恐怕是战国时期了，而此时的"贤"的含义也发生了变化。那时由于逐渐摆脱了周王室"宗法制"和"礼制"的束缚以及周王室的衰败，诸侯强国也逐渐有了取代周王室而称王天下的趋势。传统的道德观中的"德"在当时只有君主才配拥有，而各诸侯国都在争相发展壮大，单靠宗法制的氏族人才已不能满足需要。另一方面，社会结构的变化也促成了新的卿大夫阶层的崛起，在这种历史变革的背景下，挑选和重用人才——也就是所谓的"贤人"，就显得异常重要。

治世理念

先秦诸子面对分崩离析的社会现实，各自在进行认真的思考，在总结历史的、现实的治国经验教训的基础上，力图寻找出一条适合社会发展的治国之道。由于他们思考的角度和方法的差异，所提出的理论自然也大相径庭。在诸子的治国理念中，道、儒、墨、法四家最具代表性。前三家，无论老聃还是孔丘或墨翟，都是"圣人"治国理念，所不同的是他们的"圣人"标准各不相同，治国理念也不相同。

老聃的圣人是基于其"道"的理论，自己定义的圣人，不能说其与历史上传说的圣人无关，但至少是没有直接关联的。老聃的圣人是"道"在人间的化身。面对社会的巨大变化，老聃十分冷静地思考更深层次的原因，他不是简单地从社会方面找原因，而是思想更深邃、视野更深远。他观察了历史的、政治的、人事的成与败、存与亡、祸与福，并从中抽象提炼出自然法则或规律——道。正是在这样广泛而深刻地观察、思考与研究之后，他对现实社会的合理性提出强烈的怀疑乃至彻底的否定。在老聃看来，这些所谓的礼制仁治无非是一种政治堕落的表现，现行的一切制度都是不合理的，不合天道的，必须从根本上对这些正统的观念进行彻底的颠覆。老聃进而直截了当地以"天之道"和"人之道"作对比，指出"天之道，其犹张弓欤。高者抑之，下者举之，有余者损之，不足者补之。天之道，损有余而补不足。人之道则不然，损不足以奉有余。"（《老子》第77章）他进而说道："孰能有余以奉天下？唯有道者。是以圣人为而不恃，功成而不处，其不欲见贤。"

老聃对现实社会的"礼""仁"这些突显统治者意志的治国方针持彻底否定态度，他主张弱化乃至解除统治者的意志，实施超脱于事功之外的无为之治。老聃进而强烈批判"以智治国"是"国之贼"。老聃具有非凡的洞察能力，已经预言到孔丘所推之策对国家的长期危害。他们的预言在漫长的中国历史上得到验证。仁政思想假借百姓的名义推行所谓的仁政政治，而这恰恰是封建统治积极愚弄和压迫百姓的工具。究其原因，是与仁政思想本身所包含等级、强权统治意识直接相关。这些主张，许多都是不合于周礼的。而道家从整体上对传统的观念进行了彻底的颠覆。作为道家老聃后辈的庄周则更为猛烈地抨击儒家的仁政爱民，称之为"爱民，害民之始也"（《庄子·徐无鬼》）。其语言表述似乎荒诞，但如果能了解汉代至清朝的真实历史，或许会理解庄周之论的正确含义。

孔丘十分推崇西周实行的"礼制"，说"周监于二代，郁郁乎文哉！吾从周"（《论语·八佾》）。他并不认为西周所实施的一整套礼制治国制度有什么缺陷，因而也并不需要另外寻找替代的理论。相反，他认为社会之所以混乱，是由于"周礼"那套治国方略遭到了"乱臣贼子"的破坏，因此需要重新"克己复礼"，使"天下归仁"。因此，恢复到西周时的社会秩序，改变现实中"礼崩乐坏"的混乱状态，是他梦寐以求的理想。

墨翟反对孔丘的儒家学说，实质是反对周王朝建立的以宗法血缘关系为纽带的"家天下"，以及维持这一"家天下"的礼乐制度。而这种宗法制度与礼乐制度，被儒家继承与发展，当然墨翟的枪口也就对准了孔丘的儒家。墨学具有鲜明的平民主义思想。当我们回顾一下那段历史，不难发现，春秋以降，礼乐制所维护的以血缘关系为纽带的社会关系逐渐削弱，其占有的绝对统治地位也逐步瓦解，这种激烈的社会变革已经势不可挡。氏族社会不可能只日可摧，其削弱需要经过漫长的社会演变。当社会逐渐脱离正统的血缘、宗族观念，以及一些从奴隶身份挣脱出来的平民逐渐增加时，一个新的自我定位及新的社会组织思想就出现了，也可以说是墨翟提倡"兼爱"的社会基础，他们想摆脱原来陈旧的君臣父子那些条条框框和繁琐礼教。也可以说，墨学提倡的是反对王侯将相传承的社会，是先秦"兼爱平等"与"平民主义"理想。

儒家和墨家的创始人孔丘和墨翟，虽出身相同，均为贱民，但他们创立的学说不但对立而且服务对象也不同。墨学为贱人而所求，亦终为贱人之学问。孔丘儒学则不同，孔丘尊周王，把恢复周礼作为首要任务。孔丘主张保守，主张君权至上；墨翟则背周道，主张改变现行的礼，主张民粹主义，平民至上。孔丘以仁义为用；墨翟主张彻底实行兼爱。孔丘主张"礼乐征伐"；墨翟在国家层面主张"非攻"，对于危害天下的个人或小团体则主张彻底清除。

老聃与墨翟的学说中均已包含平民主义，不同的是墨翟有一种庶民革命的倾向，而老聃则是民主主义的倾向。

9

走向统一

9.1 "一"观与一统

进入春秋之后，战争不断，国家也从星罗棋布的点状邑邦向领土国家过渡，再由分散型的领土国家向"天下"一盘棋过渡，人们对"天下"的认识逐步统一到"一"上。

对"一"的认识，老聃首先从哲学层面开启了先河。在《老子》第39章有关于"一"的论述："昔之得一者：天得一以清，地得一以宁，神得一以灵，谷得一以盈，万物得一以生，侯王得一以为天下贞，其致之一也。"

在"礼崩乐坏"的形势下，各国纷争不断，孔丘提出了"克己复礼"以恢复周制秩序。其后墨翟提出了一同于天子之下，建立强有力之统一政府。当然，这个天子不是周天子。墨翟这一提倡是基于他对大禹的崇尚，大禹有夏，是一个"统一"的华夏时代。他说：

> 明乎民之无正长以一同天下之教，而天下乱也；是故选择天下贤良圣知辩慧之人，立以为天子，使从事一同天下之义。（《墨子·尚同（中）》）

墨翟的理由是：

> 方今之时，复古之民始生来有正长之时，盖其语曰天下之人异义。是以一人一义，十人十义百人百义，其人数兹众，其所谓义者兹众。是以人是其义，而非人之义，故交相非也。内之父子兄弟作怨雠，皆有离散之心，不能相和合。至乎舍余力不以相劳，隐匿良道不以相教，腐朽余财不以相分；天下之乱也，至如禽兽然。（同上）

成书于战国中期的《公羊春秋》在解释《春秋》第一句话时就说："曷为先言王而后言正月？王正月也。何言乎王正月？大一统也。"（《公羊春秋·（鲁）隐公元年》）当然，这里的"一统"在形式上貌似与始皇帝统一九州是一样的，但实质上是不同的。《公羊春秋》提出的"一统"是把春秋初期分崩离析的天下再一统到周王或者其他王之下，虽然不否认这一观点代表了《公羊春秋》成书时期的观点，但在"一"上，与始皇帝一统天下创新的中央集权制还是有本质区别的。

激荡春秋
——东周之历史、文化与思想

庄周则有"通天下一气耳，圣人故贵一"（《庄子·知北游》）的思想。

惠施所说"至大无外，谓之大一"，在思辨上或者说对宇宙的探索上，也使用了"一"，由此可以窥视"一"观的影响，但我们不能把"太一"与"一"等同起来。

梁（魏）惠王曾问孟轲："天下恶乎定？"孟轲回答说："定于一。"（《孟子·梁惠王（上）》）

王诩[①]也说："道者，天地之始，一其纪也。物之所造，天之所生。包容无形化气，先天地而成，莫见其形，莫知其名，谓之'神灵'。故道者，神明之源，一其化端。"（《鬼谷子·盛神》）

战国时代虽乱，可正是由于天下长期混乱才促使了"一"观的形成，"一"观就是把当时所能认识到的地域看成一个整体。如果只是把天下看成一个整体"一"还是不够的，毕竟天下各地有异，并非完全同一。战国初期，墨翟崇尚大禹，而大禹时将华夏划成九块，也就是九州。尽管九州有所差异，但大禹曾经拥有九州，这就为统一华夏找到了历史根据。

到战国末年，统一思想及行动更加明朗，关于"一"观有了更多的认识与论述。荀况在《效儒》篇里就有提及：

> 井井兮其有理也，严严兮其能敬己也，分分兮其有终始也，猒猒（yàn）兮其能长久也，乐乐兮其执道不殆也，炤炤兮其用知之明也，修修兮其用统类之行也，绥绥兮其有文章也，熙熙兮其乐人之臧也，隐隐兮其恐人之不当也，如是，则可谓圣人矣。此其道出乎一。

> 曷谓一？曰：执神而固。曷谓神？曰：尽善挟治之谓神。曷谓固？曰：万物莫足以倾之之谓固。神固之谓圣人。圣人也者，道之管也。天下之道，管是矣；百王之道，一是矣。（《荀子·效儒》）

成书于战国末年、秦统一六国之前夕的《吕览》综合了诸家思想，试图在思想上以"一"之思想一统天下。《吕览》主张拥护新"天子"以结束天下之乱：

> 今周室既灾，而天子已绝，乱莫大于无天子。（《吕览·谨听》）

> 故能以一听政者，乐君臣，和远近，说黔首国，合宗亲。能以一治其身者，免于灾，终其寿，全其天。能以一治其国者，奸邪去，贤者至，成大化。能以一治天下者，寒暑适，风雨时，为圣人。故知一则明，明两则狂。

（《吕览·大乐》）

《吕览》还列举了诸家思想要旨，认为他们各有所重，形不成"合力"。只有思想统于"一"，才能"齐万不同，愚智工拙，皆尽力竭能，如出一穴。"

> 听群众人议以治国，国危无日矣。何以知其然也？老耽（聃）贵柔，孔子

---

① 王诩：又称王禅，道号鬼谷子。战国时期人，在世时间约为公元前400～前270年间，出生地不详，有各种传说。

贵仁，墨翟贵廉，关尹（尹喜）贵清，子列子（列御寇）贵虚，陈骈贵齐，阳生（杨朱）贵已，孙膑贵势，王廖贵先，儿良贵后。有金鼓，所以一耳；必同法令，所以一心也；智者不得巧，愚者不得拙，所以一众也；勇者不得先，惧者不得後，所以一力也。故一则治，异则乱；一则安，异则危；夫能齐万不同，愚智工拙皆尽力竭能，如出乎一穴者，其唯圣人矣乎！无术之智，不教之能，而恃强速贯习，不足以成也。（《吕览·不二》）

在"执一"篇又说：

> 王者执"一"，而为万物正。军必有将，所以"一"之也；国必有君，所以"一"之也；天下必有天子，所以"一"之也；天子必执"一"，所以抟之也。"一"则治，两则乱。

进一步把"一"的思想运用到执政上，"一则治，两则乱"。

综上所述，在春秋末期到战国时期，"一"的观念得到了发展与更广泛的认同，为华夏的统一奠定了思想意识上的基础。

9.2　中国与九州

如今中国和九州对我们而言往往具有相同的意义，它们微妙的差别在于"中国"多用于表示主权国家，而"九州"则表示国家所拥有的疆域。但在周代它们却有着巨大的差别。

西周时期，有"中国"但几乎没有"九州"的概念。春秋时代与战国时代，两者也有着不同的含义。从商末周初至春秋战国，"中国"叫"中邦""中或（中域）"，并且随着时代的变迁而不断变化，其具体指代的地域、含义也根据国家、时代的不同而不同。无论是"中邦"还是"中域"，其源头可能要追溯到商代，在甲骨文中就有"中商"的记述，指商王朝王畿。

1963年在陕西省宝鸡市东北郊贾村出土的西周早期青铜器"何尊"的铭文中就有"唯武王既克大邑商，则廷告于天，曰：余其宅兹中或，自兹乂民"。这里的"中或"一词，也就是后来的"中域"和"中国"。再如《诗·大雅·民劳》"惠此中或，以绥四方"和"惠此京师，以绥四国"就有"中或（域）"一词，这里的"中或"就是后来的"中国"，不过这里的"中国"不是指始皇帝统一华夏之后的"中国"，更不是我们现代的"中国"，而是指周灭商后商国的故地，也是后来的周王室直接统治的区域。

西周时代以来的城市都被称作"邑"或"邦"，围绕着"邦"而出现的一定的领域在西周以后被称为"或（域）"，在王都附近被称为"中或（域）"。而春秋时代往往是指当时周王室雒邑（现在的河南洛阳）附近，也就是"中原"附近。

激荡春秋
——东周之历史、文化与思想

随着时代的发展和周王室在诸侯国中地位的削弱，"中域"（中国）的概念也随之而变。到春秋后期不仅仅是周王室及其附近为"中域"（中國），黄河中下游的晋、郑、齐、鲁、卫"诸夏"及宋等也自认为是"中国"。而秦、楚、吴、越则被看成夷狄，不是"中国"。这就是春秋时期及之前所谓"中国"之概念与范畴。

从春秋时代到战国时代，国家形态也由邑邦向领土国家转变，这时候就出现了"或"的外边加方框"囗"的"國"字，我们现在用的简体字为国。也就是说"國"这个字到了战国时代才出现。随着领土国家的出现，人们对包围这一领域的分界线更为关注，其结果就是出现了包围着"或"的"國"这个字。例如在《论语·季氏》中有"夫颛臾（zhuān yú），昔者先王以为东蒙（山）主（祭），且在邦域之中矣，是社稷之臣也。何以伐为？"这里的"邦域"就是后来说的"國"。

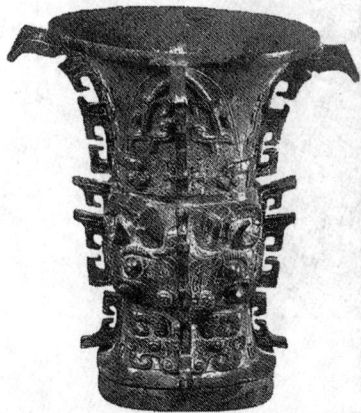

图27　西周早期青铜器—何尊
（陕西宝鸡贾村镇出土）

图28　何尊上的铭文—中域

作为国家的概念，古代多用"邦"字。到了西汉时期，为避汉高祖刘邦名讳，"邦"字被禁止使用，不仅是汉代撰写的文章，就是在誊写或整理过去的文献时，"邦"字也被换成了意思相近的"国"字。将"中邦"和"中域"一律替换成"中国"。因此我们在《左氏春秋》中看到的不是"中域"而是"中国"。

到秦汉时期，所谓"中国"的含义不仅仅是春秋时代及其前之"中国"的含义，而是包含更广阔的地理空间和更广泛的政治含义。1995年10月，中日尼雅遗址学术考察队成员在新疆和田地区民丰县尼雅遗址一处古墓中发现一副汉代织锦护臂，上面就有"五星[①]出东方利中国"的字样。在《太史公书·天官书》也有"五星分天之中，积于东方，中国利；积于西方，外国用兵者利"的记述。这里的"中国"就不宜解释成周王室所在周王城附近区域了，而是更广阔的区域，也

---

① 汉代五星是指辰星（今水星）、太白（今金星）、荧惑（今火星）、岁星（今木星）和填星（今土星）。

就是区别于周围其他少数民族区域的汉朝疆土。

到了晋代，晋王室南渡，东晋人则把北方的十六国看作夷狄。到了南北朝，南朝把北朝骂成索虏，北朝把南朝骂成岛夷，双方都以中国自居。但唐朝人对南北朝一视同仁，双方都是中国的一部分。到宋朝时也把辽、金、夏看成外国，视其为夷狄。但后来的元朝摈弃了宋朝的看法，把辽、金、夏跟宋朝一样看成"中国"。

我们现代以"中国"两个字表示我们国家的主权所达到的范围，若按照现在的含义与界定，基本上是从鸦片战争之后几十年直至晚清时期才形成的。

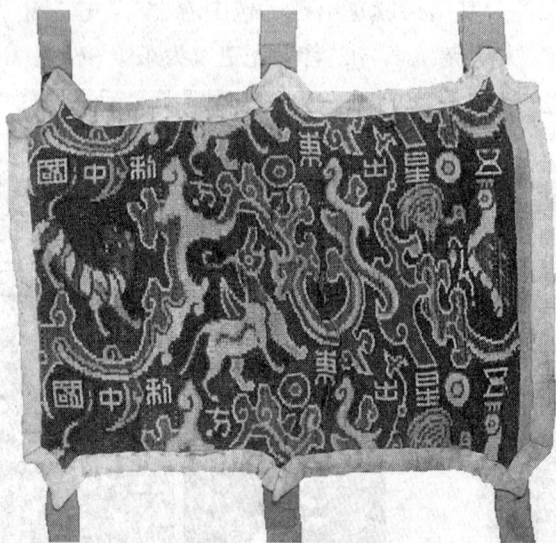

图29　汉代织锦护臂——五星出东方利中国

1995年10月，中日尼雅遗址学术考察队成员在新疆和田地区民丰县尼雅遗址一处古墓中发现该汉代织锦护臂。收藏于新疆博物馆。

如前所述，春秋中叶以降，以周王室为首的，包括各封国的周王朝不断遭到周边游牧民族的侵扰，诸侯国则以诸夏的名义团结起来对付蛮夷民族，"夏"再次出现在历史的舞台之上并逐渐受到重视。但夏处于中原的边缘，并非周王室所处的中原中心地带。进入战国时代，以周王都作为中心的思想慢慢减弱，诸侯国的独立意识兴起，被奉为文明与权威中心的"中国"也渐渐被"夏"和"夏"的创立者大禹所拥有的、更为广阔的"九州"所取代。

九州的起源来自传说中的大禹。商代的诗歌中就有对大禹和九州的赞美。

　　古帝命武汤，正域彼四方。方命厥后，奄有九有。（《诗·商颂·玄鸟》）

歌颂有神武之德的大乙汤，受天帝之命奄有九州。出土文物《叔夷钟铭》述及成汤伐夏时有"咸有九州"。

成书于战国时期的《国语》在《鲁语（上）》也说："共工氏之伯九有也，其子曰后土，能平九土，故祀以为社。"

激荡春秋
——东周之历史、文化与思想

那么古代的九州是什么地理概念呢？反映了什么呢？我们先看看我国最早的一部地理志书《山海经》。

《山海经》虽然内容繁杂，有的甚至荒诞无稽，但我们不能否认其价值的存在。对于大禹治水及九州，《山海经·海内经》记载道："洪水滔天……帝乃命禹卒布土，以定九州岛。""九"这个数在《山海经》中是虚数，并非实数。

尽管司马迁认为《山海经》不足以作为史料采用，但其在《太史公书·夏本纪》中还是采用了与《山海经》一致的说法："大禹，名曰文命……帝乃命禹卒布土，以定九州岛。"又有："开九州，通九道，陂九泽，度九山。"

我们再来看看这个"州"，按照《说文》的解释为"水中可居曰州"。由于"州"是"水中可居"之处，是指与河川关联的陆地区域，这自然就与大禹治水关联在一起。考虑到"州"的具体含义以及与"岛"的连用，再考虑到远古时期人类集聚在一起的规模，这个"九州"绝不是后来战国时期的地理概念。后来九州的地理概念，是反映了战国时代的地理观念和认识，与上古地理无关，也与大禹治水无关。我们如今仍然使用着战国时期的九州概念。

尽管"九州"这一地理概念的形成是在战国时期，我们不能说春秋时期没有，但那时肯定是抽象性的、概念性的。关于"九州"的具体划分，在战国时期的不同文献中记述是有出入的。比如《书·禹贡》里有徐州、梁州，而《周官·职方》没有这两地，但有并州、幽州；《书·禹贡》《周官·职方》都有青州，《尔雅·释地》里没有，却有营州。各种文献记载的九州地名合起来有十二个。所以《书·舜典》（今文《书》中《舜典》属于《尧典》）说"肇十有二州"。

《禹贡》中把当时的"天下"划分为九个区域：冀州、兖州、青州、徐州、扬州、荆州、豫州、梁州和雍州。这里的排列是非常有意思的，它把周王室所在的豫州排到了后边，秦国所在的雍州则在最后。据考证，《禹贡》一文并非上古大禹时代的作品，而是战国时期假托大禹之名而作，很可能是魏国所作，这与当时的魏国欲以"夏政"一统天下不无关系。

《禹贡》中描述的"九州"不单单是一个地理概念，更是一种政治宣传。由于它覆盖广泛，包含了战国时代的几乎所有侯国的地方，而不仅仅是"中国"的侯国。从这方面讲，它超越了周王朝，拥有了更为广阔也更为包容的"天下"。

到战国末年，九州的概念略有变化，据《吕览·有始》记载：

> 何谓九州？河、汉之间为豫州，周也。两河之间为冀州，晋也。河、济之间为兖州，卫也。东方为青州，齐也。泗上为徐州，鲁也。东南为扬州，越也。南方为荆州，楚也。西方为雍州，秦也。北方为幽州，燕也。

从这里使用的国名而言，如"扬州，越也""雍州，秦也"……我们可以推测出其所指年代是战国时期。西周时，雍州不会属于秦；春秋前期，扬州是属于吴而非越。

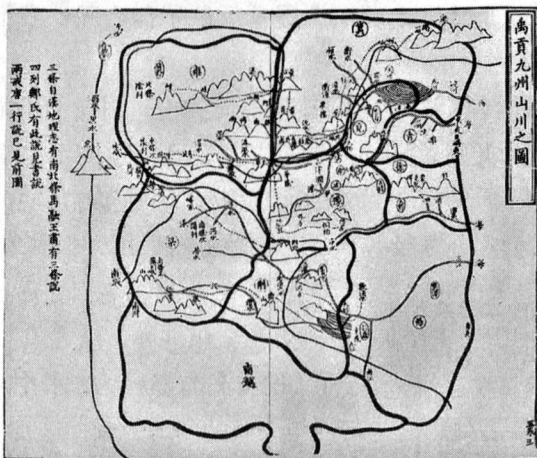

图30　九州图

西晋·裴秀(公元224～271年)

从地理上讲，这种划分方法是有一定的科学道理的，它基本上就是以"中原"为中心的区域，当然是以战国时代为格局的划分。这些州名反映了当时的认知，也反映了当时国家的领土及其政治主张。

有一个值得注意的州："并州"，现在已经不复存在。在《周官·职方》中，则是这样描述九州的：

> 东南曰扬州，其山镇曰会稽，其泽薮(湖泽)曰具区。正南曰荆州，其山镇曰衡山，其泽薮曰云瞢(云梦)。河南曰豫州，其山镇曰华山，其泽薮曰圃田。正东曰青州，其山镇曰沂山，其泽薮曰望诸。河东曰兖州，其山镇曰岱山，其泽薮曰大野。正西曰雍州，其山镇曰岳山，其泽薮曰弦蒲。东北曰幽州，其山镇曰医无闾，其泽薮曰貏养。河内曰冀州，其山镇曰霍山，其泽薮曰杨纡。正北曰并州，其山镇曰恒山，其泽薮曰昭余祁。

对"并州"的描述为"正北曰并州，其山镇曰恒山"，显然地理位置在恒山附近。如果我们在对其正北、正南、正东、正西这四个方位进行定位，就可以判断编撰者所处位置或者定位的中心了。这可能反映了编写《周官》的国家的领土观和政治理念。

书名	九州名								
《书·禹贡》	冀州	兖州	青州	徐州	扬州	荆州	豫州	梁州	雍州
《周官·职方》	冀州	兖州	青州	并州	扬州	荆州	豫州	幽州	雍州
《容成氏》	夹州	莒州	竷州	徐州	阳州	荆州	叙州	藕州	虘州
《吕览·有始》	冀州	兖州	青州	徐州	扬州	荆州	豫州	幽州	雍州
《尔雅·释地》	冀州	兖州	营州	徐州	扬州	荆州	豫州	幽州	雍州

激荡春秋
——东周之历史、文化与思想

对比一下《书·禹贡》和《周官·职方》里的九州，我们就会发现它们的差异，《禹贡》里有徐州、梁州，而《周官·职方》里没有，却有并州、幽州。这凸显了编撰的时代特色与编撰者的地理观，当然也包含着政治观。"并州"约在今河北保定和山西太原、大同一带地区。汉武帝元封中年置并州刺史部，为十三州部之一，领太原、上党、西河、云中、定襄、雁门、朔方、五原、上郡等九郡。在其他先秦著作中，只有《周官》有"并州"，考虑到先秦其他典籍中并无"并州"的记载，因此我们有理由认为《周官》作者的意图是要突出与"并州"或"幽州"相关的所在地。一般认为，《周官》成书于战国时期，如果考虑到《周官》为西汉景帝与武帝时期由河间（今河北河间、献县一带）献王刘德①的献书，故其成书的地区多不会是周王室所处的中原一带或者周礼异常浓厚的鲁国。笔者认为，《周官》由战国时期的魏国或燕国、赵国编撰。

如前所述，"中国"一词的演变，具有中央区域之含义，而"九州"则是一个行政地理概念，是一个更为广阔的"天下"地理概念。如果我们把九州看作天下的话，那么中国则是天下的中央。

如今，我们国家的正式名称为中华人民共和国，这其中的"中华"二字，一般认为起源于魏晋时期。

> 中华所在倾弊，四海所以土崩者，正所以取材失所。（《晋书·陈祝传》）

除了国名简称为"中国"，我们也常常称为"华夏"或"九州"，这里的华夏和九州就其意义上讲，是不同于"中国"的。"华夏"主要从文明角度来区分，"九州"则是地理概念，而"中国"则是现代意义上的国家概念。

9.3 纵横捭阖，一统九州

战国时期，商业和交通的发展互相促进，出现了一些著名城市。在文化和思想学术的发展上，战国时期的百家争鸣，辩家从学术走向实际应用，纵横家鹊起，其中最著名的是苏秦和张仪。司马迁在《太史公书》中是这样介绍苏秦和张仪的：

> 苏秦者，东周雒阳人也。东事师於齐，而习之于鬼谷先生。（《太史公书·苏秦列传》）

> 张仪者，魏人也。始尝与苏秦俱事鬼谷先生。（《太史公书·张仪列传》）

司马迁在介绍两位战国时期的风云人物时，指出他们同出鬼谷子师门，鬼谷子是一位颇为神秘的"纵横捭阖"理论的创立者。

---

① 刘德：公元前155～前130年为河间王。

9.3.1 纵横理论创立者——王诩

鬼谷子原名王诩（xǔ），又称王禅。战国时期人，约为公元前400～前270年时期人，出生地不详，有各种传说。王诩的思想收录在今称为《鬼谷子》的书中。

《鬼谷子》所阐述的思想扎根于其所处的时代——战国时代和百家争鸣的文化氛围中。它阐述了与众不同的纵横理论，其哲学基础以老聃的"道"为基本点，在吸收阴阳说的基础上，对事物本身变化及其与周围环境的关系进行了探索，这是其独特的思想，也可以说是道家思想发展的一个分支。

在《鬼谷子》中，道的另一特点是周密隐微，"即欲捭之，贵周；即欲阖之，贵密。周密之贵微，而与道相追"（《鬼谷子·捭阖》）。捭贵在周详，阖贵在隐密。周详隐秘，与道相合。又"故谋必欲周密"（《鬼谷子·摩》）。将"道"的范畴引入游说纵横的谋略中，自然也必须周详隐秘，注重细节，从微观的角度，关注事物最细小的变化，以免招致祸患。《抵巇①》整篇所言都是对微小事物的防范："事之危也，圣人知之，独保其用。因化说事，通达计谋，以识细微。经秋毫之末，挥之于太山之本。"这一思想在《老子》中早有论述："古之善为士者，微妙玄通，深不可识。"（《老子》第15章）"难于其易，为大于其细。天下难事，比作于易，天下大事，必作于细。"（《老子》第63章）"其安易持，其未兆易谋；其脆易判，其微易散。为之于未有，治之于未乱。合抱之木，生于毫末；九层之台，始于累土。"（《老子》第64章）而"经秋毫之末，挥之于太山之本"则与庄周的"天下莫大于秋毫之末，而太山为小"（《庄子·齐物论》）思想非常相似。

王诩视事物为一开放系统。作为开放系统，在与外界的交流、交换中，其"门户"至关重要。他强调了事物的"变"，认为"变化无穷，各有所归"，在掌握事物变化时，"守司其门户"至关重要，也就是把握事物变化的核心实质所在。

> 粤若稽古，圣人之在天地间也，为众生之先。观阴阳之开阖以名命物，知存亡之门户，筹策万类之终始，达人心之理，见变化之朕焉，而守司其门户。故圣人之在天下也，自古及今，其道一也。变化无穷，各有所归，或阴或阳，或柔或刚，或开或闭，或驰或张。是故圣人一守司其门户，审察其所先后，度权量能，校其伎巧短长。（《鬼谷子·捭阖》）

王诩又说："捭阖者，道之大化，说之变也。必豫审其变化。"也就是掌握捭阖理论者必须能够预测事物之变化。

王诩进一步发展了阴阳学说，而邹衍虽被后人称之为阴阳五行学派，但邹衍的主要贡献是在五行学说上，阴阳只是其使用的一种理论。

王诩说：

---

① 巇（音xī），隙间之意。抵巇有防微杜渐之意。

阳动而行，阴止而藏。阳动而出，阴隐而入。阳远终阴，阴极反阳。以阳动者，德相生也。以阴静者，形相成也。以阳求阴，苞以德也。以阴结阳，施以力也。阴阳相求，由捭阖也。此天地阴阳之道，而说人之法也。为万事之先，是谓圆方之门户。（《鬼谷子·捭阖》）

王诩以阴阳变化与互动，作为万物变化之原因。而阴阳间的关系，在王诩眼里是"捭阖"，阳主动、德，而阴则主静、形。老聃对阴阳的论述则是："万物负阴而抱阳，冲气以为和。"（《老子》第42章）

对于事物的变化规律，王诩说：

"反（返）以观往，复以验来。反以知古，复以知今。反以知彼，复以知此。动静虚实之理不合于今，反古而求之。事有反而得复者，圣人之意也，不可不察。（《鬼谷子·反应》）

王诩强调借鉴过去，可预知未来。这一观点与老聃的"（强）字之曰：道。（吾）强为之容曰：大；大曰逝，逝曰远，远曰反（返）"（《老子》第25章）和"反（返）者，道之动"（《老子》第40章）是不完全一致的，也可以说王诩进一步发展了老聃的观点。老聃只是强调"反（返）"，而"复"则是复归到"道"，即事物的最初原点。如在《老子》第16章所表述的"致虚极，守静笃。万物并作，吾以观复"及第14章的"复归于无物"。

对事物态度，王诩摒弃了儒家的道德至上观，以朴素的辩证法和发展观来看待事物，认为"物有自然，事有合离"及"世无常贵，事无常师"。因此在对待事物方面，讲究具体事物具体分析、具体处理，排斥以传统道德观和价值观处理问题的教条方法：

故与智者言，依于博；与博者言，依于辨；与辨者言，依于要；与贵者言，依于势；与富者言，依于高；与贫者言，依于利；与贱者言，依于谦；与勇者言，依于敢；与愚者言，依于锐；此其术也，而人常反之。是故与智者言，将以此明之；与不智者言，将以此教之；而甚难为也。故言多类，事多变。故终日言不失其类，而事不乱；终日不变，而不失其主。故智贵不忘。听贵聪，辞贵奇。（《鬼谷子·权》）

《鬼谷子》把人当作一个社会的人，一个活生生的人，有名利欲望的人；对人的状况及心理极具把握力，这是实施其与人交往的物质基础。它具有世间大多数人的价值取向观，虽然讲究伦理道德，但并不空泛，与儒家所推崇的仁义道德大相径庭。

王诩的理论还把人当作一个可变的开放系统，而其变化从根本上讲，取决于其"内心"，但外界对"内心"有巨大影响，而实施这一影响的就是"说"，一个与人进行交流的窗口，"故口者，机关也；所以关闭情意也。"王诩极其讲究说服技巧对人之情的影响，"人之情，出言则欲听，举事则欲成。是故智者不用其所短而用愚人之所长，不用其所拙而用愚人之所工，故不困也。言其有利者，从其所长也；言其有害者，避其所短也"（《鬼谷子·权》）。

为此，王诩提倡揣摩人的心理，可以说是那个时代把心理学用于实践之人，提出了"揣"与"摩"的具体方法。

> 揣情者，必以其甚喜之时，往而极其欲也；其有欲也，不能隐其情。必以其甚惧之时，往而极其恶也；其有恶者，不能隐其情。情欲必出其变。感动而不知其变者，乃且错其人勿与语，而更问其所亲，知其所安。夫情变于内者，形见于外，故常必以其者而知其隐者，此所以谓测深探情。（《鬼谷子·揣》）

> 摩者，揣之术也。内符者，揣之主也。用之有道，其道必隐。微摩之以其索欲，测而探之，内符必应；其索应也，必有为之。故微而去之，是谓塞窌匿端，隐貌逃情，而人不知，故能成其事而无患。（《鬼谷子·摩》）

这可能是我们如今常说的"揣摩"一词的由来。

王诩毫无忌讳地宣传崇尚谋略和权术，他说：

> 凡谋有道，必得其所因，以求其情；审得其情，乃立三仪。三仪者，曰上、曰中、曰下，参以立焉，以生奇；奇不知其所壅，始于古之所从。（《鬼谷子·谋》）

> 古之善用天下者，必量天下之权，而揣诸侯之情。量权不审，不知强弱轻重之称；揣情不审，不知隐匿变化之动静。（《鬼谷子·揣》）

概而言之，王诩之理论是一种讲求行动的实践哲学，其方法论是顺应时势，知权善变。与《孙子兵法》侧重于总体战略相比，《鬼谷子》则侧重于具体方法和技巧。可以说战国时代，诸国相争的社会现实催生了王诩学说，战国时代又为王诩学说提供了大舞台，各国纵横捭阖，上演了一幕幕时代大剧。

9.3.2 纵横捭阖、一统九州

如前所述，公元前343年，在马陵之战击败魏国的齐国，中止了魏国称王天下的步伐。此后，魏国遭到齐、秦的东西夹击，损失严重，国力衰退，而得胜的齐国则向最强国迈进，同时也燃起了齐国的雄心。公元前338年，齐威王依据逾年称元法改称元年。紧接着，齐国也企图举行类似魏王在孟津渡口称王仪式。这一仪式遭到了诸国的反对，这次领头的是楚威王。

公元前323年，在公孙衍[①]的斡旋下，魏国、韩国、赵国、燕国和中山国五国国君相互承认为王，史称"五国相王"。这也表明五国结成联盟，共同对抗秦、

---

① 公孙衍：生卒年不详，名衍，战国时期魏国阴晋（今陕西省华阴市东）人，历仕秦国、魏国、韩国。纵横学派的代表人物之一，主张诸国合纵抗秦。曾在秦为官，与张仪同时，是张仪的连横策略主要对手之一。

齐、楚等大国。这是我们耳熟能详的"合纵连横"的最早的"纵",虽然公孙衍并没有明确提出"合纵连横"的概念,但公孙衍实为合纵之先驱。

这一时期,秦、齐、燕、楚、韩、赵、魏七国的强弱虽此起彼伏,但多数时间以东齐西秦为强。争雄,实质上使争夺天下之王的战争更为频繁和激烈。强国为称王天下,继续向外扩张,而弱国需要联合起来(合纵)抵抗强国。这时的军事、政治、外交斗争突出了联合与破联合的斗争,也就是合纵连横。这一时代斗争的特点,归结到一点就是"强出头,合众击之"。

合纵连横的史料大多记载于《战国策》。《战国策》成书之前,有记述这一历史进程的《短长书》《国事》等书。《太史公书》的相关故事也大多取材于这些史书。后来,西汉末期的刘向将多部史书汇成一册,命名为《战国策》。1973年,在长沙马王堆三号汉墓出土了一批帛书,其中一部类似于今本《战国策》,整理后定名为《战国纵横家书》。该书为我们提供了关于战国时代的宝贵资料。

作为"横"的秦,经过商鞅变法后,实力渐渐强大,公元前318年秦惠文王举行称王天下的"逢泽之会",试图取代周王称"天下之王"。值得注意的是,《太史公书·苏秦列传》还有"是时周天子致文武之胙于秦惠王"的记述。"文武之胙"是祭祀周文王姬昌、周武王姬发用过的腊肉,具有权力与等级之象征意义。西周时期,祭祀周文王姬昌、周武王姬发的特权只有周天子享有。在春秋时代,曾作为嘉奖和提升盟主的地位而赐给侯伯们。但到战国时期已非天下一王王天下的局面,而是多王并举逐天下,这一仪式的内涵可能发生了根本变化,毕竟这是周王给予其他王的,具有平王权让渡之意。秦惠文王之举遭到其他国家的强烈反对也是理所当然的。后来逐渐形成六国合纵,而促成六国合纵的就是最著名的纵横双杰之一——苏秦(？~公元前284年)。苏秦为对抗秦国,积极奔走各国,最后促成抗秦联盟。苏秦最突出的"合纵"成就在《太史公书》中是这样记述的:

> "苏秦既约六国从亲,归赵,赵肃侯封为武安君,乃投从约书于秦,秦兵不敢窥函谷关十五年。"(《太史公书·苏秦列传》)

《战国策·赵策(二)》也记述了苏秦说服"韩、魏、齐、楚、燕、赵六国从亲以傧秦",但在"秦兵不敢窥函谷关"之时间长短上则不同于《太史公书》:"于是秦王解兵不出于境,诸侯休,天下安,二十九年不相攻。"两者记述的时间不一,《战国策》所述可能涉及后苏秦时代。

历史文献对苏秦的记载虽多,苏秦的合纵也有许多脍炙人口的故事,但这些故事存在不少张冠李戴的错误。苏氏家族中有苏秦、苏代和苏历三位从事纵横捭阖事业的。在战国时代写成的史书中把苏秦记载为"苏秦"或"苏子";苏代则记载为"苏代"或"苏子"。原本记载为"苏秦""苏代"的部分,无论《太史公书》还是《战国策》,编纂者在引用的时候都把这个部分原封不动地誊写为"苏秦"或"苏代";而记载为"苏子"的部分,其中既有记载"苏秦"的,也有记载

"苏代"的，还有记载"苏历"的，但绝大多数都被替换成了"苏秦"。这样不仅造成人名之误，也造成了年代的混乱，给后人读史造成误解。造成这一混乱的另一个原因与《战国策》的成书时代有关，也与《战国策》一度散佚有关。

对于合纵连横，不得不提与苏秦齐名的纵横家张仪（？～公元前310年）。

张仪刚完成学业，就去游说。他曾陪着楚国令尹（国相）喝酒，席间，楚相丢失了一块玉璧，门客们怀疑是张仪拿了，就说："张仪贫穷，品行鄙劣，一定是他偷了国相的玉璧。"张仪被拘并"掠笞数百"。张仪回到家，其妻曰："嘻！子毋读书游说，安得此辱乎？"张仪谓其妻曰："视吾舌尚在否？"其妻笑曰："舌在也。"仪曰："足矣。"（《太史公书·张仪列传》）

张仪这一回答，正是践行王诩的理论：人作为一个可变的人，其变化从根本上讲，取决于其"内心"受外界的巨大影响，而这一影响的实施就是"说"："故口者，机关也；所以关闭情意也""人之情，出言则欲听，举事则欲成。……言其有利者，从其所长也；言其有害者，避其所短也。"（《鬼谷子·权》）不仅张仪如此，苏秦也不例外。

张仪在秦惠文王称王更元后十一年（公元前328年）出任秦国丞相（相秦元年），于公元前322年（相秦七年）被罢免丞相一职投奔魏国，成为魏国的丞相（相魏元年）并筹备了由秦惠文王召集的逢泽之会。公元前317年（相魏六年），张仪又重新回到秦国（相秦八年，从第八年起重新相秦），为瓦解抗秦联盟（合纵）而奔走于各国之间。

由于苏秦促成了"合纵"，阻止了秦国的东进，秦国便将部分兵力投到南下，于公元前317年吞并长江上游流域的巴、蜀。古老的巴蜀是独立于汉字文化的另一种文明地区，他们使用的文字我们如今称之为"巴蜀文字"或"巴蜀符号"，在

激荡春秋
——东周之历史、文化与思想

图31　纵目青铜面具

1986年四川广汉三星堆二号祭祀坑出土，现藏于三星堆博物馆。（孙雪刚摄）

四川广汉的三星堆、十二桥出土的青铜器闪耀着其独特的文明光芒。由于对不同文化传统地域的统治，就像楚国对越国的统治一样，秦国也遇到了很大的麻烦，现在我们还能看见有关当地人反抗秦国的记载。秦国占领巴蜀，为其从楚国防御薄弱的西面攻击楚国埋下了伏笔。

战国时期，除了苏秦三兄弟和张仪之外，还有战国四君子孟尝君田文①、春申君黄歇②、平原君赵胜③、信陵君魏无忌④也对合纵多有贡献，有时还起着关键作用。公元前298年，孟尝君田文促成了由魏、韩、赵三国与齐国组成的联盟，即"合纵"，联合讨伐秦国并成功地把秦国打回到函谷关以西。第三年（公元前296年），宋国和中山国也加盟其中，但楚国仍未参加，仍然是此次"合纵"的局外国。

在这期间，发生了历史上著名的楚怀王被秦国扣留事件。公元前297年，秦国以割地相让为由要求会见楚王。楚怀王熊槐（约公元前355～前296年）与秦昭襄王会晤于武关（位于今陕西省商洛市丹凤县），楚怀王在没有任何防备的情况下前往秦国，结果被扣留并软禁起来。如果只看这一件事情，不是讲楚怀王愚蠢就是秦国奸诈。其实，那时君主之间相互会见并非没有先例。如果把这一事件放在当时的"国际"关系下看，就会发现事情并非如此简单。

被软禁后的楚怀王得机会逃脱。他首先逃回楚国被拒，后又逃到赵国，结果被赵国遣返秦国。楚怀王在软禁中死去，其遗骨被运回故国。这时的楚国太子在齐国，楚国国内局势非常严峻、紧迫。齐国向楚国提出条件，只要割让土地就放太子回国。楚国派屈署出使齐国，答应割让土地，这样太子即后来的楚顷襄王终于回国了。楚国又派人去曾为宿敌的秦国，搬来援兵。齐国知道楚国有援军之后便放弃了要挟，没再要求割让土地。由于这个原因，后来齐国和楚国一直都没能建立同盟关系。这实际上是破坏了楚国加入"合纵"的可能性。

回顾整个事件的经过，这是一个比较隐晦的破"合纵"之策略。尽管如此，合纵对秦的压力并没有解除。

公元前288年历史再次到达一个节点，即秦昭王和齐湣王称帝。这也是打破僵局的一个折中办法。这一称帝事件，在《太史公书》的不同传记中均有记载：

（齐湣王）三十六年，王为东帝，秦昭王为西帝。（《太史公书·田敬仲完世家》）

（秦昭王）十九年，王为西帝，齐为东帝，皆复去之。《太史公书·秦本纪》

（魏昭王）八年，秦昭王为西帝，齐湣王为东帝。（《太史公书·魏世家》）

即公元前288年秦昭王和齐湣王相约共同称帝，秦昭王为西帝，齐湣王为东

---

① 田文（？～公元前279年）：又称文子、薛文、薛公，齐国宗室大臣。

② 黄歇（公元前314～前238年）：楚国人，楚考烈王元年（公元前262年）为令尹。

③ 赵胜（？～公元前253年）：赵国宗室大臣，赵武灵王之子。

④ 魏无忌（？～公元前243年）：魏国宗室大臣，魏昭王之子。

帝。秦、齐称帝，意在凌驾于诸王之上，以图兼并之。这对韩、赵、魏、燕等国威胁很大，为破坏齐、秦联盟，各国都在加紧活动。据称齐国称帝是被动的，所以齐湣王在谋士的劝说下主动放弃帝号，转而集中精力攻宋。齐相韩珉由于继续坚持联秦之策，遂被罢免相职。称帝虽然只是昙花一现，却反映了东西之强和由单一称王天下到平分天下的转变与妥协。

在主动放弃帝号后，公元前287年，齐湣王组织齐、楚、魏、赵、韩联合攻秦，秦昭襄王被迫取消帝号，恢复称王。

有一个奇特的现象，那就是在齐、楚、魏、赵、韩联合攻秦的同时，齐、楚、魏 ① 也在激烈地争夺宋国（《六国年表》及《太史公书》的其他各《世家》皆言齐湣王灭宋，未言魏、楚参与）。后来，秦昭襄王取消帝号后，对秦的进攻也就停止了。但齐国和楚、魏夺取宋国控制权的争夺战并没有停止。

如果追溯到苏代的"合纵"之后各国的动向，就会发现事情并不是如此单纯。关于齐国攻打宋国之前的历史，据《战国策·燕策（一）》和《战国纵横家书》记载，诸国有称秦国为西帝、燕国为北帝、赵国为中帝的讨论，而不仅仅是东帝与西帝。这极有可能受邹衍五帝说的影响，这也是秦王赵政一统天下后称始皇帝的前奏曲。

就称帝而言，显得非常突然又匆匆而过，这一称帝事件有可能与齐国的邹衍"五行说"而演变出的五帝说有关，另外就所处的地位，宋也是一个值得研究的国家。与齐、楚、魏及赵相邻的宋国是殷商的后裔，"帝"是商王曾使用过的表达方法。通过出土的甲骨文可以了解到商王生前为"王"，死后成了"帝"。因此，作为商代后裔的宋国称帝也是非常自然的。

当时宋的国君是宋王偃（又称宋康王、宋献王，公元前328～前286年在位，公元前318年称王）。世人对宋王偃的评价呈现截然相反的两面，一方是儒生及传统的史学家，赋予他"桀宋"恶名；而曾两次赴宋的孟轲却对宋王偃大加赞扬："苟行王政，四海之内皆举首而望之，欲以为君。齐楚虽大，何畏焉？"（《孟子·滕文公（下）》）在《战国策》中则称他"射天笞地，铸诸侯之象，使侍屏偃，展其臀，弹其鼻"（《战国策·燕策（一）》）。这似乎表明宋王偃有称帝的迹象。无论是褒是贬，宋王偃应该是一位极具个性和雄心的君主。

关于宋国国力，《太史公书·宋微子世家》中记载的是："（宋）君偃十一年（公元前318年），自立为王。东败齐，取五城；南败楚，取地三百里；西败魏军，乃与齐、魏为敌国。"但《太史公书》中其他相关国家的记载中并没有这些。

如果宋王偃称"帝"的话，那么宋的称帝具有独一无二的正当性。就历史及文化传承而言，宋称"帝"也是自然而然的事情。如果宋国是第一个称"帝"，

---

① 《太史公书·宋微子世家》：齐湣王与魏、楚伐宋，杀王偃，遂灭宋而三分其他。

激荡春秋
——东周之历史、文化与思想

秦国和齐国为表示抗议，也称"帝"，然后进攻宋国，其他国家也采取了同样的举措。如果宋不是第一个称"帝"，其他国家要比王更上一个级别——称帝。而宋的祖先在商朝时就有称帝的文化习惯，为了称帝的正统性，剿灭宋也是顺理成章的。

另一个问题就是为什么这么多邻国都进攻宋，如果仅仅认为宋王偃是一个夏桀式国君，可能过度道德至上化。古人是相信"天象"的，每个国家与上天的星座相对应，上天星座的运动变化也决定着国家的走向。在《左氏春秋·昭公十七年》中就言及宋、卫、陈、郑，宋为大辰之虚（这里指祭祀基准星宿之地的故地），陈为大暤之虚，郑为祝融之虚，卫为颛顼之虚。将位于天空坐标大辰之虚的宋放在一个特殊的、绝对的位置，然后把其他三国变成一个相对的概念。这会不会是诸国争夺宋国的原因呢？而后由于天象的变化使称帝戛然而止呢？

公元前286年宋王偃被杀，宋国灭亡。曾与齐联合灭宋的魏、楚，为了阻止齐国独吞宋地，也开始攻城略地，后秦、赵及韩也参与进来，诸国陷入混战之中。

就在齐国对宋用兵且陷入泥潭之际，曾经遭受齐国大举侵略的燕国这时已进入燕易王之子燕昭王（姬姓燕氏，名职，公元前311年~前279年）时代，他广招人才，以图增强国力，雪先王之耻。

> 燕昭王于破燕之后即位，卑身厚币以招贤者。谓郭隗曰："齐因孤之国乱而袭破燕，孤极知燕小力少，不足以报。然诚得贤士以共国，以雪先王之耻，孤之愿也。先生视可者，得身事之。"郭隗曰："王必欲致士，先从隗始。况贤于隗者，岂远千里哉！"于是昭王为隗改筑宫而师事之。乐毅自魏往，邹衍自齐往，剧辛自赵往，士争趋燕。燕王吊死问孤，与百姓同甘苦。（《太史公书·燕召公世家》）

在《战国策·燕策（一）》中有郭隗对燕昭王的建言：

> 帝者与师处，王者与友处，霸者与臣处，亡国与役处。

"帝"在当时俨然已经成为一个流行话题，而"帝"的热议与邹衍的五德转移学说不无关系，也是在天下有众王而欲凌驾于众王之上的一种新尝试。

当燕国已经具备一定实力时，燕昭王开始谋划攻齐：

> 当是时，齐愍（闵）王强，（公元前301年）南败楚相唐昧于重丘，（公元前317年）西摧三晋于观津，遂与三晋击秦，（公元前296年）助赵灭中山，（公元前286年）破宋，广地千余里。与秦昭王争重为帝，（公元前288年）已而复归之。诸侯皆欲背秦而服于齐。愍王自矜，百姓弗堪。于是燕昭王问伐齐之事。

> 乐毅对曰："齐，霸国之余业也，地大人觿①，未易独攻也。王必欲伐之，莫如与赵及楚、魏。"

---

① 觿（xī）：古同"觿"，一种玉器的造型。

于是使乐毅约赵惠文王，别使连楚、魏，令赵嚼(dàn)说秦以伐齐之利。
诸侯害齐湣王之骄暴，皆争合从与燕伐齐。(《太史公书·乐毅列传》)

从上述"诸侯皆欲背秦而服于齐"来看，当时的齐是非常强大的。燕昭王虽然广招人才，国力恢复，但要单独向齐国复仇，那也是远远不够的。乐毅的建议也是基于当时流行的"纵横捭阖"理论与社会文化氛围，燕昭王采用乐毅的建议也是合乎情理的。因此，燕国着手游说各国组成反齐联盟，最后形成了由魏、秦、赵、韩、燕五国组成的联盟，并于公元前284年联合进攻齐国。在《吕览》"权勋"篇中有"五国攻齐"的记述，《太史公书·魏世家》中也有"十二年，与秦、赵、韩、燕共伐齐，败之济西，湣王出亡。燕独入临菑(淄)"之记述。

> 二十八年(公元前284年)，燕国殷富，士卒乐轶轻战，于是遂以乐毅为上将军，与秦、楚、三晋(魏、赵、韩)合谋以伐齐。齐兵败，湣王出亡于外。燕兵独追北，入至临淄，尽取齐宝，烧其宫室宗庙。齐城之不下者，独唯聊、莒、即墨，其余皆属燕，六岁。(《太史公书·燕召公世家》)

在各国忙于争夺宋国和联合攻齐的时候，秦国的军队却于公元前280年从蜀国南下，派司马错从湖南西侧展开攻击，夺取了楚国的黔中郡，楚顷襄王被迫割让上庸(今湖北省竹山县东南)和汉江以北的土地。同一年，秦国名将白起攻打赵国，夺取光狼城。白起于公元前279年南下进攻楚国西北，攻下五个城池。而后白起继续南下，于公元前278年拿下楚国的都城郢，史称"鄢郢之战"。楚顷襄王兵败后，向东北方溃逃至陈(今河南省淮阳县)，并把都城设在陈。

公元前277年(周赧王三十八年)，白起再次南下，夺取楚国的巫郡和黔中郡，今湖南也被秦国平定。至此，曾为楚国大本营的湖北、湖南均被秦国占领，秦国在军事上的优势从此确立。战国时期的军事力量对比开始失衡，胜利的天平逐渐朝着秦国倾斜。

公元前262年，秦国攻打韩国并夺取野王之后，位于韩国野王之北的上党与韩国大本营之间的联络就被截断了，由于上党距赵国较近，上党看守冯亭就向赵国求救，赵国封冯亭为自己的封君(华阳君)，并将领土编进赵国版图之内。此时秦国出兵争夺上党，赵国派老将廉颇前往救援，之后赵国和秦国对峙于长平。公元前261年，楚顷襄王驾崩，由熊完(今通称楚考烈王，芈姓熊氏，公元前262年~前238年在位)即位，把州地割让给秦国以达成和平相处。公元前260年(秦昭襄王四十七年)，一直与秦军对峙的赵国老将廉颇被年轻的赵括替代，赵括中了秦将白起的圈套，形势骤然转变，数十万赵兵被俘，赵括也战死。数十万赵兵虽然投降了秦军，但白起仍然下达活埋命令，赵国前后损失四五十万人。

之后秦军继续向赵国都城挺进。公元前259年(按秦历)或公元前260年(按赵历)，秦军终于包围了赵国都城邯郸，齐、魏两国趁机攻打赵国抢占地盘，齐国攻取了淄鼠，而魏国也攻取了伊是(今山西安泽东南)。但秦国久攻不下，魏、楚两国又见邯

激荡春秋
——东周之历史、文化与思想

郸没有降服之意，而是继续坚持固守，他们的立场也在转变。其间，赵国派平原君带人游说魏、楚等国驰援邯郸。在游说楚考烈王时，平原君的门客毛遂面对楚王不愿出兵助赵，义正词严地从历史到现实分析了楚、赵两国的关系，说明赵国派使臣来缔约联合抗秦，不只是为了赵国，也是为了救助楚国，最后成功说服楚王答应助赵解邯郸之围。平原君归赵后，夸赞毛遂"毛先生一至楚，而使赵重于九鼎大吕。毛先生以三寸之舌，强于百万之师。"（《太史公书·平原君虞卿列传》）

魏安釐王魏圉（公元前276～前243年在位）在平原君和信陵君魏无忌的劝说下，虽然派去了援军，但迫于秦国的压力，让魏军在途经邺城（今河北邯郸临漳县内）时屯集不前，观望待机。这时，魏国的信陵君魏无忌不顾魏王之意，施计夺取军权，引魏军继续前进救邯郸。魏军到达邯郸不久，春申君率楚国援军也赶到了。其间，信陵君也为促成合纵奔波于各国间，最终赵国平原君的合纵建议也得以促成。信陵君魏无忌的行动获取了赵王的信任，但与魏王之间也就断绝了关系。

就当时的"国际"形势而言，秦国早已统治了楚国的故地——湖北和湖南，其领土已占据了大半天下。要么对抗秦国组织合纵，要么与秦国联手进行连横，这已成了当时各国迫在眉睫的选择。

公元前258年（按赵魏历）最后三个月、公元前257年（按秦楚历）头三个月中的某一月，秦军被合纵军打败，损失了无数官兵，齐、韩两国也派出了援军。在秦军形势不利的状态下，白起因罪而死，秦国不得不放弃围攻邯郸。

公元前256年，周赧王病逝，秦国攻入雒邑，西周公投降，徒有虚名的周王室彻底灭亡。

这时的"合纵"是在救援赵国的形势下促成的。这件事情对秦国而言虽说是短暂的，却对秦国造成了一时的重创，致使秦国在战略上陷入困境。至此，秦国暂时进入"休战"状态。

在对外暂时休战之时，秦国的政权也经历了秦王更换的小波动。之后就是从邯郸"突围"而归的赵政[今通称始皇帝，公元前259～前210年，嬴姓赵氏，名政（一说名"正"），又称祖龙。公元前247～前210年在位，公元前221年称皇帝]登上王位。秦王赵政时期，凭借秦孝公时期（公元前361～前308年在位）成功进行了商鞅变法而富国强兵，到秦昭王时期（公元前307～前251年在位）掌控大半个华夏的领土遗产和雄厚实力，以其雄才大略，带领秦国迅速实现了一统九州之大业。

公元前231年，赵国一带发生了大规模地震，据说赵国的伤亡比较惨重。秦国发现赵国局势混乱，就派兵攻打韩国，并于公元前230年灭韩。除掉后顾之忧之后，秦国转而向北发兵，攻打赵国。公元前229年，秦军攻下赵国的都城邯郸，并捕获赵幽缪王。王子嘉在代自立为王，即代王。公元前226年，燕国都城陷落，王喜逃向辽东。公元前225年，秦国消灭魏国，捕获魏王假。

公元前224年，秦抓获楚王负刍。王族昌平君自立为王，一年后也被消灭。

在吴越之地，由"越君"自立为王，但这个国家也于公元前222年被消灭。公元前222年，秦消灭辽东的燕王喜和赵代王嘉。公元前221年（秦王政二十六年），秦王政终于完成了"扫六合"一统九州之大业，实现了"海内为郡县，法令由一统"，华夏形成了统一的国家。据统计，从周元王元年（公元前475年）至秦王政二十六年（公元前221年）的二百五十五年中，有大小战争二百三十次，战争规模不断扩大，从几万人扩展到几十万人。

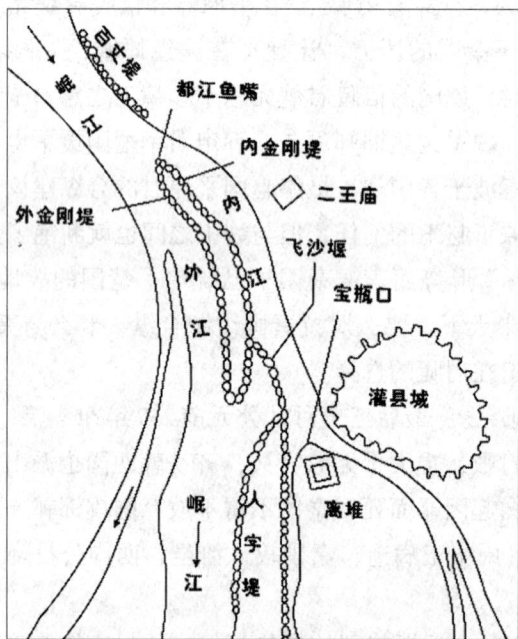

图32 都江堰水利工程布置示意图

当我们再审视秦王横扫六国的历史进程时，就会发现六国之所以为秦所灭，非兵刃不利，究其根本乃是国力不济。秦孝公时，商鞅变法破除痼疾，变革农业政策及生产方式，解放生产力，使秦国一步步富强起来，国富军强。秦还大兴水利，建都江堰①（约公元前256～前251年建造）、郑国渠②等水利工程。广耕良田，沃野千里，粮源充实。秦国还有一个重要措施就是注重人才。除了商鞅是卫国人之外，张仪是魏人、甘茂是楚人、薛文是齐人、楼缓是赵人、范雎是魏人、蔡泽是燕人、吕不韦是卫人、李斯是楚人，这些人都曾位居秦相之位。秦最终灭六国一统

---

① 江堰始建于秦昭王末年（约公元前256～前251年），由时任秦国蜀郡太守李冰及其子主持修建。据《华阳国志》记：都江堰建成后，"灌溉三郡，蜀沃野千里……天下谓之天府也"。

② 公元前246年（秦王政元年）由韩国水工郑国主持兴建，西引泾水（自今陕西省泾阳县西北25公里的泾河北岸）东注洛水，长达300余里，耗时约十年。司马迁对郑国渠作用的评价："关中为沃野，无凶年，秦以富强，卒并诸侯。"

激荡春秋
——东周之历史、文化与思想

天下，是秦历经五百余年励治，长期坚持不断革新思想的胜利，是其体制实现了时代发展之成果，也是其以农为本、不断提升生产及技术之胜利。秦国有畅通的公路系统——直道，有半机械化的弩和符合空气动力学原理的箭镞，更有标准化的生产模式，甚至流水线作业方式……所有这些，使得秦国在诸侯国中显得更快、更强、更有组织，这些都是秦国制胜的力量源泉。

我们常说，始皇帝赵政统一华夏后首次采用郡县制。这个说法是不确切的，或者说是不完全正确的。如果说作为统一的国家而言，这个观点是对的。如前所述，郡县制在战国时期，也就是在秦王赵政统一中国之前，业已存在。战国时代随着铁器的普及，城市不断增加，官吏阶层有了更广泛的基础。为加强中央对地方的统治，律令制度不断完善，文书行政得以进一步发展，中央集权型的官吏组织也发展得更为成熟。当一个侯国开拓了新的疆域时，那么国君或中央政府就会派遣官吏到地方进行统治。最早的一位王——作为君临于这种新的官吏组织之上的王——便是梁(魏)惠成王。虽说这种制度不是始皇帝赵政首创，但把其他贵族也就是所谓的封建领土全部打乱或消灭，在此基础上创建统一的郡县制中央集权型国家，且这一国家体制在中国延续了两千多年，它的开创者正是始皇帝赵政。

伴随着始皇帝赵政的不仅仅是一统华夏，建立了影响深远的中央集权郡县制，而且其在统一华夏之后的执政期间所采取的政策也常常引起争议。其中之一就是"焚书坑儒"。对此《太史公书》是这样记载的：始皇帝赵政在统一六国后进行政治、经济上的变革。在秦王朝统一的第八年后[始皇三十四年(公元前213年)]，始皇帝赵政于咸阳宫举行的宫廷大宴上，就体制及施政等问题咨询庭官大臣，其中争论的焦点之一是要不要分封氏族宗亲及功臣为王，其次是师古还是师今。焚《诗》《书》之举正是由此引发的。在宴会上，仆射周青臣当面阿谀，称颂始皇帝赵政的武威盛德，博士淳于越针对周青臣的奉承之词提出了恢复分封制的主张。他说：

> 臣闻殷周之王千余岁，封子弟功臣，自为辅枝。今陛下有海内，而子弟为匹夫，卒有田常、六卿之臣，无辅拂，何以相救哉？事不师古而能长久者，非所闻也。今青臣又面腴，以重陛下之过，非忠臣。(《太史公书·始皇帝本纪》)

始皇帝赵政并没有表态，把淳于越的建议交给群臣讨论。丞相李斯明确表示不同意淳于越的观点。他称淳于越为"愚儒"并反驳说：

> 且越言乃三代之事，何足法也？异时诸侯并争，厚招游学。今天下已定，法令出一，百姓当家则力农工，士则学习法令辟禁。今诸生不师今而学古，以非当世，惑乱黔首。(同上)

李斯认为，春秋战国诸侯之所以纷争，完全是西周分封制造成的恶果。只有废除分封制，才可免除祸乱。李斯又说：

古者天下散乱，莫之能一，是以诸侯并作，语皆道古以害今，饰虚言以乱实，人善其所私学，以非上之所建立。今皇帝并有天下，别黑白而定一尊。私学而相与非法教，人闻令下，则各以其学议之，入则心非，出则巷议，夸主以为名，异取以为高，率群下以造谤。如此弗禁，则主势降乎上，党与成乎下。(同上)

为此，他向始皇帝赵政提出除官方博士所有的《诗》《书》等之外，民间《诗》《书》等书均予以烧毁的建议：

请史官非秦记皆烧之。非博士官所职，天下敢有藏《诗》《书》、百家语者，悉诣守、尉杂烧之。

所不去者，医药、卜筮、种树之书。若欲有学法令，以吏为师。(同上)

这里要焚烧的民间之书，除了他国的史书之外，就是《诗》《书》及诸子言论，属于文史哲类的。而属于科技类的，如医药、卜筮和农林方面的书籍均允许民间保留。

始皇帝赵政采纳了李斯建议，并于公元前213年付诸实施。

这里的《诗》是如今常称的《诗经》，《书》是后来常称的《尚书》。《书》是记载上古先王治世理念的，始皇帝赵政统一华夏，开创了华夏大地的新纪元。对新统一的国家，始皇帝赵政拟开拓新政，这不仅仅是自认为"功盖五帝"(《太史公书·始皇帝纪》琅邪台刻石)，而是面对九州统一的新态势，古代先王们的治世理念与思想显然是不适合新形势的。进行政治思想统一，犹如他的"书同文，车同辙"政策一样。这也是战国以来诸子的共识——"一"观。其次是《诗》。《诗》是我国诗歌之源头，其艺术价值无疑是值得肯定的。但《诗》并不是一部不带政治性的纯文学作品，其中包括不少对先王们歌功颂德的政治性诗歌。而作为始皇帝赵政要开新政，这些对先王们歌功颂德的诗歌当然是不合时宜的。

从另一方面讲，我们可以从历史文献中了解一下当时的文化氛围。荀况在批驳某些儒者时说：

学之经，莫速乎好其人，隆礼次之。上不能好其人，下不能隆礼，安特将学杂志、顺《诗》《书》而已耳。则末世穷年，不免为陋儒而已。将原先王，本仁义，则礼正其经纬蹊径也。若挈裘领，诎五指而顿之，顺者不可胜数也。不道礼宪，以《诗》《书》为之，譬之犹以指测河也，以戈舂黍也，以锥餐壶也，不可以得之矣。故隆礼，虽未明，法士也；不隆礼，虽察辩，散儒也。(《荀子·劝学》)

虽然荀况在这里指责这些儒者只懂得诵读《诗》《书》，不尊崇礼法，但也反映出当时的实际情况，那就是颂扬《诗》《书》的大有人在。这也是那个时代众多儒者，或者说儒家的一个学派较为普遍的特色。如果说荀况与这些儒者是"内部矛盾"的话，那么作为秦国当时的主政者——荀况的学生、丞相李斯及君主统治学的开创者韩非的治国理念与其就是"敌对"冲突了。韩非在其《五蠹》一文中曾说："明主之国，无《书》简之文，以法为教；无先王之语，以吏为师。"他们焚民间《诗》《书》也就不足为奇了。

始皇帝赵政是决策者，而主张者是李斯和韩非等，实施者是丞相李斯，但要追踪其思想来源，除了商鞅的"不法古"之外，还得从他们的老师——荀况那里说起。

如前所述，荀况在《儒效》以"真儒"标准对人进行了分类，分为大儒、雅儒、俗儒（腐儒、贱儒）、俗人（众人）四类。

荀况认为"大儒"应该是：

> 大儒者，善调一天下者也，无百里之地则无所见其功。
>
> 彼大儒者，虽隐于穷阎漏屋，无置锥之地，而王公不能与之争名；用百里之地，而千里之国莫能与之争胜；笞棰暴国，齐一天下，而莫能倾也——是大儒之征也。其言有类，其行有礼，其举事无悔，其持险应变曲当；与时迁徙，与世偃仰，千举万变，其道一也——是大儒之稽也。
>
> 志安公，行安修，知通统类，如是则可谓大儒矣。大儒者，天子三公也；小儒者，诸侯、大夫、士也；众人者，工农商贾也。
>
> 故人主用俗人，则万乘之国亡；用俗儒，则万乘之国存。用雅儒，则千乘之国安；用大儒，则百里之地久，而后三年，天下为一，诸侯为臣；用万乘之国，则举错而定，一朝而伯。

荀况认为心志自然安于公正无私，行为自然安于善道，知贯通整体和不同的类别，才是"大儒"。这只是才能和道德界定。荀况还有一个界定，那就是地位，只有"天子三公"才能称之为"大儒"，而侯国诸侯（当然这是在周体制下）以下是不配称之为大儒的。如果要成为大儒，必"善调一天下者""天下为一"，突显了其政治能力和效果。按照荀况的标准，始皇帝赵政做到了"天下为一，诸侯为臣"及"善调一天下者"的"大儒"标准。

而"雅儒"则是：

> 法后王，一制度，隆礼义而杀《诗》《书》，其言行已有大法矣。然而明不能齐法教之所不及，闻见之所未至，则知不能类也；知之曰知之，不知曰不知，内不自以诬，外不自以欺，以是尊贤畏法而不敢怠傲——是雅儒者也。

荀况认为"雅儒"是知而不能类，但在知识和智慧上不及"大儒"的知"通统类"，知"通统类"就是认知能贯通万事万物。

上述关于"雅儒"的定义，如果把"隆礼义"改成"隆法理"，那么，在思想与行为上就会成为"雅法"，这是符合李斯思想的。

荀况又论述了"陋儒"之特征：

> 学之经，莫速乎好其人，隆礼次之。上不能好其人，下不能隆礼，安特

将学杂志、顺《诗》《书》而已耳。则末世穷年，不免为陋儒而已。(《荀子·劝学》)

再有就是荀况批驳的"俗儒"(在《非十二子》篇中称"贱儒")：

> 逢衣浅带，解果其冠，略法先王而足乱世术，缪学杂举，不知法后王而一制度，不知隆礼义而杀诗书；其衣冠行伪已同于世俗矣，然而不知恶；其言议谈说已无以异于墨子矣，然而明不能别；呼先王以欺愚者而求衣食焉，得委积足以揜其口，则扬扬如也；随其长子，事其便辟，举其上客，亿然若终身之虏而不敢有他志——是俗儒者也。

荀况认为这些衣冠讲究、个性突出而招摇于世的人，衣行与世俗没有什么不同，其认知只是"略法先王""缪学杂举""不知法后王而一制度，不知隆礼义而杀《诗》《书》"，只是借用先王的名声欺骗愚者而求点衣食而已。他们不知在持守大道的同时必须以改革的态度统一法度，不知在法度革新方面要法后王(即当时之王)，不知尊崇礼义比传诵诗书更重要。这些人就是"俗儒"。

荀况又说：

> 多言而类，圣人也；少言而法，君子也；多少无法，虽辩，小人也。劳力而不当民务，谓之奸事；劳知而不律先王，谓之奸心；辩说譬谕齐给便利，而不顺礼义，谓之奸说。此三奸者圣王之所禁也。(《荀子·非十二子》)

> 听其言则辞辩而无统，用其身则多诈而无功，上不足以顺明王，下不足以和齐百姓，夫是之谓奸人之雄。圣王起，所以先诛也。然后盗次之。盗贼得变，此不得变也。(《荀子·非相》)

综上所述，可知荀况认为唯有知通统类者才配治历史，开创法定制；其次不能知通统类，则仅能法后王，遵法守制，奉行政令；再其次，说不上有什么认知能力的，则当以劳力谋衣食生事。尚有一类人，智不能知通统类，偏要法先王，高谈古昔，昧于时变，而顽固不变，不服从后王(即当时之王)之法令，则圣王起只有先诛。

另外，荀况还在其《正名》一文中说：

> 凡邪说辟言之离正道而擅作者，无不类于三惑者矣。故明君知其分而不与辨也。夫民易一以道，而不可与共故。故明君临之以势，道之以道，申之以命，章之以论，禁之以刑。故其民之化道也如神，辨说恶用矣哉？今圣王没，天下乱，奸言起，君子无势以临之，无刑以禁之，故辨说也。实不喻然后命，命不喻然后期，期不喻然后说，说不喻然后辨。故期命辨说也者，用之大文也，而王业之始也。

"民易一以道，而不可与共故"与孔丘的"民可使由之，不可使知之"意思相近。

李斯作为荀况的弟子，当然了解荀况之言论，理解荀况之思想，我们也就知道了始皇帝赵政、丞相李斯统一政治思想的缘由所在。他们所处的时代是巨变的时代，需要新思维、新体制来开创新局面。具体到他们采取的举措，从理论与思维上，也是延续了荀况之理论框架与思维方式。只是在政治实施层面上，他们是"隆法"而非荀况的"隆礼"。他们禁人以古诽今，即不许"陋儒""俗儒"_{（第二级智识）}以下的人也谈历史，依古而疑今。《诗》《书》乃先王所遗，只有大儒_[今王（即后王）]才知通统类，才能推先王之意而创制礼法。第二级智识以下，则只许遵奉时王制度，不许谈《诗》《书》，议礼法。所以始皇帝赵政和丞相李斯使之见诸实际政治行动，禁言、"焚《诗》《书》"也就不足为奇了。只是始皇帝赵政、丞相李斯与荀况所禁的内容不尽相同。始皇帝赵政、丞相李斯所禁的是儒家崇尚的《诗》《书》为主，而荀况除了"焚《诗》《书》"之外，还要禁儒家以外的学说——"辩说"，其理论基础是一样的。但如果就所禁范围而言，荀况之禁"辩说"犹如今日之禁"言论自由"。

顺便提一下与"焚书"相连的"坑儒"，这也是我们耳熟能详的。司马迁在《太史公书·儒林列传》中提到"焚书"与"坑儒"事件时是这样描述的：

> 及至秦之季世，焚《诗》《书》，坑术士，六艺从此缺焉。

与此相矛盾的是，司马迁在《太史公书·孔子世家》中说："孔子之时，周室微而礼乐废，《诗》《书》缺。"也就是说《诗》《书》在孔丘之时就已经"缺焉"。

西汉末年，刘向在《战国策》"序"文中记载："任刑罚以为治，信小术以为道。遂燔烧《诗》《书》，坑杀儒士。"而孔安国_{（传说是孔丘10世孙）}在为伪造的《古文尚书》所作的"序"中把司马迁的"焚《诗》《书》，坑术士"说成了"及始皇帝，灭先代典籍，焚书坑儒，天下学士，逃难解散"。

这就是如今常说的"焚书坑儒"之来历，这其实是把事件扩大化和偷换概念来篡改历史。

鲁迅在《华德焚书异同论》一文中对所谓的"焚书坑儒"进行了评论：

> 然而始皇帝实在冤枉得很，他的吃亏是在二世而亡，一班帮闲们都替新主子去讲他的坏话了。不错，始皇帝烧过书，烧书是为了统一思想。但他没有烧掉农书和医书；他收罗许多别国的"客卿"，并不专重"秦的思想"，倒是博采各种的思想的。

值得思考的问题是，为何"焚《诗》《书》，坑术士"事件被后儒们扩大、篡改并极力渲染和大肆攻击？这恐怕是借助恶言始皇帝赵政和丞相李斯，批法家才是他们的真实意图。从另一方面讲，这与"罢黜百家，独尊儒术"以来，后儒家越来越狭隘、唯我独尊不无关系。从孔丘到孟轲，再到汉代的儒者，如果对比一下他们的言论及行为就不难发现这一变化趋势。值得一提的是荀况，尽管他独尊孔丘，批驳百家，但毕竟不像孟轲对墨翟和杨朱那样，毫无"恻隐"之心。

公元前210年，始皇帝赵政外巡，途中突然在沙丘宫_{（今河北省邢台市广宗县）}去世，这时是秦统一六国后的第十个年头。始皇帝赵政突然离世后，在继承皇位上出现了内斗。始皇帝赵政的小儿子、年轻的胡亥（秦二世，又称二世皇帝，嬴姓赵氏，公元前230～前207年，公元前210～前207年在位）被扶上帝位，不久秦帝国陷入风雨飘摇之中。在胡亥继位后的第二年，就爆发了中国历史上第一次大规模农民起义——陈胜、吴广起义。《太史公书》中是这样记述起义的原因的：

> 二世元年七月，发闾左谪戍渔阳，九百人屯大泽乡。陈胜、吴广皆次当行，为屯长。会天大雨，道不通，度已失期。失期，法皆斩。陈胜、吴广乃谋曰："今亡亦死，举大计亦死；等死，死国可乎？"（《太史公书·陈涉世家》）

但目前发掘的史料已经证明这一记载是谬误的。1975年12月在湖北省孝感市云梦县睡虎地发掘了一座先秦古墓，古墓主人叫喜，是战国晚期到始皇帝赵政时期秦的地方官吏。喜于秦昭王四十五年（公元前262年）出生在秦。喜十七岁时，秦王赵政登基，喜登记名籍，为秦国服徭役，尔后历任安陆御史、安陆令史、鄢令史、治狱鄢等与刑法有关的低级官吏。喜在秦王政三年、四年和十三年曾三次从军，参加过多次战斗，到过秦的几个郡县。公元前217年喜去世，他亲身经历了秦王赵政从亲政到统一六国的整个过程。睡虎地秦墓中出土了一千一百多枚竹简，包括《秦律十八种》《效律》《秦律杂抄》《法律答问》《封诊式》等。

在《秦律十八种·徭律》中记载："御中发征，乏弗行，赀二甲。失期三日到五日，谇；六日到旬，赀一盾；过旬，赀一甲，其得（也），及诣。水雨，除兴。"也就是说服徭役迟到三至五天，只进行口头批评；迟到六至十天，罚一个盾牌的钱；迟到十天以上，罚一个甲胄的钱。至于前面的"御中发征，乏弗行，赀二甲"则是指如果根本没来，罚两甲的钱。最后一句"水雨，除兴"的意思是遇到大雨，免罚。因此，可以肯定地说，司马迁所记载的"失期，法皆斩"是不符合事实的。这一记述导致了后人对秦律的误解，更有认为秦律过于严苛之说。因此，司马迁的《太史公书》在取材上也不乏瑕疵，甚至错误。

对于先秦史，毛泽东在1964年读史时写了一首词，高度概括了先秦的历史。借此首词作为先秦史的结语。

贺新郎·读史

人猿相揖别。
只几个石头磨过，
小儿时节。
铜铁炉中翻火焰，
为问何时猜得？
不过几千寒热。
人世难逢开口笑，
上疆场彼此弯弓月。

激荡春秋
——东周之历史、文化与思想

流遍了，
郊原血。
一篇读罢头飞雪，
但记得斑斑点点，
几行陈迹。
五帝三皇神圣事，
骗了无涯过客。
有多少风流人物？
盗跖庄蹻流誉后，
更陈王奋起挥黄钺。
歌未竟，
东方白。

10

沉重的周遗产

10.1 罢黜百家，独尊儒术

秦末天下大乱，最终由被霸王项羽分封的汉中王刘邦（公元前202～前195年在位）夺取天下，建立了汉朝。虽然一般认为"汉承秦制"，但汉初并未全部照搬秦制，而是在行政体系上沿用了郡县制，与此同时也照搬了周的分封制，可以说是采用了分封的周制与中央集权的秦制的混合制，即郡国并行制。楚汉战争后期，汉高帝刘邦迫于形势需要和传统意识形态，先后分封了七个异姓王，他们是楚王韩信、梁王彭越、淮南王黥布、燕王臧荼、赵王张耳（后其子张敖继承王位）、韩王韩信（又称韩王信）、长沙王吴芮。西汉建国后，汉高帝与异姓王之间很快出现了矛盾，刘邦又对他们心存疑虑，认为他们是危及自己江山的不稳定因素，除较为弱小的长沙王吴芮外，其他异姓王被逐步剪除。之后，刘邦封自家刘姓为王，共有齐、楚、荆、淮南、燕、赵、梁、代、淮阳九个，史称同姓九王。刘氏王的分封奠定了汉初郡国并行的地方行政格局。刘邦过世后，吕后执政，开始封吕姓王。吕后死后，她所封诸吕姓王全部被杀。

西汉初立，刘邦以封王和在行政体系上沿用了秦的郡县制，但性情自由、不拘泥于固有规矩的刘邦却废黜了秦的一整套典章制度，而"与父老约法三章耳：杀人者死，伤人及盗抵罪"（《太史公书·高祖本纪》）。可以说刘邦是自觉不自觉地采取了"无为而治"的治国方略。

汉文帝刘恒（公元前190～前157年在位）时期，仍然采用"无为而治"的治国方略："孝文时颇征用，然孝文帝本好刑名之言。及至孝景，不任儒者，而窦太后又好黄老之术，故诸博士具官待问，未有进者。"（《太史公书·儒林列传》）

汉景帝刘启（公元前157～前141年在位）时期，黄老道家思想仍然占有意识形态主导地位。但汉景帝为了削弱诸侯王势力、加强中央集权，汉景帝三年（公元前154），采用晁错的《削藩策》，引发了刘姓宗室诸侯王的"七国之乱"。后七国之乱很快被平定，西汉诸侯王势力的威胁基本被清除，这时汉才在制度上向秦中央集权制实质性靠拢。

汉文帝、汉景帝时期，政治上采取了"无为而治"的治国方略，政策宽松，经过几十年的休养生息，经济繁荣，社会安定，被后世称为"文景之治"。

汉初的黄老学派思想，或者称之为黄老道家，并非以老庄思想为代表的道家，而是源于稷下学宫时期，在老聃道家思想的基础上又融入了一些新的思想，这些思想假借黄帝之名，也就是后来的黄老思想。

司马谈（？～公元前110年）在其《论六家要旨》一文中是这样总结和评述道家的：

> 道家使人精神专一，动合无形，赡足万物。其为术也，因阴阳之大顺，采儒墨之善，撮名、法之要，与时迁移，应物变化，立俗施事，无所不宜，指约而易操，事少而功多。儒者则不然，以为人主天下之仪表也，主倡而臣和，主先而臣随，如此则主劳而臣逸。至于大道之要，去健羡，绌聪明，释此而任术。夫神大用则竭，形大劳则敝。形神骚动，欲与天地长久，非所闻也。

"使人精神专一"就是专心致志；"动合无形"，就是行动不那么张扬，主张低调；"赡足万物"，意思是说济事济物，抚养万物生长。"其为术也"，指道家是一种理论，而且可以得到实践应用，是可以"操作"的技术。关于道家的"术"，他说"因阴阳之大顺"，这里用了"阴阳"的表述，可能受阴阳家的影响，道家未必会如此表述。笔者认为，如果按照道家的思想，这"阴阳"是指事物相对的两个方面，"其大顺"也就是顺应其自然而然的固有变化。这"阴阳"也包括"天"和"地"，也就是顺应天地变化。"采儒墨之善"，儒是指的儒家，墨是墨家，也就是包容了儒家和墨家的长处。"撮名、法之要"，就是名家和法家的要点在道家体系里也有体现，也被包容进去了。"与时迁移"，就是这个道家的理论不是一成不变，它是随着时代的发展而发展的。"应物变化"，就是要不断依据发现的万事万物的新情况，来调整自己的理论以适应新的发展。"俗"是人间社会，人们在长期的生活、生产中形成的共同认知和公众习惯，是社会的实际情况，"立俗施事"就是要立足于社会和区域的具体实际情况来开展工作。"无所不宜"就是说道家的理论由于博采众长又是建立在客观的认识基础上，同时，它又因"入乡随俗"、接地气，所以它可以适应各种各样的情况。"指约而易操"，它的论述、指导原则并不繁多，而是简明扼要，所以易于操作、执行。"事少而功多"，按照道家的理论和方法去做事，可以起到事半功倍的效果。

司马谈在《论六家要旨》中又说：

> 道家无为，又曰无不为。其实易行，其辞难知。其术以虚无为本，以因循为用。无成埶，无常形，故能究万物之情。不为物先，不为物后，故能为万物主。有法无法，因时为业，有度无度，因物与合。故曰：圣人不朽，时变是守。

司马谈是西汉文帝、景帝到汉武帝时代的人，他讲的这些道家思想，指的不仅仅是先秦时期老聃、庄周的道家思想，而是直到他所处时代的道家思想。文景时期奉行黄老思想，道家得到更多的、更加包容性的发展。从这里我们也可以窥视到司马谈所论道家的发展所包含的大致内容和特点，有利于我们了解西汉前期的道家思想。

尽管在"文景时代"黄老道家思想占据了主导地位，获得了最高统治者的青睐，采取的是黄老的"无为而治"思想，但占主导地位的黄老思想并非一家独尊，而是百家并流的政治与文化生态。当然儒家也是百家之一，只是没有后来的显赫"独尊"地位而已。这与儒家在秦朝时不是主流在本质上并无太大差别。

汉景帝刘启过世后，16岁的汉武帝刘彻（公元前140～前87年在位）即位。但年轻的汉武帝并无执掌朝廷的能力和实力。窦太后（汉景帝刘启母）在朝廷具有巨大的影响力。《太史公书·儒林列传》记有窦太后"好老子言""好《老子》书"；而《太史公书·外戚世家》则有"窦太后好黄帝、老子言，帝及太子诸窦不得不读《黄帝》《老子》，尊其术"。也即窦太后仍然坚持延续汉景帝刘启治国策略。但朝廷内也有反对派，具有强烈儒家思想的贵族官吏，为使儒学成为官学正统，对当时处于主导地位的黄老及其他各家思想展开了猛烈进攻。据《汉书》记载："建元元年（公元前140年）冬十月，……丞相绾奏：'所举贤良，或治申（不害）、商（鞅）、韩非、苏秦、张仪之言，乱国政，请皆罢。'奏可。"（《汉书·武帝纪》）而《太史公书·魏其武安侯列传》则记载："（窦）太后好黄老之言，而魏其、武安、赵绾、王臧等务隆推儒术，贬道家言，是以窦太后滋不说魏其等。及建元二年，御史大夫赵绾请无奏事东宫。窦太后大怒，乃罢逐赵绾、王臧等，而免丞相、太尉。"

五年后（建元六年，公元前135年），窦太后去世。次年（公元前134年），汉武帝开始主政，改元为元光年号。

汉初私学繁荣，不同思想的人才层出不穷，社会宽容，思想繁荣。初主政的汉武帝，面对这种百花齐放局面，反而造成了采信困惑，"是以夙夜不皇康宁，永唯万事之统，犹惧有阙。"（《汉书·武帝纪》）于是，他下了三道策问，"欲闻大道之要，至论之极"。汉武帝在策问中悲叹："今子大夫待诏百有余人，或道世务而未济，稽诸上古之不同，考之于今而难行，毋乃牵于文系而不得骋与？将所繇异术，所闻殊方与？"

在所有的对策中，汉武帝最终选择了董仲舒（公元前179～前104年）的对策。董仲舒的对策可能符合了年轻的汉武帝的政治愿望，即欲改变当时"无为而治"的治国方略。

董仲舒的对策："《春秋》大一统者，天地之常经，古今之通谊也。今师异道，人异论，百姓殊方，指意不同，是以上亡以持一统，法制数变，下不知所守。臣愚以为，诸不在六艺之科、孔子之术者，皆绝其道，勿使并进。邪僻之说灭息，然后统纪可一，而法度可明，民知所从矣。"（《汉书·董仲舒传》）即废黜儒术之

激荡春秋
——东周之历史、文化与思想

外的各家，这样就可以纲纪统一，上行下遵，民众便可遵从。统治天下，只能有一个思想；统治者才会一劳永逸，彻底省心。董仲舒提倡的儒家思想可能迎合了汉武帝的政治愿望，就是让统治者一劳永逸的指导思想。"及窦太后崩，武安侯田蚡为丞相，绌黄老（道家）、刑（法家）名（名家）、百家之言"《太史公书·儒林列传》，从而掀开了"罢黜百家，独尊儒术"的历史序幕。

"罢黜百家，独尊儒术"彻底把法家等思想排斥在统治意识形态之外，这一举措对后来的社会产生了深刻而久远的影响。自此，"罢黜百家，独尊儒术"作为文化国策，成为中国专制君权须臾不离的治国之宝。

除法家之外，先秦诸家中曾与孔学齐名、同为显学的墨学却迎来与儒家完全不同的"命运"：从此销声匿迹。究其原因，尽管有各式各样的观点，但与墨学长期反对孔学儒术这一不争之事实和汉武帝采取"独尊儒术，罢黜百家"的文化独裁政策密不可分。墨学在两千多年漫长中国封建社会中销声匿迹也"应验"了孟轲在《滕文公》篇中对后儒们发出的号召："吾为此惧，闲先圣之道，距杨（朱）、墨（翟），放淫辞，邪说者不得作。……能言距杨（朱）、墨（翟）者，圣人之徒也。"《孟子·滕文公（下）》

墨学销声匿迹两千多年，对我国历史进程造成的伤害与损失、对华夏文明进程的影响是不可估量的，尤其是对我国迟迟未能步入"科学"轨道产生了决定性的影响。

儒家取得独尊地位后，儒家学说上升为"经学"，而其他百家则被划为"子学"，它们的地位也被严重削弱，甚至被"雪藏"。独尊儒术，意味着自春秋以来百家衰落，波澜壮阔的百家争鸣时代结束。这一影响深刻的巨变，对中国历史的走向产生了巨大而深远的影响。

顾颉刚论及独尊儒术的负面影响时指出："儒家统一实是中国文化衰老颓废的征验"，"于是专己武断，思想渐致锢蔽了"。范文澜[①]说汉武帝时期"文化的极盛"是其表象；顾颉刚说独尊儒术是"文化衰颓"的开始，是其实质。

10.2　经蔽科学，礼缚华夏

汉武帝采用董仲舒的建议实施"罢黜百家，独尊儒术"，从两个方面具体实施：一是官吏的任用上，二是教育与培养儒学人才方面。

在录用官吏上，采取了"所举贤良，或治申（不害）、商（鞅）、韩非、苏秦、张仪之言，乱国政，请皆罢。"《汉书·武帝本纪》但去除这类人才之外，所需儒学人才

---

① 范文澜（1893～1969年）：字仲云，浙江绍兴人，历史学家。

也是不足的。为了保证在统治思想上实现高度统一，改变统治所需儒学人才短缺的局面，董仲舒提出了"兴太学以养士"的建议：

> 养士之大者，莫大乎太学；太学者，贤士之所关也，教化之本原也。

> 愿陛下兴太学，置明师，以养天下之士。《汉书·董仲舒传》

由朝廷兴办太学，直接掌握最高学府大权，确定人才的培养目标，成为促进儒学独尊的重要手段之一。为了弘扬儒学，从最高学府入手，"令天下郡国皆立学校官"，并一改汉武帝即位之前的儒学博士与其他诸子、传记等博士并列的局面，把经学博士提升到最重要地位，并设立分科。

汉文帝刘恒时，始置《书》《诗》博士，并立诸子传记博士，有博士七十余人。汉景帝刘启时，又增置《春秋》博士。到汉武帝建元五年（公元前136年）时，罢传记博士，又为《易》和《礼》增置博士，与文、景时所立的《书》《诗》《春秋》合为"五经"博士，而原来设立的诸子、传记等博士则被废黜。"五经"，即《诗》《书》《礼》《易》《春秋》占据了统治地位，从而迈出了"经学"的第一步。公元前124年（元朔五年），开始"为博士官置弟子五十人"。

现在我们通常称书为"经"有经典之意，又有神圣之意，其实"经"这个字的本义是指丝织物的纵线，后因古代典籍是由熟牛皮绳穿竹简而成的，形制颇似纵横交织的纺织物，因此"经"又被引申为典范性的著作或书籍。在我国历史上，最早称"经"的著作并非儒家之书，而是墨家的《墨经》。《墨子》有"经（上）""经（下）"，又有"经说（上）""经说（下）"。"经"是提纲挈领的，是学说或命题的核心内容。"说"则是对"经"的进一步阐述、解说与论证。儒家典籍被称为"经"，就"五经"书的内容而言，在那个时代被称为"经"也是有一定的道理的，毕竟这些书的内容显得很简略，用现代的话来讲是提纲挈领式的。除了儒、墨两家的典籍称"经"外，战国末年的《韩非子》里也分"经"与"说"。因此，"经"在先秦并没有特别神圣的含义，也不像后世那样专指儒学经典之书，它是诸子各家皆可使用的对自己著作的称呼。当然，就"经"与"说"而言，"经"是总纲、是理论核心，而"说"则是解释"经"的。儒家对于经典进行详细解释多用"传"命名而非"说"，如《左氏春秋传》《易传》等。

自此，作为私学的儒家一跃变成了由官方资助的官学，在意识形态上开始了儒家思想独占主导地位的文化传播。

从此，博士从一种朝廷顾问之官转化为一种以教授为主要职能的学官。太学正式设立，博士弟子即是太学生。自汉武帝立"五经"博士，置博士弟子员，"设科射策，劝以官禄"，"天下之学士靡然向风矣"。诱导他们"靡然向风"的是通过学儒学"五经"可以获得功名利禄，学成的博士弟子员优先授官。在选拔官员方面，董仲舒提出了一套严格的选用方案，其核心是"量材而授官，录德而定位"。董仲舒这里提到的"材""德"是以儒家的经术和道德观念为标准的，这些

激荡春秋
——东周之历史、文化与思想

对促进儒学确立独尊地位起到了实际推动作用。

如果对比一下战国时期的"稷下学宫"，这时的"太学"与"稷下学宫"有天壤之别。战国以来的百家争鸣，到秦朝统一六国后集中到以法家思想为主。这一文化一统的进程，随着秦帝国轰然倒下而中止。到西汉初期，思想与学术自由出现了短暂的繁荣，汉初博士官，虽然黄老思想占据了主导地位，但没有排斥包括儒家在内的百家、诗赋、方技、术数或其他专长者。但到汉武帝独尊儒术之后，最终扼杀了"百花"的生机。

在推动儒学经典走向顶峰，被封为"经"的过程中，董仲舒起到了至关重要的作用。除了在对策中提出"罢黜百家，独尊儒术"之外，董仲舒还撰写了一部儒学经典《春秋繁露》，以《春秋》之"微言大义"，使《春秋》更加新儒家化、系统化，以适应中央集权之需要。《春秋》不仅仅是一部史书，也是一部"道名分"之书。对于笃信社会有等级差别才是正统社会的儒家而言，《春秋》无疑是一部值得利用的书，新儒家也赋予了《春秋》更大、更丰富的意义——微言大义。

由于国家意识形态采用了儒家学说，作为儒家学说奠基者的孔丘，也从生前主要是一位"私学"教师，一位许多教师中的杰出教师，嬗变成了官学教师的至圣先师，地位不但凌驾于私人教师之上，也居官方教师榜首，进而被推上圣坛顶峰；甚至宣称西狩获麟是孔丘受天命之符，救周之弊，继周朝之后，开辟了一个新王朝代。这个朝代没有王朝，也没有君王，孔丘则是这个时代的无冕之王——"素王"。

> 有非力之所能致而自至者，西狩获麟，受命之符是也。然后托乎《春秋》，正不正之间，而明改制之义。一统乎天子，而加忧于天下之忧也。务除天下所患，而欲以上通五帝，下极三王。以通百王之道，而随天之终始。博得失之效，而考命象之为，极理以尽情性之宜，则天容遂矣。（《春秋繁露·符瑞》）

除了孔丘被圣化、神化之外，汉代开国皇帝也被赋予神圣的出生。《太史公书·高祖本纪》记载：

> 其先，刘媪尝息大泽之陂，梦与神遇。是时雷电晦冥，太公往视，则见蛟龙于其上。已而有身，遂产高祖。高祖为人，隆准而龙颜，美须髯，左股有七十二黑子。仁而爱人，喜施，意豁如也。常有大度，不事家人生产作业。

尽管儒学登上时代意识形态的顶峰，但就孔学而言，在理论体系上显得非常单薄。孔学的政治与伦理学可以三个字概括："礼""仁""义"。汉代的儒学，即新儒学，吸收了不少其他各家的思想，比如邹衍的五行说，此时复兴的儒学已与春秋末期孔丘的思想有了很大差异，尽管新儒者奉孔丘为宗师。

儒家上位后不但圣化、神化孔丘，而且还猛批与之相对立的诸子百家，封杀他们的学说。然而，对统治者而言，虽然公开宣布"独尊儒术"，但实际施政中也未尝不采用软硬兼施的两手政策。汉宣帝刘病已 _{（公元前74～前48年在位）} 就曾教训其太子说："汉家自有制度，本以霸、王道杂之，奈何纯任德教，用周政乎？且俗儒不达时宜，好是古非今，使人眩于名实，不知所守，何足委任！"乃叹曰："乱我家者，太子也！"（《汉书·元帝纪》）这只能说明后儒们所宣传的儒学在有作为的统治者那里不过是"眩于名实"的华丽招牌而已。

南朝梁代时，刘勰(xié)（约465～约520年）在《文心雕龙》（成书于公元501～502年）中称"经"为"恒久之至道"（即永恒的绝对真理）和"不刊之鸿教"（一个字都动不得的伟大教导）。也就是"经"里边所说的字字句句是真理，所记载的是永恒真理和绝对真理。

自西汉武帝年间，官方开始设置国家的教育机构，设五经博士来领衔教授"五经"，隋朝初建科举制度，也是建立在"五经"圈定的知识范围内的。自此，在中国历史上产生了一个连绵流长的"最高学问"叫"经学"，就是研究解释"经书"的。这些经学的研究往往得到官方的支持，也是学问大家的摇篮，更是升官发财的有效途径。

传至宋代，又迎来了一个"四书五经"的时代。

10.2.1《经》与《子》

现代称诸子百家的"家"是从西汉开始的。在秦汉以前，现在所说的"道家""儒家"，原本是没有以"家"分开的。在谈论其学说、思想时，多直接引用其名。譬如战国中叶前，文献中多称呼孔丘为"丘"或者其字"仲尼"，如孟轲在回答齐宣王的问题时就说："仲尼之徒，无道(齐)桓(公)、(晋)文(公)之事者。"（《孟子·梁惠王（上）》）这里对现在常称的齐桓公为桓、晋文公为文，而对学者的尊称则用"先生"。如孟轲遇见宋钘时，就说"先生将何之？"（《孟子·告子（下）》）后来慢慢就给一些有名的学人一个通用的尊称"子"，但先秦的"子"并没有现在大学问家如此高的尊称含义。有的学问家虽后世名扬天下，但当时也没有被称为"子"。

关于"子"之称谓，对于商王朝的王廷官员，甲骨文统称为"多君""多子"，类似于我们现代的内阁成员。在春秋之前并不是一个特别尊贵的称谓，尤其是在统治者层面。如在《左氏春秋》中称楚王为楚子、称吴王为吴子，这当然是相对于最高统治阶层而言。而自谦时则称自己为"小子"，譬如《书·周书》中的"金滕"一文中有"予小子新命于三王，唯永终是图"、"大诰"一文中的"越予小子考，翼不可征，王害不违卜"及"文侯之命"一文中的"闵予小子嗣，造天丕愆"。当然，对于平民及以下阶层而言，"子"的称呼还是具有一定的尊称之意的。

首先对百家进行分类的是历史学家司马谈，其次是历史学家刘歆（约公元前46～公元23年）。刘歆和他的父亲刘向一起，对宫廷所藏图书进行整理、分类、编目。这个附有说明的分类编目名分为辑略、六艺略、诸子略、诗赋略、兵书略、术数略、方技略等七部，即《七略》。其中六艺略列举了《易》《书》《诗》《礼》《乐》《春秋》。刘歆在研究历史的演变过程的基础上，探索了诸子的起源，其基

激荡春秋
——东周之历史、文化与思想

本思路还是从社会的剧烈转变，使一些原来从事各种服务于王侯贵族的吏转变为民间的师这一角度来推断的。其后历史学家班固（公元32～92年）在撰写《汉书·艺文志》时就参考、引用了《七略》，并把它作为《艺文志》的基础。从《艺文志》引用的《七略》中可见，刘歆把诸子百家分为十类，除了司马谈所列出的六家之外，又增加了四家：纵横家、杂家、农家和小说家，但没有提及兵家。

班固把诸子及其学说进一步细分，形成"诸子一百八十九家"。这可能就是后世惯用"诸子百家"来称呼春秋战国时代诸子的缘故吧！

先秦的诸子百家，他们的著作多以姓氏加子为名，如今仍然可见的著作有：《老子》（又称《道德经》，老聃及后续道家学者之言论集），《墨子》（墨翟及其弟子言行集）、《列子》（列御寇言行集，疑为后人编撰）、《孟子》（孟轲之言行集）、《庄子》（庄周及其弟子言行集）、《商子》（又称《商君书》，商鞅言论集）、《韩非子》（韩非言论集）。令人遗憾的是，由于种种原因，有的著作没有流传下来；有的虽然两千年后重见天日（如《墨子》），但在历史的长河和文化的演变中，它们的价值也没有得到充分体现，甚至被完全忽视，这不能不说是我们文化遗产的巨大损失。有一些诸子的著作虽然佚失，但他们的学说及思想可由其他著作中的引用而得知，不过这毕竟不能全面且正确地反映其本人的思想。

现在对诸家思想的认识，往往忽略诸子所服务的对象、所处的时代背景和区域性，认为诸子的学问是天下学问。但在春秋战国时期，各国是分治的，而且交通非常不便，文字也没有成为流行传播媒体，各地的文化相互传播，尤其是在民间，是非常缺少的。譬如庄周和孟轲是同时代但不同区域的人，庄周终生不仕，而孟轲一度游学齐国并在齐国短暂出仕、造访魏国，但他们之间也没有直接交结。荀况是赵国人，在齐国稷下学宫游学，在楚国为官。同为儒家传人的孟轲、荀况也是在不同国家、不同的时代施展他们的主张与抱负。他们并不在同一时间、同一国家并存，而他们在各自活跃的空间必定经历过与其他学说在不同的区域、不同的时间并存的状态。

现代理解的诸子百家多采用明代以后的理解来研究，对先秦诸子的衰弱甚至消亡并不能很好地说明，其中一个重要原因是儒家思想的影响仍然根深蒂固。这一理解基于科举官僚们的政治谈论，以他们的眼光来看待过去，各类学说便被分为"经"和"子"类，"经"部为主，"子"部为次，犹如君主与臣子的主次关系。长期以来，儒家被奉为正统处于主导地位，道家、法家以及其他思想流派则处于次要地位。这些官僚除了儒家、道家、法家外，也对其他流派有兴趣，但这些流派终究与他们自身的流派缺乏渊源上的关联，它们只不过是已经消亡的过时的思想流派。因此，我们现在理解的先秦诸子是不全面的，也多多少少是带有片面性的。

自从汉武帝"罢黜百家，独尊儒术"以来，在漫长的历史长河中，儒家思想大多数时期占据主导地位，加之儒家擅长整理与继承传统文献，对中国政治、文化的影响无出其右。自隋朝初步确认科举制度之后，儒学几乎一直是其主要科目。到宋代后，朱熹（公元1130~1200年）对科举科目进行了变更，在"五经"基础上又增加了"四书"，即《大学》《中庸》《论语》《孟子》，使孔丘及孟轲的影响更为广泛。

在中国漫长的封建社会，有一定经济实力的人家，无论是地主还是富贾，他们的子孙修习儒家经典，逐级地参加科举考试，以期入仕，谋得一官半职。求得官职后，就有机会积累财富，享受权力，赢得声望，因此入仕之争愈发激烈。为求得功名，相应要投入大量时间和精力。这就造成了许多中国人从幼年开始就学习儒家经典，夜以继日，苦读不辍。一次考不中，还可以再考，很多人一直学到中年。为通过科举考试、变成社会统治者和领导阶层，绝大部分中国知识分子被装进了儒家笼子中，对考试之外的任何东西视而不见，唯有读书高。

正因为如此，中国以儒家为主线的传统文化里，大量博学多识者投身于整理古代典籍，编纂各种参考书籍，如文献、引语、字典、百科全书等。当然，这一行动不但符合传统文化，也得到朝廷的支持。其目的是培养符合封建王朝统治的人才，比如1728年，由朝廷资助、支持编纂的"百科全书"达5020册。如此浩繁的"典藏"却新作贫乏。统治者将注意力放在过去，他们崇尚"东西越老，越有价值"的价值观。

毋庸置疑，无论政府大力提倡还是有意抑制，儒家思想在相当长一段时间或在一定的历史时期，还会影响甚至左右中国的历史走向。

10.2.2 科学之边

宋代的理学，国外称之为道学，对我们的历史发展产生了重要且长远的影响。在宋代理学中，影响最盛的是程颢（公元1032~1085年）、程颐（公元1033~1107年）和朱熹（公元1130~1200年）。

"天理"是程颢、程颐（今多合称为"二程"）理学的哲学核心。程颢曾说：

> "吾学虽有所授，天理二字却是自家体贴出来。"（《二程集外书·上蔡语录》）

虽然二程称"天理"为他们学说的核心，但"天理"则可分解成"天"与"理"。对"理"，二程多有论述：

> 天地万物之理，无独必有对，皆自然而然，非有安排也。每中夜以思，不知手之舞之，足之蹈之也。
>
> 《诗》曰："天生蒸民，有物有则。"……万物皆有理，顺之则易，逆之则难。各循其理，何劳于己力哉？
>
> 服牛乘马，皆因其性而为之。胡不乘牛而服马乎？理之所不可。
>
> 天下物皆可以理照，有物必有则，一物须有一理。凡一物上有一理，须是穷致其理。（程颢、程颐《二程遗书》）

"理"字的偏旁为玉，本意指玉石中的纹理，后引申为石中之脉，木中之纹。

激荡春秋
——东周之历史、文化与思想

而这些纹路是自然而然形成的，非人为雕刻打造。源于"理"之本义，理可引申为路径和方法，循理犹如沿着路径而行。但这里应该特别注意的是，此"路径"非人为路径，而是自然而然之路径。

这里的"天地万物之理，无独必有对，皆自然而然，非有安排也"无疑是正确的。这里的"非有安排"应该是"非有人为安排"，是具有唯物主义思想特点的。

二程还对"天下之理"持有"变动"之观点：

> 天下之理，未有不动而能恒者也。动则终而复始，所以恒而不穷。凡天地所生之物，虽山岳之坚厚，未有能不变者也，故恒非一定之谓也，一定则不能恒矣。唯随时变易，乃常道也。（《程氏易传》）

他们这一"变动"之说的理论基础主要来自道家及法家关于"变的哲学"。在《老子》中就有"反（返）者，道之动"（《老子》第40章）和"吾不知其名，（强）字之曰'道'；强为之容曰'大'。大曰逝，逝曰远，远曰反（返）"（《老子》第25章）的表述。之后的庄周则有进一步的阐述：

> 道无终始，物有死生，不恃其成。一虚一满，不位乎其形。年不可举，时不可止，消息盈虚，终则有始。是所以语大义之方，论万物之理也。物之生也，若骤若驰。无动而不变，无时而不移。（《庄子·秋水》）

> 万物化作，萌区有状，盛衰之杀，变化之流也。（《庄子·天道》）

至于"天理"一词，最早出现在《庄子》的"天运"篇里：

> 黄帝曰："……夫至乐者，先应之以人事，顺之以天理，以之以五德，应之以自然，然后调理四时，太和万物。"（《庄子·外篇·天运》）

这里叙述的是黄老思想，意思是说一个令人最快乐的事是在处理问题时，顺从天理，顺应自然，然后与四时变化相适应，与万物相和谐，是老聃"顺其自然"思想之延续和具体化。而"以之以五德"则是来源于邹衍的五行学说。

《庄子》中的"天运"篇谈到天地日月之运行时说："其有机缄而不得已"，"其运转而不能自止"，这是延续了道家思想，即自然主义的宇宙观。

在《韩非子》"大体"篇中则有：

> 古之全大体者：望天地，观江海，因山谷，日月所照，四时所行，云布风动；不以智累心，不以私累己；寄治乱于法术，托是非于赏罚，属轻重于权衡；不逆天理，不伤情性；不吹毛而求小疵，不洗垢而察难知；不引绳之外，不推绳之内；不急法之外，不缓法之内；守成理，因自然；祸福生乎道法，而不出乎爱恶；荣辱之责在乎己，而不在乎人。

其中的主要思想也延续了道家思想。

关于"天理"，二程则有：

> 夫天之生物也，有长有短，有大有小。君子得其大矣，安可使小者亦大乎？天理如此，岂可逆哉？（程颢、程颐《二程遗书》）

二程这里虽然用了源于道家的"天理"二字，但此"天理"仍然回归到"孔孟之道"，带有强烈的伦理性。可以说二程对"天理"又赋予了伦理道德之含义，使其偏离了自然规律之轨道。程颢说："得天理之正，极人伦之至者，尧舜之道也。"二程的"天理"论不但偏离了源于道家的思想，也偏离了先秦儒家思想，荀况在其《荀子·天论》篇中就有"天行有常，不为尧存，不为桀亡"。

二程毕竟是崇奉孔孟的，对荀况并未重视。程颐在《明道先生（程颢）墓表》中说：

> 周公没，圣人之道不行；孟轲死，圣人之学不传。道不行，百世无善治；学不传，千载无真儒。……先生生于千四百年之后，得不传之学于遗经，以兴起斯文为己任，辨异端，辟邪说，使圣人之道焕然复明于世，盖自孟子之后，一人而已。

二程之后的朱熹（1130～1200年），更进一层。他说：

> 宇宙之间一理而已。天得之而为天，地得之而为地，凡生于天地之间者，又各得之以为性；其张之为三纲，其纪之为五常，盖皆此理之流行，无所适而不在。（《朱熹文集·读大纪》）

虽然朱熹把"宇宙之间"归于"一理"，但又进而将之归结到"三纲五常"，而且是"无所适而不在"，显然是囿于儒家思想的蔽固，是非常谬误的。

朱熹的一些基础理论并非没有任何可取之处，这些基础理论的底层包含着对客观世界的认识与思考，如：

> 天地之间，有理有气。理也者，形而上之道也，生物之本也气也者，形下之器也，生物之具也。是以人物之生，必禀此理，然后有性，必此气，然后有形。（《朱熹文集·答黄道夫书》）

关于理气为有之先后，朱熹说：

> 未有这事，先有这理。如未有君臣，已先有君臣之理。未有父子，已先有父子之理。不成元无此理，直待有君臣父子，却旋将道理入在里面。（《朱熹文集·语类》）

这里把孔丘的"君臣之礼"转化成为"君臣之理"，实在是牵强附会。这里论述的"君臣"和"父子"是基于人为的礼教伦理。"父子"关系除了社会伦理学的关系以外，还有其自然关系，那就是生物的延续，当然也具有动物繁衍的自然属性。这样朱熹就从自然之理蜕变成了伦理之理。

朱熹进一步说：

> 仁、义、礼、智，性也。性无形影可以摸索，只是有这理耳。唯情乃可得而见，恻隐、羞恶、辞让、是非，是也。（《朱熹文集·语类》）

人之性"仁、义、礼、智"，即客观的理之总和。理是形而上的、是抽象的，无迹象可寻。不过因人有恻隐之情，故可推知人性中有恻隐之理，即所谓仁。因

激荡春秋
——东周之历史、文化与思想

人有羞恶之情，故可推知人性中有羞恶之理，即所谓义。因人有辞让之情，故可推知人性中有辞让之理，即所谓礼。因人有是非之情，故可推知人性中有是非之理，即所谓智。

对于儒家来说，经典包含着深刻的固有的意旨，是不证自明的。后儒一直也相信这一点。如在儒家传统经典解释学中，虽然有所谓今文和古文之争，有所谓义理之学和考据学之争，但是，它们的对立主要发生在通过何种具体的方法去达到经典的原意，而不在于是否肯定经典的本义或原意。他们都自觉或不自觉、有意或无意地认定经典具有"本义"，这构成了他们不厌其烦和顽固地"传注"经典的共同前提。不仅注重义理之学的二程、朱熹和被认为是束书不观的陆九渊（1139~1193年）相信"道"在经典，而且注重文字考证和训诂的考据学，也相信这种设定。

纵观二程和朱熹之观点，宋理学开始时已指向自然科学，如果按照道家关于"理"之自然属性方向，极有可能为中华民族打开通向科学的一扇门。但令人非常遗憾的是，他们偏离了其原来的轨道，又投入了孔孟之道的怀抱，关闭了通向科学之大门，进入了不可能交会的双轨。而另一轨不但有强大的传统文化支撑，更有官方的支持。在朱熹策定的四书五经被官方钦定为科举标准科目之后，中国通向科学的大门被彻底关闭。中国的历史开启了类似欧洲中世纪的漫长的千年历程。

此后，经学虽常随时代而变而各有时代精神，但"经学"几乎在官方一直占有主导地位。经学这一主导地位最后的集中表现为清朝乾隆年间（18世纪后叶），此时官方耗费巨资整理编纂《四库全书》①，还是按照经部（儒教）、史部（历史）、子部（诸子）、集部（文集及其他）四部分类，并将经部进一步扩展为儒家"十三经"。

10.2.3 礼缚华夏

中国一直在这一轨道上前行，直到清朝后叶，沉浸于这一轨道的清王朝第一次与另一个轨道上的英帝国产生碰撞。

1792年，英王乔治三世派遣使者马嘎尔尼②率使团来中国与清朝谈通商事宜。使团是一支由64艘舟船组成的庞大舰队，途经广州、舟山，最后在天津港登陆。

使团抵达天津后，中英双方在礼仪问题上爆发了严重冲突。按照清朝的朝贡礼仪，各国贡使觐见皇帝必须行三跪九叩之礼，当然马嘎尔尼也不例外，这是清

---

① 全称为《钦定四库全书》，于1773年（乾隆三十八年）二月正式开始编修，到1793年（乾隆五十八年）全部完成。

② 乔治·马嘎尔尼（George Macartney, 1737~1806年），英国经验丰富的杰出外交家。1764年，他被任命为全权特使，赴俄国与叶卡捷琳娜二世商谈结盟事宜，曾作为特使出使圣彼得堡的叶卡捷琳娜宫廷，历时3年。其间，他与俄国谈判达成了一项友好通商条约。之后他进入英国议会。1769年，他返回爱尔兰出任爱尔兰议会议员，并出任爱尔兰事务大臣。1792年，被加封为伯爵并被英国政府任命为正使出使中国。

朝官员坚持的觐见礼仪。所有这一切均是围绕着繁缛的中国礼仪发生的，一举一动，都牵扯到礼仪，且每种礼仪都反映了天意，不可更改，马嘎尔尼陷入艰难的关于礼节的谈判之中。

"叩头""跪拜"是否核心所在？"礼"从西周开始就逐渐成为中国社会政治、文化的重要内容。虽然经过"礼崩乐坏"的春秋时代，但作为孔丘及后世儒家提倡的核心内容之一，在汉武帝时期再度得到重视。及至清朝，"礼"一直是中国历代王朝治国的指导思想。

> 礼者，天下之大本，而王道之大原也。（甘汝来《请酌定家礼颁行疏》，《皇朝经世文编》卷五十，第72页）

> 经世安民，莫大于礼。（陈紫芝《请修礼书疏》，《皇朝经世文编》卷五十四第51页）

> 舍礼无所谓政事。（曾国藩《笔记一则》，《皇朝经世续编》卷五十第42页）

以上都是以周礼为基础，构建一套包罗万象的社会秩序。

关于"叩头""跪拜"之礼，康有为在《拟免跪拜诏》中考证过："汉制，皇帝为丞相起（立）；晋、六朝及唐，君臣皆坐；唯宋（群臣）乃立，元乃跪，后世从之。"也就是说，从元朝开始，大臣见到皇帝才开始下跪上奏，成为常礼。明清沿袭元朝，清朝更是"发扬光大"：不但跪，满族臣子还要口称"奴才"。

要让英使短时间理解这些礼仪的含义并遵守它们是几乎不可能完成的。为此，双方围绕着三跪九叩之礼持续交涉了几周，最终双方同意，马嘎尔尼可以按英国大臣对国王的礼，即单膝下跪。（我国的官方记载称，马嘎尔尼见到皇帝后对其威严不胜惶恐，自行下跪叩头。）在又等待了一个多月时间后，乾隆皇帝终于同意召见马嘎尔尼一行。

英使团核心成员于1792年9月13日到达热河（今河北承德），14日乾隆皇帝接见了使团。使团随行画家威廉·亚历山大（William Alexander，1767～1816年）描绘了乾隆皇帝在众大臣的拥立之下接见英使的礼仪场景，可谓蔚为壮观。

乾隆皇帝在使团觐见时写的诗《红毛英吉利王差使马嘎尔尼前来贡事，诗以志事》中有一句："视如常却心嘉笃，不贵异听物诩精。"体现了乾隆和军机大臣

图33 乾隆皇帝接见英使团仪式

对英使诚心的认可。

为了取得访问成功，甚至取得更大成果，马嘎尔尼使华携带了大量显示英国科学和产业实力的产品，其中有四轮马车、镶满钻石的手表、效仿中国艺术风格的英国瓷器，还有望远镜、地球仪等科学仪器，以及钟表、毛纺品等生活用品。这些献给皇帝的礼物，除了显示其发达程度之外，也在显示与英国通商会给中国带来极大的大好处。除此之外，还有一个配备了驾驶员的热气球，他们打算让使团的成员乘坐它在北京做一次示范飞行。另外，他们还带来了英国当时最新的来复枪、加农炮、前膛枪和最先进的110门炮舰模型等武器装备，以彰显其先进的军事技术及产品。马嘎尔尼的随行人员包括一位外科医生、一位机械师、一位冶金学家、一位钟表匠、一位数学仪器制造师，以及计划每天晚上演奏的5位德国乐师。可以说这是一个精心组织的庞大的使团。令人悲哀的是国人根本就没有看懂这些武器的作用，还沉浸在红夷大炮和刀弓箭的自得自满状态，岂不知工业革命已经使人类社会发生了翻天覆地的变化，正如春秋末期的大量铁器用于农耕生产——技术的进步必将埋葬一个旧世界，催生一个新世界。

马嘎尔尼使团不仅带来了大量礼物，还带来了乔治三世给乾隆的信函，其中说道：

"本国早有心要差人来，皆因本境四周地方俱不平安，耽搁多时。……(鄙人)并不是想要添自己的国土，自己的国土也够了，也不是为贪图买卖便宜，但为着要见识普天下各地方有多少处，各处事情物件可以彼此通融，别国的好处我们能得着，我们的好处别国也能得着。恐各处地方，我们有知道不全的，也有全不知道的。从前的想头要知道，如今蒙天主的恩可办成了，要把各处的禽兽、草木、土物各件都要知道，要把四方十界的物件，各国相互交易，大家都得便宜。是以长想着要将各国的风俗礼法明白了。"[1]

---

① 中国第一历史档案馆编《英使马戛尔尼访华档案史料汇编》，北京：国际文化出版公司，1996。英文原文：Since that period not satisfied with promoting the prosperity of Our own subjects in every respect, and beyond the example of any former times We have taken various opportunities of fitting out Ships and sending in them some of the most wise and learned of Our Own People, for the discovery of distant and unkown region, not for the purpose of conquest, or of enlarging Our dominion which are already sufficiently extensive for all Our wishes, not for the purpose of acquiring wealth, or even of favoring the commerce of Our Subjects, but for the sake of increasing Our knowledge of the habitable Globe, of finding out the various production of the Earth, and for communicating the arts and comforts of life to those parts where they were hitherto little known ; and We have since sent vessels with the animals and vegetables most useful to Man, to Islands and places where it appeared they had been wanting.(H. B. Morse, pp. 244-247, The Chronicles of the East India Company Trading to China, 1635-1844, Vol. II, London ; Oxford University Press, 1926)

并进一步提出了通商要求：

"从前本国的许多人到中国海口来做买卖，两下的人都能得好处。但两下往来，各处都有规矩，自然各守法度。唯愿我的人到各处去，安分守规矩，不叫他们生事。但人心不一样，如没有一个人严加管束他们，就恐不能保其不生事。故此求与中国永远平安和好，必得派一我国的人，带我的权柄，住在中国地方，以便弹压我们来的人。有不是，罚他们，有委曲，亦可护他们。这样办法，可保诸事平安。"①

但之后当英国使团提出与清王朝发展外交和贸易等事宜时，情况急转直下。清廷认为英国使团不但不懂礼仪，而且还认为无"倾心向化"之诚，且有窥视清王朝之嫌。

1793年10月3日，最后乾隆皇帝发上谕，即《敕英咭利国王谕》②。此上谕还以隆重的仪式送到了马嘎尔尼的房间，这封信便成了英国外交史上最屈辱的信函之一。

敕谕首先表彰了乔治国王向中国派遣贡使显示的"恭顺"：

咨尔国王远在重洋，倾心向化，特遣使恭赍表章。

随后皇帝拒绝了马嘎尔尼提出的所有实质性的要求，包括允许马嘎尔尼作为一名外交官居住于京城：

至尔国王表内恳请派一尔国之人住居天朝，照管尔国买卖一节，此则与天朝体制不合，断不可行……(他)在京居住不归本国，又不可听其往来，常通信息，实为无益之事。

敕谕随后称，让中国派一名使节常驻伦敦则更为荒谬：

设天朝欲差人常驻尔国，亦岂尔国所能遵行？况西洋诸国甚多，非止尔一国。若俱似尔国王恳请派人留京，岂能一一听许？是此事断难准行。

---

① 中国第一历史档案馆编《英使马戛尔尼访华档案史料汇编》，北京：国际文化出版公司，1996。英文原文：Many of Our subjects have also frequented for a long time past a remote part of Your Majesty's dominion for the purpose of Trade. No doubt, the interchange of commodities between Nation distantly situated tends to their mutual convenience, industry and wealth, as the blessings which the Great God of Heaven has conferred upon various soils and climates are thus distributed among his Creatures scattered over the surface of the Earth. But such an intercourse requires to be properly conducted, so as that the new Comers may not infringe the laws and Customs of the Country they visit, and that on the other hand they may be received on terms of hospitality and meet the Justice and protection due to Strangers. We are indeed equally desirous to restrain Our Subjects from doing evil or even of shewing ill example in any foreign Country, as We are that [they] should receive no injury in it.

② 徐珂：《清稗类钞》第一册，中华书局1984年版，第465页。《清高宗实录》卷1435，乾隆五十八年八月己卯（十九日）（1793.09.23）。

乾隆皇帝认为，乔治国王派马嘎尔尼使华也许是为了观礼教化，但这样也不行。

> 若云仰慕天朝，欲其观习教化，则天朝自有天朝礼法，与尔国各不相同。尔国所留之人即能习学，尔国自有风俗制度，亦断不能效法中国，即学会亦属无用。

对上述"贡品"，乾隆皇帝在致乔治国王的信中提及："天朝抚有四海，唯励精图治，奇珍异宝，并不贵重。"这是中国传统文化固有的表现，这也恰恰是以儒家思想为根本的弊病所在。姑且不论来者是否友善，尚若能正视、重视这些"奇珍异宝"，并励精图治，不失为华夏之福。但在以礼为国基的封建王朝，这是不能实现的。

马嘎尔尼使团来华，是中英两国政府首次正式外交接触。他们虽然没有达到出使目的，但他们对当时的清朝有了实际的认识。据马嘎尔尼的观察，乾隆皇帝及清朝大臣对这种当时最先进的军事武器，既不感兴趣，也没有任何震惊或惊讶。皇帝甚至连看都不看，就吩咐臣子放进了库房。马嘎尔尼在《日记》中写道："中国自满洲鞑靼占领以来，至少在过去一百五十年里武力没有进步，或者更确切地说反而倒退了。""满洲人打仗爱用弓箭，当我告诉他们，欧洲人已放弃弓箭而只用来复枪打仗时，他们愕然不解，认为在奔驰的马上射箭，比站在地上放枪豪迈。"马嘎尔尼认为，清帝国就像一艘破烂不堪的头等战舰，它之所以在过去150多年中没有沉没，仅仅是由于一群幸运、能干而警觉的军官在支撑；它胜过其他邻船的地方，只在它的体积和外表。但是，一旦换一个没有才干的人在

图34 马嘎尔尼跪在乾隆皇帝面前呈送"贡品"的讽刺画

作者为英国讽刺漫画家詹姆斯·吉尔雷（James Gillray，1756～1815），
现存于 Courtesy of the Lewiswalpole Library，Yale University

甲板上指挥，那就不会再有纪律和安全了。他还预言："在这一变化中，英国将比任何其他国家得到更多的好处。"德国哲学家赫尔德（Johann Gettfried Herder，1744～1803年）在评价清王朝时，形象地说："这个帝国是一具木乃伊，它周身涂有防腐香料，描画有象形文字，并且以丝绸包裹起来。它体内血液循环已经停止，就如冬眠的动物一般。"

清帝国的历史走向，不幸被马嘎尔尼言中。在马嘎尔尼出使清王朝40多年后，深刻影响清王朝和中华文明走向的第一次鸦片战争爆发，华夏大地陷入了列强的贪囊，成了西方列强口中的弱肉。

1860年10月7日，当英法联军的士兵冲进圆明园进行劫掠时，在一处皇家库房里，他们发现了当年英王乔治三世精心挑选委托马嘎尔尼送给乾隆皇帝的现代化武器礼品：两门先进的榴弹炮、牵引车以及炮弹。

在列强的蹂躏之下，清廷中一些大臣开始认清了清王朝的弊病与落后，开始考虑摒弃其狂妄独尊和闭关锁国的政策，采取新的对外政策，其代表人物是恭亲王奕䜣（1833～1898年）。倘若清廷能够一致支持新的外交政策的构想并将其付诸实施，这将是一项伟大的事业。然而浸泡在传统礼制之中并具有巨大能量的顽固守旧派抱残守缺，顽固地认为中国根本无须向外国学习，如同孟轲所说"吾闻用夏变夷者，未闻变于夷者也"。包括倭仁①在内的三十位翰林院大学士据此抨击恭亲王奕䜣在中国学校延聘外国教习的计划：

> 立国之道，尚礼义而不尚权谋；根本之图，在人心而不在技艺。今求之一艺之末，而又奉夷人为师……天下之大，不患无才，如以天文、算学必须讲习，博采旁求，必有精其术者，何必夷人？何必师事夷人？且夷人，吾仇也。（《倭文端公遗书》）

这种对异国充满偏见和鄙视、把外界视为蛮夷的古老思想，直到19世纪仍然深深扎根在统治者的脑海里。反对外来文化与技术仍被认为是政治正确，并被冠冕堂皇地插上爱国正义之招牌。

回顾历史，我们不得不认识到中国大部分之思想统一于儒家思想，而儒家典藏书籍又被确定为经学，也就是所有学说的根本。相对于经学，其他则为子学。这个"子"当然地位不高。自"独尊儒术"以后，中国的学问，大多数著书立说之人，其学说无论如何"新颖"，都囿于儒学的围框之中，在经书及经学中寻找根据及归属；否则为不经，也就是大义不道。中国的学问在儒圈里折腾了两千多年，直到清末民初的康有为。

在中国历史上，不乏批驳儒家"礼制"思想的，甚至连成书于西汉时期的儒学经典《礼记·礼运》也借孔丘之口，针对当时的社会现状，对礼制进行了反思：

---

① 乌齐格里·倭仁（1804～1871年）：字艮峰，又字艮斋，蒙古正红旗人，晚清大臣、理学家。

如今大道已经消逝了，天下为公变成了天下为家，天下成了一家一姓的私有天下。人们各把自己的亲人当作亲人，把自己的儿女当作儿女，财物和劳力都为私人拥有。在上位的诸侯天子传给自己子弟，权力和地位变成了世袭的，并成为名正言顺的礼制，修建城郭沟池作为坚固的防守。制定礼仪作为行为准则，去确立君臣的名分关系，加深父子的恩情，使兄弟关系和睦相亲，使夫妻关系和谐相处，由此而设立各种制度，划分田地和住宅界限，以此推许勇敢和聪明的人，奖励为自己效力的人。这样一来，一切阴谋诡计就产生了，而战争也由此而起。夏禹、商汤、周文王、周武王、周成王和周公旦，由此成为三代中的杰出人物。这六位君子，没有一个不谨慎奉行礼制治国的。他们以此来确立行事的是非标准，彰显礼制的内涵，用它们来考察人们的信用，揭露过错，标榜仁爱，讲求礼让的典范，使老百姓能以礼法而行。如果有越轨的反常行为，有权势者也要斥退，百姓也会把它看成祸殃。[①]

我们不能确认这是出自孔丘之口，但这的确是出自儒学经典之作。孔丘是否同意这种说法呢？我们看看《论语》，也许孔丘是不赞同的，但也不能排除孔丘的思想认识转变。孔丘早期是主张以"克己复礼"拯救当时混乱社会的，当他经过多年努力而没有得到任何进展，除了弟子之外，也没有多少人，尤其是统治者赞同他的观点。也许晚年的孔丘有了更深入的思考和认识，也许是儒家流派在参考其他各家思想并对历史进行深入研究后的认知。尽管如此，在汉武帝刘彻"罢黜百家，独尊儒术"的政策使儒家走上意识形态的统治地位后，儒家思想几乎贯穿了我国的历史发展。从老聃开始，对儒家思想的批判和反思几乎没有中断过，但除了最高统治者一度把儒家拉下圣坛之外，这一基于儒家伦理的意识形态一直得到了延续并受到多数统治者的推崇。纵观中国几千年封建史，就会发现，自汉武帝推行"罢黜百家，独尊儒术"，尤其是宋代朱熹选定的"四书""五经"作为科举的标准圣典以来，华夏的学问就被牢牢限制在这"四书""五经"之中。国家在自蔽、自尊、僵化的轨迹上艰难前行，直至清朝的最后崩溃，中华才走向共和，迎来了"德先生"和"赛先生"，使华夏民族迎来了曙光。但这一古老的思想幽灵仍然徘徊在中华大地上，我们仍然需要涤清这一幽灵、突破这一枷锁。只有完全突破并摒弃这一桎梏，我们才能昂首挺胸、大踏步地前进，才能让华夏文明光芒万丈，才能使华夏民族高高屹立于世界东方。

---

① 《礼记·礼运》：今大道既隐，天下为家：各亲其亲，各子其子；货力为己；大人世及以为礼，城郭沟池以为固；礼义以为纪——以正君臣，以笃父子，以睦兄弟，以和夫妇；以设制度，以立田里；以贤勇知，以功为己。故谋用是作，而兵由此起。禹、汤、文、武、成王、周公，由此其选也。此六君子者，未有不谨于礼者也。以著其义，以考其信，著有过，刑仁，讲让，示民有常。如有不由此者，在势者去，众以为殃。